北京古籍叢書

趙其昌　主編

明實録北京史料

第一册

圖書在版編目（CIP）數據

明實録北京史料：共4册 / 趙其昌主編. — 北京：北京出版社，2018.2

ISBN 978-7-200-13452-0

Ⅰ. ①明… Ⅱ. ①趙… Ⅲ. ①北京—地方史—史料—明代 Ⅳ. ① K291

中國版本圖書館 CIP 數據核字（2017）第266350號

項目策劃：安　東　　項目統籌：張　帥

責任編輯：喬天一　熊立章　張　帥　許　可　　責任印製：宋　超

裝幀設計：郭　宇

北京古籍叢書

明實録北京史料

共4册

趙其昌　主編

出　版　北京出版集團公司

　　　　北京出版社

地　址　北京北三環中路六號

郵　編　一〇〇一二〇

網　址　www.bph.com.cn

總發行　北京出版集團公司

經　銷　新華書店

印　刷　北京京華虎彩印刷有限公司

開　本　八八〇毫米×一二三〇毫米　三十二

印　張　八五點二五

字　數　二二一〇千字

版　次　二〇一八年二月第一版

印　次　二〇一八年二月第一次印刷

書號　ISBN 978-7-200-13452-0

定價　598.00圓（共4册）

序

曹子西

趙其昌同志的《明實録北京史料》即將出版，他囑我寫幾句話，留個紀念。最初，我確實有點猶豫，一則以喜，喜的是老友的學術成果終於得以面世，澤被學林，似乎是應當寫;一則以懼，又怕自己對《明實録》這部二千九百餘卷的大書，知之甚少，寫出來貽笑大方。不過，在他的慫恿、堅持下，仍爲這種摯情所感染而不得不從命了。

我和其昌同志相識於1980年籌備成立北京史研究會之際。那時只知道，他曾任1956年發掘明陵的工作隊隊長，是定陵地下玄宮探秘的主持人和帶頭人。爲了徹底揭開明陵地宫的秘密，其昌同志在緊張、艱苦的發掘過程中，搜尋和研究了大量歷史資料，並且從《明實録》摘抄出數達百萬字的北京史料卡片。試想，這是多麽枯燥、繁瑣而又不可缺少的研究基礎工作啊！這些浸透着一位青年考古學家心血和憧憬的珍貴卡片，却在十年動亂中被毁滅了。我們曾爲此惋惜不已。如果當時能够保存下來，加以整理編印，對北京史研究的開展該有多麽便利。

後來，北京史研究會理事會在1983年换屆，其昌同志被推選爲副會長，我們接觸的機會就更多了。有時商量研究會的工作和學術活動計劃，有時考察北京的一些文物古迹，有時在座談、討論會上相遇，尤其是我們一起參加了北京市第一屆文博系列高級職稱評委會的評審工作，交談的範圍更廣、相互了解也更進了一步。他給我留下的印象是遇事總抱着樂觀態度，爲堅持真理和堅持公道，從來不顧個人的得失，是非鮮明的態度總伴隨着他的睿智、穩健和執着。正是憑着這股韌勁兒，他在担負首都博物館館長任内，在主持並參加定陵考古發掘報告編撰、定稿的同時，默默地將《明實録》中有關北京的史料重新摘抄、整理一遍，最終奪回了失去的學術青春。

當我參加北京市社科規劃小組歷史學科專家組會議審議這個課題和成果的時候，大家都被其昌同志這種矢志不移的精神所感動。這已經是三、四年前的事了，憶起來仍恍若眼前。我們爲其昌同志的《明實録北京史料》新生感到欣慰。

1993 年 10 月於北京社會科學院

前　言

我國的史籍浩如烟海，品類繁多。作爲記載皇帝在位期間大事的官修編年史——實録，初見於梁代，周興嗣撰《梁皇帝實録》三卷，記梁武帝事，惜其書不傳。唐初，温大雅撰《大唐創業起居注》後，房玄齡、許敬宗等相與立編年體，稱爲實録。後每帝嗣位，撰先帝實録，成爲定制，後世因之，惟書存者甚少，唐僅存《順宗實録》，宋存《太宗實録》殘卷。明、清兩代設實録館，由重臣專司其事，存世者尚多。

《明實録》經明代二百多年先後纂修而成，自太祖至熹宗共十五朝十三部，近三千卷。由於歷史的原因，建文、景泰二朝不專立實録，而分别附於太祖、英宗二帝實録内。另有《崇禎實録》十七卷，作者不詳。《明實録》包羅甚爲宏廣，舉凡明代政治、軍事、經濟、文化設施、民族關係、中外交往、社會生活、自然災異以及帝王巡狩、婚葬、祭祀等等都有記録。這樣一部宏大的官方史料總匯，雖然史臣偶有曲筆或間有改纂，但它仍能從多方面如實地反映有明一代的時政，因此向爲中外學人所重視。惟卷帙浩繁，檢閲不易，所以不少學者、單位又嘗按專題或地域分類摘編，輯録成册，以利研究使用。近年先後出版者計：雲南出版《明實録雲南歷史資料摘抄》，西藏出版《明實録藏族史料》，貴州出版《明實録史料輯録》，臺灣出版《明實録閩海關係史料》，香港出版《明實録中之東南亞史料》，日本出版《明代滿蒙史料明實録鈔》《明代西域史料明實録鈔》等等。

北京是明代的京都，府名順天；中華人民共和國建國後，又定爲首都，建北京市。古今兩都，先後轄區範圍不盡相同，現在我們再將《明實録》中所見今時北京市轄區并結合明代順天府所屬地域範圍之有關史料摘録，依朝、年、月、日排列成編，定名《明實録北京史料》，奉獻給讀者，以爲社會主義文化建設高潮中研究明代北京歷史之一助。本編續成較晚，但肇始於本世紀五十年代，首倡於明史專家吴晗先生，中間經歷了一段曲折過程：

一九五六年春，我在京郊十三陵發掘定陵，吴晗是北京市副市長，常到發掘現場檢查工作，他要求我在《明實録》中摘録明陵史料的同時，把有關北京史料亦予摘録。但工作忙迫，未及着手。當年秋，他在北京大學開設“明清史講座”，特地通知我和一起工作的劉精義聽課。課堂上他講述了早年從朝鮮《李朝實録》中摘録中國史料之詳情，又引述了先輩學者孟森教授利用《明實録》與朝鮮《李朝實録》完成《明元清系通紀》，并對研究清室祖先建州女真之歷史發展等成果給予高度評價。這使我們對《明實録》之學術價值有了深一步的認識，在他再次督促下，我同劉精義一起開始了摘録工作，但進展遲緩。一九五八年，定陵發掘結束，我下放農村。三年下放結束，吴晗要我加快摘録速度，稿子交他過目。摘録工作只能利用業餘時間進行，文稿盈數尺，陸續交到他手中。不幸，“文革”中吴晗被抄家，掃地出門，文稿全部散失。一九八〇年，我再到定陵編寫發掘報告，白日整理器物，晚間器物入庫後，《明實録》摘録工作又從頭開始，并邀了一起工作的中國社會科學院考古所王巖參加。定陵遠處京郊，地僻夜静，進展順利，但工作量大，一時不能畢工。

吴晗生前曾任北京市歷史學會會長。一九八五年爲吴晗誕辰七十五周年、逝世十五周年，學會開會紀念，出版《吴晗史學論著選集》，清華大學建“晗亭”（鄧小平題字）揭幕。我受學會委託，在首都博物館舉辦“吴晗紀念展覽”。預展期間，吴的胞妹吴浦月來參觀，我指着展品、遺物，逐項講述，她仔細觀看，默默不語。在講述到吴晗參觀定陵發掘的照片時，我隨口説到了他生前曾要我從《明實録》中摘録北京史料，我至今未完成而感到内疚時，萬没想到，當着那麽多人，她突然撲到我身上抱着我的頭嚎啕大哭，并叮囑我要克服一切困難而完成它。這突如其來的舉動，使我茫然不知所措。此後不久，吴浦月去世，這又加重了我的内疚。首都博物館的行政工作，使我無法完成囑託。一九八八年，我辭去領導職務，申請退休，又邀請了北京市文物研究所劉衛東協助，專事摘録，至一九八九年終於全部完成，并請郎玥完成了全部索引。

摘編完成後，我向北京市社會科學規劃辦公室作了申報，請求列入規劃,資助出版。辦公室邀請了歷史組專家進行了評議,經過評議同意列入規劃，但提出兩條意見:一、摘録所據《明實録》爲梁鴻志影印南京國學圖書館本，近來臺灣中央研究院歷史語言研究所印本傳入大陸，宜將臺本有關卷頁數碼補入，以便對照。二、臺灣本有校勘記，宜將校記補入。接受了評委意見，對照臺灣本將有關卷頁數碼與校記補齊，并由辦公室聯系北京古籍出版社出版。至此,《明實録北京史料》摘編工作斷斷續續前後歷三十多年終於完成了。吴晗先生及其胞妹地下有知，亦當瞑目了。

謹向北京市社會科學規劃辦公室主任孫金鐸、張文啓，王迎春及李建平先生與諸評委致謝。向先後參與本書摘録工作的劉精義、王巖、劉衛東、郎玥先生和北京古籍出版社編輯先生致謝。

《明實録》卷帙繁多，抄寫、編纂的脱漏疏失之處，熱誠地盼望專家學者與同好不吝賜教，以使此項工作逐步完善。

趙其昌

一九九二年十月於北京

凡　例

一、《明實録》中，載録北京史料極爲豐富，但卷帙浩繁，檢閱爲難。爲研究北京地區歷史方便計，現將有關史料摘出，彙編成册，定名《明實録北京史料》。

二、原書記事，按朝排列，每朝又以年、月、日爲序。現編排仍依原書，以朝、年、月、日爲序，年後注公元，尾注實録朝代、卷數、頁數。原書爲繁體字，無標點，現仍用繁體字，加標點，并作索引，以利檢索。

三、《明實録》不記建文年號。太宗卽位，削除建文年號，將建文元年至四年改作洪武三十二——三十五年，事蹟附於其中。英宗復辟，誅殺景帝，改元天順，又將景帝實録附於《英宗實録》内。現編排亦依原書。

四、明朝初年建都南京，永樂中北遷，定都北京。1949年中華人民共和國建國，又以北京爲首都。古今兩都，轄區不盡相同，摘録之地域範圍，以今北京市區劃爲准。卽：西城、東城、崇文、宣武、朝陽、海淀、豐台、石景山、門頭溝、房山等區與昌平、延慶、密雲、順義、通縣、平谷、懷柔、大興等縣。凡涉以上轄區者，悉數摘編。

五、明代北京爲順天府治，領五州、二十二縣。

縣計：大興、宛平（今省）倚郭；近畿有良鄉（今爲鎮，屬房山區）、固安、永清、東安（今安次）、香河（以上四縣今屬河北省）。

州計：通州（今爲縣）——領漷縣（今爲鎮，屬通縣）、三河（今屬河北省）、武清、寶坻縣（以上二縣今屬天津市）；霸州（今爲縣，屬河北省）——領文安、保定（新鎮）、大城縣（以上三縣今屬河北省）；涿州（今爲市，屬河北省）——領房山縣；昌平州——（今爲縣）

領順義、懷柔、密雲縣;薊州（今爲縣,屬天津市）——領平谷、玉田、豐潤、遵化縣（後三縣今屬河北省）。

以上州縣地域，除涉北京市者録編外，凡市外地域只酌情編入。

六、明代北京，周圍設軍事衛所，與北京關係密切，名稱、隸屬常有變更，涉及地域有遠及順天府以外者，凡此，則酌情録編。

七、京都之地，衙署林立，爲政令之所出。凡政令涉北京者摘録，涉全國而不專指北京者從略，惟中樞機構之營建、設施、興廢等項，以地處京都則摘録入編。

八、帝都所在，多有域外使節、人士往還，凡此皆録編。洪武、建文兩朝，京都不在北京，爲史料完整計亦予録入。國人出域或涉及域外之活動則酌録。

九、凡戰事之涉及北京者摘録，北京以外地區酌録。帝王巡邊、出狩，行止同此。

十、原書史料中有北京與全國間雜記述者，此類情況在奏疏中尤多，凡此則摘編有關北京者，餘從略。

十一、府州縣官吏之陞遷調補或籍隸北京之人物事蹟摘録入編，中樞官吏或籍非北京者，其事蹟與北京有關，摘録其有關部分，餘從略。

十二、原書常記氣象，永樂之後，標明北京者自當摘録，其不標北京者，以記録者身在北京，所記當爲所見，故亦録入。

十三、京都所在，帝王常有禮祠天地、社稷、壇廟之舉，有關壇廟建築興廢、設施録編，祠祭酌録。

十四、摘録工作用梁鴻志影印江蘇國學圖書館藏本（以下簡稱梁本），近臺灣中央研究院歷史語言研究所影印本（以下簡稱臺本）行世，爲核檢方便計，將臺本相應卷、頁列於梁本卷、頁之後，用阿拉伯數字，由“.”隔開，首爲卷，次爲頁，後爲順序頁數。

十五、臺本有校勘記，係用國立北平圖書館藏紅格本爲底本，引據多種版本及畸零散葉對勘，校勘至爲精審。爲閱讀方便計，并將臺本校勘記補入。其主要用本及簡稱如下：

國立北平圖書館藏紅格抄本　　簡稱館本
廣方言館本　　簡稱廣本
北京大學本　　簡稱北大本
抱經樓本　　簡稱抱本
内閣大庫舊藏紅本　　簡稱紅本
内閣大庫舊藏抄本　　簡稱庫本
嘉業堂本　　簡稱嘉本
國立中央圖書館藏内府寫本　　簡稱中本
國立北平圖書館藏安樂堂本　　簡稱安本
各朝寶訓　　簡稱寶訓
天一閣本　　簡稱閣本
高陽李氏（玄伯）看雲憶弟居鈔本　　簡稱李本

孝宗、穆宗校記有稱三本時，係指廣本、抱本、閣本。

補入校勘記悉依用本簡稱，用“〔 〕”插於文句之内。

十六、臺本校勘，引據版本甚多，惟梁本僅《熹宗實録》一用，蓋以梁本出自抱經樓本之故。今補校勘記入梁本，則有不盡適宜處，遂將校勘記原文略作變動補入。故“〔 〕”有兩種形式:一作〔校記:……〕，爲原校勘記原文;二作〔按:館本……〕，爲校勘記原文略作變動者。即：凡用〔 〕者，皆是原校勘記。

十七、梁本、臺本偶有不同又校勘不記者，略有所見，用“( )”標出。( ) 也有兩種形式，一作（按:館本……），爲梁本、臺本相異者；一作（按：疑……）爲疑梁本有誤者。

十八、梁本有作□□處，常據館本注出。遇有明顯錯訛，如密雲古北口之“古”誤“右”等，則逕改不注。

十九、摘編多爲一日一事一條（偶有一日多條者），爲索引方便，前列順序號，一事多義，索引互見。

二十、索引詳列細目，力求實用。重大歷史事件，索引單列，如“靖難事蹟”“土木之變”等。

目　録

吴元年（1367）

1 **十月丙寅** 檄諭齊魯、河洛、燕薊、秦晉之人，曰：自古帝王臨御天下，中國居内以制夷狄，居外以奉中國，未聞以夷狄居中國以治天下者也。自宋祚傾移，元以北狄入主中國，四海内外，罔不臣服。此豈人力，實乃天授。彼時君明臣良，以綱維天下，然達人志士，尚有冠履倒置之嘆。自是以後，元之臣子，不遵祖訓，廢壞綱〔校記：舊校改綱作綱〕常，有如大德廢長立幼，泰定以臣弒君，天曆以弟酖兄。至於弟收兄妻，子烝父妾，上下相習，恬不爲怪。其於父子、君臣、夫婦、長幼之倫，瀆亂甚矣。夫人君者，斯民之宗主；朝廷者，天下之本根；禮義者，御世之大防。其所爲彼，豈可爲訓於天下後世哉！及其後嗣沉荒，失君臣之道，又加以宰相專權，憲臺報怨，有司毒虐，於是人心離叛，天下兵起。使我中國之民，死者肝腦塗地，生者骨肉不相保。雖因人事所致，實天厭其德而棄之之時也。古云：胡虜無百年之運。驗之今日，信乎不謬。當此之時，天運循環，中原氣盛。億兆之中，當降生聖人，驅逐胡虜，恢復中華，立綱陳紀，救濟斯民。今一紀於斯，未聞有濟世安民者，徒使爾等戰戰兢兢，處於朝秦暮楚之地，誠可矜憫。方今河洛關陝，雖有數雄，忘中國之姓，反就胡虜禽獸之名，以爲美稱。假元號以濟私，恃有衆以要君，憑陵跋扈，遥制朝權，此河洛之徒也；或衆少力微，阻兵據險，賄誘名爵，志在養力，以俟釁隙，此關陝之人也。二者其始皆以捕妖人爲名，乃得兵權。及妖人既滅，兵權已得，志驕氣盈，無復遵主庇民之意，互相吞噬，反爲生民之巨害，皆非華夏之主也。

予本淮右布衣，因天下亂，爲衆所推，率師渡江，居金陵形勢之地，得長江天塹之險，今十有三年。西抵巴蜀，東連滄海，南控閩越，湖湘漢沔，兩淮徐邳，皆入版圖，奄及南方，盡爲我有。民稍安，食稍足，兵稍精，控弦執矢，目視我中原之民，久無所主，深用疚心。予恭天成命，罔敢自安，方欲遣兵北逐羣虜，拯生民於塗炭，復漢官之威儀。慮民人未知，反爲我讎，挈家北走，陷溺尤深，故先諭告：兵至，民人勿避。予號令嚴肅，無秋毫之犯。歸我者永安於中華，背我者自竄於塞外。蓋我中國之民，天必命中國之人以安之，夷狄何得而治哉！予恐中土久汙羶腥，生民擾擾，故率羣雄，奮力廓清，志在逐胡虜、除暴亂，使民皆得其所，雪中國之耻。爾民其體之。如蒙古、色目，雖非華夏族類，然同生天地之間，有能知禮義、願爲臣民者，與中夏之人撫養無異。故玆告諭，想宜知悉。

（太祖洪武實録卷 26　第 12 頁　26.10.0401）

洪武元年（1368）

2　**四月甲子**　是日，車駕發京師，幸汴梁。時言者皆謂君天下者宜居中土，汴梁宋故都，勸上定都。故上往視之，且會大將軍徐達等，謀取元都。

（太祖洪武實録卷 31　第 14 頁　31.11.0556）

3　**五月丙子**　遣李二、忻都從大將軍北征。初，二人皆從擴廓帖木兒，李二嘗侵徐州，爲指揮傅友德所獲；忻都守安豐，信國公徐達下安豐，擒之以歸。上釋其罪，厚遇之。至是遣從征，以白米三十石、夏布三十匹給其家。

（太祖洪武實録卷 32　第 1 頁　32.1.0560）

4　**七月壬申**　上親畫征進〔校記：廣本征進作進征〕陣圖，遣使齎授大將軍徐達，且令各衛糧船俱赴濟寧餽運。

（太祖洪武實録卷 32　第 8 頁　32.7.0571）

5 閏七月己亥朔 遣〔校記：廣本遣上有上字〕使犒北征將士。

（太祖洪武實録卷 29 第 1 頁 33.1.0579）

6 閏七月庚子 大將軍徐達等率師發汴梁，徇取河北州〔校記：廣本州上有諸字〕縣。時兵革連年，道路皆榛〔校記：廣本榛作蔽〕塞，人煙斷絶。

（太祖洪武實録卷 29 第 1 頁 33.1.0579）

7 閏七月戊午 大將軍徐達等師至長蘆，元守將左僉院遁去，命指揮費子賢等守之。達遂趨清〔校記：廣本嘉本清誤青〕州，下之。遣人諭子賢。分兵守清州。

（太祖洪武實録卷 29 第 9 頁 33.8.0593）

8 閏七月辛酉 大將軍徐達等師次直沽，獲其海舟七艘，作浮橋以濟師。達又令副將軍常遇春、都督同知張興祖各率舟師並河東以進，令步騎遵〔按：館本遵作尊，舊校尊作遵〕陸而前。元丞相也速等捍禦海口，望風而遁〔按：館本而遁作奔遁，廣本作遁去〕。元都大震。

（太祖洪武實録卷 29 第 9 頁 33.8.0594）

9 閏七月癸亥 大將軍徐達等師至河西務，元平章俺普達朶兒只進巴率兵迎敵，我師與戰，大敗之。擒知院哈剌孫及省院將校三百餘人。獲馬六百匹，船百餘艘，糧二千六百石。平章達朶兒只進巴等遁去。達進兵至通州，營於河東岸，常遇春營於河西岸。

（太祖洪武實録卷 29 第 10 頁 33.9.0595）

10 閏七月乙丑 達命衛吏田中〔校記：廣本中作忠〕爲通州判官，攝州事。括糧得四千五百石。元國公知院卜顔帖木兒等率兵出都城來禦戰，遇春敗之。擒卜顔帖木兒及副樞也先迭木兒、脱脱帖木兒。獲馬四百匹，船百餘艘。國公五千八遁去。

（太祖洪武實録卷 29 第 10 頁 33.9.0595）

11 閏七月丙寅 達率諸軍入通州城。指揮葉（按：館本葉作華，是也）雲龍以兵來會。是夜三鼓，元主及其后妃、太子開建德門北走。

（太祖洪武實録卷 29　第 11 頁　33.9.0595）

12　閏七月丁卯　大將軍徐達命都督副使孫興祖督軍士修築通州城。

（太祖洪武實録卷 29　第 11 頁　33.10.0597）

13　八月庚午　大將軍徐達命馬指揮守通州，進師取元都。師至齊化門，命將士填壕登城而入。達登齊化門樓，執其監國宗室淮王帖木兒不花及太尉中書左丞相慶童、平章迭兒必失朴賽因不花、右丞張康伯、御史中丞滿川等，戮之。并獲宣讓〔校記：國榷同，廣本讓作護〕、鎮南、威順諸王子六人及玉印二，成宗玉璽一。封其府庫及圖籍、寶物等。又封故宮殿門，令指揮張煥以千人守之。宮人、妃主，令其宦寺護視，號令士卒，無得侵暴。人民皆按堵。明日，順德守將吉右丞、胡參政、鄭參政皆自西山來降。武德衛軍校獲前樂安逃將俞勝及高參政、張郎中等。達遣指揮鄧畊〔校記：廣本畊作捍。健按：一二〇五頁有鄧辱任青州都指揮同知，或即此人〕赴京獻捷。仍命右丞薛顯、參政傅友德、平章曹良臣、都督副使顧時將兵偵邏〔校記：廣本偵邏作屯守〕古北諸隘口。

（太祖洪武實録卷 30　第 1 頁　34.1.0599）

14　八月壬申　大將軍徐達遣故元尚書九住還太原告諭擴廓帖木兒，又遣蔣應宗往涿州招諭前廣平守將平章周昱。未幾，千户陳權自古北口獲昱將校及妻子車輛而還。

（太祖洪武實録卷 30　第 2 頁　34.2.0601）

15　八月癸酉　大將軍徐達命鎮撫吴勉攝大都路知府知印、謝祕攝同知，與本路舊官權行發遣公事。

（太祖洪武實録卷 30　第 2 頁　34.2.0601）

16　八月丙子　驍騎右衛千户陳諒巡邏古北口，獲貊高部將李德、明劉、答失帖木兒、谢文振、尹野閭等三十九人而還。

（太祖洪武實録卷 30　第 4 頁　34.4.0605）

17　八月丁丑　大將軍徐達命指揮華雲龍經理故元都。新築城垣，北取〔校記：嘉本取作陬〕經直，東西長一千八百九十丈。

（太祖洪武實録卷 30　第 7 頁　34.7.0611）

18　八月己卯　督工修故元都西北城垣〔校記：廣本督上有命兼二字，城垣作城諸垣牆〕。

（太祖洪武實録卷 30　第 9 頁　34.9.0616）

19　八月辛巳　大將軍徐達遣使獻平元都捷表至京，曰：五百年而王者興〔校記：舊校改典作興〕，仰聖人之在御，大一統而天下治。際景命之維新，盡驅胡虜之羶腥，誕布幅員之聲教。乾坤清肅，日月光明。欽惟皇帝陛下，天賦聖神，德全勇智。握赤符而啟運，仗黄鉞而〔校記：舊校改而作以〕興師。造攻滁陽，黎庶有來蘇之望；開基建業，英雄識真主之歸。顧豺虎之噬口〔按：館本口作人〕，正龍蛇之起陸。爰飭徒旅，肅將天威。江漢徂征，友諒身殲於彭蠡；荆吴薄伐，士誠面縛於姑蘇。逋逃驅而閩越安，僭僞平而交廣定。立綱陳紀，治具畢張，發政施仁，民心大悦。東南已樂於生遂，西北尚困於劬勸。推其所由，厥有端緒。惟彼元氏〔校記：館木氏作民，舊校改民作氏〕，始自窮荒。乘宋祚之告終，突胡羣而崛起。以夷狄而干天紀，以犬羊而亂華風。崇編髮而章甫是遺，紊族姓而彝倫攸斁。逮乎後嗣，尤爲不君。耽逸樂以（按：館本以作而，舊校改而作以）荒亡，昧乎兢業;作奇技而淫巧，溺於驕奢。天變警而靡常，河流蕩而横決，罔知修省，惟務畋遊。朝廷之政不綱，英雄之志斯奮。兵連寰宇，禍结中原。是用吊伐以拯顛連，誕舉安攘而靖亂略。事非獲已，謀乃僉同。顧惟一介之菲材，參受總戎之重任。臨軒授鉞，俾救民於水火之中；分閫握機，幸折衝於樽俎之外。旌旗麾而淮沂下，金鼓震而青兗平。濟水盡曳其兵，萊陽競崩厥角。風驅雷厲，直搗大梁；電掣星馳，旋收西洛。濟師以略衛相，卷甲而趨邯鄲。

率樓艫發臨清，先聲動如破竹；策貔貅克通路〔校記：舊校改路作潞〕，勇勢疾若燎毛。鎮戍潰而土崩，禁衛隳而瓦解。君臣相顧於窮迫，父子乃謀於遁逃。朝集内殿之妃嬪，夜走北門之車馬。臣與遇春等已於八月初二日勒兵入其都城。壺漿以迎，去〔按：館本去作赤，抱本作去，是也。廣本誤作我師，嘉本誤作出〕戴盆而仰白日；室家相慶，廓氛祲以覩青天。奉宣德威，以安黔黎。盡收圖籍而封府庫。列郡之謳歌四集，百年之汙染一新。驅馳雖効於微勞，方略實遵乎成算。所以聿彰鴻烈，耆定武功，東滄海而西崑崙，南雕題而北窮髮，無有遠邇，莫不尊親。玉帛會、車書同，興太平之禮樂；人紀修、風俗變，正萬世之綱常。

（太祖洪武實録卷 30　第 11 頁　34.11.0616）

20　八月壬午　詔改大都路爲北平府。命徵元故官送至京師。

大將軍徐達命參政傅友德分兵守盧溝橋。

（太祖洪武實録卷 30　第 11 頁　34.11.0619）

21　八月癸未　詔大將軍徐達置燕山寺（按：寺爲等之誤）六衛以守禦北平。於是達改飛熊衛爲大興左衛，淮安衛爲大興右衛，樂安衛爲燕山左衛，濟寧衛爲燕山右衛，青州衛爲永清左衛，徐州五所爲永清右衛。上以元都既克〔按：館本克作免，舊校改免作克〕，遂命大將軍徐達、副將常遇春率師取山西，別留兵三〔校記：廣本三作一。明史孫興祖傳及國榷作三，廣本疑誤〕萬人分隸六衛，令都督副使孫興祖、僉事華雲龍守之。

詔以御史大夫湯和爲偏將軍，與平章楊璟俱從大將軍徐達征山西。先是，和自福建還慶元〔校記：嘉本無慶元二字，明史湯和傳有〕，上命造海舟運糧往直沽，候大軍徵發。是歲海多颶風，不可行，乃詔和以糧儲鎮江，還〔校記：廣本還上有使字〕京師。及是，復有是命。

（太祖洪武實録卷 30　第 13 頁　34.11.0619）

22　八月乙酉　右丞薛顯等率邏騎至古北口追元潰散遺卒，獲馬一千六百四、牛羊八十餘頭、車二百五十輛而還。

（太祖洪武實録卷30　第14頁　34.11.0620）

23　八月戊子　大將軍徐達遣右丞薛顯、參政傅友德、陸聚等將兵略大同，令指揮葉國珍〔校記：廣本葉作景。按本年十二月戊子條作葉國珍〕計度北平南城，週圍凡五千三百二十八丈，南城故金時舊基也。

（太祖洪武實録卷30　第14頁　34.11.0620）

24　八月戊子　元翰林學士危素、張以寧、曾堅〔校記：廣本危素作范生，曾作曹〕等謁見大將軍徐達于軍門，達以其儒者，禮遇之。

（太祖洪武實録卷30　第14頁　34.12.0621）

25　八月庚寅　千户李某自古北口獲擴廓帖木兒諜者余僉院送於大將軍。

（太祖洪武實録卷30　第14頁　34.12.0621）

26　八月癸巳　大將軍徐達遣指揮張煥計度故元皇城，周圍一千二〔校記：嘉本二下有百字〕十六丈。又遣指揮薛某領東安州降將左衛帥府副使段英、署丞劉鑾子往本州討未附守將哈喇赤。

故元留守迭里迷失等謀作亂，欲推其故平章哈喇那海爲主，玉田縣尹史瓛發之。大將軍徐達遣人收捕，執迭里迷失及哈喇那海、郎中金剛奴順德、達魯花赤金剛寶、員外完者不花、指揮脱帖木兒、和林省管勾脱列不花、僧壽奴并參隨伯帖木兒等，戮之。以白金幣帛賞史瓛。

（太祖洪武實録卷30　第15頁　34.13.0622）

27　八月甲午　遣内官往放元宫人，且諭之曰：元主奢淫，不恤國政，以至於亡。其宫人皆良家子，幽閉深宫，誠有可愍。爾至，即放遣適人，勿使失所。

（太祖洪武實録卷30　第15頁　34.13.0623）

28　九月戊戌朔　大將軍徐達改元都安貞〔校記：嘉本貞作真〕（昌按：貞是）門爲安定門，建德門爲德勝門。

（太祖洪武實録卷 31　第 1 頁　35.1.0627）

29　九月己亥　指揮薛某至東安州，獲哈剌赤，斬之。其将校俱降。

（太祖洪武實録卷 31　第 1 頁　35.1.0627）

30　九月壬寅　置大都督分府於北平，以都督副使孫興祖領府事，陞指揮華雲龍爲分府都督僉事。

（太祖洪武實録卷 31　第 1 頁　35.1.0627）

31　九月戊申　都督同知張興祖率師徇永平，下之。

（太祖洪武實録卷 31　第 1 頁　35.1.0628）

32　九月乙卯　上遣中使奉御等官至北平，犒北征將士。

（太祖洪武實録卷 31　第 2 頁　35.2.0629）

33　九月己未　都督同知張興祖自永平還至北平。

（太祖洪武實録卷 31　第 2 頁　35.2.0629）

34　九月癸亥　詔中書運戰衣二萬給賜北征戰士〔校記：廣本書下有省字，二作一〕。

（太祖洪武實録卷 31　第 3 頁　35.2.0630）

35　九月甲子　大將軍徐達遣副將軍常遇春、參政傅友德等率兵發北平，取未下州郡。

（太祖洪武實録卷 31　第 3 頁　35.2.0630）

36　十月丁丑　大將軍徐達遣指揮葉〔校記：廣本葉作華〕某等取齊（昌按：疑齊爲齋之誤）堂上寨。

（太祖洪武實録卷 31　第 4 頁　35.3.0632）

37　十月戊寅　上以元都平，詔天下曰：一海宇以安人心，正國統而君天下，理勢所在，古今皆然。自羣雄乘亂以來，四方思治惟切。元綱已隳，疆土遂分，孰拯斯民以定於一？顧予菲德，造此丕圖。荷上天眷佑，臣隣翊贊，肇基江左，平定中原。睠惟幽燕〔校記：

健按：皇明詔制燕作薊〕，實彼本根，命將北伐，列郡皆順。已於洪武元年八月初二日，克其都城。胡君遠遁。兵無犯於秋毫，民不移其市肆。捷音來奏，良副朕懷。已改其都爲北平府，命官屯守。海宇既同，國統斯正。方與生民共此安平之福，尚賴中外臣僚夙夜公勤，以匡朕之不逮。所有事宜，具條〔校記：具條，廣本作條列，嘉本作條具。健按：詔制作條示。明典章載詔書原文作條列〕於左：一，元主父子，遠遁沙漠，其乃〔校記：廣本乃作朵。明典章作乃〕顔、蒯突等類，素相讎敵，必不能容。果能審識天命，銜璧來降，待以殊禮，作賓吾家。一，避兵人民，團结小〔校記：詔制小作山〕寨，詔書到日，並聽各還本業。若有負固執迷者，罪在不原。一，殘元領兵頭目，已嘗抗拒王師、畏罪屯聚者，有能率衆來歸，一體量才〔校記：舊校改才作材〕擢用。一，故官及軍民人等，近因大軍克取之際，倉皇失措，生離父母妻子，逃遁他所。果能自拔來歸，並無罪責，仍令完聚。一，朔方百姓及蒙古、色目諸人，向因兵革，連年供給，久困弊政。自歸附之後，各安生理，趁時耕作。所有羊〔校記：嘉本羊作牛，明典章作羊〕馬孳畜，從便牧養，有司常加存恤。一，北平新附地方，應有犯罪及官有逋欠，但係前代事理，並行革撥〔校記：廣本撥作罷，嘉本作宥。明典章作撥〕。一，祕書監、國子監、太史院典籍，太常法服、祭器、儀衛及天文儀象、地理户口版籍、應用典故文字，已令總兵官收集。其或迷失散在軍民之間者，許赴官送納。一，自兵革以來，南北路隔。其北平府應有南方之人，願歸鄉里者聽；未附州郡，總兵官明示禍福，隨處招諭〔校記：嘉本諭作附。明典章作諭〕。一，各處征進將士有陣亡病故者，所在官司即與埋瘞，仍厚恤其家。一，新附州城〔校記：廣本城作縣。明典章作城〕軍民官吏，非奉朝省明文，毋得擅自科取軍需，騷擾百姓，以妨農務。於戲！上體天心，俾萬邦之咸乂；下從民欲，合四海以爲家。故兹詔示，想宜知悉。

（太祖洪武實録卷 31　第 4 頁　35.4.0632）

38 十月戊子 命徙北平在城兵〔校記：廣本兵作軍〕民於忭（按：忭爲汴之誤）梁。

（太祖洪武實録卷 31 第 6 頁 35.5.0636）

39 十月庚寅 以懷慶、衛輝、彰德、廣平、順德、大名、河間、保定、真定九府隸河南分省，以德安府隸湖廣，北平府隸山東。

（太祖洪武實録卷 31 第 6 頁 35.5.0636）

40 十月甲午 詔徵元太史院使張佑、張沂，司農卿兼太史院使成隸，太史同知郭讓、朱茂，司天監少監王可大、石澤、李義，太監趙恂，太史院監候劉孝忠，靈臺郎張容，回回司天太監黑的兒阿都剌，司天監丞迭里月實一十四人至京。

司天監進元主所製水精宫刻漏。備極機巧，中設一木偶人，能按時自擊鉦鼓。上覽之，謂侍臣曰：廢萬機之務而用心於此，所謂作無益害有益也。使移此心以治天下，豈至亡滅。命〔校記：廣本命上有立字〕左右碎之。

（太祖洪武實録卷 31 第 6 頁 35.5.0636）

41 十月丁酉 大將軍徐達遣平章曹良臣率兵及馬〔校記：廣本馬作馮〕指揮等守通州。

（太祖洪武實録卷 31 第 7 頁 35.6.0638）

42 十一月庚子 大將軍徐達率兵發北平，進取山西，右丞薛顯等從。

（太祖洪武實録卷 32 第 4 頁 36 上 .3.0664）

43 十一月壬子 併懷柔、密雲二縣地入檀州。

（太祖洪武實録卷 32 第 7 頁 36 上 .6.0669）

44 十二月丙戌 改順州爲順義縣，東安、固安及河南輝州、淇州俱爲縣。仍改檀州爲密雲、懷柔二縣。時廷議以各處州治有連轄數縣、有不轄縣而親隸民事者，于體未善。詔〔校記：廣本詔作上〕從其議。于是凡州之不轄縣治而改爲縣者六十有五。

（太祖洪武實録卷 32 第 24 頁 37.20.0746）

45 十二月壬辰 遣符寶郎偰斯奉璽書賜高麗國王王顓，曰：自有宋失御〔校記：廣本御作馭〕，天絶其祀。元非我類，入主中國，百有餘年。天厭其昏淫，亦用殞絶其命。華夷擾亂，十有八年。當羣雄初起時，朕爲淮右布衣。暴兵忽至，誤入其中，見其無成，憂懼弗寧。荷天地眷佑〔按：館本佑作祐，廣本抱本作佑〕，授以文武，東渡江左〔校記：嘉本左作右〕。習養民之道，十有四年。其間西平漢主陳友諒，東縛吴王張士誠，南平閩粤，戡定八番，北逐胡君，肅清華夏，復我中國之舊疆。今年正月，臣民推戴，即皇帝位，定有天下之號曰"大明"，建元"洪武"。惟四夷未報〔校記：廣本報作服〕，故遣使報王知之。昔我中國之君，與高麗壤地相接，其王或臣或賓，蓋慕中國之風，爲安生靈而已。朕雖不德，不及我中國古先哲王，使四夷懷之，然不可不使天下周知，餘不多及。

（太祖洪武實録卷 32 第 27 頁 37.22.0749）

46 十二月壬辰 遣知府易濟頒詔於安南。詔曰：昔帝王之治天下〔校記：廣本下下有也字〕，凡日月所照，無有遠近，一視同仁。故中國尊安〔校記：廣本尊作奠，是〕，四方得所，非有意於臣服之也。自元政失綱，天下兵争者十有七年，四方遐遠，信好不通。朕肇基江左，掃羣雄、定華夏〔校記：廣本夏作夷〕，臣民推戴，已主中國，建國號曰"大明"，改元"洪武"。頃者，克平元都，疆域大同，已承正統〔校記：廣本正誤一〕。方與遠邇相安於無事，以共享太平之福。惟爾四夷君長酋帥等，遐遠未聞，故兹詔示，想宜知悉。

（太祖洪武實録卷 32 第 27 頁 37.22.0750）

洪武二年（1369）

47 正月己酉 詔免山東、北平、燕南、河東……等處税粮。

（太祖洪武實録卷 36 第 9 頁 38.10.0773）

48 正月乙卯 遣使以卽位詔諭日本、占城、爪哇、西洋諸國。

（太祖洪武實録卷 36 第 10 頁 38.11.0775）

49 正月己未 故元翰林學士承旨危素，學士張以寧、王時，編修雷煥，刑部侍郎程徐，太常博士孫吾與、胡益，禮部員外郎曾堅，主事黄肅等自北平至京。詔以新制衣冠賜之。尋以素及時爲翰林侍講學士，以寧爲侍讀學士，堅爲禮部員外郎，徐爲刑部侍郎，肅爲禮部主事。

（太祖洪武實録卷 36 第 11 頁 38.11.0776）

50 二月丙寅朔 遣阿思蘭、楊完者不花、鄧邦富、牛成、陳節等持詔諭雲南、日本等國。阿思蘭等俱賜冠帶衣服。

（太祖洪武實録卷 37 第 11 頁 39.1.0784）

51 二月己巳 占城國王阿答阿者遣其臣虎都蠻貢虎象方物〔校記：廣本作貢虎象及方物〕。

（太祖洪武實録卷 37 第 2 頁 39.2.0785）

52 二月辛未 遣吴用、顔宗魯、楊載等使占城、爪哇、日本等國。賜占城國王阿答阿者璽書曰：今年二月四日，虎都蠻奉虎象至，王之誠意，朕已具悉。然虎都蠻未至，朕之使已在途矣。朕之遣使，正欲報王知之。曩者，我中國爲胡人竊據百年，遂使夷狄布滿四方，廢我中國之彝倫，朕是以起兵討之，垂二十年。芟夷既平，朕主中國，天下方安，恐四夷未知，故遣使以報諸國。不期王之使者先至，誠意至篤，朕甚嘉焉。今以《大統曆》一本，織金綺段紗羅四十四〔校記：廣本綺作色〕，專人送使者歸〔校記：廣本作專人送至使使者同歸〕，且諭王以道。王能奉若天道，使占城之人安于生業，王亦永保禄位，福及子孫，上帝實鑑臨之，王其勉圖勿怠〔校記：中本作勿忽〕。虎都蠻及從者亦賜文綺、紗羅有差。

賜爪哇國王璽書曰：中國正統，胡人竊據百有餘年，綱常既隳，冠履倒置。朕是以起兵討之，垂二十年，海内悉定。朕奉天命，已主中國。恐遐邇未聞，故專使報王知之。使者已行，聞王國人捏只某丁〔校記：廣本丁作可，疑誤〕，前奉使于元，還至福建而元亡，因來居京師。朕念其久離爪哇，必深懷念。今復遣人送還，頒去《大統曆》一本。王其知正朔所在，必能奉若天道，俾爪哇之民安於生理，王亦永保禄位，福及子孫，其勉圖之毋怠。

賜日本國王璽書曰：上帝好生，惡不仁者，向者〔校記：廣本無此二字〕，我中國自趙宋失馭，北夷入而據之，播胡俗以腥羶〔校記：廣本羶作膻，二字古通〕，中土華風不競。凡百有心〔校記：廣本心作年〕，熟不與憤？自辛卯以來，中原擾擾〔校記：廣本擾擾作擾攘〕，彼倭來寇山東，不過乘胡元之衰耳！朕本中國之舊家，耻前王之辱〔校記：廣本之下有玷字〕，興師振旅，掃蕩胡番，宵衣旰食，垂二十年。自去歲以來，殄絶北夷，以主中國，惟四夷未報。間者山東來奏：倭兵數寇海邊，生離人妻子〔校記：廣本無生字〕，損傷物命。故修書〔校記：中本作遣使〕特報正統之事，兼諭倭兵越海之由。詔書到日，如臣奉表來庭〔校記：廣本臣下有則字〕，不臣則循兵自固，永安境土，以應天休〔校記：廣本天休作天命〕。如必爲寇盜，朕當命舟師，揚帆諸島，捕絶其徒〔校記：廣本作振耀師徒〕，直抵其國、縛其王，豈不〔校記：廣本不作非〕代天伐不仁者哉？惟王圖之〔校記：廣本王下有其字〕。

（太祖洪武實録卷 37　第 2 頁　39.2.0785）

53　二月庚辰　故元丞相也速侵通州。時大軍征山西，北平守兵單寡，通州城中亦不滿千人。也速將萬餘騎營於白河。守將平章曹良臣曰，吾兵少不可以戰。彼衆雖多，然亡國之後，屢挫之兵，可以計破。乃密遣指揮仵勇〔校記：廣本中本仵作伴〕等于沿河舟中各樹赤幟三亘十餘里〔校記：廣本三作連〕，鉦鼓之聲相聞。也速望之驚駭，遂引兵遁去。城中出精騎渡白河追之，至薊州不及而還。

（太祖洪武實録卷 37　第 5 頁　39.5.0791）

54　三月癸丑　置北平、廣西二行省。以山東參政盛原輔爲北平參政，中書參政劉惟敬爲廣西參政。廣西州縣先隸湖廣，及北平之真定等府州縣隸山東、河南者皆復其舊。凡北平所轄府八、州三十七、縣百三十六〔校記：廣本百上有一字〕，長盧鹽運司一。

（太祖洪武實録卷39　第7頁　40.6.0811）

55　三月　是月置密雲衛。

（太祖洪武實録卷39　第8頁　40.7.0813）

56　四月乙丑朔　遣内臣送高麗流寓人還其國，以璽書賜其王王顓曰：去冬嘗遣使至王國，以璽書賜王。比因南徙幽燕之民，其間有高麗流寓者百六十餘人。朕念其人豈無鄉里骨肉之思，故令有司遣使護送東歸，而内使金麗淵適在朕側，自言亦高麗人，家有老母，久不得見。朕念其情，就令歸省，并護送流寓者還。賜王紗羅各六匹，至可領也。

（太祖洪武實録卷40　第1頁　41.1.0815）

57　四月丙寅　上遣使卽軍中，命副將軍常遇春率師赴北平。先是，元將也速以兵寇通州，至白河遁去。至是有報，胡兵復欲入寇，故遣使馳報遇春等，令率所部兵還北平，取迤北餘寇。

（太祖洪武實録卷40　第1頁　41.1.0816）

58　五月丙午　以戰襖十一萬給賜北平〔校記：廣本萬下有領字〕、山西、陝西戍守軍士。

（太祖洪武實録卷41　第3頁　42.3.0831）

59　六月壬午　安南國王陳日煃遣其少中大夫同時敏〔校記：廣本同作周，下同，中本作童。嘉本敏誤政，宋濂撰南征録序與館本同〕、正大夫段悌、黎安世〔校記：廣本安世作世安。按：下文廣本仍作安世，廣本疑誤〕等來朝貢方物，因請封爵。詔遣翰林侍講學士張以寧、典簿牛諒使其國，封日煃爲安南國王，賜以駝鈕塗金銀印。詔曰：咨爾安南國王陳日煃，惟乃祖父，昔守境于南陲。傳之子孫，常稱蕃於中國。克恭臣職，以永世封。朕荷天地之靈，肅清華夏。頃馳書而往報，冀率土以咸寧。卿能奉表稱臣，專使來賀。法爾前人之訓，以安遐壤之民。睠玆勤意，深可嘉尚。是用遣使賫印，仍封爾爲安南王。於戲！視廣同仁，思效哲王之盛典；爵超五等，俾承奕葉之遺芳。益茂令猷，永爲藩輔。賜日熞《大統曆》一本，織金文綺紗羅四十匹。賜同時敏、叚悌、黎安世、阮法四人文綺、線羅〔校記：廣本線作錦，嘉本作綿〕各一匹、紗二匹。其副阮勛及從二十三人賜有差〔校記：各本從下有人字，是也。廣本賜上有皆字，中本二十三作三十二〕。以寧等以十月至安南界〔校記：嘉本作十一月〕，而日熞以夏五月先卒，其姪〔校記：廣本姪作弟〕日煃嗣立，遣其臣阮汝亮〔校記：中本汝作波，誤〕來迎，請詔印。以寧等不從，日煃乃復遣杜舜欽等〔校記：廣本遣下有其臣二字。宋濂撰南征録序卿作欽。實録一〇〇六面各本仍作卿〕請命于朝，以寧駐安南俟命。

（太祖洪武實録卷 41　第 3 頁　43.3.0847）

60　七月乙未　詔遣儒士歐陽佑等十二人往北平等處，采訪故元元統及至正三十六年事蹟，增修《元史》。時諸儒修《元史》將成，詔先成者上進，闕者俟續采補之。

（太祖洪武實録卷 42　第 5 頁　43.4.0850）

61　八月甲子　高麗國王王顓遣其禮部尚書洪尚載等奉表賀即位，請封爵，且貢方物。中宫及皇太子皆〔校記：廣本皆作俱〕有獻。賜〔校記：廣本賜上有詔字〕尚載以下羅綺有差。

（太祖洪武實録卷 42　第 1 頁　44.1.0858）

62　八月丙子　遣符寶郎偰斯齎詔及金印誥文往高麗，封王顓爲國王。詔曰：自有元之失馭，兵争夷夏者，列若星陳。至於擅土宇、異聲教，豈殊于瓜分；虐黔黎、專生殺，不異于五季。若此者將及二紀。治在人思，眷從天至。朕本布衣，君位中國〔校記：廣本位作主〕，撫諸夷于八極，各相安於彼此。他無肆侮于邊陲，未嘗妄興于九伐。爾高麗天造東夷，地設險遠。朕意不司簡生釁隙〔校記：嘉本無司簡二字〕，使各安生，何數請隸，而辭意益堅〔校記：廣本無意字〕。羣臣皆言，當納所請，是以一視同仁，不分化外，允其虔懇〔校記：中本虔下有誠之二字〕，命承前爵，儀從本俗，法守舊章。嗚呼！盡夷夏之咸安，必上天之昭鑒。既從朕命，勿萌釁端。故兹昭示，想宜知悉。誥曰：咨爾高麗國王王顓，世守朝鮮，紹前王之令緒；恪尊華夏，爲東土之名藩。當四方之既平，嘗專使而往報。卽陳表貢，備悉衷誠〔校記：廣本衷作忠〕。良由素習于文風，斯克勤修于臣職。允宜嘉尚，是用褒崇。今遣使齎印仍封爲高麗國王。儀制服用，許從本俗。於戲！保民社而肇封，式遵典禮；傳子孫於永世，作鎮邊陲。其服訓詞，益綏福履。仍賜顓《大統曆》一本，錦繡絨綺十匹。又賜其王母妃金綺紗羅各四匹，并賜其相國申肫〔校記：中本肫作盹〕、侍中李春富、李仁人文綺紗羅十二疋。

（太祖洪武實録卷 43　第 6 頁　44.5.0865）

63　八月庚寅　置燕山前後二衛。

（太祖洪武實録卷 44　第 5 頁　44.9.0874）

64　八月　召河間長蘆轉運使周湞入朝。

（太祖洪武實録卷 44　第 7 頁　44.10.0876）

65　九月丙午　高麗國王王顓遣其總部尚書成唯得、千牛衛大將軍金甲雨上表貢方物、謝恩并賀天壽聖節。中宫及皇太子皆有獻，就請祭服制度。上命工部製賜之。

占城國王阿答阿者遣其臣蒲旦麻都〔校記：嘉本旦麻誤作答麻；廣本誤作且府〕等貢方物。賜其國王〔校記：廣本中本賜上有命字〕及使者綺帛有差。

（太祖洪武實録卷 45　第 5 頁　45.4.0883）

66　十月壬戌朔　高麗使者成惟得〔校記：抱本惟作唯，下同〕等辭歸，上以書諭其國王王顓曰：近使者歸自王國，朕問王國政俗、城郭、甲兵、居室如何，使者言，俗無城郭，雖有甲兵而侍衛不嚴，有居室而無聽政之所，王專好釋氏。去海濱五十里或三十里，民始有寧居者。朕詢其故，言嘗爲倭奴所擾。果若是，深爲王慮之。朕雖德薄，爲天下主。王已稱臣備貢，事合古禮。凡諸侯之國，勢將近危

〔校記：廣本危下有則救之三字〕，故持危保國之道〔校記：廣本無故字〕，不可不諭王知之。古者王公設險，以守其國。今王有人民，無城郭，民人將何所依？爲國者未嘗去兵，今王武備不修，則國威弛；民以食爲天，今瀕海之地不耕，則民食艱；凡國必有出政令之所，今王有居室而無廳事，則無以示尊嚴于臣下。朕甚不取也。歷代之君，不聞夷夏，唯修仁義禮樂以化民俗。今王棄而不務，日以持齋守戒爲事，欲以求福，失其要矣！佛之道，三皇五帝之時未聞有也，而是時天下大治。後世務釋氏〔校記：嘉本務作好〕而能保其國者未之見矣！梁武帝之事，可爲明鑑，王豈未知之耶〔校記：嘉本知之作之知〕！夫王之所以王高麗者，莫不由前世所積。若行先王之道，與民興利除害，使其生齒繁廣，父母妻子，飽食煖衣，各得其所，則國永長〔校記：廣本則下有享字〕。修德求福，莫大於此。王何不爲此而爲彼哉？有國之君，當崇祀典。聞王之國，犧牲不育〔校記：廣本育作備〕，何以供境内山川城隍之祀乎？古人有言：國之大事，在祀與戎。若戎事不修，祀事不備，其何以爲國乎？今胡運既終，沙塞之民，無所總統。朕兵未至遼瀋，其間或有强暴者出，不爲中國患，必爲高麗擾。況倭人出入海島，十有餘年，必知王之虛實，此亦不可不慮也。王欲禦之，非雄武之將、勇猛之兵，不可遠戰於封疆之外；王欲守之，非深溝高壘、内有儲蓄、外有援兵，不能以挫鋭而擒敵。由是言之，王之負荷亦重矣。智者圖患于未然，轉危以爲安，前之數事，朕言甚悉，不過與王同其憂耳，王其審圖之。且知王欲制法服以奉家廟，朕深以爲喜。今賜王冠服、樂器、陪臣冠服及洪武三年《大統曆》《六經》《四書》《通鑑》《漢書》，至可領也。遣書指不多及〔校記：廣本遣作遺〕，仍賜帷得等綺帛有差。

（太祖洪武實録卷 46　第 1 頁　46.1.0907）

67　十一月甲午　調山西參政周或（昌按：疑或爲彧之誤，见洪武三年正月辛亥條）爲北平行省參政。

（太祖洪武實録卷 47　第 1 頁　47.1.0929）

68 十二月壬戌朔 遣翰林院編修羅復仁、兵部主事張福齎詔諭安南、占城國王。詔曰：朕本布衣，因天下亂，起兵以保鄉里。不期豪傑雲從，朕將之數年，闢土日廣，甲兵强盛。遂爲臣庶推戴，君臨天下，以承正統。于今三年，海外諸國入貢者，安南最先，高麗次之，占城又次之。皆能奉天稱臣，合于古制，朕甚嘉焉。近占城遣平章蒲旦麻都來貢〔校記：廣本都誤多，中本誤作貢〕，言安南以兵侵擾。朕觀之，心有不安，念爾兩國自古及今，封疆有定分，不可强而爲一，此天意也。況爾等所居之地，相去中國越山隔海，所言侵擾之事，是非一時難知。以朕詳之，爾彼此世傳已久，保土安民，上奉天道，尊事中國，爾前王必有遺訓，不待諭而知者。朕爲天下主，治亂持危，理所當行。今遣使往觀其事，諭以畏天守分之道。如果互執兵端，連年不解，荼毒生民，上帝好生，必非所悦。恐天變于上，人怨于下，其禍有不能逃者。二國之君，宜聽朕言，各遵其道，以安其分，庶幾爾及子孫，皆享福于永久，豈不美歟。詔至，兩國皆聽命罷兵。

（太祖洪武實録卷 47　第 4 頁　47.3.0934）

69 十二月丁卯 改湖廣行省參政趙耀爲北平行省參政。耀初授湖廣，既辭〔校記：廣本既下有陛字，是也〕，復留之。至是，上以耀嘗從徐達取元都，習知其風土民情、邊事緩急，改授北平，且俾守護王府宮室。既而召入，諭之曰：聞北口子人多來歸附者，汝宜速往，選其驍勇可用者爲兵，月給米贍之，餘悉處之臨清、東昌之地，毋令其失所。耀因奏進工部尚書張允所取北平宮室圖。上覽之，令依元舊皇城基改造王府。耀受命，即日辭行。

（太祖洪武實録卷 47　第 4 頁　47.4.0935）

70 十二月甲戌 遣中書省管勾甘桓、會同館副使路景賢封占城國王阿答阿者爲占城國王。詔曰：咨爾占城國王阿答阿者，素處海邦，定居南服。自爾祖父，世篤忠貞，嚮慕中華，恪守臣職〔校記：廣本職作節〕。朕今混一四海，撫馭萬方，欲率土之咸寧，嘗馳書以往報。而爾能畏天命、尊中國，即遣使稱臣，來貢方物，思法前王之訓〔校記：嘉本思作師〕，以安一境之民。睠兹忠誠，良可嘉尚。是用遣官齎印，封爾爲占城國王。於戲！居中撫外，朕方一視同仁；保境安民，爾當慎終如始。永爲藩輔，益勉令名〔校記：嘉本益勉作以保〕。今賜洪武三年《大統曆》一本〔校記：中本賜下有爾字〕，織金文綺、紗羅四十疋，至可領也。復賜民間檢用曆三千本，賞勞其使蒲旦麻都文綺、紗羅各一疋，仍賜以冠帶。其從者皆有賜。

高麗國王王顓遣其臣張子温等上表謝封爵，并賀明年正旦，貢方物。中宫、東宫皆有獻〔校記：廣本東上有及字〕。

（太祖洪武實録卷47 第5頁 47.4.0936）

71 十二月壬午 先是，高麗國王王顓有姪女遇亂，陷没于軍〔校記：廣本于軍作軍中〕。使者入朝言其故，上令中使訪得之。至是賜以衣資廩餼，令具使者護歸本國。

（太祖洪武實録卷47 第6頁 47.5.0938）

72 十二月 是月……設北平河間都轉運鹽使司，所屬利民等二十四場歲辨大引鹽七萬一千八百五十二引有奇〔校記：嘉本一千作八千，脱二引二字〕。其法皆竈户自備器皿煎煮，每丁歲辨鹽四引。地每畝辨鹽一十六斤，車一輛辨鹽二百斤，牛驢每頭辨鹽一百斤。

（太祖洪武實録卷47 第10頁 47.9.0946）

73 十二月 是月……西域僧班的達及其徒古麻辣室哩等十二人自中印度來朝〔校記：中本朝作貢〕。

（太祖洪武實録卷47 第10頁 47.9.0946）

洪武三年（1370）

74 正月庚子 遣使往安南、高麗、占城祀其國山川。

（太祖洪武實録卷48 第5頁 48.4.0954）

75 正月辛亥 調北平行省参政周彧爲湖廣行省参政。

（太祖洪武實録卷 48 第 8 頁 48.6.0958）

76 正月丁巳 置永平衛。

（太祖洪武實録卷 48 第 8 頁 48.7.0960）

77 三月甲午 以永平府所屬宜興、龍慶二州及懷來縣俱隸北平府。

（太祖洪武實録卷 50 第 1 頁 50.1.0976）

78 三月甲辰 淮安侯華雲龍言：前大軍克永平，留故元五省八翼兵一千六百六十人屯田，人月支粮五斗。今計其所收，不償所費，乞取赴燕山諸衛補伍練用。詔從之。

（太祖洪武實録卷 50 第 3 頁 50.3.0979）

79 三月戊午 是月，萊州府同知趙秩奉持詔諭日本國王良懷曰：朕聞順天者昌，逆天者亡，此古今不易之定理也。粤自古昔帝王，居中國而治四夷，歷代相承，咸由斯道。惟彼元君，本漠北胡夷，竊主中國，今已百年。汙壞彜倫，綱常失序。由是英俊起兵，與胡相較，幾二十年。朕荷上天祖宗之佑，百神效靈，諸將用命，收海内之羣雄，復前代之疆宇，即皇帝位已三年。比嘗遣使持書，飛諭四夷，高麗、安南、占城、爪哇、西洋瑣里，即能順天奉命〔校記：廣本作奉天順命〕，稱臣入貢，既而西域諸種蕃王〔校記：嘉本無種字〕，各獻良馬來朝，修伏聽命。北夷遠遁沙漠，將及萬里，特遣征虜大將軍率馬步八十萬出塞追獲，殲厥渠魁，大統已定。蠢爾倭夷，出没海濱爲寇，已嘗遣人往問〔校記：嘉本人作使〕，久而不答。朕疑王使之故擾我民。今中國奠安，猛將無用武之地，智士無所施其謀。二十年鏖戰，精鋭飽食終日，投石超距。方將整飭巨舟，致罰於爾邦。俄聞被寇者來歸，始知前日之寇，非王之意，乃命有司暫停造舟之役。嗚呼！朕爲中國主，此皆天造地設，華夷之分。朕若效前王，恃甲兵之衆，謀士之多，遠涉江海，以禍遠夷安靖之民，非上帝之所托〔校記：嘉本托作欲〕，亦人本之不然。或乃外夷小邦，故逆天道，不自安分，時來寇擾，此必神人共怒，天理難容。征討之師，控弦以待。果能革心順命，共保承平，不亦美乎？嗚呼！欽若昊天王道之常，撫順伐逆，古今彝憲，王其戒之，以延爾嗣。

（太祖洪武實録卷50 第8頁 50.7.0987）

80 四月乙丑 冊封諸皇子爲王。詔天下曰：……朕今有子十人，卽位之初，已立長子標爲皇太子……乃以四月七日封第二子樉爲秦王，第三子棡爲晉王，第四子棣爲燕王，第五子橚爲吴王，第六子楨爲楚王，第七子榑爲齊王，第八子梓爲潭王，第九子杞爲趙王，第十子檀爲魯王，從孫守謙爲靖王。

（太祖洪武實録卷51 第6頁 51.5.1000）

81 四月丙寅 遣使頒封建諸王詔于安南、高麗諸國。

（太祖洪武實録卷51 第8頁 51.7.1004）

82 四月壬申 安南使臣杜舜欽〔校記：廣本欽下有等字〕以其王陳日煃卒，來告哀請命。

（太祖洪武實録卷51 第9頁 51.8.1006）

83 四月癸酉 上素服御西華門見舜欽等。遣翰林院編修王廉往祭之，賻以白金五十兩，絹五十疋〔校記：嘉本無十字〕。其文曰：朕起自布衣，以中國多故，奮興師旅，削平禍亂。偃兵息民，統一華夏。當卽位之初年，遣使執四夷酋長，始知我中國之方安。惟爾日煃，聞詔至日，躬率陪臣，禮遇使者，誠意歡洽，如我舊臣。諸邦未至，惟爾先庭。朕仰天撫手，以謂安南人民之福。卽命中書禮部倣古鑄印，遣翰林侍讀學士張以寧賚趍爾國，以彰賢德，益懋來誠。今年四月十四日中書奏，爾使臣杜舜欽等至，言爾已逝。朕不覺頓足驚嘆：西南藩邦賢主何去之速也！是用遣使往奠。惟爾日煃，生而有識，死必有知。陰相爾邦，永膺世襲。又遣吏部主事林唐臣賚詔封日熞爲安南國王。詔曰：朕躬膺正統，撫有天下。睠爾安南，素知尊慕中國。去歲國王陳日煃奉表稱臣，朕遣使賚詔印，仍封爲安南國王，使至近境，而日煃已逝。今世子日熞，能繼前志，專使請命。考于典禮，宜嗣其位。是用命爾日熞襲封安南國王，授以金印。仍賜織金文綺、紗縠（按：縠疑爲穀）四十匹，舜欽以下十四人賜綺帛各有差。

廉既行，又詔，以漢伏波將軍馬援昔討交阯，立銅柱爲表，以鎮服蠻夷，其功甚大，命廉就祀之。廉至横州之烏蠻灘，見其廟頽毁，乃命州民先修葺其祠，既畢，而後致祭。

（太祖洪武傳録卷 51　第 10 頁　51.8.1006）

84　六月癸亥　仍遣秘書監直長夏祥鳳等頒章正神號詔于安南、占城、高麗。

（太祖洪武實録卷 53　第 2 頁　53.2.1036）

85　六月癸亥　陞大都督府都督僉事華雲龍爲都督同知兼燕府武相。

（太祖洪武實録卷 53　第 2 頁　53.2.1040）

86　六月壬申　設陜西、北平、山西行都督府。

（太祖洪武實録卷 53　第 5 頁　53.4.1036）

87　六月癸酉　安南國主陳日熞遣其上大夫阮兼、中大夫莫季龍、下大夫黎元普等來上表謝恩，貢方物。阮兼卒于南安，上賜季龍以布帛有差。仍賜日熞紗縠各二匹，以銀五十兩爲阮兼喪費，令有司送柩歸其國。

（太祖洪武實録卷 53　第 6 頁　53.5.1042）

88　六月丁丑　頒平定沙漠詔于天下。詔曰：朕本農家，樂生於有元之世。庚申之君，荒淫昏弱，紀綱大敗。由是豪傑並起，海内瓜分。雖元兵四出，無救于亂，此天意也。然倡亂之徒，首禍天下，謀奪土疆，欲爲王伯。觀其所行，不合於禮，故皆滅亡，亦天意也。朕當是時，年二十有四，盤桓避難，終不寧居。遂託身行伍，驅馳三年。觀羣雄無成，徒擾生民，乃率衆渡江，訓將練兵，奉天征討，于今十有六年。削平强暴，混一天下，大統既正，民庶皆安，而元之遺孽時犯邊場，勞我師旅。今年六月十有五日，左副將軍李文忠、左丞趙庸等遣使來奏：五月十六日率兵北至應昌，獲元君之孫買的里八剌及其后妃、寶册等物。知庚申君已於四月二十八日殂于應昌。大軍所至，朔庭遂空。中書上言：宜以其孫及后妃獻俘于太廟。朕心思之，其君之亡，係乎天運〔校記：中本天運作天命運數〕，所遺幼孫，若行獻俘，實有不忍。况當天下紛亂，朕非有意，不過欲救患全生。今定四海，休息吾民於田里，非朕所能，亦天運致然也。尚慮臣民未知朕意，是用播告天下。左副將軍以禮獲送買的里八剌已至〔校記：中本獲作護，是也〕朕憐帝王之後，難同庶民及首亂僭僞來降者。特封崇禮侯，總其眷屬以及母后等同居，飲食服用，出官民上，俾存元祀。禮法前王，不敢過虧。嗚呼！天命靡常，惟殷是鑒，可不畏哉。

仍遣使齎詔諭安南、高麗、占城。

（太祖洪武實録卷 53　第 7 頁　53.8.1044）

89　六月丁丑　翰林院編修羅復仁、兵部主事張福傳詔還自安南，言：安南饋黄金、吉貝等物，已却之不受。上曰：不受其饋，是也。命中書加賜其使莫季龍而還〔校記：中本龍下有銀五十兩四字〕。

（太祖洪武實録卷 53　第 9 頁　53.8.1048）

90　六月乙酉　永平府灤州大水……詔蠲其田租。

（太祖洪武實録卷 53　第 14 頁　53.12.1056）

91　七月辛卯　詔建諸王府。工部尚書張允言：諸王宫城宜各因其國擇地，請……燕用元舊内殿。……上可其奏，命以明年次第營之。

以古北口山外雲州、興州隸北平府。

（太祖洪武實録卷 54　第 2 頁　54.1.1060）

92　八月辛酉　遣吕宗俊等詔諭暹羅國〔按：館本詔作招，嘉本抱本作詔〕。

占城國王阿答阿者遣其臣打班舍利等來貢方物。

高麗遣其三司使姜德贇上表謝賜冕服，貢方物并納元所授金印。

（太祖洪武實録卷 55　第 3 頁　55.3.1077）

93　八月戊寅　遣使持詔往諭三佛齊、渤泥、真臘等國。趙述等使三佛齊，張敬之等使渤泥，郭徵等使真臘。

（太祖洪武實録卷 55　第 5 頁　55.4.1079）

94　八月　是月京師及各行省開鄉試。自初九日始試初場，復三日試第二場，又三日試第三場。京師直隸府州貢額百人。河南、山東、山西、陝西、北平、福建、江西、浙江、湖廣各四十人，廣西、廣東各二十五人。若人材衆多之處不拘額數，或不能拘數者亦從之。

（太祖洪武實録卷 55　第 7 頁　55.6.1084）

95　八月　改設彭城、濟陽、濟州三衛於北平。

（太祖洪武實録卷 55　第 8 頁　55.7.1085）

96　九月壬寅　爪哇國王昔里八達剌八剌蒲蒲遣其臣郎加占必忽先等來貢方物。

（太祖洪武實録卷 56　第 4 頁　56.3.1092）

97　九月癸丑　高麗遣其臣偰長壽奉箋獻方物，賀皇太子千秋節

。

（太祖洪武實録卷 56　第 7 頁　56.6.1098）

98　九月乙卯　西洋國王別里提〔校記：中本提作從，疑誤〕遣其臣亦迭納瓦里沙〔校記:中本里作坐，疑誤〕等來朝，進金葉表文，貢黑虎一。挑（按：疑挑爲兜之誤）羅綿被四幅，漫折的花被八幅，皮剔布〔校記:中本皮下有搯字〕四疋，槁尼布三匹，沙馬打里布二疋。先是，嘗遣劉叔勉等頒卽位詔于西洋等國，至是遣其臣偕叔勉入貢。上以其涉海道遠，賜織金文綺、紗羅甚厚。仍賜以《大統曆》，使者賞綺帛有差。

（太祖洪武實録卷 56　第 9 頁　56.7.1100）

99　十月丁巳　中書省臣言：高麗使者入貢多賫私物貨鬻，請征

其税。上曰：遠夷跋涉萬里而來，暫爾鬻貨求利，難與商賈同論，聽其交易，勿征其税。

（太祖洪武實録卷 57　第 1 頁　57.1.1115）

100　十月辛酉　高麗遣其判宗正寺尹控來貢方物，賀天壽聖節。至則已不及，命所司禮其使而遣之。

（太祖洪武實録卷 57　第 2 頁　57.1.1116）

101　十一月丙申　大封功臣……燕相府左相兼同知大都督府事、北平等處行中書省參知政事華雲龍，授開國輔運推誠宣力武臣榮禄大夫柱國、燕相府左相、兼北平等處行中書省參知政事，封淮安侯，食禄一千五百石。

（太祖洪武實録卷 38　第 5 頁　58.4.1130）

102　十一月辛亥　詔令商人輸米北平府倉，每一石八斗給淮浙鹽一引。

（太祖洪武實録卷 58　第 13 頁　58.11.1143）

103　十二月辛酉　《大明志》書成。先是，命儒士魏俊民、黄篪、劉儼、丁鳳、鄭思先、鄭權六人編類天下州郡、地里形勢〔校記：各本里作理〕、降附始末爲書。凡天下行省十二、府一百二十、州一百八、縣八百八十七、安撫司三、長官司一。東至海，南至瓊崖，西至臨洮，北至北平。至是書成，命送秘書監鋟梓頒行。俊民等皆授以官。

（太祖洪武實録卷 59　第 2 頁　59.2.1149）

104　十二月辛巳　陞杭州、江西、燕山、青州四衛爲都指揮使司，以徐司馬、濮英等爲各衛都指揮使。

（太祖洪武實録卷 59　第 11 頁　59.9.1164）

105　十二月壬午　西域僧班的達及其徒古麻辣室哩等〔校記：中本室誤豈。嘉本中本嘿誤嘿；禮本誤作黑〕（按：館本嘿作哩）十二人自中印度來朝。（昌按：此條與洪武二年十二月條重出。）

（太祖洪武實録卷 59　第 12 頁　59.10.1165）

洪武四年（1371）

106　正月丁亥　命中書右丞相魏國公徐達往北平操練軍馬，繕治城池。

（太祖洪武實録卷60　第1頁　60.1.1168）

107　正月丙午　安南國王陳日熞遣其臣陶宗會等奉表貢馴象，賀克沙漠故也。

（太祖洪武實録卷60　第9頁　60.8.1181）

108　二月丙辰　大同衛都指揮使耿忠言：大同地邊沙漠，元季索羅帖木兒、擴廓帖木兒等亂兵殺掠，城郭空虛，土地荒殘，累年租税不入，軍士餉粮於山東轉運，則道里險遠，民力艱難，請以太原、北平、保安等處税粮撥赴大同輸納爲便。廷議……

（太祖洪武實録卷61　第1頁　61.1.1183）

109　二月戊午　翰林侍讀〔校記：中本林下有院字〕學士張以寧、吏部主事林唐臣、翰林編修王廉自安南使還，其王陳日熞遣其臣阮汝亮偕來，上表謝恩，貢方物。以寧卒于道。以寧字志道，福州古田縣人，少貧苦，好學，登元泰定辛卯進士第，授淮安路清河縣尹，坐事，免官十餘年。至正中，復起爲國子助教，累遷國子待制，陞侍讀學士。以寧有俊才，博學善記。元末，遺老多物故，以寧獨以文學擅名于時，人呼爲小張學士。洪武元年，王師入元都，順帝北走，國亡，以寧以元故宫起送京師，奏對稱旨，復以爲翰林侍讀學士，特見寵遇。及奉使安南，御製詩送之。以寧留安南俟命逾年，及王廉、林唐臣等至，始與俱還，道遇疾卒。詔有司還其柩于家，所在致祭。以寧清潔自守，所居蕭然，未嘗營財産。其奉使也，襆被而往，臨終有詩云：覆身惟有黔婁被，垂橐都無陸賈金。有詩文數十卷，號《翠屏集》行于世。

（太祖洪武實録卷 61　第 1 頁　61.1.1184）

110　二月己巳　以燕府左相淮安侯華雲龍兼北平行省参政，左傅高顯兼大興左衛指揮使，并給兼官之俸。

（太祖洪武實録卷 61　第 3 頁　61.3.1187）

111　二月癸酉　户部定淮、浙、山東中鹽之例，皆以一引爲率，商人輸米……北平府倉，淮鹽一石八斗；浙鹽一石五斗。

（太祖洪武實録卷 61　第 5 頁　61.4.1190）

112　三月癸巳　命中書省臣曰：山北口外東勝、蔚、朔、武、豐、雲、應等州，皆極邊沙漠，宜各設千户，統率十卒〔校記：各本十作本管士，是也〕，收撫邊民。無事則耕種，有事則出戰。所儲粮草就給本管，不必再設有司，重擾于民。

（太祖洪武實録卷 62　第 2 頁　62.2.1197）

113　三月己亥　中書省臣奏言：高麗國郎將李英等，因入朝貢多帶物出境，請加禁止。詔勿禁。

（太祖洪武實録卷 62　第 2 頁　62.2.1197）

114　三月壬寅　改北平平灤府爲永平府。

（太祖洪武實録卷 62　第 2 頁　62.2.1198）

115　三月乙巳　中書右丞相魏國公徐達奏：山後順寧等州之民，密邇虜境，雖已招集來歸，未見安土樂生，恐其久而離散。已令都指揮使潘敬、左傅高顯徙順寧、宜興州沿邊之民，皆入北平州縣屯戍。仍以其舊部將校撫綏安輯〔按：館本輯作集，各本作輯，二字古通〕之。計户一萬七千二百七十四，口九萬三千八百七十八。上可其奏。

（太祖洪武實録卷 62　第 3 頁　62.3.1199）

116　閏三月庚申　命侍御史商暠往山東、北平收取故元五省八翼漢軍。暠至，按籍凡一十四萬一百一十五户，每三户令出一軍，分隸北平諸衛。

（太祖洪武實録卷 62　第 2 頁　63.1.1204）

117　五月丙寅　詔立大社稷壇於中都，命工部取五方之土築之。直隸應天等府并河南省進黄土，浙江、福建、廣東、廣西進赤土，江西、湖廣、陕西進白土，山東進青土，北平進黑土，天下郡縣計千三百餘城〔校記：抱本計下有一字〕，每以土百斤爲率〔校記：嘉本百作一〕。仍命取之於名山高爽之地。

（太祖洪武實録卷 65　第 3 頁　65.3.1229）

118　五月丙子　以北平興和府天城、懷安二縣隸山西大同府。

（太祖洪武實録卷 65　第 5 頁　65.4.1232）

119　六月丁酉　以……梅珪爲北平府知府。

（太祖洪武實録卷 66　第 3 頁　66.3.1239）

120　六月戊戌　北平地震。

（太祖洪武實録卷 66　第 4 頁　66.4.1241）

121　六月甲辰　置彭城、濟川、濟陽三衛于北平。

（太祖洪武實録卷 66　第 6 頁　66.5.1244）

122　六月戊申　魏國公徐達駐師北平。以沙漠既平，徙山後之民三萬五千八百户，一十九萬七千二十七口〔校記：廣本十作百〕散處衛府。籍爲軍者給以粮，籍爲民者給田以耕。凡已降而内徙者户三萬四千五百六十，口一十八萬五千一百三十二。招降及捕獲者户二千二百四十〔校記：廣本四作二〕，口一萬一千八百九十五〔校記：廣本八作五〕。宜興州樓子、塔厓、獅厓〔校記：厓作庭〕、松朶、窨子峪、水峪、臺莊七寨户一千三十八，口五千八百九十五〔校記：廣本九作三〕。永平府夢洞山〔校記：中本夢作平〕、雕窩厓、高家峪、大斧厓、石虎、青礦洞、莊家洞、楊馬山、買驢、獨厓、判官峪十一寨，户一千二百二，口六千。達又以沙漠遺民三萬二千八百六十户，屯田北平府管内之地。凡置屯二百五十四，開田一千三百四十三頃。大興縣四十九屯，五千七百四十五户；宛平縣四十一屯，六千一百六十六户；良鄉縣二十三屯，二千八百八十一户；固安縣三十七屯，四千八百五十一户；通州八屯，九百一十六户；三河縣二十六屯，二千八百三十一户〔校記：中本三作八〕；漷州九屯，一千一百五十五户〔校記：嘉本作九十五，中本作五十户〕；武清縣一十五屯，二千三十一户〔校記：廣本三作二。嘉本千下有八百二字〕；薊州一十五屯〔按：館本十下無五抱本十下有五字〕，一千九十三户；昌平縣二十六屯〔校記：廣本中本縣誤州。廣本二作三，是也〕，三千八百一十一户，順義縣一十屯，一千三百七十户。

（太祖洪武實録卷 66　第 7 頁　66.6.1246）

123　七月辛亥朔　遣使命中書右丞相魏國公徐達自北平往山西操練士馬。諭之曰：凡爲國者貴有備，有備則無患。古人當平康之時，克詰戎兵，内以安國家，外以制四夷。況山西地近胡虜，尤不可無備，故命卿率諸將校繕修城池，訓練士卒。如調遣征進迤西等處，從便行之。其太原、蔚、朔、大同、東勝軍馬及新附韃靼官軍，悉聽節制。

（太祖洪武實録卷 67　第 1 頁　67.1.1254）

124　七月辛未　置薊州衛指揮使司。

（太祖洪武實録卷 67　第 4 頁　67.4.1259）

125　七月乙亥　占城國王阿答阿者遣其臣答班瓜卜農來朝，奉表言安南侵其土境。表用金葉，長一尺餘，濶五寸。俾（按：館本俾作刻）以本國書，俾譯者譯之，其意曰：大明皇帝登大寶位，撫有四海，如天地覆載，日月照臨。阿答阿者譬一草木耳。欽蒙遣使以金印封爲國王，感戴欣悅，倍萬恒情。惟是安南用兵侵擾疆域，殺掠吏民。伏願皇帝垂慈，賜以兵器、樂器、樂人，俾安南知我占城乃聲教所被，輸貢之地，則安南不敢欺凌。上感其意。及答班瓜卜農陛辭，命中書省移咨其國王云：交隣有道，實爲保土之方；事上以誠，庶盡人臣之禮。且占城、安南既皆臣事朝廷，同奉正朔，而乃擅自搆兵，毒害生靈，既失事上之體〔校記：各本體作禮〕（按：梁本作禮），又失交隣之道。已咨安南國王，即日罷兵本國，亦宜各安疆土。所請兵器，于王何惜？但以占城、安南互相争奪〔校記：廣本相下有事字〕，而朝廷獨與占城，則是助爾相攻，甚非撫安之義；又所請樂器、樂人，在聲律雖無中外之殊，而語言則有華夷之異，難以發遣。若爾國有能習中國華言可教以音律者，選擇數人，赴京習之。並諭福建行省，占城海舶貨物，皆免其征，以示懷柔之意。

（太祖洪武實録卷67　第5頁　67.4.1260）

126　八月癸巳　浡泥國王馬合謨沙遣其臣亦恩麻逸進表貢方物〔按:館本表下有箋，抱本無箋字。按下文言，表用金，箋用銀，則當有箋字〕。先是，上命監察御史張敬之、福建行省都事沈秩使其國，至是，其王遣使隨秩等入貢，有鶴頂生、玳瑁、孔雀、梅花、龍腦、米腦、糠腦、西洋白布及降香、黄蜡等物。表用金、箋用銀，皆刻番書，字體彷彿回鶻。詔賜其國王織金文綺、紗羅及其使綺帛有差。浡泥在西南大海中，所統一十四州。闍婆屬國也，去闍四十五日程，産名香異物。國王以全珮刀、吉貝布遺敬之等，悉辭不受。

（太祖洪武實録卷67　第7頁　67.6.1264）

127　八月癸巳　上以北平、山西餽運之艱，命以白金三十萬兩、綿布十萬疋就附近郡縣易米以給將士。

（太祖洪武實録卷　67　第7頁　67.7.1265）

128　八月癸卯　遣佛菻國故民捏古倫持詔往諭其國王曰：自有宋失馭，天絶其祀。元興沙漠，入主中國，百有餘年。天厭其昏淫亦用殞絶其命。華夷擾亂，十有八年。當羣雄初起時，朕爲淮右布衣，起義救民。荷天之靈，授以文武之臣。東渡江北，練兵養民，十有四年。西平漢主陳友諒，東縛吴王張士誠。南平閩越，戡定巴蜀；北靖幽燕，奠安華夏，復我中國之舊疆。朕爲臣民推戴，即皇帝位。定有天下之號曰大明，建元洪武，于今四年矣。凡四夷諸國，皆遣告諭。惟爾佛菻，隔越西夷，未及報知。今遣爾國之民捏古倫齎詔往諭。朕雖未及古先哲王之德，使四夷懷之，然不可不使天下咸知朕平定四海之意，故兹詔示。

（太祖洪武實録卷 67　第 9 頁　67.7.1266）

129　八月　　是月……河南、陝西、山西及北平河間、永平……等府旱。

（太祖洪武實録卷 67　第 10 頁　67.9.1269）

130　九月甲寅　　高麗國王王顓遣其臣姜仲祥〔校記：禮本仲作孟〕等奉表，貢金銀龍盞、布、文席、龜具等物，賀天壽聖節并賀皇太子秋節。

（太祖洪武實録卷 68　第 1 頁　68.1.1271）

131　九月丙辰　　分遣監察御史往山東、河南、北平等府州，覈實鹽課并倉課逋負之數。

（太祖洪武實録卷 68　第 2 頁　68.2.1273）

132　九月庚申　　三佛齊國王馬哈剌札八剌卜遣其臣玉的力馬罕亦里牙思〔校記：中本玉作王〕奉金表來朝，貢黑熊、大鷄、孔雀、五色鸚鵡及諸香、兜羅綿被、苾布等物。先是，遣趙述等使其國，告以卽位、建元、平定朔漠之意。至是述還，其國遣使隨述入貢。詔賜馬哈剌札八剌卜《大統曆》，織金紗羅、文綺，使臣羅綺有差。

（太祖洪武實録卷 68　第 2 頁　68.2.1274）

133　九月壬戌　　以工部尚書安慶爲北平行省參政。

（太祖洪武實録卷 68　第 3 頁　68.2.1274）

134　九月辛未　　吕宗俊還自暹羅國〔按：館本無還字，各本自上有還〕，其王參烈昭毘牙遣其臣昭旻孤鸞等偕宗俊來朝，貢馴象、六足龜及方物。詔賜其國王織金紗羅、文綺，使者衣，人一襲。

（太祖洪武實録卷 68　第 5 頁　68.4.1278）

135　九月丁丑　　户部言：高麗、三佛齊入貢，其高麗海舶至太倉，三佛齊海舶至泉州海口，並請征其貨。詔勿征。

（太祖洪武實録卷 68　第 5 頁　68.5.1279）

136　十月癸巳　　日本國王良懷遣其臣僧祖來進表箋，貢馬及方物，并僧九人來朝。又送至明州、台州被虜男女七十餘口。先是，趙秩等往其國宣諭，秩泛海至折木崖入其境，關者拒弗納。秩以書達其王，王乃延秩入。秩諭以中國威德，而詔旨有責讓其不臣中國語，王曰：吾國雖夷，僻在扶桑，未嘗不慕中國之化而通貢奉。惟蒙古以戎夷蒞華夏，而以小國視我。我先王曰，我夷彼亦夷也，乃欲臣妾我，而使其使趙姓者訹我以好語，初不知其覘國也，既而使者所領水犀數十艘已環列于海崖。賴天地之靈，一時雷霆，風波漂覆，幾無遺類，自是不與通者數十年。今新天子帝華夷〔校記：抱本作華夷。明史日本傳作中夏〕，天使亦姓趙，豈昔蒙古使者之雲仍乎？亦將訹我以好語而襲我也？命左右將刃之。秩不爲動，徐曰：今聖天子神聖文武，明燭八表，生于華夏而帝華夏，非蒙古比。我爲使者，非蒙古使者後。爾若悖逆不吾信，即先殺我，則爾之禍亦不旋踵矣。我朝之兵，天兵也，無不一當百；我朝之戰艦，雖蒙古之戈舡，百不當其一；況天命所在，人熟能違。豈以我朝之以禮懷爾者與蒙古之襲爾〔校記：各本爾下有國字〕（按：梁本有爾字）者比耶！于是其王氣沮，下堂延秩，禮遇有加。至是奉表箋稱臣，遣祖來隨秩入貢。詔賜祖來等文綺幣及僧衣。比辭，遣僧祖闡克勤等八人護送還國，仍賜良懷《大統曆》及文綺紗羅。

（太祖洪武實録卷 68　第 6 頁　68.5.1280）

137　十一月丙辰　真臘國巴山王忽兒那遣其臣奈亦吉郎等進表，貢方物，賀明年正旦。賜其王《大統曆》并織金文綺及來使沙羅、文綺有差〔校記：廣本嘉本中本作文綺紗羅。抱本作文綺羅衣〕。

（太祖洪武實録卷 69　第 1 頁　69.1.1287）

138　十一月乙丑　賜北平紅羅山新附韃靼軍五千七百餘人綿布及綿花、蘇木。

（太祖洪武實録卷 69　第 2 頁　69.2.1289）

139　十一月己巳　命工部檢覈府藏脚蹬弩數，擇其可用者給陝西、山西、北平、大同戍邊將士。仍命天下軍衛如式造之。

（太祖洪武實録卷 69　第 2 頁　69.2.1289）

140　十一月壬申　中書省奏：河南、山東、北平、陝西、山西及直隸淮安等府屯田，凡官給牛種者請十税五，自備者十税三。詔：且勿征，三年後畝收租一斗。

（太祖洪武實録卷 69　第 2 頁　69.2.1290）

141　十二月壬午　暹羅斛國王參烈昭昆牙遣其臣奈思俚儕剌識悉替等來朝，進金葉表，貢方物，賀明年正旦。使還，詔賜其王《大統曆》、織金文綺及使者襲衣、文綺、布帛有差。

（太祖洪武實録卷 70　第 1 頁　70.1.1295）

142　十二月丙戌　淮安侯華雲龍遣人送故元惠王伯都不花、儲王伯顔不花〔校記：嘉本顔作彦，疑誤〕、宗王子鸞鸞伯帖木兒至京，獻馬及金寶二、金印一，金字團牌九、銀字團牌二。上命賜伯都不花第宅及帷幔、裀褥、什器之類〔校記：抱本幔作幙〕，又賜以金繡之衣，婦女以賜首飾，仍給月錢米有差〔校記：各本給月作月給，是也〕。惟和尚帖木兒及諸官屬尚留北平。

（太祖洪武實録卷 70　第 4 頁　70.3.1299）

143　十二月　是月，高麗王顓遣使貢方物，賀明年正旦節。

（太祖洪武實録卷 71　第 11 頁　70.9.1312）

洪武五年（1372）

144　正月壬子　瑣里國王卜納的遣其臣撒馬牙茶〔校記：中本牙茶作芽茶〕嘉兒、斡的亦剌丹八兒山〔校記：各本斡作幹，嘉本丹誤母〕奉金葉表，貢馬一匹，紅撒哈剌一，連紅八者藍布四疋，紅番布二疋，覬木里布〔校記：中本覬作凱〕四疋，白苾布四疋，珠子項串一副，并繪其土地山川以獻。先是，三年六月遣塔海帖木兒持詔諭其國，至是始與俱來。上謂中書省臣曰：西洋瑣里，世稱遠番，涉海而來，難計年月，其朝貢無論疏數，厚往而薄來可也。于是賜卜納的《大統曆》及金織文綺、紗羅各四疋，斡的亦剌丹八兒山〔校記：嘉本抱本斡作幹。嘉本中本禮本亦作赤〕等文綺、紗羅各二疋，傔從高麗布各二疋。

（太祖洪武實録卷 71　第 1 頁　71.1.1313）

145　正月壬戌　　暹羅斛國遣其臣寶財賦等奉表貢黑熊、白猴、蘇木、胡椒及丁香等物。詔賜國王織金紗羅、文綺，使者及通事李清以下各賜衣物有差。

（太祖洪武實録卷 71　第 3 頁　71.2.1316）

146　正月甲子　　遣楊載持詔諭琉球國，詔曰：昔帝王之治天下，凡日月所照，無有遠邇，一視同仁，故中國奠安，四夷得所，非有意于臣服之也。自元政不綱，天下兵爭者十有七年。朕起布衣，開基江左，命將四征不庭。西平漢主陳友諒，東縛吴王張士誠，南平閩越，戡定巴蜀，北清幽燕，奠安華夏，復我中國之舊疆。朕爲臣民推戴，即皇帝位。定有天下之號曰大明，建元洪武。是用遣使外夷，播告朕意。使者所至，蠻夷酋長，稱臣入貢。惟爾琉球，在中國東南，遠處海外，未及報知。玆特遣使往諭，爾其知之。

爪哇國王昔里八達剌八剌蒲遣其臣八的占必等從朝使常克敬來朝，上金葉表，貢方物。納元所授宣敕三通。詔賜八的占必等文綺襲衣、靴韈。其通事、從人以下賜衣有差。

（太祖洪武實録卷 71　第 3 頁　71.3.1317）

147　正月乙丑　　歸德侯陳理、歸義侯明昇，居常鬱鬱不樂，頗出怨言，上聞之曰：此童孺輩，言語小過不足問。但恐爲小人瞽惑，不能保始終，宜處之遠方，則釁隙無自生，可始終保全矣。于是徙之高麗，遣元樞密使延安答理〔校記：抱本理作里〕護送而往。仍賜高麗國王紗羅、文綺四十八疋，俾善待之。

（太祖洪武實録卷 71　第 4 頁　71.3.1318）

148　二月丙戌　安南陳叔明遣其臣阮汝森來朝，奉表，貢馴象。禮部巳〔按:館本巳作以，各本作巳，是也〕受其表，將入見，主事曾魯取其副視之，曰：前王乃陳日熞，今表曰叔明，必有以也。亟白尚書詰之。蓋叔明逼死日熞而奪其位，懼朝廷致伐〔校記：廣本伐作法〕，故託修貢以覘意。汝霖不敢隱，其具言之。上曰：島夷何狡獪如是〔校記：抱本獪作猾。嘉本是作此。按獪猾二字古通〕？却其貢不受。

（太祖洪武實録卷 72　第 2 頁　72.2.1327）

149　二月丁酉　高麗國王王顓遣其密直副使韓邦彦奉表貢金龍舡臺雙盞、蓮花臺雙盞、金龍頭鐙、銀龍頭鐙、六面壺、玳瑁刀鞘、華鞘、細布、文席、豹皮之屬。

（太祖洪武實録卷 72　第 4 頁　72.3.1330）

150　二月乙巳　給北平、山西、陝西諸衛戍卒戰襖十六萬有奇。

（太祖洪武實録卷 72　第 4 頁　72.4.1331）

151　三月壬申　囉囉斯宣慰安定來朝。賜文綺六匹，紗衣、葛衣各一襲，通事衣有差。

（太祖洪武實録卷 73　第 3 頁　73.3.1339）

152　三月癸酉　是月高麗國王王顓遣密直同知洪師範、鄭夢周等奉表賀平夏，貢方物，且請遣子弟入太學。其詞曰：秉彝好德，無古今愚智之殊;用夏變夷，在禮、樂、詩、書之習。故我東夷之人，自昔以來皆遣子弟入大學，不惟知君臣、父子之倫，亦且仰聲明文物之盛。伏望皇仁察臣向化之誠，使互鄉之童〔校記：嘉本作使萬一遠鄉之童。寶訓與館本同〕，得齒虞庠之胄，不勝慶幸。上顧謂中書省臣曰：高麗欲遣子弟入學，此亦美事。但其涉海遠來，離其父母，未免彼此懷思，爾中書令其國王與羣下熟議之。爲父母者，果願遣子弟入學，而子弟果聽父母之命，無所免强，卽遣使護送至京，或居一年，或半年，聽其歸省也。

（太祖洪武實録卷 73　第 3 頁　73.3.1340）

153 四月庚子 燕山衛都指揮使司收集故元山後宜興等州遺民爲軍。詔人給錦戰襖一領，綿布一疋。

（太祖洪武實録卷 73 第 7 頁 73.7.1347）

154 五月戊辰 高麗、日本歸所掠海濱男女七十八人。詔有司送還鄉里。

（太祖洪武實録卷 73 第 10 頁 73.9.1351）

155 六月癸卯 指揮使毛驤敗倭寇於温州下胡山〔按：館本胡作湖，抱本作胡〕，追至石塘大洋，獲倭船十二艘，生擒一百三十餘人及倭弓等器送京師。詔令中書定賞格，凡總旗軍士弓兵生擒賊一人者賞銀十兩，斬首一級銀八兩；民人生擒賊一人十二兩，斬首一級銀十兩。指揮、千户、百户、鎮撫等，於班師之日驗功賞之。時又并得所掠高麗人三人，適高麗使者至，命領之以歸。

（太祖洪武實録卷 74 第 11 頁 74.9.1371）

156 七月癸丑 命中書省：凡陜西、北平、山西、甘肅極邊苦寒之地守邊將士已賜衣裝者，再以鞋給之。

（太祖洪武實録卷 75 第 1 頁 75.1.1383）

157 七月丁卯 北平永清衛軍器庫火。

（太祖洪武實録卷 75 第 2 頁 75.2.1385）

158 七月戊辰 革嬀川〔校記：廣本川誤州〕、宜興、興、雲四州，徙其民于北平附近州縣屯田。

（太祖洪武實録卷 75 第 2 頁 75.2.1385）

159 七月庚午 高麗王王顓遣其禮部尚書吴季南、民〔校記：中本民作吏〕部尚書張子温等奉表貢馬及方物。表言眈羅國恃其險遠，不奉朝貢，及多有蒙古人留居其土，宜徙之。蘭秀山逋逃所聚，亦恐爲寇患，乞發兵討之。上乃賜顓璽書曰：朕聞近悦遠來，赦罪宥愆，此古昔王者之道。治大國如烹小鮮，乃老聃之言。寬而不急，斯爲美矣。使者至，賫王表陳眈羅事宜，朕甚惑焉。因小隙而搆成大禍者，智士君子之所慎〔校記：嘉本慎作羞〕。夫眈羅居海之東，密邇高麗，朕卽位之初，遣使止通王國，未達耽羅。且耽羅已屬高麗，其中生殺，王已專之。今王以耽羅蕞爾之衆，蘭秀山逋逃之徒，用朕之詔，示以威福，一呼卽至，削去孽生之利，移胡人于異方，恐其不可。蓋人皆樂土，積有年矣。元運既終，耽羅雖有胡人部落，已聽命于高麗，又別無相誘之國，何疑忌之深也。若傳紙上之言，或致激變，深爲邊民患。人情無大小，急則事生，況衆多乎？朕若效前代帝王，併吞邊夷，務行勢術，則耽羅之變起于朝夕，豈非因小隙而搆大禍者乎〔校記：廣本無者字〕？王宜熟慮烹鮮之道，審而行之。不但靖安王之境土，而耽羅亦蒙其德矣！如其不然，王當與文武議之，遣使再來，行之未晚。王其察焉。茲因使還，賚此以示。

（太祖洪武實録卷 75　第 2 頁　75.2.1386）

160　八月癸巳　上以北平、山西餽運艱難，命以銀易米供給軍衛。計山西大同易米白金二十萬兩，北平易米白金十萬兩，綿布十萬疋。

（太祖洪武實録卷 75　第 6 頁　75.5.1392）

161　八月癸卯　太倉衛奏：高麗使者洪師範、鄭夢周等渡海洋，遭颶風。舟壞，師範等三十九人溺死，夢周等一百十三人漂至嘉興界。百户丁明以舟救之，獲免。上令夢周等還京師。

（太祖洪武實録卷 75　第 7 頁　75.6.1393）

162　九月庚戌　上謂中書省臣曰：今秋深，北平漸寒，其應天、大河諸衛軍士及楊州、高郵新募水軍運糧往彼者，宜各以綿襖給之。

（太祖洪武實録卷 76　第 1 頁　76.1.1395）

163　九月甲子　占城國王阿答阿者遣其臣陽寶訶八的佛禄〔校記：廣本佛作弗〕等來貢方物。詔賜阿答阿者織金文綺、紗羅四十疋，使者紗羅、文綺、錢帛有差。

（太祖洪武實録卷 76　第 3 頁　76.2.1398）

164 九月癸亥 高麗使者鄭夢周等至京。復賜衣服而遣之。

（太祖洪武實録卷 76 第 3 頁 76.2.1398）

165 十月庚寅 高麗國王王顓遣其同知密直同事金湑等奉表箋賀明年正旦，并貢金銀、玳瑁等器。

（太祖洪武實録卷 76 第 4 頁 76.3.1400）

166 十月甲午 先是，上以高麗貢獻，使者往來煩數，遣故元樞密使延安答里使高麗諭意，且以紗羅、文綺賜其王顓。至是顓遣其門下贊成事姜仁裕上表謝恩，貢馬十七匹，并錦囊、弓矢、金鞍及人參等物。是時其國賀正旦使金湑等先至京師，上以正旦期尚遠，恐淹其使，因仁裕繼至，遂皆命還國，因謂中書省臣曰：曩因高麗貢獻煩數，故遣延安答里往諭此意，今一歲之間貢獻數至，既困弊其民，而使涉海，道路艱險，如洪師範歸國，蹈覆溺之患。幸有得免者，能歸言之故，不然，豈不致疑！夫古者諸侯之于天子，比年一小聘，三年一大聘，若九州之外，蕃邦遠國，則惟世見而已。其所貢獻，亦無過侈之物。今高麗去中國稍近，人知經史，文物禮樂，略似中國，非他邦之比。宜令遵三年一聘之禮，或比年一來。所貢方物，止以所産之布十疋足矣，毋令過多。中書其以朕意示之。占城、安南、西洋瑣里、爪哇、渤泥、三佛齊、暹羅斛、真臘等國新附遠邦，凡來朝者，亦明告以朕意。中書因使者還，如上旨咨諭其王。仍有詔賜顓藥餌。

（太祖洪武實録卷 76 第 4 頁 76.3.1400）

167 十一月戊申 高麗國王王顓遣中郎將宋坦〔校記：嘉本作朱坦〕以金希聲等十一人來歸。希聲嘉興府人，先爲倭寇所掠，高麗得之。至是遣還。

（太祖洪武實録卷 76 第 6 頁 76.5.1403）

168 十一月 是月詔征虜大將軍魏國公徐達、左副將軍曹國公李文忠曰：今塞上苦寒，宜令士卒還駐山西、北平近地，以息其勞。

（太祖洪武實録卷 76 第 7 頁 76.7.1407）

169　**十二月戊子**　以燕府左傅高顯爲永平衛指揮使。

（太祖洪武實録卷 77　第 2 頁　77.2.1412）

170　**十二月庚子**　詔造獨轅車。魏國公徐達督山西、河南造八百兩，曹國公李文忠督北平、山東造一千兩。

（太祖洪武實録卷 77　第 5 頁　77.5.1416）

171　**十二月壬寅**　楊載使琉球國，中山王察度遣弟泰期等奉表貢方物。詔賜察度《大統曆》及金織文綺、紗羅各五疋，泰期等文綺、紗羅、襲衣有差。

（太祖洪武實録卷 77　第 5 頁　77.5.1416）

洪武六年（1373）

172　**正月戊申**　太常司言：外夷琉球諸國已入朝貢，其國山川之神，禮宜通祀。上可之。

（太祖洪武實録卷 78　第 2 頁　78.2.1423）

173　**正月壬子**　命魏國公徐達、曹國公李文忠等往山西、北平練兵防邊。

（太祖洪武實録卷 78　第 2 頁　78.2.1424）

174　**正月乙卯**　設北平遵化等縣、盧兒等巡檢司。

（太祖洪武實録卷 78　第 4 頁　78.4.1427）

175　**正月辛未**　是月安南陳叔明遣其臣譚應昂等奉表謝罪，貢方物，且請封爵。應昂愬陳：前王日熞因病而殁，叔明遜避於外，爲國人所立。上曰：日熞既病卒，國人當爲之服。叔明且以前王印視事，俟能保安疆境，撫輯人民，然後定議。命中書下廣西行省，備述斯意以諭之。賜應昂等紗羅、夏布遣還。

（太祖洪武實録卷 78　第 8 頁　78.7.1433）

176　**三月壬子**　命魏國公徐達爲征虜大將軍、曹國公李文忠爲左副將軍、宋國公馮勝爲右副將軍、衛國公鄧愈爲左副將軍、中山侯湯和爲右副將軍，統諸將校往山西、北平等處備邊。

（太祖洪武實録卷 80　第 3 頁　80.3.1451）

177　三月丁巳　燕山衛指揮朱杲奏：近領兵于山後宜興、錦川等處，蒐獲故元潰散軍民九百餘户，請以少壯者隸各衛爲軍，俾之屯守；老弱隸北平爲民。從之。

（太祖洪武實録卷 80　第 5 頁　80.4.1454）

178　三月己未　燕相府言：先嘗奉詔，以土木之工，勞民動衆，除修城池外，其餘王府公廳造作可暫停罷。今社稷、山川壇望殿未覆，王城門未甓，恐爲風雨所壞，乞以保定等府宥罪輸作之人完之。上以社稷、山川望殿嚴潔之地，用工匠爲。命輸作之人但甓城門。

（太祖洪武實録卷 80　第 5 頁　80.5.1455）

179　三月癸亥　賜山西、北平、陝西守邊軍士戰衣。

（太祖洪武實録卷 80　第 6 頁　80.5.1455）

180　四月甲戌　詔以蘇州府糧十二萬石由海道運赴定遼，十萬石運赴北平。以時方用兵遼左及迤北故也。

（太祖洪武實録卷 81　第 1 頁　81.1.1457）

181　四月癸巳　高麗國王王顓遣其判密直司盧禛〔校記：禛作楨〕奉表，謝賜藥餌。貢海錯細布並貢方物於中宫、東宫。

（太祖洪武實録卷 81　第 5 頁　81.4.1464）

182　四月辛丑　淮安侯華雲龍鎮守北平，遣使言：塞上諸關，東自永平、薊州、密雲，西至五灰嶺外隘口，通一百二十一處，相去約二千二百里，其王平口至官坐嶺口關隘有九，約去五百餘里，俱係衝要之地，並宜設兵守之。若紫荆關及蘆花山嶺，尤爲要路，宜設千户所守禦。從之。

（太祖洪武實録卷 81　第 6 頁　81.5.1466）

183　五月壬寅朔　以北平之博野、高陽、定興、新城四縣隸保定府。

（太祖洪武實録卷 82　第 1 頁　82.1.1467）

184 六月戊寅 命淮安侯華雲龍、同知都督何文輝以永平起集故元舊五省八翼軍士一千六百六十二人，分補北平各衛軍伍。

（太祖洪武實録卷83 第1頁 83.1.1482）

185 六月庚辰 詔于北平府密雲等縣置倉儲糧，以給北征軍士。

（太祖洪武實録卷83 第2頁 83.2.1483）

186 六月 是月北平河間、河南開封、陝西延安諸府州縣蝗，山西汾州旱，詔并免田租。

（太祖洪武實録卷83 第3頁 83.3.1485）

187 七月丙午 大將軍魏國公徐達分遣左副將軍李文忠、濟寧侯顧時、南雄侯趙庸、潁川侯傅友德、永城侯薛顯、鞏昌侯郭子興、臨江侯陳德、滎陽侯楊璟、都督僉事藍玉、王梱統騎、右副將軍馮勝、右副將軍湯和同安南侯俞通源、永嘉侯宋亮祖、宜春侯黄彬、都督何文輝、平章李伯昇、都督僉事張温等統步兵分駐山西、北平等處，相機擒討殘胡。遣指揮李玉入奏，詔可之。

（太祖洪武實録卷83 第3頁 83.3.1486）

188 七月己酉 置北平等府廣備等庫。北平曰“廣備”，廣平曰“大有”，大名曰“永昌”，順德曰“大益”，河間曰“廣成”，保定曰“永益”，永平曰“大潤”，真定曰“巨盈”，凡八所。庫設大使、副使各一人。

增置北平等府、永清等縣税課司局一百八處。

（太祖洪武實録卷83 第4頁 83.4.1487）

189 七月壬子 大將軍徐達自臨清率師赴北平。

（太祖洪武實録卷83 第5頁 83.4.1487）

190 七月己未 大將軍徐達等師至北平，旋往山西。

（太祖洪武實録卷83 第6頁 83.5.1489）

191 七月 是月北平、河南、山西、山東蝗。

（太祖洪武實録卷83 第8頁 83.6.1492）

192 八月戊戌 占城國王阿答阿者遣其臣揚寶摩訶八的悅文旦〔按：館本揚作陽，抱本作揚，嘉本作楊。嘉本訶作阿〕進表貢方物，且言：海寇張汝厚、林福等自稱元帥，刧掠海上，國王攻敗之，汝厚等溺水死，獲其海舟二十艘，蘇木七萬斤及從賊吳弟四〔按：館本弟作第，嘉本抱本作弟。二字古通〕來獻。上嘉之，命賜其王織金文綺〔校記：嘉本織金作金織〕、紗羅四十匹，使者紗羅二匹，文綺四匹，衣一襲，錢一萬二千。從人各賜有差。

（太祖洪武實録卷 84 第 8 頁 84.7.1505）

193 九月壬戌 命禮部：自今頒曆，惟直隸府州及北平、陝西二行省，則欽天監印造頒給之〔校記：嘉本印造作造印〕，其餘皆令依式印造，給與所屬。每歲仍以九月朔日進曆，朕於奉天殿受之，頒于百官。

（太祖洪武實録卷 85 第 6 頁 85.5.1516）

194 十月辛巳 暹羅斛國王女兄參列思獰〔校記：明史暹羅傳獰作寧。館本一五二六面作獰〕遣使進金葉表、貢方物于中宫，却之。

高麗王顓遣其大護軍金甲雨等貢馬五十匹。甲雨至，言道亡二匹，及馬至如數，詢之，則甲雨以私馬足之。上以其不誠，却其貢，而賜顓璽書曰：皇天無親，惟德是輔，天人一理也。君天下者以天心爲心，今朕居中國，王居滄海之東，限隔山海，本與中國無相損益。然古昔之君，往往致討伐之師，何也？豈非常有不足于中國者乎！今王之使者，挾詐懷欺，陰致奸謀而不虞受禍。王之貢馬，其數五十匹，使云道亡者二，而至京如數，乃甲雨己馬足之。詢之，云欲自進于東宫，因道亡遂以備數。命使問之：果王言乎？抑汝意乎？對曰：非王願也。春秋之法：人臣無私交。王之使者，越風濤之險，以奉貢獻而又挾私以行詐，此果以小事大之禮乎？然此小事，朕非欲較短長，恐行人失辭，嫁禍于王，故明言之。若果王之指使〔校記：嘉本之字在指使二字下〕，則宜修德改行，以保國家，毋爲浮詭之計；若使者自爲，王宜懲治之。今後遣使，必擇篤實之人，一切浮薄者勿遣。王庶幾永保令譽，以全始終。

（太祖洪武實録卷 85　第 7 頁　85.6.1518）

195　十月庚寅　　真臘國巴山王忽兒那〔校記：嘉本兒作見。廣本那作納。明史真臘傳兒作爾。按館本一二八七面各本作忽兒那〕遣其臣奈亦吉郎等、暹羅斛國遣昭委直等各進表貢方物。命皆賜明年《大統曆》及織金文綺、紗羅，使臣各賜綺羅及靴韈。

（太祖洪武實録卷 85　第 9 頁　85.7.1520）

196　十月癸巳　　置北平寶泉局，設大使、副使各一人。

（太祖洪武實録卷 85　第 9 頁　85.8.1521）

197　十一月己酉　　占城國遣使上言：安南以兵侵本國，〔校記：廣本侵下有犯字〕，仗天朝威靈，敗之境上，謹遣使告捷。上謂省臣曰：海外諸國，阻山隔海，各守境土，其來久矣。前年安南表言占城犯境，今年占城復稱安南侵邊，二國皆事朝廷，未審彼此曲直。其遣人往諭二國，各宜罷兵息民，毋相侵擾〔按：館本擾作優，各本作擾，是也〕。仍賜占城國王文綺及其使者，遣還。

（太祖洪武實録卷 86　第 2 頁　86.1.1524）

198　十一月癸丑　　暹羅斛國王女兄參烈思獰復遣使李文隸邏進貢方物于中宮。禮部尚書牛諒以聞，詔仍却之。使者賜文綺襲衣遣還。

命建歷代帝王廟于中立府皇城西。仍命于北平立元世祖廟。

（太祖洪武實録卷 86　第 3 頁　86.2.1526）

199　十一月庚申　　暹羅斛國遣使者奈思俚儕剌識悉替進金葉表，貢方物。詔賜其王織金紗羅、文綺各八匹，使者綺羅各四匹及襲衣靴韈，通事以下皆有賜。時其王參烈昭毘牙儒而不立，國人推其伯父參烈寶毘牙嗯哩哆囉禄主國事，故奉表來告。

（太祖洪武實録卷 86　第 5 頁　86.4.1530）

200　十一月乙丑　以工部郎中唐俊爲北平行省參政。

（太祖洪武實録卷 86　第 6 頁　86.5.1531）

201　閏十一月乙酉　田儼等使緬國，不至而還。緬國在雲南之西南，與八百國、占城接境，謂之緬甸。元時最强盛，麓川、平緬皆服屬之。上聞其嘗通貢于元，因遣儼與程斗南、張禕、錢允恭賫詔往使。儼等至安南，值占城以兵相攻，道阻不通，留二年餘不得進，有詔召之還。至是惟儼至，餘皆道卒。

（太祖洪武實録卷 86　第 7 頁　86.6.1534）

202　閏十一月庚寅　暹羅斛國王忝烈寶毘牙嗯哩哆囉禄遣其臣奈昭氊哆囉等上表謝恩，貢方物，其使臣亦自有獻。上命却其使臣所貢者。

（太祖洪武實録卷 86　第 8 頁　86.7.1536）

203　十二月己未　燕山都衛遣人送故元來降刑部侍郎普賢奴（按：館本賢作顔，各本作賢，疑賢是也）、將作僉院善僧等入朝。命賜以衣服等物，令回北平訪其家屬。

（太祖洪武實録卷 86　第 11 頁　86.9.1539）

204　十二月庚申　三佛齊國王怛麻來沙那阿者遣其臣八蹄足翰等來進金寶二通，賀明年正旦并貢方物。命賜其國王織金文綺、紗羅、雜綵二十四疋；其臣八蹄足翰等三人文綺、紗羅各二疋，衣一襲；副使薛里哇等二人綺、羅各一疋，通事以下布帛有差。

（太祖洪武實録卷 86　第 11 頁　86.9.1540）

205　十二月乙丑　暹羅斛國王參烈寶毘牙嗯哩哆囉禄遣其臣婆坤岡信等進金表，賀明年正旦，貢方物，以本國地圖來獻。詔賜其國王織金文綺、紗羅、雜綵各八匹，婆坤岡信綺、羅各二匹，衣服一襲，副使陳舉成以下賜綺、羅、布有差。

（太祖洪武實録卷 86　第 11 頁　86.9.1540）

206　十二月丙寅　命中書省臣定議北平各衛軍士歲給布絮、棉花、錢米之例。于是驗地遠近，分爲四等：永平、居庸、古北口爲一等，密雲、薊州次之，北平在城次之，通州、真定又次之。其所給高下，以是爲差。

高麗遣其奉翊大夫密直、副使鄭庇奉表及箋賀明年正旦，貢方物。

（太祖洪武實録卷 86 第 11 頁 86.9.1540）

洪武七年（1374）

207 正月甲戌 上以河南、山東、北平雖建置兵衛，偃武連年，士卒懈怠，而兵餉日勞民供，顧謂都督僉事王簡、王誠、平章李伯昇曰：國家治兵，以備不虞，自古賢君，皆安不忘危，治不忘亂。今重兵之鎮，惟在北邊，然皆坐食民之租稅。將不知教，兵不知習，猝欲用之，豈能濟事？且兵食一出于民，所謂農夫百養戰士一。若徒病民力，以供閒卒，非長策也。古人有以兵屯田者，無事則耕，有事則戰，兵得所養，而民力不勞，此長治久安之道。然必委任得人，庶不廢事。今命爾簡往彰德，誠往濟寧，伯昇往真定，統理軍政。凡鎮守、屯田、訓練之務，爾皆專之。

（太祖洪武實録卷 87 第 2 頁 87.2.1545）

208 正月壬午 賞北平、河南等處軍士六千九百餘人文綺、綾布四萬五千二百餘疋，白金三萬三千三百餘兩，綿二萬九百餘斤，米二萬三千餘石。

（太祖洪武實録卷 87 第 4 頁 87.3.1548）

209 二月戊戌 西天阿難功德國王卜哈魯遣其講主必尼巴來朝貢方物〔校記：中本尼作凡〕及解毒藥石。詔賜文綺禪衣及夏布等服。

（太祖洪武實録卷 87 第 6 頁 87.5.1551）

210 二月乙巳 燕山衛指揮朱杲於大寧錦川縣獲故元達魯花

赤王歹都等三十餘人及其部民三千餘口，送至京師。

（太祖洪武實録卷 87　第 6 頁　87.5.1552）

211　二月乙卯　上諭都督府臣曰：今二月過半，天氣尚寒，其北平守邊將士，宜再以皮襖、𩋾鞋等給之〔校記：中本等作往〕。

（太祖洪武實録卷 87　第 7 頁　87.6.1553）

212　三月丁卯朔　上遣使賚勅諭大將軍徐達、左副將軍李文忠、右副將軍馮勝以所統將士分布北平、山西屯駐，其六安侯王志、南雄侯趙庸就留山西，營陽侯楊璟、汝南侯梅思祖往北平，仍以各都督府官及指揮千百户令其統領。應有軍務，措置得宜，然後大將軍與公侯回京。

（太祖洪武實録卷 88　第 1 頁　88.1.1557）

213　三月癸巳　暹羅斛國使臣沙里拔來朝，貢方物。自言本國令其同奈思里儕剌悉識替入貢，去年八月舟次烏諸洋，遭風壞舟，漂至海南，達本處。官司收獲漂餘蘇木、降香、兜羅棉等物來獻，省臣以奏。上恠其無表狀，詭言舟覆而方物乃有存者，疑必番商也。命却之。詔中書禮部曰：古者中國諸侯於天子，比年一小聘，三年一大聘；九州之外，番邦遠國，則每世一朝，其所貢方物，不過表誠敬而已。高麗稍近中國，頗有文物禮樂，與他番異，是以命依三年一聘之禮。彼若欲每世一見，亦從其意。其他遠國，如占城、安南、西洋瑣里、爪哇、浡泥、三佛齊、暹羅斛、真臘等處新附國土，入貢既頻，煩勞太甚，朕不欲也。今遵古典而行，不必頻煩，其移文使諸國知之。

（太祖洪武實録卷 88　第 5 頁　88.4.1564）

214　三月　是月，安南陳叔明以奉詔俾用前王印理國事，遣其正大夫阮時中上表謝恩，貢方物。且自稱年老，以弟煓代視事。許之。

北平府、武清縣并蝗。命有司捕之。

（太祖洪武實録卷 88　第 6 頁　88.5.1566）

215　四月乙巳　北平高陽縣言：縣境舊有高辛廟，請加整葺，歲時致祭。從之。

（太祖洪武實録卷 88　第 8 頁　88.7.1569）

216　五月己巳　以刑部侍郎王中立、郎中李觀爲山西行省参政。中立，太原平定州人，始以儒士授齊府紀善，轉禮部員外郎，陞侍郎，改刑部。觀，濟南之歷城人，由郡學訓導授燕府録事，陞刑部郎中。至是與中立俱爲山西参政，尋改北平。

（太祖洪武實録卷 89　第 1 頁　89.1.1574）

217　五月壬申　高麗王王顓遣其監門衛上〔校記：嘉本上作中〕護軍周誼、鄭庇等奉表貢方物，其表五。一，請仍舊每歲入貢。一，請陸路由定遼入貢。一，謝金甲雨回蒙賜璽書。一，謝姜仁裕回蒙宣諭。一，謝賙恤覆舟之人。中書省臣奏：往年高麗入貢白苧布三百疋，具于方物中，今乃稱禮送大府監。按，元時有大府監，主收進貢方物，本朝未曾設此。高麗入貢已久，豈不知此？而妄言之，意涉不誠。上命還其貢。因賜王顓璽書曰：王使者至，陳其貢禮。王事大之心，見以表言。守侯服于東隅，祖朝鮮之苗裔，自五季以來，常事中國，王之言是矣。然朕觀古昔，自侯甸綏服之外不治，今其國人自治之，蓋體天道以行仁，惟欲其民以安耳。不爲誇詐，不寶遠物〔校記：嘉本寶作貴〕，不勞夷人，聖人之心弘矣哉。朕雖不得，未嘗不察王之忠而却來誠之美。若漢唐之夷，隋君之東征，在朕今日，苟非詐侮於我，安肯動師旅以勞遠人？若不守已安分，妄起事端，禍必至矣。自今寧使物薄而情厚，毋使物厚而情薄。王其思之！仍令中書咨其國，責以大府監之失。

（太祖洪武實録卷 89　第 1 頁　89.1.1574）

218　五月戊寅　北平省臣奏，真定等四十二府州縣旱。詔賑恤，免其租賦。

（太祖洪武實録卷 89　第 2 頁　89.2.1575）

219　五月壬辰　以兵部員外郎楊基爲山西按察司副使，監察御史答禄與權爲廣西按察司僉事、吕本爲北平按察司僉事。上諭之曰：風憲之設，本在整肅紀綱，澄清吏治，非專理刑名。爾等往脩厥職，務明大體，毋徒效俗吏，拘拘於繩墨之末。至於處事之際，毫忽須謹，善雖小，而爲之不已將爲全德；過雖小，積之不已將爲大。熟豈不見干雲之臺由寸土之積，燎原之火本一爝之微。可不慎哉！

（太祖洪武實録卷 89　第 3 頁　89.3.1577）

220　五月甲午　　安南陳煓遣其臣黎必先等奉表謝恩。命賜文綺、布疋。

（太祖洪武實録卷 89　第 4 頁　89.4.1579）

221　五月　　是月河間府任丘、寧津二縣，永平府昌黎縣，保定府安肅縣，真定府寧晉縣，濟南府海豊縣〔校記：廣本豊作豐，是也〕，北平府文安縣，順德府唐山縣並蝗，命捕之。

（太祖洪武實録卷 89　第 4 頁　89.4.1579）

222　六月乙未朔　　日本國遣僧宣聞溪、净業喜春等來朝〔校記：嘉本喜作嘉。按宋濂撰送無逸勤公出使還鄉序與館本同，嘉本當誤〕，貢馬及方物，詔却之。時日本國持明與良懷争立，宣聞溪等賫其國臣之書達中書省，而無表文。上命却其貢。仍賜宣聞溪等文綺、紗羅各二疋。從官錢帛有差，遣還。敕中書省曰：朕惟日本僻居海東，稽之古典，立國亦有年矣。向者，國王良懷奉表來貢，朕以爲日本正君，所以遣使往答其意，豈意使者至彼，拘留二載，今年五月去舟纔還，備言本國事體。以人事言，彼君臣之禍，有不可逃者。何以見之？幼君在位，臣擅國權，傲慢無禮，致使骨肉吞併。島民爲盜，内損良善，外掠無辜，此招禍之由，天災難免。天下之間，帝王長因地立國，不可悉數。雄山大川，天造地設，各不相犯。爲主宰者，果能保境恤民，順天之道，其國必昌。若怠政禍人，逆天之道，其國必亡。今日本蔑棄祀法，慢我使臣，亂自内作，其能久乎？爾中書其移書諭以朕意，使其改過自新，轉禍爲福，亦我中國撫外夷以禮、導人心以善之道也。是時其臣有志布志島津越後守臣氏久，亦遣僧道幸等進表貢馬及茶、布、刀、扇等物，上以氏久等無本國之命而私入貢，仍命却之。而賜道幸等文綺、紗羅各一匹，通世從人以下錢布有差。復詔禮部符下氏久等曰：夷狄奉中國，禮之常經；以小事大，古今一理。今志布志島津越後守臣氏久，以日本之號紀年，棄陪臣之職，奉表入貢，越分行禮，難以受納。氏久等當堅節以事君，推仁心以牧民，則不爲禍首，享福無窮。如或不然，亂爾國，凶爾家，天灾有莫能逃者。其表文、貢物付通事尤虔賫領還國。先是，上賜日本高官山報恩禪寺僧靈樞袈裟，至是靈樞亦遣其徒照謝恩〔按：館本徒下有靈字，抱本無。嘉本照作昭〕，貢馬一疋詔賜靈樞衣履及文綺、帛各二疋，靈照錢一萬文，文綺、帛各一匹，僧衣一襲。遣還。

（太祖洪武實録卷 90　第 1 頁　90.1.1585）

223　六月乙卯　日本國僧宗嶽等七十一人遊方至京。上諭中書省臣曰：海外之人慕中華而來，令居天界寺，人物（按：物爲賜之誤）布一匹爲僧衣。

（太祖洪武實録卷 90　第 3 頁　90.3.1585）

224　六月戊午　汰北方府、州、縣官。上命吏部臣曰：古稱任官惟賢才〔按：館本才作材，抱本作才〕，凡郡得一賢守、縣得一賢令足以政治，如潁川有黄霸、中牟有魯恭，何憂不治？今北方郡縣有民稀事簡者，而設官與煩劇同，禄入供給，未免疲民，可量減之。於是吏部議減北方府、州、縣官三百八人。……北平行省，府減同知、知事者五；州減知州者一、知州及判官者二、同知者十二〔校記：嘉本十二作二十〕，減同知及判官者四；縣減知縣及簿者一、丞者四十三、主簿者九，減丞及簿者四十八。……從之。

（太祖洪武實録卷 90　第 3 頁　90.3.1585）

225　六月乙卯　日本國以所掠瀕海民一百九人來歸。詔各還鄉里。

（太祖洪武實録卷 90　第 4 頁　90.4.1586）

226　六月癸亥　召淮安侯華雲龍于北平，未至而卒。雲龍定遠人，初從上起兵……大將軍徐達率兵北伐，雲龍從。定中原，取元都，遂陞大都督府都督僉事。分府鎮北平，兼北平行省參知政事，尋陞大都督府都督同知。策封諸王〔校記：廣本策作册〕，以雲龍爲燕王左相，仍兼前官。及論功行賞，賜號開國輔運推誠宣力武臣，勳柱國，階榮禄大夫，封淮安侯，食禄一千五百石。雲龍鎮北平，威名甚著，建造王府，增築北平城，其力爲多。至是卒，命禮官循侯禮作明器，擇地以葬之。

（太祖洪武實録卷 90　第 4 頁　90.4.1587）

227　七月丁卯　併北平保定府之新安縣入安州。

（太祖洪武實録卷 91　第 2 頁　91.2.1593）

228　七月戊辰　密雲衛千户陳壽等率兵巡邏塞外，遇故元平章白捨住等以衆來降，凡百六十人。

（太祖洪武實録卷 91　第 2 頁　91.2.1594）

229　八月甲午朔　以山西行省參政李欽爲北平行省參政。

（太祖洪武實録卷 92　第 4 頁　92.4.1607）

230　八月丁酉　上語中書省臣曰：去年秋〔校記：嘉本無秋字〕，占城國王遣其使陽寶摩訶八的悦文旦來貢〔校記：嘉本中本訶誤阿，嘉本來下有朝字〕，已賜文綺、紗羅以答之，其獲賊之功未賞。近其使還，可遣人以物追賜之。於是遣宣使金璿齎上尊酒及金織文綺、紗羅二十四疋，馳至廣州，付其使陽寶摩訶八的悦文旦，歸賜其國王。

（太祖洪武實録卷 92　第 5 頁　92.4.1607）

231　八月戊戌　上諭工部臣曰：北平邊地早寒，軍士冬衣宜早給之。若俟其來請而與之，恐道遠過時不及。於是工部遣官運皮襖六千、戰襖、棉袴各二萬往給之。

（太祖洪武實録卷 92　第 5 頁　92.4.1608）

232　八月辛丑　北平按察副使劉崧言：宛平驛當要道，而驛馬之數與非要道之數同，宜減他驛馬以增宛平驛。上可其奏，顧謂侍臣曰：驛傳勞逸不均，甚爲民弊，崧以爲言，民獲惠矣。朕以一身任天下之事，聞見計慮，豈能周徧。爾等宜體此，竭力爲朕訪察民間利病，何時當興，何事當革，具爲朕言，朕當行之。毋爲容默保禄而已。侍臣對曰：陛下樂從直言，天下之福也。

（太祖洪武實録卷 92　第 7 頁　92.6.1612）

233　九月癸酉　河間府河間縣蝗。

（太祖洪武實録卷 93　第 2 頁　93.2.1621）

234　九月丁丑　革北平府霸州之保定縣，以其地入本州。

（太祖洪武實録卷 93　第 3 頁　93.3.1623）

235　九月　是月燕山都衛指揮使朱杲、通州衛指揮僉事鄭治、汝寧衛指揮僉事馮俊、密雲衛指揮僉事張斌等率師出古北口防秋。卒遇胡寇〔校記：嘉本無卒字〕，皆以力戰死。上命所司厚恤其家。

三佛齊國王麻那答竇林邦遣其臣没那遐嗟等進表貢方物。命賜其國王《大統曆》、織金文綺、羅共四十匹，正使綺、羅各二匹，衣一襲，副使綺、羅各一匹，通事文綺一，從人高麗布各一。

（太祖洪武實録卷 93　第 5 頁　93.4.1626）

236　十月辛丑　給在京鳳陽、滁州、淮安、大河、山東、河南各衛軍士戍守北平者錢千八百六十五萬，白金二萬二千四百兩，布絹二萬三千二百餘疋，綿五千餘。

（太祖洪武實録卷 93　第 6 頁　93.5.1627）

237　十月庚申　琉球國中山王察度遣其弟泰期等奉表貢馬及方物，上皇太子箋，貢方物如之。詔賜察度《大統曆》及織金文綺、紗羅二十四匹，泰期文綺四匹、羅二匹、帛六匹及襲衣靴韈，副使蘇惹、爬燕之二人文綺、羅各三匹，衣一襲，通事從人鈔、靴韈有差。

（太祖洪武實録卷 93　第 7 頁　93.6.1629）

238　十一月甲子　給賜北平山後七驛官并刀虎兒答剌温人等

百三十二人文綺、紬帛七百九十八匹。

（太祖洪武實録卷 94　第 4 頁　94.3.1636）

239　十一月癸酉　以……福州衛都指揮使曹興爲燕山衛都指揮使。

（太祖洪武實録卷 94　第 5 頁　94.4.1637）

240　十一月丁丑　暹羅斛國王世子蘇門邦王昭禄羣膺遣其臣昭悉里直上箋于皇太子，獻方物。禮部以聞，上命引其使朝東宫，獻之。賜昭禄羣膺織金文綺、紗羅、雜綵各四匹，昭悉里直綺、羅各二匹及襲衣、靴韈。從者七人，各賜帛一。

（太祖洪武實録卷 94　第 5 頁　94.4.1638）

241　十二月乙卯　命刑部侍郎李浩及通事梁子名使琉球國，賜其王察度文綺二十疋，陶器一千事，鐵釜十口。仍令浩以文綺百疋、紗、羅各五十疋，陶器六萬九千五百事，鐵釜九百九十口就其國市馬。

（太祖洪武實録卷 95　第 3 頁　95.3.1645）

洪武八年（1375）

242　正月戊辰　以燕山衛都指揮使曹興爲大都督府僉事。

（太祖洪武實録卷 96　第 1 頁　96.1.1650）

243　正月　是月……高麗、占城、暹羅斛、日本、爪哇、三佛齊等國皆遣使入貢。

（太祖洪武實録卷 96　第 5 頁　96.4.1656）

244　二月庚戌　遣使往北平，給賜各衛軍士冬衣六萬領。

（太祖洪武實録卷 97　第 5 頁　97.5.1665）

245　二月癸丑　上遣使詔大將軍徐達、左副將軍李文忠、右副將軍馮勝率濟寧侯顧時等回京。其所統軍就令潁川侯傅友德、南雄侯趙庸、都督同知何文輝總領鎮北平。

（太祖洪武實録卷97　第6頁　97.5.1666）

246　三月甲子　户部言：北平河間府、獻州交河縣洪武四年旱災，黍麥不收，人民餓窘。流移者一千七十三户，所荒田三百三十餘頃，至今租税無從徵收。詔免其租税。

（太祖洪武實録卷98　第2頁　98.2.1671）

247　三月丁卯　高麗國遣判宗簿事崔原來告哀，言：去年九月國王王顓卒，已遣使訃聞于朝，爲盗高鐵頭者邀于路，因不得達。又言：其國有金義者奉使貢馬，行至只縣遇朝使蔡斌、主事林實週，遂殺斌而執實週。已還，罪當死，已誅義而籍其家。上疑其詐，命拘崔原，别遣使往其國吊祭。

（太祖洪武實録卷98　第3頁　98.2.1672）

248　三月乙酉　上以天下驛傳馬夫出貲買馬，早夜供億，勞費倍於他役，詔免其田租以優之。又以地有閒劇、征有繁簡〔校記：嘉本閒劇作厚薄。廣本中本征作役〕，宜少分别以均其勞逸，命羣臣議。於是議：自京會同館至宿州爲驛十三，南至京師、西出秦晉、北抵燕薊，其勞最甚，田租宜全免；自百善道至鄭州，當陝西、山西二道，其勞爲次，宜免三分之二；自滎陽至陜西、山西、北平爲驛一百二十一，其勞又次之，宜免三分之一。詔可。

（太祖洪武實録卷98　第6頁　98.5.1677）

249　三月乙酉　置北平、山東，直隸淮安府，景州連窩等處〔校記：廣本連作運〕遞運所。

（太祖洪武實録卷98　第6頁　98.5.1678）

250　三月丙戌　給諸衛軍士戍守北平者戰衣十五萬六千餘領。

（太祖洪武實録卷98　第6頁　98.5.1678）

251　三月　大將軍魏國公徐達等還自北平。

（太祖洪武實録卷98　第6頁　98.5.1678）

252　四月丁巳　河南彰德府安陽等縣、北平大名府内黄等縣蝗。

（太祖洪武實録卷 99　第 4 頁　99.3.1684）

253　五月辛巳　賜山東、山西、北平……等衛軍士鈔、布有差。

（太祖洪武實録卷 100　第 2 頁　100.2.1695）

254　六月甲午　安南陳煓遣其通議大夫阮若金等來請朝貢期。上令羣臣議，皆曰：古者諸侯之於天子，比年一小聘，三年一大聘，蕃邦遠國，但世見而已。於是命中書省臣諭安南、高麗、占城等國：自今惟三年一來朝貢，若王立則世見可也。

（太祖洪武實録卷 100　第 3 頁　100.2.1696）

255　七月壬戌　命曹國公李文忠爲征虜左副將軍、濟寧侯顧時爲左副副將軍往山西、北平整率軍馬，代潁川侯傅友德、永嘉侯朱亮祖還京。

（太祖洪武實録卷 100　第 5 頁　100.4.1700）

256　七月丙戌　淮安、北平、河南、山東大水傷禾稼。

（太祖洪武實録卷 100　第 6 頁　100.5.1702）

257　八月丁巳　涿州、房山、趙州、濟寧等縣蝗。

（太祖洪武實録卷 100　第 7 頁　100.6.1703）

258　九月丙戌　三佛齊國王僧伽烈宇蘭遣其臣談蒙馬哈麻等從招諭拂菻國朝使普剌等來朝，表貢方物。詔賜其王織金文綺、紗羅二十四疋，使臣綺、羅各二匹，譯使從者人賜帛一疋。

（太祖洪武實録卷 101　第 3 頁　101.2.1708）

259　十月丁酉　暹羅斛國遣其臣婆坤岡信奉表入貢，昭穫哆囉副之。舟至占城，遇風相失，昭穫哆囉以八月至京，先進所貢方物。至是婆坤岡信至，上其所進金葉表文。詔賜其王及使者金織文綺、紗羅、繒綵、服物有差。

占城國王阿答阿者遣其臣寶圭賓西那八的表貢方物。詔賜其王及使者金織文綺、紗羅、服物有差。

（太祖洪武實録卷 101　第 3 頁　101.3.1709）

260　十月丁未　中書省右丞丁玉自北平還京。

（太祖洪武實録卷 101　第 4 頁　101.3.1710）

261　十一月癸丑　以在外各處所設都衛並改爲都指揮使司，燕山都衛爲北平都指揮使司，北平衛爲燕山前衛指揮使司。

（太祖洪武實録卷 101　第 5 頁　101.4.1711）

262　十一月丁卯　暹羅斛國舊明臺王世子昭勃羅局〔校記：嘉本中本勃作勑。嘉本中本局作局，下同〕，遣使奈暴崙進金葉表文，貢方物。詔賜昭勃羅局織金文綺、雜綵、紗羅各六匹，奈暴崙綺、羅各二疋，衣一襲及韡韈，通事以下賜予有差。

（太祖洪武實録卷 102　第 3 頁　102.3.1721）

263　十二月丙午　詔以北平府宛平縣今歲蝗，免其田租。

（太祖洪武實録卷 102　第 6 頁　102.5.1725）

洪武九年（1376）

264　正月丁卯　以前監察御史焦普等三十三人爲秦、晉、燕府紀善等官。

（太祖洪武實録卷 103　第 3 頁　103.3.1735）

265　二月癸巳　以武寧縣知縣馬植等五十七人爲秦、晉、燕府長史、審理、奉祀等官。

（太祖洪武實録卷 104　第 2 頁　104.2.1743）

266　二月丁酉　賜諸王倉庫名……燕府曰廣有。

（太祖洪武實録卷 104　第 4 頁　104.3.1746）

267　三月丙辰　賜遼東、北平諸衛軍士戰衣。

（太祖洪武實録卷 105　第 1 頁　105.1.1749）

268　三月丁丑　賜山西、北平、山東、河南各衛士卒鈔、布有差。

（太祖洪武實録卷 105　第 2 頁　105.1.1750）

269　四月甲申朔　刑部侍郎李浩還自琉球，市馬四十匹，硫黄五千斤〔校記：廣本中本千作十〕。國王察度遣其弟泰期從浩來朝，上表謝恩并貢方物。命賜察度及泰期等羅、綺、紗、帛、襲衣、韡韈有差。浩因言：其國俗市易不貴紈綺，但貴瓷器、鐵釜等物，自是賜予及市馬多用磁器、鐵釜云。

日本國王良懷遣沙門圭庭用等奉表貢馬及方物，且謝罪。詔賜其王及庭用等文綺、帛有差。先是，倭人屢寇瀕海州縣，上命中書移文責之，至是遣使來謝。庭用還，上以良懷所上表詞語不誠，乃復詔諭之曰：嘉王篤誠，遥越滄溟，來修職貢。朕德薄才疎，出庶民而帝中土，掌握黔黎。新造之時，邇者未安，遠者何懷？納王土物良騎，於心甚愧。然覽表觀情，意深機奥，略露其微。不有天命，恃險負固昭然矣！易云：天道虧盈而益謙。蓋尚勇者不保，不道者疾滅。凡居二儀中，皆屬上天后土之所司。故國有大小，限山隔海，天造地設，民各樂土。於是殊方異類者，處于遐漠，陰命王臣以主之，使不相矛盾。有如其道者，上帝福佑之，否其道者禍之。曩者，胡元特違帝命，滅無罪之國，禍加臣民，横行西北，延及中土，人莫敢當，將謂天下無對矣。揚帆東下，直指日本，兵未登岸，金鼓未振，部伍未成，天風怒濤，檣檝摧毁，致使總阿答海及范文虎等十萬之衆没於東南。此果日本兵精歟？抑天道之虧盈歟？元雖不能克日本而歸，天下諸國尚不敢仰視。前數十年，元恃兵强，虐我中國之人，於是豪傑忿然而起，與元争幾二紀，雌雄未決。吾最後興師，軍不滿十萬，馬不及數千，五年而復中土，此果人力耶？天耶？方今吾與日本，止隔滄溟，順風揚帆，止五日夜耳！王其務修仁政，以格天心，以免中國之内禍，實爲大寶。惟王察之。

（太祖洪武實録卷 105　第 4 頁　105.3.1754）

270　五月甲寅朔　安南陳煓遣其通議大夫黎亞夫等來朝貢方物。上謂中書省臣曰：諸夷限山隔海，若朝貢無節，實勞遠人，非所以綏輯之也。去歲安南來請朝貢之期，已諭以古禮或三年或世見，今乃復遣使至，甚無謂也。其更以朕意諭之：番夷外國，當守常制，三年一貢，無更煩數；來朝使臣，亦惟三五人而止；奉貢之物，不必過厚，存其誠敬可也。

（太祖洪武實録卷 106 第 1 頁 106.1.1763）

271 五月壬午 日本人滕八郎以商至京，獻弓馬、刀甲、硫黄之屬，並以其國高宫山僧靈樞所附馬二匹來貢。上命却其獻，賜白金遣之。其靈樞曾至京受賜，所獻馬受之，仍給綺、帛，令滕八郎歸賜靈樞。

（太祖洪武實録卷 106 第 3 頁 106.3.1767）

272 六月甲午 以監察御史蕭韶、秦府伴讀魏肅爲北平布政使司。

（太祖洪武實録卷 106 第 6 頁 106.5.1772）

273 六月辛丑 征虜前將軍曹國公李文忠還自北平，上其印綬。

（太祖洪武實録卷 106 第 7 頁 106.6.1773）

274 七月甲寅 以……燕府伴讀李濬爲左參政。

（太祖洪武實録卷 107 第 1 頁 107.1.1779）

275 七月丙寅 命賜北平守禦及聽征官軍鈔五千萬〔校記：廣本嘉本抱本千作十〕八千七百餘錠，布帛八萬二千餘疋。

（太祖洪武實録卷 107 第 9 頁 107.7.1792）

276 八月丁亥 勅燕山前、後、永清左、右、薊州、永平、密雲、彭城、濟陽、濟州、大興十一衛分兵守北邊關隘。時關隘之要者有四，曰古北口，曰居庸關，曰喜峰口，曰松亭關。而烽候相望者一百九十六處，徼巡將士六千三百八十四人。初俱用北軍，至是始選江淮軍士參之。

（太祖洪武實録卷 108 第 1 頁 108.1.1797）

277 八月己亥 覽邦國王昔里馬哈剌札的剌札〔校記：嘉本的剌札作的剌劄〕遣其臣吾剌里剌沙等奉表貢馬、蘇木〔校記：嘉本無馬字〕及檀降香、胡椒、孔雀等物。詔賜其王金織文綺、紗羅，并賜吾剌里剌沙及其從人綺帛、衣靴有差。

（太祖洪武實録卷 108　第 2 頁　108.2.1799）

278　八月丙午　以國子生……張翺爲燕府伴讀。

（太祖洪武實録卷 108　第 2 頁　108.2.1800）

279　九月癸丑　上遣指揮僉事吴英往北平〔校記：嘉本脱北平二字〕諭大將軍徐達曰：七月火星犯上將，八月金星又犯之。占云：當有奸人刺客陰謀事。凡閲兵馬、習騎射，進退之間，皆當謹備。可徧諭諸將，亦當嚴密，雖左右將校，勿令相近。其故元閹官，尤宜防之，惟南去者可以使令。蓋將者，衆之死生、國之安危係焉。能戒慎之，庶可免憂。

（太祖洪武實録卷 108　第 4 頁　108.4.1802）

280　九月丁卯　北平府宛平、大興二縣地震。

高麗國王王顓子禑遣使奉表賀天壽聖節，貢方物。

（太祖洪武實録卷 108　第 6 頁　108.5.1805）

281　九月甲戌　以北平故都指揮使朱杲男煜爲燕山右衛世襲都指揮使。都指揮世襲自煜始。

（太祖洪武實録卷 108　第 6 頁　108.5.1806）

282　閏九月戊申　遷河南都指揮使郭英爲北平都指揮使。

命北平、山西都指揮使司悉送屬衛總旗從軍歲久者赴京録用。於是得魯福等一百八十五人，以爲金吾等衛所百户、鎮撫。

（太祖洪武實録卷 109　第 5 頁　109.4.1816）

283　十月甲子　調北平都指揮使潘敬爲河南都指揮使。

（太祖洪武實録卷 110　第 3 頁　110.2.1822）

284　十月戊寅　給賜遼東、北平、陝西守禦軍士冬衣。

（太祖洪武實録卷 110　第 4 頁　110.3.1823）

285　十一月　是月上以江西饒州府及北平保定府、易州、祁州、清宛等縣旱災，詔免今年田租。

（太祖洪武實録卷 110　第 7 頁　110.6.1826）

286 十二月戊午 以浙江参政商暠、北平参政唐俊爲刑部尚書。

（太祖洪武實録卷 110 第 8 頁 110.6.1830）

洪武十年（1377）

287 正月丙戌 工部奏差張致中上書言三事。……三曰北方郡縣開懇荒田，歲有增廣。而土曠民稀，墾闢有限，所在守令，往往責令里甲增報額數，以爲在官事蹟。罔上疲民，甚亡謂也。宜令各處農民，自實見墾畝數以定税粮，庶不有名無實，民力不困。生息益蕃，而賦役自增矣。書奏，上覽而嘉之，擢致中爲宛平知縣。

（太祖洪武實録卷 111 第 2 頁 111.2.1840）

288 正月辛卯 以羽林等衛軍士益秦、晉、燕三府護衛……燕府燕山護衛舊軍一千三百六十四人，益以金吾左等衛軍二千二百六十三人。

（太祖洪武實録卷 111 第 3 頁 111.3.1841）

289 正月 琉球國中山王察度遣其弟泰期〔校記：中本泰誤秦，下同〕等進表，賀正旦。貢馬十六疋，硫黄一千斤。賜泰期等鈔有差。

安南陳煓與占城國構兵相攻，大敗于占城境上，煓戰死。

高麗遣使至京師，爲其故王王顓請謚號。上以顓爲其下所弑，勅中書宰臣曰：朕起寒微，實膺天命，君主中國。當即位之初，遣報四夷酋長，使知中國之有君。而高麗國王王顓，聞命即稱臣入貢，斯非畏力也，心悦故也。其王輸誠數年，乃爲臣下所弑，又幾年矣，今始來請謚。將以假吾朝命，鎮服其民，且以揜其弑逆之跡耳！所請非誠，不可與也，前所留使者則歸之。

（太祖洪武實録卷 111 第 4 頁 111.3.1842）

290 二月己未 革北平府香河縣，以其地益漷州，改漷州爲縣。革平谷縣，以其地益三河縣。復以武清、寶坻二縣隸通州。

（太祖洪武實録卷 111 第 6 頁 111.5.1846）

291 二月壬申 以北平按察司僉事吕本爲禮部尚書。本初爲太常卿，坐事，罰功臣廟，尋宥之。出爲北平按察司僉事，至是陞今官。

（太祖洪武實録卷 111 第 7 頁 111.6.1847）

292 四月 是月密雲衛火燔廬舍。

（太祖洪武實録卷 111 第 10 頁 111.8.1852）

293 五月戊寅朔 北平以河間府交河縣併入獻縣，復以静海縣隸河間，保定府滿城縣併入慶都縣。

（太祖洪武實録卷 112 第 2 頁 112.1.1855）

294 五月丙戌 高麗世子王禑遣其禮儀判書周誼等貢馬六十匹及方物。却不受。

（太祖洪武實録卷 112 第 3 頁 112.2.1856）

295 五月 河間府旱。

（太祖洪武實録卷 112 第 5 頁 112.4.1860）

296 七月 北平等八府大水。壞城垣。

淡巴國王佛喝思囉遣其臣施那八智上表貢苾布、兜羅綿被、沉、檀、速香、胡椒等物。賜佛喝思囉金織文綺、紗羅，施那八智文綺、襲衣等物有差。

（太祖洪武實録卷 113 第 6 頁 113.5.1871）

297 八月丙辰 三佛齊國王怛麻沙那阿者卒，子麻那者巫里立。遣其臣生阿烈足諫奉表請印綬。貢犀牛、黑熊、火鷄、紅緑鸚鵡、白猿、龜筒及胡椒、丁香、木香、肉豆寇、番油子、米腦等，及貢小番奴一人。詔賜麻那者巫里及其臣生阿烈足諫等金織文綺、紗羅、靴韈等物有差。

（太祖洪武實録卷 114 第 4 頁 114.4.1879）

298 九月乙酉 暹羅斛國王遣其子昭禄羣膺奉金葉表貢象及象牙、胡椒、蘇木之屬，已而上命禮部員外郎王恒賫詔及印綬往賜之，以中書省宣使蔡時敏爲之副。詔曰：君國子民，非上天之明命，厚土之鴻恩，曷能若是！華夷雖間，樂天之樂，率土皆然。若爲人上能體上帝好生之德〔校記：廣本帝作天〕，協和人神，則禄及子孫，世世無間矣！爾糸烈寶毘牙嗯哩哆囉自嗣王位以來，内修齊家之道，外造睦隣之方，況數遣使稱臣入貢，以方今番王言之，可謂賢德矣，豈不名播諸夷哉？今年秋貢象入朝，朕遣使往諭：特賜暹羅國王之印及衣一襲，爾當善撫邦民，永爲多福。恒等與昭禄羣膺陛辭，俱賜文綺、衣服并道里費而遣之。

（太祖洪武實録卷 115 第 2 頁 115.2.1883）

299 九月丙戌 占城國王阿荅阿者遣其臣保圭尸那八的奉金表貢方物。賜保圭尸那八的等文綺有差。

（太祖洪武實録卷 115 第 2 頁 115.2.1883）

300 十月丙辰 北平、永平二府守臣言：山後來歸之民以户計者五百三十，以口計者二千一百餘，皆携絜妻孥，無以爲食。上命有司稽其口之大小賑給之。凡賑米八百一十石。

（太祖祖洪武實録卷 115 第 3 頁 115.3.1889）

301 十月甲戌 遣使賫詔印立三佛齊國王嗣子麻那者巫里爲三佛齊國王。印用駝鈕〔校記：廣本鈕作紐〕，銀質鍍以金。詔略曰：朕自混一區宇，嘗遣使詔諭諸番〔校記：廣本詔作招〕。爾三佛齊國王怛麻沙那阿者即稱臣入貢，于兹有年。今秋使者賫表至，知怛麻沙那阿者薨逝。爾麻那者巫里以嫡子當嗣王位。不敢擅立，請命于朝，可謂賢矣。朕嘉爾誠，是用遣使賜以三佛齊國王之印。爾當撫邦民，永爲多福。

（太祖洪武實録卷 115 第 5 頁 115.4.1888）

302 十一月癸未 爪哇國王八達那巴那務遣其臣八智巫沙等上金葉表文，貢馬及白鹿，孔雀、犀角之屬。賜其王金織綺、羅等

物，八智巫沙等羅綺、襲衣、韡韈有差〔校記：各本韡作靴。〕

（太祖洪武實録卷116　第1頁　116.1.1892）

303　十二月辛亥　真臘國王参答甘武者持達志〔校記：中本答作塔。廣本持作特〕遣使奈妹等奉表貢方物，賀明年正旦。賜其王織金文綺、紗羅，使者衣帛有差。

（太祖洪武實録卷116　第7頁　116.6.1901）

304　十二月　是月高麗國遣使來賀明年正旦。上以王顓既被弑，而其國數遣使入貢，勅中書宰臣曰〔校記：嘉本宰作省〕：高麗國王王顓，自入朝貢奉表稱臣。云世世子孫願爲臣妾。數年之後，被奸臣所弑。及奉表來貢，皆云嗣王所遣。莫明其實，故拘其使，詢之終不得其詳。拘之既久，朕不忍其有父母妻子之情，特勅歸之。未幾，復遣使至，却而勿納。不逾數月，又遣使以朝正爲名，奉表貢馬，皆稱嗣王，如此者五。朕觀高麗之于中國，自漢至今，其君臣多不懷恩，惟挾詐以構禍。在漢時，高氏失爵，光武復其王號，旋即寇邊，大爲漢兵所敗。唐嘗錫封，隨漢背叛，以至父子就俘，族世遂絶。迨宋興，王氏當國，而逼於契丹、女真，甘爲奴虜。元世祖入中原，嘗救其國於垂亡，而妄生疑貳，盜殺信使，屢降屢叛，數遭兵禍。今王顓被弑，奸臣竊命。春秋之義：亂臣賊子，人人得而誅之。又何言哉！而其前後使者五至，皆云嗣王遣之。中書宜遣人往問，嗣王如何，政令安在。若政令如前，嗣王不爲羈囚，則當依前王所言，歲貢馬千匹。差其執政，以半來朝。明年貢金一百斤，銀一萬兩，馬〔按：館本馬上有良字，抱本無〕百疋，細布一萬。仍以所拘遼東之民，悉送來還，方見王位真而政令行，朕無惑也。否則弑君之賊之所爲，將來奸詐並生，肆侮於我邊陲，將搆大禍於高麗之民也。朕觀彼奸臣之計，不過恃滄海重山之險固，故敢逞兇跳。以爲我朝用兵如漢唐，不知漢唐之將長騎射、短舟楫，不利涉海。朕自平華夏、攘胡虜，水陸征伐，所向無前，豈比漢唐之爲？中書其如朕命，遣人往，觀其所爲，且問王之安否。

（太祖洪武實録卷 116　第 8 頁　116.7.1903）

洪武十一年（1378）

305　正月　　是（按：疑是下奪月字）安南陳煓弟煒遣其臣陳建琛、阮士諤來告煓卒。先是，朝廷常（按：館本常作嘗，是也）遣使賜陳煓上尊文綺，既至，而煓已死。其弟煒署國事，遣使奉表謝恩，貢馴象方物，且告煓之喪。詔賜建琛、士諤等衣物，仍以文綺、紗羅往賜煒，遣中使陳能至其國吊祭。

（太祖洪武實録卷 117　第 1 頁　117.1.1908）

306　三月癸酉朔　　暹羅斛國遣其臣昭直班等表貢方物。詔賜來使綺帛衣服。

（太祖洪武實録卷 117　第 6 頁　117.5.1916）

307　三月己丑　　命燕府長史朱復爲燕相府左相，禮部員外郎朱夢炎爲侍郎。

（太祖洪武實録卷 117　第 8 頁　117.7.1919）

308　四月己酉　　闍婆國王磨那吒喃遣其臣淡罔巴從等奉表貢苾布、油紅布、檀香、豆蔻等物。

（太祖洪武實録卷 118　第 1 頁　118.1.1923）

309　五月丙子　　工部定天下歲造軍器之數：甲冑之屬一萬三千四百六十五，馬步軍刀二萬一千，弓三萬五千一十，矢一百七十二萬。……北平布政使司甲冑一千，弓五千二百一十二。

琉球國中山王察度遣使下貢方物，賜察度及使者文綺、繒帛有差。

（太祖洪武實録卷 118　第 4 頁　118.3.1928）

310　五月庚子　　燕府左傅丘廣卒。廣，鳳陽定遠人……洪武九年除燕府左傅，至是卒。追贈開國輔運推誠宣力武臣柱國，封昌樂侯，謚景成。

（太祖洪武實録卷 118　第 6 頁　118.5.1932）

311　六月丙寅　置燕山中、左二護衛指揮使司。

（太祖洪武實録卷 119　第 2 頁　119.2.1937）

312　七月壬辰　賜北平、遼東等五都指揮使司屬衛軍士冬布、絲綿等物。

（太祖洪武實録卷 119　第 4 頁　119.3.1940）

313　九月乙酉　賜在京及北平諸衛將士文綺、繒帛有差。

（太祖洪武實録卷 119　第 7 頁　119.6.1945）

314　十月辛酉　占城國王阿答阿者遣使上表貢方物及良馬，謝璽書及上尊文綺之賜也。上復詔賜其王金織文綺、羅紗衣各一襲。

（太祖洪武實録卷 120　第 5 頁　120.4.1956）

315　十一月甲戌　占城國王阿答阿者遣使寶禄圭照婆郎等〔校記：嘉本無郎字〕貢象、馬及茄南木香。詔賜國王織金文綺、使者文綺、衣服、鈔有差。

（太祖洪武實録卷 121　第 2 頁　121.1.1960）

316　十二月丁未　溢亨國王麻哈剌惹答饒遣其臣淡罔麻都等奉金表貢番奴六人，胡椒二千斤，蘇木四千斤，及檀、乳、腦諸香藥。百花國王剌丁剌者望沙亦遣其臣八智亞檀等奉金表貢白鹿、紅猴、龜筒、玳瑁、孔雀、鸚鵡、哇哇倒掛及胡椒、香蠟等物。詔賜二國王及使者金織文綺、紗羅、衣服有差。

（太祖洪武實録卷 121　第 4 頁　121.3.1964）

317　十二月辛亥　暹羅斛國遣使入貢。

（太祖洪武實録卷 121　第 4 頁　121.3.1964）

318　十二月戊午　使暹羅斛國將士三百一十一人還京師。賜鈔一千五百六十一錠。

（太祖洪武實録卷 121　第 5 頁　121.4.1966）

319　十二月　遣高麗使還，以勑諭之曰：汝承奸臣之詐〔校記：

嘉本詐作計。按太祖集卷六詔高麗使回文作詐〕，不得已而來誑我。今命爾歸，當以朕意言於首禍之人曰：爾殺中國無罪之人使，其罪深矣。非爾國執政大臣來朝及歲貢如約，則不能免問罪之師。爾之所恃者滄海耳，不知滄海與我共之。爾如不信，朕命舳艫千里，精兵數十萬，揚帆東指，特問使者安在。雖不能盡滅爾類，豈不俘囚其大半？爾果敢輕視乎？

（太祖洪武實録卷 121　第 5 頁　121.4.1966）

洪武十二年（1379）

320　正月辛巳　置北平齊化關遞運所。

（太祖洪武實録卷 122　第 2 頁　122.2.1972）

321　四月壬寅　刑部言：古北口千户擅役軍士八人出境伐木，爲賊所殺，論當死；衛指揮以下凡七人，俱當連坐。上曰：千户違法，擅役軍致死，可論如律，餘人并宥之。

（太祖洪武實録卷 124　第 1 頁　124.1.1989）

322　五月癸未　免北平税糧。詔曰：民之休息長養，惟君主之。至于水旱災傷，雖出于天下，而亦作民父母者之責也。近者，廣平所屬郡邑，天久不雨，致民艱于樹藝，衣食不給。朕爲天下主，凡吾民有不得其所者，皆朕之責。其北平今年夏税秋糧，悉行蠲免，以蘇民力。

（太祖洪武實録卷 124　第 4 頁　124.3.1994）

323　閏五月丁未　日本國王良懷遣其臣劉宗秩、通事尤虔俞豐等上表貢馬及刀甲、硫黄等物。使還賜良懷織金文綺、宗秩等服物有差。

（太祖洪武實録卷 125　第 1 頁　125.1.1997）

324　六月庚辰　北平布政使司請以北平府順承、安定二門與麗正等門一體，各設兵馬一人。從之。

（太祖洪武實録卷 125　第 3 頁　125.3.2001）

325　六月甲申　給……北平都指揮使司燕山等十八衛士卒九萬六千五百餘人米五萬四千七百餘石，鈔〔按：館本鈔作錠，廣本嘉本作鈔，是也〕五萬四千七百餘錠。

（太祖洪武實録卷 125　第 4 頁　125.3.2002）

326　九月丙辰　置北平永寧衛指揮使司及古北口守禦千户所。

（太祖洪武實録卷 126　第 5 頁　126.4.2015）

327　九月戊午　占城國王阿答阿者遣其臣陽須文旦進表及象、馬方物。中書省臣不以時奏，内臣因出外見其使者，以聞。上亟召使者見之。嘆曰：壅蔽之害，乃至此哉！因勅責首臣曰：朕居中國，撫輯四夷，彼四夷有至誠來貢者，吾以禮待之。今占城來貢方物，既至，爾宜以時告，禮進其使者，顧乃泛然若罔聞知，爲宰相輔天子、出納帝命、懷柔四夷者，固當如是耶？丞相胡惟庸、汪廣洋等皆叩頭謝罪。

（太祖洪武實録卷 126　第 5 頁　126.4.2016）

328　九月壬戌　詔釋爪哇使臣還其國。先是，爪哇東番王勿陀勞網結〔校記：明史爪哇傳陀作院〕遣使阿烈蘇阿那、西番王勿勞波務〔校記：嘉本務作勿。明史爪哇傳與館本同〕遣阿烈占壁等俱奉表貢方物，詔以其禮意不誠，留其使者，至是釋而遣之。

（太祖洪武實録卷 126　第 5 頁　126.4.2016）

329　九月癸亥　賜占城國使臣陽須文旦等衣鈔各有差。

（太祖洪武實録卷 126　第 5 頁　126.5.2017）

330　十月甲子朔　遣使賜占城國阿答〔按：館本答作大，廣本嘉本作答，是也〕阿者《大統曆》、銷金文綺、紗羅、衣服等物。仍以璽書諭之曰：帝王之道，一視同仁，故雖在海外，皆欲共相安于無事。爾占城介居西南，限山隔海，而能臣事中國，數貢方物。頃者遣使貢象，誠意可嘉。表言尚與安南搆兵，至今未息，然占城與安南疆界已定，自昔而然，各宜保境安民，勿事紛爭。天道好惡不可不戒。今賜卿金龍衣服及良馬等物，至可領也。

（太祖洪武實録卷126　第6頁　126.5.2017）

331　十月己卯　爪哇國王八達那巴那務遣其臣八智巫沙等奉表貢方物。

（太祖洪武實録卷126　第6頁　126.5.2018）

332　十月乙酉　暹羅斛國王參烈寳毘牙嗯哩多羅禄遣其臣亞刺兒文智利等上表貢方物。命賜其國王及王子蘇門邦王昭禄羣膺織金文綺、紗羅，亞刺兒等賜綺、帛、服物有差。

（太祖洪武實録卷126　第6頁　126.5.2018）

333　十一月己亥　以北平都指揮使郭英……俱爲大都督府僉事。

（太祖洪武實録卷127　第2頁　127.2.2023）

334　十一月甲寅　燕府營造訖工，繪圖以進。其制：社稷、山川二壇在王城南之右。王城四門，東曰體仁，西曰遵義，南曰端禮，北曰廣智。門樓廊廡二百七十二間。中曰承運殿，十一間，後爲圜殿，次曰存心殿，各九間。承運殿之兩廡爲左右二殿，自存心殿承運周迴兩廡至承運門，爲屋百三十八間〔校記：廣本百上有一字〕。殿之後爲前、中、後三宫，各九間。宫門兩廂等室九十九間。王城之外，周垣四門，其南曰靈星。餘三門同王城門名。周垣之内，堂庫等室一百三十八間。凡爲宫殿室屋八百一十一間。

濟寧侯顧時卒。時字時舉，臨濠人……洪武元年，從大將軍徐達北定燕薊……七年從魏國公徐達鎮北平，八年召還京師。尋有旨仍鎮北平。至是卒，年四十六。

（太祖洪武實録卷127　第3頁　127.2.2024）

335　十二月辛未　給北平都指揮使司衛所士卒十萬〔校記：嘉本十萬作十五萬〕五千六百餘人布二十七萬八千餘疋，綿花五萬四千六百餘斤，紬（按：館本紬作細）絹一萬四千八百餘疋。

（太祖洪武實録卷128　第1頁　128.1.2032）

336 十二月 是月……安南陳煒遣使來貢。上以安南怙强，欲侵奪占城境土，故致〔按:館本致作至，廣本抱本嘉本作致〕敗亡，乃遣使詔諭煒兄前安南陳叔明曰：朕聞春秋諸侯之國，相繼而滅亡者，何也？蓋由逆君命而禍黔黎，故天鑒若是，有不能逃於過〔按：館本過作禍，是也〕也。使當時諸侯惟天王之命是從，豈不同周之固耶，何期捨久長之富貴而貪高位，致富貴若草杪之朝露。賢不云乎〔校記：廣本賢作傳。按太祖集卷二諭安南國王陳煒兄陳叔明詔作賢〕:“毋爲禍首，毋爲福先。”爾叔明自臨事以來，國中多故，民數流離，此果爾兄弟慕富貴而若是耶？抑民有愆而致是耶？固往者之不可諫，豈不知來者之尚可追。易不云乎：“積善之家必有餘慶。積不善之家必有餘殃。”斯言若行，則天意可回耳。且天地之廣，長民者衆，若邦有道，固封疆勿外求，則永爲世福。若越境而殃他民，則福未可保也。安南與占城忿争搆兵，將十年矣！是非彼此，朕所不知，其怨未消，其讐未解，將如之何？爾如聽朕命，息兵養民，天鑒在上，後必有無窮之福。若否朕命而必爲之〔校記：嘉本脱必字，太祖集有〕，又恐如春秋之國，自取滅亡也。古人有云：以道佐人主者，不以兵强天下。何者？殺伐之事好還，故智者有不爲也〔校記：廣本有下有所字〕。爾如鑒春秋之失而毋蹈往轍，豈不美乎？宜悉朕意〔校記：廣本悉下有聽字〕，毋有所忽。

高麗署國事王禑遣其臣李茂芳等貢黄金百斤，銀一萬兩。以其貢不如約，却之。

（太祖洪武實録卷 128　第 5 頁　128.5.2040）

洪武十三年（1380）

337 正月癸巳朔 高麗貢不如約，以詔問之，曰：曩元之馭宇，運未百年而天命更。朕代元爲君，臨御十有三載，四夷入貢，惟三方如舊〔校記：嘉本如作仍〕。獨東夷固恃滄海，内殺其王，外搆民禍，貢不如約，必三韓之地有爲故若是歟！命使往問：叛服不常，將欲何爲？

（太祖洪武實録卷129 第1頁 129.1.2043）

338 二月壬戌朔 以嘉興府知府薛祥爲工部尚書。祥廬州無爲人，歲乙未，從渡江爲樞密院知印。洪武元年授京畿都漕運司使，八年擢工部尚書，九年遷北平布政使……至是復以爲工部尚書。

（太祖洪武實録卷130 第1頁 130.1.2059）

339 三月壬寅 今上之國，給賜燕山中、左二護衛侍從將士五千七百七十人鈔二萬七千七百七十一錠。

（太祖洪武實録卷130 第5頁 130.4.2066）

340 三月庚戌 琉球國中山王察度遣使貢馬及方物。使還，詔賜察度織金文綺、紗羅。

（太祖洪武實録卷130 第9頁 130.8.2073）

341 五月戊戌 遣使以綿布給賜北平、山西、陝西、河南、遼東軍士。

（太祖洪武實録卷131 第5頁 131.4.2084）

342 五月 是月……日本國王良懷遣其臣慶有僧等來貢馬及硫黄、刀、扇等物，無表。上以其不誠，却之。

（太祖洪武實録卷131 第10頁 131.8.2092）

343 六月癸亥 安南陳叔明遣使奉表貢方物謝恩，以嘗有詔戒諭故也。賜其使文綺有差。

遣使賫勅諭北平、山西、陝西、四川、廣東、廣西、遼東、福建都指揮使司、布政使司，會計邊衛之地見儲倉糧及今年所徵田糧可給軍餉及官吏月俸幾年，具報户部以聞。

（太祖洪武實録卷132 第1頁 132.1.2094）

344 六月甲申 暹羅斛國遣使貢方物。

（太祖洪武實録卷132 第4頁 132.4.2099）

345 七月庚子 詔留高麗使者周誼于京師，而遣其通事先還。

（太祖洪武實録卷 132 第 7 頁 132.6.2103）

346 七月戊申 給府軍等衛及山東、山西、遼東、北平等都司將士卒三十一萬六千三百二十人鈔布、棉花有差。

（太祖洪武實録卷 132 第 8 頁 132.7.2105）

347 九月辛卯 詔景川侯曹震、滎陽侯楊璟、永城侯薛顯赴北平督兵屯田。

（太祖洪武實録卷 133 第 4 頁 133.3.2112）

348 九月甲午 日本國遣僧明悟法助等來貢方物，無表，止持其征夷將軍源義滿奉丞相書，辭意倨慢，上命却其貢。

（太祖洪武實録卷 133 第 4 頁 133.3.2121）

349 九月乙巳 占城國王阿答阿者遣其臣大併論等上表貢象及侍童一百二十五人。

（太祖洪武實録卷 133 第 5 頁 133.4.2114）

350 九月庚戌 以北平大興右衛爲燕山右護衛。

（太祖洪武實録卷 133 第 6 頁 133.5.2116）

351 九月 是月……占城使還，詔賜文綺、鈔帛有差。以璽書諭去國王阿答阿者曰：今年九月十八日占城使至，爲朕上壽。萬里遠道，非王意誠豈能應期若此。然覽表閱辭，乃知復與安南交兵，水戰弗利。朕嘗戒爾兩國，毋深搆仇讐，以安生民。今一勝一負，終無休息，果何爲哉！今再勅王，王其審之。古人有云：殺莫大於好殺，生莫大於好生者，好施仁也，而天下之所好者仁。有國者果能行仁，以合天道，則國豈有不久，而子孫豈有不昌盛乎？今爾兩國之争，是非吾所不知，但知曩者安南兵出，敗于占城之下，占城乘勝入于安南之國，安南之辱已甚。若此之後，王能保守封疆，奉天勤民，則福禄綿長矣！知其不然，必欲驅兵，連年苦戰，彼此勝負，固不可知。鷸蚌相持，漁人獲利，他日悔之，不亦晚乎？朕觀宋書，占城在宋時，曾被真臘入境，此亦辱之甚者也。朕書至，王當修睦四隣之道，以是服非則可，是此非彼則不可。因王至意，故戒之再三，王其修仁惟吉。

（太祖洪武實録卷 133　第 7 頁　133.6.2118）

352　十月己巳　　真臘國王氽答甘武等〔按：館本等作者，是也〕持達志遣其臣坤明昭奉金表貢方物。賜坤明昭鈔及綺帛。

（太祖洪武實録卷 134　第 2 頁　134.2.2123）

353　十月丁丑　　琉球國山南王承蔡（按：疑蔡爲察之誤）度遣其臣師惹等奉表貢方物。命賜承察度《大統曆》及金織文綺，師惹等文綺、鈔有差。

爪哇國王八達那巴那務遣其臣阿烈彝烈時奉金葉表入貢。使者留月餘遣還，因詔諭其國王曰：聖人之治天下，四海内皆爲赤子，所以廣一視同仁之心。朕君主華夷，撫御之道，遐邇無間。爾邦僻居海島，頃嘗遣使中國，雖云修貢，實則慕利，朕皆推誠，以禮待焉。前者，三佛齊國王遣使貢表，來請印綬。朕嘉其慕義，遣使賜之，所以懷柔遠人，爾奈何設爲奸計，誘使者而殺害之！豈爾恃險遠，故敢肆侮如是歟？今使者來，本欲拘留，以其父母妻子之戀，夷夏則一，朕惟此心，特令歸國。爾二王當省己自修，端秉誠敬，毋蹈前非，干怒中國，則可以守富貴。其或不然，自致殃咎，悔將無及矣？

（太祖洪武實録卷 134　第 3 頁　134.2.2124）

354　十月甲申　　以薊州衛指揮同知王德爲山東都指揮使。

（太祖洪武實録卷 134　第 4 頁　134.3.2126）

355　十一月乙未　　魏國公徐達還自北平。

（太祖洪武實録卷 134　第 5 頁　134.4.2128）

356　十二月辛酉　　以燕府左相費愚爲燕山中護衛指揮使。

（太祖洪武實録卷 134　第 8 頁　134.6.2132）

357　十二月　　是月……遣使詔諭日本國王曰：曩宋失馭，中土受殃，金元入主〔校記：嘉本主下有至字〕，二百餘年，移風易俗，華夏腥膻，有志君子，熟不興憤？及元運將終，英雄鼎時，聲教紛然。

時朕控弦三十萬，礪刃以觀，未幾命大將軍律九伐之征，不逾五載，戡定中原。蠢爾東夷，君臣非道，四擾鄰邦，前年浮辭生釁，今年人來非誠。問其所以，果然欲較勝負？於戲！渺居滄溟，罔知帝賜，傲慢不恭，縱民爲非，將必自殃乎？

（太祖洪武實録卷 134　第 9 頁　134.8.2135）

洪武十四年（1381）

358　正月辛亥　征虜大將軍魏國公徐達發燕山等衛屯兵萬五千一百人修永平界嶺等三十二關。

（太祖洪武實録卷 135　第 3 頁　135.3.2141）

359　二月己未　改北平府（按：館本府下有灤州爲三字）灤縣。

（太祖洪武實録卷 135　第 5 頁　135.4.2144）

360　二月丙寅　暹羅斛國遣其臣陳子仁等表貢方物。命賜子仁鈔二百四十錠。

（太祖洪武實録卷 135　第 6 頁　135.5.2146）

361　二月癸酉　命刑部更定徒罪煎鹽、炒鐵例。……凡徒罪炒鐵者……北平之人發平陽。

（太祖洪武實録卷 135　第 6 頁　135.5.2146）

362　三月辛丑　頒《五經》《四書》于北方學校。上謂廷臣曰：道之不明，由教之不行也。夫《五經》，載聖人之道者也，譬之菽粟、布帛，家不可無。人非菽粟、布帛則無以爲衣食，非《五經》《四書》則無由知道理。北方自喪亂以來，經籍殘缺〔校記：廣本經作書。寶訓與館本同〕，學者雖有美質，無所講明，何由知道！今以《五經》《四書》頒賜之，使其講習。夫君子而知學則道興，小人而知學則俗美。他日收效〔校記：嘉本收效作化成。寶訓與館本同〕亦必本於此也。

（太祖洪武實録卷 136　第 3 頁　136.3.2154）

363 四月丙辰朔 命都督府選騎士赴北平，從大將軍徐達征進，得精壯者萬六千一百三十五人，各賜文綺、戰衣遣行。

（太祖洪武實録卷 137 第 1 頁 137.1.2159）

364 四月己未 國子司業、前禮部侍郎劉崧卒。崧字子高，吉安泰和人。元季嘗領鄉薦，遇亂不及會試，教授鄉里。國朝洪武三年，以材學舉至京，授兵部職方郎中〔校記：廣本方下有司字〕，陞北平按察司副使，居官以清苦自持。坐事，輸作京師，尋放歸鄉〔校記：廣本鄉下有里字〕。十三年春，丞相胡惟庸等誅〔校記：廣本等下有伏字〕，上特賜手敕起爲禮部侍郎，未幾命署吏部尚書事，以疾乞致仕，許之……卒年六十一……崧博學有志〔各本志下有行字〕，家素貧，及貴未嘗增置産業。居官十歲，不以妻子相隨，清苦如布衣時。其爲北平按察副使，携一童往，至則遣還。每夜孤燈一榻，讀書不輟。至五鼓則衣冠起坐待旦。值北平兵革之後，招徠逋逃，慰安反側，惟務寬厚……所著有《北平八府志》《東遊録》《嶺南録》及詩文十八卷藏于家。又有《職方集》行于世。

（太祖洪武實録卷 137 第 1 頁 137.1.2160）

365 四月戊寅 給北平、陝西、山西諸衛士卒布絹、棉花。

（太祖洪武實録卷 137 第 3 頁 137.3.2163）

366 四月己卯 北平布政使司言：民間舊輸焰硝，近歲未徵，請歲輸如故。上曰：此但攻戰用之耳。今天下安寧，無事兵革，宜罷輸。且方面大臣，凡事関大體，有益於國與民者，則當言之，此何必言！因命該部移文諭之：今後若此類者，皆勿復徵。

（太祖洪武實録卷 137 第 3 頁 137.3.2163）

367 六月丙辰 安南陳煒遣大中大夫羅伯長奉表貢方物。時思明府來言：安南脱、峒二縣〔校記：廣本峒作垌，下同〕攻其永平等寨。安南亦言：思明府攻其脱、峒、陸、峙諸處。上以其詐，命還其貢，以書詰責陳煒，言其作奸肆侮，生隙搆患，欺誑中國之罪。後勑廣西布政使司，自今安南入貢並勿納。

（太祖洪武實録卷 137　第 7 頁　137.5.2168）

368　六月丙子　給賜燕山等衛北征將士九萬九千四百餘人鈔十五萬〔校記：廣本十五作五十八；嘉本作五十〕八千四百八十五錠，鹽七萬五千五百餘斤。

（太祖洪武實録卷 137　第 7 頁　137.6.2160）

369　七月戊戌　日本國王良懷遣僧如瑶等貢方物及馬十匹。上命却其貢。仍命禮部移書責其國王曰：大明禮部尚書致意日本國王。王居溟海之中，傳世長民〔校記：廣本民作文〕。今不奉上帝之命，不守己分。但知環海爲險，限山爲固，妄自尊大，肆侮鄰邦，縱民爲盜。帝將假手於人，禍有日矣！吾奉至尊之命移文與王，王若不審臣微，效井底蛙，仰觀鏡天，自以爲大，無乃搆隙之源乎？王涉獵古書，不能詳細，始號曰倭。後惡其名，遂改日本。自漢歷魏、晉、宋、梁、隋、唐之朝〔校記：嘉本無宋字〕，皆遣使奉表貢方物、生口〔校記：嘉本無生口二字〕。當時帝王，或授以職，或爵以王，或睦以親。由歸慕意誠〔校記：廣本由上有蓋字〕，故報禮厚也。若叛服不常，搆隙中國，則必受禍。如吴大帝、晉慕容廆、元世祖皆遣兵往伐，俘獲男女以歸。千數百年間，往事可鑒也，王其審之！復移書責日本征夷將軍曰：日本天造地設，隔重山，限大海，語言異，風俗殊，俾自爲治。然覆載之内，外邦小國，非一所也，必有主以司之。惟仁者天必輔之，不仁者天必禍之。前將軍奉書我朝丞相，其辭悖謾，可謂坐井觀天而自造禍者也！往者，我朝初復中土，日本之人至者，云使則加禮遇，商則聽其去來。斯我至尊，所以加惠日本，故遣克勤、仲猷二僧行。及其至也，加以無禮，今又幾年矣！洪武十二年，將軍復奉書肆侮。今年秋，僧如瑶來，乃陳情飾非。羣臣言是必貪利而諜者，請誅之。我至尊不允，曰：彼小人無知，聽其使令，殺之何益？福善禍淫，天鑒在上。吾中國雖大，安敢違帝命。本部既聽德音，專差人涉海往問。如瑶之來，果貪利者歟？實爲使〔校記：嘉本使下有者字〕歟？將行，羣臣又奏曰：今日本君臣，以滄海小國，詭詐不誠〔校記：嘉本不誠作百端〕，縱民爲盜，四寇隣邦〔校記：嘉本中本四作肆，是也〕，爲良民害，無乃天將更其君臣而弭其患乎？我至尊又不允，曰：人事雖見，天道幽遠，奚敢擅專！若以舳艫數千，泊彼環海，使彼東西趨戰，四向弗繼，固可滅矣，然于生民何罪？本部復觀彼遊方之徒，皆無德沙門，忘中國之寬，搆是非於兩端，識者唸之〔校記：嘉本唸作蠋，按唸當作嗤〕。治民之國，信浮圖而搆大禍〔校記：嘉本圖作屠〕，古于今未之有也。彼嘗謂元之艨艟〔校記：嘉本謂作觀〕，漂於蛇海，將謂天下無敵，吾不知以天歟〔校記：廣本嘉本天下有道字。中本天下有命字〕、以人事歟？若以人事較之，元生紫塞，不假舟梁，蹄輪長驅，經年不阻，而爲有疆。蓋長于騎射，短于舟楫耳！況當是時，日本非元之仇讐，非隣邦之患害。元違帝命，好强尚兵，加以天厭征伐，海風怒號，沉溺巨艦，淪没精兵。將軍以爲國人之能，亦何嘗見元師之盛！聚則駿騎雲屯，散則馬蹄雷震，戈矛掣電，旌旗蔽空，露刃哮吼〔校記：嘉本作咆哮〕，鬼魅潛走。所以八蠻九夷，盡在馭内。惟爾日本，渺居滄溟〔校記：嘉本溟作海〕，得地不足以廣疆，得人不足以充用。所以微失利而不爭，所以畏天命而弭兵禍，以存日本之良民也。今乃以敗元爲長勝，以蕞爾之疆爲大〔校記：廣本爲下有莫字〕。以余觀之，海中之州，截長補短，周匝不過萬里。以元之蹄輪長驅而較之，吾不知孰巨孰細者也。今日本邇年以來，自誇强盛，縱民爲盜，賊害隣邦〔校記：廣本賊作肆〕。若必欲較勝負、見是非、辨强弱，恐非將軍之利也。將軍審之〔校記：廣本中下有其字〕。

（太祖洪武實録卷 138　第 2 頁　138.2.2173）

370　七月壬寅　以賢良方正何德忠爲河南布政使司左參議〔校記：嘉本左作右〕，聰明正直金思存爲北平布政使司右參議。

故元將校火里火真等四十一人及遺民一百七十七户自沙漠來歸。賜火里火真等文綺四十六匹，帛三十六匹，鈔一百六十九錠。

其遺民命居北平，月以米鈔給之。

（太祖洪武實録卷 138　第 5 頁　138.4.2177）

371　七月癸卯　　置密雲衛指揮使司。

（太祖洪武實録卷 138　第 5 頁　138.4.2178）

372　八月辛巳　　大將軍魏國公徐達等征北還。

（太祖洪武實録卷 138　第 8 頁　138.7.2183）

373　九月壬午朔　　命魏國公徐達鎮北平，軍民悉聽節制。

以聰明正直聶子實爲北平布政使司右參議，右參議吕忠爲左參議。

（太祖洪武實録卷 139　第 2 頁　139.1.2186）

374　九月壬午朔　　遣西域僧古麻辣室哩、山丹室哩等還國。先是，西域僧板的達同其徒古麻辣室哩等十二人自中印度來朝，命遊五臺山，凡六年。還京師，居鍾山佛寺，既而板的達死。至是古麻辣室哩等乞歸西域，上勑禮部曰：昔板的達來時，觀其姿貌端潔，戒行精慎，朕甚嘉之。及居中國甚久，吾中國僧俗亦重其善行。板的達死，古麻辣室哩等篤奉師教，敬如存日，可謂不背其師者矣。今乞歸本國，且欲以所歷中國風土人物歸語其國王，使王不出予庭〔校記：廣本使下有其字〕坐知中國之盛。特賜僧號曰孝凈戒師，俾西還，凡經歷諸國及諸酋長或問僧何來，所歷者幾，僧必具言，使彼知之。且僧來時，朕嘗詢其所歷之地，聞其風物多異，朕亦喜焉。彼聞吾中國之大者乎？爾禮部備録朕諭，俾僧持歸。仍令所在諸國及諸酋長，遇僧至，宜送之〔校記：廣本送作遇〕。

（太祖洪武實録卷 139　第 2 頁　139.2.2187）

375　九月甲申　　置北平、山海衛指揮使司。遂於永平府置遷民鎮、榆關、盧峯口三驛。

（太祖洪武實録卷 139　第 3 頁　139.3.2188）

376　九月辛丑　　以……安處善、徐子民、曹岱、梁伯興、彭友信、韓宜可、李宜之俱爲右布政使……友信北平……

（太祖洪武實録卷 139　第 5 頁　139.4.2191）

377 十月 是月……爪哇國王八達那巴那務遣其臣阿烈彜烈時等上表貢方物〔校記：廣本上表作來〕及黑奴三百人。賜阿烈彜烈時等衣、鈔有差。

（太祖洪武實録卷 139 第 10 頁 139.8.2200）

378 十一月乙未 調燕山左衛指揮僉事張敬、通州衛指揮僉事韓和、燕山前衛指揮僉事張龍俱爲山海衛指揮僉事。

（太祖洪武實録卷 140 第 1 頁 140.1.2202）

379 十二月乙丑 勅諭遼東都指揮使潘敬等〔校記：廣本勅上有上字〕曰：前爾奏云高麗入貢如納，觀卿處置，甚合事宜。高麗奸臣李仁篡弑其主，臣民畏其黨衆而屈從之，今幾年矣！曩者，中國之君，以力服之者有焉，以德懷之者有焉，如高之奸頑，德不能懷，惟威之畏，故前人以力得之，其甚矣。雖有時而懷德〔校記：廣本懷下有之以二字〕，待以禮，旋復詭詐竊發，背叛不常。累代兵征，盖以此也。今李仁雖云願聽約束，未知臣節，久將何如，卿與諸將其慎之。高麗貢獻，但一物有不如約〔校記：廣本約下有者字〕，卽却之境上。固守邊防，毋被其誑。

（太祖洪武實録卷 140 第 6 頁 140.5.2210）

380 十二月 是歲，計天下人户一千六十五萬四千三百六十二，口五千九百八十七萬三千三百五。……北平布政司户三十三萬八千五百一十七，口一百八十九萬三千四百三。

（太祖洪武實録卷 140 第 10 頁 140.9.2216）

洪武十五年（1382）

381 正月乙未 爪哇國遣僧阿烈阿兒等〔校記：中本阿兒作河兒〕奉金表貢黑奴男女一百一人，大珠八顆，胡椒七萬五千斤。詔賜綺、帛、鈔有差。

（太祖洪武實録卷 141 第 4 頁 141.4.2225）

382 二月乙丑 琉球國中山王察度遣其弟泰期及其臣亞蘭匏等奉表貢馬二十匹，琉璜二十斤〔校記：廣本二作三。各本十作千〕。賜察度織金文綺、紗羅十二匹，帛如之。泰期、亞蘭匏等綺、帛有差，并遣尚佩監奉御路謙送其使者歸國。

（太祖洪武實録卷 142　第 4 頁　142.3.2236）

383 三月辛未 北平府密雲、昌平、懷柔三縣蝗。

（太祖洪武實録卷 143　第 9 頁　143.8.2257）

384 五月丙子 安南陳煒遣其大中大夫謝師言等奉表進閹者十五人。賜師言等鈔錠。

（太祖洪武實録卷 145　第 5 頁　145.5.2281）

385 九月丁卯 北平都司言：邊衛之設，所以限隔内外，宜謹烽火，遠斥堠，控守要害。然後可以讋服胡虜，撫輯邊民。按所轄關隘曰一片石，曰黄土嶺，曰董家口，曰義院口，曰箭簳嶺，曰孤窰兒，曰劉家口，曰河流口，曰徐流口，曰冷口，曰界嶺口，曰青山口，曰乾澗兒〔校記：中本兒作口〕，曰桃林口，曰重峪口，曰石門子，曰白道子，曰白羊峪，曰石湖洞，曰五重庵，曰新門〔按：館本門作開，嘉本無開字，抱本作門，中本作間〕嶺，曰佛面山，曰栲栳山，曰擦崖子，曰城子嶺，曰大峪，曰水峪，曰中寨，曰榆木嶺〔校記：嘉本木作林〕，曰青山，曰遊鄉口，曰鐵門，曰大喜峰，曰小喜峰口，曰團亭寨〔校記：嘉本亭作寧〕，曰潘家口，曰常峪寨〔校記：嘉本峪作谷〕，曰三臺山，曰隘口寨，曰龍井寨，曰胡兒嶺〔按：館本胡作朝，抱本作胡〕，曰松陀兒，曰松棚峪，曰青山大嶺，曰木潭嶺，曰臭麻峪，曰刁山寨，曰分山嶺，曰馬蹄峪，曰洪山寨，曰蔡家峪〔校記：嘉本峪作谷，下同〕，曰秋科峪，曰于家峪，曰道溝峪，曰羅文峪，曰猫兒峪，曰山寨峪，曰小撾角山，曰大撾角山〔校記：嘉本二撾作過〕，曰會仙臺，曰沙披峪，曰山口西寨，曰片石峪，曰冷觜頭口〔校記：嘉本觜作嘴〕，曰楮皮寨，曰尖山寨，曰龍池寨，曰大安口，曰井兒峪寨，曰鮎魚石，曰琵琶峪寨，曰馬蘭峪，曰平山寨，曰寬田峪，曰南山頂寨，曰餓老婆頂寨，曰滴水峪小寨，曰北山頂，曰滴水峪北山等寨〔校記：嘉本北作比〕，曰録山頂，曰峯臺嶺寨〔校記:嘉本峰臺作臺峰〕，曰古强峪，曰耻瞎嶺，曰鑽山嶺，曰黄崖口，曰小平安嶺，曰大平安嶺，曰三山寨，曰鼉椽峪，曰青山嶺，曰彰作里，曰將軍石口，曰蝎山寨，曰黄松峪，曰文家莊，曰魚子山，曰蕭家嶺，曰熊兒嶺，曰沙嶺兒，曰灰峪口，曰灰嶺兒，曰猪圏頭，曰山嘴頭，曰木瑒峪，曰灰塘峪，曰牆子嶺，曰磨刀峪，曰許家峪，曰蒼木會〔校記:嘉本會作噲〕，曰小黄崖，曰大黄崖，曰石堂峪，曰姜毛峪，曰蘇家峪，曰大虫峪，曰遥橋峪，曰山峪，曰燒香峪，曰墨峪口，曰峯臺峪，曰高垛子，曰小水峪，曰漢兒嶺，曰城子山，曰倒班嶺，曰把頭嶺崖〔校記:抱本無嶺字〕，曰師姑峪，曰梧桐安，曰齊頭崖，曰栢嶺安，曰將軍臺，曰盧家安，曰司馬臺，曰丫髻山，曰沙嶺兒，曰塼垛子，曰龍王峪，曰師婆峪，曰古北口，曰潮河寨，曰柞峪，曰陡道峪〔校記:廣本陡作陟〕，曰鼉房峪，曰陳家峪，曰東駞骨，曰西駞骨，曰白馬甸，曰划東嶺〔按：館本東作車，抱本作東〕，曰馮家峪，曰灣城嶺，曰黄崖口，曰石塘嶺，曰東石城，曰西石城，曰東山峪，曰白道峪，曰朱盆峪〔按:館本朱作牛，抱本作朱〕，曰小水峪，曰水石峪，曰河坊口〔校記:中本口作峪〕，曰神堂峪，曰開連口，曰加兒嶺，曰驢鞍嶺，曰南冶嶺，曰黄花鎮，曰西水峪，曰棗園峪，曰灰嶺口，曰賢莊口，曰錐石口，曰德勝口，曰虎峪，曰居庸，曰陽峪，曰蘇林口，曰白羊口，曰栢峪口〔校記：中本栢作白〕，曰高崖口，曰方良口，曰常峪，曰長城嶺，曰沿河口，曰石港口，曰小龍門，曰天井關，曰東龍關，曰天橋關，曰洪水口，曰西龍門，曰叚口，曰石峩口，曰蘭芳口，曰鹿角口，曰南龍門，曰馬水口〔校記:嘉本水作永〕，曰道水口，曰石塘口，曰金水口，曰大良口，凡二百處，宜以各衛校卒戍守其地。詔從之。

（太祖洪武實録卷 148　第 6 頁　148.5.2338）

386　九月庚午　　占城國阿答阿者遣其臣楊麻加益等奉金表貢

方物。賜使者文綺、襲衣、鈔有差。

（太祖洪武實録卷 148　第 9 頁　148.7.2342）

387　十月癸卯　北平民有爲人所誣逮至京者，其子訴之。事已白，刑部坐其子越訴。都御史趙仁執奏。上曰：子知父寃，其忍無詞？聽父誣伏，豈得爲孝子？訴父枉，出其至情，不可加罪。

（太祖洪武實録卷 149　第 5 頁　149.4.2354）

388　十二月辛卯　上諭都督府曰：北平大水傷稼，屯田士卒不能自養，宜即命都指揮使司給米賑之，勿令士卒有饑色。

（太祖洪武實録卷 150　第 8 頁　150.7.2369）

洪武十六年（1383）

389　正月己巳朔　是日琉球國中山王察度遣其臣亞蘭匏、山南王承察度遣其臣師惹等進表貢馬及方物。

（太祖洪武實録卷 151　第 1 頁　151.1.2375）

390　正月丁未　詔賜琉球國中山王察度鍍金銀印并織金文綺、帛、紗羅凡七十二匹，山南王承察度亦如之，亞蘭匏等賜文綺紗帛有差……時琉球國三王爭雄，長伯相攻。使者歸言其故，於是遣亞匏蘭〔按：疑爲亞蘭匏之誤，見 389 條〕等還國，并遣使勅中山王察度曰：王居滄溟之中，崇山環海，爲國事大之禮不行，亦何患哉！王能體天育民，行事大之禮，自朕即位，十有六年，歲遣人朝貢，朕嘉王至誠，命尚佩監奉御路謙報王誠禮，何期王復遣使來謝。今令内使監丞梁民同前奉御路謙賫符賜王鍍金銀印一。近使者歸，言琉球三王互爭，廢民傷農，朕甚閔焉。詩曰：畏天之威，于時保之。王其罷戰息民，務修爾德，則國用永安矣！諭山南王承察度、山北王帕尼芝〔校記：廣本嘉本帕作怕〕曰：上帝好生，寰宇之内，生民衆矣。天恐生民互相殘害，特生聰明之主。邇者，琉球國王察度，堅事大之誠，遣使來報。而山南王承察度亦遣人隨使者入覲，鑒其至誠，深用嘉納。近海者自海中歸，言琉球三王互争，廢棄農業，傷殘人命，朕聞之不勝憐憫。今遣使諭二王知之〔校記：中本二作三〕：王能體朕之意，息兵養民，以綿國祚，則天必佑之。不然悔無及矣。

（太祖洪武實録卷 151　第 1 頁　151.1.2375）

391　正月戊午　　命魏國公徐達出鎮北平，賜鈔一百五十錠。

（太祖洪武實録卷 151　第 3 頁　151.2.2378）

392　正月己巳　　暹羅斛國遣使貢方物，命賜其王及使者綺、帛、鈔有差。

（太祖洪武實録卷 151　第 4 頁　151.3.2380）

393　正月壬申　　北平按察司言：安州高陽諸縣嘗被水，三皇廟分司廨宇圮壞，請修治。上曰：災害之餘，居官者當卹民，不可勞民。今北平水患方息，民未寧居，風紀之司，當問民疾苦，以撫卹之。若有修造，俟歲豐足，然後爲之，庶得先後緩急之宜。今不卹民，而以廨舍祠廟爲先，失其序矣。遂命停治。

詔給北平諸衛士卒十三萬一千五百餘人米各一石。

（太祖洪武實録卷 151　第 4 頁　151.3.2380）

394　二月戊寅　　旌表北平欒城縣民李大妻甄氏。舅早卒，奉其姑甚孝。夫與其弟異居。一日姑往視其次子家，甄氏隨行，不忍去姑側。姑力遣之還。甫三日，甄氏心驚，舉身流汗，意姑疾也，亟往視之，果有以疾來告者。甄氏沿道拜禱，至姑側侍湯藥，數日而愈。後姑年九十一，以疾終。既葬，甄氏廬墓三年，旦暮悲號不輟，里人稱爲孝婦。事聞，詔旌表其門曰孝婦甄氏之門。

（太祖洪武實録卷 152　第 1 頁　152.1.2383）

395　二月庚子　　占城國王阿答阿者遣其臣楊麻加益等上表，貢象牙二百枝，檀香八百斤，没藥四百斤，番布六百匹。詔賜其王織金綺、使者鈔有差。

（太祖洪武實録卷 152　第 4 頁　152.3.2388）

396 二月 是月給……北平大興諸衛布三十三萬九千餘匹，綿花十萬九千八百斤。

（太祖洪武實録卷 152 第 5 頁 152.4.2390）

397 四月乙卯 霸州言：桑乾河自固安縣至高家莊八十里及城西支河二十里、城南支河三十五里，年久湮塞，乞役民修浚。詔俟農隙爲之。

（太祖洪武實録卷 153 第 4 頁 153.3.2396）

398 四月壬辰 賜國子監倭生文壽衣衾、靴韈。

（太祖洪武實録卷 153 第 6 頁 153.5.2399）

399 四月乙未 遣使齎勘合、文册賜暹羅、占城、真臘諸國。凡中國使至，必驗勘合相同，否則爲僞者，許擒之以聞。

（太祖洪武實録卷 153 第 6 頁 153.5.2399）

400 六月壬午 安南陳煒遣其通奉大夫黎與義〔校記：抱本義作議〕等上表進閹豎二十五人。賜以文綺、鈔錠。

（太祖洪武實録卷 155 第 1 頁 155.1.2412）

401 六月辛卯 海南衛巡捕海上，獲闍婆等國人吴源等十四人。送至京師，詔釋而遣之。

（太祖洪武實録卷 155 第 2 頁 155.2.2413）

402 八月乙未 遣使賜占城、暹羅、真臘國王織金文綺各三十二匹，磁器一萬九千事。

（太祖洪武實録卷 156 第 3 頁 156.3.2426）

403 八月庚子 遣官以皮襖四千五百九十五領給賜北平、山西極邊戍卒。

（太祖洪武實録卷 156 第 3 頁 156.3.2427）

404 九月己未 内官梁珉以貨幣往琉球易馬還，得馬九百八十三匹。

（太祖洪武實録卷 156 第 4 頁 154.4.2429）

405 九月 是月……賜真臘國使臣奈伯剌勤等衣服、文綺。

（太祖洪武實録卷 156 第 6 頁 156.5.2432）

406　十月癸未　真臘國使臣奈伯刺勤等〔校記：中本作奈角刺功〕二十二人還。賜衣靴、鈔錠有差。

（太祖洪武實録卷 157　第 2 頁　157.1.2434）

407　十月甲申　北平布政使司奏：霸州東安諸縣漁户負魚課五百餘貫。詔悉蠲之。

（太祖洪武實録卷 157　第 2 頁　157.1.2434）

408　十月戊子　高麗國遣其臣張伯、崔涓貢方物。詔却之，且命禮部咨諭其國曰：高麗遠在東鄙，昔者來奏，願聽約束。其國多懷欺詐，視生隙如尋常，朕所以不納，令其自爲聲教。其後數年請命，朕將以爲誠意至極，所以限其歲貢，不如約五年矣。今復以慶禮來進，又非其時而至，豈非侮之甚歟！雖然，以發使之事論之，非其尊長與其臣之過，乃使者故爲侮慢，過期而至。今高麗既尊臣妾，永守事大之誠，使者慢命無禮，當詰其罪。所貢方物，宜却不受。仍與高麗言：誠欲聽約束，則當以前五歲違約不貢之馬及金銀并至，則可見其誠意也。

（太祖洪武實録卷 157　第 2 頁　157.2.2435）

409　十二月甲申　琉球國山北王帕尼芝遣其臣模結習貢方物。賜衣一襲。

（太祖洪武實録卷 158　第 4 頁　158.3.2446）

410　十二月　是月頒（按：館本頒作須）文達那國王殊旦麻勒兀達盼遣其臣俺八兒貢馬二匹，幼苾布十五匹，隔著布二匹，入的力布二匹，花滿直地二，番綿細直地二，兜羅綿二斤，撒刺八二箇，幼賴隔著一箇，撒哈剌一箇及薔薇水、降香、沉、速香等物。賜殊旦麻勒兀達盼《大統曆》及綺、羅、鈔〔校記：中本綺作娟，廣本鈔作紗〕、俺八兒襲衣。

（太祖洪武實録卷 158　第 6 頁　158.5.2450）

洪武十七年（1384）

411 正月己亥朔 琉球國中山王察度、山南王承察度、山北王帕尼芝，暹羅國王參烈寶毘牙思哩哆囉禄……遣使進表貢方物。賜文綺、衣服有差。

（太祖洪武實録卷 159 第 1 頁 159.1.2453）

412 正月戊申 命魏國公徐達出鎮北平。

（太祖洪武實録卷 159 第 2 頁 159.2.2455）

413 正月甲寅 須文達那國使臣俺八兒還，詔賜其國王織金綺、帛各十六匹及俺八兒綺帛有差。

（太祖洪武實録卷 159 第 5 頁 159.4.2459）

414 二月己巳朔 遣僧智光等使西天尼八剌國。

（太祖洪武實録卷 159 第 6 頁 159.5.2462）

415 二月庚午 安南陳煒奉表貢金五十兩，銀三百兩，絹三十匹，紫金盤九。詔賜襲衣、綺、段、鈔。

（太祖洪武實録卷 159 第 6 頁 159.5.2462）

416 五月癸丑 安南陳煒遣其中大夫黎宗徹、朝儀大夫裴饕奉表貢象。賜宗徹、饕冠帶、其從人鈔有差。

（太祖洪武實録卷 162 第 2 頁 162.2.2513）

417 五月 是月諭遼東守將唐勝宗等絶高麗。勅曰：舊歲今春，高麗之使水陸兩至，皆非臣禮。暗行侮慢，明彰褻瀆。於是稽古典，知此夷自古至今，未嘗不侮慢中國而構兵禍者也。驗古事蹟，可以絶文，不可暫交，況深交者乎？曩古侮漢，漢伐四次，絶滅其國族；魏伐二次，屠其所城；晉伐一次，焚其宫室，俘其男女五萬口；隋伐二次，城固將亡，幸降而免；唐伐四次，斬首五萬級，牛馬八萬餘，夷王臧等戮於市；遼伐五次，焚其宫室，斬亂臣康肇，拔十餘城；金伐一次，元伐五次，夷王竄躭羅，捕殺之，元以躭羅爲牧馬之野。今爾勝宗等出鎮遼左，高麗必數有使者至。其至者送來，勿令其還，以絶彼奸計。若納其使而禮待之，歲貢如約則可，人亦不可久留遼東，或朝或歸，速遣其行。

（太祖洪武實録卷 162 第 3 頁 162.2.2514）

418 六月丁卯朔 琉球國中山王察度遣其臣阿不那等上表貢方物。賜阿不那等文綺、鈔錠有差。

（太祖洪武實録卷 162 第 3 頁 162.3.2515）

419 六月壬午 上以北平府東安、宛平、大興去年雨雹傷稼，詔免其全年田租。

（太祖洪武實録卷 162 第 5 頁 162.5.2519）

420 七月壬子 給陜西、山西、北平邊衛將士皮襖。

（太祖洪武實録卷 163 第 3 頁 163.2.2526）

421 七月甲寅 遣國子助教楊盤等使安南征粮餉助雲南兵食。先是，上謂户部臣曰：曩爲雲南數生邊隙，命將討之。今其地已平，悉入編籍。然兵多民少，粮餉不給。朕思安南壤地去臨安甚邇，彼能堅事大之心，當助粮餉，以佐兵食。户部如上旨咨諭安南，復命盤等往使。盤至，陳煒卽以粮五千石運至臨安界之水尾，且遺盤以金帛。盤却不受。

（太祖洪武實録卷 163 第 3 頁 163.3.2527）

422 七月丙辰 遼東都指揮使司送高麗所進馬二千匹至京師。

（太祖洪武實録卷 163 第 4 頁 163.3.2528）

423 七月丙辰 命北平降卒已編入京衛者悉放爲民屯田。

（太祖洪武實録卷 163 第 4 頁 163.3.2528）

424 八月己卯 暹羅斛國遣其臣昭禄奈靄觀等表貢方物。詔賜昭禄等衣、鈔有差。

（太祖洪武實録卷 164 第 2 頁 164.2.2535）

425 九月甲寅 高麗國權國事王禑遣其評理鄭夢周上二表，一請襲王爵，一請王顓謚號。上不許。

（太祖洪武實録卷 165 第 2 頁 165.2.2543）

426 九月癸辛 占城國王阿答阿者遣其臣昭聞部奉金表貢方物。詔賜使者文綺、鈔錠。

（太祖洪武實録卷 165 第 4 頁 165.3.2546）

427 十月壬申 魏國公徐達奏上北平諸衛將校士卒之數。凡十有七衛，計將士十萬五千四百七十一人。

（太祖洪武實録卷 166 第 1 頁 166.1.2550）

428 十月丙子 河南、北平水〔校記：嘉本水下有旱字〕，命駙馬都尉李祺、歐陽倫、王寧、李堅、梅殷、陸賢往賑之。勑曰：天生烝民所以立命者，衣與食也。民非衣食，何以爲生？邇來河南河決〔校記：嘉本作水決〕，北平水灾〔校記：嘉本水作旱〕，稼穡蕩盡。時將嚴寒，不早爲賑卹，民何賴焉！今命爾駙馬都尉李祺、歐陽倫、王寧詣河南，李堅、梅殷、陸賢往北平，同有司驗其户口以賑之，汝往，欽哉。

（太祖洪武實録卷 166 第 2 頁 166.2.2552）

429 閏十月 是月……召魏國公徐達還京。

（太祖洪武實録卷 167 第 5 頁 167.4.2564）

430 十二月 是月國子助教楊盤等使安南還，陳煒復遣其臣黎亞夫等隨盤進表賀明年正旦，且貢閹竪三十人。

（太祖洪武實録卷 169 第 5 頁 169.4.2580）

洪武十八年（1385）

431 正月癸亥朔 高麗、暹羅、琉球等國遣使貢方物，上表賀。

（太祖洪武實録卷 170 第 1 頁 170.1.2581）

432 正月丁卯 琉（按：館本琉上有賜字）球國朝貢使者文綺、鈔錠及以駝紐鍍金銀印二，賜山南王承察度、山北王帕尼芝。又賜中山王察度、山南王承察度海舟各一。

（太祖洪武實録卷 170 第 1 頁 170.1.2581）

433　正月丁丑　高麗遣使進馬五千匹，金五百斤，銀五萬兩，布五萬匹。賜其使金庾等八十七人鈔三百八十二錠。

（太祖洪武實録卷 170　第 3 頁　170.2.2584）

434　正月戊寅　上諭禮部臣曰：覆載之間，蕃邦小國□□（按：館本□□作多矣），有能知天命守分限，不恃險阻，脩禮事上以保生民，未有不綿其國祚；若施譎詐、肆侮慢，未有不搆兵禍以殃其民。高麗國王王顓，自朕卽位以來，稱臣入貢，朕常推誠待之。大要欲使三韓之人，舉得其要，豈意王顓被弑而殞，其臣欲掩已惡，來請約束。朕數不允，聽彼自爲聲教。而其請不已，是以索其歲貢。然中國豈倚□（按：館本口作此爲富），□（按：館本□作不過）以試其誠僞耳。今既聽命，其心已見，宜□□（按:館本□□作再與）之約，削其歲貢，令三年一朝，貢馬五十匹。至二十一年正旦乃貢，汝宜以此意諭之。

賜暹羅斛國使臣昭祿巴靄等鈔有差。

（太祖洪武實録卷 170　第 3 頁　170.3.2584）

435　正月　是月詔以鈔往北平等都司給軍衛，令每軍二人買驢一頭，以備北征。

（太祖洪武實録卷 170　第 7 頁　170.6.2592）

436　二月己亥　給山東、北平、陝西、山西、河南、遼東所屬諸衛所戌卒冬衣布、花。

（太祖洪武實録卷 171　第 1 頁　171.1.2594）

437　二月戊午　命賜……北平、山東、山西所屬衛卒人二錠。

（太祖洪武實録卷 171　第 3 頁　171.3.2597）

438　五月乙丑　以……台州衛千户金隆婿朱紃爲北平布政使司。

（太祖洪武實録卷　173　第 1 頁　173.1.2635）

439　五月己丑　上以各處驛傳多賦民出貲買馬以應役，勞費已甚，其孳息又有取之，因爲奸利以病民，詔兵部尚書温祥卿：凡陝西、山西、北平各驛馬，不問官給及民自買，其孳息聽其貨鬻勿禁。仍令揭榜諭之。

（太祖洪武實録卷173　第2頁　173.2.2638）

440　六月乙卯　旌表薊州遵化縣張拾孝行。拾甫六歲父没，獨與母居，稍長，力作爲養。元末兵亂，身隸軍伍，每晨出從役，必拜母而往，暮歸亦如之。夜則俟母安寢乃退。母嘗病目，旦夕焚香籲天，復卧冰河上，幾一月，母目復明。事聞，詔旌表其門曰“孝子”。仍蠲其軍役。

（太祖洪武實録卷173　第5頁　173.4.2642）

441　七月癸亥　高麗國權國事王禑復遣門下評理尹虎密直副使趙胖上表獻馬，請襲爵并請其故王王顓封謚。從其請。

（太祖洪武實録卷174　第1頁　174.1.2645）

442　七月甲戌　給□（按：館本□作北）平燕山等衛士卒七萬四千三百餘人鈔凡一十四萬九千九百錠，綿布四十四萬三千匹〔校記：中本千作十〕，綿花一十三萬八千斤。

詔頒誥于高麗國，封王禑爲高麗王，其故王顓賜謚恭愍。以國子學録張溥爲詔使，行人段楉副之；國子典簿周倬爲誥使，行人雒英副之。

（太祖洪武實録卷174　第3頁　174.2.2648）

443　八月癸卯　吏部言：天下役滿吏員凡千八十八人，宜避貫用之。如湖廣人用於江西、四川，江西、四川人用於湖廣。其福建與浙江、廣東與廣西、直隸與山東、河南與陝西、北平與山西皆互相遷用。從之。

（太祖洪武實録卷174　第5頁　174.4.2652）

444　八月庚戌　命宋國公馮勝爲征虜大將軍，偕潁國公傅友德、永昌侯藍玉等率京衛將士往北平，會諸道兵操練備邊。

（太祖洪武實録卷174　第6頁　174.5.2653）

445　九月庚申朔　江西布政使司左參議胡昱言：故元遼東將校

徙北平爲民者幾二千人，宜收隸軍伍，以備邊防。上曰：彼既安于農桑，今復籍爲兵，是擾之也。不聽。

（太祖洪武實録卷 175　第 1 頁　175.1.2657）

446　九月戊辰　詔北平都指揮使司發步騎五萬，山西、陝西二都指揮使司各三萬。宋國公馮勝操練，以備北征。

（太祖洪武實録卷 175　第 1 頁　175.1.2657）

447　九月丁丑　高麗國王王禑遣都評議司密直使安翊上表，貢方物賀（按：疑賀爲衍文）。

（太祖洪武實録卷 175　第 3 頁　175.2.2660）

448　十月己丑朔　詔免北平今年官租之半。

（太祖洪武實録卷 176　第 1 頁　176.1.2666）

449　十月癸卯　召征虜大將軍宋國公馮勝于北平之通州。

（太祖洪武實録卷 176　第 2 頁　176.2.2667）

450　十一月乙亥　先是，河南水患及山東、北平大雨，澇傷民田。上曰：中原諸州，元季戰争受禍最慘，積骸成丘，居民鮮少。朕極意安撫，數年始蘇。不幸加以水澇，朕甚憫之。至是，詔凡被水之處免今年田租，河南二十三萬七千五百餘石，山東、北平二百五十五萬五千九百餘石。

（太祖洪武實録卷 176　第 4 頁　176.3.2670）

451　十二月戊申　降户部尚書茹太素爲北平道監察御史。

（太祖洪武實録卷 176　第 5 頁　176.4.2672）

452　十二月戊申　高麗王禑遣判門下事曹敏修上表，貢方物，賀明年正旦。

（太祖洪武實録卷 176　第 5 頁　176.4.2672）

453　十二月壬子　禮部言：高麗咨請《大統曆》。詔以十本賜之。

（太祖洪武實録卷 176　第 5 頁　176.5.2673）

洪武十九年（1386）

454　正月辛酉　　琉球國中山王察度遣其臣亞蘭匏上表貢馬百二十四匹〔校記：抱本百上有一字。中本無百字〕，琉黄萬一千斤。賜亞蘭匏等宴及鈔有差。

北平大名府水，遣使運鈔三千錠往賑其民。

（太祖洪武實録卷 177　第 1 第　177.1.2675）

455　二月己丑　　高麗國王王禑遣其密直副使姜淮伯上表，貢白黑布一萬匹，馬千匹。

（太祖洪武實録卷 177　第 2 頁　177.2.2678）

456　二月乙未　　詔山西、陝西、北平、遼東軍士冬衣綿布、綿花，令有司每歲循例給之。

（太祖洪武實録卷 177　第 3 頁　177.2.2678）

457　二月甲辰　　暹羅斛國王遣使昭依仁等貢胡椒、蘇木、乳香等物。命賜其使者文綺、衣服遣還。

（太祖洪武實録卷 177　第 3 頁　177.2.2678）

458　三月己未　　以……周倬爲北平布政使司左參議。

（太祖洪武實録卷 177　第 5 頁　177.4.2682）

459　三月辛巳　　復賜北方郡縣學校《五經》《四書》。

（太祖洪武實録卷 177　第 6 頁　177.5.2683）

460　六月丁未　　賜北平燕山等衛軍士九萬二千七百餘人綿布四十四萬一千五百疋，綿花一十三萬七千六百斤。

（太祖洪武實録卷 178　第 5 頁　178.4.2697）

461　九月甲寅朔　　占城國王阿答阿者遣其子寶部領詩那日勿等來朝賀天壽聖節，獻象五十四隻及象牙、犀角、胡椒、烏木、降香、花絲布，并貢皇太子象牙等物。詔賜其王冠帶、織金文綺、襲衣；王子寶部領詩那日勿金二百兩，銀一千兩，織金青羅衣二襲、紅羅衣二襲，繡金文青綺衣二襲、紅綺衣二襲；王孫寶圭詩離班織金青羅衣二襲、紅羅衣二襲，紅、緑文綺各二襲，綺叚六匹，銀一百五十兩。副使、頭目、通事等賜鈔及羅綺、衣叚有差。并賜養象軍士百五十人衣服。

（太祖洪武實録卷 179　第 4 頁　179.3.2708）

462　九月辛未　高麗國王王禑遣門下評理安翊，暹羅國亦遣使者昌羅等各奉表賀，貢方物。賜翊等綺紗、衣服有差。

（太祖洪武實録卷 179　第 5 頁　179.4.2710）

463　九月癸未　遣行人劉敏、唐敬偕内使齎磁器往賜真臘等國。

（太祖洪武實録卷 179　第 5 頁　179.5.2711）

464　十一月辛酉　日本國王良懷遣僧宗嗣亮上表貢方物。却之。

（太祖洪武實録卷 179　第 7 頁　179.6.2713）

465　十一月丁卯　高麗國遣使上表，請易冠服。詔不許，命仍其本俗。

（太祖洪武實録卷 179　第 7 頁　179.6.2713）

466　十一月己卯　詔長興侯耿炳文率陝西都指揮使司、延安等二十一衛及西安護衛官軍往北平聽征。

（太祖洪武實録卷 179　第 7 頁　179.6.2713）

467　十二月戊子　詔遣指揮僉事高家奴等以綺、叚、布疋市馬於高麗。每馬一匹，給文綺一疋，布八疋。

（太祖洪武實録卷 179　第 8 頁　179.6.2714）

468　十二月戊申　安南陳煒遣中大夫杜英弼等奉表，貢金銀酒器三十三事，并閹竪一十九人。

（太祖洪武實録卷 179　第 9 頁　179.8.2717）

洪武二十年（1387）

469　二月甲申　大將軍宋國公馮勝等兵至通州，遣邏騎出松亭關。聞虜騎有屯慶州者，乃遣右副將軍藍玉乘大雪將輕騎往襲之〔校記：嘉本無之字〕，殺其平章果來，擒其子不藍異（按：館本異作奚），并獲人馬而還。

（太祖洪武實録卷 180　第 3 頁　180.3.2725）

470　二月辛卯　琉球國中山王察度遣使亞蘭匏貢方物及馬三十七匹。

（太祖洪武實録卷 180　第 4 頁　180.4.2727）

471　三月癸酉　指揮僉事高家奴等市馬高麗還，言高麗王表請不受馬直。上不聽〔校記：嘉本脱不聽二字〕，諭禮部曰：朕待諸藩國，務以誠信，彼前聽約束，許其互市，故遣人市馬。今彼言不敢受直，豈其本心？蓋畏勢而已！以勢逼人，朕所不爲，爾其以朕意咨其國王知之。仍令諭延安侯唐勝宗，俟高麗馬至，擇其可用者以直償之；駑弱不堪者，量減其直，仍報其王知之〔校記：嘉本報作示〕。勑至遼東，適高麗送馬三千四十疋至〔校記：嘉本無四十二字〕。勝宗如勑償其直。既而耽羅國亦以馬來貢，詔如高麗，償之。初，己亥之歲，遼陽、瀋陽兵起，民因避亂，轉徙高麗，久未得還。及高家奴、徐質等往市馬，而故元降將咬住等以爲言，上乃令高家奴等就索之。至是，高麗因送市馬，遂以遼、瀋流民〔校記：嘉本硃筆改遂爲併〕奈朵里不及等户四十五、口三百五十八來歸。

（太祖洪武實録卷 181　第 1 頁　181.1.2731）

472　四月庚寅　詔山東、北平、河南、山西四布政使司，凡運粮赴大寧者，免徵其户今年夏税。

（太祖洪武實録卷 181　第 3 頁　181.3.2735）

473　四月壬寅　北平布政使司請以菽折鹽粮，而每斗加五升。上爲户部臣曰：以菽代穀者，爲其輕，可以便民。然菽亦穀也，而又加之，益損民矣。夫權變者當究其實，拯弊者當探其源，不知權變而昧厥所源，不幾於救跛而成痿乎？

（太祖洪武實録卷 181　第 4 頁　181.3.2736）

474　五月丙子　安南陳煒遣其臣杜日墩貢檳郎、波羅密蕉栽。賜日墩鈔錠。

（太祖洪武實録卷 182　第 3 頁　132.3.2743）

475　閏六月甲戌　大將軍馮勝捷奏至。上遣使勅諭勝等曰：劉鎮撫至，備言軍中事。納哈出入營大事既定，惟在處置得宜。其本管將士，省令各照原地方居住，順水草以便牧放，擇膏腴之地以便屯種。如北平潮河川、大寧、全寧、口南口北舊居之人，立成衛分，與漢軍離處。若瀋陽崖頭間山願居者，亦許與遼東軍參住，從便耕牧。務令人心安樂，不至失所。將士之數，具實以聞，朕將犒勞之。常茂驚潰虜衆，即令人械赴京師。

（太祖洪武實録卷 182　第 9 頁　182.8.2753）

476　閏六月丁丑　賞陝西、山西、北平征進軍士一十一萬五千一百五十餘人鈔各五錠。

（太祖洪武實録卷 182　第 10 頁　182.8.2754）

477　七月庚辰　遣使賜故元降將納哈出玉帶一，金飾香帶一，白金一千兩，文綺、帛各四十疋，鈔一千貫。又以素金帶、百花素銀帶七百、紗帽八百，賜其將校那木罕等及銀鈔各有差。仍遣使齎鈔三千萬錠、綿錦文綺三千疋送赴燕府，以備賞賜來降納哈出部衆。

（太祖洪武實録卷 183　第 1 頁　183.1.2755）

478　七月辛卯　高麗國王王禑復遣其臣李美冲、金仍貴、任壽、柳克恕進所市馬五千疋。詔以文綺二千六百七十疋、布三萬一百八十六疋酬之，且賜王禑冠帶各一事。

（太祖洪武實録卷 183　第 2 頁　183.2.2757）

479 七月丁酉 命工部遣人運毛皮襖六千八十六領，紵絲、綿布、袢襖、裙袴五萬事往北平，給賜來降之人。

（太祖洪武實録卷 183 第 3 頁 183.3.2759）

480 七月乙巳 行人唐敬等還自真臘，其國王遣使貢象五十九隻，香共六萬斤。暹羅國貢胡椒一萬斤，蘇木十萬斤。其臣坤思利濟剌試職替等獻翠羽、香物。

（太祖洪武實録卷 183 第 5 頁 183.4.2761）

481 八月庚戌 遣使以布三十四萬疋、絹八萬疋往北平賞征北官軍。

（太祖洪武實録卷 184 第 1 頁 184.1.2764）

482 八月丁巳 安南陳煒遣其臣院太冲、通議大夫陳叔衡貢象及黃金酒樽。賜太冲等鈔一百三十錠。

（太祖洪武實録卷 184 第 3 頁 184.2.2766）

483 八月庚申 遣使往真臘國、暹羅斛國。賜真臘國王鍍金銀印一，織金綺叚二十八疋，綵綉綺叚十二疋，王妃文綺十四疋；暹羅斛國文綺二十疋，王妃十四疋。餘陪臣賜有差。

（太祖洪武實録卷 184 第 3 頁 184.3.2767）

484 八月丁卯 占城國王阿答阿者遣其臣辛加咄等貢象五十一隻及伽南木、犀角等物。詔賜其王織錦文綺二十疋，錦四疋。

（太祖洪武實録卷 184 第 4 頁 184.3.2768）

485 九月壬午 高麗國王王禑遣其臣月就賀皇太子千秋，進方物。賜其使文綺、鈔錠。

（太祖洪武實録卷 185 第 2 頁 185.1.2776）

486 九月乙丑 北平布政司請自河間景州至永平撫寧縣馬驛二十二、吴橋至通州水驛八，各宜增置馬及船。時總兵官永昌侯藍玉亦言：自遵化至喜峰口裏〔校記：嘉本裏作東〕、灤陽口外、富民、寬河、栢山、會州、新城、大寧等處，宜置馬驛七，以備邊報。詔皆從之。

高麗國王王禑遣其門下贊成事張士温上表謝賜冠帶，貢馬一十六疋。賜士温鈔錠。

（太祖洪武實録卷 185　第 3 頁　185.3.2778）

487　九月壬辰　撒馬兒罕附馬帖木兒遣回回滿剌哈非思等來朝，貢馬十五疋，駝二隻。詔賜白金一十八錠。

（太祖洪武實録卷 185　第 4 頁　185.3.2779）

488　九月乙未　天壽聖節，上御奉天殿受朝賀，大宴羣臣於奉天殿。皇太子宴國戚暨東宮官於文華殿。是以太師李善長等進文綺九十五疋，海西侯納哈出進馬二疋，高麗國王王禑遣門下評理偰長壽、密直副使尹就等貢金龍雙臺盞一、金盂一、金銀鐘二、銀罐一、玳瑁筆鞘十、黄白黑布六十。安南國王陳煒遣使進馬三十疋。真臘國王恭烈寶毘耶甘菩者〔校記：嘉本烈寶毘作列保昆，菩作若〕遣使進象及方物。賜高麗、真臘、安南等國使臣金織文綺、衣、鈔各有差。

（太祖洪武實録卷 185　第 4 頁　185.4.2781）

489　九月丁酉　命遼東都司市牛于高麗。

（太祖洪武實録卷 185　第 5 頁　185.4.2782）

490　十月庚戌　暹羅斛國使臣坤思利濟剌試職替等還。詔賜其國王雜綵九十疋并藥餌之物，坤思利濟剌試職替等衣鈔有差。

（太祖洪武實録卷 186　第 2 頁　186.1.2786）

491　十月辛亥　占城國王阿答阿者遣其臣實絡圭阿那來郁〔校記：中本絡作給，疑誤〕等一百五十八人入貢方物。命賜衣鈔有差。

（太祖洪武實録卷 186　第 2 頁　186.2.2787）

492　十月辛酉　上念山東、北平、河南水，馬驛夫頻年供役煩困，命有司驗舊例户粮多寡倍增之，以寬民力。

（太祖洪武實録卷 186　第 3 頁　186.2.2788）

493　十月丁卯　上以北方學校無名師，生徒廢學，命吏部遷南方學官之有學行者教之，增廣生員不拘額定數。復其家。

（太祖洪武實録卷 186　第 3 頁　186.3.2789）

494 十月庚午 征虜大將軍永昌侯藍玉奏：天氣向寒，胡人斂跡，大軍久屯塞上，徒費饋餉。今量留人馬戍守大寧、會州等處，大軍分回薊州近城屯駐，俟有邊報，然後進軍。詔許之。

（太祖洪武實録卷 186 第 7 頁 186.6.2794）

495 十一月辛卯 命國子監囉囉生阿累等三人歸省其親。上曰：蠻夷鮮知禮義，能遣子來學，是慕義也。今阿累等久居監中，宜令歸，教之孝弟，所以使知禮義也。於是厚賜，遣之。

（太祖洪武實録卷 187 第 2 頁 187.2.2799）

496 十一月戊戌 上以占城貢象使者辛加咄及蕃軍缺禦寒之服，命賜錦被〔按：館本錦作綿，疑是〕寒衣一襲。辛加咄等回至廣東，復遣中使錫宴，仍賜鈔二十錠爲道里費，軍士半之。

（太祖洪武實録卷 187 第 3 頁 187.3.2.2800）

497 十二月丁未朔 琉球國山南王承察度遣使耶師姑進表，獻馬三十疋，賀明年正旦。賜耶師姑等宴及鈔有差。

（太祖洪武實録卷 187 第 3 頁 187.3.2801）

498 十二月庚午 西天尼八剌國王馬達納囉摩……遣使來朝上表貢方物、馬匹、鑌鐵劍及金塔、佛經之屬，賀明年正旦。

僧智光等自尼八剌國使還，獻馬八匹。却之。

（太祖洪武實録卷 187 第 7 頁 187.6.2807）

499 十二月壬戌 命户部咨高麗王：以鐵嶺北東西之地，舊屬開元，其土著軍民女直、韃靼、高麗人等，遼東統之;鐵嶺之南，舊屬高麗，人民悉聽本國管屬。疆境既正，各安其守，不得復有所侵越。

（太祖洪武實録卷 187 第 7 頁 187.6.2808）

洪武二十一年（1388）

500 正月丙子朔 琉球國山南王叔汪英紫氏及弟亟寧壽入賀，

貢方物。

（太祖洪武實録卷 188　第 1 頁　188.1.2811）

501　正月甲申　賜琉球國山南王叔英紫氏、王弟亟寧壽及傔從白金、文綺、鈔各有差。

（太祖洪武實録卷 188　第 2 頁　188.2.2813）

502　正月戊子　琉球國山北王帕尼芝遣其臣貢方物。

（太祖洪武實録卷 188　第 3 頁　188.2.2814）

503　正月甲午　温州永嘉縣民因暹羅入貢，買其使臣沉香等物。時方嚴交通外夷之禁，里人訐之，按察司論當棄市。上曰：永嘉乃暹羅所經之地，因其經過，與之貿，此常情耳！非交通外夷之比也。釋之。

（太祖洪武實録卷 188　第 3 頁　188.3.2815）

504　正月乙未　占城國入貢。賜使者及從人一百五十二人鈔有差。

（太祖洪武實録卷 188　第 3 頁　188.3.2815）

505　正月己亥　賜尼八剌國王及烏斯藏等都司、都指揮誥七道，勑旨一道，符驗三道，銀印、玉圖書各二及幡幢、丝叚有差。其使者并傔從七十餘人各賜襲衣、鈔錠。

（太祖洪武實録卷 188　第 4 頁　188.3.2815）

506　正月辛丑　琉球國中山王察度遣其臣亞蘭匏進表貢馬及方物，進皇太子箋獻馬。

（太祖洪武實録卷 188　第 4 頁　188.3.2816）

507　二月辛酉　安南陳煒遣使貢象及金銀器。

（太祖洪武實録卷 188　第 8 頁　188.7.2823）

508　二月庚午　詔自山海至遼東、遵化至大寧置馬驛一十五，驛設馬五十匹。

命北平都指揮使司調新籍軍士赴大寧屯戍，代還舊軍。

（太祖洪武實録卷 188　第 11 頁　188.9.2828）

509　三月庚寅　安南遣其臣黎仁統等來朝。既還，賜仁統鈔三十錠。復遣禮部郎中邢文博賫勅及文綺、布各百疋，往賜其王煒。

（太祖洪武實録卷 189　第 15 頁　189.13.2855）

510　四月壬子　遣行人董紹往諭占城國王阿答阿者曰：爾居海島中，號令羣夷，以主其國，苟無恩信敷布于下，以撫馭溗育之安，能君長一方，傳及子孫，保無虞耶？爾近遣子來朝，即令中使送還本國，迨還，言爾所爲，鮮率厥典，朕初不之信，及以麻林機所陳爾國之事較之，乃有可信不巫者。今年四月，復得安南奏云：行人劉敏道出占城，真臘所貢象五十二隻，占城令人詐爲强寇，攘奪其四之一，并奴十五人，益知爾居南夷，不知尊敬中國，但以劫虜爲生。且强寇雖日行不義，尚識長幼尊卑之序，均分後出之理，豈可爲一國之長而可肆侮天下之大君哉？且如往歲所進象奴二人，自送爾子還，竟藏不遣。爾之所爲若此，一則無以小事大之心，一則失交鄰國之好。信義俱亡，何以保國？爾其滌慮改圖，毋貽後悔。

（太祖洪武實録卷 190　第 1 頁　190.1.2864）

511　四月壬戌　時高麗王禑表言：文高、和定等州，本爲高麗舊壤鐵嶺之地，實其世守，乞仍以爲統屬。上諭禮部尚書李原名曰：數州之地，如高麗所言，似合隸之；以理勢言之，舊既爲元所統，今當屬於遼。況今鐵嶺已置衛，自屯兵爲首守，其民各有統屬。高麗之言，未足爲信。且高麗舊壤，以鴨緑江爲界，從古自爲聲教，然數被中國累朝征伐者，爲其自生釁端也。今復以鐵嶺爲辭，是欲生釁矣。遠邦小夷，固宜不與之較，但其詐僞之情，不可不察。禮部宜以朕所言，咨其國王，俾各安分，毋生釁端。

（太祖洪武實録卷 190　第 3 頁　190.3.2867）

512　五月戊子　賜北平薊州等衛官軍十五萬三千餘人鈔四十六萬七百錠，綿布二十五萬五千一百疋，綿花十七萬四千三百斤。

（太祖洪武實録卷 190　第 6 頁　190.5.2872）

513　七月甲申　置北平行都指使司于大寧。

（太祖洪武實録卷192　第3頁　192.2.2888）

514　七月　是月占城國王阿答阿者遣其臣不剌機不剌拍弟等貢伽南木香〔按：館本機下不字作伯，拍本作不。廣本拍本弟作第〕。

（太祖洪武實録卷192　第5頁　192.4.2891）

515　八月壬寅朔　暹羅斛國遣使進象三十隻及方物、番奴六十人。

（太祖洪武實録卷193　第1頁　193.1.2893）

516　八月甲寅　命兵部遣使整治北平、山東、山西、河南、陜西、鳳陽、滁州等處驛傳。驛夫有自洪武初至今應役貧乏者，悉代之。

高麗千户陳景來降。言其故爲高麗國元帥崔完者部曲，是年四月，國王王禑欲寇遼東，率其都軍相崔瑩、李成桂繕兵於西京。成桂使景屯艾州，以粮餉不繼退師。王怒，殺成桂之子，率兵還王城。桂乃以兵逼王，攻破王城，囚王及崔瑩。景懼禍及，不敢歸。時景妻子已爲遼東白帖木兒詔諭入境，故與其屬韓成、李怗木兒來降。上知其故，勑遼東謹烽堠、嚴守備。仍遣人以偵之。

（太祖洪武實録卷193　第2頁　193.2.2896）

517　九月辛巳　上以乃兒在邊，遣使諭山西、北平二郡司練兵以防之。

賜燕府長史朱復致仕。復鳳陽壽州人……洪武初，以賢良官取赴京，選入内府教書。洪武三年二月授國子助教，六年九月遷燕相府參軍，七年陞長史，十一年拜本府左相，十三年三月罷相府官，改爲本府長史。至是以年老致仕。

（太祖洪武實録卷193　第7頁　193.6.2903）

518　九月丙戌　真臘國遣其臣奈茅俚等貢象二十八隻，象奴三十四人，番奴四十五人，謝賜印恩也。詔賜使臣衣、鈔有差。

撒馬兒罕駙馬帖木兒遣回回達木丁等五十九人來朝。貢馬三百四，駝二隻。詔賜白金人六十兩及鈔有差。

（太祖洪武實録卷 193　第 8 頁　193.6.2904）

519　九月丁亥　琉球國中山王察度、山北王帕尼芝遣其臣甚模結致等上表賀天壽聖節，貢馬。賜來使鈔有差。

（太祖洪武實録卷 193　第 8 頁　193.7.2905）

520　十月庚申　高麗國王王禑遣其臣禹仁烈等上表請遜位于其子昌。上曰：前者聞其王被囚，今表請遜位，必其臣李成桂之謀。東夷狡詐多類此，姑俟之，以觀其變。

（太祖洪武實録卷 194　第 2 頁　194.2.2911）

521　十月丙寅　以青州左衛指揮使周興爲北平行都指揮〔按：館本揮下有使司都指揮使復命燕山左護衛指揮十五字〕，同知陳亨爲都指揮使，佐之。

（太祖洪武實録卷 194　第 3 頁　194.3.2914）

522　十一月壬午　賜國子監生鈔。北平、陝西、山東、山西、廣東、廣西、四川、福建之人，在監三年以上者人五錠，二年人二錠，俾製冬衣。

（太祖洪武實録卷 194　第 4 頁　194.4.2915）

523　十一月丙戌　上聞北平等處舊軍比歲貧苦，命户部出冬布賜之，人四疋。

（太祖洪武實録卷 194　第 5 頁　194.4.2916）

524　十二月戊申　命户部：凡北平軍士雖已關給綿布，其有征進回還者，加賜鈔人四錠。

（太祖洪武實録卷 194　第 6 頁　194.5.2917）

525　十二月壬子　高麗遣其臣李穡等上表賀明年正旦。貢金龍頭雙臺盞一，金盂一，鍍金銀蓮花臺盞二，銀盂三十八，鏤金銀罇一，鍍金盆六，銀壺三，鏤金銀絲龍頭燈二，黄、白、黑布八十疋，花席四十領。詔賜穡等綺、鈔有差。

（太祖洪武實録卷 194　第 6 頁　194.5.2917）

526　十二月癸丑　安南遣其臣阮完等來，上表謝所賜勅書及文綺。貢象四隻，象奴三人。上以其來煩數，所貢方物往往過侈，道路不無勞擾，詔禮部咨諭安南國：今三歲一貢，隨其所産，止許一人進送，效其誠敬而已。象犀之屬，毋或再進，以重勞吾民。

（太祖洪武實録卷194　第6頁　194.5.2917）

527　十二月　是歲……安南陳煒爲其國相黎一元所廢，㓙〔校記：舊校改㓙爲幽〕于城外大陽坊，十二月弑之，立叔明子日焜主國事。一元一名季犛。

（太祖洪武實録卷194　第8頁　194.6.2920）

洪武二十二年（1389）

528　正月己卯　占城國王阿答阿者遣使奉表貢方物，謝過。詔賜綺、帛、紗錠。

（太祖洪武實録卷195　第1頁　195.1.2924）

529　正月壬午　會寧侯張温、北平行都指揮使司都指揮使周興奏修拓大寧等城成，并上其規制：大寧城門五，城周三千六十丈〔校記：嘉本六作七〕，濠長三千一百六十丈，深一丈九尺〔校記：禮本尺作寸〕。會州城門四，城周一千一百二十八丈，濠長一千一百八十九丈二尺，深一丈八尺。富峪城門四，城周九百丈，濠長九百八丈二尺，深一丈三尺。寬河城門四，城周八百一十二丈，濠長八百五十九丈〔校記：禮本十下有五字〕，深一丈五尺。創蓋倉厫四十七所，計五百五十間〔校記：禮本十下有五字〕，勞房計七千三百三十三間。

（太祖洪武實録卷195　第1頁　195.1.2924）

530　正月丙戌　暹羅斛國王世子蘇門邦王昭禄羣膺遣使冒羅〔校記：中本冒作胄，下同〕等貢馬及蘇木、丁香等物。詔賜冒羅等衣、鈔有差。

（太祖洪武實録卷 195　第 2 頁　195.2.2925）

531　正月戊子　　賜京衛及北平燕山諸衛軍士鈔凡一千五十八萬六千一百錠。

（太祖洪武實録卷 195　第 3 頁　195.3.2926）

532　正月己丑　　高麗遣使姜淮伯來奏：其權署國事王昌請之朝。上諭其使曰：高麗限隔山海，風殊俗異〔校記：中本作風俗殊異〕。歷代以來，雖通貢中國，而向背不常，言多不信。邇年以來，臣執國柄，廢立自由，既囚其父，而立其子，今請入朝，此豈其王之意〔校記:嘉本意作心〕？必執國柄者之所爲也。詭詐之情，昭然可見。自昔賢哲之君，若此非爲耳不欲聞，何也？蓋爲壞彝倫、廢君道，無人臣禮，大逆不道，非中國之所有。爾使者歸語爾高麗及自立童子，不必來朝。爾國中之賢者，自知是非，中國無所與焉。且命禮部，仍以此意咨其國，使知之。又勑遼東都指揮使司曰：如高麗王至遼東，宜燕待之，命還其國。若使者來，弗阻。

（太祖洪武實録卷 195　第 3 頁　195.3.2927）

533　正月乙未　　命山東、北平、山西、陝西四布政使司運綿布一百三十四萬匹、綿花五十六萬斤赴遼東給賜軍事〔校記：抱本脱乙下十六字〕。

（太祖洪武實録卷 195　第 3 頁　195.3.2928）

534　正月己亥　　給北平、鳳陽、陝西諸衛總旗在役久者三千四百餘人鈔，凡九千二百餘錠。

（太祖洪武實録卷 195　第 4 頁　195.4.2928）

535　二月庚子朔　　置北平富峪、寬河二守禦千户所。

（太祖洪武實録卷 195　第 4 頁　195.4.2929）

536　二月己未　　革……北平府廣平倉。

（太祖洪武實録卷 195　第 6 頁　195.5.2931）

537　三月辛巳　　詔户部遣官運鈔往河南、山東、北平、山西、陝西五布政使司，俟夏秋粟米收成，則於鄉村輻輳之處市糴儲之，以備歲荒賑濟。

（太祖洪武實録卷 195　第 9 頁　195.8.2937）

538　四月甲辰　詔兵部覈實北平都指揮使司并行都司、燕山左護等衛編伍軍士，凡一十三萬九千八百人。

（太祖洪武實録卷 196　第 1 頁　196.1.2942）

539　四月癸亥　真臘國遣使貢丁、檀、速香、薔薇露、琉璃、椒蠟等物。詔賜其使綺帛、鈔有差。

（太祖洪武實録卷 196　第 2 頁　196.2.2943）

540　六月辛亥　真臘、暹羅二國貢方物。

（太祖洪武實録卷 196　第 5 頁　196.4.2948）

541　六月甲子　復置江西、河南、廣西、陝西、山西、山東、北平、四川八布政使司所轄寶泉局，與浙江、湖廣、福建、廣東所置並同。每局大使一人，秩從九品，副使一人，未入流。

（太祖洪武實録卷 196　第 6 頁　196.5.2950）

542　七月戊辰　賜國子監囉囉生阿聶等夏衣、靴韈。

（太祖洪武實録卷 196　第 6 頁　196.5.2950）

543　八月癸卯　高麗國復遣使來奏，權國事王昌乞入朝。上不許，謂禮部尚書李原名曰：高麗國中多故，陪臣忠逆混淆，所爲皆非良謀，廢立自由，豈三韓世守之道哉！彼既囚其主，來言童子入朝，必有隱謀〔校記：嘉本謀作諱〕，不可信也。彼苟以逆爲常，事皆继踵而爲之，則人倫斁而禮義亡矣。爾禮部其諭高麗使：童子不必來朝，果其國有賢智之臣，明君臣之分，妥民安國〔校記：嘉本作安民定國〕，雖數世不朝，亦無所責。不然，雖連年來朝，亦何益哉！

（太祖洪武實録卷 197　第 1 頁　197.1.2953）

544　九月庚午　皇太子千秋節，羣臣進賀于文華殿。高麗遣使貢方物，進箋賀。

（太祖洪武實録卷 197　第 4 頁　197.3.2958）

545　九月甲戌　山西沁州民張從整等一百一十六户告願應募屯田。户部以聞，命賞從整等鈔錠，送後軍都督僉事徐禮分田給之。仍令回沁州召募居民。時上以山西地狹民稠，下令許其民分丁於北平、山東、河南曠土耕種，故徙從整等來應募也。

（太祖洪武實録卷 197　第 4 頁　197.4.2959）

546　九月己丑　詔北平都指揮使司以真定、山海、密雲、永平、薊州、遵化諸衛及居庸關千户所馬軍，各編陣伍操練。又於步軍内簡壯軍勇堪充馬軍者，令赴京給馬。

（太祖洪武實録卷 197　第 6 頁　197.5.2961）

547　九月乙未　撒馬兒罕駙馬帖木兒遣回回滿剌哈非思來朝貢馬二百五匹。詔賜白金四百兩及文綺、鈔錠，從者俺都兒等八人白金七百兩，文綺、鈔錠有差。

是月，真臘國遣其臣奈祖祝識替等奉金表貢象及象齒、香蠟等物。詔賜使者文綺、衣服。

（太祖洪武實録卷 197　第 6 頁　197.5.2962）

548　十月丁酉　賜國子監雲南生尹葆等、日本生滕佑壽等衣、鈔、靴韈。

（太祖洪武實録卷 197　第 7 頁　197.6.2963）

549　十月辛亥　暹羅斛國遣使思利擅剌兒思諦等表貢番馬、象齒、硫黄、胡椒、降香等物。詔賜其使衣、鈔有差。

（太祖洪武實録卷 197　第 7 頁　197.6.2963）

550　十一月乙酉　安南陳煒陪臣阮同叔來貢方物及金銀器皿。賜同叔及其從人鈔有差。時陳煒已爲其國相黎一元所殺，一元恐朝廷討之，乃匿其事，仍假煒名遣同叔來貢。

（太祖洪武實録卷 198　第 3 頁　198.3.2971）

551　十一月壬辰　詔禮部復咨諭安南：自今惟三年一朝，毋數遣使往來煩勞。

（太祖洪武實録卷 198　第 3 頁　198.3.2971）

552　十二月甲寅　北平行都指揮使司都指揮周興言：大寧軍儲不給，請令商人納粟中鹽。乃命户部定議，凡於大寧輸粟五斗者，給折淮浙鹽一引。

（太祖洪武實録卷 198　第 5 頁　198.5.2975）

553　十二月辛酉　北平布政使司奏：喜峰口、灤陽等處在倉軍儲計四十八萬八千五百一十餘石。

（太祖洪武實録卷 198　第 7 頁　198.6.2977）

554　十二月甲子　高麗遣門下贊成事安宗源上表貢金銀器并方物。賜宗源及通事郭海龍等文綺有差。

是歲高麗李成桂廢其主王昌〔校記：廣本抱本中本主作王〕而立定昌國院君王瑶。

（太祖洪武實録卷 198　第 8 頁　198.6.2978）

洪武二十三年（1390）

555　正月丁卯　命穎國公傅友德爲征虜前將軍、南雄侯趙庸爲左副將軍、懷遠侯曹興爲右副將軍、定遠侯王弼爲左參將、全寧侯孫恪爲右參將赴北平訓練軍馬，聽今上節制。

（太祖洪武實録卷 199　第 1 頁　199.1.2981）

556　正月乙亥　撒馬兒罕回回捨怯兒阿里义等以馬六百七十匹抵涼州互市，守將以文（按：文爲聞之誤）。詔送捨怯兒阿里义等至京，聽自市鬻。

（太祖洪武實録卷 199　第 2 頁　199.2.2983）

557　正月癸未　高麗國遣使來言：國王王昌，非王氏後，實辛旽子禑之子。國中人民多不信服，故别求王氏宗親定昌國院君王瑶，迎立嗣位，以續王氏之後，伏望朝廷允所請。上諭禮部尚書李原名曰：高麗限山隔海〔校記：廣本山隔作隔山〕，其人多詐，今云廢黜異姓，擇立王氏宗親，則前者來言童子入朝，吾不聽者，意必執國政者所爲，今其情見矣！且其真僞莫知，若果爲本國臣民所推，亦聽其自爲；儻陰謀詐立，一旦變更，盡爲虛枉，必將禍起不測，皆自取也。爾宜備咨其國人知之。

詔遼東都指揮使司，凡高麗國人於境内懋遷者勿禁。

（太祖洪武實録卷 199　第 3 頁　199.3.2985）

558　正月庚寅　琉球國中山王察度遣使亞蘭匏等上表賀正旦，進馬二十六匹，硫黄四千斤，胡椒五百斤，蘇木三百斤。王子武寧貢馬五匹，硫黄二千斤，胡椒二百斤，蘇木三百斤。山北王帕尼芝遣使李仲等貢馬一十匹，硫磺二千斤。而中山王所遣通事屋之結者，附致胡椒三百餘斤，乳香十斤。守門者驗得之以聞，當没入其貨。詔皆還之，仍賜屋之結等六十人鈔各十錠。

（太祖洪武實録卷 199　第 6 頁　199.5.2989）

559　正月癸巳　高麗遣門下贊成事裴克廉等上表賀正旦，貢方物。賜克廉等文綺、鈔有差〔校記：廣本鈔作紗。疑誤〕。

（太祖洪武實録卷 199　第 7 頁　199.6.2992）

560　二月辛酉　給賜大寧諸衛及高嶺諸驛軍士六萬七千五百人綿布二十七萬四千四百疋，綿花十萬一千二百斤。

（太祖洪武實録卷 200　第 5 頁　200.4.2999）

561　三月乙亥　今上率師出古北口征虜。前軍潁國公傅友德、左副將軍南雄侯趙庸、右副將軍懷遠侯曹興等，各以所部從。

（太祖洪武實録卷 200　第 5 頁　200.4.3000）

562　三月戊子　默剌國回回麻哈馬等來朝。詔賜鈔錠。

（太祖洪武實録卷 200　第 7 頁　200.6.3004）

563　三月癸巳　今上率師至迤都，故元太尉乃兒不花、丞相咬住、忽哥赤、知院阿魯帖木兒等皆降。先是，王師既出古北口，今上臨塞諭諸將曰：吾與諸將軍受命，提兵沙漠，掃清胡虜。今虜無城郭居止，其地空曠千里。行師必有耳目，不得其所，難以成功。諸將皆諾。即發騎哨，得虜跡，知乃兒不花等駐廬帳于迤都，遂進兵。適大雪，諸將欲止，今上曰：天大雪，虜必不虞我至，宜乘雪速進。遂抵迤都。隔一磧虜不知也。乃先遣指揮觀童徑詣虜營，觀童與乃兒不花有舊，至即相抱持而泣。倉卒之頃，我師已壓虜營，虜衆大驚，乃兒不花等欲上馬走，觀童諭以今上至，毋恐。乃兒不花素聞今上威德，遂不去。觀童引之來見，今上降辭色以待之，即賜之酒食，令醉飽，慰諭遣還營。虜甚喜過望，遂無遁意，將至營又復台（按：館本台作召，是也）來，如是者三。於是悉收其部落及馬駝牛羊而還，遣人報捷京師。

（太祖洪武實録卷 200　第 8 頁　200.6.3004）

564　四月甲辰　暹羅斛國遣其臣思利檀剌兒思諦等奉表貢蘇木、胡椒、降真等物一十七萬一千八百八十斤。詔賜使者文綺、衣服及鈔有差。

（太祖洪武實録卷 201　第 2 頁　201.1.3008）

565　閏四月癸亥朔　今上平乃兒不花捷奏至。上喜，爲羣臣曰：清沙漠者燕王也，朕無北顧之憂矣。

（太祖洪武實録卷 201　第 3 頁　201.2.3010）

566　閏四月乙丑　廣西布政使司奏：安南國遣使入貢。上謂禮部尚書李原名曰：安南遠居海濱，率先效順，方物之貢，歲以爲常。朕念彼知嚮慕中華，服我聲教，豈在數貢。故嘗以海處諸國歲一貢獻，轉運之煩，實勞民力，已命三年一朝。今安南不從所諭，又復入貢，爾禮部其速令廣西遣還，必三年來乃也。

（太祖洪武實録卷 201　第 3 頁　201.3.3011）

567　閏四月丙寅　以大僕寺卿商敬爲燕山中獲衛指揮僉事〔校記：舊校改商爲商，獲爲護〕。敬前軍都督僉事嵩之子也。

（太祖洪武實録卷 201　第 3 頁　201.3.3011）

568　閏四月辛未　詔口以故元太尉乃兒不花爲留守中衛同知，阿魯帖木兒爲燕山中護衛指揮同知，咬住爲副都御史，忽歌赤爲〔校記:各本歌作哥，是也。嘉本赤誤部中本赤作亦〕工部右侍郎，各賜紗帽、金帶、鈔錠。尋陞乃兒不花、阿魯帖木兒等爲指揮使。

以百户晃忽兒爲燕山中護衛，世襲指揮僉事，給俸，不令視事。晃忽兒嘗爲卿道取乃兒不花，故有是命。

（太祖洪武實録卷 201　第 4 頁　201.3.3012）

569　閏四月壬申　　遣工部侍郎楊翼賚夏衣一萬八千四百七十三領赴北平，給賜乃兒不花部下將校軍士并家屬四千七百八十六人。

（太祖洪武實録卷 201　第 4 頁　201.3.3012）

570　閏四月乙亥　　命户部運白金十萬兩、文綺五千匹往北平，白金五萬兩、文綺二千匹往山西。俱於王府收貯，以備賞賚。

（太祖洪武實録卷 201　第 5 頁　201.4.3014）

571　閏四月甲申　　賞北平二都司及燕山諸護衛軍士十二萬四千六百餘人鈔七十二萬六百七十五錠。

（太祖洪武實録卷 201　第 6 頁　201.5.3016）

572　閏四月丁亥　　賜留守中衛指揮使乃兒不花等及部屬將校三百餘人白金萬三千六百兩，鈔萬二千六百錠，文綺各千八十疋，羅衣五百五十襲。

（太祖洪武實録卷 201　第 7 頁　201.6.3017）

573　六月辛未　　北平都司送故元降將紐兒該速夾桑赤阿魯灰等、乃兒不花部下將士及家屬七百七户赴京。詔給還乃兒不花家，賜夏衣人一襲。

（太祖洪武實録卷 202　第 7 頁　202.6.3029）

574　六月癸未　　給賞北平屬衛及三護衛軍士五萬九十餘人〔校記：中本十作千〕綿布二十二萬四千五百餘疋，綿花八萬八千六百餘斤。

（太祖洪武實録卷 202　第 8 頁　202.7.3031）

575　七月甲辰　　高麗遣其臣金乙祥送故元伯伯太子男六十奴、

火者卜尼到京。時六十奴等在耽羅，先有命徵之，至是送至。詔賜六十奴銀五十兩，钞五十錠；卜尼銀二十兩，鈔十錠，衣各一襲。其傔從及高麗使者賞有差。

（太祖洪武實録卷203 第3頁 203.3.3039）

576 八月丙寅 上以河南、北平、陳州、真定、保定諸處水灾，詔免徵今年所貸預備粮儲，仍賑濟之。

（太祖洪武實録卷203 第6頁 203.5.3043）

577 八月乙亥 賑給河南、山東、北平三布政司所屬州縣水灾貧民鈔七十萬錠。

（太祖洪武實録卷203 第8頁 203.7.3047）

578 八月丙戌 北平霸州、保定等州縣水灾，詔通政使司參議趙居仁往賑之。凡被災六百二十七户，給鈔二千六百一十四錠。

（太祖洪武實録卷203 第9頁 203.7.3048）

579 八月己丑 置北平行都司儒學，設教授一人，訓導二人，教武臣子弟。

賑給北平、真定二府及深州、衡州縣被水災貧民二千六百户鈔一萬三千錠有奇。

（太祖洪武實録卷203 第9頁 203.7.3048）

580 九月甲午 高麗遣密直副〔按：館本到下有使字，抱本無使字〕韓尚質奉箋貢方物，賀皇太子千秋節。

（太祖洪武實録卷204 第1頁 204.1.3051）

581 九月戊戌 分户部四部爲十二部，曰河南，曰北平，曰山東，曰山西，曰陝西，曰浙江，曰江西，曰湖廣，曰廣東，曰廣西，曰四川，曰福建。每部分領一布政司及直隸府州錢穀金帛之事。其雲南則以四川部兼領焉。又置照磨、檢校各一人，以稽文書出入之數而程督之。更鑄印十二，文曰户部某部印。置郎中、員外各一人，主事一人。

（太祖洪武實録卷204 第2頁 204.2.3054）

582　九月壬寅　　占城國王阿答阿者遣使進表貢方物。

（太祖洪武實録卷 204　第 3 頁　204.3.3055）

583　九月丁未　　高麗遣門下評理鄭道傳等奉表，貢方物。賜道傳等鈔人二十錠，文綺各二疋。

（太祖洪武實録卷 204　第 4 頁　204.3.3056）

584　十一月丁酉　　真臘國入貢，海舟爲颶風所壞。詔賜其使者綿衣，人一襲。

（太祖洪武實録卷 206　第 1 頁　206.1.3069）

585　十二月癸亥　　高麗國進玳瑁筆，詔分賜翰林學士劉三吾、侍講學士葛鈞等。

（太祖洪武實録卷 206　第 3 頁　206.3.3073）

586　十二月庚辰　　西番諸夷曰西天尼八剌國……貢方物，賀明年正旦。

（太祖洪武實録卷 206　第 6 頁　206.4.3076）

587　十二月庚辰　　高麗遣密直副使姜引〔按：館本引作隱，是也〕、門下平理金南德貢馬四十八匹及金銀器四等物，來賀明年正旦。

（太祖洪武實録卷 206　第 5 頁　206.4.3076）

588　十二月　　是月……青州府諸城、安丘、蒙陰，北平通州、武清、霸州、文安諸州縣水，遣官賑之，爲鈔十三萬九千六百五十五錠。

（太祖洪武實録卷 206　第 6 頁　206.5.3078）

洪武二十四年（1391）

589　正月己丑朔　　賜西天尼八剌國……文綺、帛衣各一襲。

詔賜西天尼八剌國王馬達納囉摩等綺帛。

（太祖洪武實録卷 207　第 1 頁　207.1.3081）

590　正月癸巳　賜高麗使臣密直副使姜隱、門下評理金南德鈔有差。

（太祖洪武實録卷 207　第 1 頁　207.1.3082）

591　正月辛亥　北平布政使司左參議周倬言：大寧、會州、山海三衛所屬驛馬，皆屯田軍士收養。有丁產者，衣食僅足，芻菽可供；其貧窶者，家且不給，何有于馬？以故歲多損瘠〔校記：損瘠當作捐瘠〕，宜令官核之。凡貧者仍發爲軍，而於大寧各衛選軍士之稍富□□□（按：館本□□□作者充之），庶兩便焉。通州白河，北接太山諸河，水道東□□□（按：館本□□□作南至直）沽海口，每霖雨時降，水潦泛漲，橋梁頹圮，修築勞民。其通州舊有粮船六十餘艘，罷運已久，宜改爲浮梁于白河之上，以便經行。北平之遵化、石門、灤陽三驛，北接大寧要道，使客絡繹，驛置馬十疋。而永平府榆關、遷安、盧峰口三驛，惟往遼東一路，驛置馬十七疋，多寡不均。臣以爲宜令榆關等三驛，止存馬十疋，餘馬撥置遵化等驛爲便。北平府鄭村、常度、深溝三壩，比因通州裏河漕運，故設官管領，人夫遞送。今河道淤塞，舟船不通，三壩所置官夫，亦當裁減。書奏，命廷臣議行之。

（太祖洪武實録卷 207　第 3 頁　207.3.3085）

592　二月辛酉　北平府吏民，有坐收秋粮受賄者，論當死。上宥之，令輸粟于邊。

（太祖洪武實録卷 207　第 5 頁　207.4.3088）

593　二月己卯　琉球國中山王察度及其子武寧遣其臣亞鲍蘭、嵬谷致等奉表貢馬及方物。

賜留守中衛指揮使乃兒不花白金三百兩、鈔二百錠，燕山中護衛指揮使阿魯帖木兒白金二百兩，鈔百錠。

（太祖洪武實録卷 207　第 7 頁　207.6.3091）

594　三月己丑　詔於高麗市馬一萬疋并索閹人二百人〔校記：中本二作三〕。

（太祖洪武實録卷 208　第 1 頁　208.1.3093）

595　四月戊午朔　暹羅斛國遣使臣李奈名等進象牙四十、生玳瑁二。賜奈名等衣、鈔有差。

（太祖洪武實録卷 208　第 3 頁　208.3.3098）

596　五月乙巳　以國子監生滕祐壽爲觀察使。祐壽日本國人。

（太祖洪武實録卷 208　第 8 頁　208.7.3105）

597　五月甲寅　北平通州、武清等縣霖雨，河水溢，漂民田稼。命户部遣官覈實，以賑給之。

（太祖洪武實録卷 208　第 8 頁　208.7.3106）

598　六月丙子　命禮部頒書籍於北方學校，上諭之曰：農夫舍耒耜則無以爲耕，臣民舍斤斧則無以爲業，士子舍經籍則無以爲學。朕嘗念北方學校缺少書籍，士子有志於學者，往往病無書讀，向嘗頒與《五經》《四書》，其他子史諸書，未嘗賜予，宜與國子監印頒。有未備者，遣人往福建購與之。

（太祖洪武實録卷 209　第 9 頁　209.7.3122）

599　七月癸丑　別失八里王黑的兒火者遣其千户哈馬力丁、百户斡魯撒等來朝，貢馬十一匹，海青一。詔賜其王綵段十表裏，哈馬力丁二表裏，銀一百兩。斡魯撒等各二表裏，銀十兩，鈔千錠。從者各銀五兩，鈔五錠。先是，大軍征捕魚兒海，得撒麻兒罕賈人數百，命韃靼王子剌剌等送還本國，歸至別失八里之地，黑的兒火者遂遣使隨剌剌來貢。

（太祖洪武實録卷 210　第 5 頁　210.4.3131）

600　八月乙卯朔　撒馬兒罕駙馬帖木兒遣回回捨哈厘等來朝，貢駝馬方物。

（太祖洪武實録卷 211　第 1 頁　211.1.3133）

601　八月戊辰　高麗國權國事王瑶遣判繕工寺楊天植等進所市馬一千五百匹至遼東，且訴言：本國自恭愍王薨逝，奸人更迭用事，奉上之禮不能盡誠，深懷愧憤。自臣權國，思欲上事朝廷，下奉宗社，以保惠其民。今奉綸音，敢不竭力？但比年所産之馬，軀幹短小，懼無以副命。然禦倭致遠，負重耐寒，小邦賴之。敢先以獻，其餘以次奉進。上納其貢而從其請。

（太祖洪武實録卷 211　第 2 頁　211.2.3135）

602　八月己卯　賜燕山、太原、青州諸護衛官校胡椒、鈔錠有差。

（太祖洪武實録卷 211　第 4 頁　211.4.3139）

603　九月乙酉朔　高麗權國事王瑶遣門下賛成事赴俊等，琉球國山南王叔汪英紫氏遣使耶師及壽禮給智等各奉表貢馬及方物，賀天壽聖節。

遣主事寛徹、監察御史韓敬、大理評事唐鉦〔校記：嘉本鉦作政〕使西域，以書諭別失八里王黑的兒火者曰：朕觀普天之下，后土之上，有國者莫知其幾。雖限山隔海，風殊俗異，然好惡之情，血氣之類，未嘗異也。皇天眷祐，惟一視之。故受天命爲天下大君者，上奉天道，一視同仁。使巨細諸國〔校記：嘉本國作物〕，殊方異域之民，咸躋乎仁壽。而友邦遠國，順天事大，以保國安民，皇天監之，亦克昌焉！曩者，我中國宋君，奢縱怠荒，奸臣亂政，天監否德，於是命元世祖肇基朔漠，入統華夏，生民賴以安靖，七十餘年。至於後嗣，不修國政，大臣非人，紀綱盡弛，致使在野者強凌弱、衆暴寡，民生嗟怨，上達於天，簡在帝心，以革命新民。朕當大命，躬握乾符，以主黔黎。凡諸亂雄擅聲教違朕命者兵偃之，順朕命者撫存之，是以華夏奠安。惟元臣蠻子哈剌章等，尚率殘兵於近塞，生釁寇邊，爲生民之巨害。遣兵致討，勢不容已。兵至捕魚兒海，故元諸王駙馬及其部屬，悉來降附。其間有稱自撒馬兒罕等處來貿易者，凡數百人，遣使送歸本國，今三年矣。使者歸，爾別失八里王即遣使來貢，朕甚嘉焉。王其益堅事大之誠，通好往來，使命不絶，豈不保封國於悠久乎？特遣使嘉勞，其悉朕意。

（太祖洪武實録卷 212　第 1 頁　212.1.3141）

604　九月壬子　　穎國公傅友德等還京師，奏訓練北平等都指揮使司軍士凡八萬二千五十六人，馬二萬六千二百四十疋。

（太祖洪武實録卷 213　第 4 頁　213.3.3146）

605　十月甲寅朔　　勑禮部曰：三韓之地，君臣悖亂，二紀于兹。然無争成野戰，民安卿邑。舊歲來告，王瑶嗣立，乃王氏苗裔。宜遣使以禮物勞之，觀其庶政何如。於是遣元來降承徽院使康完者篤等賫禮物往賜高麗。

（太祖洪武實録卷 213　第 1 頁　213.1.3147）

606　十月丁巳　　北平、河間二府水。詔免今年田租。

（太祖洪武實録卷 213　第 1 頁　213.1.3148）

607　十月壬戌　　陞彭城衛指揮僉事朱方爲北平都指揮同知，賜鈔一百錠、文綺四表裏。

（太祖洪武實録卷 213　第 2 頁　213.2.3149）

608　十一月己丑　　占城國遣太師陶竇加直奉金表貢犀牛、番奴及布。上謂禮部臣曰：此皆篡逆之臣，其勿受。先是，占城臣閣勝者〔校記：中本閣作閤〕，殺其王自立，故命絶之。

（太祖洪武實録卷 214　第 1 頁　214.1.3157）

609　十一月己亥　　高麗權國事王瑶遣其臣金之鐸等送互市馬二千五百至遼東。上命定遼衛指揮僉事張忠送廣寧中護等衛收養。

（太祖洪武實録卷 214　第 2 頁　214.1.3158）

610　十二月癸酉　　高麗權國事王瑶遣其長子定城君奭、門下賛成事偰長壽等上表貢馬及方物，賀明年正旦。詔賜奭等金織文綺、衣服。

（太祖洪武實録卷 214　第 5 頁　214.4.3164）

611　十二月戊寅　　國子生夏倫、楊砥自福建購書還，命頒賜北方儒學。

（太祖洪武實録卷 214　第 5 頁　214.4.3164）

612　十二月辛巳　禮部言：明年正旦朝賀及筵宴，其高麗國權國事王瑤子奭班次宜列於六部尚書之次，其從臣於中左門序坐。凡諸番國使臣悉以此爲序。從之。

（太祖洪武實録第 214　第 6 頁　214.5.3165）

613　十二月　是歲……天下郡縣更造賦役黄册成。計……北平布政使司户三十四萬五百二十三，口一百九十八萬八百九十五。

（太祖洪武實録卷 214　第 7 頁　214.5.3166）

洪武二十五年（1392）

614　正月丙申　命送故元梁王孫愛顔帖木兒於高麗，賜鈔五十錠爲道里費，且命高麗送至耽羅國，依其親戚。

（太祖洪武實録卷 215　第 2 頁　215.2.3171）

615　二月乙丑　命五軍都督府以乃兒不花所領士馬于北平都指揮使司點閲，遣往沙漠爲邊候。其真州、揚州、淮安、邳、徐所居韃靼軍士有家屬者，令千百户率赴北平編伍，聽今上調用。

（太祖洪武實録卷 216　第 3 頁　216.3.3181）

616　三月壬午朔　撒馬兒罕駙馬帖木兒遣萬户尼昝卜丁等來朝，貢馬八十四疋，駞六隻，絨六匹，青梭幅九匹，紅緑撒哈剌二匹及鑌鐵刀、劍、盔甲等物。詔賜使者白金、文綺有差。

（太祖洪武實録卷 217　第 1 頁　217.1.3187）

617　三月甲申　北平府東安、文安等縣被水災，貧民二千五百餘人流移乏食。上命有司悉免其租徭，賑濟之。

遣使勑今上曰：朔漠雖平定，而殘胡散處絶塞，聚必爲害。其選北平都司并護衛騎兵之精鋭者六七千人或萬餘人，間以乃兒不花等所部軍士，列爲隊伍，各裹餱粮，命北平都指揮使周興爲總兵官，遠巡塞北，搜捕殘胡，以弭絶邊患。其乃兒不花部曲，諳知地形，令爲鄉導，必多擒獲。

（太祖洪武實録卷 217　第 2 頁　217.2.3188）

618　四月戊午　北平都指揮使周興統兵出居庸關。

（太祖洪武實録卷 217　第 4 頁　217.4.3193）

619　五月癸未　琉球國中山王察度及其子武寧遣其子渥同結致等各進表箋，貢馬。察度又遣從子日孜每闊八馬、寨官子仁悦慈入國學讀書。上命各賜衣巾、靴襪并夏衣一襲，鈔五錠。

（太祖洪武實録卷 217　第 7 頁　217.6.3193）

620　五月己丑　遣琉球國民才孤那等二十八人還國，人賜鈔五錠。初，才孤那等駕舟阿蘭埠採硫黄於海洋，遇大風，漂至小琉球界取水，被殺者八人，餘得脱。又遇風飄至惠州海豐，爲邏卒所獲。言語不通，以爲倭人，轉送至京。值其國遣使入貢，爲白其事，遂皆遣還。

（太祖洪武實録卷 217　第 7 頁　217.6.3197）

621　五月庚寅　琉球國中山王察度表言：通事程復、葉希尹二人，以寨官兼通事，往來進貢，服勞居多，乞賜職加冠帶，使本國臣民有所景仰，以變番俗。從之。

（太祖洪武實録卷 217　第 7 頁　217.6.3198）

622　五月壬辰　北平、霸州、保定縣署事醫官王恭讓……奏，歲歉民饑，請以預備倉粮貸給。上諭户部臣曰：天下預備倉廩，正爲荒歉而設，卽遣人與縣官耆民，照户給之，務使饑民均霑其利可也。

（太祖洪武實録卷 217　第 7 頁　217.6.3198）

623　五月庚戌　高麗權國事王瑶遣其姪永福君王昂、門下贊成事權仲和等奉表箋謝所賜禮幣，貢馬及方物。詔賜昂等宴賚有差。

（太祖洪武實録卷 217　第 9 頁　217.8.3201）

624　七月庚辰朔　北平都司吏楊獻有罪繫獄，自陳嘗卧氷以愈父疾。詔核其事不妄，遂命釋之。

（太祖洪武實録卷 219　第 1 頁　219.1.3213）

625 八月庚申 總兵官都指揮使周興遣人送所俘胡兵至京。先是，興率師至斡難河轉至兀古兒札河，按視安達納哈出之地，見車馬迹，遂追至兀者河，得空車百餘輛。將還，適永平衛百户汪廣報告哨遇胡兵，與戰敗之，追奔八十餘里，胡兵棄輜重潰去。興乃遣燕山左護衛指揮謝禮率輕騎疾追之，至徹徹兒山〔校記：嘉本僅一徹字，誤〕，又大敗之。生擒五百餘人，獲馬駝牛羊及銀印圖書、銀字鐵牌等物，悉送京師。上令擇胡兵有可用者卯罕、阿魯温沙二人賫□北還，招諭虜將阿札失等〔校記：嘉本札作禮〕。

（太祖洪武實録卷 220 第 2 頁 220.2.3223）

626 八月丁卯 賜琉球生日孜每闊八馬等羅衣各一襲及靴韈、衾褥。

（太祖洪武實録卷 220 第 3 頁 220.3.3225）

627 九月乙酉 命鑄各按察分司印。先是，各按察分司所分巡按地方，多有未當，至是命都察院六部官會議更定，凡四十八道……北平三道，曰盧龍道，曰燕南道，曰冀北道。

（太祖洪武實録卷 221 第 1 頁 221.1.3231）

628 九月庚寅 高麗直（按：館本直作知）密直司事趙胖等，持其國都評議司奏言：本國自恭愍王薨逝，無嗣，權臣李仁人以辛旽子禑主事。昏暴自咨，多殺無辜，至欲興師侵犯遼東，其時大將李成桂以爲不可而回軍。禑自知負罪，惶懼遜位於其子昌。國人弗順，啓請恭愍王妃安氏，擇立宗親定昌國院君王瑶權國事。及今四年，亦後昏迷不法，聽信讒言，離間勳舊〔校記：嘉本舊作戚。明史朝鮮傳作舊〕。其子奭復癡騃無知，縱于酒色，與禑黨玄禹賓等潛謀復禑位。守門下侍中鄭夢周，嘗以前者欲攻遼東，爲李成桂所阻，致令朝廷索取馬疋，以此譖於〔校記：嘉本譖於作潛與〕王瑶謀害成桂及趙俊、鄭道傳、南誾等。國中臣民，多被殺戮。羣臣國人，以社稷生靈爲慮，謂瑶不足以治民。今年七月十一日以恭愍王妃安氏之命，退瑶于私第。擇于宗親，無可以當輿望者。惟門下侍中李成桂，中外人心，夙皆歸附。於是臣等與國人耆老共推成桂主國事。伏望聖裁，俯從輿意，以安小國之民。禮部侍郎張智奏其事〔校記：廣本部下有左字。實録三二〇九,三三〇〇面作右，廣本疑誤〕上曰：我中國綱常所在，列聖相傳，守而不失。高麗限山隔海，僻處東夷，非我中國所治。且其間事有隱曲，豈可遽信。爾禮部移文諭之，從其自爲聲教。果能順天道合人心，以妥東夷之民〔校記：嘉本妥作安〕，不啟邊釁，則使命往來，實彼國之福也。

（太祖洪武實録卷 221　第 2 頁　221.2.3233）

629　十一月丙午　高麗權知國事李成桂聞皇太子薨，率其臣制服行喪禮，遣其三司左使李居仁進表奉慰，并貢白金二錠，白黑布各百疋致祭。

琉球國中山王察度遣使察都等表賀冬至，貢方物。

（太祖洪武實録卷 222　第 6 頁　222.5.3247）

630　十一月戊戌　北平行都司奏：大寧左等七衛及寬河千户所，今歲屯種所收穀麥凡八十四萬五百七十餘石。

（太祖洪武實録卷 222　第 7 頁　222.5.3247）

631　十二月庚申　琉球國山南王承察度遣使南都妹等貢方物并遣姪三五郎尾及寨官之子實他盧尾、賀叚志等赴國子監讀書。詔賜三五郎尾等鈔各五錠，襴衫、縧巾、皂條、靴韈并文綺、紬絹衣各一襲。

（太祖洪武實録卷 223　第 2 頁　223.1.3260）

632　十二月辛未　以北平河間府水災，詔免其田租凡五萬五千餘石。

（太祖洪武實録卷 223　第 3 頁　223.3.3263）

633　十二月辛未　哈梅里兀納失里王遣回回哈只阿里等來貢馬四十六疋，騾十六隻。詔賜使者文綺有差。

（太祖洪武實録卷 223　第 4 頁　223.3.3264）

634　閏十二月乙酉　高麗權知國事李成桂欲更其國號，遣使來請命。上曰：東夷之號，惟朝鮮之稱最美，且其來遠矣。宜更其國號曰朝鮮。

（太祖洪武實録卷 223　第 5 頁　223.5.3267）

洪武二十六年（1393）

635　正月丁未朔　朝鮮國權知國事李成桂遣同知密直司事盧嵩，安南國遣大夫阮宗亮……各遣使貢馬及方物。暹羅斛國王參烈寶毘牙遣其臣李三齊德奉金葉表，貢方物。詔賜宴于會同館，仍各賜文綺、鈔有差。

（太祖洪武實録卷 224　第 1 頁　224.1.3273）

636　正月甲子　琉球國中山王察度遣使麻州等貢馬及硫黄。詔賜麻州等綿綺及鈔有差。

（太祖洪武實録卷 224　第 3 頁　224.2.3276）

637　二月癸巳　朝鮮遣使送馬九千八百八十疋至遼東。命指揮王鼐運紵絲綿布一萬九千七百六十疋以酬之。

（太祖洪武實録卷 225　第 3 頁　225.2.3298）

638　二月丙申　爪哇國遣番僧阿烈均禄等上表貢馬及方物。賜其使二十五人鈔有差。

（太祖洪武實録卷 225　第 4 頁　225.3.3300）

639　二月乙巳　人有告燕山中護衛指揮使阿魯帖木耳、留守中衛指揮使乃兒不花有逆謀。上曰：二人之來歸也，朕知其才可用，故任之不疑，今反側乃爾，何胡人之心不誠如是乎？命軍中察實以聞。

是日，朝鮮權知國事李成桂遣門下贊成事禹仁烈貢馬及方物。

（太祖洪武實録卷 225　第 5 頁　225.4.3302）

640　三月戊申　緬國遣其臣板南速剌進方物。初，上即位，嘗遣使往諭之，使者不能達而返。乃是八百國遣使洪都入貢，因言：緬國近其邊，以地遠不能自達。上迺令西平侯沐春遣使至八百國王所諭意，至是遣板南速剌至。詔賜綺帛有差。

（太祖洪武實録卷 226　第 1 頁　226.1.3303）

641　三月丙辰　命宋國公馮勝、穎國公傅友德等往北平等處備邊，其山西屬衛將校悉聽今上節制。凡軍中應有機務，一奏朝廷，一啟王知。永著于令。

（太祖洪武實録卷 226　第 2 頁　226.2.3305）

642　三月丁巳　遣使諭北平、山西二都指揮使司，發屬衛步騎，人賚三月粮，往駐宣府聽調。

（太祖洪武實録卷 226　第 2 頁　226.2.3305）

643　四月庚寅　上以天久不雨，必朝政有缺失，詔羣臣直陳時事。羣臣有言請疏決罪囚，上以爲然，乃詔刑官，除十惡及殺人真犯依律外，其餘雜犯死罪令輸粟往北平以贖，徒流而下遞減有差。

（太祖洪武實録卷 227　第 2 頁　227.2.3313）

644　四月辛卯　琉球國中山王察度遣使嘉禮結致貢馬及方物并遣其寨官子段志每入國學讀書。

（太祖洪武實録卷 227　第 2 頁　227.2.3313）

645　四月庚寅　詔絶安南國朝貢。時安南弒主廢立，故絶之。仍命廣西都指揮使司，自今勿納其來使。

（太祖洪武實録卷 227　第 2 頁　227.2.3314）

646　四月戊戌　賜國子監琉球生、雲南生夏衣、靴襪，其傔從之人亦皆有賜。

（太祖洪武實録卷 227　第 2 頁　227.2.3314）

647　五月癸丑　爪哇國民阿里等八人隨其國使入貢，汎海至中途遇風相失，爲邏卒所獲，以聞。詔賜鈔，遣還其國。

（太祖洪武實録卷 227　第 3 頁　227.3.3315）

648　五月庚午　琉球國山南王叔汪英紫氏遣使不里結致來朝

貢馬及方物。

（太祖洪武實録卷 227　第 4 頁　227.4.3318）

649　六月丙子　朝鮮國權知國事李成桂遣使上表箋貢馬及方物，謝更國號，并上高麗恭愍王金印，且請更名“旦”。從之，賜其使李恬等文綺、鈔錠。

（太祖洪武實録卷 228　第 2 頁　228.2.3323）

650　六月壬申　遼東都指揮使司奏：諜知朝鮮國近遣其守邊千户招誘女直五百餘人，潛渡鴨緑江，欲寇遼東。上曰：李旦方來奉貢，而復欲寇邊，是其自生釁端。遣使勅之曰：昔在元季，羣雄并起，中原擾動，民被兵災，幾及二紀。朕訓將練兵，掃除羣雄，四征不庭，蠻夷率服，化鋒刃爲農器，諸將析珪儋爵，享有太平。奈何高麗屢懷不靖，詭詐日生，數構釁端，屢肆侮慢，誑誘小民，潛通海道。朝廷命將鎮守遼東，輒遣人以金帛誘之。王顓被弑，殺及朝使。今爾方遣使入朝聽約束，而乃陰令邊將誘女直人，潛渡鴨緑江，意將何爲？昔在漢時，高麗寇邊，漢兵致伐，高麗由是敗滅。及曹魏之時，陰懷二心，與吴通好，魏亦再加兵討。晉以爾國悖慢，焚爾宫室，俘爾男女。隋兵再伐，高麗之民死傷塗地。唐兵討爾弑逆，平爾土地爲九都督府。遼金至元，爾國屢造事端，殺其信使，由是屢加討伐。宫室焚蕩，民庶斬虜，國滅君誅。監戒甚邇，爾猶蹈其覆車之轍，豈非愚之甚乎？往歲請令王昌入朝，朕不之許。及後以瑶任國事，遂以其子奭來朝。及奭還國，瑶已被廢。爾乃廢絶王氏，自取其國。朕以爾能安靖東夷之民，聽爾自爲聲教。前者請更國號，朕既爲爾正名；近者表至，仍稱權知國事。又先遣使遼王、寧王所，逾月方來謝恩。何其不知尊卑之分乎？朕視一高麗，不啻一彈丸，僻處一隅，風俗殊異，得人不足以廣衆，得地不足以廣疆。歷代所征伐者，皆其自生釁端，初非中國好土地而欲吞併也。朕聞金世宗時，高麗進表，啟函惟小石數枚；及賀正稱進玉帶，驗之乃石。世宗由是興師，破數十城。此前代之事可見者也。近者爾國入貢，復以空紙圈數十雜於表函中，以小事大之誠，果如是乎？爾之所恃者，以滄海之大，重山之險，謂我朝之兵，亦如漢、唐耳！漢唐之兵，長于騎射，短于舟楫，用兵浮海，或以爲難；朕起南服江淮之間，混一六合，攘除胡虜，騎射舟師，水陸畢備，豈若漢、唐之比哉！百戰之兵，豪傑精鋭，四方大定，無所施其勇；帶甲百萬，舳艫千里，水繇渤澥，陸道遼陽，區區朝鮮，不足以具朝食，汝何足以當之！雖然，際天所覆，皆朕赤子，明示禍福之機，開爾自新之路。爾能以所千户女直之人送京師，盡改前過，朕亦將容爾自爲聲教，以安夷人。若重違天道，則罰及爾身，不可悔。

（太祖洪武實録卷 228　第 2 頁　228.2.3324）

651　七月戊辰　以署北平布政使司事華敏爲本司參議。

（太祖洪武實録卷 229　第 2 頁　229.2.3347）

652　八月庚子　賜琉球生仁悦慈等羅、絹衣各一襲，其從人亦給布衣。

（太祖洪武實録卷 229　第 6 頁　229.5.3353）

653　九月壬申　朝鮮國王李旦得所賜勅書惶懼，遣使奉表陳情謝罪，貢白、黑人参及金裝鞍馬。

（太祖洪武實録卷 229　第 8 頁　229.7.3357）

654　十月丁丑　命致仕武官有才幹、精力未衰者爲都指揮等官……張敬爲北平都指揮使司都指揮僉事，袁成爲北平都指揮使司都指揮僉事。

（太祖洪武實録卷 230　第 1 頁　230.1.3359）

655　十月戊寅　給北平都指揮使司所屬衛所并三護衛將士九萬一千七百餘人布三十五萬九千八百餘疋，綿花十三萬七千五百餘斤。

（太祖洪武實録卷 230　第 2 頁　230.2.3360）

656　十月丙戌　宥朝鮮國海寇罪。先是，有寇百餘人入金州新市屯刼掠，獲其一人張葛置者，迺朝鮮國海州民，詐爲倭國人服。

遼東都司遣人械至京。上命宥之，遣還其國。

（太祖洪武實録卷 230　第 2 頁　230.2.3361）

657　十月丙申　擢國子生……顔鈍爲北平布政使司左布政，申逵爲右布政……王禮爲北平按察司按察使，張璉爲副使。

（太祖洪武實録卷 230　第 3 頁　230.3.3362）

658　十一月壬寅朔　賜國子監琉球生及雲南生賀叚志等襲鈔錠。

（太祖洪武實録卷 230　第 4 頁　230.3.3364）

659　十一月丁未　遣使至山西大同、蔚、朔及北平密雲、永、薊諸州郡收糴黍、麥、蕎、粟各九千石，俟明年發兵出塞給種屯田。

（太祖洪武實録卷 230　第 4 頁　230.3.3364）

660　十一月丙辰　朝鮮械送逋逃軍民一百二十二户三百八十八人及馬牛百餘至遼東。

（太祖洪武實録卷 230　第 5 頁　230.4.3366）

661　十一月丁卯　遼東都指揮使獲朝鮮諜者李敬先等六人至京師。命錦衣衛給廬舍居之。

爪哇國遣使僧阿烈等貢方物。

（太祖洪武實録卷 230　第 5 頁　230.5.3367）

662　十二月庚寅　暹羅斛國遣使冒勾來貢方物。

（太祖洪武實録卷 230　第 6 頁　230.5.3368）

洪武二十七年（1394）

663　正月乙丑　琉球國中山王察度、山南王承察度遣其臣亞蘭匏等奉表貢馬九十餘匹及硫黄、蘇木、胡椒等物。

（太祖洪武實録卷 231　第 4 頁　231.3.3375）

664　正月己巳　北平、宣府軍儲倉成。初，廷議以北平府餘粮運至宣府儲偫，遂遣宮度地置倉于居庸關下，至是倉成，凡六百區。

（太祖洪武實録卷 231　第 5 頁　231.4.3377）

665　二月癸酉　禮部言：朝鮮國歲給《大統曆》一百本，今李旦數生邊隙，既已絶其往來，則歲賜之曆，亦宜免造。詔可。

（太祖洪武實録卷 231　第 6 頁　231.5.3379）

666　二月辛巳　吏部奏：北平等布政使司、山東等按察司考覈所屬有司官不勝任者四十餘人，宜行黜降。上曰：考覈行則善惡明，黜陟公則賢者得以展其才，不肖者不得以曠其職。此輩宜即除官代還，毋令廢事。

（太祖洪武實録卷 231　第 6 頁　231.5.3380）

667　二月甲午　勅左軍都督府臣曰：朝鮮國屢入朝貢，既聽約束，乃復使人鈔掠邊境，爲國啟釁。近日澉浦獲賊胡德等五人，問之，迺其國遣之出海刼掠，偵伺邊聲者。宜遣人往詰朝鮮李旦，何得無禮如此。今胡德等所連之人甚多，朕不欲深究其事，姑與李旦言，俾知之。

（太祖洪武實録卷 231　第 8 頁　231.7.3383）

668　二月　是月……緬國……遣使入貢。

（太祖洪武實録卷 231　第 8 頁　231.7.3383）

669　三月甲辰　發……北平軍士築宣府城。

（太祖洪武實録卷 232　第 2 頁　232.2.3387）

670　三月乙巳　賜琉球國使臣亞蘭匏、甚模結致等宴於會同館。

（太祖洪武實録卷 232　第 2 頁　232.2.3387）

671　三月己酉　命授琉球國王相亞蘭匏秩正五品。時亞蘭匏以朝貢至京，其國中山王察度爲請於朝，以亞蘭匏掌國重事，乞陞授品秩，給賜冠帶。又乞陞授通事葉希尹等二人充千户。詔皆從其請，俾其王相秩同中國王府長史，稱王相如故。仍賜亞蘭匏公服一襲，副使傔從以下鈔有差。

（太祖洪武實録卷 232　第 3 頁　232.3.3389）

672　四月庚寅　爪哇國遣使貢蘇木、香藥等物。

（太祖洪武實録卷 232　第 8 頁　232.7.3398）

673　四月丙申　賜國子監琉球生夏衣。

（太祖洪武實録卷 232　第 8 頁　232.7.3398）

674　四月戊戌　署北平按察司事監察御史陳德文奏言：嫁母劉氏卒，乞奔喪。許之。德文四歲喪其父，家貧，隨母嫁陳氏，後年長歸宗，至是其母卒。時已除奔喪之制，德文獨懇請甚至，上特憐而許之。

（太祖洪武實録卷 232　第 9 頁　232.7.3398）

675　五月戊申　遼東送朝鮮國千户李堅實、鎮撫康保罪、通事金籠至京師。詔賜以衣服、鈔錠。

（太祖洪武實録卷 233　第 1 頁　233.1.3400）

676　五月甲寅　安南遣其臣阮均等奉表，由廣東貢方物。上諭禮部臣曰：安南篡弑，不許朝貢，已諭廣西布政司毋納其使。今又從廣東來，有司不先請命而擅納其使，丞遣人詰責之。仍却其貢獻不受。

（太祖洪武實録卷 233　第 2 頁　233.2.3401）

677　六月乙酉　命兵部遣官至北平布政使司，議置驛傳。自大寧至廣寧，東路四百八十五里，置十驛；中路北平至開平七百六十五里，置十四驛；至（按：館本至上有西路二字）開平六百三十里，置十三驛；土木至宣府一百里，置二驛。

（太祖洪武實録卷 233　第 4 頁　233.3.3404）

678　九月丙午　撒馬兒罕駙馬帖木兒遣莫長迭力必失等奉表來朝，貢馬二百匹，表曰：恭惟大明大皇帝，受天命統一四海，仁德弘布，恩養庶類。萬國欣仰，咸知上天欲平治天下，特命皇帝出膺運數，爲億兆之主。光明廣大，昭若天鏡，無有遠近，咸照臨之。臣帖木兒僻在萬里之外，恭聞聖德寬大，超越萬古，自古所無之福，皇帝皆有之，所未服之國皆服之，遠方絶域昏暗之地，皆清明之。老者無不安樂，少者無不長遂，善者無不蒙恩，惡者無不知懼。今又特蒙施恩遠國，凡商賈之人來中國者，使觀覽部邑城池，富貴雄壯，如出昏暗之中忽覩天日，何幸如之！又承勅書恩撫勞問，使站相通，道路無壅，遠國之人，咸得其濟。欽仰聖心，如照世之杯，使臣心中豁然光明。臣國中部落，聞兹德音，惟知歡舞感戴。臣無以報恩德，惟仰天祝頌聖壽福禄如天地遠大，永永無極。照世杯者，其國舊傳有杯，光明洞澈，照之可知世事，故云。

（太祖洪武實録卷 234　第 4 頁　234.3.3420）

679　九月乙卯　朝鮮國李旦遣其子某及門下評理趙琳等奉表貢方物，賀天壽聖節。詔諭其子某：自今朝貢進賀，免進表。某奏云：小邦以小事大之禮，必因進表得達微誠；況正旦聖節，華夷會同，莫不奉表進賀，難比其餘，不敢不進。

（太祖洪武實録卷 234　第 5 頁　234.5.3422）

680　九月庚申　修《寰宇通衢》書成。時上以輿地之廣，不可無書以紀之，乃命翰林儒臣及廷臣以天下道里之數，編類爲書。其方隅之數有八。……北暨北平、大寧衛爲里三千六百二十四，馬驛五十三；水陸兼行四千二百四十五，驛六十一。……布政司十三，浙江、福建、江西、廣東之道各一……河南、陝西、山東、山西、北平、湖廣、廣西、雲南之（按：館本之下有道字，是也）各二。……北平水馬驛四十七，爲里三千四百四十五；馬驛三十九，爲里二千三百六十四。……此其大略也，四夷之驛不與焉。

（太祖洪武實録卷 234　第 6 頁　234.5.3423）

681　十月辛未　賜國子監琉球生冬衣。

（太祖洪武實録卷 235　第 1 頁　225.1.3429）

682　十一月戊戌　朝鮮國遣知門下府事李茂奉表貢馬十四匹。

（太祖洪武實録卷 235　第 3 頁　235.2.3432）

洪武二十八年（1395）

683 正月丙申朔 是日朝鮮國王李旦，琉球國山北王珉……各進方物馬匹。

（太祖洪武實録卷236 第1頁 236.1.3443）

684 正月辛丑 以湖廣布政使司左參議鄭賜爲北平布政使司右參議。時賜以親喪服闋，故調用之。

（太祖洪武實録卷236 第1頁 236.1.3444）

685 正月甲子 勑今上發北平二都指揮使司并遼東都指揮使司屬衛精鋭騎兵七千、步兵一萬。命都指揮使周興爲總兵官，同右軍都督僉事宋晟、劉真往三萬衛等處勦捕野人。其屬衛指揮莊德、景保安、張玉、盧震等悉令從征。

給賜山西、北平、遼東屬衛軍士綿布人五匹，綿花人二斤。

是月琉球國山南王叔汪英紫氏遣其臣耶師姑等，中山王察度遣亞蘭匏等各貢馬共三十六疋，硫黄共四千斤。詔賜耶師姑等鈔有差。

（太祖洪武實録卷236 第3頁 236.2.3446）

686 二月己丑 命北平都指揮使盛熙築萬全、懷安等城。

（太祖洪武實録卷236 第9頁 236.8.3457）

687 四月庚午 琉球國中山王察度遣使亞撒都等〔校記：廣本作撒亞都〕奉表貢硫黄、馬匹及方物。

（太祖洪武實録卷238 第1頁 238.1.2467）

688 四月甲申 詔置遼、寧、谷、慶、肅五王護衛指揮使司。命武定侯郭英會遼東都司，分〔校記：廣本無分字〕調廣寧、義州等衛官軍置遼王廣寧左右二護衛；北平都司調大寧左右二衛爲寧王營州左右二護衛；宣府左右二衛爲谷王宣府左右二護衛；改興州中護衛爲宣府中護衛……凡有差遣，從王調用。

（太祖洪武實録卷 238　第 3 頁　238.3.2471）

689　七月　　是月撒馬兒罕遣回回迭力必失等貢馬二百一十二匹。詔賜鈔有差。

（太祖洪武實録卷 239　第 5 頁　239.5.3483）

690　八月丁卯　　朝鮮國遣典農正崔子雲等送馬一千五百匹至遼東。詔發定遼諸衛牧養，擇其良者送京師。

（太祖洪武實録卷 240　第 1 頁　240.1.3486）

691　九月戊申　　賜國子監琉球生秋冬衣及賜其從人有差。

（太祖洪武實録卷 241　第 3 頁　241.2.3502）

692　九月己酉　　朝鮮國遣門下評理金立堅等上表貢方物來賀。

（太祖洪武實録卷 241　第 3 頁　241.3.3503）

693　閏九月庚辰　　免北平霸州、文安縣夏税。先是，文安縣言去歲雨澇傷民田稼。上命户部遣官覈實，免其税。

（太祖洪武實録卷 242　第 2 頁　243.1.3516）

694　十月庚子　　命北平都指揮使盛熙爲中軍都督府都督同知。

（太祖洪武實録卷 242　第 4 頁　242.3.3520）

695　十月　　是月給北平、山西二都司軍士一十二萬九千一百餘人絹布共五十二萬二千九百匹，綿花一十九萬三千六百斤。

緬國王卜剌浪遣使桑乞剌查貢方物，因言百夷思倫發屢出兵侵奪其境土之故。上謂廷臣曰：遠夷相争，蓋其常事，然中國撫馭四夷，必使之無事，當遣使諭解之。

（太祖洪武實録卷 242　第 6 頁　242.5.3524）

696　十一月癸未　　北平都指揮使司言：燕山等十七衛屯田凡一萬四千三百六十二人，租十萬三千四百四十餘石。

（太祖洪武實録卷 243　第 3 頁　243.3.3531）

697 十一月甲申 暹羅斛國嗣王蘇門邦王昭禄羣膺其遣臣奈婆郎直事剃等表貢方物，且告國王參烈寶昆牙嗯哩哆囉禄喪。詔賜使者及通事奈詩俚曾等鈔有差。

（太祖洪武實録卷 243 第 3 頁 243.3.3531）

698 十二月己酉 朝鮮國王李旦遣使臣柳珣等奉表貢方物，進賀明年正旦。上見其辭不遜，謂禮部臣曰：以小事大，禮重修辭。前者，朝鮮王李旦數生釁端，已嘗詰問。彼謝罪之使方歸，而侮慢之辭又至。朕非不能伐之，古人有言，不勤兵於遠。所以不即興師者以此。今留其使者，可移咨李旦，令遣撰文者至方歸之，俾知生釁之由。珣言：表文是其國門下評理鄭道傳所撰。遂命遣道傳。未幾，釋珣還。

（太祖洪武實録卷 243 第 5 頁 243.4.3533）

699 十二月戊午 詔遣内使趙達、朱福等使暹羅斛國，祭故王參烈寶昆牙嗯哩哆囉禄。賜嗣王蘇門邦王昭禄羣膺文綺四匹、羅四匹、毽絲布四十疋，王妃文綺四疋，羅四疋、毽絲布十二疋。勅諭之曰：朕自即位以來，命使出疆，周于四維，歷諸邦國，足履其境者三十六，聲聞于耳者三十一。風殊俗異，大國十有八，小國百四十九。較之於今，暹羅爲最近。邇者使至，知爾先王已逝，王紹先王之緒，有道于邦家，臣民歡懌。兹特遣人祭已故者，慶王紹位有道。勅至，王其罔失法度，罔淫于樂，以光前烈，其敬之哉。

（太祖洪武實録卷 243 第 5 頁 243.4.3534）

洪武二十九年（1396）

700 正月己巳 琉球國山北王攀安知遣其臣善佳古耶、中山王察度遣其臣典簿程復等各奉表貢馬及方物。詔賜來使三十七人鈔二百四十七錠。

（太祖洪武實録卷 244　第 1 頁　244.1.3537）

701　正月己亥　朝鮮國王李旦遣其臣知門下府事鄭摠來請印誥。上弗許，謂禮部尚書門克新曰：古昔帝王，列聖相承，建邦錫土，撫安華夏。其四夷外蕃，風殊俗異，各有奠長，自治其民。初不以中國之法令治之，此内外遠近之别也。今朝鮮僻在東隅，遠隔山海，朕嘗勑其禮從本俗，使自爲聲教。來則受之，去亦勿追。今來請印誥，實非誠心，固難與之。爾禮部其咨李旦，使知朕意。

（太祖洪武實録卷 244　第 1 頁　244.1.3538）

702　正月丙子　置北平易州盤石驛。

（太祖洪武實録卷 244　第 2 頁　244.1.3538）

703　正月乙酉　撒馬兒罕遣回回阿剌馬丹等二十人來貢馬二百四十餘匹。賜鈔五千九百餘錠。

（太祖洪武實録卷 244　第 2 頁　244.2.3539）

704　二月己丑朔　緬國復遣使來訴百夷以兵侵其境土。

（太祖洪武實録卷 244　第 2 頁　244.2.3540）

705　二月庚寅　遣行人李思聰、錢右訓〔按：館本右作古，抱本作右。按進士題名碑，錢古訓係洪武甲戌進士〕使緬國及百夷。詔緬國王曰：道里險遠，山川阻修，風殊俗異，此乃天造地設也。爾能勤使者，涉險遠，越隣邦，衝烟突霧，晨進昏止，異風霜而至中夏，可謂難矣。古人有云，誠君子〔校記：嘉本無誠字〕將有事於遠友〔校記：嘉本友作方〕，千里之外，神交而志通，今萬里之外，爾能勤使遠修其好，美絶古而惟〔校記：嘉本惟作超〕今。然排難解紛之事，朕之旨意，恨不一言而止，使彼此各罷兵守，樂黎民於市野。兩國之民，居處雖分，惟存關市之譏，是其和也。其或忿争不已，天將昭鑒，福善禍淫，遲速可待。勑至，爾當審之。緬人既聽命，遂詔思倫發曰：朕惟中國古先聖人，馭頑禮德，各有條章，列聖相繼，守而行之。故上下相安，黔黎樂業，諸侯敬畏，世禄子孫，國祚綿長。若列國敢有憑弱犯寡者，則天子發兵以告〔校記：嘉本告作責〕之；賊賢害民者，亦發兵以伐之；暴内凌外，則興師以壇之〔校記：嘉本壇作遣〕；野荒民散，則用兵以剗之；負固不服，則舉兵以侵之；賊殺其親，則正其罪以殺之；放弑其君〔校記：嘉本放作臣〕，則明其罪以誅之；犯令凌政，則杜而絶之；内外亂鳥獸行，則殄滅之；此九伐之法也。爾思倫發，律以九伐之法，宜加憑弱犯寡之罪。何以見之？歲以兵寇車里，不時侵掠八百，恃强化緬，戛璃固小民寡，而已平之。夫中國周臨四夷，與諸奠長地理相接，然朕未嘗恃强憑凌、絶滅其嗣者。雲南之地，已爲我有，似乎尚强以取之，非也。乃元世祖孫梁王者，恃元之苗裔，匿我有罪，納我逋逃，誘我邊守，是乃不得已而發問罪之師，非無故也。況元運天更，其苗裔不當安處於此。爾麓川之蠢，初擅興金齒之役，次謀景東而寇定邊，理當發兵致討。朕釋而不較，未嘗强爾爲約束之邦，聽爾自爲聲教，今又幾年矣。近聞蠢食鄰邦，意自擴土地而擅有兵衆，又將爲我西南之役。噫！未可〔校記：嘉本可下有也字〕。古中國聖人有云，山川、地理、人物之類，乃神器也，非人强得，必有天授，然後得之。爾思倫發，不修隣邦之好，三面發兵，蠢食諸國，其貪也如是，其謀也如是！彼麓川周臨之國，始古至今，各有主者，未嘗合併。朕雖不能止爾，聽爾自爲，果天道使然，爾以人事應之，或者猶可。朕今戒爾守全，設或不守全而動，若不全虧，是爲全亡。然莫若守全，以圖綿長，不亦美乎！思倫發聞詔恐懼，俯伏謝罪，願罷兵。適其部奠刀幹孟叛，思聰等以朝廷威德諭其部衆，判者稍退（按：判爲叛之誤）。思倫發欲倚使者以服其下，强留思聰等，又以象、馬、金寶爲餽。思聰等爲書諭却之，以謂：中國不以象、馬、金玉爲寶，所寶者，惟忠臣烈士、强兵勇將、孝子順孫。宜送使者還朝，自此不爲侵擾，斯可以明忠君之心。思倫發大喜，邀思聰等，設宴爲樂，率其部衆送之境上。思聰等還，具奏其事，且著《百夷傳》紀述其山川、人物、風俗、道路之詳以進。上以其奉使不失職，謂其才可用，甚喜之，各賜衣一襲。

（太祖洪武實録卷 244 第 3 頁 244.2.3540）

706 二月辛卯 先是，上諭都督府臣曰：北平口外及山西雁關外苦寒之地，守邊士卒，其來比試者，雖夏月亦給以衣帽，俾歸爲禦寒之具。

（太祖洪武實録卷 244 第 5 頁 244.4.3543）

707 二月甲午 禮部尚書任亨泰奉使安南還，降爲監察禦史。亨泰在安南私市蠻人爲僕，故降之。

（太祖洪武實録卷 244 第 5 頁 244.4.3544）

708 二月戊戌 安南陳日焜遣其臣通奉大夫陶全金、少中大夫阮應龍等奉表，貢方物。賜鈔有差。

（太祖洪武實録卷 244 第 6 頁 244.5.3546）

709 二月庚子 詔給北平、遼東、山西、陝西都司所屬衛所并護衛儀衛司軍校冬布、綿花，北平都司布六十萬疋，綿花三十四萬斤。

（太祖洪武實録卷 244 第 6 頁 244.5.3546）

710 二月壬寅 北平都指揮使司言：自二十七年至今歲，調撥山東軍士往古北口、懷安等處繕修城堡者，於内宜撥三千屯種。俟其秋成，儲穀于彼，摘留三百守之，餘悉發還各衛，請如舊例。從之。

安南以前王陳叔明卒，遣其臣來告哀。上以叔明簒弑得國，諭禮部臣曰：安南自陳叔明逼逐其王陳日熞，使不得其死，因簒其位，廢置相仍〔校記：嘉本相仍作於今〕，未嘗來告。叔明懷奸挾詐，殘滅其王，自圖富貴，不義如此，庸可與乎？今叔明之死，若遣使弔慰，是無亂臣而與賊子也。異日有四夷聞之，豈不效尤？狂謀踵發，亦非中國懷撫外夷之道也。爾禮部咨其國知之。

（太祖洪武實録卷 244 第 7 頁 244.5.3546）

711 二月戊申 詔遣國子監琉球生三五郎亹等歸省。賜三五郎亹白金七十兩，絲叚六表裏，鈔五十錠。寨官子實那盧亹等鈔二十錠，絲叚一表裏。

（太祖洪武實録卷 244　第 8 頁　244.6.3548）

712　三月癸未　大寧衛言：屯田軍士多乏農具，紅螺山舊有鐵場，宜開爐冶造具以給。上曰：遠戍勤苦，不可重勞，其令有司運農器給之。

（太祖洪武實録卷 245　第 3 頁　245.3.3557）

713　四月乙未　掌北平都指揮使司事都督趙清言：先奉勅撥軍守禦興河、懷來，彼無見儲之粮。其原操軍士，今皆屯種，乏人轉輸。莫若於秋成之時，就以雲州、宣德二屯所收之粟轉運給之。況口内屯軍，秋後農隙亦可運糧，庶利邊圉。上可其奏。

（太祖洪武實録卷 245　第 5 頁　245.4.3560）

714　四月丁未　琉球國中山王察度遣其臣隗谷結致等表貢馬二十七疋及方物，山南王承察度遣使表貢方物及馬二十一疋，其叔汪英紫氏亦遣使吴宜、堪彌結致等貢馬五十二疋，硫黄七千斤，蘇木一千三百斤。

（太祖洪武實録卷 245　第 6 頁　245.5.3562）

715　四月　是月……撒馬兒罕遣回回劄魯剌等一百九十一人來朝，貢馬一千九十五〔校記：中本十作百〕匹。詔賜鈔二萬五千一百九十錠。

（太祖洪武實録卷 245　第 8 頁　245.7.2566）

716　五月甲子　賜國子監雲南、琉球生夏衣。

（太祖洪武實録 246　第 1 頁　246.1.3567）

717　五月乙丑　賜琉球國使臣吴宜、堪彌結致等衣鈔，遣還。

（太祖洪武實録卷 246　第 1 頁　246.1.3567）

718　六月壬辰　徵山西、北平、湖廣、廣東四都司從軍年深武官赴京，以備擢用。

（太祖洪武實録卷 246　第 3 頁　246.2.3570）

719　七月丁丑　先是，有朝鮮使者歸之（按：館本之作至）遼東，遼東都司遣百户夏質送之，期至鴨緑江而止。使者乃誘質渡鴨緑江，至義州，留萬户府數日，始遣其還，因令船人沉質於江。至是上聞，勑諭左軍都督楊文，令咨朝鮮，逮義州萬户，訊其實。

（太祖洪武實録卷 246　第 6 頁　246.5.3576）

720　八月庚寅　置開平左右前後四屯衛指揮使司。初，詔立開平中屯衛。至是北平都指揮使司奏：巳立中屯衛於沙峪，今議立左屯衛於六合營，右屯衛於軍臺，前屯衛於偏嶺，後屯衛於石塔。俱從之。

（太祖洪武實録卷 246　第 7 頁　246.6.3578）

721　九月丙辰朔　朝鮮國王李旦遣其門下評理趙胖等貢金銀器、布席等物，賀天壽聖節。又遣其臣權仲和等來謝恩。先是，以其表辭侮慢，逮其撰表之人。至是，旦遣仲和來言：小邦事大之誠，不敢少怠，而海外之人，學問粗淺，未識中朝表箋體製，以致字様差謬。聞命以來，兢惶罔措。欽遇聖節，不敢上表，故遣陪臣仲和來謝。

（太祖洪武實録卷 247　第 1 頁　247.1.3583）

722　九月丁巳　户部尚書郁新言：近置開平衛，軍士粮餉，皆仰給於北平，道里遼遠，所費不貲。宜廣募商人於開平納米，以淮、浙塩償之，免轉輸之費。從之。

（太祖洪武實録卷 247　第 2 頁　247.1.3584）

723　九月乙丑　命五軍都督府遣人往北平、山東、山西、河南、陝西各衛所覈實將士隊伍。仍具其善戰步騎將校姓名及馬騾之數，以俟調遣。

（太祖洪武實録卷 247　第 2 頁　247.2.3585）

724　九月丁卯　朝鮮國王李旦送撰表人鄭聰等三人至，且言：鄭道傳病，不能行，表辭實聰等所撰。上謂禮部臣曰：今朝鮮送來數儒生，勿遣其還。蓋此輩略通古今，未知大道，故任其小智，調弄戲侮。若朝鮮廢置，無乃皆數生之爲。彼數生者，幸灾樂禍，曾不如昔楚國一伶人耳！昔楚伐鄭，軍少北，鄖公鍾儀陷焉。鄭得之，獻於晉，晉公見之，問南冠者爲誰，有司云：鄭人所獻楚囚也。晉公召問之，鍾儀所言皆中理。以語范文子，文子和鍾儀雖伶人，君子也，盍歸之？晉楚構兵，連歲不已，此人歸晉，楚罷兵必成。公從之，厚待而歸之。楚遣人報，鍾儀之歸，晉之德也，由是兵解，數十年無征戰之勞。此一人懷君子之道，能排難解紛，以安黎庶。朝鮮數生，曾不如一伶人。古人云：以道助人主，不以兵强天下。此數生不爲王量力，敢爲小敵之堅，故作戲慢，生隙殃民。爾移文朝鮮，無用是數生。留之京師，別授微職，以杜絶王左右之禍。

（太祖洪武實録卷 247　第 2 頁　247.2.3585）

725　九月乙亥　賜國子監琉球生秋冬衣。

（太祖洪武實録卷 247　第 4 頁　247.3.3588）

726　十月戊戌　陞致仕武官。上既大賚天下致仕武官，復諭兵部，令陞其官各一級，皆授職于甘肅、大同、北平、大寧、遼東諸衛所。其嗣子職任卑者，後皆許從今職陞授。

（太祖洪武實録卷 247　第 5 頁　247.4.3590）

727　十月甲寅　改置天下按察分司爲四十一道。初，以天下爲四十八道，至是，上欲省之；且以各道名稱有未安者，因欲易之，命廷臣集議之。於是太子少保兼兵部尚書茹瑺等議，改置爲四十一道。……北平二道，曰燕南道，治保定、河間、真定、廣平、順德、大名六府；曰燕北道，治北平、永平二府及行都指揮使司所屬衛分。

（太祖洪武實録卷 247　第 7 頁　247.5.3592）

728　十一月壬戌　蠲北平霸州大城縣田租。初，洪武二十五年秋，縣大水，明年夏復如之。没稻田五百五十餘頃，至二十七年水始平。事聞，上謂户部臣曰：大城之民，連被水災，其饑窘可知，凡田之租賦悉免勿徵。於是免其租凡二千九百七十餘石。

（太祖洪武實録卷 248　第 1 頁　248.1.3597）

729　十一月戊寅　琉球國山北王攀安知遣其臣善加古耶等、中山王世子武寧遣其臣蔡奇阿耶勃〔按:館本勃作勃，抱本作勃，中本作教〕等貢馬三十七匹〔校記:中本三作二〕及硫黄等物，并遣其寨官子之麻奢理、誠至魯〔校記:中本誠作城〕二人入太學。先是，山南王遣其姪三五郎亹入太學，既三年歸省，至是，復與麻奢理等偕來，乞入太學。詔許之，仍賜衣巾靴韈。

（太祖洪武實録卷248　第2頁　248.2.3599）

730　十二月乙酉朔　遣行人陳誠、吕讓使安南。先是，思明府土官知府黄廣成奏言：本府自故元設立思明州，後改思明路軍民總管府，所轄左江一路〔校記:嘉本左江作江右〕州縣洞寨，東至上思州，南至銅柱。元兵征交趾，去銅柱百里立水平寨軍民萬户府，置兵戍守，而命交人供其軍餉。元季擾亂，交人以兵攻破永平寨，遂越銅柱二百餘里，侵奪思明屬地丘温、如嶅、慶遠、淵脱〔按:館本脱作托，廣本抱本中本禮本及明史安南傳托作脱，是也〕等五縣，逼民附之，以是五縣歲賦皆令土官代輸。前者本府失理於朝〔校記：嘉本失作伸〕，遂致交人侵迫益甚。及告禮部，任尚書立站於洞登。洞登實思明府地，而交人乃稱屬銅柱界。臣嘗具奏，蒙朝廷遣刑部尚書楊靖覈實其事。況今建武誌尚有可考，乞令安南以前五縣還臣舊封，仍止銅柱爲界，庶使疆域復正，歲賦不虚。上令户部具其所奏，遣誠等往安南諭還之。

（太祖洪武實録卷248　第2頁　248.2.3600）

731　十二月癸卯　朝鮮國王李旦遣門下賛成事安翔等貢方物，賀明年正旦。

（太祖洪武實録卷248　第4頁　248.3.3602）

洪武三十年（1397）

732 正月甲寅朔 上諭禮部臣曰：自古分茅胙土之君，必得正人君子，國家乃昌；任用小人，必亂其邦。朝鮮國王李旦，因王氏數終，天將更運，遂有三韓之地，更號朝鮮。儀從本俗，法守舊章，有國之道全矣！奈何謀慮不遠，罔事大之道，所用皆輕薄小人，不能以德助王，撰述表箋，搜求構禍之言，置王於無容身之地。此徒用之何益？雖在朕不以爲意，然神明有知，禍不可逃。爾禮部移文朝鮮國王，俾知朕意。

（太祖洪武實録卷 249 第 1 頁 249.1.3605）

733 正月丙寅 置行太僕寺于山西、北平、陝西、甘肅、遼東。上慮西北邊衛所蓄馬甚蕃息而禁防疏闊，乃設行太僕寺以掌其政。山西、北平、陝西每寺設少卿一人、丞三人。

（太祖洪武實録卷 249 第 2 頁 249.3.3607）

734 正月辛未 城開平衛。先是，上命中軍都督同知盛熙調山海威五所官軍往開平立衛，發北平都司屬衛軍士城之，至是訖工。復命熙分調北平等都司軍馬屯守，於農隙講武，以備不虞。

（太祖洪武實録卷 249 第 3 頁 249.2.3608）

735 正月甲戌 給賜陝西、北平、山西、遼東等七都司所屬衛所……等綿花布疋。

（太祖洪武實録卷 249 第 4 頁 249.4.3611）

736 正月丁丑 遣使諭别失八里王黑的兒火者。先是，遣主事寬徹等使哈梅里别失八里及撒麻兒罕地。寬徹至别失八里，而黑的兒火者拘留之，副使二人得還。至是，復遣使持書往諭之曰：朕即位三十年，西方諸國商人入我中國互市，邊吏未嘗阻絶。朕復勅吾吏民，不得恃强，欺慢蕃商，由是爾諸國商獲厚利，疆場無擾，是我中國有大惠於〔按:館本於作與，廣本抱本中本嘉本作于〕爾諸國也。向者，撒馬兒罕商人有在漠北者，吾將征北邊，執歸京師，朕令居中國互市，後知爲撒麻兒罕人，遂俱遣還本國。其君長知朝廷恩意，遣使入貢。吾朝廷亦以其知事上之禮，故遣寬徹等使爾諸國，通好往來，撫以恩信，豈意拘吾使者不遣！吾於諸國，未嘗拘留使者一人，而爾拘留吾使，豈禮也哉？是以近年回回入邊地者，且留中國互市，待寬徹歸，然後遣還。及回回久不得還，稱有父母妻子，朕以人思父母妻子，乃其至情。逆人至情，仁者不爲，遂不待寬徹歸而遣之。是用復遣使齎書往諭，使知朝廷恩意，毋使道路閉塞而啟兵端也。《書》曰:“怨不在大，亦不在小，惠不惠，懋不懋。”爾其惠且懋矣。

（太祖洪武實録卷249　第5頁　249.4.3611）

737　正月　是月，遼寧諸王各據沿邊草場牧放孳畜，乃圖西北沿邊地里示之，勅之曰：……又東至紫荆關，又東至居庸關及古北口，又東至山海衛外，凡軍民屯種田地，不許牧放孳畜。其荒閑平地及山場，腹内諸王駙馬及極邊軍民，聽其牧放樵採。其在邊所封之王，不許占爲已場，而妨軍民。其腹内諸王駙馬，聽其東西往來，自在營駐。因而練習防胡，或有稱爲自己草場山場者論之。特示此圖，吾子孫其世守之。

（太祖洪武實録卷249　第6頁　249.5.3614）

738　二月丙戌　琉球國中山王察度遣其臣友贊結致、山北王攀安知遣恰宜斯耶、山南王叔汪英紫氏遣渥周結致各貢馬及硫黄。

朝鮮國王李旦以柳珣〔校記:嘉本珣作珣〕等蒙恩放還，遣其判三司事偰長壽、密直副使辛有賢等貢鞍馬及金銀器、布、人參等物，至京師謝恩。上諭禮部臣曰:朝鮮密邇東陲，比之他國，最爲切近。前者王氏，怠政而亡，李氏繼興，數生邊釁，與語再三，終不能止。《易》云:開國承家，小人勿用。朝鮮本新造之國，而所用之人，皆非賢智之士，此恐非三韓之福也。昔子產於鄭，凡爲辭命，草創討論，修飾潤色，必更數人之手而後行，所以鄭國稱治。如鄭道傳等，迺小人之尤者，在王左右，豈能助其爲善？苟使鄭總、盧仁度、金若恒仍在朝鮮，又鄭道傳之羽翼，今總等既不免，王不精審，又將假手於人矣。宜諭其國王，深思熟慮，以保三韓。

占城國遣其臣卜落記真卜農來貢胡椒、降香、象牙等物。命賜卜落記真卜農衣服、鈔有差。

（太祖洪武實録卷 250　第 1 頁　250.1.3615）

739　二月甲辰　行人陳誠、呂讓至安南，諭其王陳日焜，令以所侵地還思明府。議論往復，久而不決，誠以譯者言不達意，迺自爲書與日焜曰：邇者思明府土官黄成奏，言安南侵據壤地。朝廷稽典册、考圖記，遣使告諭，俾還所侵。自誠到王國宣布上意，開陳事理，而執事所執逾固，未肯聽從。今以前代載籍所紀疆埸利害，爲執事陳之。按志，交趾古交州地，後漢時女子徵側作亂，光武遣馬援率師平之，遂立銅柱紀功，亦所以限内外也。在唐則爲五管之一，統以都護。宋時李乾德寇邊，郭逵將兵征之，擒僞太子洪真〔校記:嘉本真作憂〕，乾德懼而割廣源、門州、思浪、蘇茂、桄榔之地以降。則當是時此地尚爲中國所有，況銅柱以北丘温等地乎？元世祖時而祖光炳入欵稱臣。及日烜嗣立，失臣子之節，於是世祖興問罪之師，日烜蒙荆棘、伏草莽，生民殆盡，城郭幾虚。日燇嗣立，祈哀請罪。世祖遣使降詔，諭令入朝。當時詔書有還地之語。而日燇云:向者，天使辱臨小國，迎送于禄州。小國懼有侵越之罪，往往辭之丘温而已〔校記:嘉本之作止。明也安南傳丘作邱〕。觀此則丘温以北之地，其屬思明亦明矣。今安南迺越淵、脱踰如嶅、慶遠而盡有之，非乘元末之亂僥倖而得之者乎？行人下車之日，王之君臣曰：此地舊屬安南，而不知所屬之由。陳、黎二國相及何執政亦執前説，以爲祖宗之地，未審何所據而然也。苟如執事所言，則誌書所記日燇之言，無乃但爲浮説耶〔校記:嘉本浮作誣〕？抑王懼有侵地之罪，固執無稽之言以自飾也。我皇上天錫勇智，表正萬邦，怙終者，雖小過不赦，改過者，雖重罪亦釋。《傳》曰：過而能改，則復於無過。又曰：過而不改，是謂過矣。改過致祥，往歲龍州趙宗壽之事是也；吝過召殃，近歲南丹奉議諸蠻酋是也。皆明赦大驗，所共知共聞者。王能避殃迎祥，歸其侵地，豈惟宗祏之安，亦一國生民之幸也。釋此不圖，争而不讓，是爲怙終自禍矣。惟執事圖之。日焜以書復誠等曰：昨辱惠書，諄諭不少。所據思明書曰天使累造小國迎送止丘温一節，此説説迎送之事，非疆界之事也。蓋丘温當其要衝，往時自思明而入禄州道。近時自憑祥入洞登道，皆小國林野之地，不便立站，故立站于丘温，以當縣之中有縣官館待故也。至於交割夫騎，則各於疆界，如今坡羅唯関是也。當元之初，丘温已爲小國之地，思明乃謂當元季擾亂，始越銅柱二百餘里，而來侵其丘温等五處。觀此，則思明人之言不足信矣！見誣若此，其他可知。所稱誌書，自漢唐以來，遷變不一，其可以往昔之事而質之於今日耶！餘具回咨，不敢復贅。誠等得書，復與之辯論不已。安南王饋誠等黄金二錠，白金四錠及沉檀二香，誠等固却之。

（太祖洪武實録卷 250　第 4 頁　250.3.3620）

740　四月辛卯　上以書諭今上曰：玉林、天城皆西北要地，非堅城深池不可以守。今山西軍已築玉林城，宜令北平軍士築之，期今歲完，否則來年完之，毋促役以困其力也。

（太祖洪武實録卷 252　第 3 頁　252.3.3641）

741　六月庚寅　今上統軍行邊。出開平數百里。

（太祖洪武實録卷 253　第 6 頁　253.5.3655）

742　八月庚辰朔　賜國子監琉球生仁悦慈等羅衣，人一襲。

（太祖洪武實録卷 254　第 5 頁　254.4.3668）

743　八月辛丑　暹羅國遣其臣奈婆郎直事悌上表，貢方物。

（太祖洪武實録卷 254　第 7 頁　254.6.3671）

744　八月丙午　禮部奏諸番國使臣客旅不通。上曰：洪武初，海外諸番與中國往來，使臣不絶，商賈便之。近者，安南、占城、真臘、暹羅、爪哇、大琉琉、三佛齊、渤尼、彭亨、百花、蘇門答剌、西洋邦哈剌等凡三十國，以胡惟庸謀亂，三佛齊乃生間諜，給我使臣至彼。爪哇國王聞知其事，戒飭三佛齊禮送還朝。是後使臣商旅阻絶，諸國王之意，遂爾不通。惟安南、占城、真臘、暹羅、大琉球自入貢以來，至今來庭，大琉球王與其宰臣皆遣子弟入我中國受學。凡諸番國使臣來者，皆以禮待之。我待諸蕃國之意不薄，但未知諸國之心若何？今欲遣使諭爪哇國，恐三佛齊中途阻之。聞三佛齊係爪哇統屬，爾禮部備述朕意，移文暹羅國王，令遣人轉達爪哇知之。於是禮部咨暹羅國王曰：自有天地以來，卽有臣君上下之分，且有中國四夷之禮，自古皆然。我朝混一之初，海外諸番，莫不來庭，豈意胡惟庸造亂，三佛齊乃生間諜，給我信使，肆行巧詐。彼豈不知大琉球王與其宰臣皆遣子弟入我中國受學，皇上賜寒暑之衣，有疾則命醫診之？皇上之心，仁義兼盡矣。皇上一以仁義待諸番國，何三佛齊諸國背大恩，而失君臣之禮？據有一蕞之土，欲與中國抗衡，儻皇上震怒，使一偏將十萬衆，越海問罪，如覆手耳！何不思之甚乎？皇上嘗曰：安南、占城、真臘、暹羅、大琉球皆修臣職，惟三佛齊梗我聲教。夫智者憂未然，勇者能徙義。彼三佛齊，以蕞爾之國，而持奸於諸國之中，可謂不畏禍者矣。爾暹羅國王，獨守臣節，我皇上眷愛如此。可轉達爪哇，俾其以大義告於三佛齊。三佛齊係爪哇統屬，其言彼必信，或能改過從善，則與諸國咸禮與之如初，勿自疑也。

（太祖洪武實録卷 254　第 7 頁　254.6.3671）

745　九月癸亥　朝鮮國王李旦遣其户曹判書鄭允輔奉表貢方物，賀天壽聖節。

（太祖洪武實録卷 255　第 2 頁　255.2.3679）

746　十月甲申　賜國子監琉球生冬衣。

（太祖洪武實録卷 255　第 4 頁　255.4.3683）

747　十月甲辰　詔禮部：令朝鮮國朝貢三年一來。以其國敀本語涉譏訕，仍拘留其使。

（太祖洪武實録卷 255　第 6 頁　255.5.3686）

748　十月丁未　　暹羅國王遣其臣奈斯勿羅者上表貢方物。

（太祖洪武實録卷 255　第 6 頁　255.5.3686）

749　十一月癸酉　　思倫發至京師。上閔之，命西平侯沐春爲征虜前將軍、左軍都督何福爲左將軍、徐凱爲右將軍，率雲南、四川諸衛兵往討刀幹孟。諭思倫發曰：爾遠離鄉土，經涉歲月，不能無懷土之思。强臣爲亂，勢不自容。奔逃至此，欲謀還國，非將勇兵强不可得也。朕今送爾至雲南，與西平侯且駐怒江上。先遣爾平日心腹之人入國中〔校記：嘉本入作往〕，諭爾還國之意，以觀國中之向背。立衛騰衝，以觀其勢。若威遠遠〔校記：嘉本只一遠字〕幹已附朝廷，他郡亦皆聽命，則刀幹孟反逆之威日消。腹心之人，効順者多，爾歸國之期可數而待矣？若輕易而進，而刀幹孟之勢方盛，國人腹心，莫與爲敵，則爾之疆土，終非爾有也。

（太祖洪武實録卷 255　第 8 頁　255.6.3688）

750　十二月癸巳　　琉球國山北王攀安知遣使恰宜斯耶、中山王察度遣使友賛結致各上表貢馬及硫黄。

（太祖洪武實録卷 255　第 9 頁　255.7.3690）

洪武三十一年（1398）

751　正月乙卯　　暹羅斛國蘇門邦王昭禄群膺遣使貢方物賀正旦。賜其使人鈔有差。

（太祖洪武實録卷 256　第 1 頁　256.1.3695）

752　正月丙辰　　琉球國山北王攀安知遣其臣進表貢馬。

（太祖洪武實録卷 256　第 1 頁　256.1.3695）

753　正月壬申　　給賜陝西、北平、山西、遼東等七都司所屬衛及諸王府護衛等軍校冬衣、布花各有差。

（太祖洪武實録卷 254　第 2 頁　254.2.3697）

754　三月戊申朔　琉球國中山王察度遣其臣亞蘭匏、押撒都結致、每步結致、撒都奴侍貢馬及硫黄、胡椒等物，其世子武寧貢亦如之。先是，其國遣女官生姑魯妹在京讀書，至是謝恩來貢。

（太祖洪武實録卷 256　第 6 頁　256.5.3703）

755　三月甲寅　賜琉球國使臣亞蘭匏等鈔有差。

（太祖洪武實録卷 256　第 6 頁　256.5.3704）

756　三月丙辰　上以天下學官多避貫除授，有北平、山西籍而選在兩廣、兩廣籍而選在山東、北平者，語言不通，難於講授，命悉召至，改授旁近郡縣。

（太祖洪武實録卷 256　第 6 頁　256.5.3704）

757　三月癸亥　賜琉球國中山王察度冠帶。先是，察度遣使來朝，請中國冠帶。上曰：彼外夷慕我中國禮義，誠可嘉尚，禮部其圖冠帶之制往示之。至是，遣其臣亞蘭匏等來貢謝恩，復以冠帶爲請。命如制賜之，并賜其臣下冠服。

（太祖洪武實録卷 256　第 8 頁　256.6.3706）

758　四月丁丑朔　琉球國中山王察度遣其臣鴉勒佳稽程復〔校記：中本勒作勤〕貢馬及硫黄。

（太祖洪武實録卷 257　第 1 頁　257.1.3709）

759　四月庚辰　五軍都督府及兵部臣奏言，朝鮮國雖奉貢不絶，而叠生釁隙，請討之。上曰：朕欲止朝鮮生釁者，將以安民也。興師伐之，固不爲難，得無殃其民乎？但命禮部移文責之，彼若不悛，討之未晚。於是禮部咨其國王李旦曰：曩者，我至尊卽寶位，握軋等（按：館本軋等作乾符）統中夏，君臨萬國，于時遣使馳報四夷。惟爾故高麗國王遣使朝貢。雖曰知奉天命，實乃效順修睦，以安三韓之民。我至尊奉天勤民，未嘗肯以兵强四夷。每諭王曰：靖保爾疆，毋生邊釁。自始至今，切戒諭之。自王當國以來，假以入貢爲名，陰説守邊將士，嘔以財賄。群臣屢請興師問罪，我至尊恐傷生靈，故不忍爲。昔漢、隋、唐、遼、金、元之時，王三韓者，苟有微釁，即興師致伐。三韓之民，受害非淺。静思兵禍，孰不寒心？今王叠生釁隙，用招禍愆。我朝非無敵愾之將、問罪之師，至尊之德，海涵眷育，無所不容。唐太宗不應自以爲功矜其智能，爾王國之資未嘗不竭，王國之兵未嘗不潰，王國之民未嘗不疲也。我至尊智並日月，功邁三王，聖神文武，豈太宗之可及乎？且古人布令陳詞，少失恭順之體，不免勤兵遠征。今王數生邊釁於我，海岳山川之神必昭鑒於爾。已嘗諭王改圖，以全一國生民之命，今王譎詐猶爾，可謂明不畏朝廷，幽不畏鬼神，下不恤民命矣？中國距爾三韓甚邇，安可不責而正之乎。雖責之，其實教之也；雖教之，其實愛之也。至尊之仁如此，王之不悛何也？若縱王所爲，專尚詐謀，是教人不臣也。如王有不臣之人，亦何利哉？王之左右，皆佻儇憸巧，不務以道導王，專構禍以殃民，其得罪於上下神祇昭昭矣？鄭總至京，罪已承伏，而鄭道傳者，王尚信用，豈非王無悛過之乎？王宜深思熟慮，以保三韓，毋貽後悔。

（太祖洪武實録卷 257　第 1 頁　257.1.3709）

760　四月乙酉　賜國子監琉球、雲南生夏衣。

（太祖洪武實録卷 257　第 3 頁　257.2.3712）

761　四月己丑　琉球國中山王察度遣其臣阿不耶貢馬及硫黄。

（太祖洪武實録卷 257　第 3 頁　257.3.3713）

762　五月辛亥　占城國遣其臣孫子布、婆陋垓、烏台夜、皮麼貢方物。詔賜子布等衣鈔有差。

（太祖洪武實録卷 257　第 4 頁　257.4.3715）

763　五月戊午　勅左軍都督楊文曰：《兵法》有言：貳心不可以事上，疑志不可以應敵。爲將者不可不知是也。朕子燕王在北平，北平中國之門户。今以爾爲總兵，往北平參贊燕王。以北平都司、行都司并燕、谷、寧三府護衛選揀精鋭馬步軍隨燕王往開平隄備。一切號令，皆出自王，爾奉而行之。大小官軍，悉聽節制。慎毋貳心而有疑志也。

（太祖洪武實録卷 257　第 4 頁　257.4.3715）

764　五月丙寅　　暹羅國遣使奈斯勿羅者貢方物。賜使者鈔錠。

（太祖洪武實録卷 257　第 5 頁　257.4.3716）

765　閏五月乙酉　　上崩于西宮……壽七十一……永樂元年六月丁巳尊謚“聖神文武欽明啟運俊德成功統天大孝高皇帝”，廟號“太祖”。

（太祖洪武實録卷 257　第 8 頁　257.6.3720）

洪武三十一年（1398）

1　**閏五月乙酉**　太祖崩。是夜卽斂，七日而葬。皇太孫遂矯詔嗣位，改明年爲建文元年。

（太宗永樂實録卷 1　第 3 頁　1.3.0005）

2　**閏五月**　建文君…乃以謝貴爲北平都指揮使，張昺爲布政使，俾詸〔按:館本詸作詐，廣本抱本庫本詐作詸。奉天靖難記亦作詸〕誘王府官屬覘察王府動静。

（太宗永樂實録卷 1　第 6 頁　1.5.0009）

（建文）元年（1399）

3　**三月**　建文君命都督宋忠調縁邊各衛馬步官軍三萬屯平開〔校記：舊校平開改作開平〕，燕府護衛精壯官軍悉選隸忠麾下，護衛胡騎指揮關童等悉召入京。調北平永清左衛官軍於彰德，永清右衛官軍於順德。

（太宗永樂實録卷 1　第 6 頁　1.5.0009）

4　**六月**　謝貴等以在城七衛并屯田軍士布於城内，填溢街巷，逼衛王城外牆。

（太宗永樂實録卷 1　第 7 頁　1.5.0011）

5　**七月癸酉**　張玉等乃匿壯士端禮門内，遣人召貴、昺，貴、昺不來。久乃至，衛從甚衆。至王門，門者呵止其衛從，惟貴、昺得入。至端禮門，壯士出，擒之，其從者猶〔按:館本猶作又，廣本抱本庫本又作猶，是也〕未知。移時，貴、昺不出，稍稍散去，玉等率勇士盡捕貴等所伏兵。將士皆踴躍，奮一當百。時圍王城軍及列隊〔按:館本隊作陣。廣本庫本抱本作隊〕于市者，惟聽貴、昺等指揮，及聞貴與昺被擒，皆散走。是夜玉等攻九門，黎明已克其八，惟西直門未下。上令指揮唐榮〔按:館本榮作雲）解甲騎馬導從如平時，過西直門，見鬪者，呵之曰:汝衆喧閧欲何爲者？誰令爾爲此不義，是自取殺身耳！衆聞榮〔按:館本榮作雲抱本作榮。誤〕言皆散，乃盡克九門。遂下令安集城中，人民按堵〔校記:廣本抱本作按堵，奉天靖難記作安堵〕，諸司官吏視事如故。北平都指揮使俞填走居庸關〔校記:舊校改填作瑱〕，馬宣走薊州〔按:館本宣作瑄，廣本抱本作馬宣。明史有馬宣傳〕，宋忠率兵至居庸關，知事不濟，退保懷來，留俞瑱守居庸。

（太宗永樂實録卷 2　第 2 頁　2.1.0014）

6　七月甲戌　　通州衛指揮房勝等率衆以城來歸。

（太宗永樂實録卷 2　第 5 頁　2.4.0020）

7　七月丙子　　馬宣在薊州謀起兵來攻，上遣指揮朱能等攻拔其城，遂生擒馬宣。

遵化衛指揮蔣玉、密雲衛指揮鄭亨各以城來歸。

（太宗永樂實録卷 2　第 5 頁　2.4.0020）

8　七月丁丑　　上諭將吏軍民曰：皇考太祖高皇帝，並建諸子，藩屏國家。皇考有疾，初不令諸子知之，閏五月初十日亥時崩，十一日寅時卽斂，七日卽葬，踰月始報訃諸王。又不容其奔喪，而信任姦邪，悉更祖法。諸王小過，便見削奪，未及碁年，削奪五王，湘王被迫，闔宮自焚。我守藩以來，一心敬慎，奉法守分，不敢違越。比用讒邪之言，無故輒見疑忌。昨遣人奏事，執付獄史，備極楚毒〔按：館本作苦楚，廣本抱本庫本作楚毒〕，迫其招認反謀，餙無爲有，必欲加害。天地宗廟神靈在上，爾曹衆耳目在下，吾果有此心乎？已聞調天下軍馬四集，吾父子一家之命，危在朝暮。死不足恤〔按：館本恤作惜，廣本抱本庫本作恤〕，但傷身蹈善行而名被大惡，所不甘于心，況此皆奸臣所爲，非出朝廷之意。吾將躬詣闕下自白。且聞奸臣之謀，謂今宗藩所可忌者惟吾一人，去之則其他如折朽不足慮矣。其導少主所爲，率皆反道背德流連荒亡之事。天變不畏，祖法不守，人怨不恤，駸駸不已。天下幾何其不亂？國家幾何其不亡？昔我皇考起布衣，提三尺劍東征西討，南攻北伐，萬死一生，百戰勞苦，以肅靖天下，肇造帝業，三綱陳紀〔校記：廣本庫本三作立，是也〕，以傳萬世，豈堪一旦爲賊敗壞之哉。祖訓云：新天子正位，如朝無正臣，内有奸惡，則親王訓兵待命，天子密詔諸王統領鎮兵討平之。予已上書陳情，請誅奸臣。今少主爲奸臣所蔽，恐不見答，則惟應以爾等往，清君側之惡，扶國家於既壞，安宗社於垂亡。恭朝闕庭，謁拜陵寢，然後退守舊藩，庶幾以明忠孝之心。

（太宗永樂實録卷2　第6頁　2.4.0020）

9　七月丁丑　　俞瑱在居庸關刼其軍民，將攻北平，城民有竊走來告。

（太宗永樂實録卷2　第6頁　2.5.0022）

10　七月己卯　　命指揮徐安、鍾祥、千户徐祥等討瑱。安等攻拔其城，瑱走懷來，依宋忠。

（太宗永樂實録卷2　第6頁　2.5.0022）

11　七月丙戌　　永平守將趙彝、郭亮等〔按：館本亮下無等字。廣本抱本庫本亮下有等字，是也〕以城來歸。

（太宗永樂實録卷2　第7頁　2.6.0024）

12　七月庚寅　　守遵化指揮蔣玉言、都督劉真、陳亨、都指揮卜萬引大寧兵出松亭關，駐沙河，將攻遵化〔按：館本無真下陳至河十七字。廣本抱本庫本有〕。

（太宗永樂實録卷2　第8頁　2.7.0025）

13　七月壬辰　　上率兵援之，劉真等聞上將至，走還松亭關。

（太宗永樂實録卷2　第8頁　2.7.0025）

14　八月己酉　　諜報：長興侯耿炳文領兵三十萬駐真定，都督徐凱領兵十萬駐河間，都督潘忠、楊松營莫州〔校記：按奉天靖難記建文元年十一月乙亥條作都督潘忠，指揮楊松，則楊松乃官指揮，非都督也。燕王令旨亦言：生擒到都督潘忠、指揮楊松。明史成祖紀作都指揮潘忠楊松，而張玉傳則從實録作都督〕，其先鋒驍勇者九千人已據雄縣，肆虜掠。上率師禦之。

（太宗永樂實録卷 3　第 1 頁　3.1.0027）

15　八月壬子　　至涿州，屯婁（按：婁通作樓）桑，令軍士秣馬蓐食，晡時度自（按：自爲白之誤）溝河，……夜半至雄縣，……遂破其城。

（太宗永樂實録卷 3　第 1 頁　3.1.0027）

16　八月丙寅　　攻真定，二日未下。上曰：攻城下策，徒曠時日，鈍士氣。遂命班師。

建文君聞耿炳文敗……遂遣曹國公李景隆代之。

（太宗永樂實録卷 3　第 4 頁　3.4.0033）

17　九月戊寅　　諜報：曹國公乘傳至德州，收集耿炳文敗亡將卒，并調各處軍馬五十萬進營河間。

（太宗永樂實録卷 3　第 5 頁　4 上 .1.0035）

18　九月丙戌　　上率師援永平，諸將請曰：必守盧溝橋，扼李景隆之衝，使不得徑至城下。上曰：天寒水涸，隨處可度，守一橋何足拒敵？舍之不守，以驕敵心，使深入，受困於堅城之下。此兵法所謂利而誘之者也。

（太宗永樂實録卷 3　第 6 頁　4 上 .1.0036）

19　九月壬辰　　上議攻大寧，諸將咸曰：攻大寧必道松亭關，今劉真、陳亨守關，先破真等，然後可入。而關門險塞，猝恐難下，遲留日久，李景隆必攻北平，恐城中不安。莫若回師破景隆，徐取大寧，萬全之計也。上曰：今從劉家口徑趨大寧，不數日可達。大寧將士悉聚松亭關，其家在城，皆老弱者居守，師至，不日可拔。

城破之日，撫綏其家屬，松亭之衆不降則潰矣。北平深溝高壘，守備完固，縱有百萬之衆，未易窺也。吾政欲使其頓（按：疑頓爲傾之誤）全兵堅城之下，還師擊之，如拉朽耳！諸公弟從予行〔校記：舊校改弟爲第〕，毋憂也。

（太宗永樂實録卷3　第6頁　4上.2.0037）

20　九月乙未　　師行，上諭世子嚴守備，敵至，慎毋與戰。

（太宗永樂實録卷3　第6頁　4上.2.0037）

21　十月戊戌　　師至劉家口，路極險隘，人馬單行可度。守關百餘人，諸將欲攻破關門而入。上曰：不可，攻之則彼棄關走報大寧，得豫爲計。乃命鄭亨領勁卒數百，卷旂登山，斷其歸路，而從後攻之，悉擒守關者，師遂度關。

（太宗永樂實録卷3　第7頁　4下.1.0039）

22　十月壬寅　　師抵大寧……遂克之。

（太宗永樂實録卷3　第7頁　4下.1.0039）

23　十月丁未　　李景隆聞上征大寧，果引軍渡盧溝橋，意氣驕盈，有輕視之志，以鞭擊馬韂曰〔校記：奉天靖難記作馬鞊〕：不守盧溝橋，吾知其無能爲矣。直薄城下，築壘九門，遣別將攻通州。時世子嚴肅部署，整飭守備，城中晏然。數乘機遣勇士縋城，夜斫景隆營，殺傷甚衆，營中驚擾，有自相蹂踐而死者。景隆攻麗正門急，時城中婦女皆乘城擲瓦石擊之，其勢益沮。

（太宗永樂實録卷3　第7頁　4下.1.0040）

24　十月甲寅　　拔大寧之衆及寧王權皆回北平。

（太宗永樂實録卷3　第7頁　4下.1.0040）

25　十一月庚午　　師至孤山，訊知李景隆軍鄭村壩。我邏騎至白河，還言河水流澌，兵不可度。又聞景隆列陣於白河西，是日，大雪初霽，上默然禱曰：天若助予，則河水合。是夜起營，達曙至白河，冰已合，於是麾師畢度。諸將進賀，曰同符光武滹沱之瑞，上天祐助之徵也。上曰：成敗亦惟聽於天耳。時景隆遣都督陳暉領騎萬餘來哨而行道相左，暉探知我軍度河，從後追躡。其衆方度，上率精騎還擊之，斬首無算。暉餘衆奔度，河水勿（按：疑勿爲忽之誤）解，溺死甚衆。獲馬二千餘匹，暉僅以身免。諜報：景隆馭軍嚴刻，卒多躡屩執戟，晝夜立雪中不得息，凍死及墮指者甚衆。師（按：館本師作臨）戰率不（按：館本不下有能字）執兵。上曰：違天時以自敝，可不勞而勝之。乃率諸軍列陣而進，遥望敵軍讙動。上曰：彼亂而囂，可擊也。以精騎先進，連破其七營，諸軍繼之。交戰自午至酉，上益張奇兵，左右衝擊，大敗景隆兵。斬首數萬級，降者數萬，悉縱遣之。日向瞑，收軍回營。……是夜景隆盡棄其輜重，拔衆南遁，遂獲馬二萬餘匹……時敵將圍九門者尚未知景隆遁，猶固守不退。

（太宗永樂實録卷4　第1頁　5.1.0043）

26　十一月癸酉　　上率兵攻之，破其四營，其餘望風奔遁，所獲兵資器仗，不可勝計。

（太宗永樂實録卷4　第2頁　5.1.0044）

27　十一月乙亥　　上還北平，休息士馬。以前所上書不報，復上書於朝曰：臣聞至明者無遠而不照，至誠者無遠而不格。陛下嗣録大統，爲臣民主，蓋天下仰望如日月之明也。臣叨奉宗藩〔校記：庫本臣下有棣字〕，比者見惡權奸，横加大惡，將魚肉其一家。臣之無辜，天地鬼神共所鑒昭〔按：館本昭作照，廣本抱本庫本、作昭〕。前竭肝腑上書自陳，蓋出於危急迫切之誠，可爲至矣。今歷三月，未沐垂察，而叠發大兵，討罪不已。是臣雖有至誠，不能上格，陛下雖有至明，不照幽遠矣。竊聞朝廷論臣有不軌之事八〔按：館本無事八，廣本抱本庫本有事八二字，是也〕，是必欲置臣父子一家於死地不宥也。死非難，但無罪而被惡之名以死，此爲難耳。凡人寃苦則呼天，謹陳其八事之説，惟陛下垂察。其一，謂臣三護衛官有踰額數者，今臣三護衛指揮不及二十員，比職掌内員額尚不足〔按：館本職作執，無額尚，廣本抱本庫本執作職，員下有額尚二字，是也〕，鎮撫百户於常額亦缺，千户不過五十員，比額雖多三五員，然皆皇考臨御時朝廷除授者，非臣所敢自署〔按：館本署作置，抱本庫本置作署〕。蓋《祖訓》職制條有云：王府指揮司官并屬官隨軍多少設置，不拘數目。當時各王府皆然，非皇考獨厚臣。此奸臣之枉臣也。其二，謂臣不當無事操練軍馬。此時（按：館本時作事，是也）亦在皇考御臨之時有之〔校記：舊校改御臨作臨御〕。蓋《祖訓》兵衛條有云：凡王教練軍士，一月十次，或七八次、五六次。若臨事有警，或王有閒暇，則遍數不拘。非臣敢擅爲也。然自皇考賓天之後，臣居喪且病，足跡未嘗出外庭。而護衛軍士，兵部數數調遣備邊，存者僅半，而教練久廢，北平官吏軍民咸所目覩〔按：館本覩作觀，廣本抱本庫本作覩，是也〕。此奸臣之枉臣也。其三，謂臣不當于各衛選用軍官。自陛下嗣位以來，臣未嘗言及兵事，亦未嘗選用一官〔按：未上無亦，廣本抱本未上有亦字，是也〕，但在皇考時曾具奏，於北平城中散衛選用三五人，亦不曾於外衛選用。蓋《祖訓》〔按：館本祖訓作皇訓，廣本抱本庫本作祖訓〕職制條有云：凡王府武官、千户、百户、從王於所部軍職内選用，開具各人姓名實跡。王親署奏，本不由各衙門差人直詣御前聞奏，頒降誥勑〔按：館本頒作須，抱本庫本須作頒，是也〕。當時王府通例如此，非獨臣也〔校記：庫本也作棣，是也〕。兵部具有文檢可驗。此奸臣之枉臣也。其四謂臣私養韃靼健卒。盖臣府中有韃軍百餘人，悉是洪武間歸附，朝廷處於北平，皇考命於護衛歲給衣粮，以備禦虜防邊之用。當時賜勑具在，内府又有勑底可稽〔校記：舊校改又作必〕。其百餘人今死者已四之一，其頭目亦已赴京别用，實非臣私養。此奸臣之枉臣也。其五，謂招致各處異人術士，養于府中，日夕議論爲非，尤是無根駕虚之説。果如有之，必知是何氏名、出何郡縣，指實罪之，誰敢不服？今無指實之人，但冒以空言，天地鬼神，其可欺哉〔校記：廣本哉作乎〕。此奸臣之枉臣也。其六，謂臣府中守禦四門，不當僭擬皇城守禦之制，更番甚嚴，以爲關防朝廷。盖《祖訓》兵衛條有云：凡王府侍衛，指揮三員，千户六員，百户六員，正旗軍六百七十二員〔按：館本員作名抱本作員〕。守禦王城四門，每三日一次輪直宿衛，其官軍皆三護衛均撥。自臣之國以來，二十餘年欽奉此制〔按：館本奉作遵，抱本遵作奉〕，非始于陛下嗣位之後。而陛下臨御以來，兵部數調護衛官軍防邊，宿衛多不及舊數。此奸臣之枉臣也。其七，謂臣宫室僭侈過於各府，此蓋皇考所賜，自臣之國以來二十餘年，并不曾一毫增益。其所以不同各王府者，盖《祖訓》營繕條云明言〔校記：云字衍〕燕因元之舊有，非臣敢僭越。此奸臣之枉臣也。其八，謂臣第二子高煦，過涿州擅笞一驛官，此實臣失於教訓，然笞驛官〔按：館本無一，廣本抱本庫本笞下有一字，是也〕，遂指爲臣不軌之迹，寃濫之過，何以服天下後世？此奸臣之枉臣也。大抵八事皆是釀虚餙詐，加以大惡，三尺童子知其不可，而奸臣肆無忌憚，假天子之權威行之，與趙高指鹿爲馬者何異？且陛下與臣皆出太祖高皇帝、孝慈高皇后，於屬最親也，奸臣猶得誣以極惡，則疏遠之小臣、天下之細民，彼若惡之，欲置死地，可望雪理〔按：館本無雪，廣本抱本庫本理上有雪字，是也〕、可望全活耶？臣切計奸臣設心，非止於殺臣，其不奪天子之大權、濁亂天下、傾危宗社不已也。盖今諸王之中，臣爲序長〔校記：庫本無序字，臣下有棣字，是也〕。周、齊、湘、代、岷五府已去之矣〔按：館本府作王，廣本抱本庫本王作府〕，獨臣未去。臣去則楚、蜀、秦、晉諸國不難去矣。寧王無罪，比又削其護衛，譬諸人身手足皆去，孤身豈能全活乎？伏望陛下廓日月之至明，鑒臣之愚誠而思宗社之大計，斷然不惑，去此奸慝，斯國家宗社之幸〔按：館本宗作祖，廣本抱本庫本作宗，是也〕，天下生靈之幸，非獨臣之幸也。干冒天威，不勝戰慄俟命之至。謹書奏聞。

（太宗永樂實録卷 4　第 2 頁　5.2.0045）

28　**十二月乙卯**　出師征大同。

（太宗永樂實録卷 4　第 7 頁　5.6.0054）

（建文）二年（1400）

29　二月丁未　　韃靼國公趙脱列于、司徒趙灰鄰帖木兒、司徒劉哈剌帖木兒自沙漠率衆來歸。賜賚有差。

（太宗永樂實録卷 5　第 1 頁　6.1.0055）

30　二月癸丑　　諜報胡寇將侵邊，上遣書諭韃靼可汗坤帖木兒并諭瓦剌王猛可帖木兒等，曉以禍福。

我師攻大同，李景隆果來援，引軍出紫荆關。上率師由居庸關回。景隆軍凍餒死者甚衆，墮指者什二三，棄鎧仗〔按：館本仗作伏，廣本抱本庫本作仗，是也〕于道不可勝計。

（太宗永樂實録卷 5　第 1 頁　6.1.0056）

31　二月癸亥　　李景隆遣人齎書來，請息兵。

（太宗永樂實録卷 5　第 1 頁　6.1.0056）

32　二月乙丑　　上遣二郡王高煦、三郡王高燧祭陣亡將士，命世子厚卹其家〔校記：庫本子下有高熾二字〕。又命來降指揮耿孝等分詣鄭村壩等處，收骸骨十餘萬，聚瘞于北山之麓，封樹其墓而嚴禁樵牧。仍遣孝祭之，上親制文勒石以志。

（太宗永樂實録卷 5　第 4 頁　6.3.0056）

33　四月丙申朔　　李景隆軍德州，郭英、吴傑等軍真定，漸移近地。

（太宗永樂實録卷 5　第 5 頁　6.4.0061）

34　四月辛丑　　營于城南馬駒橋。

（太宗永樂實録卷 5　第 5 頁　6.4.0061）

35　四月癸丑　　諜報：李景隆軍過河間，前鋒已至白溝河，郭英等軍過保定，期於白溝河合勢而來。我師遂進駐固安。

（太宗永樂實録卷 5　第 5 頁　6.4.0062）

36　四月乙卯　即日度王馬河〔按：館本王作土，抱本庫本作王，奉天靖難記作白。由上下文推測，似應作白溝河〕，營於蘇家橋。是夜大雨，平地水深二尺。

（太宗永樂實録卷 5　第 5 頁　6.4.0062）

37　七月癸未　上遣書諭世子曰〔校記：舊校删子下煦字，庫本子下有高熾二字，是也〕：諜報敵將平安領衆二十萬〔按：館本十下有餘字，廣本抱本庫本無餘字〕營單家橋，欲於御河邀我粮舟；又選善水者五千渡河，將合勢攻德州。今德州尚餘糧數十萬，但虜衆寡不敵……。汝即令高燧將萬餘人南出，初營於彰義門，明日餘營盧溝河西，又明日營良鄉，如將與我軍合勢者。使敵聞之，必狐疑不敢輕進。四五日後令高燧率軍復回，敵必再來覘，往返踰旬日，則我之糧舟及新軍皆過直沽矣。世子如上旨行之，已而平安覘知，果蓄疑不敢出。

（太宗永樂實録卷 6　第 2 頁　7.1.0070）

38　八月戊申　解濟南圍。還師北平。命諸將緣途嚴禁軍士侵掠。召陳旭還北平。

（太宗永樂實録卷 6　第 2 頁　7.2.0071）

39　九月乙丑　師至北平。

（太宗永樂實録卷 6　第 2 頁　7.2.0071）

40　九月辛巳　遣北平府知府唐靖祭雄縣山川及白溝河之神。

（太宗永樂實録卷 6　第 2 頁　7.2.0071）

41　十月丁未　上率師至通州，張玉、宋能請曰：今密邇敵境而勤師遠征，況遼東早寒，恐士卒難勝。惟殿下熟計之。上乃屏左右，密語之曰：今敵將吴傑、平安守定州，盛庸守德州，徐凱、陶銘欲城滄州，爲倚角之勢。德州城壁堅，敵衆所聚，定州亦城完有備，滄州土城隤圮已久，今天氣向寒，城豈易就？我乘其未備，出不意急趨攻之，敵有必敗之勢。今聲言東征者，示無南伐之意，以怠之耳！失今不取，彼城完而守備固，難於爲力。

（太宗永樂實録卷 6　第 2 頁　7.2.0071）

42 十月庚戌 駐營夏店。

（太宗永樂實録卷 6 第 3 頁 7.2.0072）

43 十月壬子 密令徐理、陳旭等先詣直沽造浮橋濟師。

（太宗永樂實録卷 6 第 3 頁 7.2.0072）

44 十月丙辰 移師還通州。循河而南。

（太宗永樂實録卷 6 第 3 頁 7.3.0072）

45 十一月甲子 先是，我軍破滄州，所得輜重器械及降將徐凱等，移直沽之舟於長蘆，載還北平。

（太宗永樂實録卷 6 第 4 頁 7.3.0074）

（建文）三年（1401）

46 正月丙子 師至北平。

（太宗永樂實録卷 6 第 6 頁 7.5.0078）

47 七月丁酉 上慮敵兵擾北平近城耕牧，乃遣劉江率騎兵千餘還。……江至北平，平安果率萬餘人至平村，離城五十里，剽略人民。江以兵出擊，大敗之，斬首數千級〔校記：廣本數作五，奉天靖難記作數〕，俘獲千餘人，獲馬六百餘匹。平安以數騎走。

（太宗永樂實録卷 7 第 8 頁 8.7.0099）

48 十月己卯 師至北平。

（太宗永樂實録卷 7 第 10 頁 8.9.0103）

（建文）四年（1402）

49 四月壬午 遣費瓛等送陳暉等回北平。

（太宗永樂實録卷 8 第 8 頁 9 上 .7.0119）

50　六月乙丑　上至金川門。時諸王分守京城門，谷王穗守金川門，穗登城望上至，即開門迎，上〔按:館本無至即開門迎上，廣本抱本庫本上下有至即開門迎上六字，是也〕遂按兵而入……

（太宗永樂實録卷 9 下　第 3 頁　9 下 .3.0129）

洪武三十五年（1402）

51　六月庚午　命五府六部一應建文中所改易洪武政令條格悉復舊制。遂仍以洪武紀年，今年稱洪武三十五年。

（太宗永樂實録卷 9 下　第 7 頁　9 下 .6.0136）

52　六月辛未　陞燕山中護衛爲羽林前衛，燕山左護衛爲金吾左衛，燕山右護衛爲金吾右衛，俱親軍指揮使司。

（太宗永樂實録卷 9 下　第 8 頁　9 下 .6.0136）

53　七月壬午朔　告祀天地于南郊，其祝文曰：……臣荷天地眷佑，身命獲全，軍民稍安。宗王大臣，推臣以長，臣不敢辭，於六月十七日即皇帝位。……一，今年仍以洪武三十五年爲紀，其改明年爲永樂元年。……一，山東、北平、河南府州縣人民，有被兵不能耕種者，並免三年差税。……一，河南、山東、北平、淮南北流移人民，各還原籍復業，合用種子牛具，官爲給付。一，北方學校仍依舊開設，毋致廢弛。

（太宗永樂實録卷 10 上　第 1 頁　10 上 .1.0143）

54　七月癸未　召前北平按察使陳瑛爲都察院左副都御史。瑛建文中坐藩邸事謫廣西，故召用之。

（太宗永樂實録卷 10 上　第 5 頁　10 上 .4.0150）

55　七月乙酉　命禮部侍郎兼翰林院學士董倫致仕。倫宛平人，端厚質實，志存利人，洪武中爲右春坊大學士。……至是年八十餘，上命致仕，出京數日卒。

（太宗永樂實録卷 10 上　第 8 頁　10 上 .6.0154）

56　八月壬子朔　遣使以即位詔諭朝鮮。

（太宗永樂實録卷 11　第 1 頁　11.1.0175）

57　八月甲寅　上以北平、山東、河南累年經兵，缺耕牛，特命工部於直隸鳳陽、淮安等處以官牛給之。

（太宗永樂實録卷 11　第 2 頁　11.1.0176）

58　八月丁巳　初，上以北平各衛糧乏，命户部悉停天下中鹽，專於北平開中，其淮浙鹽每引米三斗、河東二斗、四川一斗五升，聽大小官員軍民人等皆中，不拘次支給。至是户部侍郎夏原吉具天下中鹽處所以聞。

（太宗永樂實録卷 11　第 2 頁　11.1.0176）

59　八月庚申　復北平右布政使曹昱官。昱洪武中任布政使，建文初黜爲民，至是復召用之。

（太宗永樂實録卷 11　第 3 頁　11.3.0179）

60　八月甲子　上初以北平軍餉不繼，欲出獄囚輸米贖罪以給之，且省餽運之勞，命法司議。至是法司議奏：除十惡人命強盜及笞罪不贖外，其雜犯死罪輸米六十石；流罪三等俱四十石；徒罪一年十石，一年半十三石，二年十六石，二年半二十石，三年二十五石；杖罪五等，六十者四石，七十以上每等加五斗，輸畢釋之。從之。

（太宗永樂實録卷 11　第 5 頁　11.5.0183）

61　八月甲戌　皇第二子高煦還北平，賜鈔萬錠，其從官指揮王麒等人賜鈔五錠。

（太宗永樂實録卷 11　第 9 頁　11.8.0189）

62　八月丙子　陞前燕府長史金忠爲工部右侍郎，户部郎中陳宗問爲河南布政司右參議，兵部員外郎崔仕先爲右參議，户部郎中鄧肅爲江西布政司右參政，吏部郎中劉思忠爲浙江布政司右參政，禮部郎中郝鵬爲湖廣布政司左參政，刑部主事周淵銘爲四川布政司左參議，各賜钞三十錠。

（太宗永樂實録卷 11　第 9 頁　11.8.0189）

63 八月丁丑 户部奏：今直隸淮安及北平、永平、河間諸郡避兵流移復業者凡七萬一千三百餘户。詔所司善加撫綏。

（太宗永樂實録卷 11 第 10 頁 11.8.0190）

64 九月辛巳朔 命户部郎中李昶撫安北平郡縣。

（太宗永樂實録卷 12 上 第 1 頁 12 上 .1.0193）

65 九月丁亥 遣使以即位詔諭安南、暹羅、爪哇、琉球、日本、西洋、蘇門荅剌、占城諸國。

（太宗永樂實録卷 12 上 第 8 頁 12 上 .7.0205）

66 九月戊子 陞……王忠、申英卯、那海、夏曲、倫台俱爲北平都指揮同知，董磻、駱七十八、史勇俱爲北平行都司都指揮同知。

（太宗永樂實録卷 12 上 第 9 頁 12 上 .7.0205）

67 九月己丑 改……前北平按察司經歷沈鎰爲本司僉事。鎰建文中坐累被謫，至是召還而陞用之。

（太宗永樂實録卷 12 下 第 1 頁 12 下 .1.0212）

68 九月甲午 上謂刑部都察院臣曰：前勑法司，令囚人入米贖罪，以省轉輸之勞。近聞有貧不能致米者，往往憂慼死。期欲生之，乃促之死，非朕本意。自今凡人命十惡死罪、強盜傷人者依律處決，其餘死罪及流罪，令挈家赴北平種田，流罪三年、死罪五年後録爲良民，其徒罪令煎鹽，杖罪輸役如故，自願納米贖罪者聽。仍選徒罪以下罷黜官，假以職名，俾督民耕種，三年有成績實授，無成仍坐原罪。

定武官軍士贖罪例。凡……軍士及其户丁雜犯死罪，發北平衛所屯田。

（太宗永樂實録卷 12 下 第 3 頁 12 下 .2.0214）

69 九月乙未 命户部遣官覈實山西太原、平陽二府澤、潞、遼、沁、汾五州丁多田少及無田之家，分其丁口以實北平各府州縣。仍户給鈔使置牛具種子，五年後徵其税。

（太宗永樂實録卷 12 下 第 5 頁 12 下 .4.0217）

70　九月戊戌　車里軍民宣慰使司宣慰使刀暹答及老撾土官刀線歹……各遣人來朝，貢象齒、犀角、孔雀尾、西洋布、紅花、絲幔帳及金銀器。賜刀暹答等錦綺、紗羅有差，其來使俱賜鈔幣。

（太宗永樂實録卷 12 下　第 6 頁　12 下 .5.0219）

71　九月癸卯　陞北平都指揮僉事周廣爲都指揮同知。

（太宗永樂實録卷 12 下　第 7 頁　12 下 .7.0221）

72　九月癸卯　户部尚書夏原吉言：北平諸郡百姓男女，前因避兵遼東、山海及山東境内，有遇官軍搆擄，亦有以財聘買爲妻妾子息者，今悉以詔書送赴京，轉發原籍，往往來告原籍兵後家産蕩盡，親戚不存，無可依恃，而今所託者，歲久皆成家矣，頗願留彼不歸。且臣之意：若即遣回原籍，今天氣向寒，道路艱難，恐致失所。請令暫居京師，俟行勘原籍有親則遣歸，果無則宜從所言，亦人情兩便。上曰：民罹兵革至轉徙流離，皆非得已，況被擄乎？人情孰不懷土？是必擄買之家教誘爲此言，不可盡信。姑留在京，給與口糧，待春暖遣歸。如果用財禮聘取，亦須行勘有實，然後給之。

（太宗永樂實録卷 12 下　第 8 頁　12 下 .6.0222）

73　九月乙巳　命武康伯徐理等往北平，度地以處民之以罪徙者。

命都督陳用、孫岳、陳賢移山西行都司所屬諸衛官軍於北平之地設衛移屯種：雲川衛於雄縣，玉林衛於定州，高山衛於保定府，東勝左衛於永平府，東勝右衛於遵化縣，鎮朔衛於薊州，鎮虜衛於涿州，定邊衛於通州。其天城、陽和、宣府、前三衛仍復原處。

（太宗永樂實録卷 12　第 8 頁　12 下 .8.0223）

74　十月壬子　陞神策衛指揮同知王觀童、驍騎右衛指揮僉事梁北斗奴俱爲北平都指揮僉事。

（太宗永樂實録卷 13　第 1 頁　13.1.0228）

75　十月甲寅　陞廣武衛指揮僉事許亨爲北平都指揮僉事。亨，北平都指揮僉事得之子，以朝見於揚州，特命任其父官，仍命其父以本官致仕。

（太宗永樂實録卷 13　第 3 頁　13.2.0230）

76　十月丁巳　吏部奏：前北平所屬州縣官朱寧等二百一十九人，皇上舉兵靖難之際，俱棄職遠避，宜置諸位，命入粟贖罪，畢，發興州屯戍。

（太宗永樂實録卷 13　第 3 頁　13.3.0231）

77　十月丁卯　定北平守城功賞：以北平、永平、保定爲一例，通州、遵化爲一例，薊州爲一例，隆慶、密雲、密雲後衛爲一例。各以歲月久近爲等第，自都指揮至民丁給賞各有差。北平、永平、保定洪武三十二年至三十五年都指揮銀五十兩、綵幣八表裏、鈔百六十錠；指揮銀二十兩、綵幣六表裏、鈔百錠；千户銀五十兩、絲幣四表裏、鈔八十錠；百户銀十兩、綵幣三表裏、鈔六十錠；旗軍銀五兩、絹三匹、綿布四匹、鈔五十錠；編伍舍人餘丁及民鈔五十錠。洪武三十三年至三十五年都指揮銀四十兩、綵幣六表裏、鈔百錠；指揮銀十五兩、綵幣四表裏、鈔八十錠；千百户銀十兩、綵幣三表裏、鈔六十錠；旗軍絹二匹、綿布三匹、鈔四十錠；編伍舍人家人餘丁民人鈔四十錠。洪武三十四年至三十五年都指揮三十兩、綵幣四表裏、鈔百錠；指揮十兩、綵幣三表裏、鈔六十錠，千户銀八兩、綵幣二表裏、鈔四十錠；百户銀六兩、綵幣二表裏、鈔四十錠；旗軍絹一匹、綿布二匹、鈔二十錠；編伍舍人家人餘丁民人鈔三十錠。通州、遵化二處洪武三十二年至三十五年都指揮銀四十兩、綵幣六表裏、鈔百二十錠；指揮銀十五兩、綵幣四表裏、鈔八十錠；千户銀十兩、綵幣三表裏、鈔六十鈔（按：鈔當作錠）；百户銀八兩、綵幣二表裏、鈔五十錠；旗軍絹二匹、綿布三匹、鈔四十錠；編伍舍人家人餘丁民人鈔四十錠。洪武三十三年至三十五年都指揮銀三十兩、綵幣四表裏、鈔百錠；指揮銀十兩、綵幣三表裏、鈔六十錠；千户銀八兩、綵幣二表裏、鈔五十錠；百户銀六兩、綵幣二表裏、鈔四十錠。旗軍絹一匹、綿布二匹、鈔三十錠；編伍舍人家人餘丁民人鈔三十錠。洪武三十四年至三十五年都指揮銀二十兩、綵幣二表裏、鈔六十錠；指揮銀七兩、綵幣二表裏、鈔四十錠；千户銀六兩、綵幣一表裏、鈔三十錠；百户銀五兩、綵幣一表裏、鈔二十錠；旗軍絹一匹、綿布二匹、鈔二十錠；編伍舍人家人餘丁民人鈔三十錠；薊州洪武三十二年至三十五年都指揮銀三十兩、綵幣四表裏、鈔百錠；指揮銀十兩、綵幣三表裏、鈔六十錠；千户銀八兩、綵幣二表裏、鈔五十錠；百户銀六兩、綵幣一表裏、鈔二十錠；旗軍絹一匹、綿布二匹、鈔三十錠；編伍舍人家人餘丁民人鈔二十錠。洪武三十三年至三十五年都指揮銀二十五兩、綵幣三表裏、鈔六十錠；指揮銀七兩、綵幣二表裏、鈔四十錠；千户銀六兩、綵幣一表裏、鈔三十錠；百户銀五兩、綵幣銀一表裏、鈔二十錠；旗軍絹一匹、綿布一匹、鈔二十錠；編伍舍人家人餘丁民人鈔二十錠。隆慶、密雲、密雲後衛三處洪武三十二年至洪武三十五年都指揮銀二十五兩、綵幣三表裏、鈔六十錠；指揮銀七兩、綵幣二表裏、鈔四十錠；千户銀六兩、綵幣一表裏、鈔三十錠；百户銀兩五、綵幣一表裏、鈔二十錠；旗軍絹布各一匹、鈔二十錠；編伍舍人家人餘丁民人鈔二十錠。洪武三十三年至三十五年都指揮銀二十兩。綵幣二表裏、鈔四十錠；指揮銀六兩、綵幣一表裏、鈔三十錠；千户銀五兩、綵幣一表裏、鈔二十錠；百户銀四兩、綵幣一表裏、鈔十二錠〔校記：廣本十二作二十〕；旗軍絹布各一匹、鈔十六錠；編伍舍人家人餘丁民人鈔十二錠。

（太宗永樂實録卷 13　第 7 頁　13.6.0238）

78　十月辛未　陞密雲後衛鎮撫楊起爲錦衣衛指揮僉事。

（太宗永樂實録卷 13　第 10 頁　13.8.0242）

79　十月丁丑　命兵部復議（按：館本議作設）大寧、營州、興州三衛。凡各衛官軍先調遼東等處及在京并有坐事謫戍邊者，皆令復原衛屯田。命户部尚書王鈍馳驛往北平與新興（按：館本興作昌）伯唐雲經度屯種。

（太宗永樂實録卷 13　第 13 頁　13.11.0247）

80 十一月辛巳 北平署布政司儀賓李讓奏請七月以前各處商民中鹽未關引者暫停止，先令北平中納，候糧可足三年，仍依前例。户部尚書夏原吉曰：讓言雖善，但商民舊中者守候已久，難於再稽。其北平新中者今置流通文籍付運司，令不次支給。上從原吉言。

（太宗永樂實録卷 14 第 1 頁 14.1.0249）

81 十一月丁亥 復安東中屯衛、大同、瀋陽二屯衛俱隸北平都司。

（太宗永樂實録卷 14 第 5 頁 14.4.0255）

82 十一月癸巳 命……都指揮僉事楊欽祖任北平都司。

（太宗永樂實録卷 14 第 7 頁 14.6.0259）

83 十一月辛丑 撫安北平郡縣户部郎中李昶言：真定武强縣南滹沱河決，渰民田五十餘頃，宜亟修治，而民力不敷，乞發榜近州縣民及真定衛相參修築。從之。

（太宗永樂實録卷 14 第 8 頁 14.7.0261）

84 十一月壬寅 上以北平布政使郭資有守城功陞户部尚書，仍命掌布政司事。賜銀三百兩，文綺二十匹有副，鈔五百錠。

（太宗永樂實録卷 14 第 9 頁 14.7.0262）

85 十一月乙巳 陞燕山前衛總旗苗從義爲指揮使。從義首預平定九門，後累有軍功，故特超用之。

（太宗永樂實録卷 14 第 10 頁 14.8.0264）

86 十一月乙巳 朝鮮國王李芳遠遣陪臣河崙等奉表朝賀，貢馬。命禮部宴勞之。

（太宗永樂實録卷 14 第 10 頁 14.8.0264）

87 十二月庚戌朔 上以北平、山東、河南……等處嘗徑兵革，民力未蘇，令工部覈其歲辦之物，量免有差。

（太宗永樂實録卷 15 第 1 頁 15.1.0269）

88 十二月癸丑 蠲北平、山西、山東、河南、鳳陽、淮安、揚州、徐州被兵郡縣永樂元年夏税農桑、絲綿。

（太宗永樂實録卷 15 第 1 頁 15.1.0270）

89 十二月甲寅 遣使齎詔諭哈烈撒、馬兒罕等處，并賜酋長金織文綺。

遣使齎詔諭别失八里王黑的兒火者，并賜之綵幣。黑的兒火者，元氏苗裔也。

（太宗永樂實録卷 15 第 2 頁 15.1.0270）

90 十二月丁巳 陞……通州衛指揮同知左興爲都指揮僉事。……燕山左衛指揮同知王福……通州衛指揮同知張敬俱爲指揮使。……燕山右衛千户王得、李羅……俱爲指揮同知。……燕山前衛千户許安……爲指揮僉事。

（太宗永樂實録卷 15 第 2 頁 15.2.0272）

91 十二月己未 陞……金吾右衛指揮使盧伯奴木剌忽……永平衛指揮使聞忠八郎……俱爲指揮僉事，……盧伯奴木剌忽、聞忠八郎俱北平都司。

（太宗永樂實録卷 15 第 4 頁 15.4.0275）

92 十二月庚申 以守城功陞北平保定府知府雒僉爲刑部尚書，仍掌保定府事。賜銀二百五十兩，文綺十八匹有副，鈔四百四十錠。

（太宗永樂實録卷 15 第 5 頁 15.4.0276）

93 十二月庚申 陞……燕山前衛千户王雲……燕千左衛千户劉得、侯從善……俱爲指揮僉事。

（太宗永樂實録卷 15 第 6 頁 15.5.0277）

94 十二月甲子 陞保定府同知盧祥爲北平布政司右參議。

（太宗永樂實録卷 15 第 7 頁 15.6.0279）

95 十二月丙寅 撫安北平郡縣户部郎中李昶言：郡縣之民雖多復業，今尚艱食，且乏牛耕種。上命官市牛給之。

（太宗永樂實録卷 15 第 7 頁 15.6.0280）

96 十二月丁卯 陞前燕府良醫正韓公茂爲太醫院判。

（太宗永樂實録卷 15 第 8 頁 15.7.0281）

97 十二月戊辰 陞……北平都指揮同知吴成……爲都指揮使……成任北平都司。

（太宗永樂實録卷 15 第 8 頁 15.7.0281）

98 十二月壬申 陞北平行都司都指揮僉事張忠爲都指揮使，營州中護衛指揮使朱瑶爲都指揮僉事，旌其守城功也。保定左衛指揮使王剛、保定中衛指揮使潘禮、保定前衛指揮使尹整俱爲北平行都司指揮僉事。初剛等守行都司，與敵相拒四十餘日，卒完其城，特加超擢。

户部尚書掌北平布政司事郭資奏：北平、保定、永平三府之民，初以垜集充軍從征，有功者已在爵賞中矣。其力弱守城者，病亡相繼，輒取户丁補役。故人民衰耗，甚至户絶，田土荒蕪。今宜令在伍者籍記其名，放還耕種，俟有警急，仍復徵用。其幼小紀録者乞削其軍籍，俾應民差。從之。時掌北平都司儀賓袁容、泰寧侯陳珪亦奏，北平軍士屯種，差遣者多，守城者少，若從資言放還，實闕守備。上曰：守備不可闕，田土亦不可荒棄，然此皆良民，初以義募，于今遣還田里宜也。竟從資言。

（太宗永樂實録卷 15 第 11 頁 15.9.0286）

99 十二月丁丑 上以北平所屬順德、保定諸郡連年兵革，其民衣食不給，詔户部運鈔三十萬錠賑之。户一口至三口鈔五錠，四口至八口十錠，九口以上十二錠。

（太宗永樂實録卷 15 第 12 頁 15.10.0288）

永樂元年（1403）

100 正月己卯 朝鮮等國王李芳遠等……來朝，貢馬及方物。賜賚有差。

（太宗永樂實録卷 16 第 1 頁 16.1.0291）

101　正月己卯　北平布政司奏：諸郡流民復業者凡十三萬六百餘户。上命户部令有司加意緩（按:館本緩作綏，是也）撫，勿重擾之。

（太宗永樂實録卷 16　第 1 頁　16.1.0292）

102　正月辛卯　禮部尚書李至剛等言：自昔帝王或起布衣平定天下，或由外藩入承大統，而于肇跡之地皆有陞崇。切見北平布政司實皇上承運興王之地，宜遵太祖高皇帝中都之制，立爲京都。制曰：可，其以北平爲北京。

（太宗永樂實録卷 16　第 3 頁　16.2.0292）

103　正月丁酉　賜……前燕府良醫袁寶、陳元恭、王彬金織羅衣各一襲，旌其守城功也。

（太宗永樂實録卷 16　第 4 頁　16.3.0296）

104　正月戊戌　擢前署北平布政司事監生彭常爲山東布政司右参政。

（太宗永樂實録卷 16　第 4 頁　16.3.0296）

105　正月庚子　以宛平縣丞宋賓有守城功，陞真定府知府。

（太宗永樂實録卷 16　第 4 頁　16.3.0296）

106　二月庚戌　設北京留守行後軍都督府、北京行部、北京國子監。改北平府爲順天府，北平行太僕寺爲北京行太僕寺。行都督府置左右都督、都督同知、都督僉事，無定員。首領官經歷、都事各一員。行部置尚書二員，侍郎四員。所屬六曹，吏、户、〔按:館本户作部，廣本抱本部作户，是也。廣本兵下衍刑字〕禮、兵、工五曹，清吏郎中、員外郎、主事各一員，刑曹〔按:館本曹作部，廣本抱本作曹，是也〕清吏司郎中一員、員外郎二員、主事四員。照磨所照磨、檢校各一員，司獄司司獄一員。國子監置祭酒、司業、監丞各一員、典簿一員，博士、學正、學録、掌饌各一員，助教二員。順天府、北京行太僕寺官制如舊。北平布政司、按察司及北平都司等衙門，刑部、户部之北平清吏司俱改北京清吏司。都察院北平道改北京道。

（太宗永樂實録卷16 第6頁 16.1.0301）

107 二月辛亥 以户部尚書掌北平布政司事郭資、刑部尚書掌保定府事雒僉俱爲北京行部尚書，四川安岳縣知縣康汝楫、按察司僉事馬京爲左侍郎，臨江府知府劉翼、南户部郎中李昶爲右侍郎。汝楫蓋藩邸舊臣云。

以燕山左、燕山右、燕山前、大興左、濟州、濟陽、真定、遵化、通州、薊州、密雲中、密雲後、永平、山海、萬全左、萬全右、宣府前、懷安、開平、開平中、興州左屯、興州右屯、興州中屯、興州前屯、興州後屯、隆慶、東勝左、東勝右、鎮朔、涿鹿、定邊、玉林、雲川、高山、義勇左、右、中、前、後、神武左、右、中、前、後、武定左、右、中、前、後、忠義左、右、中、前、後、武功中、盧龍、鎮虜、武清、撫寧、天津右、寧山六十一衛，梁成、興和、常山三守禦千户所俱隸北京留守行後軍都督府。

（太宗永樂實録卷16 第7頁 17.1.0302）

108 二月壬子 賜朝鮮、暹羅、車里諸國使臣宴于會同館。

（太宗永樂實録卷16 第7頁 17.1.0303）

109 二月甲寅 遣使以金印誥命賜朝鮮國王李芳遠。初，朝鮮使臣言:洪武中賜金印龜紐，建文時更之，請復舊制。上從其請，命如舊賜之。

遣使賫詔諭暹羅國王昭禄羣膺哆囉諦剌，并賜之駝紐鍍金銀印。

遣左通政趙居任等使朝鮮，賜居任等有差。

（太宗永樂實録卷16 第8頁 17.2.0340）

110 二月庚申 賜北京刑（按：疑刑爲行之誤）部侍郎李昶、郎中徐岳主、汪新、行後軍都督府經歷陳智等鈔有差。時昶等新授官之北京，故有是命。

（太宗永樂實録卷16 第10頁 17.4.0308）

111　二月丁卯　改前北平布政司雜造局廣盈庫隸北京行部。

改……營州左護衛爲隆慶左衛、右護衛爲隆慶右衛、中護衛爲寬河衛。

（太宗永樂實録卷16　第12頁　17.6.0311）

112　二月己巳　琉球國中山王察度遣從子三吾良亹等奉表賀，且貢方物。賜鈔、文綺表裏及紬絹衣各一襲。

（太宗永樂實録卷16　第13頁　17.6.0312）

113　二月己巳　禮部言：科舉舊制，應子、午、卯、酉年鄉試，去年兵革，倉猝有未及舉行者，試以今年秋八月令應天府及浙江等布政司皆補試。其北京郡縣學近廢于兵者，宜暫停止，俟永樂三年仍舊鄉試。制曰：可。

（太宗永樂實録卷16　第13頁　17.6.0312）

114　二月甲戌　命郡王高煦率兵往開平操備，諭之曰：邊報虜欲寇邊，方春兵民不得耕種，朕所深慮。今命爾將兵駐開平，虜至即相機勦除，否則按兵待之，庶邊境之人得以盡力屯田。然虜狡猾，不可易視，萬一蹉失，則損威招釁，不可不謹。王既行，復賜書諭曰：爾軍起行，惟聲言往大寧，既出關，然後北行，未至開平四十里即下營，先遣精騎往偵動静，勿令虜覺。如虜不知我軍出塞，領衆深入，則多用火器，遇夜令壯士刼其營，亦可獲功。若與戰，則令武安侯鄭亨居中，安平侯李遠居左，武城王聰居右，爾將精騎一二千往來策應。寇敗，獲其人勿輕殺；寇遁，毋利其牛羊而窮追之。若虜有實意來降，誤以爲邊寇而擊之，則沮後來者之心，此須詳審。然受降之時，尤須防其變詐。古云：受降如受敵，制敵之大策如此。

書諭長子世子□□曰：聞虜欲犯邊，今命高煦將兵駐開平禦之，爾鎮守北京，于事宜用心經理。將士啓行之際，賜宴及鈔，仍遣人督運糧餉，隨軍而行，不可緩也。

（太宗永樂實録卷16　第14頁　17.7.0313）

115　三月己卯　以前北平按察副使王禮爲户部右侍郎，賜羅衣一襲。

（太宗永樂實録卷 17　第 1 頁　18.1.0319）

116　三月壬午　改北平行都指揮使司爲大寧都指揮使司，隸後軍都督府。設保定左、右、中、前、後五衛，俱隸大寧都司。調營州左屯衛于順義，右屯衛于薊州，中屯衛于平峪，前屯衛于香河，後屯衛于三河。衛設左、右、中、前、後五所，仍隸大寧都司。復設東勝中、前、後三千户所于懷仁等處守禦。

（太宗永樂實録卷 17　第 1 頁　18.1.0320）

117　三月丙戌　賜琉球國中山王從子三五良亹等宴于會同館。

琉球國山北王攀安知遣使善住古耶等奉表朝賀，貢方物。賜鈔及襲衣、文綺。善住古耶致攀安知之言，丐（按：疑丐爲乞之誤）賜冠帶衣服，以變國俗。上嘉之，命禮部賜其王暨陪臣冠服。

（太宗永樂實録卷 17　第 2 頁　18.2.0321）

118　三月戊子　命平江伯陳瑄及前軍都督僉事宣信俱充總兵官，各率舟師海運糧餉。瑄往遼東，信往北京。

（太宗永樂實録卷 17　第 6 頁　18.5.0327）

119　三月辛卯　琉球國中山王察度、山南王弟汪應祖遣使渥周結制、長史王茂等六十五人來朝，貢馬及方物。賜鈔、襲衣、文綺有差。

（太宗永樂實録卷 17　第 6 頁　18.5.0328）

120　三月甲午　北京、山東、河南……民飢。命户部遣官賑濟，本處無儲粟者于旁近軍衛有司所儲給賑。

（太宗永樂實録卷 17　第 7 頁　18.6.0329）

121　四月丁未朔　安南權理國事胡查遣使奉表及方物賀即位，且奏曰〔校記：廣本且作具〕：昔天朝太祖高皇帝受天明令，統一寰宇。前安南王陳日熞率先諸夷輸誠奉貢。蒙恩賜爵，俾王其地。不幸日熞喪亡，宗祀繼絶，支庶淪滅，無可紹承。臣陳氏之甥，爲衆所推，權理國事，主其祠祭，于今四年。徽蒙聖德，境内粗安。然名分未正，難以率下，拜表陳詞，無所稱謂。伏望天恩，錫臣封爵，使廢國更興，荒夷有統。臣奉命效貢，有死無貳。事下禮部議。禮部言：遠夷荒忽難信，宜遣使廉察。從之。

（太宗永樂實録卷 18　第 1 頁　19.1.0339）

122　四月己酉　　上以北京粟貴，令文武官員子弟及軍民于德州、濟寧、衛輝鹽糧減價中納。仍令不次支給。其無錢本者官給鈔貸之。

（太宗永樂實録卷 18　第 2 頁　19.2.0339）

123　四月壬子　　户部侍郎王禮卒。禮，光州固始人，洪武中由國子生擢北平按察司副使……爲上所知，即位後即召用之。

（太宗永樂實録卷 18　第 3 頁　19.2.0340）

124　四月戊午　　遣書諭郡王高煦曰：防虜之行，蓋揆之人事不得不舉，而仰觀天象，尤當知警。占書：金星出昴北北軍勝，出昴南南軍勝。今欽天監奏：金星出昴北。而我軍在南，宜益加慎，不可忽略。

（太宗永樂實録卷 18　第 3 頁　19.3.0341）

125　四月辛酉　　遣行人楊渤等齎勅往諭安南陪臣耆老等曰：得胡查奏，云國王陳氏宗祀已絶，查乃其甥，衆推權理國事，主祠祭。欲求封爵，王此一方。朕以安南遐遠，未可遽信，特遣行人下詢爾等，凡陳氏繼嗣之有無，胡查推立之誠僞，具以實奏，毋誑毋隱。查所遣奉貢之人，皆賜賚遣還。

（太宗永樂實録卷 18　第 4 頁　19.3.0342）

126　四月壬戌　　朝鮮國王李芳遠遣陪臣李貴齡等奉表朝賀，貢方物。貴齡奏：芳遠父兄〔校記：廣本兄下有俱字〕有疾，令齎布五十端，求市龍腦、沉香、蘇合香油諸物和藥。上命太醫悉賜所頒藥而還其布。

（太宗永樂實録卷 18　第 4 頁　19.4.0343）

127　四月甲子　　北京刑（按：疑刑爲行之誤）部奏，廣平、順德等郡飢民萬九千三百五十户，凡給米麥萬九千九百二十石有奇賑之。

（太宗永樂實録卷 18　第 5 頁　19.4.0344）

128　五月壬午　　勅北京刑（按：疑刑爲行之誤）部尚書郭資曰：行部統六曹，政務甚煩。而卿爲之長，能悉心殫慮，爲國爲民，凡所經畫，具有條理，而於糧儲撙節措置尤爲得宜。比聞小人或加怨謗，古云：省己無愆，奚恤人言！卿勞心爲國，朕知之有素。自今一切浮言，宜置度外，勿用芥蒂。惟懋忠勤，以副眷倚。先是，上謂廷臣曰：北京朕舊封國，有國社國稷，今既爲北京，而社稷之禮未有定制，其議以聞。至是，禮部太常會議，以爲朝廷王國及府州縣社稷，俱有定制。考之古典，别無兩京並立太社太稷之禮。今北京舊有國社國稷，雖難改爲太社太稷，然亦卒難革去。宜設官看過，如遇皇上巡狩之日，于内設太社太稷之位以祭，仍于順天府别建府社府稷，令北京行部官以時祭祀。上可其議。乃命依在京山川壇、祠祭署例設北京社稷壇祠祭，置奉祀寺丞各一員，隸北京刑（按：疑刑爲行之誤）部。

北京刑（按：疑刑爲行之誤）部奏請依在京六部設司務二員及增撥吏典四名。從之。

（太宗永樂實録卷 19　第 4 頁　20 上 .3.0358）

129　五月癸未　　陞北京刑（按：疑刑爲行之誤）部郎中張執中爲應天府丞。

（太宗永樂實録卷 19　第 5 頁　20 上 .4.0359）

130　五月乙酉　　命禮部鑄北京行部諸司印。

前北平布政司參議成璡，揚州興化人……至是卒。

（太宗永樂實録卷 19　第 6 頁　20 上 .5.0361）

131　五月己丑　　勅駙馬廣平侯袁容掌北平留守行後軍都督府事。

（太宗永樂實録卷 19　第 7 頁　20 上 .6.0364）

132　五月庚寅　　陞前燕府典寶副朱琇爲尚寶司丞。

（太宗永樂實録卷 19　第 7 頁　20 上 .6.0264）

133 五月甲午 禮部言：舊制應天府設學，不設上元、江寧二縣學。今既設北京國子監，以順天府學爲之，革大興、宛平二縣學，而以大興縣學爲順天府學。其順天府及二縣生徒通經能文者，令充北京國子監生，其餘皆充順天府學生。從之。

（太宗永樂實録卷 19 下 第 3 頁 20 下 .2.0368）

134 五月丙申 置北京義勇後、神武中、忠義中、隆慶四衛經歷司經歷各一員。

（太宗永樂實録卷 19 下 第 4 頁 20 下 .4.0371）

135 五月己亥 論守城功：陞前北平布政司左參政孫瑜爲户部左侍郎，左參議朱濬爲通政司左通政。以按察使喬穩爲兵部左侍郎，按察僉事楊泰爲順天府知府，吕震爲真定府知府，賜賚有差。改前北平右布政使曹昱爲山東右布政司（按：館本司作使），檢校張輗爲兵科給事中，按察檢事沈鎰爲山西按察司僉事。

（太宗永樂實録卷 19 下 第 5 頁 20 下 .4.0372）

136 五月庚子 以守城功陞都督同知陳恭爲右都督，掌北京留守行後軍都督府事，賞銀百兩、鈔千貫、綵幣八表裏。

（太宗永樂實録卷 19 下 第 5 頁 20 下 .5.0373）

137 五月辛丑 陞都指揮事高實（按：館本實作寶）爲都督僉事，副陳恭掌北京留守行後軍都督府事。

（太宗永樂實録卷 19 下 第 6 頁 20 下 .5.0373）

138 五月癸卯 北京行部言：順天八府所屬現在人户十八萬九千三百有奇，未復業八萬五千有奇，已開種田地六萬三千三百四十三頃有奇，未開種十八萬一千四百五十四頃有奇。

勑北京行部：八府之民，勤勞累年，宜厚撫綏，未復業者悉便招撫復業。

（太宗永樂實録卷 19 下 第 6 頁 20 下 .5.0374）

139 五月甲辰 勑北京行部曰：朕初舉兵靖難，北京之民皆出丁力，以助征討。輸家財以益軍需，朕心嘉之，未嘗少忘。昔太祖高皇帝混一天下，以直隸五府之民供給爲勞，特優恤之。今内難既清，四方平定，可覈實北京所轄郡縣數歲之間其出力丁、供財物始終一致者，悉以名聞。

（太宗永樂實録卷 19 下　第 6 頁　20 下 .5.0374）

140　六月庚戌　户部致仕尚書王鈍言三事。一，種田囚人若照籍貫分定地方，則有多寡不同，難于編甲。今宜不分籍貫，于保定、真定、順天等府所屬州縣挨程安置，先近後遠，庶幾聚落易成，屯種有效。……一，通州迤東驛分馬少，皆以江南之民應役，别無更替。飼養馬匹又不如法，以致馬多虧折。設有警急，難免稽違。宜令北京行後軍都督府及遼東都司于附近衛所每站撥馬十匹益之。皆從之。

（太宗永樂實録卷 20　第 1 頁　21.1.0377）

141　六月丁巳　分遣給事中楊春等十二人爲正副使頒詔安南、暹羅諸國，仍賜其王綵幣，以上尊謚册、寶禮成。

（太宗永樂實録卷 20　第 6 頁　21.5.0386）

142　六月乙丑　陞前燕府良醫陳克恭、玉彬、袁寶爲太醫院判。

（太宗永樂實録卷 20　第 8 頁　21.7.0389）

143　六月丁卯　北京刑（按：館本刑作行，是也）部奏請添置户曹清吏司主事三員。從之。

（太宗永樂實録卷 20　第 9 頁　21.7.0390）

144　六月己巳　書諭郡王高煦曰：聞爾兵初行至清河，從者爲雷震死；過居庸，汝幕中釜鳴，皆不祥之徵，不可不謹。即率騎兵三百人還北京，餘令武安侯鄭亨、武城侯王聰、安平侯李遠總之，就駐宣府。

（太宗永樂實録卷 20　第 9 頁　21.8.0391）

145　六月辛未　朝鮮國王李芳遠遣陪臣石璘、李原等奉表謝賜藥，并貢馬及方物，且請冕服、書籍。上嘉其能慕中國禮文，悉從之。命禮部具九章冕服、《五經》《四書》并鈔及綵幣、表裏，俟使還賜之。

（太宗永樂實録卷 20　第 10 頁　21.8.0392）

146　六月乙亥　　改舊承奉司爲北京内官監，秩正四品。

（太宗永樂實録卷 20　第 10 頁　21.8.0392）

147　七月癸巳　　改北京刑部〔校記：刑當作行〕左侍郎許思温爲吏部左侍郎，右侍郎墨麟爲兵部右侍郎，刑（按:疑刑爲行之誤）部郎中王鍾爲户部右侍郎，前北平布政司右參議盧祥爲刑（按：疑刑爲行之誤）部右侍郎。

（太宗永樂實録卷 20　第 14 頁　21.12.0399）

148　七月丁酉　　占城國王占巴的賴遣使婆甫郎等奉金葉表文來朝，貢方物。且言其國與安南接壤，數苦其侵掠，請勑降戒諭。上可之，賜其使鈔幣及金織文綺襲衣。

（太宗永樂實録卷 20　第 14 頁　21.12.0400）

149　七月己亥　　以前北平按察司僉事謝勉爲大理寺左寺丞。

（太宗永樂實録卷 20　第 15 頁　21.13.0401）

150　七月甲辰　　賜吏部左侍郎許思温、兵部右侍郎墨麟、大理寺左少卿吕震銀各五十兩、鈔九十錠、綵幣八表裏，户部右侍郎王鍾銀十二兩、鈔五十錠、綵幣二表裏、刑部右侍郎盧祥銀十兩、鈔六十錠、綵幣二表裏，禮部祠祭司郎中程得〔校記:廣本得作德〕、兵部武庫司郎中魏瑛各銀四兩、鈔二十錠、綵幣一表裏，以北京守城功也。

（太宗永樂實録卷 20　第 16 頁　21.13.0402）

151　八月癸丑　　遣官往賜朝鮮、安南、占城、暹羅、琉球、真臘、爪哇、西洋蘇門答剌諸藩國王絨線、織金文綺、紗羅有差。行人吕讓、丘智使安南，按察〔校記:廣本察下有司字〕副使聞良輔、行人寧善使爪哇、西洋蘇門答剌，給事中王哲、行人成務使暹羅，行人蔣賓興、王樞使占城、真臘，行人邊信、劉亢使琉球，翰林侍詔王延齡、行人崔彬使朝鮮。人賜紵絲衣一襲，鈔二十五錠，使朝鮮者加衣一襲及皮裘狐帽。

勅安南胡查曰：朕君臨萬方，體天爲治。一物失所，時予之辜。今占城言與爾隣壤，爾屢興兵侵其土地，掠其人民，剽剠財物。占城之人，困爾荼毒。夫兩國土地，傳自先世，而主于天子，何得恃强踰越！爲惡受禍，古有明戒，事已在赦前，兹不深究。自今宜保境安民，息兵修好，則兩國并受其福。爾其欽哉。

（太宗永樂實録卷 21　第 2 頁　22.2.0408）

152　**八月己未**　命左通政趙居任、行人張洪、僧録司右闡教道成使日本。賜居任、洪各紵絲衣一襲，道成金襴袈裟及僧衣、錫杖、如意、净瓶、鉢、盂各一事。仍賜三人各鈔十疋（按：疋爲錠之誤），銅錢一萬文。

（太宗永樂實録卷 21　第 4 頁　22.3.0410）

153　**八月乙丑**　平江伯陳瑄總督海運糧四十九萬二千六百三十七石赴北京、遼東，以備軍餉。

（太宗永樂實録卷 21　第 5 頁　22.4.0412）

154　**八月己巳**　定罪囚北京爲民種田例。先是，刑部尚書鄭賜、都察院左都御史陳瑛等上言：伏惟皇上臨御以來，首詔天下，刑名一依《大明律》科斷。親録囚徒，多從寬宥。蓋念赤子無知，誤罹刑憲，開其生路，俾之自新。然無籍之徒，恃恩玩犯者愈多，若不徙其鄉土，慮倣効成風，弊將愈甚。北京、永平、遵化等處，壤地肥沃，人民稀少，今後有犯者，令于彼耕戍，涉歷辛苦，頓挫奸頑，庶幾良善可安，詞訟簡息。凡徒、流罪除樂工、竈户拘役、老幼殘疾收贖，其餘有犯俱免杖，編成里甲，并妻子發北京、永平等府州縣爲民種田，定立年限，納粮當差。杖罪除官吏不該罷職役者及民單丁有田粮者依律科斷，餘皆如之。若河南、山東、陝西、山西、江北直隸府州縣就彼發遣北京行部；浙江、江西、廣東、福建、湖廣、四川及江南直隸府州縣，除土官地方外，其餘俱解户部，定撥發遣。上是之，命犯杖罪者其牛具，種子皆給直，五年後如民田例科差；徒、流遷徙者不給直，三年後如民田例科差。部仍會官議其直之多寡以聞。禮部議奏：以山東、山西、陜西、河南四布政司就本布政司編成里甲，應給鈔者人給鈔三百貫，編成一甲、二甲，卽先發遣。每甲先買牛五頭，有自能多買者聽。其浙江六布政司及直隸府州俱送户部，如前編甲給鈔發遣。先于順天府所屬州縣内人撥荒閒秋夏田地共五十畝，有力自願多耕者聽。永平諸處以次定撥，事故者不追補。其軍户有犯者，每一名存留二丁聽捕（按：疑捕爲補之誤）軍役止依律科斷，三丁以上者依例發遣種田。其當軍多者皆倣此數存留。監生生員已有定例。吏典有雜犯者，在京准工，在外科決畢皆復役。北京所屬有犯，止依律科斷。上悉從之。

（太宗永樂實録卷 21　第 3 頁　22.4.0412）

155　八月癸酉　陞前北平都司經歷吴中爲大理寺丞。

置北京保定衛經歷司經歷一員。

（太宗永樂實録卷 21　第 7 頁　22.6.0415）

156　八月甲戌　命禮部：征討將士欲省親還北京者并予賜賚，都督、都指揮人鈔五十錠，千户十錠，百户八錠，胡椒二斤；旗軍六錠、胡椒一斤。

簡直隸薊（按：疑薊爲蘇之誤）州等十郡、浙江等九布政司富民實北京。

（太宗永樂實録卷 21　第 7 頁　22.6.0415）

157　九月己卯　順天府大興縣進嘉禾，命獻宗廟。

（太宗永樂實録卷 22　第 2 頁　23.1.0418）

158　九月庚辰　爪哇國西王都馬板遣使阿烈羅佛達必期等奉表朝賀，貢五色鸚鵡、孔雀及方物。賜鈔并〔校記：廣本并作及〕襲衣、文綺表裏。

（太宗永樂實録卷 22　第 2 頁　23.1.0418）

159　九月壬午　北京行部尚書雒僉來朝。賜鈔四十錠。

（太宗永樂實録卷 22　第 2 頁　23.2.0419）

160　九月乙酉　賜爪哇諸國使臣宴于西角門。

（太宗永樂實録卷22　第2頁　23.2.0420）

161　九月庚寅　遣中官馬彬等使爪哇，以鍍金銀印一、文綺綵幣三十疋賜其西王都馬板。勑諭之曰：朕祇奉祖訓，廓清内難。卽位之初，爾卽遣人奉表朝貢，朕用嘉之。特錫爾印章儀物，尚益懋乃德，保土安民，毋怠毋驕，恒謹事大之誠，斯禄及子孫，以克永世。復命彬等賫詔，諭西洋蘇門答剌諸番國王，并賜之文綺、紗羅。先是，朝使至占城，有爪哇三人者爲占城所虜，言於使者，遂隨入中國。上曰：島夷之人，皆朕赤子，詎可使之失所？命優養之。至是各賜衣服道里費，令彬送還爪哇。

（太宗永樂實録卷22　第3頁　23.3.0421）

162　九月乙未　賜暹羅國使者奈靄劑剌等鈔及金織文綺襲衣有差。

（太宗永樂實録卷22　第5頁　23.5.0425）

163　九月己亥　遣内官李興等賫勑勞暹羅國王昭禄羣膺哆囉諦剌并賜王文綺帛四十疋及銅錢、麝香諸物，與其貢使偕行。

禮部尚書李至剛奏：日本國遣使入貢，已至寧波。凡番使入中國，不能私載兵器，刀槊之類鬻於民，俱有禁令。宜令有司會簡番舶，中有兵器、刀槊之類，籍封送京師。上曰：外夷向慕中國，來修朝貢，危蹈海波，跋涉萬里，道路既遠，貲費亦多，其各有賫以助給路費，亦人情也，豈當一切拘之禁令？至剛復奏：刀槊之類在民間不許私有，則亦無所鬻，惟當籍封送官。上曰：無所鬻則官爲準中國之直市之，毋拘法禁，以失朝廷寬大之意，且阻遠人歸慕之心。此要務也。

（太宗永樂實録卷22　第6頁　23.5.0426）

164　十月辛亥　陞燕山右衛千户陳驢兒爲金吾後衛指揮同知。

（太宗永樂實録卷23　第3頁　24.3.0435）

165 十月乙卯 北京留守行後軍都督府奏：舊降至北平都指揮司燕山等衛“仁”字等號夜巡銅牌，于今宜换給。從之。

（太宗永樂實録卷23 第4頁 24.4.0438）

166 十月乙卯 日本國王源道義遣使圭密等三百餘人奉表貢馬及鎧胄、佩刀、瑪瑙、水晶、琉黄諸物。賜圭密等文綺、紬絹衣并錢鈔、紵絲、紗羅有差。

賜其通事冠帶，命禮部宴之，仍命遣使同圭密往賜日本國王冠服、錦綺、紗羅及龜鈕命印。

（太宗永樂實録卷23 第4頁 24.4.0438）

167 十月丙辰 緬甸頭目那羅塔遣其使屬郎尋蹇來朝，貢方物。初，西平侯沐晟遣鄧伯通等撫諭之，至是來朝，郎尋蹇致那羅塔之言曰：緬人雖處遐裔，聞聖主臨御，悉願臣屬，而道經木邦孟養，多爲阻遏，乞命以職賜冠服、印章，將來憑伏天威，歲效職貢，庶免欺凌。上允其請，命兵部設緬甸宣慰使司，以那羅塔爲宣慰使，遣使賜之冠服、印章。

（太宗永樂實録卷23 第5頁 24.5.0439）

168 十月丁巳 遣内官尹慶賫詔往諭滿剌加、柯枝諸國。賜其國王羅銷金帳幔及傘并金織文綺、綵絹有差。

（太宗永樂實録卷23 第5頁 24.5.0440）

169 十月己未 賞北京守城官行部左侍郎李友直銀五十兩、鈔八百貫〔校記：廣本百作十〕、綵幣八表裏；刑曹清吏史郎中艾麟、留守行後軍都督府都事齊孝智、毋祥、固安縣丞熊慶源、順義縣丞邵智、新城縣丞劉清各銀四兩、鈔一百貫、綵幣四表裏、生絹二疋、綿布四匹、綿花五斤；户曹清清（按：館本清下無清字，有吏司）主事曹本、大興縣主簿王壽各銀三兩、鈔一百貫、綵幣一表裏、生絹一匹、綿布三匹、綿花四斤。

（太宗永樂實録卷23 第6頁 24.6.0441）

170 十月壬申 命靖安侯王忠往北京安插屯田軍民，整理屯種。

（太宗永樂實録卷23　第9頁　24.8.0446）

171　十月甲戌　西洋剌泥〔校記：館本作奇剌尼。明史外國傳作奇剌泥〕國回回哈只馬哈没奇尼等來朝貢方物。因附載胡椒與民互市，有司請徵其税。上曰：商税者，國家以抑逐末之民，豈以爲利？今夷人慕義遠來，乃欲侵其利，所得幾何？而虧辱〔校記：廣本無辱字〕大體萬萬矣。不聽。

（太宗永樂實録卷23　第10頁　24.9.0447）

172　十一月乙亥朔　欽天監進永樂二年《大統曆》……仍遣使頒賜朝鮮、諸番國。著爲令。

朝鮮國王李芳遠遣陪臣趙狷等來朝，貢方物。賜金織文綺、襲衣、鈔幣表裏。

（太宗永樂實録卷24　第1頁　25.1.0449）

173　十一月戊寅　書諭世子曰：山後官員軍民，本皆無罪之人，曩因建文殘害骨肉，禍及無辜，不得已逃遁，飄零艱窘，深可哀矜！今既來歸，其令官仍原職，兵仍原五（按：五爲伍之誤），民仍原業，咸加綏撫。後有歸者悉如之。

（太宗永樂實録卷24　第1頁　25.1.0450）

174　十一月庚辰　命右軍都督府都督僉事陳俊等督運淮安、儀真等處倉糧百五十七萬六千二百石有奇，赴陽武轉輸北京。

（太宗永樂實録卷24　第2頁　25.2.0451）

175　十一月甲午　夜，北京順天府地震。

（太宗永樂實録卷24　第5頁　25.5.0456）

176　十一月丁酉　增設……北京大興縣之人興驛，永清縣之永清驛，霸州之大良驛。

（太宗永樂實録卷24　第6頁　25.5.0458）

177　十一月戊戌　書諭世子曰：朕念北京兵災以來，人民流亡，田地蕪廢，故法司所論有罪之人，曲垂寬宥，悉發北京境内屯種。

意（按：館本意作望）數年之後可以助給邊儲，省餽運之勞，且使有罪亦得保全。今聞此輩略不留心農事，十五爲羣，日聚城市，游蕩逐末。爾等可諭有〔校記:廣本有作所〕司嚴督之就農畝，毋令復蹈前過。

（太宗永樂實録卷 24　第 6 頁　25.6.0458）

178　閏十一月甲辰　諭北京留守行後軍都督府及行部臣曰：從朕征討將士，身冒矢石，萬死一生，事定功成，報以爵賞。乃有不思艱難、保守富貴，往往觸犯刑憲，已謫令屯戍。今念前勞，特加矜貸，官復原職，軍復原伍。逃叛者不在此例。

（太宗永樂實録卷 24　第 7 頁　25.6.0460）

179　閏十一月己酉　陞前燕府典膳正張原、司醞蕭成爲光禄寺丞。

（太宗永樂實録卷 24　第 9 頁　25.7.0462）

180　閏十一月戊午　安南遣使隨行人楊渤等入朝貢〔校記：廣本無貢字〕，進其陪臣耆老奏章曰：前安南國王陳日煃，自洪武二年率先内屬，上表奉貢，天朝錫之封爵，王此一方，亦欲傳之子孫，長爲外服。不幸寡祐，日煃即世，嗣王短命，支庶諸孫日就喪亡，三十餘年，遂至絶嗣。國内之人，誠所傷心。胡査實其外孫，少依王所，亦能恭順小心，勤于事上，是以衆人誠心推査權理國事，以主陳氏宗廟。今已四年，小大咸安。天使下臨，詢及微賤，臣等愚昧，敢以實奏。伏望天恩俯從衆志，賜之爵命，俾守此邦，庶海隅蒼生，咸得其所。敢冒死以聞。從之。

（太宗永樂實録卷 24　第 10 頁　25.8.0464）

181　閏十一月癸亥　書諭世子曰：比北京、山西地震。坤道貴静，占法:地震主兵，數動人不寧，上天示戒，不可不謹。宜撫軍士，嚴固城池。伺察人情，不可怠忽。其征討將士有犯，前罰北京屯種，今念曩昔之勞，已勅所司宥之，令官復其役。惟逃叛不宥。諭爾知之。

（太宗永樂實録卷 24　第 12 頁　25.10.0467）

182　閏十一月丁卯　遣禮部郎中夏止善等賫詔往安南，封胡查爲安南國王。詔曰：覆載之中，皆朕赤子，立之司牧，惟順民情。昔爾安南，邊隅列郡。宋因衆志，肇錫王封。密爾中州，嚮慕聲教。朕皇考太祖皇帝臨御之初，率先歸附。朕嗣大寶，爾胡查輸誠效職，奏謂前國王陳氏嗣絶，以外孫主祀，于今四年。詢之于衆，所言亦同。今特命爾爲安南國王。於戲！作善降祥，厥有顯道。事大恤下，往罄乃誠。欽哉。

（太宗永樂實録卷 24　第 13 頁　25.11.0470）

183　十二月庚辰　擢……前燕府長史司吏楊勉……爲給事中。

（太宗永樂實録卷 25　第 2 頁　26.2.0478）

184　十二月癸未　朝鮮國王李芳遠遣陪臣李彬、閔無恤等貢馬及方物，謝賜冠服恩。

（太宗永樂實録卷 25　第 4 頁　26.3.0480）

185　十二月乙酉　陞前燕府典儀正陸永成爲鴻臚寺右寺丞。

北京刑（按：疑刑爲行之誤）部尚書郭資等奏：真定、棗强縣民初復業，加以蝗旱，流殍者衆。今天寒，乞遣人齎實，以施賑濟。上曰：民困如此，濟之當如救焚拯溺，少緩當無及矣！今遣人齎實，展轉往復非兩月不得。民命迫于旦夕，其可待乎？命户部速遣官往賑。又命監察御史一員監察，賑畢具實以聞。

（太宗永樂實録卷 25　第 5 頁　26.4.0482）

186　十二月甲午　賜前……北平按察副使高懷敬……誥勑；宴賫之，遣歸。

（太宗永樂實録卷 25　第 7 頁　26.6.0485）

187　十二月甲午　朝鮮國及四夷土官各遣使賀明年正旦，貢名馬、方物。賜之鈔幣。

（太宗永樂實録卷 25　第 7 頁　26.6.0485）

188　十二月丁酉　改北京蘇（按：蘇爲薊之誤）州之石門驛隸遵化縣。

（太宗永樂實録卷 25　第 8 頁　26.6.0486）

189　十二月辛丑　安南胡奃遣使賀明年正旦，進方物，且上章謝罪曰：伏蒙勑書諭臣占城構兵事，臣罪深重，荷天地大德，赦而不誅，不勝慙懼。自今以往，謹當息兵安民，以仰副聖訓。上以其能改過，賜勑慰勉之。時已有詔封胡奃爲安南國王，其上章不稱王者，詔命未至故也。

（太宗永樂實録卷 25　第 8 頁　26.7.0888）

永樂二年（1404）

190　正月乙巳　巡按北京。北京監察御史周幹劾都指揮張鏞縱四（按：四爲肆之誤）貪婪，受鎮朔等衛白金。命鞫之。

（太宗永樂實録卷 26　第 1 頁　27.1.0492）

191　正月丁巳　遣使賫勑諭占城國王占巴的賴曰：爾奏數爲安南所侵，朕已遣人諭之，令息兵安民。今安南王胡奃陳嗣服罪，不敢復肆侵越。人能改過，斯無過矣！爾宜務輯睦，用□（按：館本□作保）下人。

（太宗永樂實録卷 26　第 3 頁　27.2.0494）

192　正月丁巳　陞燕山左衛指揮同知王焕爲都指揮僉事。

（太宗永樂實録卷 26　第 3 頁　27.3.0495）

193　正月庚申　以守城功陞前燕府紀善李達、袁珪、吴牧……俱爲給事中。

（太宗永樂實録卷 26　第 5 頁　27.4.0497）

194　正月己巳　遣駙馬都尉永春侯王寧、隆平侯張信齎璽書召世子及郡王高煦赴京。

陞燕山右衛指揮使季和爲都指揮使，掌燕山左衛事。

（太宗永樂實録卷 26　第 6 頁　27.5.0499）

195　正月庚午　户部左侍郎孫瑜坐事，左遷北京行太僕寺少卿。

（太宗永樂實録卷 26　第 7 頁　27.6.0501）

196　二月壬午　設北京兵馬指揮司。置指揮一員，副指揮四員，首領官吏目一員。

（太宗永樂實録卷 26　第 9 頁　28.2.0506）

197　二月乙酉　修江浦至大興等二十九馬驛，命江西諸郡民其税粮及五百石者市馬給之。

（太宗永樂實録卷 26　第 10 頁　28.3.0508）

198　二月戊子　户部尚書郁新等言：往年爲北京軍儲不足，下令開中鹽粮，淮浙鹽於北京倉納米者每引二斗五升，於德州倉納米者每引三斗五升。今北京所轄地方米價已賤，若仍準前例，誠爲虧官，二處宜通增一斗。從之。

（太宗永樂實録卷 26　第 10 頁　28.3.0508）

199　二月壬辰　琉球國中山王世子武寧遣姪三吾良亹等以其王察度卒來告訃。命禮部遣使祭之，賻以布帛，遂詔武寧襲爵。詔曰：聖王之治，協和萬邦，繼承之道，率由常典。故琉球國中山王察度受命皇考太祖高皇帝，作屏東藩，克修臣節，暨朕即位，率先歸誠。今既亡殁，所宜有後。爾武寧乃其世子，特封爾爲琉球國中山王，以承厥世。惟儉以修身，敬以養德，忠以事上，仁以撫下。克循兹道，作鎮海邦，永延世祚。欽哉。

（太宗永樂實録卷 26　第 12 頁　28.4.0510）

200　三月壬寅朔　命平江伯陳瑄充總兵官、前軍都督僉事宣信充副總兵，帥舟師海運粮儲往北京。

（太宗永樂實録卷 27　第 1 頁　29.1.0516）

201　三月乙卯　朝鮮國王李芳遠遣陪臣閔無疾貢金銀器皿、方物。賜鈔及文綺。

（太宗永樂實録卷 27　第 3 頁　29.2.0518）

202　三月己未　琉球國山比（按：疑比爲北之誤）王攀安知遣使

亞都結制等貢方物。賜錢鈔、文綺、綵幣。

（太宗永樂實録卷 27　第 3 頁　29.2.0518）

203　三月乙丑　世子、郡王高煦至京師。

（太宗永樂實録卷 27　第 5 頁　29.5.0522）

204　三月丙寅　撫按江西給事中朱肇言：比者，工部遣人於江西買牛，今有司遞送淮安轉送北京給軍屯種，未免勞民。今江西、浙江、湖廣所屬郡縣積歲没官牛共計五千餘頭，俱在民間收養。若停收買，以民間見養之牛轉送給軍，則官民皆便。上命工部勘實，先以牛給本處屯軍，有餘者送北京給軍屯種。

（太宗永樂實録卷 27　第 5 頁　29.4.0522）

205　四月辛未朔　勅北京留守行後軍都督府及太（按：太爲大之誤）寧等都司曰：朕惟天下武臣犯矢石、冒霜雪，累積勤勞，致有爵位，或承祖父功伐以得之，蓋亦難矣！往者，有觸犯刑憲律應奪職者，朕念前勞，不忍遽絶，皆遠謫以頓挫之，使改過自新。今已踰歲，自洪武三十五年至今年三月，謫發者皆量情貸免，情輕者俾復職，重者仍令立功，俟有功而後復之。

（太宗永樂實録卷 28　第 1 頁　30.1.0533）

206　四月癸酉　改北京刑部郎中李繼鼎爲禮部儀制清吏司郎中兼右春坊右贊善。

（太宗永樂實録卷 28　第 4 頁　30.3.0588）

207　四月丁丑　前浙江布政司右參政趙玨使安南還，奏對稱旨，陞刑部右侍郎。

（太宗永樂實録卷 30　第 6 頁　30.5.0542）

208　四月庚辰　命户部尚書王鈍以浙江左布政使致仕。鈍，河南太康人，洪武中舉秀才，授禮部主事……復舉明經，授北平府通判……上即位……後命往北京、山東撫綏軍民，經理屯戍，至是以老賜勅獎諭……

陞前燕府良醫副使公望爲太醫院判。調北京光禄寺丞張原爲光禄寺丞。

（太宗永樂實録卷 28　第 7 頁　30.7.0543）

209　四月壬午　詔封汪應祖爲琉球國山南王。應祖故琉球山南王承察度從弟，承察度無子，臨終命應祖攝國事。能撫其國人，歲修職貢，至是遣使隗谷結制〔校記：廣本谷作國〕等來朝，貢方物，具奏乞如山北王例賜冠帶衣服。上諭吏部尚書蹇義曰：國必有統，衆必有屬，既能事大，又能統衆，且舊王所屬意也。宜從所言，以安遠人。遂遣使賫詔封之，并賜之冠帶等物而偕其使俱還。

（太祖永樂實録卷 28　第 8 頁　30.6.0544）

210　四月乙酉　免北京順天、永平、保定三府所屬始終效順民户税粮一十九萬九千七百餘石。蓋去歲命行部覈實，至是以聞，遂免之。

（太宗永樂實録卷 28　第 9 頁　30.8.0547）

211　四月乙酉　朝鮮國王李芳遠、琉球國中山王世子武寧及諸番酋長俱遣使奉表，貢方物。賜其使鈔幣有差。詔命武寧襲王爵，猶稱世子者，詔命未至故也。

（太宗永樂實録卷 28　第 9 頁　30.8.0547）

212　四月乙酉　刑部右侍郎趙羾劾奏都指揮使張遠於北京貪贓虐民等事。上曰：朕每遣將臣於外，其陛辭之際，必戒之恤士卒安百姓，以保爵禄。今此輩恃功犯法，肆無畏憚〔校記：廣本畏作忌〕。不治之無以示懲。命下之獄。

（太宗永樂實録卷 28　第 10 頁　30.9.0549）

213　四月己丑　指揮蕭上都等自兀哈良哈還，韃靼頭目脱兒火察、哈兒兀歹等二百九十四人隨上都等來朝貢馬。……脱兒火察言：有馬八百餘匹留北京，願易衣物。命北京行後軍都督府及太僕寺第其馬之高下，給價償之。

（太宗永樂實録卷 28　第 11 頁　30.9.0550）

214　四月庚寅　改北京行部右侍郎劉翼南爲禮部右侍郎。陞前北平府知府杜智爲陝西右布政使。

（太宗永樂實録卷 28　第 12 頁　30.10.0551）

215　四月庚寅　　賜外夷朝鮮等國使臣宴。

（太宗永樂實録卷 28　第 12 頁　30.10.0551）

216　五月辛丑朔　　巡按北京監察御史周新言：北京所屬吏民有犯徒流者，蒙恩免罪，就發北京人少處爲民種田，公私兩便。然監候詳擬，往復數月，饑窘憂愁，多死獄中。請今後死罪及職官有犯詳擬待報，其吏民所犯徒流者，悉從北京行部或監察御史詳擬允當，就發種田。如此則下無淹禁之患，而上不負寬邺之恩。上諭都察院臣曰：御史言是耳。命北京百姓有犯應決者，許收贖。

（太宗永樂實録卷 29　第 1 頁　31.1.0555）

217　五月甲辰　　禮部尚書李至剛等奏：琉球國山南王遣使貢方物，就令賫白金詣處州市磁器，法當逮問。上曰：遠方之人知求利而已，安知禁令！朝廷於遠人當懷之，此不足罪。

（太宗永樂實録卷 29　第 2 頁　31.1.0556）

218　五月乙卯　　以熊宗魯爲江西布政司右參議。宗魯洪武中以監生署山西右參議事，調北平布政司。建文初降蒙化州知州，至是召還，實授舊職。

（太宗永樂實録卷 29　第 4 頁　31.3.0560）

219　五月丁卯　　興安伯徐祥卒。祥，大冶縣人，以軍功爲燕山右護衛副千户……從征破居庸關、攻真定、援永平、戰靈壁皆與有功。

（太宗永樂實録卷 29　第 5 頁　31.4.0562）

220　六月甲戌　　復太平縣典吏王敏爲北京道監察御史。敏，洪武中御史，建文初坐事降職，至是丁父憂服闋，命復舊職云。

（太宗永樂實録卷 29　第 7 頁　32.1.0566）

221　六月甲申　　朝鮮國王遣陪臣吕稱等來朝貢馬及方物。賜鈔幣表裏。兵部言：遼東人多亡居朝鮮者，近招撫萬七百餘人，未復者尚多。上命禮部諭稱等，俾歸言於王遣還。

（太宗永樂實録卷 29 第 8 頁 32.2.0568）

222 六月乙酉 賜朝鮮、安南諸國使者及雲南八百等處土官宴。

（太宗永樂實録卷 29 第 8 頁 32.2.0568）

223 六月丁亥 鴻臚寺右少卿汪泰以罪誅。泰嘗奉使朝鮮，受其餽贈，使還，匿不奏。至是，本寺左少卿樊敬復奏泰私交權貴，特命誅之。

（太宗永樂實録卷 29 第 9 頁 32.3.0569）

224 六月戊子 安南國王胡𡶀遣使奉表謝恩。上命禮部臣諭之曰：安南昔稱知禮之國，今思明府言，禄州、西平州、永平寨皆思明故地，與安南接境，安南奪而有之。其歸語王：如非安南地則速歸之！保境安分，惇修隣好，可以長享富貴也。

（太宗永樂實録卷 29 第 9 頁 32.3.0569）

225 六月辛卯 朝鮮國王李芳遠遣使送耕牛萬頭至遼東。先是，上欲廣屯田於遼東，命禮部遣人徵牛於朝鮮，至是送至。命户部每一牛酬絹一匹、布四匹。仍賜其王文綺表裏各百六十。勅遼東都司以牛分給屯戍。

（太宗永樂實録卷 29 第 10 頁 32.4.0571）

226 七月壬寅 車里宣慰使刀暹答遣子刀魯來朝貢方物。命賜刀暹答誥命、冠帶、綺帛及賜刀魯鈔幣。

（太宗永樂實録卷 30 第 1 頁 33.1.0575）

227 七月壬子 以前北平按察僉事陳廷傑爲湖廣按察僉事。

（太宗永樂實録卷 30 第 2 頁 33.1.0576）

228 七月丙辰 通州奏：三河、順義、東安、香河等縣六月淫雨傷稼。命户部速遣人撫視。

（太宗永樂實録卷 30 第 3 頁 33.2.0578）

229 七月丁巳 命右軍都督僉事馬榮率海舟餽運北京。

（太宗永樂實録卷 30 第 3 頁 33.3.0579）

230　七月己未　徙廢黜吏四百六十二人北京爲民種田，人給鈔八十錠置耕具。

（太宗永樂實録卷 30　第 3 頁　33.3.0579）

231　七月丁卯　賜朝鮮、爪哇使臣……宴。

（太宗永樂實録卷 30　第 5 頁　33.4.0581）

232　八月庚午朔　占城國王占巴的剌遣使部該序罷尼來朝，貢犀牛及方物，且奏曰：前奏安南攻擾城方，殺掠人畜。仰蒙降勅，諭使息兵。而其國王胡査不遵聖訓，今年四月，又以舟師侵入臣境，民受其害。近朝貢人回，所費（按：疑費爲賚之誤）賜物，皆被拘奪，又逼與臣冠服、印章，使爲臣屬。且已占據臣沙離牙等處之地，今復攻刼未已。臣恐不能自存，願納國土，請吏治之。上怒，命禮部遣使賚勅諭査，而賜占城使者鈔幣。

（太宗永樂實録卷 30　第 5 頁　33.4.0582）

233　八月壬申　遣使賚勅諭安南國王胡査曰：前以爾屢侵占城，故諭爾講信修睦。及得爾奏云：自今已往，敢不息兵！朕嘉爾能改過，復降勅慰勉。近占城復奏，爾今年又以水軍攻掠其境，拘虜人民。其朝貢人回，所賚賜物皆被邀奪，及逼與冠服、印章，使爲臣屬。越禮肆虐，有加無已。而廣西思明府亦奏爾奪其禄州、西平州、永平寨之地。此乃中國所疆，爾奪而音（按：館本音作有）之，肆無忌憚。所爲如此，蓋速亡者也。朕未忍遽行討罪，故復垂諭。鬼神禍淫，厥有顯道。爾宜速改前過，不然，非安南之利也。

（太宗永樂實録卷 30　第 5 頁　33.5.0583）

234　八月甲戌　别失八里王沙速査干遣使木寫非兒等來朝，貢玉璞、名馬。賜木寫兒等白金、綵幣有差。沙速査干故黑的兒火者王之子也。

（太宗永樂實録卷 30　第 6 頁　33.5.0583）

235　八月乙亥　安南故陪臣裴伯耆來告急，奏曰：臣世事安南陳氏，祖父皆爲執政大夫，死於國事。臣母實陳氏近族，故臣自少侍國王，受爵五品，後隸五節侯陳渴真爲裨將。洪武三十二年代渴真領兵出東海禦寇，而奸臣黎季犛父子弑主篡位，屠害忠臣，滅族者以百十數，臣兄弟妻子亦被收戮。遣人捕臣，欲加葅醢。臣聞事變，棄軍遁逃，轉入山林，深居窮僻，與蠻獠猴狖雜處。耿耿忠誠，鬱抑無告。近聞皇上入登大寶，統正萬方，思欲瀝膽披肝，請滅此賊。履險乘危，得至境上，與商人負任抵冒而出，今年四月始到思明。官司接送，幸覩天日。臣切惟奸臣黎季犛，乃故經略使黎國耆之子〔校記：廣本耆作耄〕，世事陳氏，叨竊寵榮，及其子蒼亦添貴仕，一但得志，遂成弑奪，改姓名胡一元，子曰胡䄈。僭號改元，不恭朝命，肆虐下民。百姓銜寃，呼天扣地；忠臣良士，疾首痛心。臣義激于中，妄干天聽，願一視之仁，哀無辜之衆，興弔伐之師，隆繼絶之義。臣得負弩矢前進，導揚天威，忠義之徒必當雲合響應，禽滅此賊，盪除奸兇，復立陳氏子孫，使主此土。則區區遠夷，仰戴聖德，恭修職貢，永作外蕃。臣不才，竊効申包胥爲人，敢以死請。伏望陛下哀矜。上憫之，命有司給衣食。

（太宗永樂實録卷 30　第 6 頁　33.5.0584）

236　八月丙子　　置北京興和守禦千户所吏目一員。

（太宗永樂實録卷 30　第 7 頁　33.6.0585）

237　八月丁丑　　賜占城國王占巴的賴鈔幣，并賜勅諭曰：王復奏安南侵擾等事，已再勅責胡䄈，王亦宜修德務善，以保國人。如䄈寔頑不悛，曲在於被（按：被當爲彼之誤），朝廷自有處置。

（太宗永樂實録卷 30　第 7 頁　33.6.0585）

238　八月辛巳　　以歲饑免北京、永平等府州縣民課鈔二年。

（太宗永樂實録卷 30　第 8 頁　33.6.0586）

239　八月癸巳　　户部左侍郎古朴奏：北京順天等八府州縣已蠲免税糧三年，而以江西、湖廣及直隸蘇州府等處糧儲漕運北京。近江西、湖廣等處俱澇，轉運艱難，而北京所屬郡縣今歲甚豐，宜發鈔三百萬錠，分令各府州縣，不拘黍粟、豆麥，增時價三分糴之，就彼權貯，俟農隙令軍民運至北京，充官軍俸糧。從之。

（太宗永樂實録卷 30　第 10 頁　33.9.0591）

240　八月乙未　朝鮮國王李芳遠遣陪臣李至等奉表箋貢方物，賀太子。賜賚有差。

（太宗永樂實録卷 30　第 11 頁　33.9.0591）

241　八月乙未　駙馬都尉富奉侯李讓卒。讓指揮達之子也。……初，上靖難，命讓署北平布政司事。每出師，世子留守，讓協力贊襄，禦敵有功。

（太宗永樂實録卷 30　第 11 頁　33.9.0592）

242　八月丁酉　老撾軍民宣慰使刀線歹遣使護送前安南王孫陳天平來朝。奏曰：臣天平，前安南王烜之孫、奣之子也，日熞弟也。日熞恭遇天朝，率先歸順，太祖高皇帝封爲安南王，賜之章服，在位二年而率（按:率爲卒之誤）。其弟暾立，亦止二年，子晛繼之。賊臣黎季犛當國，擅作威福，晛稍欲抑之，季犛弑之，而立晛子顒。國之大權，盡出季犛與其子蒼，左右前後皆樹逆黨，顒惟拱手而已。未幾復弑顒而立顒子㖄。蒙然幼稚，尚在襁褓。季犛父子乃大弑陳氏宗族〔校記:廣本抱本弑作殺，是也〕，并㝥弑之而取其位，更姓名胡一元，子曰胡㖄，自謂舜裔胡公滿之後，遂改國號大虞。季犛僭號太上皇，子㖄爲大虞皇帝。臣以先被棄斥，越在外州，方季犛父子志在篡奪，臣幸以遠外見遺。臣之僚佐，激於忠義，推臣爲主，以討賊復讐。方議招軍，而賊兵見迫，倉皇出走，左右散亡，逆黨窮追，放兵四索。臣竄伏巖谷，採拾自給，饑餓困阨，萬死一生。久之，度其勢且衰息，稍稍間行，艱難跋涉，以達老撾。然時老撾多事，不暇顧。臣瞻望朝廷，遠隔萬里，無所控告，屢欲自絶。苟且圖存，延引歲月。忽讀家書，知皇上入正大統，率由舊章，臣心欣忭，有所依歸，然以抱疾積久，至于今年始獲躬覩天顔。伏念先臣受命太祖高皇帝，世守安南，恭修職貢，豈謂此賊造禍滔天，悖慢聖朝，蔑棄禮法，累行弑逆，遂成篡奪。陳氏宗屬，横被殲夷，所存者惟臣而已。

臣與此賊不共戴天，伏望聖恩俯垂矜憫。因叩頭流涕。又曰：賊臣季犛已老，詭謀逆計，多出黎蒼。功（按:疑功爲攻之誤）刼占城，欲使臣屬。又侵掠思明府，奪其土地。究其本心，實欲抗衡上國。暴征横斂，酷法淫刑，百姓愁怨，如蹈水火。臣之祖宗，世尚寬厚，今國人嗷嗷，頗見思憶。陛下德配天地，仁育四海，一物失所，心有未安。伐罪弔民，興滅繼絶，此遠夷之望，微臣之大願也。上憐而納之，命有司賜居第，月給其廪。

（太宗永樂實録卷 30　第 12 頁　33.10.0594）

243　九月壬寅　　真臘國王參烈婆毘牙遣陪臣〔校記：廣本毘作昆，是也〕奈職等九人〔校記:廣本職作知〕來朝貢方物。賜鈔幣表裏。初，中官往使真臘，將歸，有從行軍三人遁，索之不得，國王以其國中三人從中官歸補伍，至是禮部引見。上曰：中國人自遁，何預彼事而責償？且得其三人，語言不通，風俗不諳，吾焉〔按:館本焉作爲，廣本爲作奚，抱本作焉〕用之？况其皆自有家，寧樂處此！爾禮部給之衣服，予道理費遣還真臘。尚書李至剛等言：臣意中國人必非遁於彼者，或爲彼所匿，則此三人亦不當遣。上曰：不用逆詐，爲君當推天地之心待人可也。

福建布政司奏：有番船漂泊海岸，詢之是暹國遣使與琉球通好，因風漂至。已籍記船中之物，請命。上謂禮部尚書李至剛等曰：暹國與琉球修好，是番邦美事，不幸船爲風漂至此，正宜嘉恤，豈可利其物而籍之。鄉有善人，猶能援人於危，助人於善，况朝廷統御天下哉！其令布政司：舟壞者爲之修理，人乏食者給之粟。俟便風，其人欲歸或往琉球，導之去。

（太宗永樂實録卷 31　第 1 頁　34.1.0597）

244　九月乙巳　　遣國子監丞王俊用使朝鮮，賜紵絲衣一襲，毛襖、狐帽各一、鈔三十錠。

（太宗永樂實録卷 31　第 2 頁　34.2.0599）

245　九月己酉　　爪哇國西王都馬板遣使阿烈于都萬等奉表，貢方物，謝賜印幣。賜其使鈔幣有差。

（太宗永樂實録卷31　第3頁　34.2.0600）

246　九月辛亥　命禮部裝印《列女傳》萬本給賜諸番。

暹羅國王昭禄羣膺哆羅諦剌承璽書賜勞，遣使柰必等奉表謝恩，且貢象牙、諸品香、薔薇水、龍腦、五色織文絲幔、紅罽毯、苾布等物。命禮部宴賚其使，遣還。仍命賜其王文綺綵幣四十四匹、鈔千四百錠，《古今列女傳》百本。柰必復乞賜量衡，俾國人永遵法式。從之。

（太宗永樂實録卷31　第3頁　34.3.0601）

247　九月甲寅　賜……爪哇國使者阿烈于都萬等宴。

（太宗永樂實録卷31　第3頁　34.3.0601）

248　九月庚申　錦衣衛指揮同知潘謂等劾奏奸臣李景隆拘虜北京良民之子，閹爲火者，又僭用綉龍文服飾、器皿等事，宜正其罪。上曰：姑宥之。

（太宗永樂實録卷31　第4頁　34.3.0602）

249　九月丁卯　徙山西太原、平陽、澤潞、遼、沁、汾民一萬户實北京。

（太宗永樂實録卷31　第5頁　34.4.0604）

250　十月壬申　日本國王源道義遣使梵亮奉賚貢馬及方物，謝賜冠服印章（按：館本服作帶，廣本抱本作服，疑是也）。命禮部賜王鈔錠、綵幣及宴賚其使。

（太宗永樂實録卷31　第3頁　35.3.0611）

251　十月己卯　爪哇國東王孛令達哈遣使喜臘等來朝貢方物，且奏請印章。賜喜臘鈔幣，命禮部鑄爪哇國東王銀印鍍金，遣使賜之，并賜綵幣等物。

（太宗永樂實録卷31　第9頁　35.4.0613）

252　十月己卯　修順天府固安縣渾河決岸。

（太宗永樂實録卷31　第9頁　35.4.0613）

253　十月庚辰　北京行後軍都督府遣鎮撫陸英奏：近有強賊三十餘人於山後刼掠，地無巡警，寇猝至，民罹其害。請徙民稍南五十里以居。上覽奏顧問英曰：以此爲良策乎？寇盜未至，不豫思備禦；既至，又不務擒捕，但欲徙民避之。今有賊三十人，欲徙民五十里，設有賊三百人，不欲徙民五百里乎？北方天氣正寒，豈可使民棄所安，絜老幼，負儲蓄，更造廬舍！爾歸語守將：但務備禦擒捕之方，民不可徙。

（太宗永樂實録卷 31　第 9 頁　35.4.0613）

254　十月乙未　琉球國中山王、山南王遣其舅及相來朝，貢方物。賜鈔及襲衣、文綺，命禮部宴之。

（太宗永樂實録卷 31　第 11 頁　35.5.0616）

255　十一月己亥　日本國王源道義遣使永俊等奉表賀册立皇太子，并獻方物。命禮部賜王錢鈔、綵幣及宴賚永俊等。

（太宗永樂實録卷 32　第 1 頁　36.1.0619）

256　十一月丁巳　翰林學士兼右春坊大學士解縉等進所纂録韻書，賜名《文獻大成》。賜縉等百四十七人鈔有差，賜宴於禮部。既而上覽所進書，向多未備，遂命重修，而勑太子少保姚廣孝、刑部尚書劉季篪及縉總之。命翰林學士王景、侍讀學士王達、國子祭酒胡儼、司經局洗馬楊溥、儒士陳濟爲總裁，翰林院侍讀鄒緝、修撰王褒、梁潛、吴溥、李貫、楊觀、曹棨、編修朱紘，檢討王洪、蔣驥、潘畿、王偁、蘇伯厚、張伯穎，典籍梁用行，庶吉士楊相，左春坊左中允尹昌隆，宗人府經歷高得暘，吏部郎中葉砥，山東按察司僉事晏壁爲副總裁。命禮部簡中外官及四方宿學老儒有文學者充纂修，簡國子監及在外郡縣學能書生員繕寫，開館於文淵閣。命光禄寺給朝暮饍。

（太宗永樂實録卷 32　第 5 頁　36.5.0627）

257　十一月辛酉　上以海運糧船止抵直沽，欲於直沽置倉儲糧，別以小船轉運北京，命户部會議，皆以爲便。復請於天津等衛多置露屯，以廣儲蓄。從之。

（太宗永樂實録卷 32　第 6 頁　36.5.0628）

258　十一月乙丑　暹羅國王昭禄郡膺哆羅帝剌遣使柰靄納孛賜等貢方物。賜鈔幣、襲衣。

（太宗永樂實録卷 32　第 7 頁　36.6.0629）

259　十二月壬午　朝鮮國王李芳遠遣陪臣李來奉表請立其長子禔爲世子。詔從之。

（太宗永樂實録卷 32　第 9 頁　37.2.0634）

260　十二月丙戌　朝鮮國王李芳遠、安南國王胡奃及四夷土官酋長俱遣人奉表，貢名馬、方物，賀明年正旦。

（太宗永樂實録卷 32　第 10 頁　37.3.0635）

261　十二月戊子　陞前燕府典寶副奇原爲尚寶司丞。

（太宗永樂實録卷 32　第 10 頁　37.3.0635）

262　十二月壬辰　安南賀正旦使者既至，上命禮部出陳天平示之。使者識其故王孫也，皆錯愕下拜，有感泣者。而裴伯耆亦責使者以大義，皆惶恐不能對。上聞之，謂侍臣曰：安南朝（按：疑朝爲胡之誤）奃初云陳氏已絶，彼爲其甥，權理國事，請襲王封，朕固疑之。及下詢其陪臣父老，皆曰然。朕謂陳氏以壻得國，今奃以甥繼之，於理亦可，乃下詔封之。孰知其弑主篡位，僭號改元，暴虐國人，攻奪隣境。此天地鬼神所不容也，而其臣民共爲欺蔽，是一國皆罪人也，如何可容？

（太宗永樂實録卷 32　第 10 頁　37.3.0635）

263　十二月乙未　賜北京守城官軍人等二萬四千四百一十人鈔有差。

（太宗永樂實録卷 32　第 11 頁　37.4.0637）

永樂三年（1405）

264 正月己亥 賜朝鮮、安南使臣……宴於會同館。

（太宗永樂實録卷33 第1頁 38.1.0639）

265 正月甲寅 遣監察御史李琦、行人王樞賫勅往諭安南國胡查曰：朕君臨萬方〔按：館本君作日，廣本抱本作君〕，以至誠待物。昔爾查奏云〔按：館本云作曰，廣本抱本作云〕，前王陳氏宗祀以絶〔校記：廣本以作已，是也〕，爾爲其甥，衆推權理國事，主詞祭〔校記：舊校詞作祀〕，告求襲爵，朕頗疑之。勅詢爾國陪臣耆老，皆以爲實。故下詔封汝爲安南國王〔校記：舊校改汝作爾〕。去年，老撾送陳氏之孫天平來朝，言爾本黎姓，父一元季犛〔校記：廣本抱本元下有名字，是也〕，爾名蒼，皆其臣屬。三弑國主（按：館本弑作世，廣本抱本作弑，是也），簒奪其位，遂更今姓名（按：館本今作其，廣本抱本其作今，是也）。自謂舜後，國號大虞。爾父僭稱太上皇，爾爲大虞皇帝，改元紀號，其言甚悉。朕初未信。及爾所遣使來，使天平見之，皆錯愕下拜，亦有感泣者。則爾之不道，灼然明甚。安南國土陳氏之先，稟命於我太祖高皇帝，世世相傳，修其職貢。爾爲陪臣，屢行簒弑，奪而有之，罪惡滔天，不忘何待〔校記：忘應作亡〕？占奪禄州等處之地，盖罪之小者。勅至，爾其具簒奪之故以聞。

（太宗永樂實録卷33 第4頁 38.3.0644）

266 正月戊午 命右軍都督僉事馬榮率舟師運鑲北京〔校記：舊校改鑲作饟〕。

（太宗永樂實録卷38 第5頁 38.4.0645）

267 正月庚申 上諭户部臣曰：數年用兵，北京順天、永平、保定供給特勞，非休息二三年不能復舊，可免三府田租二年。

改順天府知府楊泰爲通政司左通政。

（太宗永樂實録卷 33　第 5 頁　38.4.0646）

268　二月己巳　　北京刑（按：刑爲行之誤，見 107 條）部尚書雒僉以罪誅。

（太宗永樂實録卷 33　第 6 頁　39.1.0649）

269　二月壬申　　上命禮部遣使賚勅諭安南胡䓀曰：前遣御史李琦等問爾弑主篡位、僭號改元之事，今寧遠州復奏，爾奪其猛慢等七寨，擄其壻女，掠其人畜，徵納差發，驅役百端。事果如何，具以實對。

（太宗永樂實録卷 33　第 7 頁　39.2.0651）

270　二月丁丑　　陞通政司左通政朱濬爲北京行〔按：館本行作刑。廣本抱本作行，是也〕部尚書。

（太宗永樂實録卷 33　第 8 頁　39.2.0651）

271　二月戊午　　先是，禮部尚書李至剛等言：趙王之國，應祭山川社稷等神，未有壇所，請改順天府社稷壇祭社稷。古制，留守無祭山川之文，而趙地北嶽恒山，北鎮醫無閭，皆當祭。請改順天府山川壇祭山川。上曰：祭祀大事，其與六部大臣及翰林院儒臣再議。至是，吏部尚書蹇義、翰林學士解縉等言：《周禮・地官》凡建邦國，立其社稷。《文獻通考》云：諸侯有國，其社曰侯社。親王留守之祭固無明文，然禮有可以義起者，今趙王留守北京，當別建國社稷（按：館本國下無社字，廣本抱本國下有社字，是也）、山川等壇致祭，宜如禮部所議。從之。

（太宗永樂實録卷 33　第 11 頁　39.4.0655）

272　二月癸未　　命趙王高燧居北京，賜賚甚厚，及賜其長史陸具瞻等鈔幣有差。

（太宗永樂實録卷 33　第 12 頁　39.5.0657）

273　二月甲申　　命平安伯陳瑄充總兵官、前軍都督僉事宣信充副總兵，帥舟師海道運粮赴北京。

（太宗永樂實録卷 33　第 12 頁　39.5.0657）

274 二月庚寅 勅甘肅總兵官左都督宋晟曰：回回倒兀言，撒馬兒罕回回與别失八里沙迷查干王假道率兵東向。彼必未敢肆志如此，然邊備常不可怠。昔唐太宗兵力方盛，而突厥竟至渭橋，此可鑒也。宜練士馬、謹斥堠、計粮儲，預爲之備。

（太宗永樂實録卷 33 第 13 頁 39.5.0658）

275 三月甲辰 琉球國中山王武寧遣姪三吾良亹等奏〔校記：舊校改奏爲奉〕表，貢方物，謝襲封恩。賜之文綺、襲衣。

（太宗永樂實録卷 34 第 2 頁 40.2.0663）

276 三月丙午 修北京昌黎等縣河決隄岸百一十五處。

（太宗永樂實録卷 34 第 3 頁 40.2.0664）

277 三月癸亥 賜……琉球、西洋暹羅使臣三吾良亹等宴于會同館。

（太宗永樂實録卷 34 第 5 頁 40.4.0668）

278 四月丙寅朔 琉球國山北王攀安知遣使赤剌結佳制等貢馬及方物。賜以鈔錠、襲衣、綵幣表裏。

（太宗永樂實録卷 34 第 5 頁 41.1.0669）

279 四月辛未 賜琉球、朝鮮……使臣宴於宴部（按：疑於下宴爲禮之誤）。

（太宗永樂實録卷 34 第 6 頁 41.1.0669）

280 四月丁丑 琉球國中山王武寧遣使養埠結制等賫表獻馬及方物，賀萬壽聖節。賜之鈔幣。

（太宗永樂實録卷 34 第 6 頁 41.1.0670）

281 四月己卯 朝鮮等國并四夷……各遣人來，奉表貢金器并犀、象、馬、方物，賀萬壽聖節。

（太宗永樂實録卷 34 第 6 頁 41.1.0670）

282 四月癸未 改工部尚書黄福爲北京行部〔按：館本行作刑。廣本抱本作行，是也〕尚書，位朱濬之下，以都御史陳瑛劾其不能存恤工匠故也。

（太宗永樂實録卷 41 第 7 頁 41.2.0671）

283 四月癸未 琉球國山南王汪應祖遣使泰賴結制〔校記：廣本泰作奏〕等奉表貢馬，謝襲恩。賜鈔及文綺。

（太宗永樂實録卷 34 第 7 頁 41.2.0671）

284 五月壬寅 命武安侯鄭亨領山西騎兵一千、北京步卒三千於宣府興和等處巡備。

（太宗永樂實録卷 35 第 1 頁 42.1.0675）

285 五月乙巳 琉球國山南王汪應祖遣寨官子李傑赴國子監受學。賜夏衣一襲。

（太宗永樂實録卷 35 第 1 頁 42.1.0675）

286 五月戊申 命禮部，凡征討將士還北京省親者，比前例加倍賞鈔，不給行粮。

（太宗永樂實録卷 35 第 1 頁 42.1.0676）

287 五月庚戌 命禮部鑄北京内府各關防印記。

（太宗永樂實録卷 35 第 1 頁 42.1.0676）

288 六月庚午 朝鮮國王李芳遠遣陪臣許應等奉表貢馬及方物，謝立世子恩。芳遠復奏：洪武中蒙賜廟社樂器及陪臣祭服，年久損敝，乞再頒賜。上命工部賜（按：館本賜作製）樂器賜之，祭服令本國自製。禮部言：樂器原賜編鐘、編磬各十六，琴、瑟、簫各二。今議琴、簫各倍之，庶協和音律。從之。

（太宗永樂實録卷 35 第 5 頁 43.1.0683）

289 六月己卯 遣中官鄭和等賫勅往諭西洋諸國，并賜諸國王金織文綺、綵絹各有差。

（太宗永樂實録卷 35 第 6 頁 43.3.0685）

290 六月乙酉 擢大興縣儒學授（按：疑授爲教之誤）諭趙緯爲禮科給事中，實授北京道試御史（按：館本試作監察）。

（太宗永樂實録卷 35 第 7 頁 43.3.0686）

291 六月庚寅 安南胡查遣使臣阮景真隨監察御史李琦等入朝，上表謝恩，且奏曰：臣查父子實安南陪臣，且聯姻戚，事其先王，亦頗盡心，豈敢篡弑，以犯大僇〔校記：廣本僇作戮〕？蓋緣陳氏多難，子孫喪亡，以至於盡。臣實其甥，謬當衆舉，權理國事，以主其祭。遭遇聖明，錫以封爵，奉承惟謹，常懼有愆。蕞爾島夷，僻在荒服，豈敢僭號改元，欺天罔上？天平本陳氏宗族，久棄在外，不謂尚存。悠悠之言，自此而致，聖恩弘貸，遣使下問。臣請迎歸天平，以君事之。其禄州等處猛慢等寨，即令退還。已遣人往各處交割地界，伏望皇上天地父母，恕臣狂愚，赦臣死罪。臣不勝悚懼瞻望之至。上嘉納焉。

（太宗永樂實録卷 35　第 8 頁　43.4.0687）

292　七月壬寅　户部尚書郁新奏：官民雜犯，死罪以下，舊令於北京納米贖罪。今議莫若量增其米。雜犯死罪納米百一十石；流罪三等八十石，加役者九十石；徒罪三年者六十石，二年半五十石，二年并遷徙者四十五石，一年半三十五石，一年三十石；杖罪九十、一百俱二十五石，六十至八十二十石；笞罪十石。聽於京倉輸納爲便。從之。

（太宗永樂實録卷 36　第 2 頁　44.2.0691）

293　七月甲辰　遣行人聶聰等賫勑諭安南胡奎曰：阮景真等來，得奏具悉。朕惟天地生物，出於至誠；聖人代天理物，亦以至誠爲本，故其下皆以誠應。朕用此道，居臨萬邦，推心待人，無間遠邇。然慮爾習於變詐，或未盡誠。今復遣人諭爾：果誠心應朕，盡革前非，迎還天平，以君事之，朕當建爾上公，封以太郡，傳之子孫，永世無窮。朕之斯言，上通於天。佇俟來章，以頒顯命。遂遣景真等與聰俱行。

（太宗永樂實録卷 36　第 3 頁　44.3.0693）

294　七月丙午　暹羅國王昭禄群膺哆羅諦剌遣使曾壽賢等來朝貢方物。賜鈔及金織紗衣。

老撾軍民宣慰司宣慰使刀暹答遣頭目渾典等來朝進象及方物。賜刀暹答鈔五百五十錠，綺、帛各三十六匹，并賜渾典等鈔幣有差。

（太宗永樂實録卷 36　第 3 頁　44.3.0693）

295　七月己酉　朝鮮國王李芳遠遣陪臣尹穆等奉箋賀皇太子千秋節。賜穆等鈔幣有差。

占城國王占巴的賴遣使部該卓〔校記：廣本該作劾〕等來朝貢方物。賜賚有差。

真臘國遣使奈𣅐等來朝貢方物，且告其國王參烈婆毘牙卒。賜奈𣅐等鈔幣有差。

（太宗永樂實録卷 36　第 4 頁　44.4.0695）

296　七月庚戌　命平江伯陳瑄於天津衛城北造露屯千四百所，儲海運粮。

（太宗永樂實録卷 36　第 6 頁　44.5.0697）

297　七月辛亥　遣序班王孜祭故真臘國王參烈婆毘牙。命給事中畢進、内使王琮賚詔封故真臘國王長子恭烈昭平牙爲真臘國王，仍賜之鈔幣等物，遣其使奈𣅐等還。

（太宗永樂實録卷 36　第 6 頁　44.5.0697）

298　七月辛亥　工部尚書宋禮言：燕山右衛吏趙成告犯笞罪，無力准工，自願北京爲民種田。命户部依例給牛具種子。自今有犯笞罪無力准工悉如之。仍勅杖罪八十以上即時發遣，八十以下放還鄉里（按:館本還作回，廣本抱本中本回作還，是也），備貲自詣屯所（按：館本詣作請，廣本抱本中本請作詣，是也)。

（太宗永樂實録卷 36　第 6 頁　44.5.0697）

299　七月壬子　車里宣慰使刀暹答遣頭目攬線思奏請舉兵攻八百大甸宣慰使刀招散。上賜敕諭之曰：覽奏，具悉卿之忠義。八百小醜，負朝廷恩信，肆爲慢侮，阻遏使臣，公義之所不容。朕爲天下生民主，體上帝好生之德，一民失所，朕爲不寧。彼八百之爲不善，不過首領數人，其下軍民，皆朕赤子，兵行之際，寧無多傷？且其土官幼若無知，多因奸邪小人教誘所致。今已遣使諭令改過遷善，且索其惡黨孟乃朋等。爾今卽先遣人往波勒、木邦、孟良等處（按:館本良作艮，抱本艮誤良，下同）諭朕之意。若八百大甸仍昏迷不悛，或奸邪之人執送不盡，爾等卽合兵征之。但禽其首惡而撫安衆，其無多殺戮，仍擇其支屬賢者奏聞立之。若其悔過服罪，卽止兵勿進。又遣使諭八百大甸軍民宣慰使刀招散等曰：朕特頒金字紅牌勑諭與諸邊夷爲信，以禁戢邊吏生事擾宣，用福有衆於無窮。其車里、者撾（按:疑者爲老之誤）、木邦、孟養諸宣慰使乃孟定、威遠等府州官，皆敬朝命，無所違禮。惟爾年幼無知，惑於小人孟乃朋、孟允公等教誘，起禍生釁，聞使臣至境，拒却不納。朕遺使頒詔往諭古剌等處，爾阻遏之，爾之罪愆不可悉數。廷臣咸請興師問罪，朕念八百之人豈皆爲惡？兵戈所至，必及無辜，故有所不忍。兹特遣司賓田茂、推官林禎賚勑同車里差去人往諭：爾能改過自新，卽將奸邪之人禽送至京，庶幾境土可保，人民獲安;其或昏迷不悛，發兵討罪，拏戮不貸。遂勑西平侯沐晟，諭以車里請征之故。且言已遣使往諭八百，令改過自新。宜嚴兵以待，彼果悔罪輸誠，卽止兵勿進，其以馬軍六百、步軍一千四百隨内官楊安、郁斌。又慮老撾乘車里空虛，或發兵掩襲其後，或與八百爲援，可選的當頭目，率兵一萬五千往備。

（太宗永樂實録卷 36　第 6 頁　44.5.0698）

300　七月甲寅　賜朝鮮國使臣及……老撾軍民宣慰使司頭目宴。

（太宗永樂實録卷 36　第 7 頁　44.6.0700）

301　七月戊午　以守城功陞宛平縣知縣賀銀爲通政司右參議。

（太宗永樂實録卷 36　第 8 頁　44.7.0701）

302　七月庚申　改工部左侍郎張思恭爲北京刑部左侍郎。初，思恭坐事，命督修天津衛城，至是還奏稱旨，遂改官刑部，仍令督修天津衛城。

（太宗永樂實録卷 36　第 8 頁　44.7.0701）

303　八月庚午　　兵科給事中楊勉言：北京驛路，安德至磚河（按：疑磚爲寬之誤）五驛，乾寧至潞河七驛，各有船五艘，不敷遞送。宜令有司增設。其驛驛夫役滿久不得待者，多有逃亡，宜令法司將見問徒罪囚人編發，均派各驛買船遞送。上從其言。

（太宗永樂實録卷 37　第 1 頁　45.1.0704）

304　八月戊子　　改兵部左侍郎喬穩爲北京行部左侍郎。

增置北京順天府税課司副使二員。

（太宗永樂實録卷 37　第 3 頁　45.2.0706）

305　八月壬辰　　車里宣慰使刀暹答遣人貢金銀器及方物，謝賜誥命勅符。命賜鈔幣。

（太宗永樂實録卷 37　第 3 頁　45.3.0707）

306　九月癸巳朔　　賜西洋爪哇、車里元江朝貢使臣及舊港頭目宴。

（太宗永樂實録卷 37　第 4 頁　46.1.0709）

307　九月癸卯　　蘇門答剌國酋長宰奴里阿必丁、滿剌加國酋長拜里迷、蘇剌古里國酋長沙米的俱遣使隨奉使中官尹慶朝貢。詔俱封爲國王，給與印誥，并賜綵幣、襲衣。

（太宗永樂實録卷 37　第 6 頁　46.2.0711）

308　九月戊申　　賜暹羅等國使臣及回回没哈麻的等百七十五人金織紵絲、羅絹衣五百襲。

（太宗永樂實録卷 37　第 6 頁　46.3.0713）

309　九月乙卯　　爪哇國西王都馬板遣使八智陳惟達等奉表貢方物。時其傍近碟里曰夏羅治金貓里三國各遣人以方物同爪哇使者來貢。俱賜文綺、襲衣。

（太宗永樂實録卷 37　第 7 頁　46.3.0714）

310　九月丁巳　　徙山西太原、平陽、澤潞、遼、沁、汾民萬户實北京。

（太宗永樂實録卷 37　第 7 頁　46.3.0714）

311　九月辛酉　賜……西洋古里、蘇門答剌、爪哇諸國朝貢之使宴。

（太宗永樂實録卷 37　第 8 頁　46.4.0716）

312　十月乙丑　賜國子監琉球……生李傑等并其從人六十三人衣衾。

（太宗永樂實録卷 38　第 1 頁　47.1.0717）

313　十月丁卯　遣使賫詔撫諭番速兒、米囊葛卜、吕宋、麻葉甕、南巫里、娑羅六國。

（太宗永樂實録卷 38　第 2 頁　47.1.0718）

314　十月丁丑　賜西洋古里、蘇門答剌、滿剌加、爪哇……等處使臣……宴。

（太宗永樂實録卷 38　第 3 頁　47.3.0721）

315　十月戊寅　陞金吾左衛千户李名道、林子宜俱爲本衛指揮僉事，以奉使爪哇之勞也。

（太宗永樂實録卷 38　第 4 頁　47.3.0722）

316　十月庚辰　陞前燕府紀善胡安爲户科給事中，命同給事中宋亨掌北京皇城勘合。

（太宗永樂實録卷 38　第 4 頁　47.3.0722）

317　十月壬午　賜滿剌加國《鎮國山碑銘》。時其國使者言其王慕義，願同中國屬郡，歲效職貢，請封其山爲一國之鎮。上嘉之，諭禮部曰：先王封山川奠疆域，分寶玉賜藩鎮，所以寵異遠人，示無外也。可封其國之西山爲鎮國之山，立碑其地。上親制碑文曰：朕惟聖德之君，大有功於天地者，範圍參贊相協，陶甄日月星辰，以之明寒暑歲功，以之成天得以爲天，地得以爲地，各位其所而由寧，萬物由是而化生。是其一心之運，經綸之妙，有出於天地之外而大於天地者，不可以名言也。昔朕皇考太祖聖神文武欽明啟運俊德成功統天大孝高皇帝，以聖人之德，居聖人之位，爲天才之主宰，和調陰陽，保合造化，貫通宇宙之中，包括天地之外，智無不周，動與神會。

凡在天地之中有生類之，莫不陰受其賜，自生自育，而不自知，四十餘年於此矣。朕纘承鴻業，祗迪先猷，膺兹福慶，加會萬邦。乃永樂三年九月，爾滿剌加國王遣使來朝，具陳王意。以謂厥土協和，民康物阜，風俗淳熙，懷仁慕義，願同中國屬郡，超異要荒，永爲甸服，歲歲貢賦。頓首請命，純誠可嘉。寔朕皇考餘恩淑慶，延及爾土，用致於斯遠。惟古先聖王，封山奠域，分實賜鎮，寵異萬國，敷文布命，廣示無外之意。其封滿剌加國之西山爲鎮國之山，錫以銘詩，勒之貞石。永示其萬世子孫國人，與天無極。詩曰：西南鉅海中國通，輸天灌地億載同。洗日浴月光景融，雨崖露石草木濃。金花寶鈿生青紅，有國於兹民俗雍。王好善義思朝宗，願比内郡依華風。出入導儀張蓋重，儀文裼襲禮虔恭。大書貞石表爾忠，爾國西山永鎮封。山君海伯翕扈從，皇考陟降在彼穹。後天監視久益隆，爾衆子孫萬福崇。

（太宗永樂實録卷 38　第 4 頁　47.4.0723）

318　十月戊子　　置北京武清衛經歷司經歷一員。

（太宗永樂實録卷 38　第 7 頁　47.6.0727）

319　十一月癸巳朔　　暹羅國王昭禄羣膺哆羅諦剌遣使柰婆郎直事剃五十人來朝貢方物。賜之鈔幣。

（太宗永樂實録卷 39　第 1 頁　48.1.0729）

320　十一月戊戌　　襄城伯李濬卒。濬，和州人，少事上藩邸，爲燕山左衛千户〔校記：廣本中本左下有護字，是也〕。上初起義，濬招募薊州永平壯勇數千人來附。

（太宗永樂實録卷 39　第 2 頁　48.2.0731）

321　十一月庚子　　遣書諭趙王高燧曰：朕居北京二十餘年，每有邊報，但令謹守地方，未嘗遣人輕出。昔中山武寧王開國元勳，亦惟嚴守邊境，防慎出入，故無敗失。今邊烽有警，爾輒遣人出視，輕率不慎，自今切宜戒之。凡遇警急，但令嚴固守備，勿輕出兵。

（太宗永樂實録卷 39　第 3 頁　48.2.0732）

322 十一月辛丑 勅武安侯鄭亨統帥北京步騎三千并永平立功官軍於宣府備操，節制宣府、萬全、懷安、隆慶、興和諸衛。

（太宗永樂實録卷 39 第 3 頁 48.2.0732）

323 十一月辛丑 日本國王源道義遣使源通賢等奉表，貢馬及方物，并獻所獲倭寇嘗爲邊害者。上嘉之，命禮部宴賚其使，遣鴻臚寺少卿潘賜、内官王進等賜王九章冕服，鈔五千錠，錢千五百緡，織金文綺、紗、羅、絹三百七十八匹。

（太宗永樂實録卷 39 第 3 頁 48.2.0732）

324 十一月丙午 浡泥國麻那惹加那乃遣使臣生阿烈伯成等奉表貢方物。命禮部宴勞之，并賜文綺、襲衣。

（太宗永樂實録卷 39 第 3 頁 48.3.0733）

325 十一月丙辰 賜琉球國中山王世子完寧斯結……宴。

（太宗永樂實録卷 39 第 4 頁 48.3.0734）

326 十二月癸亥朔 遣使賫詔封浡泥國麻那惹加那乃爲王，給印誥、勅符、勘合，并賜之錦綺、綵幣。

（太宗永樂實録卷 39 第 5 頁 49.1.0737）

327 十二月癸酉 爪哇國西王都馬板遣使阿烈安達加李奇等來朝貢方物。皆賜冠帶襲衣。

（太宗永樂實録卷 39 第 6 頁 49.2.0739）

328 十二月丁丑 安南胡坴復遣阮景真等隨行人聶聰等來朝，奏曰:伏蒙勅書，諭使攄誠，臣對越天地，敢有二心？所或携貳，明神殛之。今遣陪臣阮景真等恭賀正旦，且迎還天平，臣亦當率國人迎於境上。而行人聶聰等亦力言坴誠心恭命。上許之。

（太宗永樂實録卷 39 第 7 頁 49.2.0740）

329 十二月庚辰 勅安南王孫陳天平曰：前得胡坴奏，深自改悔，請迎還爾，以君事之。朕以一國不可二主，慮坴不實，再使往問，許以上公，封之大郡。今坴復奏，誓無二心，仍遣阮景真等迎爾，坴謂當恭迎於境上。朕惟道貴適中，禮有從宜。今遣廣西總兵都督黄中等以兵五千納爾于國，其治任以行。

（太宗永樂實録卷 39　第 7 頁　49.2.0740）

330　十二月壬午　爪哇國東王孛令達哈遣使馬剌真等貢神鹿。

（太宗永樂實録卷 39　第 8 頁　49.3.0741）

331　十二月戊子　琉球國中山王武寧、山南王汪應祖、山北王攀安知……貢方物，賀明年正旦。

（太宗永樂實録卷 39　第 8 頁　49.3.0742）

永樂四年（1406）

332　正月甲午　北京行部并天下文武官述職者凡千九百四十三人，賜敕諭曰：人君守成法以出治，人臣遵成法以輔治，君明臣良，上下協和，乃臻治效。朕自莅阼以來〔校記：舊校改莅作蒞，館本祚抱本作阼〕，宵肝孳孳，惟守太祖高皇帝成法，賞善罰惡，進賢退不肖，教誨不能，使牧民者盡其牧民之道，典兵者盡其典兵之職，官無廢事，人無失所而已。其間能勤以集事、廉以律仁、仁以邺民、公以治軍旅、奉職守法無所變易者，朕已褒賞之；其有以怠廢事、以貪掊尅、以私滅公、以苛刻厲下、亂政壞法無所顧忌者，朕已黜罰之。此豈朕所敢私？予奪賞罰，以出至公。爾等無以善惡爲無驗，禍福爲無稽。天有顯道，國有常憲。爾等恪遵朕訓，無怠無驕，永保貞吉。欽哉。

（太宗永樂實録卷 40　第 1 頁　50.1.0745）

333　正月甲午　朝鮮、琉球諸國及各土官遣使賀正旦者賜鈔幣有差，遣還。

（太宗永樂實録卷 40　第 1 頁　50.1.0746）

334　正月戊戌　前安南王孫陳天平陛辭，奏曰：臣亡國餘孽，荷陛下大德，煦育生成，得反故國，承已絶之宗，復已失之位，是使亡魂再生，朽骨更肉。臣雖庸愚，實切圖報，尚望陛下天地父母，曲垂恩顧，終保餘齡，臣生當隕首，死當結草。上曰：自古亡國出奔之君，如齊桓、晉文，皆内有主之，故反國而安。今爾無主於内，徒朕爲主於外，事之委曲，尤切朕心。爾其明以燭微，智以防患，仁以卹下，寬以容衆，庶無後憂。賜綺羅紗衣各二襲，鈔一萬貫，命廣西參政王麟送之。勅封胡査爲順化郡公〔校記：廣本公作王，明史安南傳作王〕，盡食所寓州縣。遣其使阮景真等還。

（太宗永樂實録卷 40　第 2 頁　50.2.0747）

335　正月壬寅　琉球國進閹者數人。上曰：彼亦人子，無罪而刑之何忍？命禮部還之。禮部臣言：還之慮阻遠人歸化之心，請但賜勅，止有再進。上曰：諭之以空言，不若示之以實事。今不遣還，彼欲媚朕，必有繼踵而來者。天地以生物爲德，帝王乃可絶人類乎？竟還之。

（太宗永樂實録卷 40　第 3 頁　50.3.0749）

336　正月癸卯　爪哇國西王都馬板遣使陳惟達等來朝，貢珍珠、珊瑚、空青等物。賜之錢鈔、綵幣。

（太宗永樂實録卷 40　第 4 頁　50.3.0749）

337　正月己酉　遣使賫璽書褒諭日本國王源道義。先是，對馬、壹岐等島海寇刼掠居民，勅道義捕之。道義出師，獲渠魁以獻，而盡殲其黨類。上嘉其勤誠，故有是命。仍賜道義白金千兩，織金及諸色綵幣二百疋，綺繡衣六十件，銀茶壺三，銀盆四及綺繡、紗帳、衾褥、枕席、器皿諸物并海舟二艘。又封其國之山曰壽安鎮國之山，立碑其地，上親製文曰：朕惟麗天而長久者，日月之光華；麗地而長久者，山川之流峙；麗於兩間而永久者，賢人君子之令名也。朕皇考太祖聖神文武欽明啟運俊德成功統天大孝高皇帝，智周八極，而納天地於範圍；道冠百王，而亘古今之統紀；恩施一視，而溥民物之亨嘉。日月星辰無逆其行，江河山岳無易其位。賢人善俗，萬國同風，表於兹世，固千萬年之嘉會也。朕承鴻業，享有福慶，極天所覆，咸造在廷，周爰咨詢，深用嘉歎。惟爾日本國王源道義，上天綏靖，錫以賢智，世守兹土，冠於海東，允爲守禮義之國。是故朝聘職貢無闕也，慶謝之禮無闕也，是由四方之所同也。至其恭敬栗栗如也，純誠懇懇如也，信義旦旦如也。畏天事上之意，愛身保國之心，揚善遏惡之念，始終無間。愈至而猶若未至，愈盡而猶若未盡，油油如是，源源如也。邇者，對馬、壹岐暨諸小島，有盗潛伏，時出寇掠。爾源道義能服朕命〔校記：廣本抱本義下有又字。廣本能下有奉字，抱本奉作服〕，咸殄滅之，屹爲保障，誓心朝廷。海東之國，未有賢於日本者也。朕嘗稽古唐虞之世。五長迪功，渠搜卽叙，成周之隆，髳微盧濮，率遏亂略。光華簡册，傳誦至今。以爾道義方之，是大有光於前哲者〔校記:廣本光作功〕。日本國之有源道義，又自古以來未之有也。朕惟繼唐虞之治，舉封山之典，特命日本之鎮，號爲壽安鎮國之山，錫以銘詩，勒之貞石，榮示於千萬世。銘曰：日本有國鉅海東，舟航密邇華夏通。衣冠禮樂昭華風，服御絺繡考鼓鍾。食有鼎俎居有宫，語言文字皆順從。善俗殊異羯與戎，萬年景運當時雍。皇考在天靈感通，監觀海宇罔不恭。爾源道義能迪功，遠島微寇敢鞫訩。鼠竊蠅嘬潛其蹤，爾奉朕命搜逋窮。如雷如電飛蒙衝，絶港餘孽以火攻。焦流水上横復縱，什什伍伍禽姦宄。荷校屈肘衛以鏦，獻俘來廷口喁喁。彤庭左右誇精忠，顧咨太史疇勳庸。有國鎮山宜錫封，惟爾善與山增崇。寵以銘詩貞石礱，萬世照耀扶桑紅。

浡泥國使臣生阿烈伯成、通事沙扮等陛辭。賜鈔及文綺襲衣。生阿烈伯成等言：遠夷之人，仰慕中國衣冠禮儀，乞冠帶還國。上嘉而賜之，生阿烈伯成鍍金銀帶，沙扮銀帶。

（太宗永樂實録卷 40　第 7 頁　50.5.0753）

338　正月壬子　改前燕府廣有庫爲北京承運庫。置大使二員隸北京行部。

（太宗永樂實録卷 40　第 7 頁　50.6.0755）

339　正月乙未　爪哇國東王孛令達哈遣使馬禮占等貢馬及方物。賜錢鈔、紵絲、紗羅有差。

（太宗永樂實録卷 40　第 8 頁　50.7.0757）

340　正月乙未　湖廣、山西、山東等郡縣吏李懋等二百十四人言願爲民北京。命户部給道里費遣之。

（太宗永樂實録卷 40　第 8 頁　50.7.0758）

341　正月庚申　賜爪哇國使臣……宴。

（太宗永樂實録卷 40　第 8 頁　50.7.0758）

342　正月辛酉　命右軍都督僉事馬榮率舟師運粮往北京。

改浙江道監察御史鍾永用爲北京道監察御史。

（太宗永樂實録卷 40　第 8 頁　50.5.0758）

343　二月戊寅　改燕山左、燕山右、燕山前、濟陽、濟州、大興左、通州七衛俱爲親軍指揮使司。

（太宗永樂實録卷 41　第 13 頁　51.3.0765）

344　二月癸未　勅諭八百大甸軍民宣慰使司宣慰使刀招散曰：前以爾不恭朝命，阻遏使臣，悖慢無理，遣使發兵，索爾左右爲惡之人。且諭使者，爾能伏罪卽止兵勿進。兵初入境，爾遣人悔過請罪。使者從命，回軍雲南。朕念爾幼穉，且念八百軍民皆朕赤子，已悉宥不問。今宜改心易慮，上順天道，毋懷譎詐，以蹈前愆。庶幾保土安民，永享太平之福。

（太宗永樂實録卷 41　第 13 頁　51.4.0767）

345　三月壬辰　暹羅國王昭禄羣膺哆囉諦剌遣使柰必、琉球國中山王武寧、山南王汪應祖遣其姪三吾良亹等來朝貢馬及方物。各賜鈔幣。武寧遣送寨官子石達魯等六人入國子監受學。各賜鈔三十錠，羅衣一襲并夏衣等物。

（太宗永樂實録卷 42　第 4 頁　52.3.0776）

346　三月丙午　是日，安南胡查刼殺其前國王孫陳天平。時鎮守廣西都督僉事黄中等以兵五千護送天平至丘温，胡查遣陪臣黄晦卿等以麇飆迎候及牛酒犒師〔校記：廣本牛酒作酒羊〕。晦卿及諸從者見天平，皆拜舞踴躍。中問晦卿：奆不至何也？曰：安敢不至！屬有微疾，已約嘉林迎迓矣！中遣晦卿還促奆，且遣騎覩之。往來皆無所見，而迎者壺漿相續於路。中以爲實，遂徑進度隘，留雞陵。將至芹站，山路險峻，林木蒙密，軍行不得成列，且遇雨潦。忽伏發，大呼刧天平，遠近相應，譟動山谷。寇且十餘萬，中等亟整兵擊之，寇已斬絶橋道，不得前。其賊帥遥拜，且曰：遠夷不敢抗大國、犯王師，緣天平實疎遠小人，非陳氏親屬，而敢肆其巧僞，以惑聖聽、勞師旅，死有餘責。今幸而殺之，以謝天子，吾王卽當上表待罪〔校記：廣本卽當作當卽〕。天兵遠臨，小國貧乏，不足以久淹從者。中不得進，引兵還。時大理寺卿薛嵓被謫廣西，中舉以輔行，天平之被刼也，嵓在其中，卽自經死。

（太宗永樂實録卷42　第8頁　52.8.0781）

347　三月乙卯　陞燕山右衛指揮同知陳清爲羽林右衛指揮使。

（太宗永樂實録卷42　第10頁　52.8.0786）

348　四月丁卯　鴻臚寺臣奏：順天府老人〔校記：廣本作耆老〕三十餘人謝優免税粮。上曰：耆老遠來不易，光禄寺與酒食，禮科與道路（按：館本路作里）費，卽遣歸。復進諸老人，諭之曰：往者連年軍旅，北方之民，供給勞苦，朕未嘗忘之。比歲農種如何？民力稍復舊否？諸老人叩頭曰：仰賴陛下鴻恩，蘇息調養，漸復舊矣！上曰：朕久居北京，心念之，屢欲來，但念民力未復，恐重困之。今若等歸，諭勉鄉人子弟，勤力務本，相勸爲善，毋爲不善，斯汝耆老之職。復叩頭謝。上顧謂侍臣曰：今北方之民，如人重病初起，善調理之，庶幾可安。不然，病將愈重。朕所以夙夜拳拳也。

（太宗永樂實録卷42　第2頁　53.1.0790）

349　四月辛未　鎮守廣西都督僉事黄中等奏安南胡奆刼殺天平事。上大怒，謂成國公朱能等曰：蕞爾小醜，罪惡滔天，猶敢潛伏奸謀，肆毒如此。朕推誠容納，乃爲所欺。此而不誅，兵則奚用？

能等皆曰：逆賊罪大，天地不容，臣等請伏天威，一舉殄滅之！上遂決意興師。

（太宗永樂實録卷 43　第 2 頁　53.2.0791）

350　四月壬申　朝鮮國王李芳遠遣陪臣偰眉嘉等貢方物，思南宣慰使司宣慰田宗鼎貢馬。賜鈔、文綺有差。

（太宗永樂實録卷 43　第 2 頁　53.2.0791）

351　四月戊寅　上諭户部臣曰：朕念北京數郡之民，比年軍旅，困於供給，特故免租税以優。耆老近日多有來朝謝恩者，今春作方興，老人正當勸督子弟，勤力田畝，不宜妨其所務。況衰倦之人，豈堪跋涉遠道？卽檄諸郡止之。户部言：下人受恩，感戴出乎中誠，恐雖止不從。上曰：朕心在實惠及民，不務虚文勞民，其止之。

（太宗永樂實録卷 43　第 3 頁　53.2.0792）

352　四月癸未　上視朝罷，御右順門，召成國公朱能、新成侯張輔謂之曰〔校記：廣本謂作論，是也〕：安南黎賊，罪大惡極，天地所不容。今命爾等將兵討之，爾等由廣西入，西平侯由雲南入，度用師幾何？能對曰：臣聞仁不可爲衆也，蓋仁義之師天下無敵。陛下以至仁伐不仁，臣等奉揚天威，當一鼓掃滅！師之多寡，惟上所命。上壯之。

（太宗永樂實録卷 43　第 5 頁　53.4.0796）

353　四月甲申　勅鎮守雲南西平侯沐晟曰：比遣都督黄中等送安南王孫陳天平還國，中等不遵朕言，輕視黎賊，率意而進，以至辱國。今興師南伐，勅四川等都司選卒七萬，并勅蜀王於成都三護衛選卒五千，聽爾調遣。大軍合用粮儲，須預爲會計，從便規畫輸運，不可後期。賜晟白金五百兩。

遣翰林侍讀魯日章賚勅諭西平侯沐晟。日章陛辭，上曰：朕所欲告晟者，具載於勅。爾以朕言諭之：故黔寧王感高皇帝厚恩，盡心竭慮，功在社稷，名垂竹帛。爾今日受國家之寄非輕，爲子而能繼父之功業，孝莫大焉；爲臣而能廣君之謀猷，忠莫大焉；如苟足於目前，必無遠大之計，周慮於事外，必建奇偉之功。恃一己之能易盡，集衆人之志無窮。其必勉之。

（太宗永樂實録卷 43　第 5 頁　53.5.0797）

354　四月乙酉　改……河南道監察御史鞏嵩於北京道。

（太宗永樂實録卷 43　第 6 頁　53.5.0798）

355　五月辛卯　賜尚師哈立麻使臣及爪哇國、琉球國使臣……宴。

（太宗永樂實録卷 43　第 1 頁　54.1.0802）

356　五月戊戌　别失八里王沙迷查干遣使來朝貢馬。賜其使者鈔幣，命禮部宴勞之。遂遣鴻臚寺丞劉帖木兒等賚勅及綵幣往勞沙迷查干，令與其使者偕行。并賜所過哈剌火州、土魯番、柳陳三城王子哈散等綵幣。

（太宗永樂實録卷 43　第 3 頁　54.2.0804）

357　五月甲寅　置北京盧龍衛經歷司經歷一員。

（太宗永樂實録卷 43　第 6 頁　54.5.0809）

358　六月辛酉　北京刑部（按：疑刑爲行之誤）尚書黄福、左侍郎張思恭有罪，謫爲辦事官，令隨成國公朱能立功。

（太宗永樂實録卷 43　第 8 頁　55.1.0813）

359　六月辛未　日本國王源道義遣使圭密等貢名馬方物，謝賜冕服恩。賜錢鈔、綵幣。

（太宗永樂實録卷 43　第 9 頁　55.2.0815）

360　六月乙酉　復北京行部尚書黄福、左侍郎張思恭官。命福隨成國公朱能等理公務，思恭還北京。

（太宗永樂實録卷 43　第 11 頁　55.3.0818）

361　六月丙戌　先是，命平江伯陳瑄督海運詣天津衛。所部海舟必約日同發，不得先後。違者治本舟部運官罪。至是瑄遣人奏，三十餘艘違約五日方行。雖同日俱達，亦無所損，然違同發之約，應罪各舟部運官，以戒後來。上曰：姑宥之。

（太宗永樂實録卷 43　第 11 頁　55.4.0819）

362　七月戊子朔　享太廟。上還，御奉天殿。遣□（按：館本□作使）祭告嶽鎮海瀆之神曰：安南賊臣黎季犛及子蒼，屢殺國主〔校記：廣本殺作弑〕，殲夷其宗，篡奪其國，改易姓名，僭稱位號。暴征橫歛，淫刑酷法。一方嗷嗷，無所控訴。又縱兵刼掠，侵奪隣封。累諭所悛而騁詐逆命，肆其凶毒。今命將出師，救民伐罪，以是月十六日兵行。特用致告，惟神相之。

（太宗永樂實録卷44　第1頁　56.1.0821）

363　七月辛卯　命成國公朱能佩征夷將軍印充總兵官，西平侯沐晟佩征夷副將軍印爲左副將軍，新城侯張輔爲右副將軍，豐城侯李彬爲參將，雲陽伯陳旭爲右參將，率師征討安南黎賊。命兵部尚書劉儁贊軍事，命都指揮同知程寬、指揮僉事朱貴等爲神機將軍，都指揮同知毛八丹、朱廣、指揮僉事王恕等爲游擊將軍，指揮同知魯麟、都指揮僉事王玉、指揮使高鵬等爲橫海將軍，都督僉事吕毅、都指揮使朱英、都指揮同知江浩、都指揮僉事方政等爲鷹揚將軍，都督僉事朱榮、都指揮同知金銘、都指揮僉事吴旺、指揮同知劉塔出等爲驃騎將軍。上諭之曰：前安南王陳日煃，在我太祖皇帝時，率先歸順，恭修職貢，始終一誠〔校記：廣本一作有〕。我國家亦待以優禮。安南之人，皆受其福。日煃既死，其後三王皆爲賊臣黎季犛父子所弑。篡奪其位，更易姓名，僭稱大號，弑陳氏子孫殆盡。放兵自刼，賊害不辜，攻擾占城，侵我邊境。陳氏之孫天平，被其迫逐，歸命朝廷，賊乃僞陳詞欵，請歸君之。朕推誠不疑，資遣還國。彼包藏禍心，又紿殺之。侮辱朝使，傷害官軍。淫刑酷罰，暴征橫賦，虐其國人。國人怨之，深入骨髓，天地鬼神皆所不容。朕恭天之命，子育萬方，不敢不止。特遣爾等率師吊伐。夫安南之人，皆朕赤子，今其勢如在倒懸，汝往當如救焚拯溺，不可緩也！惟黎賊父子及其同惡在必獲，其脅從及無辜者必釋。爾宜深體朕心，毋養亂，毋玩寇，毋毁廬墓，毋害稼穡，毋恣取貨財，毋掠人妻女，毋殺戮降附。有一於此，雖有功不宥。爾其慎之！毋冒險肆行，毋貪利輕進。其愛恤士卒〔校記：廣本士卒作軍士〕，堅利甲兵，本之以敬慎，載之以智勇，爾其勉之！罪人既得，即擇陳氏子孫之賢者立之，使撫治一方，然後還師，告成宗廟，揚功名於無窮。此朕所望也。其往勉之！能等頓首受命。時西平侯沐晟尚鎮雲南，先遣左參將豐城侯李彬以征夷副將軍印及制諭往授晟，俾同彬就雲南進師，俟征夷將軍朱能等廣西進兵入境，彼此聲勢相聞，協力成功。且以所諭能者諭之，復勅之曰：昔爾父事我皇考，能屢効勞勤，撫西域、定雲南，功績偉然。既没之後，越等追封。爾兄弟繼襲侯爵，受一方之寄者數年，邊境安輯，良有可嘉。然丈夫貴自立功烈，今命爾爲左副將軍，副總兵官成國公朱能征討安南黎賊，爾當勉盡忠勤，和以輯事，建非常之功，以光先人，以啟後嗣。爾其懋哉！夫智信仁勇嚴，爲將之道也！畏懦則僨事，畏瑣則罔功。必務深遠之謀，毋狃目前之見，毋驕於小得，必戒於私暱，則有以稱朕之委任。爾其懋哉。

（太宗永樂實録卷 44　第 1 頁　56.1.0822）

364　七月癸巳　勅征討安南左副將軍西平侯沐晟曰：古人有言：師克在和，故軍門謂之和門。爾爲副將（按：館本副下無將字，廣本抱本有將字，是也），總兵官有所調遣，相機審勢，如無妨碍，即須應調。或總兵官遥度與爾處事有所妨、或正與賊相拒（按：館本正作且，廣本抱本作正，是也）、或道路梗塞勢難赴之，即明白具報，不可故違，以傷和氣。將帥不和，取敗之道。爾宜慎之。

（太宗永樂實録卷 44　第 4 頁　56.3.0826）

365　七月丁酉　諭征討安南總兵官成國公朱能等曰：今爾兵由廣西、左副將軍兵由雲南以入。須兩軍合勢，和以輯事。若賊乘官軍未合，以計間阻而併力一軍，誘以微利，官軍恃勇而貪，此危道也。或賊詐以欵伏，以怠我師，而別出奸謀，潛肆攻刼及據險設伏，伺我不虞；又或置毒飲食以待官軍之饑困。賊之詭譎千狀萬端，不可不慎。雖曰王者之師，弔民伐罪，動必以正，然宋襄自謂仁義，陳餘不用奇計，卒致敗亡。爾等加慎加慎，相機而動，擇利而行，朕不中制也！勑左副將軍西平侯沐晟亦如之。

（太宗永樂實録卷44　第5頁　54.4.0828）

366　七月己亥　賜朝鮮國……朝貢使臣宴。

給事中畢進等使真臘國還，其王參烈昭平牙遣使臣坤偲俚任儂剌等偕來貢方物謝恩。賜其使鈔幣、襲衣。

（太宗永樂實録卷44　第5頁　56.5.0829）

367　七月庚子　諭征討安南總兵官成國公朱能等曰：聞安南氣候雖熱，然過中夜極涼，稍失蓋覆輒生疾〔校記：廣本蓋覆作覆蓋〕；其冬月亦冷，有附火者，軍中宜備綿衣。又蠻俗好爲蠱毒，士卒皆宜鑿井而飲，躬爨而食。

（太宗永樂實録卷44　第5頁　56.5.0829）

368　七月癸卯　征討安南總兵官成國公朱能等率師起行。

勑征討安南左副將軍西平侯沐晟等曰：總兵官成國公朱能等以今日師行，期十月上旬由廣西憑祥進兵入坡壘雞陵〔校記：廣本陵下有下字〕，十一月上旬度富良江。觀賊中地圖，爾之所由近賊西都，恐其乘便先犯爾師，須料成國公軍近方可進兵，緩急得以相援。或由他道徑趨富良江北，兩軍會合，亦一奇也。然須預料程度途，先以行期急報成國公知之。或遇險要，賊以輕兵挑戰，須按兵勿動。若以重兵乘我，不得已應之，尤宜敬慎，務保萬全。

（太宗永樂實録卷44　第6頁　56.5.0830）

369　七月乙巳　勑征討安南總兵官成國公朱能等曰：今天氣尚熱，師行在途，宜善加撫恤，毋令失所。

（太宗永樂實録卷44　第6頁　56.5.0830）

370　七月庚戌　朝鮮國王李芳遠遣陪臣崔士威等奉箋獻金銀器及方物，賀皇太子千秋節。賜士威等鈔幣。

（太宗永樂實録卷44　第7頁　56.6.0831）

371　七月壬子　勑征討安南總兵官成國公朱能等曰：師克安

南，凡各國人先被黎賊虜掠者，悉釋遣還。

（太宗永樂實録卷 44　第 7 頁　56.6.0832）

372　七月乙卯　增置北京順天府千斯倉、太倉副使各二員。

（太宗永樂實録卷 44　第 8 頁　56.6.0832）

373　閏七月戊午朔　陞刑部郎中梅應魁爲北京長蘆鹽運司。

（太宗永樂實録卷 44　第 9 頁　57.1.0835）

374　閏七月己未　勅征討安南總兵官成國公朱能等曰：師入安南，下郡邑，凡所得文籍圖志皆勿毁。

（太宗永樂實録卷 44　第 9 頁　57.1.0835）

375　閏七月辛酉　上以諸王多年長未婚，命禮部遣人，於北京、河南、山東、陝西、徐州訪求官員、軍民及前朝名宦之家女子有容德端厚及其父母德行可稱者（按：館本端上有及字，廣本抱本其上有及字。館本母下有素字，廣本素德行作德行素），官具廪傳，令父母親送至京選用。

（太宗永樂實録卷 44　第 9 頁　57.1.0835）

376　閏七月壬戌　文武羣臣淇國公丘福等請建北京宫殿，以備巡幸。遂遣工部尚書宋禮詣四川、右（按:館本右上有吏部二字）侍郎師逵詣湖廣、户部左侍郎古朴詣江西、右副都御史劉觀詣浙江、右僉都御史仲成詣山西督軍民採木。人月給五斗，鈔三鈔（按：疑三下鈔作錠）。命泰寧侯陳珪、北京行部侍郎張思恭督軍民匠造磚瓦，人月給米五斗。命工部徵天下諸色匠依（按:依爲作之誤）在京諸衛及河南、山東、陝西，山西都司、中都留守司、直隸各衛選軍士，河南、山東、陝西、山西等布政司、直隸鳳陽、淮安、揚州、廬州、安慶、徐州、和州選民丁，明（按:館本明上有期字）年五月俱赴北京聽役，率半年更代，人月給米五斗。其徵發軍民之處一應差役及閘辦銀課等項，悉令停止。

（太宗永樂實録卷 44　第 9 頁　57.1.0835）

377　閏七月己巳　召北京儒士武周文至，勞諭甚至，特命爲翰林侍講學士，賜冠帶金織羅衣一襲。明日入謝，以其老賜勅令致仕。

（太宗永樂實録卷44　第10頁　57.2.0837）

378　閏七月辛巳　爪哇國西王都馬板遣使阿烈安達加等來朝貢方物。賜之鈔幣。

（太宗永樂實録卷44　第13頁　57.4.0842）

379　八月丁亥朔　勅征討安南總兵官成國公朱能等曰：安南僻在海陬，自昔爲中國郡縣。五季以來，中國多事，不能制之。歷宋及元，亦嘗悖叛，用兵圖之而無成功。今黎賊逆命，朕命爾等率師討之，期爾成功。然宋元所以無功者，蓋由將驕兵懦，貪財好色，爾其戒之。富良江近賊東都，賊必據守，我師深入，難以持久。若至嘉林，欲渡必具舟筏，曠日勞師。莫若未至之先，迭出游騎於嘉林，與賊相對。始用百騎，逐日增之，至於千騎。晝夜舉火放礮，以眩惑牵制，而潛師趨富良江上游淺處，與西平侯會合而濟。出賊不意，必能成功。朕意如此，然難遥度，爾其用心運謀。蓋自古善戰者，皆因敵以制勝也。

（太宗永樂實録卷45　第1頁　58.1.0845）

380　八月壬辰　置北京兵馬指揮司夜巡铜牌十面，令趙王掌之。關領夜巡，一如京師之例。

（太宗永樂實録卷45　第2頁　58.2.0846）

381　八月己亥　北京通、深、景、晉四州及束鹿、曲陽、贊皇、交河、安平、栢鄉、任丘等縣旱。詔户部發粟賑其饑民凡户二萬四千六百有奇，給粟四萬八千六百石有奇。

（太宗永樂實録卷45　第3頁　58.2.0848）

382　八月庚子　占城國王占巴的賴遣其孫部坡亮微郊蘭得勝那抹等來朝貢白象方物，且言安南黎賊數侵掠其境土人民，請兵討之。賜其孫白金二百兩，金織文綺、紗羅衣各二襲，鈔百錠，文綺、紗羅十四疋，其傔從紗幣襲（按：館本襲下有衣字）有差。命禮部宴勞之。

（太宗永樂實録卷 45 第 3 頁 58.2.0848）

383 八月癸卯 北京行部言：宛平、昌平二縣西湖景、牛欄莊及清龍、華家、瓮山三閘水衝決堤岸百六十丈。命發軍民修治。

（太宗永樂實録卷 45 第 3 頁 58.3.0849）

384 八月甲辰 賜國子監琉球國、雲南生石達魯等并從人紬絹、綿布冬衣二百二十事。

（太宗永樂實録卷 45 第 3 頁 58.3.0849）

385 八月壬子 遣内官馬彬等賚勅諭占城國王占巴的賴曰：爾遣孫部坡亮微郊蘭得勝那抹來朝貢方物，且言安南黎賊侵奪地界，驅掠人畜，肆虐不已，請兵討之。朕以黎賊屢弑國主，篡奪其位，僭號改元，毒痛下民，舉國憤怨。其前王孫陳天平，被其迫逐，歸命朝廷。黎賊請迎歸國，以君事之。朕推誠不疑，遣人資送。乃中途邀而殺之。抗拒朝命，罪惡滔天，不可容逭。已命總兵官征夷將軍成國公朱能等率大軍往討其罪，務在殄滅，以安黎庶。爾宜嚴兵境上，防遏要衝。其安南人先居占城者不問，自今有逃至者，皆勿容隱。但得黎賊父子其及黨惡，卽械送京師，厚加賞賚，爾宜勉之。仍賜之鍍金銀印及紗帽金帶，黄金百兩，白金五百兩，金織文綺二襲并錦綺、紗羅等物。

（太宗永樂實録卷 45 第 5 頁 58.4.0852）

386 八月 是月，霖雨壞北京城五千三百二十丈，天棚、門樓、鋪臺十一所〔校記：廣本一作三〕，通州等衛城及白馬等三十三關垣牆七百六十四丈。事聞，命發軍民修築。

（太宗永樂實録卷 45 第 6 頁 58.5.0853）

387 九月戊午 別失八里王沙迷查干遣人來朝貢馬。賜之鈔幣。

（太宗永樂實録卷 45 第 6 頁 59.1.0856）

388 九月己未 增給北京官軍俸糧。初，北京武職一品二品月給米一石，三品四品月給米九斗，五品六品八斗，七品八品七斗，九品及雜職六斗，旗軍有家屬者四斗，無家屬三斗〔校記：廣本屬下有者字，是也〕。至是命大小武職每員月支米一石（按：館本石作斗，廣本抱本作石），旗軍有家屬月支米五斗，無家屬四斗。

（太宗永樂實録卷 45　第 6 頁　59.1.0856）

389　九月癸亥　　陞河間府知府崔衍爲北京行部右侍郎，復左侍郎李友直官。友直先坐事謫戍，至是宥而復之。

（太宗永樂實録卷 45　第 8 頁　59.2.0858）

390　九月乙丑　　修順天府固安縣、霸州保定縣荊岱等河口及真定府真定縣滹沱河白馬口堤岸。

暹羅國王招禄羣膺哆囉諦剌遣使虎都卜的毛那那等貢方物。賜之文綺襲衣。

（太宗永樂實録卷 45　第 8 頁　59.3.0859）

391　九月丁卯　　陞……北京道監察御史靳義爲湖廣按察司副史。（按：此條館本佚，梁本存。共佚三百六十字，見太宗實録校勘記第 266 頁。）

（太宗永樂實録卷 45　第 9 頁）

392　九月壬申　　勅征討安南總兵官成國公朱能等曰：軍中事宜，前勅已備，爾宜詳慎審度而行。臨敵之際，但有持兵來拒者，殺不釋。若迎降納欵及奔走避匿者皆不殺，庶副朕愛人之意。

（太宗永樂實録卷 45　第 10 頁　59.3.0860）

393　九月丙子　　賜朝鮮國陪臣趙勉非及别失八里暹羅諸國朝使宴。

（太宗永樂實録卷 45　第 10 頁　59.3.0860）

394　九月壬午　　設北京、遼東二苑馬寺。清河、金臺、盧龍、涿鹿、香山、通川六監隸北京苑馬寺。永寧、新昌、昇平、長平、安市、遼河六監隸遼東苑馬寺，制並同陝西、甘肅。

（太宗永樂實録卷 45　第 11 頁　59.4.0862）

395 九月乙酉 勅泰寧侯陳珪等曰：朕初舉義，北京軍民供給甚勞，雖數年來一切賦役皆免之，然勞困未盡復。今國家不得已須藉其力，汝當體朕之心，加意撫卹而役之有節，必使得治其生事而無饑寒之憂。乃令赴之，勿過勞之。

（太宗永樂實録卷 45 第 11 頁 59.5.0864）

396 十月戊子 征討安南總兵官成國公朱能以疾卒於龍州，右副將軍新城侯張輔代總其衆以進，且遣人馳奏。

（太宗永樂實録卷 46 第 1 頁 60.1.0865）

397 十月乙未 是日，征討安南右副將軍新城侯張輔等率師發憑祥，度坡壘關，望祭安南境内山川，告以黎賊弑君虐民内侵上侮之罪。令都督同知韓觀於關下駐營，督廣西等處官軍士兵運糧、修道、伐木、繕治橋梁，出游兵偵邏。遣鷹遠將軍都督僉事吕毅等前哨進至隘（按：館本隘下有晉字，廣本晉作留，抱本無，廣本是也）關。賊衆三萬餘依山結砦，掘濠塹，機毒矢，轉石發木拒守。毅督軍進攻，以盾翼蔽而上，斬首四十級，生禽六十餘人，賊皆散走。大軍遂度關，留兵守之。輔以上意傳檄安南官吏、軍民人等曰：安南密邇中國，自我太祖高皇帝肇膺天命，統一寰區，其王陳日煃率先歸順，錫爵頒恩，傳序承宗，多歷年所。賊人黎季犛父子爲其臣輔，擅政專權，久懷覬覦，竟行弑奪。季犛易姓名爲胡一元，子黎蒼爲胡查，謬託姻親，益張威福。手弑其主，戕及閤家，肆逞兇暴，虐于一國，草木禽獸，不得其寧，天地鬼神之所共怒。皇上卽位之初，隆懷遠之德。黎賊父子，遣使入朝，挾姦請命，稱陳氏宗族已絶，己爲其甥，暫權國事。朝廷惟務推誠，未嘗逆詐。而前安南王之孫爲所迫逐，逃入老撾，轉詣京師，訴其罪惡。朝廷初未之信，後因安南使人識其非僞，悲喜慰勞，不忘故主，遂以璽書告諭，且欲興師。黎賊父子知國主之有後，慮天兵之下誅，遣使陳詞，乞赦誣罔，請迎歸國，以君事之。朝廷信而不疑，畧其舊過，嘉與自新，悉從所請，遣使者以兵五千護送還國。而黎賊父子，包藏禍心，設伏境上，遮拒天兵，阻遏天使，執殺前安南國王之孫。使臣以聞，皇上震怒，特命將兵八十萬，討除逆賊。惟兹伐暴之師，必著聲罪之實：賊人黎季犛父子，兩弑前安南國王，以據其國，罪一也；賊殺陳氏子孫宗族殆盡，罪二也；不奉朝廷正朔，僭改國名大虞，妄稱尊號，紀元元聖，罪三也；視國人如仇讎，淫刑峻法，暴殺無辜，重歛煩徵，剥削不已，使民手足無措，窮餓罔依，或死填溝壑，或逃生他境，罪四也；世本姓黎，背其祖宗，擅自改易，罪五也；憑藉陳氏之親，妄稱暫權國事以上罔朝廷，罪六也；聞國王有孫在京師，誑詞陳情，迎歸本國，以臣事之。及朝廷赦其前過，俯從所請，而益肆邪謀，遮拒天兵，阻遏天使，罪七也；其安南國王之孫，始被迫逐，萬死一生。皇上仁聖，矜憫存恤，資給護送，俾還本土，黎賊父子不思感悔，竟誘殺之，逆天滅理，罪八也；寧遠州世奉中國職貢，黎賊恃强奪其七寨，占管人民，殺虜男女，罪九也；又殺其土官刀吉罕之壻刀猛慢，虜其女囊亦，以爲驅使，强徵差發銀兩，驅役百端，罪十也；威逼各處土官，趨走執役，發兵搜捕夷民。致一概驚走，罪十一也；侵占思明府禄州、西平州永平寨之地，及朝廷遣使索取，巧調支吾，所還舊地，十無二三，罪十二也；還地之後，又遣賊徒據西平州，刼殺朝廷命官，復謀來寇廣西，罪十三也；占城國王占巴的賴新遭父喪，即舉兵攻其舊州格列等地，罪十四也；又攻占城極達郎白黑等四州，盡掠其人民孳畜〔校記：廣本人民作民人〕，罪十五也；又加兵占城，取其象百餘隻，及占沙離牙等地，罪十六也；占城爲中國藩臣，既受朝廷印章服物，黎賊乃自造鍍金銀印、九章冕服、玉帶等物以逼賜其王，罪十七也；責占城國王惟尊中國，不重安南，以此一年凡兩加兵，罪十八也；天使以占城使者同往本國，黎賊以兵刼之於尸毘柰港口，罪十九也；朝貢中國不遣陪臣，乃取罪人假以官職，使之爲使，如此欺侮不敬，罪二十也。斯其大者，餘不悉言。惟黎賊父子不臣之罪，滔天罔極，理不能容。其諸國人遭罹荼毒，積有歲年，深可憐憫。天兵之來，政（按：疑政爲正之誤）爲弔爾民之困苦，復陳氏之宗祀。已嚴飭將士，秋毫無犯，可皆安堵如故，勿妄驚疑。其脅從官吏，本出威逼，實非心從，可各安職役，皆不加罪。若曾同惡協謀，今能改心易慮，幡然效順，亦許自新，原任官職，亦仍其舊。其有各國之人見在安南經商或被拘留者，可悉赴軍門自陳，即與護送還國。其有願留買賣者聽。若能爲一國之人造福，生禽黎賊父子送至軍門者，重加爵賞。敢有昏迷不悛，助惡拒命，天戈一指，掃蕩無遺。待黎賊父子就擒之日，即會集爾官員將吏、國人耆老，選求陳氏子孫，復其王爵。雪幽寃於地下，解倒懸於國中，上以副皇上之心，下以慰爾民之望。

（太宗永樂實録卷 49　第 2 頁　60.1.0866）

398　十月丙申　是日，征討安南驃騎將軍都督僉事朱榮等軍至雞陵關，賊先結寨，設重塹，置竹刺其中，分衆三萬守之，以火銃鏢弩拒敵。而隘留潰卒奔歸，言大軍勢不可禦，相恐動，無固志。榮等攻之，斬首六十餘，生擒十餘人。賊委器仗而走。遂前四十里，攻其小關。賊望風潰云。

（太宗永樂實録卷 46　第 5 頁　60.4.0872）

399　十月庚子　征討安南右副將軍新城侯張輔兵入雞陵關，至芹站，諜報芹站兩旁皆有伏，令鷹揚將軍都督僉事吕毅及都督僉事黄中等領軍搜索。賊遁去。就哨昌江市橋造浮橋，仍於市橋置堡。遣鷹揚將軍方政、游擊將軍王恕等哨探，直抵富良江北嘉林縣。大軍自芹站以西由他道至北江府新福縣，諜知左副將軍西平侯沐晟軍至白鶴，遂遣驃騎將軍朱榮往會，晟亦遣都指揮俞讓來。初，大軍入境，輔等以上命戒羣下毋妄殺，所至感悦。至是三帶州僞僉判鄧原，原諒江府南策州人莫邃、莫遠等來見，言賊恃僞東西都及宣江、洮江、沲江、富良江以爲固。及自三江府沲江南岸傘圓山循富良江南岸東下至寧江，又於富良江北岸循海潮江、希江、麻牢江至盤灘困枚山。緣江樹栅，多邦隘增築土城，城栅相連，亘九百餘里。盡發江北諸府州民二百餘萬守之，驅老幼婦女以助聲勢。又於富良江南岸緣江置樁，盡取國中船艦列於樁内。諸江海口俱下桿木，以防攻擊。賊之東都守備亦嚴，時列象陣步隊於城栅内，賊衆水陸號七百萬。我師於江北岸戒嚴以待，然賊畏怯，不敢渡江，蓋欲守險以老我師。我師遂自新福縣移營於三帶州簡招市江口，造船圖進取。

（太宗永樂實録卷 46　第 5 頁　60.5.0873）

400　十月丙午　征討安南總兵官征夷將軍成國公朱能卒，訃聞。……能，字士弘，鳳陽懷遠縣人。……上取永平，能從行，敵知北平空虚，圍城急攻，上得報還軍，遇敵於鄭村壩。能從上與戰，大捷。……勅葬北京昌平縣。追封東平王，謚武烈。

富昌伯房勝卒。勝，湖廣景陵縣人。……陞通州衛指揮僉事，屢效勞勳。上起義，率所部從征。命仍守通州，敵數攻圍州城，勝且守且戰，城賴以全。

（太宗永樂實録卷 46　第 7 頁　60.6.0875）

401　十月丁未　命征討安南右副將軍新城侯張輔佩征夷將軍印，充總兵官。仍以雲陽伯陳旭爲右參將，率師征安南。勅諭之曰：皇考太祖高皇帝命大將軍開平王常遇春、偏將軍岐陽王李文忠等率師北征，而開平王卒於柳河川，偏將軍岐陽王率諸將掃蕩殘胡，終建大勳，著名青史。爾等宜立志自强，取法前人。乘此冬月，瘴癘肅清，同心協謀，殄除逆賊，建萬世勳名，以副朕之委任。

（太宗永樂實録卷 46　第 9 頁　60.7.0878）

402　十一月庚申　勅征討安南總兵官征夷將軍新城侯張輔、左副將軍西平侯沐晟曰：從征將士，養之平時而用之於今日，其有能挺身自奮、斬關殺將、衝堅破陣、出奇立功者，皆籍識姓名，師還之日，重加陞賞，以旌其勞。

（太宗永樂實録卷 47　第 1 頁　61.1.0881）

403　十一月壬午　勅征討安南總兵官征夷將軍新城侯張輔、左副將軍西平侯沐晟等曰：聞官軍與賊相持。賊計正欲延緩，以待瘴癘。破之宜速不宜緩，必以明年二月滅賊班師。

（太宗永樂實録卷 47　第 3 頁　61.3.0885）

404 十二月丙戌朔 朝鮮國遣陪臣金冰霍等奉表貢馬三十六四，謝賜樂器。賜鈔及文綺表裏。

婆羅國王遣使勿黎都等來朝貢珍珠等物。賜鈔及綵幣有差。

（太宗永樂實録卷 47　第 4 頁　62.1.0889）

405 十二月辛卯 是日，征討安南左副將軍西平侯沐晟奪宣江江面，軍次洮江北岸，與多邦城對壘；征夷將軍新城侯張輔遣右參將雲陽伯陳旭率師往攻洮江，同造浮橋濟師；驃騎將軍都督僉事朱榮等敗賊衆於嘉林江北。先是，總兵官議於上流濟師，遣榮等以馬步軍於下流十八里與賊對列，日增其數以惑賊，又作舟筏爲欲濟之勢，以率誘之。至是，賊果分兵渡江登岸，且刼奪舟筏。榮等奮擊，大破之。

（太宗永樂實録卷 47　第 6 頁　62.6.0891）

406 十二月壬辰 別失八里王沙迷查干遣回回忽都火者等來朝貢馬。賜鈔幣襲衣〔校記：廣本襲衣作有差〕。時回回撒都兒丁者，亦別失八里人，行商於甘肅，偕至京進馬。禮部言：其來非誠意，賜予宜殺等。上曰：朝廷柔遠人，寧厚無薄，其同諸番使例給之。

（太宗永樂實録卷 47　第 6 頁　62.2.0892）

407 十二月丙申 征討安南總兵官新城侯張輔等克多邦城。輔先留都督高士文以舟師於簡招市江口與朱榮兵相接，而自率大軍與左副將軍西平侯沐晟合勢。賊所立栅皆近江，唯多邦城下沙灘平闊可駐師。然土城高峻，賊於城下設重濠，濠内密置竹刺，濠外坎地以陷人馬，亦置竹刺於上下，城上守具嚴備，賊兵如蟻。時官軍攻具亦完，乃下令軍中曰：賊所恃者此城，大丈夫報國家成功名在此舉，先登者不次陞賞！於是軍士皆踴躍用命。是日，輔等軍於沙灘，議分兵攻賊，輔攻城之西南，晟攻城之東南。部分已定，別遣將士距欲襲之處一里許大設攻具，爲急攻之勢。出夜明火撚付軍士，約登城卽燃，吹銅角爲號。夜四鼓，輔遣都僉事黄中等銜枚舁攻具，過重濠，至西南城下，以雲梯附城。都指揮蔡福等先登，以刀亂砍，賊衆驚呼。城上火齊明，銅角競響，城下將士俱奮勇繼登。賊衆倉皇失措，矢石不得發，皆躍下城散走。我運隊入城。賊將又於城内列陣接戰，驅象當前，輔督游擊將軍朱廣等以畫獅蒙馬，神機將軍羅文等以箭銃翼而前。象皆股慄，又爲銃箭所傷，皆退走奔突。賊衆潰亂，官軍長驅而進，殺賊帥梁民獻、蔡伯樂，追至傘圓山。自相蹈藉及被殺而死者不可勝計。獲象十二，器械無算。

（太宗永樂實録卷 47　第 7 頁　62.3.0893）

408　十二月丁酉　是日，征討安南總兵官新城侯張輔等循富良江南下，遂擣賊東都。賊棄城遁。乃駐軍城東南，招輯吏民，撫納降附。其來歸者，日以萬計，皆給榜使復業。即日遣人馳奏。

（太宗永樂實録卷 47　第 8 頁　62.3.0894）

409　十二月癸卯　征討安南左參將豐城侯李彬、右參將雲陽伯陳旭率師擊黎賊西都。賊聞多邦城陷，焚西都宫室、倉庫，逃入海。賊黨有依天健山等處而以由生厥江、潭舍江犯官軍者，總兵官新城侯張輔遣都督黄中等屢敗之，於是三江路、宣江、洮江等州縣次第詣軍門降。

（太宗永樂實録卷 47　第 8 頁　62.4.0895）

410　十二月辛亥　浡泥國王、婆羅國東西王各遣使奉表朝貢。命禮部賜其王文綺、紗羅，而賜其使各鈔百錠、文綺四匹、羅四匹，通事傔從有差。

（太宗永樂實録卷 47　第 9 頁　62.5.0897）

411　十二月甲寅　朝鮮國王李芳遠遣陪臣柳觀等貢方物。各賜之鈔幣。

（太宗永樂實録卷 47　第 10 頁　62.5.0898）

永樂五年（1407）

412　正月丙辰朔　是日，征討安南總兵官征夷將軍新城侯張輔調清遠伯王友、左副將軍西平侯沐晟、調都指揮柳琮等合兵討賊，自注江濟軍，襲籌江柵，破之。又攻困枚山、萬劫江、普賴山，斬賊首三萬七千三百九十級，獲僞團副丁部曲，殺之。餘黨潰散。賊將胡杜聚船於盤灘江，輔因南莢州土人隊正陳封來降，使擊杜，敗之。杜走悶海口。盡得其船。仍使封招撫江東潮等處人民，使皆安業。于是郡邑聞風相繼降。士民上書論黎賊過惡者，日以百計。

（太宗永樂實録卷48　第1頁　63.1.0901）

413　正月甲子　勅征討安南總兵官新城侯張輔等曰：聞爾已破賊東都，得糧甚多，足充軍食。宜愛惜，勿妄費。廣西所運糧餉卽停罷，如已在途，就所至城堡貯之。令如法守備，輓運軍民悉罷歸。

（太宗永樂實録卷48　第2頁　63.1.0902）

414　正月己巳　是日，征討安南總兵官新城侯張輔、左副將軍西平侯沐晟等敗黎賊於木丸江。先是，輔得諜報，賊舟往來富良江，距交州下流二十餘里；又言季犛〔校記：紅本作季犛，是也〕及其子澄等聚舟於黄江等處，遂領軍次木丸江。晟及參將豐城侯李彬率步騎戰舡由富良江進次魯江，黎賊以舡五百餘艘犯我軍。輔等水陸並進，都督柳升等奮擊，賊舟膠淺，遂大敗。獲賊船百餘艘（按：館本百作十，廣本紅本抱本十作百，是也），殺賊將阮仁子、阮磊、阮劣，斬首萬餘級，生擒賊將黄世崗、彤文傑、馮宗實、莫鐵、范鞋、阮利等百餘人，皆斬之。溺死者不可勝計。時南策州人莫邃等，素憤黎賊，率土兵萬人從征（按：館本征作往，廣本紅本抱本往作征），屢效勞績焉。

（太宗永樂實録卷48　第2頁　63.2.0903）

415 正月丙子 順天、涿州等郡縣水，蠲其糧五萬二千三十石有奇。

（太宗永樂實録卷 48 第 4 頁 63.4.0907）

416 二月丙戌朔 是日，征討安南總兵官新城侯張輔等遣南策州人莫邃等宣上德意，安輯諸郡縣官吏軍民（按：館本輯上無安字，民作人，廣本紅本抱本輯上有安字，人作民，是也），令官還原職（按：館本無職，廣本紅本抱本原下有職字，是也），兵還原伍，民還原業。訪求陳氏宗族，選嫡而賢者一人送京師，命復其王爵。

（太宗永樂實録卷 48 第 5 頁 64.1.0909）

417 二月癸巳 勅征討安南總兵官新城侯張輔等曰：師克安南之日，其境内才德賢知之士及有一善可稱、一藝可用者，廣爲詢問，以禮遣送北京。

（太宗永樂實録卷 48 第 6 頁 64.2.0911）

418 二月戊戌 朵顔衛頭目把秃率妻子來朝。把秃自陳其母久居北京，乞往省視。命禮部賜之襲衣路費，令就居北京侍母。如欲俱還朵顔者聽。

（太宗永樂實録卷 48 第 7 頁 64.2.0911）

419 二月丁未 娑羅（按：疑娑爲婆之誤）國王遣使莫利加遁等貢玳瑁、瑪瑙、硨磲等物。賜鈔、紵絲、紗羅有差。

（太宗永樂實録卷 48 第 7 頁 64.2.0912）

420 二月甲寅 以北京、保定、真定所屬州縣水，蠲其糧三萬二千三十一石，芻五十九萬五千六百七十二束。

（太宗永樂實録卷 48 第 8 頁 64.3.0913）

421 三月丙辰 琉球國山南王汪應祖遣使泰賴結制等來朝，貢馬及方物。賜鈔幣有差。

（太宗永樂實録卷 48 第 8 頁 65.1.0915）

422 三月辛酉 是日，征討安南總兵官新城侯張輔所遣招諭人莫邃等同江北等府、安越等縣耆老尹沛等千一百二十人詣軍門。

言曰：伏蒙給榜，遍諭國中，宣布聖天子德意，令官復原職，軍復原伍，民復原業。訪求陳氏子孫嫡而賢者一人，爲之奏請，復其王爵，以主國人。謹分詣諸處，宣布撫諭，官吏軍民安業如故。惟陳氏子孫，向被黎賊殲滅已盡，無有遺類，莫可繼承。安南本古中國之地，其後淪棄，溺于夷俗，不聞禮義之教。幸遇聖朝，掃除兇孽，軍民老稚，得覩中華衣冠之盛，不勝慶幸。咸願復古郡縣（按：館本願作賴，紅本抱本賴作願，是也），庶幾漸革夷風，永沾聖化。邃謹同耆老人等具表文一通，請獻于朝，以達下民之情。總兵官新城侯張輔等亦以爲黎賊父子（按：館本賊作民，廣本紅本抱本作賊，是也）旦夕就誅，而諸府縣皆已平定，宜有所統，以撫治其民，即日遣人馳上奏之。

（太宗永樂實録卷 48　第 9 頁　65.2.0917）

423　三月乙亥　置北京撫寧衛經歷司經歷一員。

（太宗永樂實録卷 48　第 12 頁　65.4.0921）

424　三月己卯　趙王高燧還北京，賜賚甚厚。其從官賜鈔有差。

（太宗永樂實録卷 48　第 12 頁　65.4.0922）

425　三月辛巳　是日，征討安南總兵官征夷將軍新城侯張輔、左副將軍西平侯沐晟等敗黎賊於富良江。初，輔等追賊至膠水縣悶海口，賊敗而逃。其地下濕，不可駐兵，遂議還師誘賊，至鹹子關築堡，令都督柳升守之。至是，升報賊入富良江，輔等遂往擊之。賊舟聯亘十餘里，陸路又以精勁數萬來戰，官軍兩岸夾攻之，賊以海艘橫截江中，而用划舡載木〔校記：紅本舡作船〕立柵，以拒官軍。輔乘柵木未備，躬督將士力戰，賊不能支。升等繼以舟師橫擊之，賊大敗。生擒僞工部尚書阮希周，斬其僞翊衛將軍胡射等及將卒數萬人，江水爲赤。乘勝長驅至黄江，直抵悶海口，獲賊舟無算。黎賊父子僅以數小舟脱身遁去。僞吏部尚書范元覽、大理卿阮飛卿〔校記：廣本理下有寺字，紅本無寺字〕、千牛衛將陳日昭、華額軍將黎威（按：館本額作頟。軍將作將軍。紅本作頟，抱本作額。廣本紅本抱本作軍將，是也）等，皆詣輔降。

（太宗永樂實録卷 48　第 13 頁　65.5.0923）

426　三月甲申　詔北京今歲夏税及永樂三年赦前所負租税課程贓罰等物悉輸鈔。

（太宗永樂實録卷 48　第 13 頁　65.5.0924）

427　四月丙戌　緬甸土官那羅塔等遣其屬陶孟洛霞等詣闕，貢方物謝罪。先是，孟養宣尉使刀木旦與戛里相仇殺，而那羅塔乘釁發兵刼之，殺刀木旦及其長子思欒發，掠其人口牛馬，遂據其地。事聞，詔行人張洪等齎勅諭責之。那羅塔懼，遂歸其境土及所掠，遣人詣闕謝。上諭禮部臣曰：蠻夷既服辜，即釋不問，一體給以信符，令三年一朝貢。

（太宗永樂實録卷 49　第 1 頁　66.1.0925）

428　四月乙未　琉球國中山王世子思紹遣使三吾良亹貢馬及方物，别遣使來告其父中山王武寧卒。命禮部遣使賜祭賻，并遣使齎詔封思紹嗣琉球國中山王。

（太宗永樂實録卷 49　第 3 頁　66.2.0928）

429　四月丁酉　别失八里王沙迷查干遣使脱亦不花等貢玉璞及方物，且言撒馬兒罕本其先世故地，請以兵復之。上命禮部宴賚脱亦不花等，而遣中官把泰、李達、鴻臚寺丞劉帖木兒等齎璽書諭沙迷查干曰：宜審度而舉事，慎勿輕動以取危辱。并賜之綵幣，令把泰等與脱亦不花等偕行。

（太宗永樂實録卷 49　第 3 頁　66.3.0929）

430　四月庚子　朝鮮國王李芳遠遣陪臣李龜鉄等貢方物。賜鈔幣有差。

（太宗永樂實録卷 49　第 4 頁　66.3.0930）

431　四月癸卯　征討安南總兵官新城侯張輔等奏曰：前欽蒙聖訓，安南平定，訪求陳氏子孫，俾繼王爵。臣等謹遵睿算，肅將天討

〔校記：紅本討作威〕，其府縣相繼歸附，卽遣南策州來降人莫邃等持榜遍諭各處軍民耆老，選求陳後，奏請頒封。久之，邃等同國中耆老（按：館本無尹上十七字）尹沛等千一百二十人詣臣，敷陳情悃，謂當黎賊篡弑之時（按：館本無當字，廣本紅本抱本黎上有當字。館本弑作殺，紅本抱本作弑，是也），搜求陳氏子孫，誅戮已絶，莫可繼承。又謂安南古中國之地，其後淪落，化爲異類，今幸掃除殘賊，再覩衣冠，願復立郡縣（按：館本郡作羣，廣本紅本抱本羣作郡，是也），設官治理，以漸沐聖化，洗滌夷習。邃等别撰表一通（按：館本撰作遣，廣本紅本抱本遣作撰，是也），備述民志。臣察究羣情，知其誠實，已爲陳奏。臣於三月二十九日，復率兵追剿賊徒至膠水縣悶海口，殺賊無算，黎季犛父子〔校記：紅本犛作釐〕僅以身遁。今復追討，賊其勢愈窮，魚遊釜中，旦夕就斃（按：館本斃作薨，廣本紅本抱本薨作斃，是也）。伏計郡（按：館本郡作羣，廣本紅本抱本作郡，是也）邑既平之後，宜有所統。陳氏已絶，無可訪求，必合開設都指揮使司、布政使司、按察使司（校記：紅本無使字）以總率郡縣，撫輯兵民。謹具奏聞。奏至，羣臣亦以爲請。上曰：俟黎賊父子悉就擒而後處置。

（太宗永樂實録卷 49　第 4 頁　66.4.0931）

432　四月戊甲　北京順天府言：霸州及密雲、曲陽等縣水，耕農缺種子。命户部給之，凡給粟豆一萬八千三百九十石。

（太宗永樂實録卷 49　第 5 頁　66.4.0932）

433　四月己酉　北京行部言：順天、河間、保定三府屬縣民饑，命户部速給糧賑之。

（太宗永樂實録卷 49　第 5 頁　66.4.0932）

434　五月己未　賜國子監琉球國及雲南生石達魯等并其從人夏衣。

（太宗永樂實録卷 49　第 6 頁　67.1.0935）

435　五月甲子　是日，征安南官軍獲賊首黎季犛及其子澄。

先是，總兵官新城侯張輔追賊至典史海，門涇鵲淺，久晴水涸，賊棄舟遁。及官軍至，大雨，水漲數尺，舟畢渡。衆大喜曰：天贊王師。及輔率步騎至龍茶〔校記：廣本紅本龍茶作茶龍。明史安南傳作茶龍。按實録永樂五年六月癸未條安南有茶龍縣，則作茶龍是也〕，舟師亦至。僞四輔大尹阮謹等來降，言黎賊走乂安（按：館本乂作入，廣本紅本抱本作乂，是也）。遂調都督僉事柳升率舟師前進，輔及左副將軍西平侯沐晟等循舉厥江追至南州奇羅海口。升殺賊，得舡三百艘，餘賊遁。輔等乘勝追之。升復引兵出奇羅海口。永定衛卒王柴胡等七人與賊遇，賊困敗，黨與皆散走（按：館本無黨字，散作敗，廣本抱本與上有黨字，是也。抱本敗作散。紅本此處殘缺），柴胡等生擒賊首黎季犛、李保保等十人，擒其子澄於海口山中（按：館本山中作中山，廣本紅本抱本作山中，是也）。

（太宗永樂實録卷 49　第 7 頁　67.1.0936）

436　五月乙丑　安南上人武如卿等於永盎海口望高山獲僞大虞國王黎倉，僞太子黎芮及黎賊子孫弟侄，僞梁國王黎澂等并賊將僞柱國東山鄉侯胡杜等。安南平。

（太宗永樂實録卷 49　第 7 頁　67.2.0937）

437　五月丁卯　北京行部言：自西湖景至通流凡七閘，河道汙塞；自昌平縣東南白浮村至西湖景東流水河口一百里，宜增置十二閘。請以民丁二十萬，官給費用修置。命以運糧軍士浚河道，其置閘俟更議。

（太宗永樂實録卷 49　第 8 頁　67.2.0938）

438　五月甲戌　征討安南總兵官新城侯張輔等奏：雲南、廣東、廣西征將軍士有事故缺伍者，欲於安南土著軍民内選拔補伍。從之。命給以月糧，仍賜勅諭曰：從征將士，遠違父母妻子，跋涉山水，勤勞備至。方今夏熱，宜擇高爽之地駐營，以休息之。

（太宗永樂實録卷 49　第 9 頁　67.3.0940）

439　五月戊寅　工部尚書言：北京文明河至通州五閘，每閘合設船二十艘，乞于龍江造用；閘户二十户，水脚夫四百六十人，于湖廣、江西、河南點充。從之。

（太宗永樂實録卷 49　第 10 頁　67.4.0941）

440　五月己卯　日本國王源道義遣僧圭密等七十三人來朝，貢方物并獻所獲倭寇道金等。上嘉之，賜勑褒諭曰：王忠賢明信，恭敬朝廷，殄滅兇渠。俾海濱之人，咸底安靖，朕甚嘉之。兹特賜王白金一千兩，銅錢一萬五千緡，綿、紵絲、紗羅、絹四百一十匹，僧衣十二襲，帷帳、衾褥、器皿若干事。并賜王妃白金二百五十兩，銅錢五千緡，綿、紵絲、紗羅、絹八十四匹，用示旌嘉之意。

（太宗永樂實録卷 49　第 10 頁　67.4.0941）

441　五月壬午　征討安南總兵官新城侯張輔等平安南捷奏至，羣臣入賀曰：黎賊父子，違天逆命，今悉就擒，皆由聖德合天，神人助順。上曰：天地祖宗之靈，將士用命所致，朕何有焉？羣臣復以開設三司及郡縣爲請，上命降詔行之。

（太宗永樂實録卷 49　第 10 頁　67.4.0942）

442　六月癸未朔　以安南平詔天下〔校記：以安南平四字誤複，舊校删〕曰：……。

勑諭交阯總兵官征夷將軍新城侯張輔、左副將軍西平侯沐晟、左參將豐城侯李彬、右參將雲陽伯陳旭及諸大小將校人等，……俟天氣清肅即班師。

（太宗永樂實録卷 50　第 1 頁　68.1.0943）

443　六月戊子　修治北京祀典神祇壇宇及祭器、樂器。

（太宗永樂實録卷 50　第 9 頁　68.7.0956）

444　六月癸卯　兵科給事中傅安、郭驥等自撒馬兒罕還。安等自洪武二十八年使西域，留撒馬兒罕者十有三年。至是，其頭目哈里聞上即位，乃遣使臣虎歹達等送安等還，并貢方物。賜虎歹達等鈔及金錢、文綺、紗羅各十表裏，改安等禮科給事中，賜文綺、襲衣。安等言：元帖木兒駙馬已卒，哈里嗣之，乃帖木兒之孫。遂命遣指揮白阿兒忻台等往祭帖木兒，而賜哈里璽書、銀幣，并賜其部屬有差。

（太宗永樂實録卷50　第13頁　68.11.0963）

445　七月乙卯　皇后徐氏崩。后，中山武寧王達之長女，母，夫人謝氏。……洪武九年正月册爲燕王妃。……上既正大統，是歲十一月，后正位中宫。……后年四十六。皇太子及漢王、趙王、皇女永安、永平、安成、威寧四公主，皆后出也。

（太宗永樂實録卷51　第2頁　69.1.0966）

446　七月甲戌　朝鮮國王李芳遠遣陪臣盧閈奉箋貢方物。賜鈔及文綺。

（太宗永樂實録卷51　第8頁　69.7.0977）

447　七月丁丑　交阯布政司奏：安南夷俗，惟尚浮屠法，不知敬事祀典之神，宜設祭風雷、雷雨、山川、社稷等壇，使之祈報之道。從之。

（太宗永樂實録卷51　第9頁　69.7.0978）

448　八月甲申　勅尚書宋禮、侍郎金純、古朴、師逵、副都御史劉觀等曰：朕以營建北京，命卿等取材於外。軍民之勞，夙夜在念。今天氣漸寒，宜省量人力〔校記：廣本省量作酌量，廣本是也〕，使温飽趨事而無咨怨愁苦之聲，斯爲善矣！卿等宜盡心焉。

（太宗永樂實録卷51　第9頁　71.1.0981）

449　八月己亥　占城國王占巴的賴奏：臣仰荷天威，以今年五月克取安南所侵地，獲到賊黨胡烈、潘麻那等，專遣頭目濟媚等獻俘闕下。且上表進方物謝恩。上嘉納之。

（太宗永樂實録卷51　第10頁　70.1.0982）

450　八月甲辰　北京留守行後軍都督府言：北京并永平、山海、保定城垣及關隘寨口爲霖雨所壞，京城及臨邊宜即兼用兵民修理，餘俟農隙。從之。

（太宗永樂實録卷51　第12頁　70.2.0983）

451　八月丙午　命燕山左衛故指揮使楊哈達不花義子楊者兒花歹襲指揮使，金吾右衛故指揮同知金保兒義子金北京襲指揮同知。

（太宗永樂實録卷 51　第 12 頁　70.2.0983）

452　八月己酉　陞四川布政司右參政宋性爲北京刑部〔校記廣本刑作行，是也〕右侍郎。

（太宗永樂實録卷 51　第 11 頁　70.2.0983）

453　八月　是月，通州、真定、永平等府霪雨傷稼。

（太宗永樂實録卷 51　第 12 頁　70.3.0985）

454　九月辛亥朔　八百大甸宣尉使刀招散、老撾宣尉使刀線歹及波勒土官麻哈旦麻剌吒各遣頭目來朝，貢金銀器、方物。賜其頭目鈔幣有差。

（太宗永樂實録卷 52　第 1 頁　71.1.0987）

455　九月壬子　太監鄭和使西洋諸國還，械至海賊陳祖義等。初，和至舊港，遇祖義等，遣人招諭之。祖義等詐降而潛謀要刼官軍，和等覺之，整兵隄備。祖義率衆來刼，和出兵與戰，祖義大敗。殺賊黨五千餘人〔校記：廣本千作十〕，燒賊船十艘，獲其七艘及僞銅印二顆，生擒祖義等三人。既至京，命悉斬之。

蘇門答剌、古里、滿剌加、小葛蘭、阿魯等國王遣使比者牙滿黑的等來朝貢方物。賜其使鈔幣、銅錢有差，仍命禮部賜其王錦綺、紗羅、鞍馬等物。

（太宗永樂實録卷 52　第 1 頁　71.1.0987）

456　九月癸丑　占城國使臣濟媚等陛辭。賜文綺、襲衣及鈔有差。

（太宗永樂實録卷 52　第 1 頁　71.1.0987）

457　九月甲寅　修順天府西湖景堤三百七十九丈。

（太宗永樂實録卷 52　第 1 頁　71.1.0988）

458　九月乙卯　命都指揮汪浩改造海運船二百四十九艘，備使西洋諸國。

（太宗永樂實録卷 52　第 1 頁　71.1.0988）

459　九月乙卯　　交阯總兵官新城侯張輔、左副將軍西平侯沐晟等遣都督僉事柳升等賫露布獻俘至京。

（太宗永樂實録卷 52　第 1 頁　71.1.0988）

460　九月丁巳　　交阯左副將軍西平侯沐晟遣百户張鎮等械送賊將胡間等三人至京。賞鎮等銀鈔、綵幣、綿布有差。

（太宗永樂實録卷 52　第 5 頁　71.4.0994）

461　九月戊午　　新建龍江天妃廟成。遣太常寺少卿朱焯祭告。時太監鄭和使古里、滿剌加諸番國還，言神感應，故有是命。

陞北京道監察御史裴璉浙江道監察御史。

（太宗永樂實録卷 52　第 5 頁　71.4.0994）

462　九月庚申　　朝鮮國王李芳遠遣陪臣李貴齡等來朝貢馬。賜之鈔幣。

緬甸故土官卜剌浪次子馬者速遣人朝貢。初，卜剌浪分其地，使長子那羅塔管大甸，次子馬者速管小甸。卜剌浪死，那羅塔盡收馬者速土地人民，馬者速往依速覩嵩土官板洋爲贅壻，至是欲復居小甸，遣人來朝，且訴其情。勑諭那羅塔曰：爾違父命，逐弟而據其地，奪其資財，致弟無所歸，甚乖孝友之道，其即改行爲善。所得爾弟土地資産，悉以還之，兄弟相好如初。不然，天殃人禍，悔將無及。

（太宗永樂實録卷 52　第 6 頁　71.5.0995）

463　九月癸酉　　交阯總兵官新城侯張輔遣送交阯諸色工匠七千七百人至京。上念南土遠來不耐寒，命工部悉給綿衣。

爪哇國西王都馬板遣使亞烈加恩等來朝謝罪。先是，爪哇西王與東王相攻殺，遂滅東王。時朝廷遣使往諸番國，經過東王所治，官軍登岸市易，爲西王所殺者一百七十人。西王聞之，懼，至是遣人謝罪。上遣使賫勑諭都馬板曰：爾居南海，能修職貢，使者往來，以禮迎送，朕嘗嘉之。爾比與東王構兵，而累及朝廷所遣使，百七十餘人皆殺，此何辜也？且爾與東王均受朝廷封爵，乃逞貪忿，擅滅之而據其地，違天逆命有大于此乎？方將興師致討，而遣亞烈加恩等詣闕請罪，朕以爾能悔過，姑此兵不進，但念百七十人死于無辜，豈可已也！即輸黃金六萬兩，償死者之命，且贖爾罪，庶幾可保爾土地人民。不然，問罪之師，終不可已，安南之事可鑒矣。

（太宗永樂實録卷 52　第 7 頁　71.6.0997）

464　九月庚辰　遣太監玉貴通齎勅往勞占城國王占巴的賴，賜王白金三百兩，綵幣二十表裏，嘉其嘗兵助征安南也。

（太宗永樂實録卷 52　第 8 頁　71.7.0999）

465　十月丁亥　交阯總兵官新城侯張輔等奏：訪舉交阯郡縣懷才抱德、明經能文、博學有才、聰明正直、孝弟力田、賢良方正、練達吏事、明習兵法及材武諸色之人凡九千人，陸續遣送赴京。上以冬月氣寒，南荒之人不耐，以綿衣、靴襪即途中賜之。

（太宗永樂實録卷 53　第 1 頁　72.1.1001）

466　十月戊子　遣使賫勅諭老撾宣尉使刀線歹曰：朕自臨御以來，撫綏遠人，無間彼此，一以至誠，是以九夷八蠻各供職貢。爾受朝命爲守土之長，比年以來，不修朝貢，何恃而安！安南黎賊父子，逆天構禍，神人共怒，朕命將出師，恭行天討，爾不能爲朝廷敵愾，乃與季犛潛通而助之兵象，詭詐如此，爾罪奚逃？即欲發兵問罪，恐傷及無辜。今特遣使諭爾，能追悔前過，庶圖保全矣！不然，天譴人罰，悔將無及。

（太宗永樂實録卷 53　第 1 頁　72.1.1001）

467　十月己丑　上謂刑部尚書吕震等曰：前所奏死奏（按：館本奏作囚），朕已赦之，從南北風土所宜，發戍邊衛。近聞戍南邊者多冒瘴癘死，其改發北京郡縣種田，庶全活之。已發遣者追還。

（太宗永樂實録卷 53　第 2 頁　72.1.1002）

468　十月戊戌　增設北京苑馬寺清河等監、順義等二十四苑。

順義、常春、咸和、馴良隸清河監；永川、隆驊、大牧、遂寧四苑隸金臺監;泔池、鹿鳴、龍河、長興四苑隸涿鹿監;遼陽、龍山、萬安、蕃昌四苑隸盧龍監;清流、廣蕃、龍泉、松林四苑隸香山監;河陽、崇興、義寧、承成四苑隸通州監。

（太宗永樂實録卷 53 第 5 頁 72.4.1007）

469 十月辛丑 暹羅國王昭禄羣膺哆羅諦剌遣奈婆郎直事剃等奉表貢馴象、鸚鵡、孔雀等物。賜鈔幣、襲衣，命禮部賜王金織文綺、紗羅表裏。先占城因遣使朝貢，既還，至海上，颶風漂其舟至湓亨國。暹羅恃强凌湓亨，且索取占城使者，羈留不遣，事聞于朝。又蘇門答剌及滿剌加國王并遣人訴暹羅强暴，發兵奪其所受朝廷印誥。國人驚駭，不能安生。至是賜諭昭禄羣膺哆羅諦剌曰：占城、蘇門答剌、滿剌加與爾均受朝廷比肩而立，爾安得獨恃强，拘其朝使，奪其印誥。天有顯道，福善禍淫，安南黎賊父子覆徹在前，可以鑒矣！其卽還占城使者及蘇門答剌、滿剌加所受印誥。自今安分守禮，睦隣保境，庶幾永享太平。

（太宗永樂實録卷 53 第 5 頁 72.4.1008）

470 十月癸卯 追封故安南國王陳氏子孫七人：以叔頩爲亞中大夫交阯等處承宣布政使司左參政，沆爲亞中大夫交阯布政司右參政，淵、濟爲朝列大夫交阯布政司左參議，日章、元徿、國粧爲朝列大夫交阯布政司右參議。初，詔安南陳氏子孫宗族爲黎賊所害者宜加恤典，贈之以官。至是有司具名來聞，故有是命。

（太宗永樂實録卷 53 第 5 頁 72.5.1009）

471 十月丁未 陞通政司左通政楊泰爲北京刑部右侍郎〔校記：廣本刑作行，是也〕。

（太宗永樂實録卷 53 第 7 頁 72.6.1011）

472 十一月辛亥朔 勑交阯總兵官新城侯張輔等曰：將士久勞在外，今罪人既得撫安，平定之後，宜及時班師。

（太宗永樂實録卷 54 第 1 頁 73.1.1013）

473　十一月甲子　朝鮮國王李芳遠遣陪臣朴山言奉儀物致祭仁孝皇后。

（太宗永樂實録卷 54　第 3 頁　73.2.1016）

474　十一月丙寅　前軍都督府都督僉事史勇卒。勇蕭縣人，初爲燕山右護衛總旗，……至是卒。

（太宗永樂實録卷 54　第 5 頁　73.4.1019）

475　十一月戊辰　設通州左衛。上以淮安、河南漕運皆至通州，特命增設左衛，建倉廋（按:疑廋爲廩之誤）以貯所漕運之粟〔校記：廣本無漕字〕。

北京保定府博野縣言：往歲民饑，嘗貸預備倉粟，而連年水患無以償，乞折輸鈔爲便。上命户部悉免之。

（太宗永樂實録卷 54　第 5 頁　73.4.1020）

476　十一月戊寅　交阯土人陳紓、陳光祉、陳涔等六十七人來朝，貢金銀器及方物。賜之鈔幣、襲衣。

（太宗永樂實録卷 54　第 6 頁　73.5.1022）

477　十二月甲申　朝鮮國王李芳遠貢馬三千匹至遼東。勑保定侯孟善遣送北京苑馬寺，命户部運絹布一萬五千匹往遼東酬之。

（太宗永樂實録卷 54　第 7 頁　74.1.1023）

478　十二月丁未　增設衛輝府之北關閘、湯陰縣之塌河、大名縣之艾家口、濬縣之李家道口、東昌府舘陶縣之南舘陶五遞運所。時營建北京，輸運者衆，故增設之。

（太宗永樂實録卷 54　第 9 頁　74.3.1027）

永樂六年（1408）

479　正月庚戌朔　朝鮮國王李芳遠遣世子禔奉表貢馬、金銀器及方物。

（太宗永樂實録卷 55　第 1 頁　75.1.1029）

480 正月丙辰 賜朝鮮國王世子李禔織金文綺、紗羅衣五襲，賜其陪臣傔從鈔幣、表裏有差。

（太宗永樂實録卷55 第1頁 75.1.1029）

481 正月甲子 遣太監王安等往别失八里。時鴻臚寺丞劉帖木兒不花等使迤西還，言本雅失里初居撒馬兒罕，後奔别失八里，今虜遣人迎立之。邊將亦報諜聞本雅失里事，且云：本雅失里若立，則諸虜擁之北行，必先擄邊境。請選勁騎出塞覘伺，或要（按：要疑爲邀之誤）擊之。上曰：此虜果立，亦未能大肆其志，姑遣人潛察所向如何。遂遣安往别失八里，而勑總兵官都督何福遣人往哈密等處買馬，以覘本雅失里動静。令所遣者必與安聲勢相接，迤西諸衛所則發兵護送。

（太宗永樂實録卷55 第2頁 75.1.1030）

482 正月乙丑 命右軍都督僉事馬榮統率舟師運糧往北京。

（太宗永樂實録卷55 第2頁 75.2.1031）

483 正月丙子 朝鮮國王世子李禔辭歸。上親製詩賜之，并賜白金、錦綺、書籍、筆墨、鞍馬，遣中官黄儼送至其國，而賜國王芳遠朝服、祭服，白金千兩，絨錦、綺羅百三十疋。

（太宗永樂實録卷55 第4頁 75.3.1033）

484 二月癸未 有廣寧衛卒還自迤北，言虜欲南掠。勑武城侯王聰、同安侯火真率北京、永平、薊州、山海、真定諸衛騎兵於宣化府等處備禦。勑總兵左都督何福等悉嚴邊備。

（太宗永樂實録卷55 第4頁 76.1.1035）

485 二月丁亥 掌交阯布政司事尚書黄福言：廣西軍民餽運交阯者陸路甚艱，宜令廣東海運二十萬石往給交阯。從之。

（太宗永樂實録卷55 第4頁 76.1.1035）

486 二月甲午 遣使賜祭别失八里王沙迷查干。時中官把泰、鴻臚寺丞劉帖木兒不花等使别失八里還，言沙迷查干卒，弟馬哈麻嗣立。上以沙迷查干能歸順朝廷，遂遣把泰等賜祭。仍遣璽書，賜馬哈麻文綺衣二襲，文綺表裏各十。

（太宗永樂實録卷 55　第 5 頁　76.1.1036）

487　二月癸卯　交阯土官交州府知府阮均……來朝。陞均北京刑部左侍郎〔校記：廣本刑作行，是也〕。

（太宗永樂實録卷 55　第 6 頁　76.2.1038）

488　二月甲辰　武康伯徐理卒。理，河南西平人，國初從諸將征伐有功，積官至永清左衛指揮僉事……封武康伯，命還守北京。理寬厚馭下，得士卒心。其卒也，賜祭賻，命有司治葬。

（太宗永樂實録卷 55　第 6 頁　76.2.1038）

489　二月丁未　免北京永樂五年以前諸色逋負，仍自今年爲始，免徵諸色課程三年。課有增加者，悉仍舊額。

（太宗永樂實録卷 55　第 6 頁　76.3.1039）

490　二月己酉　命平江伯陳瑄總率官軍，前軍都督僉事宣信爲副，海道運糧赴北京。

（太宗永樂實録卷 55　第 7 頁　76.3.1040）

491　三月庚申　掌交阯布政司事尚書黄福言：交阯初平，其地徵斂不一，請酌量輕重爲定制。上曰：此除交阯郡縣官，朕數諭之，爲政務寬簡以綏。新附之民，無重徵斂，重斂者，驅民之策也。福所言良合朕意。遂命户部會官定議，務從輕省。

（太宗永樂實録卷 55　第 8 頁　77.2.1043）

492　三月辛酉　遣使賫書諭本雅失里曰：鴻臚寺丞劉帖木兒不花等回，知爾自撒馬兒罕脱身，居別失八里，今鬼力赤等迎爾北行。以朕計之，鬼力赤與也孫台久結肺腑之親，相倚爲固，今未必能棄親就疎矣！況手握重兵，雖或其下有附爾者，亦安敢與之異志？今爾與鬼力赤勢不兩立矣！夫元運既訖，自順帝之後，傳愛由識里達臘，至坤帖木兒，凡六輩相代，瞬息之間，且未聞一人遂善終者，此亦可以驗天道。然則，爾之保身誠不易也，去就之道，正宜詳察善處。古之有天下者，皆於前代帝王子孫封以爵土，俾承宗祀，如周封舜之後胡公滿于陳，封夏之後東樓公於杞，封商之後箕子於朝鮮，微子於宋。漢、唐、宋亦皆封前代之後。我皇考太祖高皇帝于元代子孫，存恤保全，尤所加厚，有來歸者皆令北還。如遣妥古思帖木兒還，後爲可汗，統率其衆，承其宗祀，此南北之人所共知也〔校記：廣本人下有衆字〕。今朕之心卽皇考與前古帝王之心，爾元氏宗嫡，當奉世祀，吉凶二途，宜審思之。如能幡然來歸，加以封爵，厚以賜賚，俾於近塞擇善地以居〔校記:廣本以居作居之〕，惟爾所欲。若爲下人所惑，圖擁立之虛名，雖禍機在前，有不暇顧，亦惟爾所欲。朕愛人之誠同於皦日，今再遣劉帖木兒不花等諭意，并賜織金文綺二襲，綵幣四端，爾其審之。勅總兵官左都督何福，令遣人護送劉帖木兒不花等出邊，就密探虜中事以聞。

（太宗永樂實録卷 55　第 9 頁　77.2.1043）

493　三月壬戌　勅交阯總兵官新城侯張輔等曰：交阯布政司奏，坡壘、丘温、隘苗三處，乃交阯咽喉。其地瘴癘，官軍難處。欲于附近思州、太平、田州等處量起土軍，設立衛所，如陝西潼關、四川瞿塘之例。軍隸廣西，民隸交阯爲便。爾等其議行之。

（太宗永樂實録卷 55　第 10 頁　77.3.1046）

494　三月辛未　勅交阯總兵官新城侯張輔等曰：得奏班師，去冬朕念將士久勞在外，命爾等及時班師，今天氣已熱，瘴癘方作，而始就道，踰其時矣。且善加撫卹，無間將校軍士，但有一人病瘴死者，爾等不得爲全功。

（太宗永樂實録卷 55　第 12 頁　77.5.1049）

495　三月乙亥　琉球國中山王思紹遣使阿勃吾斯等奉表貢方物，謝襲封恩。山南王汪應祖遣使臾達姑耶等貢馬〔校記：廣本使下有臣字，姑作如，馬作方物〕。各賜鈔幣。

（太宗永樂實録卷 55　第 13 頁　77.5.1050）

496　四月壬午　撒馬兒罕頭目沙黑奴兒丁等貢馬辭歸。遣給事中傅安等偕行，賜其王哈里〔校記：廣本里誤黑〕綵幣十四表裏，併賜哈烈等處頭目有差。

（太宗永樂實録卷 56 第 1 頁 78.1.1053）

497 四月乙酉 設北京通州（按：疑衍州字）惠河慶豐〔校記：廣本豐作里，疑誤〕、平津、澄清、通流、普濟六閘，每閘置官一員。

（太宗永樂實録卷 56 第 1 頁 78.1.1054）

498 四月乙未 朝鮮國王李芳遠、故木邦宣慰使罕的法之子罕賓發等各遣使貢馬、金銀器及方物。賜賚有差。

（太宗永樂實録卷 56 第 2 頁 78.2.1056）

499 四月丙申 命户部發粟賑北京獻縣饑民凡千五百七十石。

（太宗永樂實録卷 56 第 3 頁 78.2.1056）

500 五月癸丑 日本國王源道義遣僧圭密等百餘人貢方物，并獻所獲海寇。上命以寇屬刑部，賜圭密鈔百錠、錢十萬，綵幣五表裏，僧衣一襲。賜其傔從有差。

（太宗永樂實録卷 56 第 5 頁 79.1.1061）

501 五月乙丑 日本所遣僧圭密等陛辭，致其王之言，請仁孝皇后《勸善》《内訓》二書。命禮部各以百本賜之，并賜其王綵幣等物。圭密等加賜衣鈔。

交阯諒江府土官知府莫邃等來朝貢方物。賜賚有差。

（太宗永樂實録卷 56 第 6 頁 79.2.1063）

502 五月丙寅 大寧都司都指揮同知左迪卒。迪，廬州合肥人，洪武間……陞北平都指揮同知，永樂元年改北平行都司爲大寧都司，迪職如故。

（太宗永樂實録卷 56 第 6 頁 79.2.1063）

503 六月庚辰 詔諭北京諸司文武羣臣曰：北京軍民，數年之前，或効力戎行，或供億師旅，備歷艱難。平定以來，勞悴未蘇。比以營建北京，國之大計，有不得已，重勞下人。然隱於朕懷，不忘夙夜，屢勑諸司，務隆體卹。而任事之人罔不究心，驅迫嚴苛，貪漁剥削，致其窮悴，赴訴無所。已廉得其實，悉寘于法。自今北京諸郡不急之務及諸買辦，悉行停止。其民之流移來歸者，免賦三年。奏（按：館本奏作奉，是也）天靖難始終報效之家，厚加存撫。爾得其恪遵朕言，違者不宥。又勑泰寧侯陳硅及北京刑部曰〔校記：廣本刑作行〕：今方盛暑，軍民赴工者宜厚加撫恤，飲食作息必以時，無過於勞，有疾悉與醫藥。爾等其體朕恤民之意。斂怨爲功，朕所不取。

（太宗永樂實録卷 56　第 7 頁　80.1.1065）

504　六月辛巳　命禮部移文中外，凡軍民子弟僮奴自削髮冒爲僧者，併其父兄送京師，發五臺山輸作。畢日，就北京爲民種田及廬龍牧馬，寺主僧擅容留者亦發北京爲民種田。

（太宗永樂實録卷 56　第 7 頁　81.1.1066）

505　六月甲申　改潼關衛隸北京行後軍都督府。勑本衛指揮使姚厚等曰：已命錦衣衛指揮張禎調荊州衛官軍三千往陝西行都司補伍，今聞潼關兵少，就留守禦潼關。其官軍涉遠艱難，俸糧悉全給米；官加賜以鈔，指揮十二錠，千户十錠，百户七錠，於本處官鈔内支給。原守潼關官軍俸糧亦全給米。潼關衛改隸北京衛行後軍都督府。

（太宗永樂實録卷 56　第 7 頁　80.1.1066）

506　六月丁亥　命户部尚書夏原吉自南京抵北京，緣河巡視軍民運木燒磚，務在撫綏得宜，作息以時。凡監工官員作弊害人及怠事者，悉治如律。原吉陛辭，賜鈔二千貫。

（太宗永樂實録卷 56　第 8 頁　80.1.1066）

507　六月丁亥　交阯總兵官新城侯張輔、西平侯沐晟等旋師至京。輔等上交阯地圖，其地東西相距一千七百六十里，南北相距二千八百里。上嘉勞之，賜輔、晟等及諸將宴於中軍都督府。旗軍人賜鈔五錠。

（太宗永樂實録卷 56　第 8 頁　80.2.1067）

508　六月己亥　太監王安奏：本雅失里自别失八里從他道北行

（按：館本他作地，廣本抱本作他，是也），不經哈密，令其所部韃靼十八人在哈密窺探邊事，忠順王羈之以俟命。上勑忠順王遣人送至總兵官都督何福所。令福俟至詢其實，卽賜賚遣之。遂召安還。

（太宗永樂實録卷56　第12頁　80.5.1073）

509　六月庚子　吏部左侍郎兼左春坊左贊善許思温死于獄。思温字叔雝，蘇州吴縣人，由國子生署刑部主事，累遷北平按察副使，上靖内難，與有城守功，陞北京刑部左侍郎。……至是以坐累死。

（太宗永樂實録卷56　第12頁　80.5.1073）

510　六月辛丑　禮部尚書鄭賜卒。賜，字彦嘉，建寧人，洪武乙丑進士。……受命爲參議，……改北平布政司左參議，爲政清簡。

（太宗永樂實録卷56　第12頁　80.5.1074）

511　六月甲辰　陞……龍江左衛經歷王恕爲北京道監察御史。

（太宗永樂實録卷56　第13頁　80.6.1075）

512　七月壬戌　朝鮮國王遣陪臣偰眉壽、沈丹、仁鳳等貢方物。賜白金、鈔幣有差。

（太宗永樂實録卷57　第9頁　81.7.1090）

513　七月癸亥　改國子監司業趙季通爲北京國子監司業。

（太宗永樂實録卷57　第9頁　81.7.1090）

514　七月癸亥　賜朝鮮國……等處使臣宴。

（太宗永樂實録卷57　第9頁　81.7.1090）

515　七月辛未　東洋馮嘉施蘭頭目玳瑁、里欲各率其屬來朝貢方物。賜玳瑁等二人鈔各百錠，文綺六表裏，餘賜賚有差。

（太宗永樂實録卷57　第9頁　81.7.1091）

516　七月壬申　朝鮮國王李芳遠遣陪臣鄭擢告其父旦卒，請謚。賜謚"康獻"，命禮部郎中林觀祭之，賻布千疋。

（太宗永樂實録卷57　第9頁　81.8.1091）

517　八月丙子朔　上以明年春巡狩北京，命禮部會公、侯、伯、五府、六部、都察院、翰林院等衙門官會議合行事宜。

（太宗永樂實録卷 58　第 1 頁　82.1.1093）

518　八月己卯　禮部議奏巡狩合行事宜。

（太宗永樂實録卷 58　第 2 頁　82.1.1094）

519　八月辛巳　設北京會同館，改順天府燕臺驛爲之，置大使、副使各一員。

（太宗永樂實録卷 58　第 5 頁　82.5.1101）

520　八月丙戌　詔曰：成周營洛，肇啟二都。有虞勤民，尤重巡省。朕君臨天下，祇率典彝。統御之初，已陞北平〔校記：皇明詔制北平作順天府〕爲北京。今四海清寧，萬民安業，國家無事，省方維時，將以明年二月巡幸北京，命皇太子監國。朕所經之處，親王只離王城一程迎候，官吏軍民於境内朝見。非經過之處，毋得出境。道途一切飲食供給之費，皆已有備，不煩於民，諸司毋得有所進獻。布告中外，咸使聞知。

給賜工匠赴北京者人鈔十錠併胖襖、袴、鞋，作頭加氊衫一領。

（太宗永樂實録卷 58　第 6 頁　82.5.1102）

521　八月壬辰　遣中官張原賫勅往諭暹羅國王昭禄羣膺哆羅諦剌，賜之錦綺、紗羅，并送暹羅人孛黑還國。先是，孛黑隨其國使來貢，海道遇風，漂至安南又安府，黎賊拳之。黔國公沐晟兵至乂安，得孛黑，訪其國使，悉爲黎賊所殺。至是晟送孛黑至京，賜衣服資費，遣隨原歸。仍命暹羅國王原〔校記：廣本抱本原作厚，是也〕卹其國使爲黎賊所殺之家。

（太宗永樂實録卷 58　第 7 頁　82.6.1103）

522　八月甲午　遣使賫勅諭交趾叛寇簡定等曰：比黎賊父子簒弑僭竊，肆行暴亂，荼毒國人，寇奪邊境，遂命偏師弔伐。元惡就禽，餘黨破滅，設立郡縣，撫綏善良，一方之人，皆已安業。獨爾等梗化弗順，搆黨拒命，刼害生民，羣臣咸請興師殄滅。朕以鋒鏑之下，延累無辜，且人有不善，或能遷革，是用遣勅諭爾：大凡舉事造端，須順天道。黎賊父子，罪惡滔天，天之所發，不可支也。爾以餘孽，違天逆命，摧滅可以立待。然樂生死惡，人之同情。原爾之心或一時冒昧，不能深計，倒行逆施，失道至此；或由有司刻害，苟圖自存，心欲改悔，疑懼未決。夫人孰無過？過而能改，善莫大焉！爾等宜及此時，明逆順之理，察禍福之機，圖安利其身，保其家族，爲永久之計。誠能革心來歸，既往之愆，悉赦不問。仍各授官，俾還本土，統治其衆，子孫世襲。朕言出于心，通于天地。爾若執迷不悛，禍及身家，悔將無及。

（太宗永樂實録卷 58　第 8 頁　82.6.1104）

523　八月乙未　浡泥國王麻那惹加那乃率其妃及弟妹、男女并陪臣來朝。初，麻那惹加那乃等至福建，守臣以聞。上念其遠涉海道，遣中官杜興等往宴勞之，仍命所過諸郡設宴。至是奉金縷表文及貢龍腦、帽頂、腰帶、片腦、鶴頂、玳瑁、犀角、龜筒、金銀八寶器諸方物，入朝見上。上嘉勞之。麻那惹加那乃跪曰：陛下膺天寶命，統一華夷。臣國遠在海島，荷蒙大恩，錫以封爵。自是國中雨暘時順，歲屢豐稔，民無災厲。山川之間，珍寶畢露，草木鳥獸，悉皆蕃育。國之老長咸謂此陛下覆冒大恩所致。臣願覩天日之光，少輸微誠，故不憚險遠，躬率家屬國人，詣闕朝謝。上嘉勞再三。時王妃所進中宫箋及王所進東宫箋皆金縷文，皆有貢獻方物。上命以中宫箋及所獻中宫方物陳幾筵。麻那惹加那乃退朝。文華殿進箋及方物畢，自王及妃以下悉賜冠帶襲衣。是日，上親饗麻那惹加那乃于奉天門，賜其妃以下宴于舊三公府。

（太宗永樂實録卷 58　第 8 頁　82.7.1106）

524　八月癸未　賜浡泥國王麻那惹加那乃及于闐、東洋等處使臣、交趾諒江府知府莫邃等宴。

（太宗永樂實録卷 58　第 10 頁　82.8.1108）

525　九月丙午朔　禮部言：浡泥國王見親王禮儀未有定制。上曰：浡泥國王，藩臣也。準公侯大臣見親王禮。

賜浡泥國王儀仗、交椅、水罐、水盆，俱用銀，傘扇俱用白羅。銷金鞍馬二，及賜金織文綺、紗羅、綾絹衣十襲。王妃及王之弟妹、男女陪臣賜各有差。自王以下衣服之製如中國，女服從其本俗。

（太宗永樂實録卷 59　第 1 頁　83.1.1109）

526　九月丙午朔　置北京梁成守禦千户所吏目一員。

（太宗永樂實録卷 59　第 1 頁　83.1.1100）

527　九月丁未　以明年巡狩北京，勑山東、陜西、遼東、湖廣、河南、山西各都司選精鋭騎士及步軍如禮部議奏之數，各委官統率。期正月五日俱至所定地方，以備扈從，毋致後期。上諭工部侍郎甄庸等曰：今天氣向寒，營造軍民可暫輟工。自明年始，率以二月赴工，至十月散遣還家。

（太宗永樂實録卷 59　第 1 頁　83.1.1109）

528　九月庚戌　陞前江西布政司左參政劉長爲北京刑部〔校記：疑刑爲行之誤〕左侍郎。

（太宗永樂實録卷 59　第 2 頁　83.2.1111）

529　九月辛酉　榜葛剌國王靄牙思丁遣使賽一馬哈乜等來朝，貢方物。賜鈔幣有差。

（太宗永樂實録卷 59　第 3 頁　83.2.1112）

530　九月癸酉　遣太監鄭和等賫勑使古里、滿剌加、蘇門答剌、阿魯、加異勒、爪哇、暹羅、占城、柯枝、阿撥把丹、小柯蘭、南巫里、甘巴里諸國。賜其國王錦綺、紗羅。

（太宗永樂實録卷 59　第 4 頁　83.3.1114）

531　十月乙亥朔　占城國王占巴的賴遣孫舍楊該奉表貢象及方物，謝恩。上謂禮部臣曰：曩征交阯，占城王嘗出兵協助制賊，今遣其孫來，宜優禮之。於是賜舍楊該白金二百兩，鈔百錠，紵絲、紗羅及金織襲衣。賜其傔從有差。比還，賜其王占巴的賴金印及黄金百兩，白金五百兩，錦綺、紗羅五十疋，綵絹百疋，且賜勑嘉勞之。

浡泥國王麻那惹加那乃以疾卒于會同館。上輟朝三日，遣官祭之，賻以綿帛。東宫暨親王各遣祭。命工部具棺槨、明器，葬於安德門外，樹碑神道，求西南夷人之隸籍中國者守之。立祠于墓，命有司歲于春秋用少牢祭之，仍賜勑撫慰其子。

（太宗永樂實録卷 59　第 4 頁　84.1.1117）

532　十月甲申　　賜交阯右參政莫邃、參議莫勛，占城國、榜葛剌國、哈剌火州、雲南車里、老撾及瓦剌等處使臣宴。

（太宗永樂實録卷 59　第 7 頁　84.2.1120）

533　十月癸巳　　改北京順天府税課司爲都税司，置大使、副使各一員；設麗正門宣課司，文明門分司，置大使各一員、副使各二員，張家灣、盧溝橋二宣課司，大使各一員、副使各四員；安定門税課司，德勝門分司，大使、副使各一員；宛平縣税課司大使、副使各一員；大興税課局及批驗茶引所大使各一員；北京行部張家灣鹽倉檢校批驗所大使、副使各一員；盧溝橋、通州、白河抽分竹木局三所每局大使一員、副使三員；宛平縣廣源閘、大興縣文明閘每閘官一員。

（太宗永樂實録卷 59　第 8 頁　84.4.1123）

534　十月己亥　　勑宣府備禦武城侯王聰、同安侯火真率軍士還北京。

（太宗永樂實録卷 59　第 9 頁　84.4.1124）

535　十月辛丑　　給北京營造軍民夫匠衣鞋。工匠胖襖、袴各一，鞾鞋二；軍士人胖襖、鞾鞋各一；民夫布二匹，鞾鞋、袴各一。

（太宗永樂實録卷 59　第 10 頁　84.5.1125）

536　十一月戊申　　賜故浡泥國王麻那惹加那乃謚曰"恭順"，命其子遐旺襲封浡泥國王。遐旺與其叔施里難那那喏等言：本國歲供爪哇片腦四十斤，乞勑爪哇罷供，請以歲進朝廷。又言：今者還國，請遣使臣護送，就留鎮一年，以慰國人之望。復乞限年次朝貢及傔從許帶若干人。上皆從之，朝貢以三年爲期，傔從多寡任便。遂勑爪哇國王都馬板，令罷浡泥所供片腦。

（太宗永樂實録卷 60　第 1 頁　85.1.1127）

537 十一月戊申 賜國子監琉球、雲南、四川北王達并從人冬衣、靴襪。

（太宗永樂實録卷60 第1頁 85.1.1128）

538 十一月癸丑 北京山海衛卒王興妻高氏一産三子。事聞，命禮部循例優給。

（太宗永樂實録卷60 第2頁 85.1.1128）

539 十一月丙辰 陞……宛平縣丞梁敏爲左贊善。

（太宗永樂實録卷60 第3頁 85.2.1130）

540 十一月己未 賜榜葛剌及雲南、車里、老撾等處使臣及……交趾土官阮如偶等宴。

（太宗永樂實録卷60 第3頁 85.3.1131）

541 十一月丁卯 日本國王源道義遣使昌宣等來朝，貢馬及方物。賜鈔幣有差。

（大宗永樂實録卷60 第4頁 85.3.1132）

542 十二月丁丑 遣中官張謙、行人周航護送嗣浡泥國王遐旺等還國。賜遐旺金相玉帶一，金百兩，銀三千兩及錢鈔、錦綺、紗羅、衾褥、帳幔、器皿，王母、王叔以下各有賜。初，故浡泥國王麻那惹加那乃言:蒙朝廷厚恩，錫封王爵。國之境土，皆屬職方，而國有後山，乞封表爲一國之鎮。至是，其子遐旺復以爲請，乞封其山爲長寧鎮國之山，命謙等卽其地樹碑。上親製文曰：上天佑啟我國家萬世無窮之基，肆命朕太祖高皇帝全撫天下，休養生息，以治以教。仁聲義聞，薄拯照臨，四方萬國，奔走臣服，充湊于庭。神化感動之機，其妙如此。朕嗣守鴻圖，率由典式。嚴恭祇畏，協和所統，無間内外，均視一體，遐爾綏寧，亦克承予意。乃者浡泥國王麻那惹加那乃誠敬之至，知所尊崇，慕尚聲教，益謹益虔。率其眷屬陪臣，不遠數萬里，浮海來朝。達其志，通其欲，稽顙陳辭曰:遠方臣妾，丕冒天子之恩，以養以息，既庶且安。思見日月之光，故不憚險遠，輒敢造庭。又曰:覆我者天，載我者地，而凡使我有土地人民之奉，田

耕邑井之聚，宫室之居，妻妾之樂，和味宜服，利用備器，以資其生，强罔敢侵弱，衆罔敢暴寡，皆天子之賜也。是天子功德加於我者與天地同其大矣！然天仰則見之矣，地踏則覆之矣，惟天子遠而難見，故誠有所不通。是以遠方臣妾不敢自外，踰歷山海，躬詣闕下，以伸其悃。朕曰：惟天惟皇考付予以天下，子養庶民。天與皇考視民同仁，予其承天與皇考之德，惟恐弗堪若汝言〔校記：館本無弗堪，廣本抱本恐下有弗堪二字，是也〕。乃又拜手稽首曰：自天子建元之載，臣國年和時豐，山川之藏珍寶者皆流溢焉，草木之無葩蘤者皆華而實焉，異禽和鳴而走獸蹌舞焉。國之叟曰：中國聖人，德化所暨，斯多嘉應。臣土雖遠京師，然實天子之氓，故奮矜而來觀也。朕觀其言，文貌恭動不踰則，悦喜禮教，脱畧故習，非超然卓異者不能若此也。稽之載籍，自古邊遠之國，奉若天道，仰望聲教，身至闕庭，蓋有之矣！至于舉妻子、兄弟、親戚、陪臣頓首稱臣妾於階陛之下者，惟浡泥國王一人而已。西南諸蕃國長未有如王之賢者也。王之至誠，貫於金石，達於神明，而令名傳於悠久，可謂有光顯矣。兹特封王國中之山爲“長寧鎮國之山”。賜文刻石，以著王休，於昭萬年，其永無斁。系之以詩曰：炎海之墟，浡泥所處。煦仁漸義，有順無迕。慺慺賢王，惟化之慕。導以象胥，遹來奔赴。同其婦子，兄弟陪臣。稽顙闕下，有言以陳。謂君猶天，遺其休樂。一視同仁，匪偏厚薄。顧兹鮮德，弗稱所云。浪舶風檣，寔勞懇勤。稽古遠臣，順來怒�。以躬或難，矧在家室。王心亶誠，金石其堅。西南蕃長，疇與王賢。矗矗高山，以鎮王國。鑱文于石，懋昭王德。王德克昭，王國攸寧。於斯萬年，仰我大明。

（太宗永樂實録卷 60　第 4 頁　86.1.1133）

543　十二月庚辰　遣使賫勅諭北京官吏、耆老、軍民曰：朕荷天地祖宗之靈，自藩邸入正大統。每惟靖難之日，北京軍民父子兄弟攻戰守禦，竭誠功勞，艱苦備嘗，未始忘之。今天下太平，爾等宜守分立本，孝親敬長，教誨子弟，輯睦隣里。有官守者，必廉必勤，以

爲善人君子，或有過衍，宜改行易慮，以臻于善。若不率善，仍作奸犯科，朕雖念舊勞，其如公法不可貸何！爲善獲吉，爲惡致凶。天道昭明，報應不喪。爾等服膺朕訓，庶幾福及子孫。朕將以明年巡狩北京，凡軍民先有怨抑所司不爲伸理者，朕至悉許自陳。朕至之日，北京耆老軍民，祇于近郊迎接，勿遠出。

（太宗永樂實録卷 60　第 6 頁　86.3.1137）

544　十二月庚辰　爪哇國西王都馬板遣使亞烈加恩等獻黄金萬兩謝罪。禮部臣言所償金尚負五萬兩，宜下法司治之。上曰：朕於遠人，欲其畏罪而已，豈利其金耶！今既能知過，所負金悉免之。仍遣使賫勑諭意，并賜之鈔幣。

真臘國遣使柰職等來朝，貢方物。賜之鈔幣。

暹羅國王昭禄群膺哆囉諦剌遣使虎都無霞昧奈義柰霞侍等貢方物，謝賜勑切責之罪。

（太宗永樂實録卷 60　第 7 頁　86.3.1137）

545　十二月甲申　命禮部鑄五軍都督府、六部、都察院、大理寺、錦衣衛印十四顆，印文并加“行在”二字；内府尚膳等監、惜薪等司、兵仗等局印凡十六顆，印文並加“隨駕”二字。

（太宗永樂實録卷 60　第 7 頁　86.3.1138）

546　十二月乙酉　……召山西右参政蔚綬、廣西禄州判官湯宗至，陞綬户部右侍郎，宗大理寺右寺丞。或言宗在建文中（按：館本無言字，廣本抱本或下有言字，是也）嘗奏北平按察司使陳瑛受潛邸賞賜者〔校記：司字衍。館本無陳瑛二字，廣本抱本使下有陳瑛，是也〕。上曰：帝王惟才是使，豈當屑屑記憶舊嫌。齊桓用管仲，唐太宗用王魏，何嘗不得其力！竟擢用之。

（太宗永樂實録卷 60　第 7 頁　86.4.1139）

547　十二月丙戌　交趾交州等府、利仁等州土官知州阮壇等四十三人來朝。賜鈔及紵絲、綾絹衣有差。

（太宗永樂實録卷 60　第 8 頁　86.4.1140）

548 十二月丁亥 通政司奏：北京種田民告運木軍民有怨謗語。上曰：軍民出力運木，未免勞苦，興歎人情之常也。此人有罪謫彼屯田，必造誣以規僥倖脱己罪。告訐之風不可長。命付法司治之。

（太宗永樂實録卷 60 第 9 頁 86.4.1140）

549 十二月庚寅 日本國世子源義持以父源道義卒，遣使告訃。命中官周全往祭，賜謚“恭獻”，賻絹布各五百匹。復遣使齎詔封義持嗣日本國王，賜錦綺、紗羅六十疋。

（太宗永樂實録卷 60 第 9 頁 86.5.1141）

550 十二月癸巳 命右軍都督僉事馬榮帥舟師運糧詣北京。

（太宗永樂實録卷 60 第 10 頁 86.5.1142）

551 十二月甲午 勑交趾都司掌司事都督僉事吕毅等：今調軍征勦餘寇，所在淘金之類，悉宜停止；其發去官旗軍匠，取回操備，不許占留。

（太宗永樂實録卷 60 第 10 頁 86.6.1143）

552 十二月丁酉 是日交阯總兵官黔國公沐晟與交阯賊首簡定戰於生厥江，敗績。都僉事吕毅、兵部尚書劉儁、交阯布政司參政劉昱皆死之。

（太宗永樂實録卷 60 第 11 頁 86.6.1144）

553 十二月庚子 遣使賫勅諭日本國王源義持曰：往者海寇出没，爾父恭獻王能敬承朕命，發兵殄之。今海盜復作，王宜繼承父志，發兵捕戮，以光恭獻王之功。

（太宗永樂實録卷 60 第 13 頁 86.8.1147）

554 十二月辛丑 北京行部言：山東德州至北京良鄉縣陸路未設遞運所。每冬月河凍，載楫不通，上供之物，俱從陸路，發民間車牛載運，不免煩擾。宜設遞運所，以附近之民及犯徒流罪者，備車牛充遞運夫，而山東青州、樂安等遞運所河道不通者，宜革罷。從之。

（太宗永樂實録卷 60 第 13 頁 86.8.1148）

永樂七年（1409）

555　正月丙午　北京行部及天下布政司來朝者千五百四十二人陛辭，上諭之曰：……比者，營建北京，國之大事，不得已勤勞軍民。爾等宜加撫恤，無爲貪酷以重困之。

（太宗永樂實録卷61　第1頁　87.1.1151）

556　正月辛亥　車里宣慰司宣慰使刀暹答遣使貢方物。賜刀暹答錦綺、紗羅。

（太宗永樂實録卷61　第2頁　87.2.1158）

557　正月癸丑　禮部言：皇上將巡狩北京，舊藩府宫殿及門宜正名號。從之。

（太宗永樂實録卷61　第3頁　87.2.1154）

558　正月壬戌　朝鮮國王李芳遠遣陪臣李伯剛等奉表貢方物，謝賜故父旦賻謚。

（太宗永樂實録卷61　第3頁　87.3.1155）

559　正月甲子　命平江伯陳瑄充總兵官，都督宣信副之，督餽運赴北京。

（太宗永樂實録卷61　第3頁　87.3.1155）

560　正月甲子　暹羅國王昭禄群膺哆囉啼剌遣使柰使賴卒等奉儀物致祭仁孝皇后。命中官以告几筵。

（太宗永樂實録卷61　第4頁　87.3.1156）

561　正月乙丑　賜朝鮮國、暹羅國使臣宴。

（太宗永樂實録卷61　第4頁　87.3.1156）

562　正月丁卯　户部言：交阯新附，租税難於全徵，而車馬供億浩繁，宜暫以漁課折米，每貫會輸二斗以資用。上曰：朕念交阯之民困於叛賊，是以興師弔伐。今正欲薄賦輕徭，使之蘇息，勞民給費誠不得已。魚課納鈔本簡便，今折米蓋一時權宜。爾户部移文明告之，俟歲年間軍用粗足卽仍舊。又曰：朕觀前代有事出權宜而遂爲永者，皆有司之弊。爾宜戒之。勿忘復，以失信於民。

（太宗永樂實録卷 61　第 4 頁　87.4.1157）

563　正月戊辰　　改河南寧山衛隸北京行後軍都督府。

（太宗永樂實録卷 61　第 5 頁　87.4.1157）

564　正月庚午　　交阯總兵官黔國公沐晟奏，師出敗績。命兵部益兵，命英國公張輔總率之。

（太宗永樂實録卷 61　第 5 頁　87.4.1158）

565　二月乙亥　　滿剌加國王拜里迷蘇剌遣使阿卜剌賈信等來朝，貢方物。賜鈔及文綺，仍命禮部賜其王綵幣。

（太宗永樂實録卷 61　第 7 頁　88.2.1163）

566　二月丙子　　榜葛剌國王靄牙思丁遣使賽一馬哈也等二百三十人貢方物。賜鈔及襲衣、文綺有差，仍命禮部賜其王綺帛、紗羅、銷金傘蓋、磁器等物。

（太宗永樂實録卷 61　第 10 頁　88.4.1168）

567　二月己卯　　册立張氏爲貴妃，權氏爲賢妃，任氏爲順妃。命王氏爲昭容，李氏爲昭儀，吕氏爲婕妤，崔氏爲美人。張氏故追封河間忠武王之女。王氏蘇州，餘皆朝鮮人。

（太宗永樂實録卷 61　第 10 頁　88.5.1169）

568　二月辛巳　　以巡狩北京……命工部鑄北京皇城四門銅符及夜巡銅牌。

（太宗永樂實録卷 61　第 11 頁　88.5.1170）

569　二月辛巳　　金吾左衛指揮李道名等千人使爪哇還。賜鈔幣有差。

（太宗永樂實録卷 61　第 11 頁　88.5.1170）

570　二月壬午　　命英國公張輔佩征虜副將軍印充總兵官，清遠侯王友充副總兵，率兵征交阯叛寇，仍會合征夷將軍黔國公沐晟等協力行事。

（太宗永樂實録卷 61　第 12 頁　88.5.1170）

571　二月壬午　　車駕發京師。

（太宗永樂實録卷 61　第 12 頁　88.5.1170）

572　二月癸未　　北京行部左侍郎康汝楫卒。汝楫乾州武功人，以儒術起家，爲燕府長史，司録事，事上藩邸最久，恭謹無過。陞四川安岳縣知縣，有治績。上卽位以來，朝念其舊臣，擢北京行部左侍郎，卽卒。上追念之，命其長子爵爲上林苑左監正，次子禋爲左監副。

（太宗永樂實録卷 61　第 11 頁　88.6.1171）

573　二月壬寅　　是日，皇太子授交阯土人陶靖等一百二人爲交阯建昌等府縣官，各賜襲衣。

（太宗永樂實録卷 61　第 15 頁　88.8.1176）

574　三月乙卯　　北京行後軍都督僉事平安卒。

（太宗永樂實録卷 62　第 1 頁　89.1.1178）

575　三月壬戌　　車駕至北京，於奉天殿丹陛設壇告天地，遣官祭北京山川、城隍諸神。上御奉天殿受朝賀。

（太宗永樂實録卷 62　第 2 頁　89.2.1179）

576　三月癸亥　　賜北京官吏軍民鈔。公四十錠，侯三十錠，伯二十錠，一品二品十錠，三品四品八錠，五品六品七錠，七品以下五錠；監生總小旗三錠，生員、吏典、齋郎、僧道、校尉、厨子、軍民各二錠，管工官不分品級各三錠，旗軍、夫匠用工者各二錠；命婦、公夫人三十錠，侯夫人三十錠，伯夫人十五錠；一品二品八錠，三品四品六錠，五品五錠，六品七品四錠，八品九品至未入流三錠。特賞守城命婦及軍民之家曾效勞守城婦女，公夫人綵幣六表裏，侯夫人五表裏，伯夫人四表裏，一品二品三表裏，三品四品二表裏，五品六品一表裏，七品至未入流絹二疋、綿布二疋。軍民婦女綿布一疋、鈔二錠，其守麗正門者各加賞綵幣一表裏、綿布二疋、鈔五錠。

（太宗永樂實録卷 62　第 2 頁　89.2.1179）

577　三月甲子　交阯進白象，泰寧侯陳珪率文武百官上表賀。上曰：卿等但盡心爲國爲民，以副朕望。白象世常有者，勿賀。

（太宗永樂實録卷 62　第 3 頁　89.3.1181）

578　三月丙寅　勅行在刑（按：疑刑爲行之誤）部都察院、北京行後軍都督府曰：北京軍民，昔同難苦，供億餽運，城守攻戰，萬死一生。朕未嘗忘之。今巡狩至此，宜加恩澤。凡奉天征討將士及始終報效人民，除十惡强盜不原，其餘有犯，不分已未發覺，皆釋之。已發充軍者復原職，軍還原伍，民還原籍。

賜保定衛及府州縣來朝官吏耆老田景清等萬七千九百四十八人鈔各一錠。

諭行在禮部臣曰：今東作方殷，北京境内耆老來朝者，悉移文止之。

（太宗永樂實録卷 62　第 3 頁　89.3.1181）

579　三月己巳　念守城功復通政司右參議賀銀官。擢監生張煥爲行在户科給事中。（按：館本脱以上二十九字，梁本存。見太宗實録校勘記 407 頁）

（太宗永樂實録卷 62　第 4 頁）

580　三月庚午　大宴文武群臣及北京耆老。宴畢，賜勅群臣曰：朕荷天地之佑，宗廟之靈，暨爾文武群臣翊戴贊襄，再安家國。今海宇無事，嘉與卿等同樂。然當恩同相保於永久，自古爲理，安不忘危，卿等宜夙夜盡心，致乃嘉猷，匡朕不逮。國家安則卿等亦安，勉之無忽。賜勅北京耆老軍民曰：朕與爾等躬歷艱難，以至今日。幸四方無事，宜相與共享安樂。然人情久安，易生驕怠。驕怠者，罪戾所由生也。繼今爲父兄必教訓子弟，爲子弟必孝敬父兄，夫夫婦婦，長長少少，和順敦睦，各安其分。以勤儉自執，以禮法自防，婚姻死喪互相助，貧窮患難互相卹。無乖争之風，有忠厚之俗，而永爲太平之民矣！勉之無怠。

（太宗永樂實録卷 62　第 4 頁　89.4.1183）

581　三月　是日，命故燕山護衛指揮同知李虎兒子忠襲陞羽林前衛指揮使。

（太宗永樂實録卷 62　第 5 頁　89.4.1184）

582　四月癸未　朝鮮國王李芳遠、琉球國中山王思紹……遣使貢方物，賀萬壽聖節。賜鈔幣有差。

（太宗永樂實録卷 62　第 7 頁　90.2.1187）

583　四月丙戌　命編置紫荆、居庸、古北、喜峰、董家、山海六關口出關勘合，以防詐僞。每關一百道，以"禮""樂""射""御""書""數"六字爲號。北京留守行後軍都督府、行在兵部皆用印鈐記而各置底薄，以兵部底薄勘合送内府，都督府底薄付各關口。公差出關者，必得内府勘合爲驗乃出，無者從守關官執奏。

（太宗永樂實録卷 62　第 7 頁　90.2.1188）

584　四月丙戌　木東河衛指揮衆家奴、扎肥河衛千户阿不列等九人自陳願於北京、遼東居住。許之，命如例給賜。

（太宗永樂實録卷 62　第 7 頁　90.2.1188）

585　四月丁亥　撒馬兒罕等處回回僧人馬黑麻迭力迷失等來朝貢馬。賜鈔幣有差。

（太宗永樂實録卷 62　第 8 頁　90.3.1189）

586　四月戊子　鑄内府午門、東華門、西華門、玄武門夜巡關防條記，午門二，餘三門各一。

（太宗永樂實録卷 62　第 8 頁　90.3.1189）

587　閏四月丙午　按察司僉事北京刑部員外王玘爲湖廣按察司僉事。

（太宗永樂實録卷 62　第 9 頁　91.1.1193）

588　閏四月甲寅　皇太子是日陞……和州學正倪懷敏爲北京道監察御史。

（太宗永樂實録卷 62　第 10 頁　91.1.1194）

589　閏四月丁巳　　設北京順天府大興遞運所，置車五十輛，防夫三十名。

（太宗永樂實録卷 62　第 11 頁　91.2.1196）

590　閏四月丁卯　　設北京寶鈔提舉司、抄紙印鈔局，官制如南京。

（太宗永樂實録卷 62　第 12 頁　91.3.1197）

591　閏四月戊辰　　賜錦衣等衛官軍送馬赴北京者鈔：指揮十二錠，千户十錠，百户、鎮撫八錠，旗軍、餘丁、醫獸各五錠，鞝鞋二雙。凡千一百九十四人。

（太宗永樂實録卷 62　第 12 頁　91.3.1197）

592　五月壬申朔　　諭北京耆老曰：朕惟古先帝王之治天下，以安民爲務，而安民之道，以教化爲先。是以上下相承，風俗淳厚，天下和平。朕受天命嗣大統，卽位以來，夙夜拳拳，志圖治理。今建北京，思與百姓同享太平，惟能務善去惡，可以永保身家。凡一家有家長，一鄉一坊有鄉坊之長。爲家長者，教訓子弟，講讀詩書，明達道理，父慈子孝，兄友弟恭，尊卑長幼，各循其序。如此則一家和順輯睦，有無窮之福。爲鄉坊之長者，教訓其鄉坊之人。農力於稼穡，毋後賦税；工專於技藝，毋作淫巧；商勤於生理，毋爲遊蕩。貧富相睦，隣保相恤。毋爲争競，毋習賭博，毋奸宄竊盗，毋藏匿逋逃。如此則鄉坊之内，相安相樂，有無窮之福。夫作善降祥，作不善降殃，天道至公，不爽毫髮，不可不戒。誠能遵朕斯言，身家獲吉。不然冥行妄作，身罹殃咎，害及子孫，不可不戒。或有嘗爲惡於前，而能改過於後，亦是善人；若不改悔，終爲惡類。其省之慎之，不可怠忽。

（太宗永樂實録卷 63　第 1 頁　92.1.1199）

593　五月己卯　　營山陵於昌平縣。時仁孝皇后未葬，上命禮部尚書趙羾以明地理者廖均卿等擇地，得吉於昌平縣東黄土山。車駕臨視，遂封其山爲“天壽山”。是日遣武安侯鄭亨祭告興工，命武義伯王通董役事。均卿等咸受官賞。

（太宗永樂實録卷63　第2頁　92.2.1202）

594　五月甲申　　是日，皇太子擢進士曹常爲北京道監察御史。

（太宗永樂實録卷63　第3頁　92.3.1203）

595　五月戊子　　設北京光禄寺之大官、良醖、珍羞、掌鹽四署，官制如南京。

（太宗永樂實録卷63　第3頁　92.3.1203）

596　五月戊子　　老撾宣慰使力線歹遣頭目板懶等進金銀器、犀象等物，罪願修職貢。許之。

（太宗永樂實録卷63　第3頁　92.3.1203）

597　五月乙丑　　復以趙緯爲禮科給事中。初，緯爲大興縣儒學教諭，陞給事中，坐事降思南宣慰司儒學教授。至是以守城功召還復職。

（太宗永樂實録卷63　第3頁　92.3.1203）

598　五月戊戌　　皇太子……復顧大奇北京道監察御史，時大奇丁憂服闋云。

（太宗永樂實録卷63　第16頁　92.4.1225）

599　五月己亥　　琉球國山南王汪應祖遣使阿勃吾斯右等貢馬。賜鈔及衣幣。

（太宗永樂實録卷63　第16頁　92.4.1225）

600　六月癸卯　　順天府固安縣言，渾河決賀家口，傷禾稼。命工部亟遣官修築。

（太宗永樂實録卷64　第1頁　93.1.1228）

601　六月甲辰　　設北京行用庫及大通關。庫置大使一員，副使二員，關置大使、副使各一員。

是日皇太子改……浙江道監察御史何維南、北京道監察御史顧大奇、廣東道監察御史李原暹皆於山東道。

（太宗永樂實録卷64　第1頁　93.1.1228）

602　六月丁未　設北京宣化、清平、居庸、榆林、鎮安、懷來、宣城、寧遠、威遠、德勝等衛。

（太宗永樂實録卷 64　第 3 頁　93.2.1230）

603　六月戊申　修北京安定門城池。

（太宗永樂實録卷 64　第 3 頁　93.3.1231）

604　六月辛亥　禮部言：北京國子監生唐謙等自陳年深，願出仕，及考試之，文理不通，其教官宜論罰。生員年四十之上考不中者，宜發充吏。天下郡邑生員廩食十年學無成及教官提調官，宜悉論如制。上曰：北京學校，曩因兵廢，候兩年後考無成效論罰。餘如所言。

（太宗永樂實録卷 64　第 5 頁　93.4.1234）

605　六月壬子　朝鮮國王李芳遠遣陪臣沈龜鈴等貢方物，賀皇太子千秋節。賜之鈔幣。

（太宗永樂實録卷 64　第 5 頁　93.5.1235）

606　六月己巳　給事中傅安等自哈烈、撒馬兒罕還。哈烈等處遣使臣麽賫等并所經火州等處各遣使貢西馬共五百五十匹。賜鈔各有差。尋遣安等送麽賫等還國，并賜其酋長錦衣、綵幣。

（太宗永樂實録卷 64　第 9 頁　93.8.1241）

607　六月　是月，陞燕山左衛指揮使陳清爲都指揮僉事。

（太宗永樂實録卷 64　第 9 頁　983.8.1241）

608　七月壬申　朝鮮國王李芳遠遣陪臣李之崇等貢方物。賜之鈔幣。

（太宗永樂實録卷 65　第 1 頁　94.1.1243）

609　七月甲戌　仁孝皇后喪再期，上輟朝三日，御西閣門視事，文武百官素服行奉慰禮。命僧道于慶嘉寺、白雲觀設齋醮十四日。

（太宗永樂實録卷 65　第 1 頁　94.1.1245）

610　七月丁丑　設北京金吾左、右，羽林前，常山左、右、中，燕山左、右、前，濟陽，濟州，大興左，武成中、左、右、前、後，義勇中、左、右、前、後，神武左、右、前、後，忠義左、右、前、後，武功中，寬河，會州，大寧前、中，富峪，蔚州凡三十七衛倉及錦衣中、懷來守禦二千户所倉，每倉置副使一員。

（太宗永樂實録卷 65　第 2 頁　94.2.1245）

611　七月己卯　北京、甘肅二苑馬寺以常春等苑地廣畜牧多，奏請增置圉長。從之。增北京常春苑三員，順義苑四員。

（太宗永樂實録卷 65　第 2 頁　94.2.1246）

612　七月辛巳　書諭皇太子曰〔校記：廣本子下有高熾二字〕：比巡狩北京，道經昔日戰場，追念往事，愴焉寒心。又念諸將相從者，皆欲保全於永久。然人情貴則生驕，驕則作過，及犯而宥之則枉法，罪之又傷恩，反覆思惟不若先事致戒，君臣之間，得保始終。今以太祖高皇帝戒諭功臣鉄榜及律條定制并近所授勅諭通録之，人賜一本，俾時覽省，以保富貴。其在北京者，皆已頒給，在京師者今發去，至即給之。爾於此亦可以知保全功臣之道也。

（太宗永樂實録卷 65　第 3 頁　94.2.1246）

613　七月甲申　置涿州衛經歷司經歷。

（太宗永樂實録卷 65　第 3 頁　94.3.1247）

614　七月辛卯　順天府密雲縣民獻嘉禾。賜鈔二十錠。

（太宗永樂實録卷 65　第 5 頁　94.4.1249）

615　七月丁酉　古里國王沙米的遣使哈背乃那等貢方物。賜之鈔帛，仍賜沙米的紗羅、綺帛、銷金帳幔、磁器等物。

（太宗永樂實録卷 65　第 6 頁　94.5.1252）

616　七月戊戌　設北京通州衛倉，置副使一員。

是月，陞前北平都指揮僉事謝芳爲後軍都督僉事，張毅爲北京留守後軍都督僉事。

（太宗永樂實録卷 65　第 6 頁　94.6.1253）

617　八月庚子朔　占城國王占把的〔按：館本把作巴，抱本巴誤把〕賴遣使部該濟標等奉表貢犀象等物，謝賜勅奬勞云。

（太宗永樂實録卷 65　第 7 頁　95.1.1255）

618　八月辛丑　　户部右侍郎王鍾卒。鍾字公虞，松江華亭人。洪武中起家爲椽，坐事戍遼東，用薦授行太僕寺典簿，進燕府紀善。上舉義南向，鍾侍世子守北京，恭慎小心，夙夜不懈，甚爲世子所重。永樂元年陞刑部郎中〔校記：庫本刑作行，是也〕，復陞户部右侍郎。鍾爲人端厚沈静，從容詳雅，臨事無留滯，僚吏多服其能云。

（太宗永樂實録卷 65　第 7 頁　95.1.1255）

619　八月乙巳　　以喻良爲北京苑馬寺少卿。

（太宗永樂實録卷 65　第 8 頁　95.2.1257）

620　八月乙巳　　設北京五城兵馬指揮司。上諭權吏部尚書方賓曰：京師地大人衆，君子小人雜處，故往往有作奸犯科。若縱惡不治，善人何由自立？今北京一兵馬司，巡察不周，宜如京師之制，增置五城兵馬司。授官之際，須詳擇得人，苟不得人，更益民患。

（太宗永樂實録卷 65　第 8 頁　95.2.1257）

621　八月辛亥　　韃靼國公阿灘不花等至北京。命爲右軍都督府僉事，餘爲指揮、千、百户、鎮撫。各賜冠帶，俾還居寧夏。

（太宗永樂實録卷 65　第 9 頁　95.2.1258）

622　八月甲子　　是日，交阯總兵官英國公張輔等師至盧渡江，太平橋賊黨鄧景異棄營先遁，遂招諭避賊之民復業。而交州江北諒江、新安、建昌、鎮蠻等府，鎮夷昌江市橋諸衛皆安集云。

（太宗永樂實録卷 65　第 13 頁　95.5.1264）

623　八月戊辰　　韃靼來歸，平章都連等百四十四人至北京。命都璉、卜答失里、迭里必失俱爲都督僉事，餘俱爲都指揮、指揮千户等官。賜白金、文綺表裏，命還居寧夏。

（太宗永樂實録卷 65　第 13 頁　95.6.1265）

624　九月壬申　　韃靼虎力罕等率家屬來歸，奏願居京師。賜鈔幣，衣服、布絹、鞍馬、牛羊、米薪、居第及日用什器皆給之。至是有來歸願居京師者，賜賚准此例。若元之故官則第高下授之職、食其禄而不任事。

（太宗永樂實録卷66　第2頁　96.2.1269）

625　九月丁丑　密雲後衛百户顧成妻陳氏一産三男。事聞，命循例優給。

（太宗永樂實録卷66　第3頁　96.3.1271）

626　九月戊寅　命行在五軍訓勵將士，修治戎器。

命太僕寺送馬一萬匹赴北京。

（太宗永樂實録卷66　第3頁　96.3.1271）

627　九月壬午　陞行在刑科都給事中張信爲行在工部右侍郎。命給事中曾潤署刑科都給事中事。

（太宗永樂實録卷66　第4頁　96.3.1272）

628　九月甲申　遣中官黄儼賜朝鮮國王李芳遠綵幣五十表裏。諭令進馬助國用，至則酬直。

（太宗永樂實録卷66　第4頁　96.4.1273）

629　九月己丑　勅永康侯徐忠等選練南京各衛及睢陽、歸德、武平、鎮江等二十五衛步騎三萬，寧陽伯陳懋選練陝西屬衛及慶、秦二王府護衛步騎萬九千，江陰侯吴高選練山西及晉王府護衛步騎萬（按：館本萬作五）千，仍命中都留守司、河南、湖廣、山東都司、周、楚二王府護衛選步騎四萬五千，臨洮、河州、岷州、西寧、平凉諸衛選善戰士兵五千，各賜鈔，給行粮，皆以來年至北京隨征。

（太宗永樂實録卷66　第5頁　96.5.1275）

630　十月己亥朔　……因命户部尚書夏原吉等議餽運，上曰：二部所造武剛車足可輸運，然道遠人民爲難，朕欲以所運粮緣途築城貯之，量留官軍守護，以俟大軍之至，此法良便。於是夏原吉等議：自北京至宣府，則於北京在城及口北各衛倉逐程支給；宣府以北，則用武剛車三萬輛，約運糧二十萬石，踵軍而行。過十日程築一城，再十日程又築一城。每城斟酌貯粮，以俟回軍，仍留軍守之。

如虜覺而遁，卽躡其後，亦如前法築城貯糧。上然之，名所築之城曰“平胡”“殺胡”。

（太宗永樂實録卷 66　第 7 頁　97.1.1279）

631　十月己亥朔　暹羅國王昭禄羣膺哆囉諦剌遣使坤文琨等奉表貢方物。賜鈔幣遣歸。時中國人何八觀等流移海島，遂入暹羅。至是，因文琨歸，上令諭其國王遣八觀等還，毋納逋逃，以取罪戾，并賜其王金織紵絲、紗羅、絨錦。

（太宗永樂實録卷 66　第 8 頁　97.1.1280）

632　十月癸卯　設良鄉至景州遞運所，固節、涿鹿、汾（按：疑汾爲淶之誤）水、歸義、鄚城、瀛海、樂城、阜城、東光凡九所。每所置大使一員。

（太宗永樂實録卷 66　第 9 頁　97.2.1082）

633　十月乙卯　上謂行在禮部尚書趙羾曰：北京冬氣嚴凝，羣臣早朝奏事，久立不堪。今後朝見畢，欲於右順門内便殿奏事，爾與羣臣斟酌可否。於是羾同户部尚書夏原吉、翰林學士〔校記：廣本林下有院字〕胡廣等議，奏：近古百官每日於正衙常參，今每日常期上御奉天門，百官行叩頭禮，俟班侍，鴻臚寺官引。謝恩，見辭者行禮畢，駕興，御右順門内便殿。百官有事奏者以次入奏，無事者退，治職務。朔望朝如常儀。制曰：可。命自十一月朔日始，行之。

（太宗永樂實録卷 66　第 10 頁　97.3.1283）

634　十月戊午　撒馬兒罕等處回回黑蠻等八人來朝貢方物。賜鈔幣、襲衣。

（太宗永樂實録卷 66　第 10 頁　97.3.1284）

635　十月乙丑　榜葛剌國靄牙思丁、蘇門答剌國宰奴里阿必丁遣使遐爾直内密書等五十九人貢馬及方物。賜其使鈔幣、金織襲衣。

（太宗永樂實録卷 66　第 11 頁　97.4.1285）

636　十月丙寅　改北京刑部〔校記：庫本刑作行，是也〕員外郎孫伯堅爲行在鴻臚寺左少卿。

（太宗永樂實録卷 66　第 11 頁　97.4.1286）

637 十一月壬申 陞禮科給事中王宣爲北京光禄寺寺丞。

（太宗永樂實録卷 67 第 1 頁 98.1.1289）

638 十一月戊寅 交阯總兵官英國公張輔、征夷將軍黔國公沐晟等獲賊首簡定等。時定至巨勒册，欲從地册趨天關鎮，聚衆拒敵。晟率兵從磊江南趨巨勒册，都督朱榮、都指揮羅文等以舟師從磊江上牛鼻關，輔率都督朱廣、都指揮陳懷等以步騎從磊江趨地册。北至（按：館本北作比，抱本比誤北）天關鎮，簡定已從東黄册趨多杯册，官軍追至良美縣吉利册，簡定方遇民家，遥望官軍勢盛，遂棄馬及印帶等物走入山潛伏。官軍大索不得，遂圍之，生獲簡定，并獲其僞將相陳希葛、阮汝勵、阮宴等〔校記：庫本汝誤如。明史安南傳宴作晏。按卷一百第四頁各本仍作宴〕。

（太宗永樂實録卷 67 第 1 頁 98.1.1290）

639 十一月己卯 賜國子監琉球、四川、雲南生李傑等及其從人冬衣、靴韈。

（太宗永樂實録卷 67 第 2 頁 98.2.1291）

640 十一月丁亥 置皇城四門倉及長安門供用庫、東安門厨房。

（太宗永樂實録卷 67 第 2 頁 98.2.1291）

641 十二月庚戌 上諭行在户部臣曰：自濟寧至良鄉，數年民勞於遁運，凡曾效力遁運者，免户内税糧一年。

（太宗永樂實録卷 67 第 4 頁 99.1.1296）

642 十二月辛亥 尼尼八剌國遣使……貢馬。賜鈔弊有差。

（太宗永樂實録卷 67 第 4 頁 99.1.1296）

643 十二月壬子 是日，都督譚青率官軍赴北京，陛辭。皇太子諭之曰：爲將宜號令嚴明，部伍整肅。近聞軍士在外，往往暴横擾民，剽奪財物，此皆爲將不能束約之過。夫兵以除暴爲民，乃爲暴勵民可乎？善戒約之！毋自取罪責。

（太宗永樂實録卷 67 第 5 頁 99.2.1297）

644　十二月甲寅　　遣平江伯陳宣充總兵官、前軍都督僉事宣信充副總兵，率領舟師海運粮儲赴北京。

（太宗永樂實録卷 67　第 5 頁　99.2.1297）

645　十二月丙辰　　命後軍都督僉事吴庸〔校記：廣本庸作鏞，誤。〕運德州所儲粮赴北京。命户部給賜運糧指揮、千百户、衛所、鎮撫、旗軍鈔如衛河漕運之例。

（太宗永樂實録卷 67　第 5 頁　99.3.1299）

646　十二月丙辰　　是日，皇太子爲（按：館本爲作謂）都察院左都御史陳瑛曰：官軍赴北京聽調者已多與道理廢（按：理廢爲里費之誤），今聞在外擾民，强市物貨，横奪資財，道路若（按：疑若爲苦之誤）之。所領頭目，亦不禁戢。宜卽出榜於所過之處，戒諭將士，有復犯者，令民執道領兵官，以軍法治之。

（太宗永樂實録卷 67　第 6 頁　99.6.1299）

647　十二月乙丑　　召交阯總兵官英國公張輔、副總兵清遠侯王友領都督朱榮、蔡福、帖木兒及原調官軍還北京。

朝鮮國王李芳遠遣陪臣徐愈等來朝貢馬，賀明年正旦。

（太宗永樂實録卷 67　第 7 頁　99.3.1300）

648　十二月　　是月，……餽運北京糧一百八十三萬六千八百五十二石。

（太宗永樂實録卷 67　第 7 頁　99.4.1302）

永樂八年（1410）

649　正月丙子　　塞古北口小關口及大關，外門僅通一人一馬。

（太宗永樂實録卷 68　第 1 頁　100.1.1303）

650　正月丙戌　　築北京至居庸關鋪舍，關内關外每三十里築烟墩一所。

（太宗永樂實録卷 68　第 2 頁　100.1.1304）

651　正月丁亥　命禮部加賜爪哇國使臣路費鈔。正副使人百錠，通事八十錠，從人四十錠。

（太宗永樂實録卷 68　第 2 頁　100.1.1304）

652　正月壬辰　命北京行部尚書郭資率所屬民丁萬人隨軍餽運。人賜鈔五錠，仍給行粮。

（太宗永樂實録卷 68　第 3 頁　100.2.1305）

653　正月乙未　交阯總兵官英國公張輔、副總兵清遠侯王友奏云：蒙勅召還，臣謹已遵承就道。緣今賊首陳季擴、賊黨阮師、胡具、鄧景異等尚在演州乂安，逼近清化，鄧鎔領衆塞神投福成江口，據清化要路，出没大安諸處海口爲寇。若盡以原調官軍還，恐黔國公沐晟兵少不敵，將使滅賊之功壞於垂成。今欲留都督江浩，都指揮俞讓、花英、師祐，領雲南、福建、廣東、江西四都司，四川、福建二行都司，荆州、南昌、武昌、廣西等處護衛及爲事立功等項官軍，聽晟調用。臣等率領隨侍官軍虎賁士及在京直隸、湖廣、貴州、四川、浙江四都司官軍回還。且晟獨總大軍，請以雲陽伯陳旭副之，計議軍事。上覽奏，勅諭輔等，悉從所言。

（太宗永樂實録卷 68　第 4 頁　100.3.1308）

654　正月丙申　皇太子擢……劉可、范寧俱爲北京道監察御史。

（太宗永樂實録卷 68　第 5 頁　100.4.1300）

655　二月戊戌朔　命皇長孫留守北京，命户部尚書夏原吉等議留守北京事宜。

（太宗永樂實録卷 68　第 5 頁　101.1.1311）

656　二月庚子　户部尚書夏原吉等進所議留守北京事宜。

（太宗永樂實録卷 68　第 6 頁　101.1.1311）

657　二月辛丑　以親征胡虜詔告天下。

（太宗永樂實録卷 68　第 7 頁　101.2.1313）

658 二月辛丑 命趙王高燧整理北京城池、軍馬，令廣平侯袁容、泰寧侯陳珪輔之。

（太宗永樂實録卷 68 第 7 頁 101.2.1314）

659 二月丙午 北京耆老以車駕將發，詣朝辭。上諭之曰：朕此舉爲安民也。父老有子孫親戚從行者皆當訓勵之，使奮忠勇、樹勳名，渠能卓然有立，亦將與爾有光。若出外而撫循之，惟朕在爾，無庸憂。皆懽呼萬歲。命禮部悉賜耆老布鈔。

以扈從北征，賜公、侯、伯、文武羣臣鈔有差。

（太宗永樂實録卷 68 第 8 頁 101.3.1315）

660 二月丁未 車駕祭（按：疑祭爲發之誤）北京。

遣指揮完者帖木兒等齎勅及綵幣賜別失八里王馬哈麻。先是，詔使往撒馬兒罕，道經其地，馬哈麻遣人護送，禮待甚厚，故特使勞之。

（太宗永樂實録卷 68 第 9 頁 101.4.1317）

661 二月戊申 車駕次沙河。

（太宗永樂實録卷 68 第 9 頁 101.4.1317）

662 二月己酉 車駕次龍虎臺。遣行在太常寺少卿朱焯祭居庸山川。

（太宗永樂實録卷 68 第 9 頁 101.4.1317）

663 二月己酉 行在工部尚書吴中言：營建山陵合用工匠民夫，請於山東、山西、河南、北京及浙江等布政司、直隸府州縣徵用，北京旁近衛所亦宜量撥軍士。從之。仍命有司月給糧賞。

（太宗永樂實録卷 68 第 9 頁 101.4.1317）

664 二月庚戌 車駕度居庸關，次水安甸（按：疑水爲永之誤）。晚雨雪，已而復霽，日下，五色雲現。

（太宗永樂實録卷 68 第 9 頁 101.4.1317）

665 二月癸丑 皇太子謂都察院左都御史陳瑛曰：五城兵馬專以巡警京城，若畏避權勢，從惡長奸，將小人得志，善良受害。爾其戒勵之，使各修厥職。

（太宗永樂實録卷 68 第 10 頁 101.4.1318）

666 二月甲寅 車駕次泥河。

667 二月甲寅 是日皇太子命故燕山左衛指揮同知楊真保子俊襲陞指揮使，千户郝鹿兒子誠襲陞指揮同知。

命……燕山左指揮同知王能子伯家奴……通州衛指揮同知劉善子本、指揮僉事鄭馬壯子寧俱襲職。

（太宗永樂實録卷 68 第 10 頁 101.5.1319）

668 三月辛未 琉球國中山王思紹遣姪三吾良亹等來朝，貢馬百一十四。皇太子賜之鈔幣。

（太宗永樂實録卷 69 第 1 頁 102.1.1324）

669 三月壬申 命湖廣布政司運糧百萬石、都司三十萬石，浙江布政司運百二十萬石、都司三十萬石，江西布政司運十萬石、都司二十萬石赴北京，備官軍俸糧。

（太宗永樂實録卷 69 第 2 頁 102.2.1325）

670 三月甲戌 是日，皇太子……以喬穩爲北京苑馬寺卿。初以守城功擢任北京刑部〔校記：廣本庫本刑作行，是也〕左侍郎，坐事謫交阯，至是念其舊勞，復召用之。

（太宗永樂實録卷 69 第 2 頁 102.2.1325）

671 三月庚辰 命於北口設車坊、黑峪、王墓（按：館本王作土，疑墓爲木之誤）三巡檢司，隸隆慶衛;鎗桿嶺、鵶兒嶺、雞鳴山三巡檢司隸宣府前衛。

（太宗永樂實録卷 69 第 4 頁 102.4.1329）

672 三月乙酉 皇太子擢茂名縣知縣童子莊爲北京國子監司業。時子莊以通經召修《永樂大典》于翰林，遂簡用之。

（太宗永樂實録卷 69 第 5 頁 102.4.1330）

673 四月甲辰 日本國王源義持遣使圭密等奉表貢方物，謝賜父謚及命襲爵恩。皇太子賜圭密等鈔幣有差。

（太宗永樂實録卷 69　第 9 頁　103.3.1339）

674　四月己酉　琉球國山南王汪應祖遣使乃佳吾斯古貢馬，賀萬壽聖節。皇太子賜之鈔幣。

（太宗永樂實録卷 69　第 10 頁　103.3.1340）

675　四月丙辰　皇太子陞山東道監察御史顧大奇爲江西按察副史，北京道監察御史王子沂爲僉事。

676　四月丙辰　前北京行部左侍郎馬京死於獄。京，武功人，洪武乙丑進士……永樂元年改北京行部左侍郎。時皇太子守北京，命京兼輔導，京盡誠翼贊，皇太子甚重之。而爲漢王高煦所忌，數毀之於上，謫戍廣西。會有旨，令有司舉軍中文學士。有舉京者，既至，猶以前事下錦衣衛獄。居數月，死獄中。

（太宗永樂實録卷 69　第 10 頁　103.4.1341）

677　四月戊午　皇太子擢……孫昇爲北京道監察御史。

（太宗永樂實録卷 69　第 11 頁　103.4.1341）

678　五月壬午　是日，皇太子改北京行部主事趙燧爲左春坊左司直郎。

（太宗永樂實録卷 70　第 4 頁　104.3.1350）

679　五月癸未　是日，北京國子監司業董子莊（昌按：疑此條董爲童之誤。童子莊事蹟見卷六九第四頁，卷一百十六第五頁。）啟請如南京例，置典籍一員，專掌書籍。

（太宗永樂實録卷 70　第 4 頁　104.3.1350）

680　五月癸巳　是日，朝鮮國王李芳遠遣陪臣尹向貢馬及方物。

（太宗永樂實録卷 70　第 7 頁　104.6.1355）

681　六月庚子　是日，琉球國官生橫都古等三人入國子監受學。

北京監察御史鄒師顔劾啟監察御史白春巡視驛站貪受賄賂，

宜付法司論罪。皇長孫命都察院鞫之。

（太宗永樂實録卷 70　第 7 頁　105.1.1357）

682　六月甲寅　北京監察御史鄒師賢等劾啟：御史李公敏娶見監罪囚親屬爲妻，或挾其妻就飲人家，通宵不返，廉耻道喪，漸習成風。致同寮御史劉先、劉勉、張睿、郭衡、商忠皆娶離異不明之婦，恬不爲耻。切照御史職糾百司，苟不自止，何以正人？公敏等悉宜黜免，以清憲紀。皇長孫令都察院鞫之。

（太宗永樂實録卷 70　第 11 頁　105.4.1363）

683　六月乙丑　是日，琉球國中山王思紹遣使阿乃佳結制、林佑等及阿端回回哈只火灘等貢馬及方物。賜鈔幣有差。林佑本中國人，爲琉球通事，啟請賜冠帶，皇太子從之。

（太宗永樂實録卷 70　第 12 頁　105.5.1365）

684　七月戊辰　遣右春坊右庶子兼翰林院侍講楊榮賫書諭皇太子，以七月十七日抵北京，命代告天地、宗廟、社稷。

簡留各營將士隨駕，餘令先入居庸關。

（太宗永樂實録卷 71　第 1 頁　106.1.1368）

685　七月壬申　是日，皇太子以故大興左衛指揮使馬俊子聚、燕山前衛指揮使祝林子貴、通州衛指揮使劉津子興俱襲父職。

（太宗永樂實録卷 71　第 2 頁　106.2.1369）

686　七月癸酉　車駕次獨石，勑北京留守羣臣毋遠迎妨事。

（太宗永樂實録卷 71　第 2 頁　106.2.1369）

687　七月壬午　車駕至北京。

（太宗永樂實録卷 71　第 4 頁　106.3.1372）

688　七月甲申　上以皇長孫居守北京，民安政理，賜尚書夏原吉鈔一千貫，綵幣四表裏及鞍馬、羊酒。

（太宗永樂實録卷 71　第 4 頁　106.3.1372）

689　七月丁亥　朝鮮國王李芳遠遣陪臣李貴山等奉表箋賀皇太子千秋節。賜鈔幣有差。

（太宗永樂實録卷 71　第 5 頁　106.4.1373）

690 八月乙未朔 陞……燕山左衛指揮同知陳斌、趙忠、錢通、司信、張得、白旺、錢忠，燕山右衛指揮同知楊中勵，原火兒赤旗手衛指揮同知夏進……大興左衛指揮同知厥興六十九、田貴……俱爲本衛指揮使。……燕山左衛指揮僉事楊春、唐信，大興衛指揮僉事馬文，通州衛指揮僉事楊得、張安、王貴俱爲本衛指揮同知。雲川衛千户爲燕山左衛指揮僉事，……燕山前衛千户陳得、劉玉、劉義，燕山左衛千户張彬、劉清、王玉、衛合你阿次不花、莽哥歹、蔡青、顧旺，燕山右衛千户張義、白忠、常發、李智……通州衛千户李榮、裴榮、羅忠、孫榮、臧名、段信，錦衣衛千户李忠、徐晟俱爲本衛指揮僉事。晟卽王七十五，復姓名云。

（太宗永樂實録卷 71　第 8 頁　107.1.1379）

691 八月辛丑 陞……通州衛指揮同知白忠、鄭得、般脱赤、張英、伯顔秃不花俱爲指揮使，指揮僉事白貴爲指揮同知。

改槍桿嶺巡檢司爲長安嶺巡檢司，置北京牧馬千户所吏目一員。

（太宗永樂實録卷 71　第 9 頁　107.2.1382）

692 八月癸卯 皇太子命如例賜國子監琉球、四川、雲南生楊麟等九十二人衣服、衾褥、巾縧、靴襪。

大理寺左寺丞遠志有罪，謫北京苑馬寺充軍。

（太宗永樂實録卷 71　第 9 頁　107.2.1382）

693 八月丙午 陞……燕山左衛指揮同知魏剛、李賨、陳敏，大興左衛指揮同知李英……俱爲本衛指揮使。……通州衛千户高喜俱爲本衛指揮僉事。

（太宗永樂實録卷 71　第 9 頁　107.3.1383）

694 八月丁未 命行在禮部集僧道於慶壽寺、白雲觀，建齋醮三晝夜，資薦北征亡者軍士。

（太宗永樂實録卷 71　第 10 頁　107.3.1384）

695 八月庚戌 陞……燕山右衛指揮同知張興、劉福成、曹昇，燕山前衛指揮同知戴旺俱爲本衛指揮使。……通州衛千户康成，燕山右衛千户盛忠俱爲本衛指揮僉事。

（太宗永樂實録卷 71 第 10 頁 107.3.1384）

696 八月辛亥 陞……北京行部郎中王敏爲陜西布政司右参政。

（太宗永樂實録卷 71 第 10 頁 107.4.1385）

697 八月丙辰 陞……燕山左衛指揮使張山，燕山前衛指揮使彭失、達那海……俱爲遼東都指揮僉事。……密雲中衛指揮使陸榮、王興、劉旺、朱成……俱爲山東都指揮僉事。薊州衛指揮使亦秃帖木兒、楊安北斗奴俱爲河南都指揮僉事。……燕山右衛指揮使張義、阿不沙、陳勝，燕山前衛指揮同知齊義……俱爲本衛指揮使。……燕山右衛指揮僉事馬英……通州衛指揮僉事李敬、大興左衛指揮僉事胡勝……俱爲本衛指揮同知。……燕山前衛千户馬燕……大興左衛千户察吉兒……俱爲本衛指揮僉事。

（太宗永樂實録卷 71 第 12 頁 107.4.1386）

698 八月丁巳 遣中官田嘉禾、海壽賫勅往賜朝鮮國王李芳遠白金千兩，紗羅千疋，綵絹五千疋。先是，芳遠獻馬萬匹助征北虜，故嘉答之。

（太宗永樂實録卷 71 第 13 頁 107.6.1389）

699 八月戊午 命北京行部運鹽三萬斤儲懷來，以給開平守禦將士。

（太宗永樂實録卷 71 第 13 頁 107.6.1389）

700 八月庚申 陞大興左衛指揮同知劉聚……俱爲本衛指揮使，燕山左衛指揮僉事于昭爲本衛指揮同知，……燕山右衛千户唐信俱爲本衛指揮僉事。

（太宗永樂實録卷 71 第 13 頁 107.6.1390）

701　八月甲子　是月陞……薊州衛指揮使張忠爲都指揮僉事，掌通州衛事。燕山左衛指揮僉事戴成爲江淮衛指揮使，通州衛指揮同知王忠、董只兒俱爲指揮使，指揮僉事張貴爲指揮同知，燕山前衛指揮僉事六十爲指揮同知。……燕山前衛千户白忽來，燕山左衛千户張友得……俱爲本衛指揮僉事。

（太宗永樂實録卷 71　第 15 頁　107.8.1393）

702　九月乙丑朔　改北京灤州河泊所爲灤州鹽沙河泊所。

（太宗永樂實録卷 72　第 1 頁　108.1.1395）

703　九月己巳　車駕幸天壽山，召武義伯王通諭曰：工匠軍民勤勞已久，今天氣嚮寒，宜善撫恤。於是人賜鈔十錠及狐帽、胖襖、袴鞋。陵内工匠加倍，軍加五錠，民用力過三月者如之，不及三月者加三錠。

北京行部右侍郎張思恭卒〔校記：廣本右作左，是也。張氏任北京行部左侍郎，見太宗實録七〇一面〕。思恭，鳳陽蒙城人，洪武中……改北京刑部〔校記：刑應作行〕。……家居卒。

（太宗永樂實録卷 72　第 1 頁　108.1.1395）

704　九月癸酉　占城國王占巴的賴遣使濟標等貢象并金銀器等物。賜濟標等綵幣有差，命禮部遣中官馬彬送濟標還，就齎勅賜其王錦、紗羅。

（太宗永樂實録卷 72　第 1 頁　108.1.1396）

705　九月丙子　朝鮮國王李芳遠遣陪臣趙大臨等奉表賀平胡，獻馬及方物。賜大臨鈔幣有差。

（太宗永樂實録卷 72　第 2 頁　108.1.1396）

706　九月丙子　後軍都督僉事吴庸卒。庸太平府蕪湖人，父進，洪武初爲濟南衛百户，改燕山左護衛。庸嘗以武臣子入太學讀書。……召爲後軍都督僉事，守涿州，遣督運軍餉，往來河山，還次淮安，以疾卒。……子凱襲其舊職。……時有劉經、趙課僧者，皆與庸同立戰功，經……積官至北平都司都指揮使，課僧……積官至燕山左護衛指揮使。卒皆賜祭賻贈與庸同。

（太宗永樂實録卷 72　第 2 頁　108.2.1397）

707　九月丁丑　以從征胡寇功陞……大興左衛指揮同知戴初……通州衛指揮同知李正俱爲指揮使，指揮僉事魯旺爲指揮同知。

（太宗永樂實録卷 72　第 2 頁　108.2.1397）

708　九月己卯　中官張謙、行人周航使浡泥國還，其王遐旺遣其叔蔓的里哈盧等百八十人偕來貢方物謝恩。賜文綺、襲衣、鈔幣有差。

（太宗永樂實録卷 72　第 3 頁　108.2.1398）

709　九月乙酉　老撾宣慰使刀綿歹遣頭目板莓等貢馬及方物。賜之鈔幣。

（太宗永樂實録卷 72　第 3 頁　108.3.1399）

710　九月庚寅　命户部自今歲爲始，歲給趙王高燧禄米五萬石，鈔五萬錠，仍給北京在城課税。

設北京順天府廣備庫，置大使一員，副使四員。準内庫例，週歲考滿。

（太宗永樂實録卷 72　第 4 頁　108.4.1400）

711　十月丁酉　車駕發北京，先期於奉天殿丹陛設壇告天地，遣官祭告北京山川、城隍、旗纛等神，其所經陵寢神祭禮如初。

（太宗永樂實録卷 72　第 5 頁　109.1.1404）

712　十月乙巳　改北京永平府撫寧縣之遷安驛隸灤州。

（太宗永樂實録卷 72　第 6 頁　109.6.1406）

713　十一月甲戌　車駕至京師。遣官祭告天地、太廟、社稷、孝陵、承天門及京都祀典旗纛等神。

（太宗永樂實録卷 73　第 2 頁　110.1.1410）

714　十一月丁丑　賜浡泥國王叔蔓的里哈盧等及東洋馮加施蘭、吕宋國……朝貢使臣……宴。

（太宗永樂實録卷 73　第 2 頁　110.2.1411）

715　十一月壬午　緬甸宣慰使那羅塔遣頭目忙只等貢馬。賜鈔幣有差。

（太宗永樂實録卷 73　第 2 頁　110.2.1412）

716　十一月癸未　賜國子監琉球等處生李傑等并其從人冬衣、靴韈。

（太宗永樂實録卷 73　第 2 頁　110.2.1412）

717　十一月己丑　鎮守河州衛陝西都指揮同知劉昭奏，陸續收到河州衛各番族馬七千七百一十四疋。上馬每疋茶六十斤，中馬四十斤，下馬遞減之，共給茶二十七萬八千四百六十斤。已選配牝馬千四百三十四疋，發陝西、甘肅二處苑馬寺孳牧。今以馬六千四百八十疋送北京，命太僕寺牧養。

（太宗永樂實録卷 73　第 3 頁　110.3.1413）

718　十二月戊戌　爪哇國王都馬板遣使亞烈速木奴等上表，貢馬及方物，謝頒賜恩。宴賚其使，復賜王文綺、綵幣六十疋。

暹羅國王昭禄祥羣膺哆羅諦剌〔校記：舊校删祥字〕遣使曾壽等〔校記：廣本壽下有賢字，是也〕貢馬及方物，并送中國流移人還。賜壽賢等鈔幣，命禮部遣中官張原等賫勑勞之，并賜之金織文綺、紗羅。

（太宗永樂實録卷 73　第 4 頁　111.1.1416）

719　十二月戊申　蘇門答剌國王宰奴里阿必丁、榜葛剌國王靄牙思丁遣使麻抹細智等貢方物。賜賚有差。

（太宗永樂實録卷 73　第 6 頁　111.3.1420）

720　十二月乙卯　撒馬兒罕并火州等處回回火者馬兒等獻玉璞、硼砂。賜鈔幣、衣服有差。

（太宗永樂實録卷 73　第 9 頁　111.5.1424）

721　十二月丙辰　朝鮮國王李芳遠遣陪臣林整、琉球國中山王思紹遣姪三吾良亹貢方物，賀明年正旦。命禮部宴賚之。

（太宗永樂實録卷 75　第 9 頁　111.6.1425）

722　十二月　　是歲……餽運北京糧二百一萬五千一百六十五石有奇。

（太宗永樂實録卷 73　第 10 頁　111.6.1426）

永樂九年（1411）

723　正月庚午　　賜暹羅國使臣曾壽賢……東洋使人李宥等宴。

（太宗永樂實録卷 74　第 2 頁　112.2.1431）

724　正月辛未　　陞錦衣衛百户馬貴爲本衛指揮同知，録其使西洋古里等處勞績也。

（太宗永樂實録卷 74　第 2 頁　112.2.1431）

725　正月壬申　　老撾宣慰使司宣慰使刀線歹遣人貢方物。賜賚其使，仍命禮部遣中官楊琳賜刀線歹絨錦、金織文綺等物。

（太宗永樂實録卷 74　第 2 頁　112.2.1431）

726　正月辛巳　　順天府香河等縣民奏：所收官草因雨浥爛，而法司坐以侵欺，責償甚急，乞寬恤。上曰：北京近縣之民，朕昔用兵，始終供餽，雖勞不厭。今國家無事，縱有侵欺，猶當以前勞宥之，况無侵欺，可枉之乎？特命釋之。人賜鈔五錠爲道里費，遣還。

（太宗永樂實録卷 74　第 4 頁　112.3.1433）

727　正月乙酉　　命鄭允厚爲光禄寺少卿。允厚朝鮮人，掖庭之親，因其來朝，特授是職而不任事。

（太宗永樂實録卷 74　第 4 頁　112.3.1434）

728　正月丙戌　　命都督費義率舟師運衛府所儲粟三十二萬四千四百石赴北京。

（太宗永樂實録卷 74　第 4 頁　112.3.1434）

729　正月戊子　　陞北京道監察御史陳琰爲湖廣按察司副使。

（太宗永樂實録卷 74　第 4 頁　112.4.1435）

730 正月己丑 免北京保定府祁州被水災田租。

（太宗永樂實録卷 74 第 4 頁 112.4.1435）

731 正月庚寅 北京行後軍故都督僉事平安之子宏陳乞優給，特命月給指揮使禄。

（太宗永樂實録卷 74 第 5 頁 112.4.1435）

732 二月癸巳 北京國子監言：比歲生徒增益而監官未備，請如南京國子監例，置博士四員，助教十三員，學正九員，學録六員，掌饌一員。從之。

（太宗永樂實録卷 74 第 5 頁 113.1.1435）

733 二月癸巳 賜光禄寺卿權永均、少卿鄭允厚、琉球國王侄三吾良亹等宴。

遣中官張謙等賚勅使浡泥國，賜其王遐旺錦綺、紗羅、綵絹百二十匹，並賜其頭目有差。

琉球國中山王思詔遣王相之子懷得，塞官子祖魯古入國子監受學。

（太宗永樂實録卷 74 第 5 頁 113.1.1438）

734 二月己亥 命前燕山左護衛指揮使張瑀子善、燕山前衛指揮同知羅厚子信……襲職。……通州衛指揮僉事李興子芳俱襲陞指揮同知。以瑀……興皆歿於戰陣也。

（太宗永樂實録卷 74 第 6 頁 113.2.1439）

735 二月甲寅 遣使賚勅賜日本國王源義持金織文綺、紗羅、綾絹百匹，錢五十緡，嘉其屢獲倭寇也。

（太宗永樂實録卷 74 第 8 頁 113.4.1443）

736 三月壬申 命山西都指揮僉事王貴子信襲父舊職爲燕山左衛指揮使。……通州衛指揮使朱銘子通……燕山左衛指揮僉事毛貴義子鎖兒、大興左衛指揮僉事金亮子全……各襲兄父之職。

（太宗永樂實録卷 75 第 4 頁 114.3.1452）

737 三月辛巳 命故燕山前衛指揮使楊城子榮……各襲其職。

（太宗永樂實録卷 75 第 6 頁 114.5.1456）

738 三月丙戌 命平江伯陳瑄充總兵官、都督宣信充副總兵，帥舟師海運糧儲赴北京。

（太宗永樂實録卷 75 第 9 頁 114.7.1460）

739 四月癸巳 琉球國中山王思紹遣使坤宜堪彌等貢馬及方物，并以長史程復來表言：長史王茂輔翼有年，請陞茂爲國相兼長史事。又言，復饒州人，輔其祖察度四十餘年，勤誠不懈，今年八十有一，請命致仕還鄉。從之，陞復爲琉球國相兼左長史致仕，還饒州；茂爲琉球國相兼右長史，仍賜坤宜堪彌等鈔幣遣還。

（太宗永樂實録卷 76 第 1 頁 115.1.1464）

740 四月庚子 朝鮮、爪哇諸國各遣使……來朝貢馬及方物，賀萬壽聖節。賜賚有差。

（太宗永樂實録卷 76 第 2 頁 115.2.1465）

741 四月戊午 命前燕山左護衛指揮僉事趙武能姪青襲金吾左衛指揮僉事。青父先由衛士立戰立（按：疑立爲功之誤），陞千户，戰歿時青尚幼，義弟武能借襲，至是青年壯，遂罷武能而命青襲之。

（太宗永樂實録卷 76 第 4 頁 115.4.1469）

742 六月癸巳 禮部言：榜葛剌國遣使朝貢，今至太倉。上命遣行人往宴勞之。

（太宗永樂實録卷 77 第 1 頁 116.1.1475）

743 六月乙巳 内官鄭和等使西洋諸番國還，獻所俘錫蘭山國王亞烈苦奈兒并其家屬。和等初使諸番至錫蘭山，亞烈苦奈兒侮慢不敬，欲害和，和覺而去。亞烈苦奈兒又不輯睦鄰國〔校記：廣本輯作緝〕，屢邀刼其往來使臣，諸番皆苦之。及和歸，復經錫蘭山，遂誘和至國中，令其子納顔索金銀寶物，不與，潛發番兵五萬餘，刼和舟而伐木拒險，絶和歸路，使不得相援。和等覺之，卽擁衆回船，路已阻絶，和語其下曰：賊大衆既出，國中必虚，且謂我客軍孤怯，不能有爲，出其不意攻之，可以得志。乃潛令人由他道至船，俾官軍盡死力拒之，而躬率所領兵二千餘〔校記：廣本千作十〕由間道急攻王城（按：館本王作土，廣本抱本土作王，是也），破之，生擒亞烈苦奈兒并家屬頭目。番軍復圍城，交戰數合，和（按：館本合下無和，廣本抱本合下有和字）大敗之，遂以歸。羣臣請誅之，上憫其愚無知，命姑釋之，給與衣食。命禮部議擇其屬之賢者立爲王，以承國祀。

（太宗永樂實録卷 77　第 2 頁　116.2.1477）

744　六月乙巳　撒馬兒罕等處回回困都等來朝貢方物。賜之鈔幣。

（太宗永樂實録卷 77　第 3 頁　116.2.1478）

745　六月丙午　賜朝鮮國使臣權執智宴。

（太宗永樂實録卷 77　第 3 頁　116.3.1478）

746　六月庚戌　榜葛剌國靄牙思丁遣使貢方物。賜之衣鈔。

（太宗永樂實録卷 77　第 4 頁　116.3.1480）

747　六月辛亥　賜榜葛剌國使臣賽一馬哈麻等宴。

（太宗永樂實録卷 77　第 4 頁　116.3.1480）

748　六月甲寅　北京刑部（按：疑刑爲行之誤）尚書朱濬等奏：順天、保定、永平等府，初置各衛官軍屯種，人給屯五十畝，後有陞調、改撥等項事故去者，其地悉爲見在官軍占據，或自種，或借貸人種，分收子粒。今發至種田民及上林苑監遷民俱無地給種，宜令所司勘覈陞調事故官軍所遺田地，給與耕種，如例起科爲便。從之。

（太宗永樂實録卷 77　第 5 頁　116.4.1482）

749　六月乙卯　琉球國中山王思紹遣使模都甫等奉表謝恩。先是，中山王所遣使有匿方物不盡貢，監察御史廉得其實以聞。上以非國王意，并其使者宥之。至是思紹遣人來謝，仍貢方物。勅賜王鈔及綵幣。

（太宗永樂實録卷 77　第 5 頁　116.4.1482）

750　七月辛酉　上諭工部臣曰：見役天壽山工匠，效勞日久，令有司月給米一石贍其家。

上謂兵部尚書方賓曰：凡物遂其性則生息蕃，往時北京軍士養馬散牧于野，順適其性，人不勞而馬蕃。近聞置棚造坊縶維之，如此牧養是拂逆其性矣，安能使之生遂？朕常以此訓諭司牧者，皆不能遵用。爾兵部申戒飭之。

（太宗永樂實録卷 77　第 7 頁　117.1.1485）

751　七月甲子　　緬甸宣慰司宣慰使那羅塔遣人貢方物。賜之鈔幣。

（太宗永樂實録卷 77　第 7 頁　117.1.1486）

752　七月乙丑　　修保定府新城縣張村等口決潰隄岸七十五處。

（太宗永樂實録卷 77　第 7 頁　117.1.1486）

753　七月甲戌　　以滿剌加國王拜里迷蘇剌來朝，遣中官海壽、禮部郎中黄裳等往宴勞之。

（太宗永樂實録卷 77　第 8 頁　117.2.1487）

754　七月乙亥　　古里國王沙米的、柯枝國王可亦里、蘇門答剌國王宰奴里阿必丁、阿魯國王速魯唐忽先（按：館本先作光，廣本作失，抱本作先）、彭亨國王巴剌密鎖剌達羅息泥、急蘭丹國王麻哈剌查若馬兒、南巫里國王及加異勒國頭目葛卜者麻、爪畦國新莊村主八弟的鑾各遣人奉表貢方物。賜其使冠帶、鈔錠，仍命禮部賜宴。

（太宗永樂實録卷 77　第 8 頁　117.2.1487）

755　七月丙子　　朝鮮國王李芳遠遣陪臣吴陞等貢方物，賀太子千秋節。賜之鈔幣。

（太宗永樂實録卷 77　第 8 頁　117.2.1488）

756　七月甲申　　滿剌加國王拜里迷蘇剌率其妻子及陪臣五百四十餘人入朝。初，上聞之，念其輕去鄉土、跋涉海道以來，即遣官往勞，復命有司供張會同館。是日奉表入見，并獻方物。上御奉天門宴勞之。別宴王妃及陪臣等。仍命光禄寺日給牲牢上尊。命禮部賜王金繡龍衣二襲，麒麟衣一襲及金銀器皿、帷幔、裀褥，賜王妃及其子姪、陪臣傔文從（按：疑從在文前）綺、紗羅、襲衣有差。

（太宗永樂實録卷 77　第 10 頁　117.3.1490）

757 七月丁亥 賜滿剌加國王拜里迷蘇剌及其妃八兒迷速里等宴於會同館。

（太宗永樂實録卷 77 第 11 頁 117.4.1492）

758 七月戊子 户部言，賑北京臨城縣飢民三百六十五户，給糧二千七百石有奇。

（太宗永樂實録卷 77 第 11 頁 117.4.1492）

759 八月庚寅朔 陞……燕山左衛千户忽失帖木兒俱爲指揮僉事。

賜滿剌加國王拜里迷蘇剌金相玉帶、儀仗、鞍馬，并賜王妃冠服。

（太宗永樂實録卷 78 第 1 頁 118.1.1495）

760 八月乙巳 勑諭武義伯王通等曰：天壽山軍民夫匠勤勞日久，今天氣向寒，人賞鈔五錠，狐帽、胖襖、袴各一，鞾鞋二，病者督醫治療。爾其加意撫綏，毋俾失所。但有虐害之者罪之，病久不愈者給舟車遣還，病死者有司函骨遞歸其鄉葬之。

（太宗永樂實録卷 78 第 2 頁 118.2.1497）

761 八月乙卯 國子監生靖宣等言：由山西大同等府儒學生歲貢入監，今願赴北京國子監讀書。從之，仍賜道里費，令便歸省。

（太宗永樂實録卷 78 第 4 頁 118.4.1501）

762 九月己未朔 宴滿剌加國王拜里迷蘇剌及榜葛剌、古里等國使臣……于午門。

（太宗永樂實録卷 78 第 5 頁 119.1.1503）

763 九月丁卯 後軍都督府同知曹隆卒。隆穎上縣人……上平乃兒不花，隆爲先鋒，以功授燕山左護衛百户。

（太宗永樂實録卷 78 第 6 頁 119.1.1504）

764 九月己巳 直隸（按：館本隸下有鳳陽二字）等府州縣吏王衡等九十三人自陳不諳吏事，願就北京爲民。從之，人賜鈔十錠。

（太宗永樂實録卷 78 第 7 頁 119.2.1505）

765 九月辛未 都指揮柴苦木帖木兒、米朵兒只、馬朵兒只，指揮鐵柱朵來，千户何青、盧耳立、嵬戴亦里奏請居北京，以圖報效。勅總兵官安遠侯柳升遣人護送之來，并給途中資費。

（太宗永樂實録卷 78 第 7 頁 119.2.1506）

766 九月癸酉 滿剌加國王拜里迷蘇剌辭歸，錫宴奏（按：奏爲奉之誤）天門，别宴王妃、陪臣等。賜勅勞王曰：王涉海數萬里至京師，坦然無虞，蓋王之忠誠，神明所祐。朕與王相見甚驩，固當且留，但國人在望，宜往慰之。今天氣向寒，順風南帆，寔惟厥時。王途中强飲食，善調護，以副朕睠念之懷。今賜王金相玉帶一，儀仗一副，鞍馬二匹，黄金百兩，白金五百兩，鈔四十萬貫，铜錢二千六百貫，錦綺、紗羅三百匹，絹千匹，渾金文綺二，金織通袖膝（按：疑膝爲膝之誤）襴二，王其受之。又賜王妃冠服一副，白金二百兩，鈔五千貫，錦綺、紗羅、絹六十匹，金織文綺紗羅衣四襲。賜王子姪冠帶，其陪臣等各賜白金、鈔錢、綵幣有差。古里等國使臣亦辭歸，皆賜宴而遣之，且命以金織文綺、金繡襲衣、金帳幔、織蓋等物賜其國王。

（太宗永樂實録卷 78 第 7 頁 119.2.1506）

767 九月丙子 命禮部宴餞滿剌加國及榜葛剌、古里諸國使臣于龍江驛，仍賜宴於龍潭驛。

（太宗永樂實録卷 78 第 8 頁 119.3.1508）

768 九月戊寅 命……燕山左衛指揮同知蔚海弟忠，各襲父兄之職。

（太宗永樂實録卷 78 第 9 頁 119.4.1509）

769 十月乙未 寬北京遷謫軍民賦役。初，勑户部曰：謫徙北京爲民及充軍屯種之人，初至卽責其賦役，必不能堪，議寬之。至是户部議：自願北京爲民及免杖而徙者五年勿事，免徒流而徙者三年勿事，充軍屯田〔校記：廣本抱本田作種〕者一年後徵其租，從之。惟充軍屯田者命二年後徵租，仍命户部戒飭郡縣，務崇寬恤，毋事虚文。

（太宗永樂實録卷 79　第 2 頁　120.1.1514）

770　十月乙巳　增置北京行部户曹清吏司郎中一員，永平、保定、河間三府同知、通判各一員，涿、通、霸、蘇（按:館本蘇作薊，是也）、灤、安、景、滄八州同知、判官各一員，專理屯田之務。

（太宗永樂實録卷 79　第 3 頁　120.3.1517）

771　十月乙卯　録征勦胡寇功。陞……燕山右衛吴彬、潘俊、儲八塔失、郭剛，燕山前衛岳貴、周信俱任遼東都司。燕山前衛張雄……密雲中衛孫勝、白成、干整、張能……通州衛湯銘、馬興、王信……俱任山東都司。……蘇（按：蘇爲薊之誤）州衛萬忠、崔聚、孫勝……遵化衛王義、王忠、向衡、翟欽俱任河南都司。遵化衛楊真……俱任山西都司。

命……燕山前衛指揮同知陳光生養子騎驢……俱襲其職。

（太宗永樂實録卷 79　第 5 頁　120.4.1519）

772　十一月庚午　賜北京留守行後軍都督府致仕都督僉事高實全俸。

（太宗永樂實録卷 79　第 10 頁　121.4.1529）

773　十一月壬申　暹羅國王昭禄羣膺哆囉諦剌遣使奈義使等貢方物。賜鈔幣有差。

（太宗永樂實録卷 79　第 10 頁　121.4.1530）

774　十一月丙子　朝鮮國王李芳遠遣陪臣黄喜等貢方物，謝賜藥劑。命禮部賜之鈔幣。

（太宗永樂實録卷 79　第 11 頁　121.5.1532）

775　十一月戊寅　賜朝鮮、暹羅諸國……等處使臣宴。

（太宗永樂實録卷 79　第 12 頁　121.5.1532）

776　十一月辛巳　琉球國王思紹遣姪三吾良亹等來朝貢方物。命禮部宴賚之。

（太宗永樂實録卷 79　第 12 頁　121.6.1533）

777 十二月甲午 陞北京道監察御史鍾永用爲福建按察司副使。

（太宗永樂實録卷 80 第 1 頁 122.1.1536）

778 十二月乙未 以水災免順天府涿州、大興等州縣永樂八年稅糧二萬七千二百一十八石，草百八十一萬三千餘束。

（太宗永樂實録卷 80 第 2 頁 122.2.1537）

779 十二月甲辰 設北京定州永豐倉，置大使、副使各一員。

（太宗永樂實録卷 80 第 3 頁 122.3.1539）

780 十二月丙午 賜都督柴別里哥及琉球、暹羅等國使臣鄔賴察其等……宴。

（太宗永樂實録卷 80 第 3 頁 122.3.1539）

781 閏十二月辛酉 賜都督柴別力歌及朝鮮、暹羅等國使臣宴。

（太宗永樂實録卷 80 第 3 頁 123.3.1548）

782 閏十二月壬戌 別失八里王馬哈麻遣使馬黑麻等貢馬及文豹。命禮部宴之。

（太宗永樂實録卷 80 第 8 頁 123.3.1548）

783 閏十二月癸酉 琉球國中山王思紹遣使泰勃奇、郭伯姑賴等貢馬，賀明年正旦。

（太宗永樂實録卷 80 第 9 頁 123.4.1550）

784 閏十二月戊寅 賜琉球國、瓦剌、別失八里等處使臣……等宴。

（太宗永樂實録卷 80 第 10 頁 123.5.1551）

785 閏十二月己卯 遣給事中傅安等送別失八里使臣馬黑麻等還。以瓦剌使者言，別失八里王爲馬哈麻將襲其部落，就命安等賫勅諭馬哈麻曰：近瓦剌遣使言，王欲襲其部落，信有之乎？抑瓦剌使者之言非耶？夫天於萬物皆欲其生，王宜愛人無分彼此。愛人者順天，順天者必昌；傷人者逆天，逆天必殃。蓋敦睦四隣，尤爲保境之道，自昔好兵首禍，其弊必至自危，王其審之。仍賜馬哈麻金織綵幣四十表裏。

（太宗永樂實録卷 80　第 10 頁　123.5.1552）

786　閏十二月庚辰　朝鮮國王李芳遠遣陪臣鄭擢等來朝貢方物，賀明年正旦。

（太宗永樂實録卷 80　第 11 頁　133.6.1558）

787　閏十二月辛巳　賜朝鮮、琉球使臣……宴。

（太宗永樂實録卷 80　第 11 頁　123.6.1553）

788　閏十二月乙酉　是月……餽運北京粮二百二十五萬五千五百四十三石。

（太宗永樂實録卷 80　第 12 頁　123.6.1554）

永樂十年（1412）

789　正月己未　兩淮都轉運鹽使鮑渾□（按：館本□作等）言：近年朝廷以營造召商中納北京鹽粮，仍令各□（按:館本□作處）罷中，往歲所中鹽亦令停支，淮揚二府人民每歲□（按：館本□作食）鹽五萬餘引亦宜暫停，候北京罷中，然後給與。從之。

（太宗永樂實録卷 81　第 2 頁　124.2.1557）

790　正月丁未　勑都督費義、尚□□□□（按：館本□□□□作書宋禮領）舟師□（按：館本□作運）糧赴北京。

（太宗永樂實録卷 81　第 4 頁　124.3.1560）

791　正月壬子　上以奸民好訟，由無恒産。而北京尚多閒田，乃□□□（按:館本□□□作下法司），越訴雖得實而據律當笞（按:笞爲笞之誤）者免罪，令携妻子徙北京良鄉、涿州、昌平、武清爲民，授田耕□□身願爲民種田（按:館本□□作種依，身作自），例給路費，三年始供租調；誣告犯徒流笞杖者亦免罪，携妻子徙盧龍、山海、永平、小興州爲民種田，不給路費，一年供租調。其誣告十惡及機密重事，不在此例。

（太宗永樂實録卷 81 第 5 頁 124.4.1562）

792 二月壬戌 置河間衛。命兵部：凡今北京之民見在遠衛爲□（按:館本□作軍）者，遇有亡故，其户丁就於河間新衛補伍，原□□（按：館本□□作衛别）調人補之。

（太宗永樂實録卷 81 第 7 頁 125.2.1567）

793 二月戊辰 命……燕山右衛指揮僉事董貴子興……大興左衛指揮僉事郭興子旺俱襲指揮僉事。

（太宗永樂實録卷 81 第 8 頁 125.2.1568）

794 二月庚午 勅平江伯陳瑄□□（按：館本□□作充）總兵官，都督宣信副之，率舟師海運糧餉赴北京。

（太宗永樂實録卷 81 第 8 頁 125.3.1569）

795 二月乙亥 琉球國山南王汪應祖遣使臣阿勃吾斯古貢方物。□□（按：館本□□作賜之）鈔幣。

（太宗永樂實録卷 81 第 8 頁 125.3.1569）

796 二月乙卯 賜琉球國山南王使臣阿勃吾斯古等宴。

（太宗永樂實録卷 81 第 8 頁 125.3.1570）

797 三月乙未 陞河南都指揮僉事俞春爲都指揮同知，命致仕居北京，仍給本俸。

（太宗永樂實録卷 82 第 2 頁 126.2.1576）

798 三月庚子 命……故燕山前衛指揮同知李安侄貴……俱襲職。燕山前衛千户劉信子海……俱襲陞指揮僉事。

（太宗永樂實録卷 82 第 3 頁 126.3.1577）

799 三月甲辰 以水災蠲免北京所屬郡縣田租。

（太宗永樂實録卷 82 第 4 頁 126.4.1579）

800 三月戊申 勅武義伯王通等曰：天壽□（按：館本□作山）營建將完，工匠役久，户無丁次者悉遣歸。仍命所過官司給行糧。

（太宗永樂實録卷 82 第 5 頁 126.4.1579）

801 三月庚戌 交阯太原府同知貢琛言：交阯官吏多有挈家來

者，或死于中途，或歿於任，所遺妻妾路遠不能歸，窘於衣食，往往服未終而再嫁，有傷風化。今後應有亡故官吏妻妾，官爲續食，遞送還鄉守制，庶全人倫，厚風化。從之。

（太宗永樂實録卷 82　第 5 頁　126.4.1580）

802　三月甲寅　陞順天府爲正三品，官制視應天府。陞知府張貫爲府尹，同知嚴節爲府丞，通判王勉爲治中，其大興、宛平二縣俱陞正六品。

（太宗永樂實録卷 82　第 5 頁　126.5.1581）

803　四月丁巳　韃靼孔剌歹奏願居北京。從之，賜予如例。

（太宗永樂實録卷 82　第 6 頁　127.1.1583）

804　四月庚申　浚北京通流等四閘河道共一萬七□（按：館本□作百）三十七丈。

（太宗永樂實録卷 83　第 6 頁　126.1.1583）

805　四月庚午　朝鮮國王李芳遠遣陪臣閔海異等，琉球國中山王思紹遣使坤宜堪彌等貢馬及方物，賀萬壽聖節。賜鈔及文綺表裏有差。

（太宗永樂實録卷 82　第 8 頁　127.2.1586）

806　四月癸未　録征剿胡寇功，陞……燕山前衛指揮同知成忠……燕山左衛指揮同知閻鑾鑾俱爲指揮使。……燕山左衛指揮僉事劉得俱爲指揮同知。

（太宗永樂實録卷 82　第 9 頁　127.3.1588）

807　五月乙酉　巡按北京監察御史言：宣府、萬全左、右、懷安、興和五衛所官軍俸粮，歲往大同（按：館本同下有關給二字），道路（按：館本路作里）遼遠，往復艱難。今山西商民於順天府中納鹽粮，宜令順塗就各衛輸納爲便。從之。乃命宣府存留商民中粮一萬石備官軍俸粮，餘輸北京。

（太宗永樂實録卷 83　第 1 頁　128.1.1591）

808　五月辛亥　初，上平定内難，命北京之民始終報□力（按：

館本□力作効）者蠲芻粮徭役，給牒爲信。至是武清縣民百一十余户以遺所給牒，有司復徵其徭役。事聞，上諭户部臣曰：遺牒是下不謹，復徵徭役是上不信，不謹其過小，不信其失大。其悉蠲之。

（太宗永樂實録卷 83 第 3 頁 128.3.1595）

809 六月丁巳 禮部言：滿剌加國、榜葛剌國遣使朝貢將至。命差人往鎮江府宴勞之。

（太宗永樂實録卷 83 第 4 頁 129.1.1597）

810 六月癸亥 賜國子監琉球國、雲南、四川官民生懷得等一百三十六人夏布襕衫、絛靴。

（太宗永樂實録卷 83 第 5 頁 129.2.1599）

811 六月壬申 滿剌加國王拜□（按：館本□作里迷）蘇剌遣姪西里撒麻蘭札牙等貢方物。

（太宗永樂實録卷 83 第 6 頁 129.3.1601）

812 六月癸酉 陞燕山前衛指揮同知張信爲山西都指揮僉事。

（太宗永樂實録卷 83 第 6 頁 129.3.1601）

813 六月乙亥 榜葛剌國王靄牙思丁之子賽弗丁遣陪臣把一濟等貢物及方物，告其父卒。詔遣使諭祭，仍命賽弗丁嗣爲榜葛剌國王，賜錦綺、紗羅、綵及襲衣、帳幔、傘蓋、磁器等物。

（太宗永樂實録卷 83 第 7 頁 129.4.1603）

814 六月丙子 賜榜葛剌、滿剌加國使臣把一濟等宴于會同館。

（太宗永樂實録卷 83 第 8 頁 129.4.1604）

815 六月戊寅 命北京行後軍都督府、北京行部量撥軍夫於宣府萬全倉運粟二萬石往開平備軍餉。

（太宗永樂實録卷 83 第 8 頁 129.4.1604）

816 七月丙戌 順天府言：盧溝河水漲，壞橋及隄岸八百二十丈，又壞官民田廬、溺死人畜。上命户部遣人綏撫，工部遣人修築。

（太宗永樂實録卷 84 第 1 頁 130.1.1607）

817 七月己丑 選在閒韃官教民畜馬。上諭兵部臣曰：朔方多馬，固土地所宜，亦其人習於畜牧。今韃官閒居者多，可選其老成謹厚者，令教民畜養。於是兵部奏：委都督薛斌、吴誠等選擇其居永平、薊州、通州者□□（按:館本□□作就留）本處教民，居真定、定州者，更番赴順天等府教民，但令教之□（按:館本□作飲）飼之宜，若孳息不及，教者無預。

（太宗永樂實録卷 84 第 1 頁 130.1.1607）

818 七月丙申 封耶巴乃那爲錫蘭山國王。先是，錫蘭山國王亞烈苦奈兒以罪被執，上命擇其支屬賢者立之。至是禮部言：詢其國人，咸謂耶巴乃那賢。遂遣使賫詔及誥印封之，誥曰：朕統承先皇帝鴻業，撫馭華夷，嘉興萬方，同臻治（按:館本治作至）治。錫蘭山亞烈苦奈兒近處海島，素蓄禍心，毒虐下人，結怨鄰境。朕嘗遣詔使諭諸番國，至錫蘭山，其亞烈苦奈兒敢違天道，傲漫弗恭，逞其兇逆，謀殺朝使，天厭其惡，遄彼禽俘。朕念國中軍民皆朕赤子，命簡賢能爲之統屬。耶巴乃那修德好善，爲衆所推，今特封爾爲錫蘭山國王。於戲！惟誠敬可以立身，惟仁厚可以撫衆，惟忠可以事上，惟信可以睦隣。其欽承朕命，永崇天道，無怠無驕，爰曁子孫，世享無窮之福，欽哉！時群臣皆請誅亞烈苦奈兒，上曰：蠻夷禽獸耳，不足深誅。至是赦之，亦遣歸。

（太宗永樂實録卷 84 第 2 頁 130.2.1608）

819 七月甲辰 擢……中書舍人吴均北京國子監助教。

（太宗永樂實録卷 84 第 3 頁 130.3.1611）

820 七月乙巳 朝鮮國王李芳遠遣陪臣李安愚奉箋貢金銀器，賀太子千秋節。賜之鈔幣。

（太宗永樂實録卷 84 第 3 頁 130.3.1611）

821 七月丙午 北京行部致仕左侍郎劉辰卒。辰字伯静，金華人。

（太宗永樂實録卷 84 第 3 頁 130.3.1612）

822 七月戊申 遣中官吳賓等賚勅往賜爪哇國西王都馬板錦綺、紗羅、綵絹千匹并金織文綺、襲衣等物。

（太宗永樂實録卷 84 第 4 頁 130.3.1612）

823 七月己酉 以……燕山前衛指揮使李士原壻靳玉各襲職。

（太宗永樂實録卷 84 第 4 頁 130.4.1613）

824 八月丙辰 勅諭北京提督養馬官曰：朕於馬政用心滋久，但爾等不體委任之重，恣意貪虐，務私背公（按：館本私作使，廣本抱本使作私，是也），使軍士疲于供給，不得休息。孳牧飼養，咸失其時，致馬死傷者多，孳生者少。國家虛費錢穀，訖無實效。其即從公考驗，軍士有用心養馬孳生及數者，人賞鈔五錠，不可冒濫；其提督官若仍循舊弊不悛改者，罪不赦。

（太宗永樂實録卷 84 第 6 頁 131.1.1616）

825 八月丁巳 陞禮部主事楊砥爲北京行太僕寺卿。

（太宗永樂實録卷 84 第 6 頁 131.1.1616）

826 八月庚申 灤州樂亭縣縣丞楊真（按：館本真作直）言，北京人民在各衛爲兵者，或死或徙，户無餘丁。遺孤嫠老無依：甚可哀憫。伏望給與口粮，遣還故土，就親存活。從之。

（太宗永樂實録卷 84 第 6 頁 131.2.1617）

827 八月辛酉 陞國子監助教□（按：館本□作具，疑具爲貝之誤）泰爲北京國子監司業。

禮部□（按：館本□作言）：浡泥國王遐旺偕其母、妻等來朝，已至福建。命遣郎中高謙、行人柳昌往宴勞之。

（太宗永樂實録卷 84 第 6 頁 131.3.1617）

828 八月甲子 占城國王占巴的賴遣使部該濟標等奉表貢象及方物。賜鈔幣有差。部該濟標奏請冠帶，命禮部賜之。

（太宗永樂實録卷 84 第 7 頁 131.2.1617）

829 八月乙亥 修居庸關水門。

（太宗永樂實録卷 84 第 8 頁 131.3.1620）

830　九月甲午　　上聞天壽山夫匠有亡歿者，親爲文遣官賜祭，命僧設齋三晝夜資薦，有司亟（按：館本亟作函）骨歸葬鄉里。仍復其家二年。

（太宗永樂實録卷 85　第 1 頁　132.1.1623）

831　九月丁酉　　滿剌加國王拜里迷蘇剌、姪西里撒麻蘭扎牙等辭歸。賜鈔幣有差，仍遣中官甘泉往賜拜里迷蘇剌錦綺、紗羅、綵幣。

（太宗永樂實録卷 85　第 2 頁　132.2.1625）

832　九月戊戌　　喃渤利國王馬哈麻沙、蘇門答剌國王宰奴里阿必丁各遣使貢方物。賜其使襲衣，仍命禮部賜國王印誥及錦綺、紗羅、綵帛。

陞……大興左衛指揮僉事張忠俱爲指揮同知。……燕山右衛正千户郭黑驢俱爲指揮僉事。

（太宗永樂實録卷 85　第 2 頁　132.2.1625）

833　九月甲辰　　北京行後軍都督府言宣府興和等處城垣屯堡坍塌。遂勅宣府總兵官武安侯鄭亨曰：前勅爾領兵還北京，如已還，可別選兵五百，仍領去巡視各處關隘屯堡，凡衝要處有坍塌者，即疊石甃砌，或以土築，務在堅固。冬寒已近，宜早用工。

（太宗永樂實録卷 85　第 3 頁　132.2.1626）

834　九月丁未　　浡泥國王遐旺等入朝貢方物。自王以下皆賜襲衣，命禮部宴之會同館，光禄寺旦暮給酒饌。

（太宗永樂實録卷 85　第 3 頁　132.3.1627）

835　九月戊申　　宴浡泥國王遐旺等于奉天門，賜王之母宴于前三公府。

（太宗永樂實録卷 85　第 3 頁　132.3.1627）

836　九月庚戌　　賜浡泥國王遐旺等宴，别賜宴其母。

（太宗永樂實録卷 85　第 3 頁　132.3.1627）

837　十月己未　　勅刑部、都察院、大理寺，出繫囚之□（按：

館本□作輕）者輸作贖罪，有病令順天府遣醫療之。因諭之曰：古人不得已而用刑，故常存欽恤。後世以治刑爲能事，則必流於刻，刻吏必爲朝廷斂怨於平民。卿等不宜有此，有此者宜速改之。

老撾宣慰司宣慰使刀線歹遣頭目刀弄等貢方物。賜刀弄等鈔，命禮部賜刀線歹絨錦、綺羅各五匹。

（太宗永樂實録卷85 第4頁 133.1.1630）

838 十月甲子 遣使賫勅撫諭底里國王馬哈木、納撲兒國王亦不剌金，各賜絨錦、金織文綺、綵絹等物。

（太宗永樂實録卷85 第5頁 133.2.1631）

839 十月壬申 刑部左侍郎盧祥卒。祥，涿州房山縣人，洪武三十年由國子監生擢刑部郎中……永樂元年命署順天府事，擢北平布政司右參議。

（太宗永樂實録卷85 第6頁 133.2.1632）

840 十一月庚寅 賜浡泥國王遐旺冠帶、金織文綺衣，并賜其母冠服、其叔及頭目冠帶。

（太宗永樂實録卷86 第3頁 134.2.1638）

841 十一月丙申 遣太監鄭和等賫勅往賜滿剌加、爪哇、占城、蘇門答剌、阿魯、柯枝、古里、喃浡利、彭亨、急蘭丹、異勤□（按:館本□作加，勤作勒）、忽魯謨斯、比剌、溜山、孫剌諸國王錦綺、紗羅、綵絹等物有差。

（太宗永樂實録卷86 第3頁 134.3.1639）

842 十一月丁酉 山東都指揮僉事李凱等督運衛輝等處糧百六十五萬九千二百七十餘石至北京。

（太宗永樂實録卷86 第3頁 134.3.1639）

843 十一月辛酉 宴浡泥國王遐旺等。

（太宗永樂實録卷86 第4頁 134.4.1640）

844 十一月乙巳 考郎兀衛副千户兀魯不花乞於北京居住。從之，賚予循例。

（太宗永樂實録卷 86 第 5 頁 134.4.1642）

845 十一月己酉 命……大興左衛指揮僉事王伙用子諒……代職。

（太宗永樂實録卷 86 第 5 頁 134.4.1642）

846 十二月戊午 敕武義伯王通：八（按：館本八作天，是也）壽山夫匠得代者，令爾管官領回，有司給行糧。病者予（按：館本無予字，廣本抱本者下有予字，是也）醫藥。

（太宗永樂實録卷 86 第 6 頁 135.1.1645）

847 十二月癸亥 保定府安州奏：大雨決直亭等河口八十九處，處計用六千三百人修築，一月可完。上以天氣寒沍，命俟春暖築之。

（太宗永樂實録卷 86 第 6 頁 135.1.1646）

848 十二月甲子 暹羅國王昭禄□（按：館本□作群）膺哆羅諦剌遣坤文琨等奉表貢方物。賜坤文琨等鈔幣有差，仍命禮部遣中官洪保等往賜□（按：館本□作其）王文綺、羅帛。

（太宗永樂實録卷 86 第 6 頁 135.1.1646）

849 十二月丙寅 賜暹羅國使臣坤文琨等宴。

（太宗永樂實録卷 86 第 6 頁 135.2.1647）

850 十二月己巳 以仁孝皇后梓宮將歸山陵，命工部右侍郎藺芳、通政司右通政樊敬、錦衣衛指揮莊敬等緣途預備宿頓，治橋道，具車船。

後軍都督僉事朱旺卒。旺徐州人，父海爲燕山左護衛總旗……及是卒。禮部祭葬如例。

（太宗永樂實録卷 86 第 7 頁 135.2.1647）

851 十二月壬申 命……燕山左衛指揮使杜材□智……代職。皆以父祖老疾致仕。

命故大興左衛指揮使陸貴子勝……大興左衛指揮同知冉脱孫

不花……襲職。

（太宗永樂實録卷 86 第 8 頁 135.2.1648）

852 十二月丁丑 朝鮮國王李芳遠遣陪臣李□□（按：館本□□作從茂）貢方物，賀明年正旦。賜予如例。

是歲……餽運□□□□（按：館本□□□□作北京糧二）百四十八萬七千一百八十八石。

（太宗永樂實録卷 86 第 9 頁 135.4.1652）

永樂十一年（1413）

853 正月壬午 上將巡守北京，勅諭天下文武群臣：凡親王及官吏軍民朝見與道途宿頓供給，悉準永樂七年之令。

（太宗永樂實録卷 87 第 1 頁 136.1.1653）

854 正月辛卯 命行太僕寺卿楊砥兼北京苑馬寺卿。

（太宗永樂實録卷 87 第 2 頁 136.1.1654）

855 正月乙未 賜朝鮮國使臣李從茂……等宴。

（太宗永樂實録卷 87 第 2 頁 136.2.1655）

856 正月丙申 琉球國中山王思紹遣使甚麻之里等貢馬。賜鈔、文綺有差。

（太宗永樂實録卷 87 第 2 頁 136.2.1655）

857 正月丁酉 仁孝皇后梓宫發引，先期齋戒三日，遣官以葬期奉告天地、宗廟、社稷……皇太子、漢王送梓宫渡江。

（太宗永樂實録卷 87 第 2 頁 136.2.1656）

858 正月庚子 順天府保定縣言：去年秋淫雨決河岸五十四處，接文安、大成二縣之界，乞以三縣民協力修築。從之。

（太宗永樂實録卷 87 第 4 頁 136.3.1658）

859 正月戊申 賜琉球國使臣馬甚麻之里……等宴。

（太宗永樂實録卷 87 第 4 頁 136.4.1659）

860　正月　　是月，天壽山陵成，命名長陵。

（太宗永樂實録卷 87　第 5 頁　136.4.1660）

861　二月辛亥　　琉球國中山王思紹遣使太勃奇（按：館本太作恭，廣本抱本恭作太。廣本奇作等）貢馬及送寨官之子鄔同志久、周魯每、恰那晟其三人入國子監受學。

（太宗永樂實録卷 87　第 7 頁　137.2.1664）

862　二月乙卯　　命平江伯陳瑄充總兵官、都督宣信充副總兵，帥海舟運粮赴北京。

（太宗永樂實録卷 87　第 7 頁　137.2.1664）

863　二月己未　　遣太監侯顯賫勅賜尼八剌國王沙的新葛、地湧塔王可般錦綺。

（太宗永樂實録卷 89　第 8 頁　137.3.1665）

864　二月壬戌　　修河間府水决堤岸。

（太宗永樂實録卷 87　第 9 頁　137.4.1667）

865　二月壬戌　　朝鮮國王李芳遠遣陪臣曹士得等貢方物。賜鈔幣差還。

命北京之民分養孳生馬。上謂兵部尚書方賓曰：北京養馬宜如滁州太僕寺例，分給于民，每五户爲一群，牡馬一，牝馬四，即遣給事中御史同司牧官散給。

浡泥國王遐旺等辭歸。賜金百兩，銀五百兩，鈔三千錠，銅錢千五百緡，錦四段，綺帛、紗羅八十匹，金織、金綉文綺衣各一襲。并賜器皿、衾褥、帳幔諸物。賜王母及叔以下有差。

（太宗永樂實録卷 87　第 9 頁　137.4.1667）

866　二月甲子　　車駕發京師。

（太宗永樂實録卷 87　第 9 頁　137.4.1668）

867　二月丙寅　　葬仁孝皇后于長陵。

（太宗永樂實録卷 87　第 9 頁　137.4.1668）

868　二月己卯　　勅甘肅總兵官豐城侯李彬，令恭順伯吴允誠、都指揮脱歡台于所部選官軍、舍人、餘丁率詣北京。

（太宗永樂實録卷 87　第 10 頁　137.5.1669）

869　四月己酉朔　是日車駕至北京。上于奉天殿丹陛設壇告天地，遣官祭北京山川、城隍諸神，遂御奉天殿受朝賀。

（太宗永樂實録卷 88　第 1 頁　139.1.1673）

870　四月甲寅　勑鎮守大同江陰侯吴高以武安侯鄭亨原領軍士併選馬隊一千，令才幹指揮，領赴北京。

（太宗永樂實録卷 88　第 2 頁　139.1.1673）

871　四月辛酉　朝鮮國王李芳遠遣陪臣崔迤等貢方物，賀萬壽聖節。

（太宗永樂實録卷 88　第 2 頁　139.1.1673）

872　四月辛酉　給工部尚書吴中、北京刑部〔校記：刑當爲行〕尚書郭資、朱濬誥命，并封贈其祖父母、父母及妻。

（太宗永樂實録卷 88　第 2 頁　139.1.1674）

873　四月丁卯　琉球國中山王思紹遣姪三吾良亹、山南王汪應祖遣使吾是佳結制等貢馬。命禮部賜之鈔及永樂錢。

（太宗永樂實録卷 88　第 3 頁　139.2.1676）

874　四月丁丑　命都督程寬、馬瑛、何濬率舟師運赴北京。

（太宗永樂實録卷 88　第 4 頁　139.3.1677）

875　五月庚辰　先是，命法司更定運糧贖罪例。至是副都御史李慶等擬奏：死罪六十石，流罪四十石，徒罪三年三十五石，二年半三十石，二年二十五石，一年半二十石，一年十五石，杖罪十石，笞罪五石，俱于北京官倉給糧，自備車牛赴運，赴懷來輸納。無力運粮者發天壽山種樹，死罪、終身徒流年限有差。杖罪每等種樹五百株，笞罪每等一百株。從之。

保定府定興縣雨雹傷稼，上命御史馳驛視之。

（太宗永樂實録卷 88　第 4 頁　140.1.1679）

876　五月癸未　端午節，車駕幸東苑觀擊毬射柳，聽文武羣臣、四夷朝使及在京耆老聚觀。

（太宗永樂實録卷 88　第 5 頁　140.1.1680）

877　五月庚寅　　國子監琉球生模都古等三人奏乞歸省。上謂禮部臣曰：遠人來學誠美事，思親而歸亦人情，宜厚賜以榮之。遂賜綵幣表裏、襲衣及鈔爲道里費，仍命兵部給驛傳。

（太宗永樂實録卷 88　第 6 頁　140.2.1682）

878　五月丙申　　賜長陵工匠、軍夫鈔幣有差。仍勅督工官曰：今事已就緒，人力可省，凡用工軍士滿二年、民夫滿五月以上者悉遣歸，工匠視其事之緩急量留。炎暑之際，所留軍民工匠，宜以時休息之，蓋其勞已久，督工官務在加意撫恤，毋令失所。

（太宗永樂實録卷 88　第 7 頁　140.3.1683）

879　五月壬寅　　定營建長陵功賞。武義伯王通進封成山侯，食禄千二百石，子孫世襲侯爵，散官勛號如故。賞綵幣六表裏、鈔四百錠。掌金吾右衛事都指揮僉事許亨陞都指揮同知，金吾右衛指揮僉事李旺陞指揮同知，羽林前衛指揮同知吴剛陞指揮使。亨賞綵幣四表裏，鈔二百錠，旺、剛各賞綵幣三表裏，鈔百六十錠。營繕所正蔡信陞工部營繕清吏司郎中，不視司事。賞綵幣三表裏，鈔二百錠。其營繕所正王寧等并督工官吏及軍民工匠賞各有差。復論初卜吉之功，陞知縣王侃州同知，賞綵幣三表裏，鈔二百錠。陞給事中馬文素太常寺博士；陰陽訓術曾從正、陰陽人劉玉淵皆欽天監漏刻博士，食禄不視事；五官靈台郎吴永始以僧授官，改陞僧録司右闡教。各賞綵幣二表裏，鈔百六十錠。

（太宗永樂實録卷 88　第 7 頁　140.3.1684）

880　五月壬寅　　朝鮮國王李芳遠遣陪臣權珪等及撒馬兒罕等地面回回火者馬丁答剌罕等百五十人貢方物。賜鈔幣有差。仍命禮部宴之。

（太宗永樂實録卷 88　第 7 頁　140.3.1685）

881　五月乙巳　　交阯工匠百三十餘人以妻子至京。命所司給鈔米、衣服、居室，病者與醫藥。

（太宗永樂實録卷 88　第 8 頁　140.4.1685）

882　五月丙午　　賜國子監琉球、雲南、四川生懷得等六十人夏衣等物。

（太宗永樂實録卷 88　第 8 頁　140.4.1686）

883　六月乙卯　　上謂行在兵部、户部臣曰：北京各衛孳生馬已令民間分養，民之税粮亦如例免之。

北京刑部（按：疑刑爲行之誤）右侍郎楊泰卒。泰淮安山陽人，洪武中由國子生歷工、户二科左給事中，陞户科都給事中，擢北平按察司僉事。永樂元年以守城功陞北京行太僕寺右少卿。

（太宗永樂實録卷 88　第 9 頁　140.5.1688）

884　六月壬戌　　上謂行在兵部臣曰：嘗下令天下官員軍民，皆聽養馬孳牧蕃息，聽自貨賣。今來北京，所過見民間牧馬甚蕃，朕深喜之。然聞郡縣官吏及勢要之人往往有低價强市之者，有以假借爲名而實奪之者，是民由馬受害也。爾兵部嚴行禁約，不悛者聽民陳訴，必實寘之法。

北京永平府樂亭縣言，田千一百八十一頃三十九畝大水傷稼。命户部免其租。

（太宗永樂實録卷 88　第 10 頁　140.5.1688）

885　六月乙亥　　增設順天、應天二府府、州、縣官，府通判、州判官、縣佐各一員，專理馬政。

（太宗永樂實録卷 88　第 10 頁　140.6.1690）

886　六月丙子　　朝鮮國王李芳遠遣陪臣尹子當等奉表貢馬百疋，人參百斤，雜色布百匹，賀車駕巡狩北京。賜之綺帛、紗羅。

（太宗永樂實録卷 88　第 11 頁　140.6.1690）

887　七月己卯　　賜交阯土官判官陳麻歷等及哈烈使臣馬哈麻等宴。

（太宗永樂實録卷 89　第 1 頁　141.1.1691）

888　七月丁亥　　交阯總兵官英國公張輔具來降人姓名，請授以職。勅輔審度事宜，隨其功之大小先授之，然後具實來聞;事平，不用此例。勅黔國公沐晟亦如之。

（太宗永樂實録卷 89　第 2 頁　141.2.1683）

889　七月癸巳　　朝鮮國王李芳遠遣人奉箋獻馬及方物，賀皇太子千秋節。

（太宗永樂實録卷 89　第 2 頁　141.2.1694）

890　七月甲午　　改密雲後衛防禦千户所爲前千户所，增置后千户所于古北口守備。

（太宗永樂實録卷 89　第 2 頁　141.2.1694）

891　七月丁酉　　禮部言：别失八里王馬哈麻遣使臣脱卜兒等來貢，已入塞。命陜西布政司、陜西行都司、平凉府，至則宴勞之。

（太宗永樂實録卷 89　第 3 頁　141.3.1694）

892　七月壬寅　　陞奉使撒馬兒罕等處官，旗指揮僉事馬哈目火者爲指揮同知，正千户鎖住等爲指揮僉事，試百户孫文等實授百户總旗，劉從善等爲試百户，亡殁者子孫如例陞襲。

（太宗永樂實録卷 89　第 3 頁　141.3.1695）

893　七月丙午　　易州淶水縣雨雹，傷黍穀。

（太宗永樂實録卷 89　第 4 頁　141.3.1695）

894　八月庚戌　　以北京行太僕寺丞楊智子信爲本寺少卿。上念智積勞厥職，欲陞之未及而卒，於是進用其子云。

（太宗永樂實録卷 89　第 4 頁　142.1.1697）

895　八月癸亥　　城長安嶺七百八十九丈七尺。

琉球國山南王汪應祖遣使鄔頼誰結制等貢馬及方物。賜鈔、文綺表裹有差。

（太宗永樂實録卷 89　第 5 頁　142.2.1699）

896　八月甲子　　北京地震。

（太宗永樂實録卷 89　第 6 頁　142.2.1699）

897　八月壬申　滿剌加國王拜里迷蘇剌遣姪賽的剌者等百六十五人貢方物。賜鈔、文綺、襲衣、紗羅有差。

（太宗永樂實録卷 89　第 7 頁　142.2.1700）

898　九月庚辰　上以扈從軍士閒暇，而北京壤地肥沃，曠廢者多，命于城外旁近人種麥二十畝，官給麥種。仍委官提督，依屯田例考較。（按：此條館本失記，廣本、抱本、梁本存。）

（太宗永樂實録卷 89　第 7 頁）

899　九月壬午　占城國王占巴的賴遣使部該保麻甘那等上表貢方物。遂命禮部遣行人倪峻等賫勑及綵幣勞之。

（太宗永樂實録卷 89　第 8 頁　143.1.1704）

900　九月癸未　爪哇國西王都馬板遣使亞烈沙麻耶等貢方物，既還，勑諭都馬板曰：前内官吴賓等還，言王恭事朝廷，禮待勑使，有加無替。比聞王以滿剌加國索舊港之地而懷疑懼，朕推誠待人，若果許之，必有勑諭王。既無朝廷勑書，王何疑焉？下人浮言，慎勿聽之。今賜王文綺、紗羅，至可領也。

（太宗永樂實録卷 89　第 8 頁　143.1.1704）

901　九月丁亥　陞……北京刑部主事曹端爲右布政使……北京刑部郎中尚廸爲四川左布政使。

（太宗永樂實録卷 89　第 8 頁　143.1.1704）

902　十一月壬午　開平備禦成安侯郭亮等馳奏：獲瓦剌諜者，言馬哈木等兵至飲馬河，聲言襲阿魯台，實欲寇邊。于是上決意伐之，勑邊將謹守邊，命五軍各勵兵士，召恭順伯吴允誠、都指揮脱歡台等選所部精鋭赴京，命浙江都司選臨山、定海等五衛韃軍之壯勇者從征。

（太宗永樂實録卷 90　第 3 頁　145.1.1714）

903　十一月甲申　命諸將廵行邊境……中都指揮張禮、遼東都指揮巫凱、河南都指揮王智及武平、歸德、睢陽、淮安諸衛兵俱會北京。

（太宗永樂實録卷 90　第 4 頁　145.2.1715）

904 十一月戊戌 車里故宣慰使刀暹答次子刀賽遣兄刀怕弄等來朝，貢象、馬、金銀器。初，朝廷遣中官洪仔生齎勅往賜刀暹答錦綺等物，既至而刀暹答已卒。長子刀㫰孟自立，驕慢狠愎，失其民心，無幾病卒，推刀賽權司事。至是遣刀怕弄等謝頒賜其父之恩，并請襲職。從之。

（太宗永樂實録卷 90 第 5 頁 145.3.1717）

905 十一月辛丑 別失八里王馬哈麻、火州王子哈三……從給事中傅安等貢名馬、海青。賜賚其使有差，復遣使齎勅慰諭馬哈麻等，并賜之綵幣。

（太宗永樂實録卷 90 第 5 頁 145.3.1717）

906 十一月癸卯 緬甸宣慰使那羅塔、干崖長官司長官刀立勇等各遣人貢象、馬、金銀器。賜鈔、襲衣、織金文綺有差。

（太宗永樂實録卷 90 第 6 頁 145.3.1718）

907 十二月丙辰 命平江伯陳瑄充總兵官，都督宣信副之，帥領舟師漕運糧儲赴北京。

（太宗永樂實録卷 90 第 7 頁 146.1.1720）

908 十二月丁巳 賜國子監琉球、雲南、四川生懷得等四十六人冬衣、靴韈。

（太宗永樂實録卷 90 第 7 頁 146.1.1720）

909 十二月己巳 設北京宛平縣之盧溝橋、石港口、齊家莊、王平口四巡檢司。

（太宗永樂實録卷 90 第 8 頁 146.2.1722）

910 十二月甲戌 朝鮮國王李芳遠遣陪臣崔榮蘇、琉球國中山王思紹遣使威巳魯等貢馬及金銀器皿等物，賀明年正旦。

（太宗永樂實録卷 90 第 9 頁 146.3.1723）

911 十二月乙亥 行在兵部奏：明年春太僕寺當送孳生馬詣北京。上曰：此非兩月不能到，軍民送者亦勞苦，其令太僕凡送馬者人予鈔五錠。

是歲……餽運北京糧二百四十二萬一千九百七石。

（太宗永樂實録卷 90 第 9 頁 146.3.1723）

永樂十二年（1414）

912 正月庚子 命北京、山東、山西、河南、中都、直隸、徐州等衛，不分屯守，各選軍士，以指揮、千、百户率領，都指揮總率隨軍運糧。

（太宗永樂實録卷 91 第 3 頁 147.3.1729）

913 二月丙午 勑都督謝芳率領舟師漕運北京。

（太宗永樂實録卷 91 第 4 頁 148.1.1731）

914 二月壬子 真臘國参烈昭平牙遣使奈珠連剌等奉金縷表文貢方物。

增置北京皇城夜巡銅鈴如南京數。

（太宗永樂實録卷 91 第 5 頁 148.1.1732）

915 二月乙卯 緬甸宣慰使那羅塔遣頭目剌牙詣闕，言爲木邦所侵掠。上以那羅塔素强獷，遣人諭之，使修好鄰境，各守疆界。

（太宗永樂實録卷 91 第 5 頁 148.2.1733）

916 二月癸酉 命行在工部：凡營造夫匠悉罷遣歸，期明年赴工。

（太宗永樂實録卷 91 第 6 頁 148.2.1734）

917 三月丁丑 設隆慶州并永寧縣，隸北京行部。隆慶古縉雲氏所都之地，金置縉山縣，元仁宗生于縣東，改爲龍慶州。國初移其民入關内，州遂廢。至是，上以其當要衝而土宜稼穡，改爲隆慶州。又于州東團山下設永寧縣隸焉，而以有罪當遷謫者實之。

（太宗永樂實録卷 91 第 6 頁 149.1.1736）

918 三月己卯 建真武廟于北京皇城之北。

（太宗永樂實録卷 91 第 7 頁 149.1.1736）

919　三月甲申　遣奉御祝原等使真臘國。初，真臘遣人貢方物，且言數被占城侵掠，其使久留京師。至是上遣原等送歸，并賜真臘國王參烈昭平牙綵幣，別以勅戒占城王占巴的賴，令安分循理，保境睦鄰。

（太宗永樂實録卷 91　第 8 頁　149.2.1738）

920　三月庚寅　車駕發北京，皇太孫從行……晚次清河。

（太宗永樂實録卷 91　第 9 頁　149.3.1739）

921　三月壬辰　駐蹕龍虎臺。勅守居庸關及長安嶺將校：凡從征官軍非奉勅無擅令出入，勅往西北及開平奏報邊務者，必驗實遣行。

（太宗永樂實録卷 91　第 9 頁　149.3.1740）

922　三月丙申　駐蹕鷄鳴山……

（太宗永樂實録卷 91　第 9 頁　149.3.1740）

923　三月戊戌　駐蹕宣府……

（太宗永樂實録卷 91　第 10 頁　149.3.1741）

924　四月丙午　勅兵仗局：以神機、銃炮、盔甲、辟手、額項鐵、馬袴、馬甲各二百，明甲一千送行在所。

（太宗永樂實録卷 92　第 1 頁　150.1.1745）

925　四月丁卯　駐蹕屯雲谷。韃靼孛羅不花等五人及孛羅男速渾詣軍門降。命勞之，遣人護送北京。

（太宗永樂實録卷 92　第 6 頁　150.5.1754）

926　六月戊申　後軍都督僉事謝芳運德州等處糧十一萬四千六百石至北京。

（太宗永樂實録卷 92　第 12 頁　152.2.1765）

927　六月庚戌　班師。

（太宗永樂實録卷 92　第 12 頁　152.2.1765）

928　六月戊午　是日，皇太子賜國子監琉球生益智每等二人羅衣、布衣各一襲及襴衫、靴襪、衾褥、幃帳等物，賜其從人有差。

（太宗永樂實録卷92　第13頁　152.3.1767）

929　七月甲午　朝鮮國王李芳遠遣陪臣金玖得等進箋及金銀器等物，賀千秋。皇太子命禮部如例賜鈔及文綺、表裏。

（太宗永樂實録卷93　第2頁　153.1.1773）

930　八月辛丑朔　車駕至京師。

（太宗永樂實録卷93　第2頁　154.1.1775）

931　八月丙午　免北京所屬郡縣糧芻二年。

北京行部鄉試，奏請考試官。上命翰林院侍講曾棨、翰林侍講兼左春坊左中允鄒緝考試，賜宴于本部。

（太宗永樂實録卷93　第2頁　154.1.1775）

932　八月丁未　修通州、三河等處水決隄岸。

（太宗永樂實録卷93　第2頁　154.1.1775）

933　八月庚戌　朝鮮國王李芳遠遣使貢方物。賜其使文綺、方物。

（太宗永樂實録卷93　第3頁　154.1.1776）

934　八月壬子　河間府滄州、順天府通州、固安縣淫雨，寶坻縣雨雹傷稼。事聞，上謂行在户部臣曰：民于此時政望秋成，既如此將何以仰給？其速遣人臨視，果爲民患，令有司發粟賑之。

（太宗永樂實録卷93　第3頁　154.1.1776）

935　八月甲寅　彭亨國王巴剌密鎮剌達〔校記：廣本無達字〕羅息泥遣使蘇麻目門的里及忽魯謨斯國人已卽丁等貢物及馬。并賜文綺襲衣，命禮部賜彭亨國王綿綺、紗羅、綵絹，而酬已卽丁等馬直。

（太宗永樂實録卷93　第3頁　154.1.1776）

936　八月乙卯　尼八剌國沙的新葛遣人貢方物。封沙的新葛爲泥八剌國王，給鍍金銀印及誥。

（太宗永樂實録卷93　第3頁　154.2.1777）

937　八月乙卯　命鎮守薊州都指揮陳景先督軍民修築遵化城及緣邊關隘之傾頹者。

（太宗永樂實録卷93　第3頁　154.2.1777）

938　八月壬戌　弗提衛女直指揮僉事阿剌秃等來朝，自陳願女（按：館本女作居）北京。從之，命禮部賜予如例。

（太宗永樂實録卷93　第8頁　154.5.1784）

939　九月丙子　順天府武清縣言：河決洒兒渡口六百五十餘丈。命工部遣官修築。

（太宗永樂實録卷93　第8頁　155.1.1787）

940　九月丁丑　榜葛剌國王賽弗丁遣使奉表獻麒麟，并貢名馬、方物。

（太宗永樂實録卷93　第9頁　155.1.1787）

941　九月戊寅　密雲後衛霖雨壞城。事聞，命工部修之。

（太宗永樂實録卷93　第9頁　155.1.1788）

942　九月癸未　開北京下海（按：館本下海作下馬）閘海子。

（太宗永樂實録卷93　第9頁　155.1.1788）

943　九月壬辰　满剌加國王子母幹撒于的兒沙來朝，奏其父拜里迷蘇剌卒。詔母幹撒于的兒沙襲父爵爲王，賜金銀、錦綺、紗羅、冠帶、織金襲衣。

（太宗永樂實録卷93　第10頁　155.2.1790）

944　閏九月乙巳　琉球國中山王思紹遣姪三吾良亹等貢馬及方物。賜之鈔幣。

（太宗永樂實録卷93　第12頁　156.1.1.1794）

945　閏九月丁巳　賜朝鮮國使臣宴。

（太宗永樂實録卷93　第12頁　156.2.1795）

946　十月戊子　上以京師將校扈從已久，北京軍士亦多差遣，命所司賞鈔、布、綿花，無家者加韉鞋。

（太宗永樂實録卷94　第1頁　157.1.1798）

947 十月壬辰 有使西城還者，言別失八里王馬哈麻之母及弟相繼卒。命給事中傅安等賫勅慰問，并賜之文綺、表裏。

（太宗永樂實録卷 94 第 2 頁 157.1.1798）

948 十一月甲辰 命法司及北京刑部録囚。上諭之曰：方令嚴冬，囹圄有罪者固難決放，無辜者并受幽縶，饑寒瘐死，非德政也。爾等卽具成獄及所疑者進來，朕親閱之。

（太宗永樂實録卷 94 第 3 頁 158.1.1801）

949 十一月乙巳 順天府薊州言：自去年水災，禾麥無收，百姓艱食。上命户部遣人覈實賑之。

（太宗永樂實録卷 94 第 3 頁 158.1.1801）

950 十一月丁未 朝鮮國王李芳遠遣陪臣李稷等奉表賀平胡，并貢馬二十匹。賜鈔及文綺、表裏。

（太宗永樂實録卷 94 第 3 頁 158.1.1802）

951 十一月己未 順天府尹張貫卒。貫泗州靈壁人，洪武中由太學生擢北平布政司左參政……尋陞順天府尹。順天正務煩劇，聽決酬應，日無虛刻。貫從容處置，事無凝滯。其卒，人多惜之。

（太宗永樂實録卷 94 第 5 頁 158.2.1804）

952 十二月己卯 賜國子監琉球生鄔同志久等三十人鈔及衣服。

（太宗永樂實録卷 94 第 7 頁 159.2.1809）

953 十二月丁亥 朝鮮國王李芳遠遣陪臣李伯溫等貢馬及方物，賀明年正旦。賜鈔及文綺、表裏。

（太宗永樂實録卷 94 第 8 頁 159.2.1810）

954 十二月己丑 免順天府之豐潤縣，永平府之樂亭縣被水災田千五百五十七頃九十畝租稅。

（太宗永樂實録卷 94 第 8 頁 159.2.1810）

955 十二月辛卯 北京刑部（昌按：疑刑爲行之誤，見 282 條，下同）尚書朱濬卒。濬，前燕府長史復之子。復事上最久，既卒，以濬署典儀所引禮舍人。上起義靖難，命署北平布政司事。永樂元年擢通政司左通政，三年，陞刑部尚書，至是卒。命有司營葬。

（太宗永樂實録卷94　第8頁　159.2.1810）

956　十二月甲午　羽林前衛指揮同知朱騰等視山後道路還，言蘇林口二十六處舊有官軍守備，其黄石崖、莊窩澗二處并新視山口九處，俱合置守備。又言：守口軍舊止五六人，今宜增爲十人。從之。

（太宗永樂實録卷94　第9頁　159.3.1812）

957　十二月己亥　是歲，……餽運北京糧二百四十二萬八千五百三十五石。

（太宗永樂實録卷94　第9頁　159.4.1813）

永樂十三年（1415）

958　正月丙午　塞居庸關以北潭峪、小峪、黑拆澗、水峪臺鰲魚嶺、千石澗、南石陽等處山口，每口戍卒十人守之。

（太宗永樂實録卷95　第1頁　160.1.1816）

959　正月戊申　大寧都指揮使張忠卒。忠鳳陽人……永樂元年改北平行都司爲大寧都司，命忠爲都指揮使，至是卒。

（太宗永樂實録卷95頁　第2頁　160.2.1817）

960　正月己酉　行太僕寺卿楊砥奏：畿内民皆養馬，近見順天等府所屬多有官軍老幼無職役者，宜令兵部、户部取勘，循例養馬。上語砥曰：民間養馬，已甚煩擾，但以國家武備所急，不可以止。官軍老幼艱難者多，正當存恤，何忍又令養馬？不聽。

（太宗永樂實録卷95　第3頁　160.2.1817）

961　正月壬子　夜，□（按：館本□作午）門外燈山火，有倉卒不及避而死者，都督同知馬旺預焉。

（太宗永樂實録卷 95 第 2 頁 160.2.1817）

962 正月甲寅 以燈山火，命禮部給賜死者之家鈔布，遣官祭都督馬旺，仍命有司治喪具。旺徐州人，由衛士屢從大將軍征伐，以功授燕山中護衛，世襲百户。上起義，命旺守麗正門……至是卒，上甚惜之。

（太宗永樂實録卷 95 第 2 頁 160.2.1817）

963 正月壬戌 設保安州，隸北京行部。保安在居庸關外，漢涿鹿縣地，元爲奉聖州，後以地震改爲保安。國初移其民入關内，州廢。至是上以其地關塞要衝，且壤饒沃，命復設州，以有罪當遷謫者實之。

（太宗永樂實録卷 95 第 4 頁 160.3.1820）

964 正月癸亥 旌表順天府大興縣民王萬僧奴孝行，以其繼母疾，刲肝和藥以進，母服之，汗而愈。縣上其事，故有是命。

（太宗永樂實録卷 95 第 4 頁 160.4.1821）

965 正月甲子 行在户部言：漕運至者漸多，請發民置倉貯之。上曰：東作將興，不可役民，民失春種則一歲之計廢。可令法司除死罪者外，出徒流以下定等第輸作，後不爲例。

密雲中衛雨水壞城，請命修築。從之。

（太宗永樂實録卷 95 第 4 頁 160.4.1821）

966 二月癸未 置南北二京城門郎。北京麗正、文明、順承、齊化、平則、東直、西直、安定、德勝九門。……每門六員，秩正六品。

（太宗永樂實録卷 95 第 6 頁 161.1.1824）

967 二月甲申 立北京馬神祠。時行太僕寺卿楊砥請立馬神祠於蓮花池上，命翰林院考古今儀式。翰林院言：春祭馬祖，夏祭先牧，秋祭馬社，冬祭馬步之神。國朝南京止祭司馬之神，每歲春秋用豕一、羊一、帛一。於是命北京馬神祠設馬祖等神及司馬之神五位，每位用羊、豕、帛各一，儀制准南京。

（太宗永樂實録卷 95　第 6 頁　161.2.1825）

968　二月己丑　　浡泥國王遐旺遣使生阿烈微啱耶沙扮等二十九人貢方物。賜鈔及文綺、表裹。

（太宗永樂實録卷 95　第 10 頁　161.5.1831）

969　二月乙未　　釋工作囚徒四千九百餘人。先是，命出繫囚輸作贖罪，既而多亡者，有司請捕之。上爲工部尚書吴中曰：逼於饑寒，雖慈父不能得之于子，今亡者必其衣食空乏，出不得已。遂命見役者俱還家，期秋成後赴工。令下，有不願去者七百餘人〔校記：廣本百作十〕。上憫其感恩急於趨事，并其欲回者皆釋之。

（太宗永樂實録卷 95　第 11 頁　161.5.1832）

970　二月丁酉　　北京河間縣□（按：館本□作主）簿□（按：館本□作陳）聚言：方春民饑，恐廢東作，乞以縣倉及大同、瀋陽、河間軍衛糧儲驗口給濟。從之。

（太宗永樂實録卷 95　第 11 頁　161.6.1833）

971　三月壬寅　　上御奉天殿，閲舉人對策，擢陳循爲第一，賜循等三百五十一人進士及第、出身有差。

（太宗永樂實録卷 96　第 2 頁　162.2.1837）

972　三月癸卯　　賜進士陳循冠服、銀帶，餘賜鈔各五錠，俱宴于北京留守行後軍都督府。上以禮部會試下第舉人中或有學問可取者，命翰林院再試之，得朱瑛等二十四人，并賜冠帶，給教諭俸，送國子監進學，以待後科。

增設北京承運庫副使二員，廣備、廣盈二庫副使各一員。

（太宗永樂實録卷 96　第 2 頁　162.2.1837）

973　三月甲寅　　撒馬兒罕所部失里灣回回者馬力丁打剌罕等來朝貢馬。賜賚有差。

（太宗永樂實録第 96　第 3 頁　162.3.1839）

974　三月丁巳　　修北京城。

（太宗永樂實録卷 96 第 3 頁 162.3.1839）

975 三月丁巳 命第一甲進士陳循爲翰林院修撰，李貞、陳景著爲編修，仍命同纂修《理性大全》等。第二甲第三甲進士洪瑛、王翺、林文秸、宋魁、陳鏞、曾弘、林道節、胡灝、章文昭、嚴珊、金闢、王瑛、鄭珞、袁璞、周崇厚、習侃、鄭雍言、年倫、吕棠、張益、黄仲芳、廖謨、宋琰、朱彔、范琮、黄瓛、陳文璧、高穀、張堅、沈暘及原習譯書王懋、姚昇、胡清、方勉、林超、曹義、龔英、時永、彭麟應、陳坤奇、李芳、葉穎、王士華、吴紹生、丁毅、石玉、黎民、張遜、萬完、周貴、連智、王謫、范敳、王麟、戴瑾、許彬、徐景安、石慶、鄭猷、李冠禄、周安、謝暉爲翰林院庶給事（按：疑給事爲吉士之誤）。擢史常、王達、劉進、徐琦、夏忠爲行人。餘命於諸司觀政。

（太宗永樂實録卷 96 第 3 頁 162.3.1639）

976 三月丁巳 琉球國故山南王□（按：館本□作汪）應祖世子他魯每遣使鄔是佳結制等貢方物。先是，應祖爲兄達勃期所殺，各寨官舍兵誅達勃期，推他魯每□（按：館本□作攝）國事。至是表請襲爵。賜鄔是佳結制等鈔有差。

（太宗永樂實録卷 96 第 3 頁 162.3.1840）

977 三月戊午 爪哇國西王楊惟西沙遣使亞烈沙麻耶等奉表謝賜賚恩，并貢西馬及方物。楊惟西沙乃都馬板所更名也。使還，賜王綵幣、表裏。

（太宗永樂實録卷 96 第 4 頁 162.3.1840）

978 三月庚申 命行在工部建進士題名碑於北京國子監，命右春坊右庶子兼翰林院侍講楊榮撰記。

（太宗永樂實録卷 96 第 4 頁 162.3.1840）

979 三月乙丑 以楊紳爲北京道監察御史。紳先任山東按察司僉事，坐事謫戍邊。至是有薦其才者，故復召用。

（太宗永樂實録卷 96 第 4 頁 162.4.1841）

980 四月丁丑 上以北京□（按：館本□作真）定、永平、滄州、盧龍連歲水災，民乏食，命户部發所屬及旁近軍衛倉賑之。

（太宗永樂實録卷96 第5頁 162.1.1844）

981 四月戊寅 北京河間縣〔校記：廣本縣作府〕民劉驢兒妻郭氏一産三男。事聞，循例優給。

（太宗永樂實録卷96 第6頁 163.1.1844）

982 四月己卯 朝鮮國王李芳遠遣陪臣趙鏞等貢馬及方物，賀萬壽聖節。

（太宗永樂實録卷96 第6頁 163.1.1844）

983 四月癸未 福餘衛頭目都赤并可牙秃徹徹秃等來朝，奏願居北京。俱命爲鎮撫，賜鈔幣、牛羊。

（太宗永樂實録卷96 第6頁 163.2.1845）

984 四月丙戌 琉球國中山王思紹并山北王攀安知俱遣使貢馬及方物。

（太宗永樂實録卷96 第7頁 163.2.1846）

985 四月丁亥 占城國王占巴的賴遣王孫舍阿那沙等奉表貢方物。

朝鮮國使臣趙鏞等陛辭。賜鈔幣有差。

（太宗永樂實録卷96 第7頁 163.2.1846）

986 四月丙申 撒馬兒罕所部失里灣回回者馬力丁打剌罕等還。賜之鈔幣。

（太宗永樂實録卷96 第8頁 163.3.1848）

987 五月己酉 遣行人李季芳等賫詔往琉球國，封故山南王汪應祖世子他魯母爲琉球國山南王，賜誥命冠服及鈔萬五千錠。

（太宗永樂實録卷96 第8頁 164.1.1849）

988 五月甲寅 命故陜西都指揮僉事張保子鎮襲父原職，爲通州指揮使。燕山左衛指揮使脱火歹子馬那兒丁、羽林前衛指揮同知田青子祥、大興左衛指揮同知邵玉侄得……燕山前衛指揮僉事□（按：館本□作忙）哥帖木兒子仲神保各襲職。

（太宗永樂實録卷96 第9頁 164.1.1850）

989 五月戊午 賜……占城國王之孫舍阿那沙等宴。

（太宗永樂實録卷96 第9頁 164.2.1851）

990 五月辛酉 賜國子監琉球、雲南生益智美等九十二人夏衣。

（太宗永樂實録卷96 第9頁 164.2.1851）

991 五月壬戌 陞順天府丞甄儀爲府尹。

（太宗永樂實録卷96 第10頁 164.2. 1852）

992 五月乙丑 占城王孫舍阿那沙等陛辭。賜王孫銀二百兩，紵絲、紗羅一十四疋，金織紗衣、文綺三襲。餘賜賚有差。

（太宗永樂實録卷96 第10頁 164.3.1853）

993 六月辛未 琉球國中山王思紹、山北王攀安知使臣辭。悉賜鈔幣。

（太宗永樂實録卷96 第11頁 165.1.1855）

994 六月 是月北京、河南、山東淫雨，河水泛溢，壞廬舍，没田稼……命户部遣官賑邺。

（太宗永樂實録卷96 第12頁 165.2.1858）

995 七月癸卯 太監鄭和等奉使西洋諸番國還。

（太宗永樂實録卷97 第1頁 166.1.1859）

996 七月甲辰 遣太監侯顯等（按：館本等下有使字）榜葛剌諸番國，賜國王絨綿、金錦、文綺、綾絹等物。

（太宗永樂實録卷97 第1頁 166.1.1859）

997 七月壬午 朝鮮國王李芳遠遣陪臣吴貞貢方物，賀皇太子千秋節。

（太宗永樂實録卷97 第1頁 166.1.1860）

998 七月丙辰 修沿河驛舍，自南京抵北京凡四十五所。

（太宗永樂實録卷97 第2頁 166.1.1860）

999 七月己未 監察御史蕭常言：北京食鹽，舊例驗口支給，無商人貨賣。今車駕幸北京，軍民輳集，往往有以私販取罪者。宜定爲常法，募商中納，以絶私販之弊。上命行在户部尚書夏原吉等議之。原吉等請于山東、永平二衛納米，每引五斗，於河間、長蘆運司不次支鹽，就北京貨賣。上是其議，命於喜峰口納米。

（太宗永樂實録卷 97 第 2 頁 166.2.1861）

1000 七月庚申 賑北京魏縣、江西瑞昌縣、四川永川、射洪、巴三縣饑民共九千四百户，給粟米二萬二百石有奇。

（太宗永樂實録卷 97 第 2 頁 166.2.1862）

1001 七月癸亥 朝鮮國陪臣吴真陛辭。賜之鈔幣。

（太宗永樂實録卷 97 第 3 頁 166.2.1862）

1002 八月丙寅 永寧縣進嘉禾五十四本。

以北京軍民養馬者多，增置行太僕寺卿、少卿各一員，寺丞八員。

（太宗永樂實録卷 97 第 3 頁 167.1.1863）

1003 八月庚辰 賑山東、河南、北京順天等府饑民……北京順天府、河間、大名、真定等民八萬三千七百四十餘户，給粟十五萬二千四百六十餘石，鈔三十二萬五千四百四十錠有奇。

（太宗永樂實録卷 97 第 3 頁 167.1.1861）

1004 八月己丑 琉球國中山王思紹世子尚巴志遣使宜是結制等貢馬及方物。

（太宗永樂實録卷 97 第 3 頁 167.3.1867）

1005 八月庚寅 淫雨壞正陽門臺阯（按：館本阯作址）。命工部修築。

（太宗永樂實録卷 97 第 5 頁 167.3.1867）

1006 八月 是月，霸州大城縣、真定府武強縣河水衝决堤岸，傷田稼二百三十一頃五十畝。事聞，命行在户部除其今年租税。

（太宗永樂實録卷 97 第 5 頁 167.3.1868）

1007 九月庚子 設武清衛倉於河西務，置副使二員，隸北京留守行後軍都督府。

（太宗永樂實録卷 97 第 6 頁 168.1.1869）

1008 九月壬寅 蘇門答剌國王宰奴里阿必丁遣王子剌查加那因等供方物。

太監鄭和獻所獲蘇門答剌賊首蘇幹剌等。初，和奉使至蘇門答剌，賜其王宰奴里阿必丁綵幣等物。蘇幹剌乃前僞王弟，方謀宰奴阿必丁，以奪其位；且怒使臣賜不及已，領兵數萬邀殺官軍。和率衆及其國兵與戰，蘇幹剌敗走，追至喃渤利國，并其妻子俘以歸。至是獻於行在。兵部尚書方賓言：蘇幹剌大逆不道，宜付法司正其罪。遂命刑部按法誅之。

（太宗永樂實録卷 97 第 6 頁 168.1.1869）

1009 九月癸酉 古里、柯枝、喃渤利、甘巴里、滿剌加諸番國各遣使貢方物。

（太宗永樂實録卷 97 第 7 頁 168.1.1870）

1010 九月戊申 監察御史王時習言：北京行部所屬郡縣户口食鹽，每引納米五石，比年逋負既多，今年六月水溢，田穡無收，乞暫停食鹽米，俟明年秋成後輸納爲便。上諭行在户部臣曰：民被水災，衣食不能自給。其鹽糧須即停罷。來秋亦不必徵。

（太宗永樂實録卷 97 第 7 頁 168.2.1871）

1011 九月庚戌 賜蘇門答剌國王子剌查加那因等冠帶、白金、綵幣、襲衣。

（太宗永樂實録卷 97 第 10 頁 168.4.1875）

1012 九月壬子 琉球國中山王思紹世子尚巴志使臣宜是結制等辭歸。賜文綺三十表裏。

（太宗永樂實録卷 97 第 10 頁 168.4.1875）

1013 九月癸丑 賜蘇門答剌、古里、柯枝、麻林諸番國使臣鈔幣、襲衣有差。

（太宗永樂實録卷 97 第 10 頁 168.4.1876）

1014 九月丙辰 行在工部尚書宋禮歷三考復職，命宴於禮部。

（太宗永樂實録卷 97 第 10 頁 168.4.1876）

1015 九月己未 北京行部尚書郭資滿九載復職，賜宴於禮部。

（太宗永樂實録卷 97 第 11 頁 168.5.1877）

1016 九月庚申 賜蘇門答剌、古里、柯枝、麻林諸番國使臣宴。上諭行在禮部臣曰：先王柔遠人，厚往薄來。今海外諸番使臣將歸，可遣官豫往福建，俟其至宴餞之，亦戒其毋苟簡也。

免北京、山東、河南被水之民傜役一年。

（太宗永樂實録卷 97 第 11 頁 168.5.1877）

1017 九月辛酉 行在工部尚書胡（按：館本胡作吴）中九載考績，命復職，宴於禮部。

（太宗永樂實録卷 97 第 11 頁 168.5.1877）

1018 九月壬戌 北京地震。

（太宗永樂實録卷 97 第 12 頁 168.5.1878）

1019 九月癸亥 行在都察院左副都御史李慶以九載考滿復職。

（太宗永樂實録卷 97 第 12 頁 168.5.1878）

1020 十月丙寅 行太僕寺卿楊砥言：北京所屬郡縣土民養馬者，免糧之家五户一馬，不免糧之家七户一馬。比年有充軍事故者，宜令户部兵部計議，於編發爲民種田人户内選殷實之家助養。從之。遂下令郡縣，凡遷發種田者，能用心牧養，悉除其罪，俾爲良民。

（太宗永樂實録卷 98 第 1 頁 169.1.1881）

1021 十月戊辰 霸州言：大城縣大水，傷民田稼百一十七頃有奇。命行在户部免其租。

（太宗永樂實録卷 98 第 1 頁 169.1.1881）

1022　十月乙亥　　塞關外晏磨峪、大水峪、小水峪、大峪、長水峪、小姑將峪、大姑將峪、勝先峪、石澗、跳稍峪、水峪、白瀑、董家小陵峪、常峪、西石陽、白石陽隘口一十六處，以軍士十人守之。

（太宗永樂實録卷 98　第 1 頁　169.1.1882）

1023　十月癸未　　古里、柯枝、喃渤利、甘巴里、滿剌加、麻林、忽魯謨斯、蘇門荅剌諸番國使臣辭歸。悉賜鈔帛及永樂通寶錢有差。

（太宗永樂實録卷 98　第 2 頁　169.1.1882）

1024　十月甲申　　上親獵近郊，經白河之上……

（太宗永樂實録卷 98　第 2 頁　169.1.1882）

1025　十月癸巳　　中官李達、吏部員外郎陳誠等使西域還。西域諸國哈烈、撒馬兒罕、火州、土魯蕃、失剌思、俺都淮等處各遣使貢文豹、西馬、方物。誠上《使西域記》，所歷凡十七國，山川、風俗、物産悉備。

（太宗永樂實録卷 98　第 3 頁　169.2.1884）

1026　十一月丁酉　　賜哈烈、撒馬兒罕……等處使臣乩不花等……宴。

（太宗永樂實録卷 99　第 1 頁　170.1.1895）

1027　十一月己酉　　琉球國中山王思紹所遣使臣直佳魯犯法坐誅。遣使賫勅諭思紹曰：比王所遣直佳魯等來朝，朕優待之。還至福建，乃肆狂悖，擅奪海舶，殺死官軍，歐傷中官，奪其衣物。直佳魯首罪，當寘大辟，已命法司如律。其阿勃馬結制等六十七人與之同惡，罪亦當死，眷王忠誠，特遣歸，俾王自治。自今遣使宜戒約之，毋犯朝憲。

（太宗永樂實録卷 99　第 2 頁　170.2.1897）

1028　十一月壬子　　麻林國及諸番國進麒麟、天馬、神鹿等物……

朝鮮國王李芳遠遣陪臣朴子青等來貢方物。賜之鈔幣。

（太宗永樂實録卷 99 第 3 頁 170.2.1898）

1029 十一月乙卯 勅岷州、西寧、臨洮各衛選土軍、舍人、餘丁，不限名數，以明年春赴北京操練。

（太宗永樂實録卷 99 第 3 頁 170.3.1899）

1030 十二月辛酉 兵部尚書陳洽言：朝廷初討黎賊及陳季擴之時，占城國王占巴的賴雖聽朝命，出兵來助，然實陰懷二心，圖脣齒相依，徘徊觀望，愆期不進。至化州乃大肆虜掠，以金帛、戰象資季擴，亦以黎之女遺之，復納季擴之舅陳翁挺及鄧容之弟鄧鍛等男女三萬餘人。又侵奪升華府所隸四州十一縣之地，驅掠人民，厥罪下季擴一等耳。夫有罪必討，請發兵征之。

上以交阯既平，民方安業，不忍窮兵遠夷，但遣使勅諭占巴的賴曰：爾久罹安南荼毒，屢請發兵除害，朕既命師平之，郡縣其地，爾賴以安，當思感德守分，用保爵土。若陰蓄二心，悖違天道，不撫下人，不歸侵地，安南覆轍在前，爾其鑒之。

（太宗永樂實録卷 99 第 4 頁 170.3.1900）

1031 十二月甲子朔 賜哈烈、撒馬兒罕……火州、失剌思……等處使臣馬黑木等宴。

（太宗永樂實録卷 99 第 5 頁 171.1.1903）

1032 十二月丁卯 上諭行在兵部尚書方賓、行太僕寺卿楊砥曰：北京論户養馬，其間丁有多寡，宜與户部計議均之。賓等議以丁計爲均，請十五丁以下養馬一疋，十六丁以上養二馬，遷發爲民種田者不論丁，七户養一馬。從之。

（太宗永樂實録卷 99 第 5 頁 171.1.1903）

1033 十二月己巳 設美峪守禦千户所，並置吏目一員，隸北京留守行後軍都督府。初，上置保安衛，立五千户所，命於隘口別設守禦千户所，以聚兵爲守。從之。

（太宗永樂實録卷 99 第 5 頁 171.1.1904）

1034 十二月丙戌 以北京順天等府水災，免今年税糧。

（太宗永樂實録卷 99 第 7 頁 171.2.1906）

1035 十二月庚寅 朝鮮國王李芳遠遣陪臣趙狷等貢金銀器等物，賀明年正旦。

（太宗永樂實録卷 99 第 7 頁 171.2.1906）

1036 十二月庚寅 留守等衛造新式兵器成。盔五百，弓千七百六十有五，箭二十四萬五千六百六十，刀三百五十，槍三百，甲五千九百七十一。

（太宗永樂實録卷 99 第 8 頁 171.2.1906）

1037 十二月癸巳 是月……餽運北京糧六百四十六萬二千九百九十石。

（太宗永樂實録卷 99 第 8 頁 171.3.1908）

永樂十四年（1416）

1038 正月己酉 以北京、河南、山東饑，免其永樂十二年逋租，悉停官買不急之物。仍命行在户部遣官賑其饑民總九十九萬九千三百八十户，給糧百三十七萬九千九百石有奇。

（太宗永樂實録卷 100 第 1 頁 171.1.1909）

1039 正月壬子 勅鎮陕西豐城侯李彬及各都司衛所曰：前所調官軍赴北京者，如已在途，悉令回還，俟有召命則來。

（太宗永樂實録卷 100 第 1 頁 172.1.1909）

1040 正月戊午 勅平江伯陳瑄、都督陳恭、謝芳率領舟師儹運糧儲赴北京。

（太宗永樂實録卷 100 第 2 頁 172.1.1910）

1041 正月庚寅 琉球國中山王思紹遣姪三吾良亹貢馬及方物，謝遣使不謹之罪。賜鈔幣遣還。

（太宗永樂實録卷 100 第 2 頁 172.2.1911）

1042 三月癸巳朔 長陵殿成，奉安仁孝皇后神位，命趙王祭告。

（太宗永樂實録卷 100 第 3 頁 174.1.1915）

1043 三月壬寅 别失八里王馬哈麻姪納黑失只罕遣使哈只等貢馬及方物，且告馬哈麻卒，無子。遣中官李嘉、給事中傅安等往祭馬哈麻，仍以璽書命納黑失只罕嗣爲王。賜金織文綺、盔甲、弓刀，并賜其母綵幣。上聞哈只等言别失八里與哈烈有隙，各蓄争鬭之意，復賜璽書諭納黑失只罕并哈烈，俾各釋怨睦鄰，保其人民，以享大平之福。又聞别失八里頭目忽歹達事其主四世，國人信服，今能贊輔納黑失只罕，亦賜璽書、綵幣嘉勞之。

（太宗永樂實録卷 100 第 4 頁 174.1.1916）

1044 四月辛未 琉球國中山王思紹遣使韓完義等貢馬，山南王他魯每遣使鄭義才等貢方物，謝襲恩封。

（太宗永樂實録卷 100 第 5 頁 175.1.1919）

1045 四月丁丑 朝鮮國王李芳遠遣陪臣韓良壽等貢方物，賀萬壽聖節。

（太宗永樂實録卷 100 第 6 頁 175.1.1920）

1046 五月壬辰朔 暹羅國王昭禄羣膺哆囉諦剌卒，其子三賴波磨剌札的賴遣使奈世賢等告訃，且請襲爵。詔遣中官郭文往祭其父，别遣使賫詔封三賴波磨剌札的賴爲暹羅國王。仍賜之素綺、素羅、白氎絲布等物，并賜其頭目大庫等幣帛。

（太宗永樂實録卷 101 第 1 頁 176.1.1923）

1047 五月丙申 端午節，上御東苑觀擊球、射柳。賜文武羣臣宴。自公侯以下至衛士耆民賜鈔有差。

（太宗永樂實録卷 101 第 2 頁 176.1.1923）

1048 六月辛酉朔 琉球國王思紹使臣韓完義等、山南王他魯每使臣鄭義才等辭歸。賜鈔幣、表裏有差。

（太宗永樂實録卷 101 第 4 頁 177.1.1931）

1049　**六月乙丑**　賜國子監雲南、琉球生百十九人夏衣。

（太宗永樂實録卷 101　第 4 頁　177.1.1931）

1050　**六月辛未**　朝鮮國王李芳遠遣使貢方物。

（太宗永樂實録卷 101　第 5 頁　177.2.1933）

1051　**六月乙亥**　韃靼桶哥必里的、阿藍察兒、阿都剌來歸，願居北京。命桶哥必里的爲指揮僉事，阿藍察兒等爲百户，賜予如例。

（太宗永樂實録卷 101　第 6 頁　177.2.1934）

1052　**六月丙子**　修北京城北清河、沙阿、玉河（按：館本玉作土，廣本抱本作玉）三橋。

（太宗永樂實録卷 101　第 6 頁　177.2.1934）

1053　**六月己卯**　哈烈、撒馬兒罕、失剌思、俺都淮等處朝貢使臣辭還。賜之鈔幣，命禮部諭所過州郡宴餞之，仍遣中官魯安、郎中陳誠等賫勅偕行。賜哈烈王沙哈魯等及撒馬兒罕頭目兀魯伯等、失剌思頭目亦不剌金、俺都淮頭目賽亦答阿嗒麻答剌罕等白金、紵絲、紗羅、絹布等物有差，并賜所經俺的干及亦思弗罕等處頭目文綺。

（太宗永樂實録卷 101　第 6 頁　177.2.1934）

1054　**六月丁亥**　贈前燕府長史朱復爲北京行部尚書，謚忠定……命有司修其墳塋。

（太宗永樂實録卷 101　第 7 頁　177.7.1935）

1055　**六月戊子**　是月，北京、薊州、遵化、玉田、通州、漷縣……奏，雨水傷稼。命户部遣人撫視。

（太宗永樂實録卷 101　第 7 頁　177.3.1936）

1056　**七月丁酉**　户部言……北京通州及順義、宛平二縣蝗。命速遣人捕瘞。

（太宗永樂實録卷 102　第 1 頁　178.1.1937）

1057　**七月庚子**　賜朝鮮國貢使宴。

（太宗永樂實録卷 102　第 2 頁　178.2.1939）

1058 七月丁未 右軍都督僉事趙清卒。清，鳳陽定遠人……官至北平都指揮使……至是卒。

（太宗永樂實録卷 102 第 3 頁 178.3.1941）

1059 七月己酉 革南北二京城門郎。

（太宗永樂實録卷 102 第 4 頁 178.3.1942）

1060 七月庚戌 朝鮮國王李芳遠遣陪臣李文等奉箋賀皇太子千秋節。

（太宗永樂實録卷 102 第 4 頁 178.3.1942）

1061 七月癸丑 命隆慶州及永寧縣置社稷、山川厲壇。

（太宗永樂實録卷 102 第 6 頁 178.5.1945）

1062 七月甲寅 行在户部尚書夏原吉言：北京户口食鹽惟足本處軍民之用，今扈從官軍人衆，鹽不足用。宜令北京行部於長蘆鹽運司支運，每鹽一斤收鈔一貫，庶公私兩便，鈔法亦通。從之。

（太宗永樂實録卷 102 第 6 頁 178.5.1945）

1063 八月丁丑 詔天下軍民預北京營造者分番赴工，所在有司人給鈔五錠爲道里費。

（太宗永樂實録卷 102 第 8 頁 179.2.1951）

1064 八月庚辰 修永平、遵化、薊州淫雨所壞城垣。

（太宗永樂實録卷 102 第 8 頁 179.2.1951）

1065 八月丁亥 作西宫。初，上至北京，仍御舊宫，及是將撤而新之，及命作西宫爲視朝之所。

（太宗永樂實録卷 102 第 9 頁 179.3.1953）

1066 九月己亥 陞……北京苑馬寺卿橋穩（按：橋爲喬之誤，見 1069 條）於遼東苑馬寺。

命錦衣衛故千户楊真子榮襲陞本衛指揮僉事。先是，真從太監鄭和使西洋，至錫蘭山卒。及是録其功，故陞用其子云。

（太宗永樂實録卷 102 第 10 頁 180.1.1956）

1067 九月己亥 命田昇爲隆慶衛指揮使。昇故都指揮僉事真之子，初，真爲隆慶衛指揮僉事，征交阯，陞都指揮僉事，卒。昇應襲指揮僉事。上以真從征功多，特命襲指揮使，仍賜之鈔。

北京行太僕寺卿楊砥言：近年馬蕃息而少牧養之人，請令民五丁養種馬一，每十馬立羣頭一人，五十馬立羣長一人，養馬之家歲蠲芻糧之半。而薊州以東至山海諸衛，土地寬廣，水草豐美，其屯種軍士亦宜人養種馬一疋，歲子粒亦免其半。上曰：既責軍士孳牧，則不可復徵子粒，其悉蠲之。餘從所言。

（太宗永樂實録卷 102　第 10 頁　180.1.1956）

1068　九月丁未　以車駕將還京，於奉天殿丹陛設壇告天地，遣官祭北京山川、城隍、旗纛諸神。

（太宗永樂實録卷 102　第 11 頁　180.2.1958）

1069　九月戊申　車駕發北京。

苑馬寺卿喬穩卒。穩，濟南章丘人，初爲燕府審理正。上靖内難，命穩署北平按察使事，與陳珪等督衆守城。永樂元年五月陞兵部左侍郎，三年調北平行部，八年改北京苑馬寺卿，調遼東苑馬寺，未至官，以疾卒。

（太宗永樂實録卷 103　第 11 頁　181.2.1958）

1070　十月壬申　占城國王占巴的賴遣使謝那該等貢象、犀等物，至行在謝罪。

（太宗永樂實録卷 103　第 1 頁　181.1.1960）

1071　十月丙子　撒馬兒罕、土魯番地面回回法忽兒丁等貢馬百七十匹。皇太子命禮部賜賚如例。

（太宗永樂實録卷 103　第 1 頁　181.1.1960）

1072　十月癸未　車駕至京師。

（太宗永樂實録卷 103　第 2 頁　181.1.1960）

1073　十一月戊子朔　古里、爪哇、滿剌加、占城、蘇門答剌、南巫里、沙里灣泥、彭享〔校記：舊校改享作亨〕、錫蘭山、木滑都東、留山〔校記：舊校改留作溜〕、喃渤利、不剌哇、阿丹、麻林、剌次剌撒（按：疑撒爲撒之誤，疑衍次字）、忽魯謨斯、柯枝諸國及舊國宣慰使各遣使貢馬及犀、象方物。

（太宗永樂實録卷 103　第 3 頁　182.1.1963）

1074　十一月丙申　賜滿剌加、古里、爪哇、占城、錫蘭山、木骨都束、溜山、喃渤利、不剌哇、阿丹、蘇門答剌、麻林、剌撒（按：疑撒爲撒之誤）、忽魯謨斯、柯枝、南巫里、沙里灣泥、彭亨諸國及舊港宣慰司使臣宴。

（太宗永樂實録卷 103　第 3 頁　182.1.1963）

1075　十一月壬寅　復詔羣臣議營建北京。先是，車駕至自北京，工部奏請擇日興工。上以營建事重，恐傷民力，仍命文武羣臣復議之。於是公、侯、伯、五軍都督及在京都指揮、指揮等官上疏曰：臣等竊惟北京河山鞏固，水甘土厚，民俗淳朴，物産豐富，誠天府之雄，地（按：疑地爲帝之誤）王之都也！皇上營建北京，爲子孫帝王萬世之業。比年車駕巡狩，四海會同，人心協和，嘉瑞駢集。天運維新，實兆於此。矧河道疏通，漕運日廣，商賈輻輳，財貨充盈。良材巨木，已集京師，天下軍民，樂於趨事。揆之天時，察之人事，誠所當爲而不可緩。伏乞上順天心，下從民望，早勅所司，興工營建。天下幸甚！

六部、都察院、大理寺、通政司、太常寺等衙門尚書、都御史等官復上疏曰：伏惟北京聖王龍興之地，北枕居庸，西峙太行，東連山海，南俯中原，沃壤千里。山川形勝足以控四夷、制天下，誠帝王萬世之都也。昔太祖高皇帝削平海宇，以其地分封陛下，誠有待於今日。陛下嗣太祖之位，即位之初，嘗陞爲北京，而宫殿未建。文武羣臣，合詞奏請，已蒙俞允。所司掄材川廣，官民樂於趨事，良材大木，不勞而集。比年聖駕巡狩，萬國來同，民物阜成，禎祥協應。天意人心，昭然可見。然陛下重于勞民，延緩至今。臣等切惟宗社大計，正陛下當爲之時。況今漕運已通，儲蓄充溢。材用具備，軍民一心。營建之辰，天實啟之。伏乞早賜聖斷，勑所司擇日興工，以成國家悠久之計，以副臣民之望。上從之。

撒馬兒罕、土魯番回回法兒忽丁等辭歸。賜之鈔幣。

（太宗永樂實録卷 103　第 4 頁　182.1.1964）

1076　十一月戊申　上既至京師，益聞漢王高煦縱護衛軍士於京城内外刼掠，私造兵器，陰蓄異志，怒甚，猶穩忍未發，但革去其左右二護衛，其官軍悉調居庸關北，立保安左右二衛以處之。

（太宗永樂實録卷 103　第 4 頁　182.2.1966）

1077　十一月壬子　賜占城國王占巴的賴使臣謝那該等宴，仍命禮部賜鈔及襲衣。

（太宗永樂實録卷 103　第 5 頁　182.3.1967）

1078　十二月丁卯　古里、爪哇、滿剌加、占城、錫蘭山、木骨都束、溜山、喃渤利、不剌哇、阿丹、蘇門答剌、麻林、剌撒（按：疑撒爲撒之誤）、忽魯謨斯、柯枝、南巫里、沙里灣泥、彭亨諸國及舊港宣慰司使臣辭還。悉賜文綺，遣中官鄭和等賫勑及錦綺、紗羅、綵絹等物偕往，賜各國王。仍賜柯枝國王可亦里印誥，并封其國中之山爲鎮國山。上親製碑文賜之。曰：王化與天地流通，凡覆載之内，舉納于甄陶者，體造化之仁也。蓋天下無二理，生民無二心，憂戚喜樂之同情，安逸飽暖之同欲，奚有間於遐邇哉！任君民之寄者，當盡夫子民之道。《詩》云：邦畿千里，惟民所止，肇域彼四海。《書》云：東漸於海，西被於流沙，朔南暨聲教，訖於四海。朕君臨天下，撫治華夷，一視同仁，無間彼此。推古聖帝明王之道，以合乎天地之心，遠邦異域，咸欲使之各得其所，蓋聞風而慕化者，非一所也。柯枝國遠在西南鉅海之濱，出諸蕃國之外，慕中華而欲王化久矣。命令之至，奉踼鼓舞，順附如歸，咸仰天而拜曰：何幸中國聖人之教沾及於我！乃數歲以來，國内豐穰，居有室廬，食飽魚鼈，衣足布帛。老者慈幼，少者敬長，熙然而樂〔校記：廣本熙下有熙字〕，凌厲爭競之習無有也。山無猛獸，溪絶惡魚，海出奇珍，林産嘉木。諸物繁盛，倍越尋常（按：館本越作過，廣本抱本過作越，是也）。暴風不興，疾雨不作，札沴殄息，靡有害菑，誠王化之使然也。朕揆德薄（按：館本揆作兹，廣本抱本作揆，是也），何能若是？非其長民者之所致歟！乃封可亦里爲國王，錫以印章，俾撫治其民。並封其國中之山爲鎮國之山，勒銘其上，垂示無窮。而系以銘（按：館本系作絲，廣本抱本作系，是也）曰：截彼高山，作鎮海邦，吐烟出雲，爲下國洪龐。時其雨暘，肅其煩歊，作彼豐穰，祛彼妖氛，庇於斯民，靡菑靡沴，室家胥慶。優之卒歲。山之嶄弓，海之深矣。勒此詩銘，相爲始終。

（太宗永樂實録卷 103　第 6 頁　183.1.1969）

1079　十二月丙子　　設永寧衛，以統屯戍口北長安嶺等處刑徒。

（太宗永樂實録卷 103　第 8 頁　183.3.1973）

1080　十二月　　是歲……餽運北京糧二百八十一萬三千四百六十二石。

（太宗永樂實録卷 103　第 9 頁　183.4.1973）

永樂十五年（1417）

1081　正月壬寅　　永安公主薨。訃聞，上深悼之。……上之長女，母仁孝皇后……永樂元年進封公主，仍居北京。比車駕至京師，聞主疾危，遣名醫馳驛視之，不及，薨，是月乙未云。

（太宗永樂實録卷 104　第 1 頁　184.1.1978）

1082　正月丁未　　命平江伯陳瑄充總兵官，率領□□（按：館本□□作官軍）儹運糧儲并提督沿河運木赴北京。

（太宗永樂實録卷 104　第 2 頁　184.2.1980）

1083　二月庚申　　占城國王占巴的賴使臣謝那該等辭歸。命禮部賜占巴的賴《大統曆》及文綺二十□□□□（按：館本□□□□

作六匹）。

（太宗永樂實録卷 104　第 2 頁　185.1.1981）

1084　二月壬申　　命泰寧侯陳珪掌繕工事，安遠侯柳升、成山侯王通副之。仍命禮部鑄印給之，制視都督府。文曰“繕工之印”。命吏部設經歷司，置經歷一員，從五品，都事四員，正七品。

（太宗永樂實録卷 104　第 4 頁　185.2.1984）

1085　二月甲戌　　命掌繕工事泰寧侯陳珪、成山侯王通兼掌北京行後軍都督府事。

（太宗永樂實録卷 104　第 5 頁　185.2.1984）

1086　三月丁亥　　上將巡狩北京，命禮部定東宮留守事宜。

（太宗永樂實録卷 105　第 1 頁　186.1.1989）

1087　三月乙未　　別失八里王納黑失只罕遣使哈卽答剌等貢方物，且致王言，將嫁其妹撒馬兒罕，請以馬市妝奩。遣中官李信、指揮丁全等賫文綺、帛各五百匹助之。

（太宗永樂實録卷 105　第 2 頁　186.2.1991）

1088　三月丙申　　命刑部、都察院移文諸司：除十惡、强盗監候審決，其雜犯死罪及流、徒以下悉縱還家營路費，赴北京輸役贖罪。

（太宗永樂實録卷 105　第 2 頁　186.2.1991）

1089　三月丁酉　　陞北京刑部員外郎郭溥爲四川布政司右参議。

（太宗永樂實録卷 105　第 2 頁　186.2.1991）

1090　三月辛丑　　建洪恩靈濟宫于北京，祀徐知證及其弟知諤。初，其父温事吴楊行密，及温養子徐知誥代楊氏有國，封知證爲江王，知諤爲饒王，嘗帥兵入閩（按：館本閩下有靖字，是也）群盗，閩人德之，爲立生祠于閩縣之鰲峯。果著靈應，宋高宗勅賜祠額“靈濟宫”。國朝靈應尤著。上聞之，遣人以事禱之輒應，間有疾或醫藥未效，禱于神輒奇效。至是命立廟北京皇城之西，賜名“洪恩靈濟宫”。加封知證爲“九天金闕明道達德大仙顯靈普濟清微洞玄冲虚妙感〔校記：廣本感作應〕慈惠護國庇民洪恩真君”；知諤爲“九天玉闕宣化扶教上仙昭靈博濟高明弘静冲湛妙應仁惠輔國祐民洪恩真君”。王爵如故。仍命禮部新鰲（按：館本鰲下有峯字）之廟。春秋致祭及（按：館本及作給）洒掃五户。

（太宗永樂實録卷 105　第 3 頁　186.3.1993）

1091　三月辛亥　以巡狩北京告天地、宗廟、社稷，辭孝陵。

（太宗永樂實録卷 105　第 6 頁　186.5.1997）

1092　三月壬子　車駕發京師。

（太宗永樂實録卷 105　第 6 頁　186.5.1997）

1093　四月癸未　西宫成，其制：中爲奉天殿，殿之側爲左右二殿；奉天殿之南爲奉天門，左右爲東西角門；奉天門之南爲午門，之南爲承天門。殿之北有後殿、涼殿、暖殿及仁壽、景福、仁和、萬春、永壽、長春等宫，凡爲屋千六百三十餘楹。

（太宗永樂實録卷 105　第 6 頁　187.2.2001）

1094　四月甲申　琉球國中山王思紹、山南王他魯每遣使甚謾志里等貢方物。

（太宗永樂實録卷 105　第 7 頁　187.2.2001）

1095　五月丙戌朔　車駕至北京，于奉天殿設壇告天地。遣官祭北京山川、城隍諸神，御奉天殿受朝賀。

（太宗永樂實録卷 106　第 1 頁　188.1.2003）

1096　五月戊子　命行在都察院左副都御史李慶兼督營造。先命成山侯王通、興安伯徐亨、都督薛禄、金玉、章安、譚廣各督一事，而命太（按：疑太爲泰之誤）寧侯陳珪、安遠侯柳升總督，行部尚書郭資、侍郎崔衍领粮賞。至是復命慶同珪等總督。

命行在工部造安樂營以居營造夫匠之患病者，令太醫院分官率醫士三百五十人給藥療治。仍遣監察御史、錦衣衛官巡視，夫匠亡歿者有司函骨遞歸其鄉葬之。

（太宗永樂實録卷 106　第 1 頁　188.1.2003）

1097　五月辛卯　朝鮮國王李芳遠遣陪臣鄭矩等貢方物。賜之鈔幣。

（太宗永樂實録卷 106　第 1 頁　188.1.2003）

1098　五月乙未　遣官巡視北京通州至儀真河道。

（太宗永樂實録卷 106　第 1 頁　188.1.2004）

1099　五月辛丑　置居庸關外河合口巡檢司。

山西平陽、大同、蔚州、廣靈等府州縣民申外山等詣闕上言：本處地磽且窄，歲屢不登，衣食不給。乞分丁於北京、廣平、清河、真定、冀州、南宫等縣寬閒之處占籍爲民，撥田耕種，依例輸税，庶不失所。從之，仍免田租一年。

（太宗永樂實録卷 106　第 2 頁　188.1.2004）

1100　五月壬子　兵部言：隰寧、閔安、威虜、環州四堡，每堡舊設官軍二百，皆自宣府、懷安、萬全諸衛調至，因無家屢逃。今新設保安左衛五所，居懷來者俱有家室，宜令每所撥五百户往守四堡，堡令千户一員統之。其中所官軍宜全伍調守長安嶺，令指揮一員統之。俱聽掌保安衛都指揮王禮總督。上從之。令每堡先于保安撥二百户，餘俟酌量選補。

（太宗永樂實録卷 106　第 2 頁　188.2.2005）

1101　閏五月戊午　琉球國中山王思紹、山南王他魯每使臣甚謾志里等辭歸。賜鈔及文綺、表裏、金織紗衣，而賜其王鈔及絨錦、織金文綺、紗羅。

（太宗永樂實録卷 106　第 2 頁　189.1.2007）

1102　閏五月己卯　朝鮮國王李芳遠遣陪臣權軫等貢方物。賜鈔及襲衣、文綺有差。

（太宗永樂實録卷 106　第 4 頁　189.2.2009）

1103　閏五月癸未　修順天府固安縣孫家口等處堤岸。

（太宗永樂實録卷 106　第 4 頁　189.2.2009）

1104　六月己亥　遣人齎勅往金鄉勞使西洋諸番内官張謙及指揮、千百户、旗軍人等。初，謙等奉命使西洋諸番還，至浙江金鄉衛海上，猝遇倭寇，時官軍在船者纔百六十餘人，賊可四千，鏖戰二十餘合，大敗。賊徒殺死無算，餘衆遁去。上聞而嘉之，賜勅獎勞官軍，陞賞有差。

（太宗永樂實録卷 106　第 5 頁　190.2.2013）

1105　六月乙巳　真臘國（按：館本國下有王）參烈昭平牙遣使貢方物。賜紗羅、襲衣有差。

（太宗永樂實録卷 106　第 6 頁　190.2.2014）

1106　六月戊申　朝鮮國王李芳遠遣陪臣元閔生等貢方物。

（太宗永樂實録卷 106　第 6 頁　190.2.2014）

1107　六月　是月，修保定府新城、容城二縣社村等口堤岸。

（太宗永樂實録卷 106　第 7 頁　190.3.2015）

1108　七月丁卯　朝鮮國王李芳遠遣陪臣申既等進箋及方物，賀皇太子千秋節。

（太宗永樂實録卷 106　第 7 頁　191.1.2017）

1109　七月己卯　朝鮮國使臣元閔生、申既等還國。賜鈔、文綺有差，仍賜其王綵幣二百錠。

（太宗永樂實録卷 106　第 8 頁　191.2.2019）

1110　七月庚辰　廣東都指揮同知李端有罪，謫北京輸作。

（太宗永樂實録卷 106　第 8 頁　191.2.2020）

1111　七月辛巳　築口北黑峪南墩、中墩、苗鄉嶺外墩、高嶺口墩、白河口墩。

隆慶衛指揮使袁納言：澁石嶺外白河左右、黑峪口川有荒地五百六十餘頃，宜分撥永寧衛軍士屯種。從之。仍令開澁石嶺、苗鄉嶺二山口，以通往來。

（太宗永樂實録卷 106　第 8 頁　191.2.2020）

1112 八月甲申朔 行在禮部言：權蘇禄東國巴都葛叭答剌、權蘇禄西國麻哈剌吒葛剌麻丁、故權蘇禄峒者之妻叭都葛巴剌卜各率其屬及隨從頭目凡三百四十餘人奉金鏤表來朝貢，且獻珍珠、寶石、玳瑁等物。賜予視滿剌加國王。

（太宗永樂實録卷 107 第 1 頁 192.1.2021）

1113 八月己丑 北京行部鄉試奏請考試官。上命行在翰林院侍講兼左春坊左中允鄒緝、侍講王洪考（按：館本考下有試字），賜宴于本部。

琉球國中山王思紹遣使亞勃結制等貢馬。賜鈔及文綺、表裏遣還。

（太宗永樂實録卷 107 第 1 頁 192.1.2021）

1114 八月辛卯 封巴都葛叭答剌爲蘇禄國東王，麻哈剌吒葛剌麻丁爲蘇禄國西王，叭都葛巴剌卜爲蘇禄國峒王，並賜誥命及襲衣、冠服、印章、鞍馬、儀仗。隨從頭目三百四十餘人賜冠帶、金織文綺、襲衣有差。

（太宗永樂實録卷 107 第 2 頁 192.2.2023）

1115 八月庚戌 蘇禄國東王巴都葛叭都答剌、西王麻哈剌吒葛剌麻丁、峒王叭都剌卜辭歸。人賜金相玉帶一，黄金百兩，白金二十兩，羅錦文綺二百疋，絹三百疋，鈔一萬錠，錢三千貫，金繡蟒龍衣、麒麟衣各一襲。賜其隨從頭目文綺、綵絹、錢鈔有差。

（太宗永樂實録卷 107 第 3 頁 192.3.2025）

1116 九月戊午 陞……刑部郎中劉子春爲浙江布政司左參政，北京行部郎中李應春爲右參政。……北京行部郎中……爲湖廣布政司右參政……。

遣太監張謙賫勅往諭古麻剌朗國王幹剌義亦敦奔并賜之絨錦、紵絲、紗羅。

（太宗永樂實録卷 107 第 4 頁 192.3.2025）

1117　九月甲子　　真臘國王參烈昭平牙使臣辭歸。賜賚有差，并賜參烈昭平牙金織文綺、紗羅二十四疋。

（太宗永樂實録卷 107　第 4 頁　192.4.2027）

1118　九月乙丑　　蘇禄國東王巴都葛叭答剌歸，次德州病卒。訃聞，遣官賜祭，命有司營墳，葬以王禮。上親爲文，樹碑墓道。留其妃妾及傔從十人守墓，令畢三年還國。仍遣使齎勑諭其長子都麻含〔校記：廣本含作舍。明史蘇禄傳作都麻含〕曰：爾父知尊中國，躬率家屬陪臣，經涉海道，萬里來朝，眷其誠悃，已錫王封，優加賜賚。遣人護送還國，舟次德州，以疾殁。朕聞之良用閔悼，已葬祭如禮。爾以嫡長爲國人所屬，宜卽繼承，以綏藩服。今特命爾爲蘇禄國東王。爾尚益懋忠貞，敬承天道，以副眷懷，以承爾父之志。欽哉！

（太宗永樂實録卷 107　第 5 頁　192.4.2027）

1119　九月丙寅　　琉球國中山王世子尚巴志遣使鄔梅住居丸等貢馬及方物。賜鈔幣遣還。

（太宗永樂實録卷 107　第 5 頁　192.4.2028）

1120　九月丁卯　　朝鮮國王李芳遠遣陪臣鄭鎮貢馬并方物。賜鈔及綺帛遣還。

（太宗永樂實録卷 107　第 7 頁　192.6.2031）

1121　九月辛巳　　上謂行在工部臣曰：四方之人服役京師者，水土異俗，加以寒暑勤勞，蓋有致疾而醫藥久未痊者。此皆盡力奉公，當加卹之。今天氣已寒，其給行粮，遣人護送還家，仍令有司善存恤之。

（太宗永樂實録卷 107　第 7 頁　192.7.2033）

1122　十月乙酉　　遣刑部員外郎吕淵等使日本。時捕倭將士禽寇數十人獻京師，賊首有微葛成二郎、五郎者。訊之皆日本人。群臣言：日本數年不修職貢，意爲倭寇所阻，今首賊乃其國人，宜誅之以其罪。上曰：遠夷威之以刑，不若懷之以德，姑寘

（按：館本宥作有）其罪遣還。于是命淵等送還日本國。賜璽書諭國王源義持曰：爾父道義，能敬天事大，恭修職貢，國人用安，盜賊不作。自爾嗣位，反爾父之行，朝貢不供，屢爲邊患，豈事大之道？天生斯民，立之主宰，大邦小國，上下相維，無非欲遂民之生耳。爾居海東，蕞爾之地，乃憑恃險阻，肆爲桀驁。群臣屢請發兵問罪，朕以爾狗盜鼠竊，且念爾父之賢，不忍遽絶，曲垂寬貸，冀爾悔悟。比日本之人，復寇海濱，邊將獲其爲首者送京師，罪當棄世。朕念其人，或爾所遣，未忍深究，姑宥其罪，遣使送還。惟迪父之行，深自克責，以圖自新，凡比年並海之民被掠在日本者，悉送還京。不然，爾罪益重，悔將無及。

（太宗永樂實録卷 107 第 8 頁 193.1.2035）

1123 十月壬辰 修通州城東白富河橋。

（太宗永樂實録卷 107 第 9 頁 193.1.2036）

1124 十月庚戌 浡泥國王遐旺遣叔祖麻木等貢方物。

（太宗永樂實録卷 107 第 10 頁 193.2.2038）

1125 十一月甲寅 上嘉朝鮮國王李芳遠勤修職貢，遣使賫勅及白金二千兩，文綺表裏二百疋，紗羅、絨錦五十匹，馬二十四疋賜芳遠。仍賜其妃文綺表裏八十匹。

（太宗永樂實録卷 108 第 1 頁 194.1.2039）

1126 十一月癸酉 改前禮部尚書趙羾爲兵部尚書，督塞北屯戍。凡軍民一切利病及邊務有不便者，具以實聞。

命行在户部以白米二百五十石給安樂〔校記：廣本抱本樂下有營字〕患病夫匠。

（太宗永樂實録卷 108 第 4 頁 194.3.2044）

1127 十一月辛巳 占城國王占巴的賴遣陪臣保麻翁貢方物。

（太宗永樂實録卷 108 第 4 頁 194.4.2045）

1128 十二月癸未 暹羅國王三賴波磨剌扎的賴遣使柰叫等百餘人進表貢方物，謝賜祭其父并命襲爵恩。命禮部賜王錦綺、羅紗，并賜柰叫等鈔幣有差。

（太宗永樂實録卷 108　第 4 頁　195.1.2047）

1129　十二月癸巳　賜浡泥國王叔祖麻木……占城國王使臣保麻翁等宴。

（太宗永樂實録卷 108　第 5 頁　195.1.2048）

1130　十二月丙申　哈烈、撒馬兒罕諸國各遣使隨中官魯安、郎中陳誠等來貢馬及方物。賜文綺、紗羅、襲衣有差。

（太宗永樂實録卷 108　第 6 頁　195.2.2049）

1131　十二月丁酉　命平江伯陳瑄充總兵官，率领舟師漕運粮儲赴北京。

（太宗永樂實録卷 108　第 6 頁　195.2.2049）

1132　十二月丙午　朝鮮國王李芳遠遣陪臣金得壽等貢鞍馬、金銀器等物，賀明年正旦。

（太宗永樂實録卷 108　第 7 頁　195.2.2050）

1133　十二月　是歲……餽運粮五百八萬八千五百四十四石。

（太宗永樂實録卷 108　第 8 頁　195.3.2052）

永樂十六年（1418）

1134　正月己巳　太僕寺卿楊砥卒。砥字大用，山西澤州人，洪武甲戌進士……永樂十年，命簡閲北京群縣馬，陞太僕寺卿，明年兼苑馬寺卿。砥率勵屬，凡孳牧之法與民之利病悉修奏行之，馬大蓄息。

（太宗永樂實録卷 109　第 3 頁　196.2.2056）

1135　二月乙未　琉球國中山王思紹遣長史懷機等貢方物。賜鈔及文綺表裹。

（太宗永樂實録卷 109　第 5 頁　197.1.2062）

1136 二月己亥 交阯都指揮使陳濬等遣人貢馬及黃金、犀角、象牙等物。

（太宗永樂實録卷 109 第 6 頁 197.1.2062）

1137 二月辛丑 北京行部禮曹郎中秦政學有罪伏誅。政學由進士擢郎中，存心狡險，專務掇人過失，以濟所欲。自尚書朱濬、郭資以下皆畏之莫敢言，姦貪橫被於八府。至是，有告其典科舉受賄者，上咨於衆，並得其他罪，立命誅之，輿論稱快。

（太宗永樂實録卷 109 第 6 頁 197.2.2064）

1138 二月丙午 行在禮部奏：會試天下舉人，得董璘等二百五十人。

（太宗永樂實録卷 109 第 7 頁 197.2.2064）

1139 二月庚戌 別失八里頭目速哥、克剌滿（按：館本滿作免）剌等來朝貢方物，具言其王納黑失只罕爲從弟歪思弒之而自立，徙其國西去，更號亦力把里。王命〔校記：廣本王作上，是也〕速哥爲右軍都督僉事，克（按：館本克下有剌字）滿剌爲指揮僉事。賜誥命、冠服、金帶、綵幣。

（太宗永樂實録卷 109 第 7 頁 197.2.2064）

1140 三月辛亥朔 上御奉天殿，試行在禮部選中舉人董璘等二百五十人。制策曰：帝王之治天下，必有要道。昔之聖人，垂衣裳而天下治。唐虞之世，治道彰明，其命官咨牧，載之於書，有可見已。成周之官，倍蓰唐虞，備存《周禮》，其詳得而數之。《周禮》，周公所作也，何若是之煩與！較之唐虞之無爲，蓋有徑庭。然其法度紀綱，至爲精密，可行於天下後世，何至秦而遂廢？漢承秦弊，去周未遠，可以復古，何故因仍其舊而不能變與？唐因於隋，宋因於五季，亦皆若是。有可議者，人之恒言：爲治之道在於一道德而同風俗。今天下之廣，生齒之繁，彼疆此域之限隔，服食趨向之異宜，道德何由而一？風俗何由而同？子諸生於《經》《史》、時務講之熟矣，凡有裨於治道，其詳陳之，毋隱。朕將親覽焉。

（太宗永樂實録卷 109　第 7 頁　198.1.2067）

1141　三月壬子　賜琉球國中山王長史懷機、占城國使保麻翁……别失八里頭目速哥等宴。

（太宗永樂實録卷 109　第 8 頁　198.1.2068）

1142　三月癸丑　朝鮮國王李芳遠遣陪臣延嗣宗等奉表貢馬四十疋及方物，謝白金、綵幣之賜。賜嗣宗等鈔幣有差。

（太宗永樂實録卷 109　第 8 頁　198.1.2068）

1143　三月癸丑　行在後軍衛右都督陳亨卒。亨一名午，睢陽人，初以小卒隸大將軍徐達麾下，從征伐，爲大興右衛總旗。上靖内難，亨以勇士從……至是卒，追贈奉天翊衛宣力武臣特進榮禄大夫柱國成武伯〔校記：廣本作武城伯。明史與館本同〕，謚“忠勇”，命禮部賜祭。

（太宗永樂實録卷 109　第 8 頁　198.1.2068）

1144　三月甲寅　上御奉天殿，閲舉人對策，擢李騏爲第一。賜李騏等二百五十人進士及第、出身有差。騏初名馬，特賜名騏云（按：館本云作名，抱本作云，是也）。

（太宗永樂實録卷 109　第 8 頁　198.2.2069）

1145　三月己未　浡泥國王遐旺叔祖麻木、占城國王占巴的賴使臣保麻翁等辭還。賜鈔、文綺表裏有差。

（太宗永樂實録卷 109　第 9 頁　198.2.2070）

1146　三月甲子　命行在禮部：北京營繕工匠過期未得代者，一月以上人加賞鈔二錠，米一斗，十月以上加綿布二疋。

（太宗永樂實録卷 109　第 9 頁　198.2.2070）

1147　三月丙寅　擢第一甲進士李騏爲翰林院修撰，劉江、鄧珍俱爲編修。其第二甲第三甲周叙、董璘、楊洪、褚思敬、尹鳳歧、陳詢、徐律、習嘉言、王賓、胡文善、周懋昭、王暹、雷遂、莫珪、孔友諒、秦初等俱爲翰林院庶吉士，張銘等五人爲行人，其願爲教職韓著等六人俱爲府教授。餘分隸諸司觀政。

（太宗永樂實録卷 109 第 9 頁 198.2.2070）

1148 三月丙子 行在禮部言：北京國子監大成殿帷幔敝壞。命工部新之。

（太宗永樂實録卷 109 第 11 頁 198.3.2072）

1149 三月戊寅 太子少師姚廣孝卒。廣孝蘇之長州人，初從釋氏，名道衍。嗜學，喜爲詩文。少與高啟、楊孟載爲莫逆交，朝之縉紳如宋濂、蘇伯珩輩皆獎重之。洪武十五年僧宗泐薦其學行，命往北平慶壽寺。事上藩邸，甚見禮遇。上每出師，命侍世子居守，嚴固備禦，撫綏兵民，與贊謀策。上卽位初，命爲僧録司左善世，及册立皇太子，賜名廣孝，授資善大夫、太子少師，俾輔道焉。至是，自南京來朝，車駕臨視者再。既卒，上悼惜之，輟視朝二日，賜祭，贈推忠輔國協謀宣力文臣，特進榮禄大夫柱國榮國公，謚“恭靖”。命有司治葬，親製碑文於墓。

（太宗永樂實録卷 109 第 11 頁 198.4.2073）

1150 四月壬午 設北京、河南各處遞運所。順天府之良鄉、涿州，保定府之定興、安肅、清苑、慶都，真定府之真定、新羅、趙州、栢鄉、欒城，順德府之内丘、邢臺……凡二十一所，各置大使一員。

（太宗永樂實録卷 110 第 1 頁 199.1.2075）

1151 四月乙未 朝鮮國王李芳遠遣陪臣金漸等貢方物，賀萬壽聖節。

（太宗永樂實録卷 110 第 1 頁 199.1.2075）

1152 四月乙巳 行人吕淵自（按：館本自下有日字）本還，其國王源義特〔校記：舊改特作持〕遣日隅薩三州刺史島津滕存忠〔校記：廣本島作鳥，滕作騰〕等奉表隨來謝罪。表曰：日本蕞爾小邦，自臣祖父以來，受命朝廷，霑被恩德，不敢背忘。比因倭寇旁午，遮遏海道，朝貢之使不能上達。臣自知有負大恩，而境内之人肆爲鼠竊者，皆亡賴逋逃之徒，實非臣之所知。既皆爲天兵所擒，皇上天地之量，父母之（按：館本之下有恩字），曲赦其罪，悉皆遣歸，臣之感戴，莫盡名言。伏望貸臣之罪，自今許其朝貢如初，不勝虔懇之至。上以其詞順，特釋其罪（按：館本釋作恕，廣本抱本作釋）。命行在禮部宴賚其使，遣還。

（太宗永樂實録卷 110　第 2 頁　199.2.2077）

1153　四月丁未　陞……陳鍔爲順天府尹。

（太宗永樂實録卷 110　第 3 頁　199.2.2077）

1154　五月庚戌朔　遣中官楊志等使亦力把里，賜其王歪思金織文綺、綵幣、盔甲、弓刀，并賜其頭目忽歹達等七十餘人綵幣有差。

（太宗永樂實録卷 110　第 4 頁　200.1.2081）

1155　五月辛亥　蘇門答剌、干達里〔校記：明史成祖及外國傳作千里達〕、暹羅、琉球諸國各遣使貢方物。賜其使冠帶、鈔、紵絲、紗羅、綵絹有差。

順天府昌平縣民劉化以謀反伏誅。化初名僧保，畏避從軍，逃匿保定府新城縣民家，衣道人服，自稱彌勒佛下世，當主天下。演説應刼五公諸經，鼓誘愚民，百四十餘人皆信從之。已而真定、容城、山西洪洞等縣人皆受戒約，遂相聚爲亂。事聞，悉捕誅之。

（太宗永樂實録卷 110　第 4 頁　200.1.2082）

1156　五月丙辰　爪哇國西王楊惟西沙遣使惟叔等奉表獻白鸚鵡及方物。先是衛卒王周鎮等隨詔使往西〔校記：廣本無西字，是也〕，海風漂其舟至班卒兒國〔校記：廣本卒作足。舊校删國下兒字〕，爲番人所羈。爪哇村主珍班聞之，以金贖周鎮等，送之王所，王付惟叔來歸。上嘉之，命禮部宴賚惟叔等，而賜勑獎勞國王。并賜之金織文綺、紗羅凡五十五疋，賜珍班文綺、紗羅二十四疋。

（太宗永樂實録卷 110　第 6 頁　200.2.2084）

1157　五月癸亥　賜國子監交阯生鄧得等三十人夏衾、冬衣、靴襪。

（太宗永樂實録卷 110　第 7 頁　200.3.2086）

1158　五月甲子　賜蘇門答剌、干達里、暹羅、琉球、爪哇等國使宴。

（太宗永樂實録卷 110　第 7 頁　200.3.2086）

1159　六月庚申　應城伯孫巖卒。巖鳳陽人，少挾智勇……上靖内難，命巖守通州，州城孤而敵攻之急，巖隨機應敵……及卒，上遣官致祭，命有司治喪。

（太宗永樂實録卷 110　第 8 頁　201.1.2089）

1160　七月庚戌　朝鮮國王李芳遠遣陪臣貢方物，賀皇太子千秋節。賜及文綺表裏有差。

（太宗永樂實録卷 111　第 1 頁　202.1.2093）

1161　七月丙寅　修順天府琉璃河橋。

（太宗永樂實録卷 111　第 1 頁　202.1.2094）

1162　七月乙亥　命故都指揮同知焦謙弟禮襲指揮使。初，謙任通州指揮僉事〔校記：廣本抱本州下有衞字，是也〕，從上征討及剿捕胡寇，累陞都指揮同知，備禦遼東。卒，其子尚幼，故命禮襲職（按：館本命上無故字，廣本抱本命上有故字，是也）。

（太宗永樂實録卷 111　第 2 頁　202.2.2095）

1163　七月丙子　朝鮮國王李芳遠遣使言：世子禔驕恣不肖，第三子祹孝弟力學，國人之所屬望，請立爲嗣。從之，賜勅諭曰：立嗣以嫡長，古今常道〔校記：廣本今下有之字〕，然國家盛衰，實係嗣子之賢否。今欲立賢爲嗣，聽王所擇。

（太宗永樂實録卷 111　第 2 頁　202.2.2095）

1164　八月戊寅朔　命交阯布政司右參議莫邃男嵩襲父職，食禄而不任事。時邃與賊戰死，故推恩其子云。

（太宗永樂實録卷 111　第 2 頁　203.1.2097）

1165　八月戊寅朔　增設通州北關遞運所副使二員。

尼八剌國王沙的新葛遣人貢方物。上遣中官鄧誠賚勅往，賜之綿綺、紗羅，與其貢使偕行。凡所經罕東靈藏必力工瓦、烏思藏、野監可般卜納等處，頭目皆有賜賚。

（太宗永樂實録卷 111　第 2 頁　203.3.2097）

1166　八月己卯　置通州衛通濟倉。

（太宗永樂實録卷 111　第 3 頁　202.2.2098）

1167　八月辛巳　占城國王占巴的賴遣孫舍那挫，滿剌加國王母斡撒于的兒沙遣兄撒里汪剌查及喃渤力、失剌北等國〔校記：明史外國傳北作比〕各遣使貢方物。賜冠帶、金織文綺、襲衣及白金、紗（按：疑紗爲鈔之誤）幣有差。

（太宗永樂實録卷 111　第 3 頁　203.2.2098）

1168　八月丁酉　哈烈、沙哈魯、撒馬兒罕、兀魯伯遣使臣阿兒都沙等來朝貢名馬、文豹。賜襲衣、文綺、紗羅，命禮部宴勞之。

（太宗永樂實録卷 111　第 5 頁　203.3.2101）

1169　八月庚子　賜占城、滿剌加等國王孫舍那挫等宴。

（太宗永樂實録卷 111　第 5 頁　203.3.2102）

1170　八月乙巳　陞……刑部郎中陳福爲順天府尹。

（太宗永樂實録卷 111　第 5 頁　203.3.2102）

1171　九月戊申朔　哈烈、沙哈魯、撒馬兒罕、兀魯伯使臣阿兒都沙等辭還。遣中官李達等齎勅及錦綺、紗羅等物往賜沙哈魯、兀魯伯等。并賜哈密忠義王免力帖木兒、亦力把里王歪思及所遇之地酋長綵幣，與阿兒都沙等偕行。

（太宗永樂實録卷 111　第 6 頁　204.1.2103）

1172　九月乙丑　設北京壩上、義和、北高、汗石橋〔校記：廣本汗作汙〕、南石渠、黄土、北草場七倉，置倉大使、副使各一員，隸北京順天府。

（太宗永樂實録卷 111　第 6 頁　204.1.2104）

1173　九月戊辰　遣中官林貴、行人倪俊等送占城國王孫舍那挫還國，仍賜占城國王占巴的賴錦綺、紗羅。

（太宗永樂實録卷 111　第 7 頁　204.1.2104）

1174　九月辛未　暹羅國使臣柰叫等還。賜其王絨綿、文綺表裏。

（太宗永樂實録卷 111　第 7 頁　204.1.2105）

1175　十月丁丑朔　勅平江伯陳瑄曰：天氣向寒，漕運士卒久勞，可悉遣歸，休俟春暖，復令就役。

（太宗永樂實録卷 112　第 1 頁　205.1.2107）

1176　十月戊寅　改保安左衛〔校記：廣本保安作寶寧，疑誤〕爲懷來衛。

（太宗永樂實録卷 112　第 1 頁　205.1.2107）

1177　十月庚辰　推（按：館本推作擢）進士汪勝爲北京道監察御史……陞……廣東道監察御史童寅爲交阯按察史，北京道監察御史戈定遠爲副使。

（太宗永樂實録卷 112　第 1 頁　205.1.2107）

1178　十月辛巳　下令京城，凡盜馬者斬。

（太宗永樂實録卷 112　第 1 頁　205.1.2107）

1179　十月甲申　賜營造軍民夫匠胖襖、袴鞋。

（太宗永樂實録卷 112　第 1 頁　205.1.2107）

1180　十月戊子　交阯總兵官豐城侯李彬貢白象一、黑象十七。

（太宗永樂實録卷 112　第 1 頁　205.1.2108）

1181　十月壬寅　朝鮮國王李芳遠遣陪臣沈温等貢方物，謝嗣子恩，且言年已衰老，請以嗣子裪理國事。從其請，命光禄寺少卿韓確〔校記：廣本確作碓〕爲正使、鴻臚寺丞劉泉副之，賫詔往封裪爲朝鮮國王。

（太宗永樂實録卷 112　第 2 頁　205.2.2109）

1182　十一月壬子　琉球國中山王思紹遣使阿乃住等奉表貢方物。賜鈔幣有差。

（太宗永樂實録卷112　第3頁　206.1.2111）

1183　十一月辛未　免浙江、江西、湖廣、蘇松民營造，令餽運北京。

（太宗永樂實録卷112　第3頁　206.1.2112）

1184　十二月乙卯　勅開平備禦興安伯徐亨曰：天氣已寒，即率兵士回北京。

（太宗永樂實録卷112　第4頁　207.1.2114）

1185　十二月丁亥　……改順天府尹陳福爲應天府尹。

（太宗永樂實録卷112　第5頁　207.2.2115）

1186　十二月甲午　老撾宣慰使刀線歹等貢方物。賜之鈔幣。

（太宗永樂實録卷112　第5頁　207.2.2115）

1187　十二月丙申　朝鮮國王李芳遠遣陪臣金汝知等貢方物，賀明年正旦。賜賚有差。

（太宗永樂實録卷112　第5頁　207.2.2115）

1188　十二月乙巳　是歲餽運北京糧四百六十四萬六千五百三十石。

（太宗永樂實録卷112　第6頁　207.2.2117）

永樂十七年（1419）

1189　正月甲寅　韃靼伯顔禿來歸。自陳願居京師。授所鎮撫，賜予如例。

（太宗永樂實録卷113　第1頁　208.1.2120）

1190　正月戊辰　琉球國中山王思紹遣使鄔梅住尼等處貢馬及方物。賜之鈔幣。

（太宗永樂實録卷113　第2頁　208.2.2121）

1191　正月壬申　北京行太僕寺言：比歲馬益蕃息而牧馬者少，宜給與薊州迤東各衛軍士。從之。令都督僉事吴成、兵部尚書趙羾往視口北宜牧之地。

（太宗永樂實録卷 113　第 2 頁　208.2.2121）

1192　正月乙亥　命平江伯陳瑄充總兵官，率領舟師漕運粮儲赴北京。

（太宗永樂實録卷 113　第 2 頁　208.2.2121）

1193　二月丁酉　陞北京道監察御史樊鎮爲浙江布政司左參政。

（太宗永樂實録卷 113　第 3 頁　209.1.2124）

1194　三月乙卯　真臘國王參烈昭平牙遣使奈刺麻哈等奉金縷表文貢馴象、方物。賜其王文綺、紗羅二十四匹，内醖千瓶。賜奈刺馬哈等鈔幣遣還。

（太宗永樂實録卷 113　第 4 頁　210.1.2127）

1195　三月甲子　占城國王占巴的賴遣頭目逋沙怕旦等貢方物。賜之鈔幣。

（太宗永樂實録卷 113　第 5 頁　210.2.2129）

1196　三月丙寅　置涿鹿中衛。

（太宗永樂實録卷 113　第 5 頁　210.2.2130）

1197　三月丁卯　朝鮮國王李裪遣陪臣李原等奉表謝嗣爵恩。賜原等鈔幣有差。

（太宗永樂實録卷 113　第 6 頁　210.2.2130）

1198　三月庚午　開平備禦都督僉事吴成〔校記：廣本成作誠〕同兵部尚書趙羾言：臣等奉命按視保安州順聖川等處草場，自順聖川至桑乾河廣袤百三〔校記：廣本三作四〕十餘里，四山環繞，水草便利，可□（按：館本□作牧）馬萬匹，宜令軍士於此牧養。從之，遂勅太僕寺先給千匹，令懷來衛遣軍士百人分牧，命都督章安、兵部尚書趙羾提督。仍令行太僕寺少卿一員主之（按：館本之作其事）。

（太宗永樂實録卷 113 第 6 頁 210.2.2130）

1199 四月乙卯 命行在工部尚書給營造夫匠木梯。

（太宗永樂實録卷 113 第 7 頁 211.1.2133）

1200 四月庚辰 賜營造軍民夫匠胡椒、魚鮝。

（太宗永樂實録卷 113 第 7 頁 211.1.2133）

1201 四月丙戌 朝鮮國王李裪遣陪臣李之崇等貢方物，賀萬壽聖節。賜賚有差。

（太宗永樂實録卷 113 第 7 頁 211.1.2133）

1202 四月甲午 順天府進白烏。

（太宗永樂實録卷 113 第 7 頁 211.1.2133）

1203 四月丁酉 琉球國中山王思紹遣賜者農巴魯尼〔校記：廣本農作隆〕等貢方物。賜之鈔幣。

（太宗永樂實録卷 113 第 7 頁 211.1.2134）

1204 四月甲辰 泰寧侯陳珪（按：館本珪下有卒字）。揚之泰州人，少隸行伍，以善射充驍騎右衛騎兵總騎，洪武元年，從大將軍徐達等平定中原，授龍虎衛百户，調燕山護衛……陞中軍都督僉事，封泰寧侯。及營建北京，置繕工，命珪總其事，經畫有條理，甚見獎重。年八十有五卒。

（太宗永樂實録卷 113 第 8 頁 211.2.2135）

1205 五月丁未 交阯布政司土官左參政梁汝笏率所屬郡縣土官貢金銀器、方物。賜鈔幣及金織紗衣有差。

（太宗永樂實録卷 113 第 9 頁 212.1.2137）

1206 五月辛酉 哈烈回回阿力火失阿鑾等來朝貢馬。

（太宗永樂實録卷 113 第 9 頁 212.1.2138）

1207 五月丁卯 命禮部：營造軍願留服役者人賜鈔五錠、絹、布各一匹，蘇木、胡椒各一斤。

（太宗永樂實録卷 113 第 10 頁 212.2.2139）

1208 五月己巳 以失剌思、亦思弗罕等處使臣辭還，遣中官魯安、葉先等送之，并賚勅往勞失剌思王亦不剌金，賜之絨錦、金織文綺、紗羅、玉繫腰、磁器等物。凡安所經亦思弗罕等處，其頭目各有賜。及行，亦思弗罕使臣馬哈木等奏願留居京師。從之，賜賚有加〔校記：抱本賚作賚，是也〕。

（太宗永樂實録卷 113 第 10 頁 212.2.2140）

1209 六月甲戌朔 置北京涿鹿右衛經歷司經歷。

（太宗永樂實録卷 113 第 10 頁 213.1.2141）

1210 六月辛巳 遣中官黃儼使朝鮮國，勅前國王李芳遠曰：王祇事朝廷，始終不怠，比陳年老，請以子祹嗣爵。夫繼世在於有後，而傳緒在於得人。王能簡後賢命德，俾宗祀有託，且副國人之望，朕用嘉悦。特遣太監黃儼賚勅勞王，王其優游暮年，益膺壽福。勅國王李祹曰：爾父以爾孝弟力學，可承宗嗣，請嗣其爵位。爾常念傳序之不易，孝以事親，忠以事上，俾子孫世享其慶，而一國之人亦有永賴焉，其敬之哉。并賜《爲善陰隲書》一帙。

（太宗永樂實録卷 113 第 11 頁 213.1.242）

1211 六月壬午 以水災免順天府霸州等縣十六年田粮十六萬四千二百七十五石。

（太宗永樂實録卷 113 第 13 頁 213.1.2142）

1212 七月辛亥 有司請以平江伯陳瑄所統運粮軍士明年俱赴北京營造，歲用粮儲，宜令各處糧户自輸北京。上曰：國以農爲本，人之勞莫如農。三時耕獲，力殫形瘵，旱暵水溢，歲則寡收。幸足供税租，而官吏需索百出，終歲不免饑寒，又可令輸數千里之外乎？且令秋收後運來，北方河已凍，候春暖凍開，又妨農作。如其所言，公私俱不便。其令户部議兩便者。於是行在户部議：宜令浙江、江西、湖廣及在京外軍等衛軍士仍留轉運，其餘衛所軍士令營造。如運輸不敷，則於浙江、江西、湖廣〔校記：

廣本抱本廣下有及在京水軍等衛軍士仍留轉運，其餘衛所軍士令營造，如運輸不敷，則于浙江、江西、湖廣三十五字，是也〕及直隸應天、安慶、池州、太平、寧國、和州量調民於淮安、臨清諸路給粮轉運，其各處歲徵原在淮安等處輸納者如故，庶幾官民兩便。從之。

（太宗永樂實録卷 114　第 2 頁　214.1.2146）

1213　七月壬子　琉球國中山王思紹遣使貢方物。賜之鈔幣。

（太宗永樂實録卷 114　第 2 頁　214.2.2147）

1214　七月庚申　官軍自西洋還。上諭行在禮部臣曰：將士涉歷海洋，逾十數載萬里〔校記：載字衍〕，經數十國，蓋亦勞矣，宜賞勞之。於是都指揮人賞鈔二十錠，指揮人十八錠，千百户，衛所鎮撫人十六錠，火長人等人（按：館本人作八，廣本抱本八作人，是也）十五錠，旗軍人等十三錠。

（太宗永樂實録卷 114　第 3 頁　214.3.2149）

1215　八月壬辰　交阯進白烏。

（太宗永樂實録卷 114　第 5 頁　215.1.2152）

1216　九月丙午　滿剌加等十七國王亦思罕答兒沙等進金縷表文，貢寶石、珊瑚、龍涎香、鶴頂、犀角、象牙、獅子、犀牛、神鹿、天馬、駱駝。阿魯國王子叚阿剌沙、喃渤利國王子沙者罕亦遣使貢方物。賜金織文綺、襲衣、白金、銅綫、紵絲、紗羅、綵絹有差。

（太宗永樂實録卷 114　第 5 頁　216.1.2155）

1217　九月壬子　宴滿剌加國王并阿魯國王、喃渤利國使臣于奉天門。

（太宗永樂實録卷 114　第 5 頁　216.1.2155）

1218　九月甲寅　擢進士徐爵爲北京道監察御史。

（太宗永樂實録卷 114　第 5 頁　216.1.2156）

1219　十月壬申朔　賜營造軍民夫匠胖襖、袴鞋、胡椒、蘇木各有差。

（太宗永樂實録卷 114　第 8 頁　217.1.2161）

1220　十月壬午　設通州之北關、張家灣、漷縣、武清縣之河西務、楊村五巡檢司。

（太宗永樂實録卷 114　第 8 頁　217.1.2161）

1221　十月癸未　遣使諭暹羅國王三賴波磨賴扎的賴曰：朕祗膺天命，君主華夷，體天地好生之心以爲治，一視同仁，無間彼此。王能敬天事大，修職奉貢，朕心所嘉，蓋非一日。比者，滿剌加國王亦思罕答兒沙嗣立，能繼乃父之志，躬率妻子詣闕朝貢，其事大之誠與王無異，然聞王無故欲加之兵。夫兵者兇器，兩兵相對鬬，勢必俱傷，故好兵非仁者之心。況滿剌加國王既已內屬，則爲朝廷之臣，彼此如有過，當申理於朝廷，不務出此而輒加兵，是不有朝廷矣！此必非王之意，或者王左右假王之名弄兵以逞私忿，王宜深思，勿爲所惑。輯睦鄰國，無相侵越，並受其福，豈有窮哉！王其留意焉。

（太宗永樂實録卷 114　第 8 頁　217.1.2161）

1222　十月丙戌　朝鮮國王李祹遣陪臣鄭易貢方物，謝賜勅訓勵及頒《爲善陰隲書》。

（太宗永樂實録卷 114　第 9 頁　217.1.2162）

1223　十月戊子　……改順天府尹陳諤爲湖廣按察使。

（太宗永樂實録卷 114　第 9 頁　217.2.2163）

1224　十月己丑　可脱乩頭目荅亦剌、阿速頭目牙忽沙各遣使并撒馬兒罕僧人迭力迷失等貢馬及方物。賜文綺、紗羅、帛各有差。

（太宗永樂實録卷 114　第 9 頁　217.2.2163）

1225　十一月丙午　蘇門答剌國王宰奴里阿必丁遣弟馬哈木沙、陪臣剌查干必剌等……各貢馬及方物。賜馬哈木沙等冠帶、金織文綺、襲衣及白金、紵絲、紗羅、綾絹有差。

（太宗永樂實録卷 115　第 2 頁　218.1.2166）

1226 十一月甲子 拓北京南城計二千七百餘丈。

（太宗永樂實録卷 115 第 3 頁 218.3.2169）

1227 十二月己丑 監察御史鄧真言十事，其……六曰：工部職專造作〔校記：舊校删專字〕，當今所急務者無如北京宮殿，其諸造作皆可隨宜，乃不度民力，不分緩急，差人買辦物料，以一科百，以十科千，動至數千萬計，民受其害，不可勝言。且如匠人有連年服役不少間者，有經年買閑在外生理者，有狡猾託故而逃避者。所司官吏，明知其過，皆不舉問。以致役使不均，人心不服。……上可其奏。

（太宗永樂實録卷 115 第 7 頁 219.4.2178）

1228 十二月癸巳 琉球國中山王思紹遣使甚謾里志奉表貢方物，賀明年正旦。

（太宗永樂實録卷 115 第 9 頁 219.5.2180）

1229 十二月乙未 命工部侍郎劉仲廉、許廓往交阯覆實户口、田賦，仍令詢察軍民利病以聞。

（太宗永樂實録卷 115 第 9 頁 219.5.2180）

1230 十二月丙申 朝鮮國王李祹遣陪臣李湛等貢方物，賀明年正旦。

（太宗永樂實録卷 115 第 9 頁 219.5.2180）

1231 十二月 是歲……餽運北京糧二百七萬九千七百石。

（太宗永樂實録卷 115 第 11 頁 219.6.2182）

永樂十八年（1420）

1232 正月癸卯 賜八答黑商等處使臣滿剌馬黑麻等宴。

（太宗永樂實録卷 116 第 1 頁 220.1.2185）

1233 正月乙丑 命平江伯陳瑄充總兵官，率領舟師漕運粮儲赴北京。

（太宗永樂實録卷 116　第 3 頁　220.2.2188）

1234　閏正月己卯　設北京武清縣小直沽及滄州長蘆批驗鹽引所，各置大使一員。

（太宗永樂實録卷 116　第 3 頁　221.1.2189）

1235　閏正月庚辰　改北京行太僕寺丞李耿爲光禄寺丞。

開平備禦成安侯郭亮言粮餉不給，請令所司於京倉運三萬石貯開平以備軍儲。從之。

（太宗永樂實録卷 116　第 4 頁　221.1.2190）

1236　閏正月乙酉　順天府固安縣民王普順以妖言伏誅。

（太宗永樂實録卷 116　第 4 頁　221.1.2190）

1237　二月辛亥　趙府右長史童子莊卒。子莊名琰，江西樂安縣人……永樂中與修《大典》，陞北京國子監司業，嚴重善教導。

（太宗永樂實録卷 116　第 5 頁　222.1.2193）

1238　二月乙卯　朝鮮國王李裪遣陪臣洪敷等貢方物。賜鈔及綺帛。

（太宗永樂實録卷 116　第 5 頁　222.1.2194）

1239　二月戊午　守居庸關隆慶衛指揮袁訥言：車坊東北自荆子村至狼山西十七處，舊皆隆慶三衛軍守瞭，今都督僉事章安〔校記：廣本章誤張〕以其軍備禦興和，而以懷來、永寧二衛撥軍代守，迂遠弗便。上命懷來、永寧相參守瞭，仍命都督僉事章安總督。

（太宗永樂實録卷 116　第 5 頁　222.1.2194）

1240　三月己巳朔　詔在外軍民夫匠于北京工作者咸復其家。

（太宗永樂實録卷 116　第 6 頁　223.1.2197）

1241　三月丙子　命工部：京師民居近皇城當遷者，量給所費，擇隙地處之。

（太宗永樂實録卷 116　第 7 頁　223.1.2198）

1242 三月戊戌 上以唐賽兒久不獲，慮削髮爲尼或混處女道士中，遂命法司凡北京、山東境内尼及女道士，悉逮至京詰之。

（太宗永樂實録卷 116 第 10 頁 223.4.2203）

1243 四月癸丑 朝鮮國王李裪遣陪臣鄭津等奉表貢方物，賀萬壽聖節。賜鈔幣有差。

（太宗永樂實録卷 117 第 1 頁 224.1.2205）

1244 四月戊午 湖廣按察司副使靳義卒。義字原禮，河南淇縣人，洪武中任北平道監察御史。永樂初，出按北京，糺治貪墨，決疑獄滯訟，皆得其情，吏民畏服。日恒蔬食，毫髮無取于下。

（太宗永樂實録卷 117 第 2 頁 224.2.2207）

1245 四月庚申 暹羅國王三賴波磨刺禮的賴遣使臣奈靄納等八十人貢方物。賜之鈔幣，遣中官楊敏等護送還國，仍賜其王錦綺、紗羅等物。

（太宗永樂實録卷 117 第 2 頁 224.2.2207）

1246 五月辛未 命行在兵部：凡使西洋忽魯謨斯等國回還官旗二次至四次者，俱陞一級。

（太宗永樂實録卷 117 第 3 頁 225.1.2211）

1247 五月辛巳 爪哇國西王楊惟西沙遣使臣亞烈添祐等、占城國王遣使逋沙怕旦等……貢方物。賜鈔幣有差。

（太宗永樂實録卷 117 第 7 頁 225.1.2212）

1248 五月癸未 賜爪哇國使亞烈添祐、占城國使逋沙怕旦……等宴。

（太宗永樂實録卷 117 第 4 頁 225.1.2212）

1249 六月戊戌 朝鮮國王李裪遣陪臣南暉等貢馬及方物。賜之鈔幣。

（太宗永樂實録卷 117 第 5 頁 226.1.2215）

1250 六月辛丑 頒《孝順事實書》于文武羣臣及兩京國子監、

天下學校。

（太宗永樂實録卷 117　第 5 頁　226.1.2215）

1251　六月丙午　夜，北京地震。

（太宗永樂實録卷 117　第 5 頁　226.1.2216）

1252　六月己酉　陞廣東布政司右參議陳誠爲右參政，命同中官郭敬等使哈烈諸國。時哈烈、撒馬兒罕、八答黑商、于闐諸國皆遣使貢馬，故遣誠等齎勅各賜綵幣等物。

（太宗永樂實録卷 117　第 6 頁　226.1.2216）

1253　六月丙辰　召鎮薊州〔校記：廣本鎮下有守字，是也〕都指揮桑高、永平都指揮徐甫還鎮山海。

（太宗永樂實録卷 117　第 6 頁　226.1.2216）

1254　七月壬申　中軍都督府右都督夏貴（按：館本貴下有卒字）。初名曲倫台，應昌人，爲燕山左護衛指揮僉事……時都督王哈剌把都兒者，宛平人也，初爲百户，累從上征伐，積功至中軍都督僉事，至是亦卒……

（太宗永樂實録卷 117　第 7 頁　227.1.2219）

1255　七月戊子　朝鮮國王李祹遣陪臣柳睟等進箋貢方物，賀太子千秋節。

（太宗永樂實録卷 117　第 8 頁　227.2.2221）

1256　八月壬寅　北京行部鄉試奏請考試官。上命左春坊左中允兼行在翰林院侍講鄒緝、侍講王英考試〔校記：廣本講作讀〕，賜宴于本部。

（太宗永樂實録卷 117　第 9 頁　228.1.2223）

1257　八月乙卯　蘇禄國西王麻哈剌吒葛剌麻丁遣陪臣奉表貢方物。賜鈔幣遣還。

（太宗永樂實録卷 117　第 9 頁　228.1.2224）

1258　九月己巳　北京宫殿將成，行在欽天監言：明年正月初一日上吉，宜御新殿受朝。遂遣行在户部尚書夏原吉齎勅召皇太子，令道路從容而行，期十二月終至北京。原吉陛辭。賜鈔二百錠。

（太宗永樂實録卷 117　第 9 頁　229.1.2225）

1259　九月己巳　行在上寶司丞范寧，以罪謫交阯充吏。

（太宗永樂實録卷 117　第 9 頁　229.1.2225）

1260　九月乙亥　遣中官侯顯等使沼納撲兒國。時榜葛剌國王言，沼納撲兒國王亦不剌金數以兵撓其境，故遣顯等齎勅諭之，俾相輯睦，各保境土。因賜之綵幣，并賜所過金剛寶座之地酋長綵幣。

（太宗永樂實録卷 117　第 10 頁　229.1.2226）

1261　九月戊寅　滿剌加國王母幹撒于的兒沙遣使叚姑麻剌什的、蘇門答剌國王宰奴里阿必丁遣弟馬哈木沙等賜（按：疑賜爲貢之誤）方物。賜鈔、紵絲、紗羅、金織文綺、襲衣遣還。

（太宗永樂實録卷 117　第 10 頁　229.1.2226）

1262　九月乙酉　通政司通政使賀銀卒。銀，台州臨海人，洪武中爲桃源縣學教諭，用薦陞宛平縣知縣。上起義靖難，銀率縣僚給兵士芻餉。永樂二年陞通政司右參議，九年陞工部右侍郎，坐事，降工部營繕主事，十七年陞通政司。銀初闕廉譽，及爲侍郎，坐累籍没，其資甚厚，復官遂改行。其卒也，家具蕭然。

（太宗永樂實録卷 117　第 10 頁　229.2.2229）

1263　九月丁亥　上命行在禮部：以明年正月初一日始，北京爲京師，不稱行在。各衙門印有“行在”字者悉送印綬監。令預遣人取南京各衙門印給京師各衙門用。南京衙門皆加“南京”二字別鑄印，遣人齎給。

（太宗永樂實録卷 117　第 11 頁　229.2.2227）

1264　十月丁酉　榜葛剌國頭目者剌里丁遣使賽亦得馬哈麻等貢名馬。賜之鈔幣。

（太宗永樂實録卷 118　第 1 頁　230.1.2229）

1265 十月乙巳 擢滁縣縣丞張敉爲中書舍人。

古麻剌朗國王幹剌義亦敦奔率妻子、陪臣隨太監張謙來朝，上表貢方物。命禮部宴賚之如蘇禄國王。

（太宗永樂實録卷 118 第 8 頁 230.1.2229）

1266 十月乙卯 湖廣辰州府同知劉叔毖卒。叔毖廬陵人，博學有文，外和易而内廉介。初爲沅陵知縣，以愛民爲務……陞北京行部員外郎（按：館本行作刑，抱本作行，下同，是也），時置刑部未久，且兵機相仍之後〔校記：抱本機作饑，是也〕，庶務叢脞，而工曹尤甚。凡中外造作材物，率取具焉。董作役者〔校記：館本董作重。廣本抱本作董，是也〕皆中官，氣勢不可近，六曹官往往被箠繫〔校記：廣本箠繫作笞擊〕。叔毖以廉勤獨見禮，於事或叔毖言不可，輙已。召修《永樂大典》，爲副總裁。其去沅陵六年矣，沅陵民累累陳乞還，叔毖遂陞辰州府同知。一州七邑之民，得叔毖如得父母。及建北京宫殿，率郡民就役，歲餘而卒於北京。郡民在役者皆悲慕之，具殮祭。役滿而歸，相率載其喪，葬辰州……

（太宗永樂實録卷 118 第 1 頁 230.1.2229）

1267 十月丙辰 古麻剌朗國王幹剌義亦敦奔言：雖爲國中所推，然未受朝命，幸賜之詔。仍其舊號封之，給印誥、冠帶、儀仗、鞍馬、文綺、紗羅、金織襲衣。賜王妃冠服，及其陪臣各賜綵幣、表裏有差。

（太宗永樂實録卷 118 第 2 頁 230.1.2230）

1268 十一月丁卯 上謂行在兵部尚書方賓曰：明年改行在所爲京師，凡軍衛合行事宜，其令各官議擬以聞。於是行在左軍都督薛禄、掌北京行後軍事廣平侯袁容等言：今革北京留守行後軍都督府，其簿書宜付後軍都督府丞掌，印送禮部；銷夜巡銅牌，門禁、鎖鑰付中軍都督府掌；出關勘合令中軍都督府編置，兵部公同用印送印綬監收，别置文簿付各關爲驗。凡出關者，通政司具奏，赴印綬監填給勘合照驗。金吾左等十衛已爲親軍指揮使司，其行移并守衛官軍俱合依南京上十衛例。其各衛官軍今在南京及行在衛分者，俱合取入原衛，上直守衛。南京留守五衛，每衛調官軍一半來北京。開設留守五衛，仍屬五府，分守城門及更番點閘皇城四門。北京牧馬千户所，候調南京軍至，併之常山三護衛，見在北京，其文移合依安東中護衛例。悉從之。

（太宗永樂實録卷 118　第 3 頁　231.1.2234）

1269　十一月戊辰　上以明年御新殿受朝，詔天下曰：開基創業，興王之本爲先，繼體守成，經國之宜尤重。昔朕皇考太祖高皇帝，受天明命，君主華夷，建都江左，以肇邦基。肆朕纘承大統，恢弘鴻業，惟懷永圖。眷兹北京，實爲都會。惟天意之所屬，實卜筮之攸同。乃倣古制，徇輿情，立兩京，置郊社、宗廟，創建宫室。上以紹皇考太祖高皇帝之先志，下以詒子孫萬世之弘規。爰自營建以來，天下軍民，樂於從事。天人協贊，景貺駢臻。今已告成，選永樂十九年正月朔旦，御奉天殿朝百官。誕新治理，用致雍熙。於戲！天地情寧，衍宗社萬年之福；華夷綏靖，隆古今全盛之基。故兹詔示，咸使聞知。

（太宗永樂實録卷 118　第 4 頁　231.2.2235）

1270　十一月己巳　……改應天府尹顧佐於順天府。

（太宗永樂實録卷 118　第 4 頁　231.2.2236）

1271　十一月甲戌　革北京苑馬寺。先是，悉用軍士畜馬，比調軍士保安守備，馬悉散民間畜牧，故罷苑馬寺及其六監二十四苑。

（太宗永樂實録卷 118　第 5 頁　231.3.2237）

1272　十一月乙亥　遣官賫勅召皇太孫，期十二月終隨皇太子至北京。

增置霸州文安縣縣丞、主簿。

（太宗永樂實録卷 118　第 5 頁　231.3.2237）

1273 十一月壬午 革北京行部。并所屬吏、户、禮、兵、刑、工六曹清吏司、照磨所司、獄司，其官屬俱調用。及革行在户部、刑部，并南京户部、刑部北京清吏司、行在都察院并南京都察院之北京道。刑部增置雲南、交阯、貴州三清吏司。都察院增置雲南、交阯、貴州三道。改北京行太僕寺爲太僕寺，北京國子監爲國子監。北京行部所屬順天八府、保安、隆慶二州并直隸。京師寶鈔提舉司、承運庫、行用庫、廣盈庫、張家灣鹽倉檢校批驗所俱隸户部。會同館、大通關〔校記：廣本通作同〕俱隸兵部。北京行部工曹清吏司、織染所、雜造局，盧溝橋、通州、白河三處抽分竹木局，俱隸工部。北京五城兵馬指揮司析爲東城、西城、南城、北城、中城五兵馬指揮司。革北京光禄寺及大宫、良醖、掌醢、珍羞四署。

（太宗永樂實録卷 118　第 5 頁　231.3.2237）

1274 十二月癸丑 行在兵部尚書方賓言：守衛官軍舊有定數，午門、端門、承天門、長安左右門俱係金吾旗手、府軍虎賁宿衛。今因别有選調，其數不足，宜增羽林、濟川、濟陽、燕山四衛軍士相參宿直。從之。

（太宗永樂實録卷 118　第 8 頁　232.1.2242）

1275 十二月甲寅 改北京行部尚書郭資爲户部尚書，侍郎李昶爲右侍郎，李友直爲工部左侍郎，崔衍爲兵部右侍郎。

（太宗永樂實録卷 118　第 8 頁　232.2.2243）

1276 十二月己未 皇太子及皇太孫至北京。

（太宗永樂實録卷 118　第 8 頁　232.2.2243）

1277 十二月辛酉 朝鮮國王李裪遣陪臣曹備衡等奉表貢方物，賀明年正旦。命禮部宴賚之。

（太宗永樂實録卷 118　第 8 頁　232.2.2243）

1278 十二月壬戌 改鑄北京夜巡銅牌。

改北京牧馬千户所爲牧馬千户所。

（太宗永樂實録卷 118　第 9 頁　232.2.2243）

1279 十二月癸亥 初，營建北京，凡廟社、郊祀壇場、宮殿、門闕規制悉如南京，而高敞壯麗過之。復於皇城東南建皇太孫宮，東安門〔校記：廣本東下有長字〕外東南建十王邸，通爲屋八千三百五十楹。自永樂十五年六月興工，至是成。陞營繕清吏司郎中蔡信爲工部右侍郎，營繕所副吴福慶等七員爲所正，所丞楊青等六員爲所副，以木瓦匠金珩等二十三人爲所丞，賜督工文武官員及軍民夫匠鈔、胡椒、蘇木各有差。

（太宗永樂實録卷 118　第 9 頁　232.2.2244）

1280 十二月 是歲……餽運北京粮六十萬七千三百二十八石。

（太宗永樂實録卷 118　第 10 頁　232.3.2245）

永樂十九年（1421）

1281 正月甲子朔 上以北京郊社、宗廟及宮殿成，是日早躬詣太廟，奉安五廟太皇太后神主。命皇太子詣天地壇奉安昊天上帝、厚土皇地衹神主，皇太孫詣社稷壇奉安太社太稷神主。

（太宗永樂實録卷 119　第 1 頁　233.1.2247）

1282 正月丙子 命懷來、薊州衛各以馬千匹、宣府等衛以馬萬匹於保安州順聖川牧養。上初命都督吴成等按視牧地，還言順聖川宜馬，遂命先以千匹試之。至是，太僕寺言牧養蕃息，請增馬，故有是命。

（太宗永樂實録卷 119　第 2 頁　233.2.2249）

1283 正月戊寅 大赦天下。詔曰：朕荷天地祖宗之祐，繼承大寳，統馭萬方。衹勤綏撫，夙夜無間。乃者，倣成周卜洛之規，建立兩京，爲子孫帝王永遠之業。爰自經營以來，賴天下臣民殫心竭力，趨事赴工。今宮殿造（按：館本造作告）成，朕御正朝，祇祀天地宗社。眷懷黎庶，嘉與維新，弘敷寬卹之仁，用洽好生之德。大赦天下。

（太宗永樂實録卷 119　第 2 頁　233.1.2250）

1284　正月己卯　命平江伯陳瑄充總兵官，率領舟師儹運粮儲赴北京。諭之曰：北京所需粮餉爲切，而人力漕運不易，卿能公勤御衆，使倉庾充實〔校記：廣本庾作廪〕，所助多矣。然民力有限，國用無窮，卿宜益勤撫卹，俾軍士樂於趨事，雖久不怨，斯國家所賴不淺矣！勉之勿怠。

（太宗永樂實録卷 119　第 4 頁　233.4.2253）

1285　正月癸未　古麻剌朗國王榦剌義亦敦奔還國。賜黄金、白金、銅錢、文綺、紗羅、綵絹、金織龍衣、麒麟衣，并賜其妃及子及陪臣衣服、文綺、綵絹有差。

（太宗永樂實録卷 119　第 4 頁　233.4.2254）

1286　正月戊子　忽魯謨斯、阿舟（按：疑舟爲丹之誤）、祖法兒、剌撒、不剌哇、木骨都束、古里、柯枝、加異勒、錫蘭山、溜山、喃渤利、蘇門答剌、阿魯、滿剌加、甘巴里十六國遣使貢名馬、方物。命禮部勞之。

（太宗永樂實録卷 119　第 5 頁　233.5.2255）

1287　正月丙午　朝鮮國王李祹遣陪臣尹子當等奉表貢方物，賀萬壽聖節。〔校記健按：抱本錯簡〕（昌按：梁本錯簡。館本此條在四月丙午，卷二三六，頁三。見 2268 頁）

（太宗永樂實録卷 119　第 6 頁　236.3.2268）

1288　正月癸巳　忽魯謨斯等十六國使臣還國。賜鈔幣、表裏，復遣太監鄭和等齎勅及錦綺、紗羅、綾絹等物賜諸國王（按：館本無王，廣本抱本國下有王字，是也），就與使臣偕行。

（太宗永樂實録卷 119　第 6 頁　233.5.2256）

1289　二月辛亥　朝鮮國王李祹遣使臣申浩等貢馬。賜鈔五百錠，文綺十六表裏。

（太宗永樂實録卷 119　第 7 頁　234.1.2258）

1290 二月丁丑 上御奉天殿，試禮部選中舉人陳中等及前科未廷試舉人尹安，凡二百一人。

（太宗永樂實録卷 119 第 8 頁 235.1.2259）

1291 二月辛巳 上御奉天殿閲舉人對策，擢曾鶴齡爲第一。賜鶴齡等二百一人進士及第、出身有差。

（太宗永樂實録卷 119 第 9 頁 235.1.2260）

1292 四月庚子 奉天、華蓋、謹身三殿災。

（太宗永樂實録卷 120 第 1 頁 236.1.2263）

1293 四月壬寅 勅諭文武群臣曰：朕恭膺天命，祗紹鴻圖，爰仿古制，肇建兩京。乃永樂十九年四月初八日，奉天等三殿災。朕心惶懼，莫知所措。

（太宗永樂實録卷 120 第 1 頁 236.1.2263）

1294 四月癸卯 蘇禄國東王之母遣王叔叭都加蘇哩等貢方物。賜叭都加蘇哩冠帶、襲衣、鈔、紵絲、文錦紗、綵羅、絹，賜其從人有差。

（太宗永樂實録卷 120 第 2 頁 236.1.2264）

1295 四月丙午 朝鮮國王李祹遣陪臣尹子當等奉表貢方物，賀萬壽聖節。（按：梁本列於二月丙午，誤。見梁本卷一百十九，頁六。）

（236.3.2268）

1296 四月庚戌 朝鮮國陪臣尹子當等辭還。賜之鈔幣。

（太宗永樂實録卷 120 第 4 頁 236.4.2269）

1297 四月辛亥 暹羅國王三賴波磨剌札的賴遣使奈懷等六十人貢方物，謝侵滿剌加國之罪。賜文綺、紗羅有差。

（太宗永樂實録卷 120 第 4 頁 236.4.2269）

1298 四月丙辰 古麻剌朗國王斡剌義亦敦奔歸，至福建以疾卒。遣禮部主事楊善諭祭，賜謚康靖。命有司治墳塋，葬以王禮。命其子剌苾嗣古麻剌朗國王，率衆以歸，仍賜之鈔幣。

（太宗永樂實録卷 120 第 5 頁 236.5.2271）

1299　五月丙寅　榜葛剌國王賽□丁卯（按：館本□作弗，廣本作勿）遣使烏都鑾等貢犀角、龍涎香等物。賜冠帶、襲衣及鈔幣有差。

（太宗永樂實録卷 120　第 6 頁　237.1.2274）

1300　五月壬申　浡泥國王叔祖須麻億等九十二人來朝貢方物。賜文綺表裏百匹，羅絹衣七十襲，仍賜須麻億等五人紗帽及金鈒花帶一，銀鈒花帶二，素銀帶二。

（太宗永樂實録卷 120　第 7 頁　237.1.2274）

1301　五月癸酉　命……通州衛指揮僉事裴祥子得、燕山左衛指揮僉事王政子貴各襲職。

（太宗永樂實録卷 120　第 7 頁　237.2.2275）

1302　五月癸未　朝鮮國王李祹遣陪臣鄭擢等貢馬及方物。賜之鈔幣。

（太宗永樂實録卷 120　第 7 頁　237.3.2275）

1303　六月甲寅　禮部言：國子監生歲益增，又會試下第舉人例送監，今學舍隘不能容，請以監生南人者送南京國子監，下第舉人發還原學進業，以待後科。自今歲貢生員請如洪武三十年例：府一年、州二年、縣三年貢一人。從之。

（太宗永樂實録卷 120　第 8 頁　238.1.2278）

1304　六月丁巳　邊將言：諜者云阿魯台欲寇邊。勅居庸等關嚴兵備。

（太宗永樂實録卷 120　第 9 頁　238.1.2278）

1305　六月庚申　勅遼東總兵官都督朱榮及遼東都指揮巫凱、劉青，於所屬衛分〔校記：廣本衛下有所字〕并韃靼女直、高麗寄住安樂自在州官軍内選精鋭五千，以七月率至北京。

勅山東都指揮王真率領所調官軍三千，以八月朔至北京。

（太宗永樂實録卷 120　第 9 頁　238.2.2279）

1306　七月癸亥　勅河南都司選步騎五千，令都指揮張禎率領；山西都司選步騎五千、太原三護衛選步騎四千，令都指揮朱銘率領；潼關衛選步騎一千，令本衛能幹指揮一員率領。俱以八月朔至北京。

（太宗永樂實録卷 121　第 1 頁　239.1.2281）

1307　七月乙丑　命錦衣衛指揮劉麗儀齎勅諭左通政樊敬，於河南等都司運磚官軍内選精壯二萬，各委官率領，以月中至北京。

（太宗永樂實録卷 121　第 1 頁　239.1.2281）

1308　七月戊子　邊將奏：有自虜中還者，云阿魯台聞上將巡邊，舉其衆北徙。遂罷各處所徵兵。

（太宗永樂實録卷 121　第 2 頁　239.2.2284）

1309　八月癸巳　勅遼東總兵官都督朱榮、山東都指揮王直、河南都指揮張楨、山西都指揮張銘等率所領軍馬還衛，俟明年二月至北京。

（太宗永樂實録卷 121　第 3 頁　240.1.2285）

1310　八月癸丑　命户部出粟豆三萬五千石貯長安嶺。令保安、隆慶、永寧、懷來等衛轉運開平。從成安侯郭亮請也。

（太宗永樂實録卷 121　第 3 頁　240.1.2286）

1311　八月甲寅　勅西寧、莊浪、平涼、鞏昌、岷州、河州、臨洮、洮州諸衛，選精鋭土軍，不限名數，令土軍都指揮李英、指揮魯失加、劉芳、趙安、千户哈剌苦出、董暹、張永等領之，以明年三月至北京。

設順天府湯山草場倉，置大使、副使各一員。

（太宗永樂實録卷 121　第 4 頁　240.1.2286）

1312　八月丙辰　勅鎮守寧夏寧陽侯陳懋選步騎六千五百，以明年春率領至北京。

（太宗永樂實録卷 121　第 4 頁　240.1.2286）

1313　八月丁巳　勅陝西都司、中都留守司、直隸徐、楊、邳、宿、沂、淮安、武平、歸德、睢陽九衛、西安三護衛通選步騎一萬四千三百，都司各委能幹都指揮、各衛委能幹指揮率領，以明年春至北京。

（太宗永樂實録卷 121　第 4 頁　240.1.2286）

1314　十月癸巳　奴兒干等處都指揮王肇舟等并暹羅等國正使阿哈麻等五百六十五人來朝貢馬。賜宴及鈔幣有差。

（太宗永樂實録卷 121　第 5 頁　242.1.2291）

1315　十月丙申　命……燕山右衛指揮同知孟興侄貴……燕山右衛指揮同知楊勇子阿的納、卯失剌子察罕不花、指揮僉事陳慶子驢兒、燕山前衛指揮僉事汪歹子者陳帖木兒……各襲職。

（太宗永樂實録卷 121　第 5 頁　242.1.2291）

1316　十月壬寅　皇第四孫瞻垠薨……薨年十七，葬昌平宜山。

（太宗永樂實録卷 121　第 6 頁　242.1.2291）

1317　十一月己巳　命邊將置邏騎營於古北口之北神樹之地，作深溝高塹以自固。

（太宗永樂實録卷 121　第 7 頁　243.1.2295）

1318　十一月甲申　上將親征阿魯台，於是命侍郎張本、都御史王彰等分往山西、山東、河南三布政司，直隸應天、鎮江、廬州、揚州、淮安、順天、保定、順德、廣平、直（按：疑直爲真之誤）定、大名、永平、河間十三府，滁、和、徐三州，督有司造車，發丁壯挽送，期明年二月〔校記：廣本二作三。明史成祖紀作二〕至宣府餽運。

（太宗永樂實録卷 121　第 8 頁　243.2.2297）

1319　十二月甲辰　勅鎮守和州都指揮劉昭於河州衛選士軍一百人，人馬二匹，委指揮康壽率領，明年三月至北京。

（太宗永樂實録卷 121　第 9 頁　244.1.2299）

1320　十二月甲寅　朝鮮國王李裪遣陪臣崔淵得奉表及方物，

賀明年正旦。

（太宗永樂實録卷 121　第 9 頁　244.1.2300）

1321　十二月　是歲……餽運北京粮三百五十四萬三千一百九十四石有奇。

（太宗永樂實録卷 121　第 9 頁　244.2.2301）

永樂二十年（1422）

1322　正月己卯　哈烈諸國遣使貢馬，于闐貢美玉。賜宴及白銀、文綺、紗羅有差。

（太宗永樂實録卷 122　第 2 頁　245.1.2304）

1323　正月丙戌　朝鮮國使臣崔淵得辭還。賜鈔二百五十錠、文綺九表裏。

（太宗永樂實録卷 122　第 2 頁　245.2.2305）

1324　二月乙未　命平江伯陳瑄充總兵官，率領舟師儹運粮儲赴北京。

（太宗永樂實録卷 122　第 2 頁　246.1.2307）

1325　二月乙巳　命英國公張輔等同六部官議北征餽運。輔等議分爲前後運，前運隨大軍行，後運稍後。前運合用總督官三人：隆平侯張信、尚書李慶、侍郎李昌。車運驢運各分官領之。領車運者二十六人：泰寧侯陳瑜、都督張遠、吴顒、都御史王彰、侍郎張本、伏伯安，指揮十人，郎中、員外郎、主事五人，監察御史五人；領驢運者二十五人：鎮遠侯顧興祖、都督張安〔校記：廣本張作章，是也〕、尚書趙玨、侍郎崔衍、都指揮李得，指揮十人，郎中、員外郎、主事五人，監察御史五人。後運惟車輛合用都督官二人：保定侯孟瑛，遂安伯陳瑛。爲副者二十七人，監察御史五人，郎中、員外郎、主事十人。仍命孟瑛、陳瑛率領馬軍一千、步軍五千護送。前後運共用驢三十四萬頭〔校記：廣本作三千四百頭〕，車十一萬七千五百七十三輛，輓車民丁二十三萬五千一百四十六人。運粮凡三十七萬石。從之。

（太宗永樂實録卷 122　第 3 頁　246.2.2308）

1326　**三月己未**　命……燕山右衞指揮僉事馬諒弟金各襲職。……通州衞指揮僉事失剌歹子北斗奴各代職。

（太宗永樂實録卷 122　第 4 頁　247.1.2311）

1327　**三月戊寅**　車駕發北京，遣官祭居庸山川。脱（按：疑脱爲晚之誤）次榆林。

（太宗永樂實録卷 122　第 5 頁　247.2.2314）

1328　**三月辛巳**　駐蹕鷄山。虜之寇興和者，聞上親征，遂夜遁。諸將請急追之。

（太宗永樂實録卷 122　第 5 頁　247.2.2314）

1329　**三月癸未**　勑保定侯孟瑛等率官軍及幼軍於北京操備。

（太宗永樂實録卷 122　第 6 頁　247.3.2315）

1330　**五月甲子**　爪哇國西王楊惟西沙遣使亞烈添佑等二百五十人貢方物。皇太子令禮部如例宴勞之。

（太宗永樂實録卷 122　第 8 頁　249.1.2321）

1331　**五月丙子**　是日，皇太子改前北京道監察御史王振於貴州道。

（太宗永樂實録卷 122　第 10 頁　249.3.2325）

1332　**七月辛未**　户部言……順天府薊州及玉田縣、永平府灤（按：疑灤下奪州字）霪雨傷稼。皇太子令遣官巡視。

（太宗永樂實録卷 123　第 3 頁　250.3.2333）

1333　**七月甲子**　皇太子……改北京道監察御史歐陽和於雲南道……

（太宗永樂實録卷 123　第 3 頁　250.3.2333）

1334　**七月庚午**　暹羅國王三賴波磨剌札的賴遣使坤思利亦、

占城國王占巴的賴遣使逋沙怕宥等貢方物。皇太子令禮部宴勞之。

（太宗永樂實録卷 123　第 5 頁　250.4.2335）

1335　七月乙亥　　工部尚書宋禮卒。禮字大本，河南永寧人……陞工部尚書。初，營建北京，命取材川蜀。伐山通道，深入險阻，還朝特被嘉賞。

（太宗永樂實録卷 123　第 5 頁　250.4.2336）

1336　八月辛卯　　皇太子令工部修北京國子監。

（太宗永樂實録卷 123　第 6 頁　250.5.2338）

1337　八月甲午　　後軍都督僉事章安卒。安壽州人……永樂元年陞北平都指揮使，守真定，復守居庸關三年。

（太宗永樂實録卷 123　第 7 頁　250.6.2339）

1338　八月辛丑　　直隸懷來衛言：本衛南接榆林，北至長安嶺，西連宣府，近雨水壞橋道，請兼用兵民修理。皇太子從之。

（太宗永樂實録卷 123　第 10 頁　250.8.2344）

1339　八月壬寅　　中官鄭和等使諸番國還。暹羅、蘇門答剌、阿丹等國悉遣使隨和貢方物。

（太宗永樂實録卷 123　第 10 頁　250.8.2344）

1340　八月辛亥　　築灤州、撫寧、豐潤、玉田、遷平、安谷（按：遷平安谷爲遷安、平谷之誤）六州縣土城。

（太宗永樂實録卷 123　第 10 頁　250.9.2346）

1341　九月丁巳　　車駕度居庸關，次龍虎臺。饗隨駕將校〔校記：廣本校作士〕。北京文武大臣迎駕見。

（太宗永樂實録卷 124　第 1 頁　251.1.2347）

1342　九月戊午　　車駕次新店。命官軍以所獲虜人口、孳畜等物先入京城。

（太宗永樂實録卷 124　第 1 頁　251.1.2347）

1343　九月辛丑　　車駕次清河。京師文武群臣、耆老、僧道及四夷朝使次迎駕見。

（太宗永樂實録卷 124　第 2 頁　251.2.2349）

1344　九月壬戌　昧爽，上乘法駕入京城。躬告天地、宗廟、社稷畢，御奉天門朝百官。百官上表賀平胡。

（太宗永樂實録卷 124　第 2 頁　251.2.2349）

1345　九月乙丑　都察院劾奏：工部左侍郎伏伯安過通州，留止潞河驛，與驛丞妾姦〔校記：廣本姦上有有字〕，丞執其妻就伯安前殺之。污穢不道，請赴法司治。命錦衣衛鞫之。

（太宗永樂實録卷 124　第 2 頁　251.2.2349）

1346　十月戊子　奴兒干等處都指揮王肇舟、暹羅等國正使阿哈麻等辭還。賜宴及鈔幣有差。

（太宗永樂實録卷 124　第 3 頁　252.1.2353）

1347　十月壬辰　占城國使臣逋沙伯宥等辭還。賜其使鈔帛表裏有差。仍賜占城國王占巴的賴錦二段，紵絲十疋，紗羅各七疋。

琉球國王思紹遣使模都古等貢方物。賜鈔二十錠，綵幣一表裏。

（太宗永樂實録卷 124　第 4 頁　252.1.2354）

1348　十月癸卯　爪畦國王楊惟西堤使臣亞烈添祐等辭還。賜鈔幣有差。

（太宗永樂實録卷 124　第 4 頁　252.1.2354）

1349　十一月癸亥　暹羅國使臣坤思利亦等辭還。賜坤思利亦冠帶及鈔百錠，紵絲、紗羅各四疋，其從者賜有差。仍賜其王三賴波磨剌扎的賴錦四疋，紵絲、紗羅各十六疋。

（太宗永樂實録卷 124　第 5 頁　253.1.2357）

1350　十一月壬申　爪哇國西王楊惟西沙遣使八諦蕭麻抹等貢方物。賜八諦蕭麻抹鈔百錠，紵絲、紗、羅各三疋，賜其從者有差。仍命賜楊惟西沙紵絲三十二疋，紗、羅各十二疋。

（太宗永樂實録卷 124　第 5 頁　253.1.2357）

1351　十二月庚寅　前朝鮮國王李芳遠卒。訃聞，賜祭，謚“恭定”，賻布帛千疋。

（太宗永樂實録卷 124　第 6 頁　254 上 .1.2359）

1352　十二月庚戌　勅鎮守薊州都指揮陳景先等曰：比得報，韃賊人馬今駐斷頭山，宜令各關口晝夜嚴備，如遇賊即相機勦捕，然須慎之。不慎而或失機，論死不赦。薊州、山海等衛官軍可調遣參用。

（太宗永樂實録卷 124　第 6 頁　254 上 .1.2360）

1353　閏十二月甲子　命……燕山前衛故指揮使伯顔不花弟把卜花……通州衛故指揮使趙息家奴子玉……各襲職。以燕山右衛指揮僉事裴玉老疾，命其子忠代職。

（太宗永樂實録卷 124　第 7 頁　254 上 .1.2361）

1354　閏十二月甲戌　朝鮮國王李祹遣陪臣李伯剛、權軫等奉表貢金飾鞍轡、名馬、金銀器物，賀明年正旦。

（太宗永樂實録卷 124　第 8 頁　254 下 .2.2363）

1355　閏十二月　是歲……餽運北京粮三百二十五萬一千七百二十三石。

（太宗永樂實録卷 124　第 9 頁　254 下 .2.2364）

永樂二十一年（1423）

1356　正月壬辰　朝鮮國使臣李伯剛、權軫等辭還。賜鈔幣、表裏有差。

（太宗永樂實録卷 125　第 1 頁　255.1.2365）

1357　正月戊戌　勅寧陽侯陳懋、武進伯朱榮及都督柴永正、都指揮馮答蘭、指揮吴管者等赴北京。

勅長安嶺守將增高城垣，務令堅壯。

（太宗永樂實録卷 125　第 1 頁　255.1.2366）

1358 正月庚子 勅都督李謙、都指揮朱銘赴北京。

（太宗永樂實録卷 125 第 1 頁 255.1.2366）

1359 正月丁未 命平江伯陳瑄充總兵官，率領舟師漕運粮儲赴北京。

（太宗永樂實録卷 125 第 2 頁 255.1.2366）

1360 二月庚辰 賜（按：疑賜爲錫之誤）蘭山僧王桑伽剌查來朝。賜渾金紵絲衣一襲，綵絹八匹，絹十疋。

（太宗永樂實録卷 125 第 4 頁 256.2.2372）

1361 三月庚寅 命故都督僉事章安孫容襲燕山左衛指揮同知。

（太宗永樂實録卷 125 第 4 頁 257.1.2373）

1362 四月庚申 修大祀壇墻垣及漢壽亭侯廟。

（太宗永樂實録卷 125 第 6 頁 258.1.2377）

1363 四月丙寅 朝鮮國王李裪遣陪臣李湛奉表貢方物，賀萬壽聖節。

（太宗永樂實録卷 125 第 6 頁 258.1.2377）

1364 四月癸酉 造奉先殿祭器。

（太宗永樂實録卷 125 第 6 頁 258.1.2377）

1365 四月丁丑 朝鮮國陪臣李湛……辭還。賜鈔幣有差。

（太宗永樂實録卷 125 第 6 頁 258.1.2377）

1366 五月己丑 常山中護衛總旗王瑜、王變告言：常山中護衛指揮孟賢等，糾合羽林前衛指揮彭旭等舉兵，將推趙王高燧爲主，而謀不利於上……賢等邪謀益急，與其弟孟三、常山左護衛老軍馬恕田了和、興州後屯衛老軍高正、通州右衛鎮撫陳凱等日夜潛謀連結，貴近圖就宮中進毒藥於上……遂下錦衣衛研治，未幾併其黨悉誅之。

（太宗永樂實録卷 125 第 7 頁 259.1.2380）

1367 五月戊申 占城國王占巴的賴遣使夷勞等奉表貢方物。

賜其使織金紗衣及鈔幣、表裏有差。

（太宗永樂實録卷125　第8頁　259.2.2382）

1368　六月戊申　　朝鮮國王李裪遣陪臣朴從愚等貢馬三十疋及方物。賜鈔幣有差。

修順天府宛平縣渾河東岸。

（太宗永樂實録卷125　第9頁　260.1.2383）

1369　六月庚午　　鎮守居庸關指揮使袁納言：自岔道至南口橋邊爲水衝决，乞用兵修治以便餽饟。從之。

（太宗永樂實録卷125　第9頁　260.1.2384）

1370　七月壬午　　朝鮮國王李裪遣使請立嫡子㺬爲世子。從之。遣中官海壽等賫勅命之。

（太宗永樂實録卷126　第1頁　261.1.2385）

1371　七月己丑　　蘇禄國東王妃叭都葛蘇哩等還國。先是，蘇禄國東王率家屬朝貢，既歸，卒於德州，命葬馬（按：馬爲焉之誤），留其妃守墳，至是六年。厚賜而遣之。

（太宗永樂實録卷126　第2頁　261.1.2386）

1372　七月戊戌　　虜中有來降者言：虜寇阿魯台將犯邊。上遽召諸將諭曰：……朕當率兵先駐塞外以待之。

（太宗永樂實録卷126　第2頁　261.2.2388）

1373　七月壬寅　　……車駕發北京。遣太常寺少卿王勉祭居庸關山川，晚次岔道。

是日，令工部築通州抵直沽河岸。

鎮守薊州、山海等處都指揮僉事陳景先言：近山水泛漲，衝激城垣。山海義院等關口三百九十餘丈，永平界嶺、劉家等關口九百五十餘丈，遵化、喜峰口、水番并潘家等關口四百八十餘丈，薊州馬蘭等關口三百八十餘丈，俱係邊境要衝，宜令附近官軍併力修築。皇太子令隆平侯張信等督修。

（太宗永樂實録卷126　第3頁　261.3.2389）

1374 七月戊申 車駕次宣府……又勅守居庸關指揮袁納：一應諸司進奉不急之物悉止之，勿令出關。

（太宗永樂實録卷 126 第 4 頁 261.4.2391）

1375 八月甲寅 是日順天府鄉試。啟請考試官。皇太子令翰林院侍講王英、修撰林誌考試，賜宴於本府。

（太宗永樂實録卷 126 第 5 頁 262.1.2393）

1376 八月戊午 琉球國中山王世子尚巴志遣使者阿不察都奉表貢方物。皇太子令禮部宴勞之。

（太宗永樂實録卷 126 第 5 頁 262.1.2394）

1377 八月庚申 勅宣府、隆慶、懷來、萬全、懷安等衛：築塞黑峪、長安嶺等處緣邊險要之地，務令堅固，晝夜嚴謹守護。如寇至兵寡不敵，星馳報來。

（太宗永樂實録卷 126 第 6 頁 262.2.2395）

1378 八月辛酉 勅懷王（按：疑王爲來之誤）、隆慶二衛將士增守黑峪、車坊諸處。大煙墩軍士十人，小煙墩五人。

（太宗永樂實録卷 126 第 6 頁 262.2.2395）

1379 八月壬戌 西域失剌思使者阿里等詣軍門進馬。厚賜之，遣還北京。

（太宗永樂實録卷 126 第 6 頁 262.2.2395）

1380 九月己卯朔 駐驛沙城。朝鮮國王李裪遣陪臣崔雲詣軍門奏事。令還北京待命。

（太宗永樂實録卷 127 第 1 頁 263.1.2401）

1381 九月壬午 江陰等衛都督指揮僉事周鼎等九百九十三人奉使榜葛剌國回。皇太子令禮部賞鈔有差。

（太宗永樂實録卷 127 第 1 頁 263.1.2401）

1382 九月庚寅 徙黑峪巡檢司於澁石嶺、黑峪北墩於四海冶、高嶺墩於高山〔校記：廣本無嶺字〕、黑峪接墩於梁山、白河墩於長生口、黑峪中墩於關北口、苗鄉嶺外墩於大石嶺、黑峪南墩於寧川、白河南墩於鎮北。

（太宗永樂實録卷 127　第 1 頁　263.1.2401）

1383　九月壬辰　守居庸關指揮袁訥奏：徙白河屯軍妻子居永寧衛。新設八烟墩，墩架炮，官軍徙於天壽山後守口。而溢石嶺、苗鄉嶺仍舊砌塞，便於防寇。從之。

（太宗永樂實録卷 127　第 1 頁　263.1.2402）

1384　九月戊戌　禮部奏：西洋古里、忽魯謨斯、錫蘭、阿丹、祖法兒、剌撒、不剌哇、木骨都束、柯枝、加異勒、溜山、喃渤利、蘇門答剌、阿魯、滿剌加等十六國遣使千二百人貢方物至京。上勅皇太子曰：天氣向寒，西南番國貢使即令禮部於會同館宴勞之如例，賜賚遣還。其以土物來市者，官給鈔酬其直。

（太宗永樂實録卷 127　第 2 頁　263.2.2403）

1385　十月己酉　平江伯陳瑄言：每歲餽運若悉令輸京倉，陸行往還八十餘里，不免延遲妨悮。計官軍一歲可三運，請以兩運赴京倉，一運貯通州倉爲便。皇太子從之。

（太宗永樂實録卷 127　第 3 頁　264.1.2405）

1386　十一月戊寅朔　車駕次懷來。在京諸司遣官迎駕見。

（太宗永樂實録卷 127　第 6 頁　265.1.2411）

1387　十一月辛巳　車駕入居庸關。

（太宗永樂實録卷 127　第 6 頁　265.1.2411）

1388　十一月甲申　車駕至京師。

（太宗永樂實録卷 127　第 9 頁　265.1.2411）

1389　十一月丙午　朝鮮國王李祹所遣陪臣崔雲等及琉球國中山王世子尚巴志遣使阿不察都、西域失剌思之使阿里、四川董卜（按：館本卜作比）韓胡宣慰使喃葛頭目也失言千辭還。各賜鈔幣有差。

（太宗永樂實録卷 127　第 8 頁　265.2.2414）

1390　十二月壬子　懷來衛城爲淋雨所壞，請命修築。從之。

（太宗永樂實録卷 127　第 9 頁　266.1.2411）

1391 十二月丁卯 先是，勑朝鮮國王李祹貢馬萬疋資國用，至是祹如數貢至。賜祹白金千兩，錦綺、羅各三百疋，絲絹四百疋。

（太宗永樂實録卷 127 第 9 頁 266.1.2418）

1392 十二月丙子 朝鮮國王李祹遣陪臣朴實奉表貢方物，賀明年正旦。

（太宗永樂實録卷 127 第 10 頁 266.2.2420）

1393 十二月 是歲……餽運北京糧二百五十七萬三千五百八十三石。

（太宗永樂實録卷 127 第 11 頁 266.3.2421）

永樂二十二年（1424）

1394 正月丙戌 勑山西、山東、河南、陝西、遼東五都司各選馬步兵，擇將統領，以三月至北京。山西行都司兵命都督李謙統領，以三月至宣府。

勑陝西都司都指揮閻俊、陝西行都司都指揮劉廣、西寧土官都指揮李英及鞏昌、洮州、岷州、河州等衛各領官軍以三月至北京。

（太宗永樂實録卷 128 第 1 頁 267.1.2424）

1395 正月丁亥 ……撒馬兒罕回回迭力迷貢羊、馬……各賜鈔幣。

（太宗永樂實録卷 128 第 2 頁 267.1.2424）

1396 正月癸巳 命平江伯陳瑄充總兵官，率領舟師儹運糧儲赴北京。

（太宗永樂實録卷 128 第 2 頁 267.2.2425）

1397 正月丙申 朝鮮國陪臣朴實……辭還。賜賚有差。

（太宗永樂實録卷 128 第 2 頁 267.2.2425）

1398 正月戊戌 榜葛剌國側古麻遊方僧人若剌默剌等來朝貢方物。

（太宗永樂實録卷 128 第 3 頁 267.2.2426）

1399 正月辛丑 榜葛剌國側古麻遊方僧人若剌默剌等辭還。人賜鈔百錠，綵幣二表裏，紵絲僧衣一襲。

（太宗永樂實録卷 128 第 3 頁 267.2.2426）

1400 二月戊午 琉球國中山王思紹卒。訃聞，命禮部遣官賜祭，賻以布帛。

（太宗永樂實録卷 128 第 4 頁 268.1.2430）

1401 二月壬戌 暹羅國王三賴波磨剌札的賴遣使坤梅貢方物。賜之鈔幣。

（太宗永樂實録卷 128 第 4 頁 268.1.2430）

1402 二月戊辰 朝鮮國王李祹遣陪臣權希達等貢方物。賜之鈔幣。

（太宗永樂實録卷 128 第 6 頁 268.2.2432）

1403 三月己卯 上御奉天門閲舉人對策。擢邢寬爲第一，賜寬等百五十人進士及第、出身有差。

（太宗永樂實録卷 128 第 7 頁 269.1.2435）

1404 三月丁酉 滿剌加國王西哩麻哈剌者率其妃及頭目來朝貢方物，以父歿新嗣位故也。

（太宗永樂實録卷 128 第 9 頁 269.3.2440）

1405 四月丁未 滿剌加國王西哩麻哈剌者還國，賜宴於玄武門。賜金百兩，銀五百兩，鈔三萬二千二百七十錠，錦六段，綵段五十八表裏，紗、羅各二十二疋，綾四十六疋，絹五百三十六疋，棉布三百九十二疋，織金羅衣十八襲。賜王妃素羅女衣十二襲，絹女衣十七襲。賜其從人衣服有差。

（太宗永樂實録卷 129 第 1 頁 270.1.2446）

1406 四月己酉 車駕發北京，次唐家嶺。

（太宗永樂實録卷 129 第 2 頁 270.2.2447）

1407 四月癸巳 遣太常寺官祭告居庸山川。車駕度居庸關。

（太宗永樂實録卷 129 第 2 頁 270.2.2447）

1408 四月丙辰 後軍都督府言：霖雨壞密雲中衛及薊州衛城垣，請撥軍修理。皇太子從之。

（太宗永樂實録卷 129 第 2 頁 270.2.2447）

1409 四月丁巳 朝鮮國王李裪遣陪臣申商奉表貢方物，詣軍門賀萬壽聖節。

（太宗永樂實録卷 129 第 2 頁 270.2.2447）

1410 四月癸亥 車駕次雲州。

朝鮮國陪臣申商辭還。賜之鈔幣。

（太宗永樂實録卷 129 第 2 頁 270.2.2448）

1411 五月壬寅 皇太子令陝西故指揮僉事童海雞兒子倫襲父原職，爲大興左衛指揮使，通州衛故指揮使楊宏子敬……燕山前衛故指揮同知陸拾子哈米……大興左衛故指揮僉事胡銘弟貴各（按：疑各下奪襲字）職……大興右衛指揮同知殷禮子忠、指揮僉事劉剛子泉、燕山左衛指揮同知王敬子正、指揮僉事劉通侄貴、燕山右衛指揮使崔忠子祥、燕山前衛指揮同知李廣子清……通州衛指揮同知金得子太平……各代職。

（太宗永樂實録卷 129 第 8 頁 271.4.2458）

1412 六月甲寅 琉球國山南王他魯每遣使阿勃馬結制等貢馬。皇太子令禮部賜賚如例。

（太宗永樂實録卷 130 第 1 頁 272.1.2462）

1413 六月戊午 巡按直隸監察御史李光學言：通州及漷縣、香河、武清諸邑霪雨傷稼。皇太子令户部遣人巡視。

（太宗永樂實録卷 130 第 2 頁 272.1.2462）

1414 六月癸亥 是日，守居庸關隆慶衛指揮使袁訥言：居庸城垣傾圮，請集軍民併工修理。皇太子從之。

（太宗永樂實録卷 130　第 3 頁　272.2.2464）

1415　七月癸未　占城國王占巴的賴遣使逋沙怕濟閣等奉表貢方物。皇太子令禮部如例賜賚。

（太宗永樂實録卷 130　第 3 頁　273.1.2467）

1416　七月庚寅　車駕次榆木川。上大漸，遺令傳位皇太子。

（太宗永樂實録卷 130　第 5 頁　273.2.2469）

1417　七月辛丑　上崩。太監馬雲等以六師在遠外，密不發喪，密與大學士楊榮、金幼孜議喪事，一遵古禮。含斂畢，載以龍輦，所至，御幄朝夕上食如常儀。

（太宗永樂實録卷 130　第 5 頁　273.2.2469）

1418　八月辛亥　在京文武官員衰服，軍民、耆老、僧道人等皆素服，哭迎大行皇帝龍轝於居庸關。

（太宗永樂實録卷 130　第 8 頁　274.3.2475）

1419　八月壬子　……是年九月壬午上尊謚曰“體天弘道高明廣運聖武神功純仁至孝文皇帝”。廟號“太宗”。十二月庚申葬長陵。上在位二十有三年，壽六十有五。

（太宗永樂實録卷 130　第 8 頁　274.3.2475）

永樂二十二年（1424）

1 **八月庚申** 朝鮮國王李裪遣陪臣玄貴命等貢馬及方物。……賜鈔幣有差。

（仁宗洪熙實録卷1下 第4頁 1下.3.0027）

2 **八月壬戌** 陞隆慶衛指揮使袁訥爲都指揮僉事，仍掌本衛，守居庸關。

（仁宗洪熙實録卷1下 第4頁 1下.4.0029）

3 **八月乙丑** 琉球國中山王遣長史鄭義才、占城國王遣使者逋沙帕濟閣等貢馬及方物。賜衣及鈔幣有差。

（仁宗洪熙實録卷1下 第6頁 1下.5.0031）

4 **八月丙寅** 陞……燕山前衛指揮同知沈清爲都督僉事。

（仁宗洪熙實録卷1下 第6頁 1下.5.0032）

5 **八月己巳** 增造郊廟等壇祭器。

（仁宗洪熙實録卷1下 第7頁 1下.7.0033）

6 **八月庚午** 改羽林右衛親軍指揮使爲長陵衛親軍指揮使……

賜哈兒蠻衛指揮只冬哈、建州衛千户阿哈木、忽剌温地面舍人納禿鈔幣、布帛、襲衣有差。以納禿願居京師，只冬哈、阿哈木願居遼東故也。

（仁宗洪熙實録卷1下 第7頁 1下.6.0033）

7 **九月乙亥** 上以京師人衆，而蕘薪往往取給千數百里外〔校記：廣本千作于，寶訓作千〕，命工部弛西山樵採之禁。兵部尚書李慶奏曰：盍惟聽官府採用。上曰：古山林川澤〔校記：廣本古下有者字〕，皆與民共，雖虞衡之禁，取之有時，用之有節，其實亦爲民守，非公家專有之。京師軍民數百萬家，薪非山出〔校記：三本山出作出山〕，何所取給？人君於民，有父母之道，苟可惠民，皆當施之。況山澤天地所産以利民者，其居庸關以東與天壽山相接，宜禁樵採〔校記：三本採下有餘聽人採四字，是也〕，勿禁。

（仁宗洪熙實録卷 2 上　第 4 頁　2 上 .3.0042）

8　九月丙戌　陞神機營都指揮僉事武興爲都指揮同知。

（仁宗洪熙實録卷 2 中　第 8 頁　2 中 .7.0061）

9　十月壬寅朔　通政司言，山東民運糧至通州張家灣，因民家火延糧舟悉燬〔校記：中本作民家失火延燒糧舟〕，官府責償甚急，民無所出，奏乞緩徵。上諭户部曰：山東數年水旱民窮，今又厄於此，宜寬恤之，其令每糧一石準輸四錠。

（仁宗洪熙實録卷 3 上　第 2 頁　3 上 .2.0089）

10　十月戊申　水没薊州、平峪（按：峪爲谷之誤）等州縣田五千五百三十頃……事聞，詔悉蠲其今年租税。

（仁宗洪熙實録卷 3 上　第 4 頁　3 上 .3.0092）

11　十月辛亥　古麻剌等國王剌苾等遣頭目叭諦吉三等奉金葉表箋來朝，貢方物。賜之鈔幣。

（仁宗洪熙實録卷 3 上　第 11 頁　3 上 .9.0103）

12　十月甲寅　命僧道二百四十人於天壽山建薦，揚大齋三晝夜。

（仁宗洪熙實録卷 3 下　第 1 頁　3 下 .1.0112）

13　十月丁巳　蘇禄等國遣頭目生亞烈巴欲等貢方物。賜襲衣、鈔幣有差。

户部奏：京師歲用糧五百萬石，今江南歲運裁三百餘萬石，而不足以供。請自來歲於淮安等府增運，以備此數。從之。

（仁宗洪熙實録卷 3 下　第 3 頁　3 下 .3.0115）

14 十月戊午 琉球國中山王世子尚巴志遣使者安丹尼結制等貢馬，交阯清威等縣土官黄廷滿等（按：疑等下奪貢字）方物。賜鈔有差。

（仁宗洪熙實録卷3下 第4頁 3下.3.0116）

15 十月辛酉 命禮部集僧道于慶壽等寺及靈濟宮建薦揚大齋七晝夜，以太宗皇帝晏駕至此百日也。

五城兵馬指揮司言：比日京城軍民私宰牛甚衆，請重罰以警之。上曰：愚人苟圖目前之利，更不恤刑罰。命三法司，自今私宰牛者，十倍時值追鈔，仍治私宰之罪。時鈔法滯，故權爲此令。

（仁宗洪熙實録卷3下 第5頁 3下.5.0119）

16 十月癸丑 陞河南左布政使杜智爲南京都察院右副都御史。初，智任北平知府，上爲世子居守，智多效勞勤，後累陞至布政使，坐累下獄，遇赦還職，至是詣闕謝恩。上念其舊勞，故有是命。

（仁宗洪熙實録卷3下 第9頁 3下.8.0125）

17 十月己巳 設長陵祠祭署，置奉祀一員，從七品。祀丞一員，從八品。

（仁宗洪熙實録卷3下 第11頁 3下.9.0128）

18 十一月乙亥 太師英國公張輔、太子少保兵部尚書李慶等奏請令直隸及近京都司官軍更番於京操備。可之。上諭之曰：古者務農講武，皆有定期，故兩不偏廢。今宜略仿此意，無廢屯種。今畢農事而後來〔校記：舊校改今作令〕，先農事而遣歸，庶皆不妨悮。

（仁宗洪熙實録卷4上 第4頁 4上.4.0136）

19 十一月丙子 上召大興、宛平二縣官，諭之曰：朕即位之初，首罷不急之務，以紓民力。爾爲京師親民官，正宜加意撫綏，使民先受其惠。比聞在京百姓猶有困於徭役者，此皆爾等不職之故。昨勅羣臣詢民虞，固有知而不言者，亦有欲言而不知者。爾切近民，非不知也，而亦不言，何也？今與爾約三日，凡民間何事便，何事不便，悉具來聞，朕爲爾處置。若復坐視不理，必罪不貸。因顧待臣嘆曰：朕憂憫百姓，蚤暮不忘，而一城之中，猶上下不通如此，何況數千里外哉！古人所以戒無逸也。（按：此條館本漏記，梁本存，三本亦存。見仁宗實録校勘記065頁）

（仁宗洪熙實録卷4上　第5頁）

20　十一月己卯　命工部：凡内府守衛軍所懸木牌更造以銅。其文一面二十四字："凡守衛官軍懸帶此牌無牌者依律論罪借者及借與者罪同"，一面"守衛"二字。其守衛官并懸本職牙牌。

（仁宗洪熙實録卷4上　第5頁　4上.5.0137）

21　十一月辛巳　命刑部、都察院：凡吏犯杖罪應罷者，令就北京爲民種田。

（仁宗洪熙實録卷4上　第7頁　4上.6.0139）

22　十一月丁亥　以冬至節近，命禮部集僧道於慶壽、海印、能仁三寺及靈濟宮，各建薦揚大齋七晝夜，資皇考妣之福。

（仁宗洪熙實録卷4下　第4頁　4下.4.0149）

23　十一月壬辰　北京刑部右待郎宋性卒。性，德州人……永樂……五年進北京刑部右待郎，十九年以疾致仕。

（仁宗洪熙實録卷4下　第6頁　4下.5.0152）

24　十一月辛丑　滿剌加國遣使那剌迭扒那等貢方物。賜鈔幣、表裏、衣靴。

（仁宗洪熙實録卷4下　第8頁　5上.1.0156）

25　十二月丙午　朝鮮國王李祹遣陪臣李稷等貢馬及方物。賜鈔幣、表裏有差。

（仁宗洪熙實録卷5上　第1頁　5上.2.0158）

26　十二月戊申　朝鮮國王李祹遣使奉表及貢方物，賀卽位。

（仁宗洪熙實録卷5上　第4頁　5上.4.0162）

27　十二月庚戌　遣中官尹鳳等賜朝鮮國王李裪綵幣、表裏，并賜其使鈔幣，俾隨鳳等歸。

（仁宗洪熙實録卷5上　第5頁　5上.5.0163）

28　十二月癸丑　罷海子至西湖巡視官。蓋西湖受房山之水，流經城南，出注海子，凡三十餘里。官常遣人往來巡視，禁民不得取魚而并緣爲奸者，其旁近之草及灌田之水，民皆不得取。至是上命吏部悉罷之。謂尚書蹇義曰：古者，山澤之利皆與民共，朕之心凡有可推以利民者，雖府庫之儲不吝，況山澤所産哉！

（仁宗洪熙實録卷5下　第1頁　5下.1.0176）

29　十二月甲寅　梓宫將發引，遣官告天地、宗廟、社稷，上親告几筵。

命禮部集僧道于慶壽、海印二寺及靈濟宫，各建薦揚大齋七晝夜。

（仁宗洪熙實録卷5下　第6頁　5下.6.0185）

30　十二月乙卯　梓宫發北京。

（仁宗洪熙實録卷5下　第7頁　5下.7.0187）

31　十二月庚申　太宗文皇帝梓宫葬長陵。

（仁宗洪熙實録卷5下　第7頁　5下.7.0187）

32　十二月癸亥　以歲暮命禮部集僧道於慶壽寺、靈濟宫，各建大齋七晝夜，資皇考妣之福。

（仁宗洪熙實録卷5下　第8頁　5下.7.0188）

33　十二月甲子　琉球國山南王遣使者阿勃馬結制等貢方物……賜綵幣、表裏有差。

（仁宗洪熙實録卷5下　第8頁　5下.8.0189）

34　十二月　是歲……餽運北京糧二百五十七萬三千五百八十三石。

（仁宗洪熙實録卷5下　第11頁　5下.10.0194）

洪熙元年（1425）

35　正月癸酉　朝鮮國王李祹遣陪臣右軍都總制曹恰等朝賀，貢金銀器及方物。賜恰等表裏、鈔幣有差。

（仁宗洪熙實録卷6上　第1頁　6上.1.0196）

36　正月乙亥　命禮部集僧道於慶壽寺、靈濟宫，并建大齋七晝夜，上資皇考妣冥福。

（仁宗洪熙實録卷6上　第3頁　6上.2.0198）

37　正月己卯　建弘文閣。先是，上諭大學士楊士奇等曰：卿等各有職務，朕欲别得學行端謹老儒數人，日侍燕閑、備顧問，可咨訪以聞。士奇等以翰林侍講王進、蘇州儒士陳維對。遂命吏部召維，至是建弘文閣於思善門，作印章，命翰林學士楊溥掌閣事，進佐之。

（仁宗洪熙實録卷6上　第6頁　6上.5.0203）

38　正月甲申　以上元節命僧録司於慶壽寺建大齋七晝夜，資皇考妣冥福。

（仁宗洪熙實録卷6上　第9頁　6下.1.0209）

39　正月己丑　賜……順天、太僕寺、鴻臚寺、國子監、翰林院、欽天監、太醫院、大興、宛平二縣正官每員酒二瓶，每二員共羊一牽。

（仁宗洪熙實録卷6下　第6頁　6下.5.0218）

40　正月辛卯　制諭平江伯陳瑄充總兵官，率領舟師儹運糧儲詣北京。

（仁宗洪熙實録卷6下　第8頁　6下.7.0221）

41　正月丁酉　分南京留守左衛所轄聚寶、通濟、正陽、朝陽、太平五門五千户所官軍，設留守左衛左、右、中、前、後五千户所，守北京正陽、順承二門；南京留守右衛左、右、前、後四千户所守北京；所轄三山、石城、清凉、定淮四門四千户所官軍，設留守衛左、右、前、後四千户所，守北京平則、西直二門；南京留守中衛所轄金川、神策、鍾阜、儀鳳四門四千户所官軍設留守中衛左、右、前、後四千户所，守北京東直門；南京留守前衛所轄江東、馴象、安德、鳳臺、雙橋〔校記：庫本雙作方〕、夾江、上方、高橋八門四千户所官軍，設留守前衛前、後、中左、中右四千户所，守北京文明門；南京留守後衛所轄滄波、麒麟、仙鶴、桃坊、觀音、佛寧、上元、金川八門四千户所官軍，設留守後衛右、前、後、中左四千户所，守北京德勝、安定二門。蓋南京留守五衛官軍皆先調其半於北京分守城，至是始改設衛所云。

（仁宗洪熙實録卷 6 下　第 10 頁　6 下 .9.0225）

42　正月丁酉　　陞燕山右衛指揮僉事閻福，命鎮守淮安。

密雲中衛舊城坍塌七百餘丈，奏請修築。上曰：今東作將興，未可妨農事，姑俟秋成。

（仁宗洪熙實録卷 6 下　第 11 頁　6 下 .9.0226）

43　正月己亥　　瓦剌使者桑哥失里願留居京師。許之，授指揮僉事，賜冠帶、銀鈔、文綺表裏、鞍馬等物。

（仁宗洪熙實録卷 6 下　第 11 頁　6 下 .10.0227）

44　二月辛丑朔　　遣中官柴山齎勅往琉球國，命故中山王思紹世子尚巴志嗣中山王。勅曰：昔我皇考太宗文皇帝躬膺天命，統御萬方，恩施均一，遐邇歸仁。爾父琉球中山王思紹，聰明賢達，茂篤忠誠，敬天事大，益義〔校記：舊校改義作久〕弗懈，我皇考良用褒嘉。今朕纘承大統，念爾父没已久，爾其嫡子，宜俾承續。特遣内官柴山齎勅命爾嗣琉球國中山王。爾尚立孝立忠〔校記：廣本抱本孝下有立字，館本無立字〕，恪守藩服，修德務善，以福國以人〔校記：舊校删國下以字〕（按：疑以在人下）。斯爵禄之榮，延於無窮。尚其祇承，無怠無忽。仍賜尚巴志冠帶、襲衣、文綺。

（仁宗洪熙實録卷7上　第1頁　7上.1.0228）

45　二月癸卯　朝鮮國王李裪遣陪臣成抑、吴陞等奉表箋方物，賀册立中宫及皇太子。

（仁宗洪熙實録卷7上　第3頁　7上.3.0231）

46　二月戊申　陞……易州同知王侃爲欽天監監正，太常寺博士馬文素爲監副。侃、文素皆明陰陽之術，永樂中初建長陵，嘗預效勞。至是山陵事畢，上追念其勞，故有是命。

（仁宗洪熙實録卷7上　第4頁　7上.3.0232）

47　二月己酉　皇太子千秋節，朝鮮國王李裪遣陪臣朴楚等朝賀，貢方物。賜礎等鈔幣有差。

（仁宗洪熙實録卷7上　第4頁　7上.4.0233）

48　二月乙卯　以久旱得雨，封大青龍神爲“弘濟大青龍神”，小青龍神爲“靈顯小青龍神”。賜各所居山爲翠微山。命禮部歲以春秋仲月遣順天府官致祭。遂遣成國公朱勇諭祭神曰：朕惓惓一念，憂憫黎庶，今東作之初（按：館本東作冬，廣本抱本晨本作東，是也），雨澤不降，春耕不遂，何以粒民？爰禱于（按：館本爰作愛，廣本抱本晨本作爰，是也），以祈甘霈。曾不踰日，雨及公私（按：館本私作弘，抱本晨本作私，是也）。神之福民，厥功烜赫。今特封大青龍神爲“弘濟大青龍神”，小青龍神爲“靈顯小青龍神”。賜神所居山名“翠微”，以彰神靈。仍勅有司春秋致祭，著爲常典。尚其益弘顯化，永福兆民。蓋平則門外三十里盧師山有潭，世傳有大小二青龍出没不時，遇旱致禱輒雨。及是久不雨，命劉淵等禱皆不應，遂即是禱焉，雨隨注，故有是命。

（仁宗洪熙實録卷7上　第6頁　7上.5.0236）

49　二月辛酉　故琉球國中山王思詔世子尚巴志遣通事李傑貢方物。賜鈔幣、表裏。

（仁宗洪熙實録卷7下　第2頁　7下.2.0240）

50　三月甲戌　以清明節近，命禮部集僧道於慶壽寺、靈濟宫，建薦揚齋事七晝夜，以資皇考妣冥福。

（仁宗洪熙實録卷 8 上　第 2 頁　8 上 .2.0248）

51　三月甲戌　上思先朝舊勞，贈故……北京刑部左侍郎馬京少保，謚“勞毅”。……北京行部右侍郎楊泰、北京行太僕寺少卿孫瑜俱爲户部尚書。前北京〔校記：舊校改作北平〕布政司參議贈吏部左侍郎成琎，兵部左侍郎盧淵俱兵部尚書，淵謚“恭順”。刑部左侍郎盧祥爲刑部尚書。工部左侍郎陳壽、右侍郎鄭剛、北京行部（按：館本作刑，抱本庫本刑作行）左侍郎康汝楫、通政使司通政使賀銀俱工部尚書，壽謚“敏肅”。……賜北京行部尚書朱濬謚“榮願”。命禮部遣官致祭。

（仁宗洪熙實録卷 8 上　第 2 頁　8 上 .2.0248）

52　三月丁丑　設隆慶、保安二州儒學。

（仁宗洪熙實録卷 8 上　第 5 頁　8 上 .5.0253）

53　三月癸未　朝鮮國王李祹遣陪臣成概等貢方物。賜概等鈔幣、表裏有差。

（仁宗洪熙實録卷 8 上　第 7 頁　8 上 .6.0255）

54　三月戊子　遣中官往朝鮮賜祭光禄寺卿權永均，賜其家白金二百兩，文幣、表裏各十爲賻。永均，太宗皇帝賢父（按：疑父爲妃之誤）之父，至是以朝鮮國王李祹言其卒，故恤典及焉。

（仁宗洪熙實録卷 8 上　第 8 頁　8 上 .7.0258）

55　三月丁酉　諭都督山雲充遊擊將軍，率領官軍往薊州、永平、山海一帶緣邊去處往來哨備。遇有聲息，相機勦捕；如遇警息，即於附近衛分量調官軍接應。

（仁宗洪熙實録卷 8 下　第 9 頁　8 下 .7.0271）

56　三月戊戌　命諸司在北京者悉加“行在”二字，復建北京行部及行後軍都督府。上時決意復都南京云。命定國公徐景昌掌北京行後軍都督府事，以左府都督同知徐甫佐之。

調南京兵部尚書張本及工部尚書李友直、右侍郎裴璉、蘇瓚俱任北京行部。

改户部右侍郎李昶、南京右侍郎金庠俱爲北京行部左侍郎。

（仁宗洪熙實録卷8下　第9頁　8下.7.0272）

57　四月庚子朔　以順天府尹甄儀爲行在兵部左侍郎。

（仁宗洪熙實録卷9上　第1頁　9上.1.0273）

58　四月壬寅　勑平江伯陳瑄曰：累歲軍民運木勞勤，朕甚憫之。今自儀真至通州，沿河木植悉皆停運，就所至去處堆垛，令人看守，軍民悉散遣歸。其差去管運官，不許以堆垛爲由，遷延不歸，以擾害百姓。違者罪之。

（仁宗洪熙實録卷9上　第4頁　9上.3.0278）

59　四月壬寅　呱（按：呱爲爪之誤）哇國王楊惟西沙遣頭目亞烈黄扶信貢方物。賜扶信冠帶、鈔幣。

（仁宗洪熙實録卷9上　第4頁　9上.3.0278）

60　四月壬寅　設北京行都察院并所屬經歷司、照磨所、司務、司獄司，盧龍、恒南、冀北、廣平四道。置右副都御史一員，正六品；照磨一員，正八品；司首階，正三品；左僉都御史一員，正四品；首領官經歷一員，正六品；照磨一員，正八品；司務、司獄各一員，俱從九品。各道監察御史各三員，俱正八品。

（仁宗洪熙實録卷9上　第4頁　9上.3.0278）

61　四月戊申　薊州、山海等處鎮守都指揮（按：館本無守字，廣本抱本鎮下有守字，是也）陳景先奏：率領官軍追襲虜寇，寇斃於神銃，遂潰走，獲其器甲及馬百餘匹（按：館本無百，廣本抱本馬下有百字，是也），并追回所虜人口。上命就以所獲馬給將士，仍命户部復景先禄。

（仁宗洪熙實録卷9上　第9頁　9上.8.0287）

62　四月壬子　皇太子發北京。

（仁宗洪熙實録卷9下　第2頁　9下.2.0291）

63　四月甲寅　爪哇國王楊惟西沙遣使八智惟速等貢方物。賜八智惟速冠帶及其副使鈔幣有差。

（仁宗洪熙實録卷9下　第4頁　9下.3.0294）

64　四月乙卯　車駕詣長陵。

戊午　謁祭長陵。

己未　車駕還宫。

（仁宗洪熙實録卷9下　第4頁　9下.3.0294）

65　四月庚申　命行在後府都督僉事沈清、指揮僉事李敬守居庸關。

（仁宗洪熙實録卷9下　第4頁　9下.4.0295）

66　四月壬戌　朝鮮國王李祹遣陪臣曹備衡、趙慕等貢馬及方物。賜鈔幣、表裏有差。

（仁宗熙宗實録卷9下　第5頁　9下.4.0296）

67　四月乙丑　北京行部尚書張本至自南京，陛見，具言時政得失，且請飭兵備。上嘉納之，遂改行在兵部尚書。

（仁宗洪熙實録卷9下　第7頁　9下.6.0299）

68　四月丙寅　琉球國中山王世子尚巴志遣長史鄔梅支等貢馬及方物，賀太宗皇帝萬壽聖節始至。蓋詔書未至琉球故也。賜梅支等鈔幣、表裏有差。

（仁宗洪熙實録卷9下　第7頁　9下.6.0300）

69　四月丙寅　命行在户部忠勇王金忠所兼太子太保，禄並支米。

（仁宗洪熙實録卷9下　第7頁　9下.6.0300）

70　四月丁卯　勑行在户部曰：山澤之利，當與百姓共之，故比者特弛西山樵採之禁。今聞有拔本而取者，其于古人斧斤以時之義何如？宜禁止之。

（仁宗洪熙實録卷9下　第8頁　9下.6.0300）

71　四月丁卯　行在户部言：玉田縣民饑，薊州倉儲粟有餘。

命發賑之。

（仁宗洪熙實録卷 9 下　第 8 頁　9 下 .7.0301）

72　五月庚午朔　賜爪哇國貢使亞烈黄扶信等鈔十五萬九千五十錠。

午刻冰雹。

（仁宗洪熙實録卷 10　第 1 頁　10.1.0303）

73　五月辛未　命行在户部官：凡果園近趙王妃墳者，悉賜趙王，而除其税。（按：此條館本漏記，梁本存。廣本抱本存，見仁宗實録校勘記 153 頁）

（仁宗洪熙實録卷 10　第 1 頁）

74　五月丙子　陞山西按察司副使王驥爲順天府尹，廣東布政司右參議吕惟得爲府丞。

（仁宗洪熙實録卷 10　第 2 頁　10.1.0304）

75　五月辛巳　上崩于欽安殿宫中…作梓宫。

（仁宗洪熙實録卷 10　第 3 頁　10.3.0307）

76　六月辛丑　皇太子還自南京。

（仁宗洪熙實録卷 10　第 3 頁　10.3.0309）

77　九月壬寅　葬獻陵。上在位十閱月，壽四十有八。

（仁宗洪熙實録卷 10　第 4 頁　10.4.0310）

洪熙元年（1425）

1 **六月己亥朔** 上至自南京。

（宣宗宣德實録卷 1 第 3 頁 1.5.0009）

2 **六月庚戌** 上卽皇帝位。

（宣宗宣德實録卷 1 第 9 頁 1.11.0022）

3 **六月甲寅** 命平江伯陳瑄充總兵官，率舟師漕運赴北京；兼鎮守淮安，撫輯軍民。所領官軍悉聽節制。

（宣宗宣德實録卷 2 第 2 頁 2.2.0033）

4 **六月丙辰** 上以營建山陵，勅平江伯陳瑄發運糧軍五万人助役。

（宣宗宣德實録卷 2 第 6 頁 2.6.0042）

5 **六月戊午** 上御西角門。是日雨，行在工部尚書吴中奏：沙河、清河等處舊架木橋以便往來，今大雨時行，潦水將作，恐爲所漂，宜且撤之，俟雨止復舊。上曰：橋樑須爲經久之計，毋徒勞民。中奏：今建山陵，軍民往來運木石等物，請於大通關提舉司取船作浮樑以濟。從之。

（宣宗宣德實録卷 2 第 7 頁 2.7.0043）

6 **六月甲子** 朝鮮國王李裪遣臣孟思誠等奉表貢馬及方物。

（宣宗宣德實録卷 2 第 11 頁 2.11.0052）

7 **六月乙丑** 勅南京守備襄城伯李隆等以軍士一萬人赴北京助建山陵，遣的當官率領前來。仍嚴禁約，在途不許稽緩及擾民，違者罪之。

（宣宗宣德實録卷 2 第 13 頁 2.13.0056）

8 六月丁卯 行在工部尚書吴中奏：營建山陵，人力不敷，請於南京海船廠及附近江北府衛起旗軍工匠一十一萬八千協助。從之。因謂中曰：今天氣炎熱，天壽山營繕軍民艱苦，人賞鈔五錠、布二疋、鞋二雙。又曰：山陵事重，朕不吝賞，但慮有司不恤人艱，有侵斂之者，爾宜督管工之人逐名散給，勿容欺蔽。

（宣宗宣德實録卷3 第17頁 2.18.0065）

9 七月戊辰朔 順天府通州、武清、固安、漷縣各奏：六月二十二日驟雨，河溢，衝決河西務、白浮、宋家等口堤岸。

（宣宗宣德實録卷3 第1頁 3.1.0068）

10 七月辛未 上諭行部尚書夏原吉等曰：比觀卿等所言，天壽山營造軍匠月支糧，賜旗軍所給比工匠差減，勤勞既同而糧賞不一，何以協人心？孔子曰："不患寡而患不均。"工匠旗軍其一例給之。

（宣宗宣德實録卷3 第3頁 3.4.0073）

11 七月壬申 奴兒干吉列迷千户速只哈奴自遼東來貢馬，奏願居京自効。賜鈔、紵絲、襲衣、綵幣及布，仍命有司給房屋、器皿、牛羊，月支薪米。初，速只哈奴以招撫至京，授正千（按：疑千後奪户字），願居遼東三萬衛。至是後願居京，故有是賜。

行在工部奏：舊經閹刺銀匠周阿佛等七十六人自陳老疾，乞如詔書免役，請令順天府驗視放免，若年未及六十精力未衰者，仍令赴工。上曰：刑餘之人，經歷年久，其稱老疾必不妄。不必展轉，可悉免其役，令於大興、宛平二縣閒住。

（宣宗宣德實録卷3 第4頁 3.5.0075）

12 七月甲戌 命安遠侯柳升簡都指揮二人督軍修京城街渠。時久雨，行道皆溢，故命之。

水決盧溝橋東狼窩口河岸一百餘丈，行在工部以聞。上命行後軍都督府、行部發軍民相兼修築，不可稽緩。

（宣宗宣德實録卷3 第5頁 3.6.0077）

13 七月戊寅 以營建仁宗昭皇帝陵寢於長陵之右，遣官祭告天壽山及后土之神。

（宣宗宣德實録卷3 第9頁 3.10.0085）

14 七月戊寅 順天府懷柔縣知縣邵原亨奏：本縣山場，舊禁樵採，輸官薪炭，措辦實難。今自黃花鎮東至紅螺山，去天壽山已遠，乞弛禁以便民。上可其奏。諭行在工部尚書吳中等曰：弛禁便民，朕所不吝。若採之無節，恣意砍伐，則材木易竭，宜令以時取之。仍禁傷其根本，庶幾可常資用。

（宣宗宣德實録卷3 第9頁 3.12.0090）

15 七月辛巳 占城國王占巴的賴遣使臣逋沙怕麻叔等奉金葉表，貢金銀香、象牙、犀角等方物。

賜在京官吏軍民人等白金：公一百兩，侯、伯八十兩；文武官一品、二品六十兩，三品三十兩，四品二十兩，五品十五兩，六品、七品十兩，八品、九品、雜職五兩；將軍、旗軍、校尉人等各二兩；聽選辦事文武官及監生、生員人才吏典、僧道、陰陽、耆老、醫士、工匠、厨役、樂人各一兩。優給幼官及試職千百户、鎮撫，老疾幼軍各於其例減半。四夷貢朝之人，有職事與京官同，無職事者正使十兩，副使及冠帶頭目、把事、通事〔校記：北大本通事下有舍人二字〕、打剌罕回回各五兩；無冠帶頭目、把事、通事、客人〔校記：北大本無客人二字〕、舍人回回各二兩，從人各一兩。各處管工自七月二十日以前到京者，都司、布政司、按察司官、知府、指揮各十兩，千、百户、州、縣等各五兩，旗軍、工匠、吏典人等各一兩。凡三十二萬九百五十人，給銀九十六萬三千八百二十九兩。

（宣宗宣德實録卷3 第14頁 3.14.0094）

16 七月壬午 遣行在鴻臚寺司賓署丞焦循攝禮部郎中鳴讃，盧進攝鴻臚寺少卿，以即位詔頒朝鮮。上諭之曰：朝鮮爲國東藩，世修職貢。朕嗣承大統，所宜詔告，簡爾將命，尚以禮自持，用副任使，其慎之〔校記：北大本其上有爾字，是也〕。

賜朝鮮國使臣孟思誠等鈔、綵幣、表裏、金織羅衣、絹衣有差。

（宣宗宣德實録卷3　第14頁　3.15.0095）

17　七月丙戌　交阯各府州縣儒學選貢生員王憲等八十二人至京師。上諭行在禮部尚書吕震等曰：交阯距京師萬里，遠離親戚而來，須是教養得宜，彼乃樂學，可望其成材。爾與學官宜知朕此意。其衣服歲賜如雲南之例。

遣行在户科給事中樊敬等賜營造山陵官軍工匠鈔。

（宣宗宣德實録卷4　第2頁　4.3.0102）

18　七月己丑　上諭行在工部尚書吴中等曰：天壽山營造民夫勤勞，可移文原籍有司，免其户丁役，役事畢仍舊。又諭中曰：雨潦暴漲，朕慮各處並河堤岸多衝決。今秋稼垂成，民食所繫，宜速遣人嚴督有司巡視，衝決者即時修築。

（宣宗宣德實録卷4　第5頁　4.5.0107）

19　七月庚寅　行在工部尚書吴中奏：今山陵事嚴，工力不敷，乞於河南、山東、山西、直隸鳳陽、大明（按：疑明爲名之誤）諸府州起民夫五萬協助，庶幾早完。上從之。命行在吏部侍郎黄宗載等分往各處擇丁多之家起取，候秋成畢赴工，滿三月即放。仍令有司免其家兩丁差役三月。

瓦剌只兒瓦歹等六人來歸，奏願居京師自効。命爲百户，賜冠帶、金織襲衣、綵幣、銀鈔、綿布、鞍馬，仍命有司給房屋、器物如例。

（宣宗宣德實録卷4　第6頁　4.6.0109）

20　七月癸巳　行在吏部言：行在禮科給事中傳安使撒馬兒罕，留二十餘年始歸，請給勅命。雖其歷年久，未經考覈，例難給授。上曰：安爲朝廷使遠夷，艱苦多矣，可拘常例乎？其即授之。

（宣宗宣德實録卷4　第10頁　4.10.0117）

21 七月甲午 賜占城國使臣逋沙怕麻叔等鈔、綵幣、表裏、羅絹襲衣有差，賜通事舒議等冠帶，仍命齎文錦、紵絲、紗、羅歸賜國王。

北京會同館奏雨壞堂屋牆垣。上諭行在工部尚書吴中曰：四方使命往來，宜有依庇，其速繕理。

（宣宗宣德實録卷4 第11頁 4.10.0118）

22 七月乙未 行在都察院奏：北京行部工曹主事魯宗儒採木四川受賕（按：館本受作求，北大本抱本寶訓作受，是也），又盗官木，歐死民夫，强佔人子女爲妾。雖事在赦前，而情犯深重。上命杖一百，謫戍廣西。

（宣宗宣德實録卷4 第12頁 4.11.0120）

23 七月丙申 北京順天、河間、保定三府，順義、懷柔、肅寧、任丘、静海、慶都、清苑八縣及永平府灤州各奏，今年夏秋多雨，河水泛溢，淹没田苗。命户部遣人勘視。

（宣宗宣德實録卷4 第13頁 4.13.0123）

24 閏七月戊戌朔 琉璃（按：璃爲球之誤）國中山王尚巴志遣使者佳期巴那等來朝貢馬。

（宣宗宣德實録卷5 第1頁 5.1.0125）

25 閏七月己巳 行在兵部尚書李慶奏：通州潞河馬驛舊設馬二十一匹，止通遼東一路，今南京并各布政司及諸番國往還者俱經本驛，請於通州五衛每衛撥騎操馬五匹，協助遞送。從之。

（宣宗宣德實録卷5 第7頁 5.7.0138）

26 閏七月丙午 爪哇國舊港宣慰司遣正副使亞烈張佛那馬等奉表貢金銀、香、象牙等方物。

（宣宗宣德實録卷5 第8頁 5.7.0138）

27 閏七月戊申 賜琉球國使臣佳期巴那等鈔、綵幣、表裏、襲衣有差。

（宣宗宣德實録卷5 第9頁 5.8.0140）

28　閏七月庚戌　行在大理寺卿虞謙奏：大理原設左右二寺，洪武中，在外浙江等布政司、都司、衛、府、州、縣罪囚俱右寺審録；在京軍民衙門、直隸衛、府、州、縣罪囚俱左寺審録；永樂間，又以北京軍衛及順天等府、山東、遼東都司、衛、府、州、縣改屬左寺，緣左寺設評事六員而事繁，右寺多評事二員而事簡，勞逸不均。今請以北京所屬軍衛及南京六部等衙門并直隸府、州、縣罪囚俱屬左寺，順天等八府及山東、遼東都司、布政司并所屬罪囚仍屬右寺，庶勞逸適均。上曰：祖宗行之已久，朕初嗣位，惟應奉守成憲而已。

（宣宗宣德實録卷 5　第 11 頁　5.10.0143）

29　閏七月壬子　行在兵部奏：太僕寺及北京行太僕寺報，永樂二十二年孳生馬騾駒共五萬五千六百一十九匹，例應遣官印烙。上命泰寧侯陳瀕、廣寧伯劉湍分往監視。

（宣宗宣德實録卷 5　第 11 頁　5.11.0145）

30　閏七月癸丑　太師英國公張輔言：今軍校俱賜白金，隆慶等衛官軍在京操備者不預。上曰：隆慶雖直隸衛，然將士實在京操備，豈可不同？命禮部如例與之。仍命各處官軍凡在京操備者皆如例。

行在兵部尚書李慶奏〔校記：北大本慶下有等字〕：在京居住韃官千户也先不花言，初歸時其子也先帖古里爲哈密忠義王所拘，今隨哈密使臣來朝，乞給與侍養。上曰：父子至親，豈夷虜異情哉！應給與之。但今自哈密來，留之不遣，彼將謂拘其使臣，非待遠人之道。令歸言忠義王，遣之再來。

行在光禄寺奏：歲造酒醴計用瓶壜二十二萬，請依例令工部下有司燒造。上曰：方今營建山陵，多用民力，此等不急之務，一切停止。

（宣宗宣德實録卷 6　第 1 頁　6.1.0147）

31　閏七月乙卯　故光禄寺卿朝鮮國權永均壻許晚石及雲南武

定軍民府女士官知府商智，遣把事者果〔校記：三本果作卑，廣本亦作卑〕等來朝貢馬。

（宣宗宣德實録卷6 第8頁 6.8.0162）

32 閏七月丙辰 賜爪哇國舊港宣慰使司臣亞烈張佛那馬等五十二人鈔、紵絲、紗、羅、綵絹有差。仍賜張佛那馬及頭目、總管八致、陳致堅等七人冠帶。

（宣宗宣德實録卷6 第9頁 6.9.0163）

33 閏七月戊午 雨壞齊化、正陽、順承等門城垣。命行在工部修治。

（宣宗宣德實録卷6 第12頁 6.12.0169）

34 閏七月壬戌 革北京順天府大興縣大興驛、永清縣永清驛、霸州大良驛……蓋永樂初以南京至北京驛路迂遠，自應天府滁州開陸路至北京順天府置二十七馬驛。其後春夏多雨，路多水潦不便，已悉併所設驛夫馬匹於附近通要之驛，諸驛遂皆空閑。至是吏部以聞，故革之。

（宣宗宣德實録卷6 第14頁 6.13.0171）

35 閏七月癸亥 賜故光禄寺卿朝鮮國權永均壻許晚石……等鈔幣、表裏有差。

（宣宗宣德實録卷6 第14頁 6.14.0173）

36 閏七月甲子 賜北京刑部尚書李友直、行在户部左侍郎陳山、行在禮部右侍郎張瑛、行在太常寺卿兼翰林院學士楊博（按：疑博應作溥）、行在吏部右侍郎王讓、順天府尹王驥、府丞吕惟得并其祖父母、父母妻室誥命。

（宣宗宣德實録卷6 第16頁 6.15.0176）

37 閏七月 薊州民戴應春等二十二人自陳所養太僕寺孳牧種馬前後皆病死，今官司責限追陪，緣今年水澇，秋稼無收，乞待來年秋成賠償。從之。

（宣宗宣德實録卷6 第16頁 6.16.0177）

38　八月戊辰　　琉球國中山爲（按：爲爲王之誤）尚巴志遣使者浮那姑是南者結制奉表貢馬及方物，蓋與使者佳期巴那同行，遇風故後止（按：疑止爲至之誤）。

（宣宗宣德實録卷 7　第 1 頁　7.1.0181）

39　八月己巳　　行在户部奏：比奉旨以房山縣民地六十畝賜恭順侯吴克忠葬母，請除其地祖（按：疑祖當爲租之誤）額。從之。

（宣宗宣德實録卷 7　第 3 頁　7.3.0185）

40　八月壬申　　給爪哇舊港宣慰使司印，付給其臣張佛那馬還。蓋舊印爲火所燬也。

（宣宗宣德實録卷 7　第 5 頁　7.5.0189）

41　八月癸酉　　行在户部奏：今緣何（按：疑何爲河之誤）倉糧儹運已盡，請令平江伯陳瑄散遣軍士歸原衛，修理運船。於是吏部擇聽選官二十員，分往各處督催糧料，貯於水次，俟來春令官軍運赴北京，有未盡者令民輸於淮安、徐州倉，以備轉運……

（宣宗宣德實録卷 7　第 7 頁　7.6.0192）

42　八月乙亥　　命行在工部：建仁宗昭皇帝陵寢殿五間，左右廡各五間，門樓三門，神厨五間并祭器。

（宣宗宣德實録卷 7　第 7 頁　7.8.0196）

43　八月己卯　　賜琉球國使臣浮那姑是南者結制等鈔、金織文綺、紗、羅、絹有差。

（宣宗宣德實録卷 8　第 2 頁　8.2.0205）

44　八月癸未　　行在欽天監天文生李宗善言，有母居南京，年老無丁男侍奉，乞躬往迎養。上諭行在禮部臣曰：母子至情，不可拘以常例，其即遣行。蓋常例：天文生不予私告，雖父母没不得丁憂，止予告奔喪耳。

（宣宗宣德實録卷 8　第 3 頁　8.3.0208）

45　八月乙酉　　少師隆平侯張信奏：天壽山用工旗軍，前於通州總關三月糧，至營失火，焚燬皆盡。今缺食者一千七百七十七人〔校記：北大本七十七作七十〕，請再給。上命行在户部如數給之。

（宣宗宣德實録卷 8　第 4 頁　8.4.0210）

46　八月丙戌　裁減順天府懷柔縣縣丞、主簿各一員，以民户減也。

（宣宗宣德實録卷 8　第 5 頁　8.5.0211）

47　八月丁亥　薦仁宗昭皇帝陵號曰獻陵。

（宣宗宣德實録卷 8　第 5 頁　8.5.0212）

48　八月庚寅　命故羽林前衛指揮使駱永平弟廣、通州衛指揮同知莫成子貴、金吾左衛指揮僉事張智子忠、虎賁左衛指揮僉事孫得子旺、長陵衛指揮僉事張琬子遠、通州衛指揮僉事王貴子勝俱襲職。

（宣宗宣德實録卷 8　第 6 頁　8.6.0213）

49　八月乙未　順天府通州、真定曲陽等縣奏：民欠户口食鹽米者奉部符責徵，民多逃竄；且近時霖雨傷稼，租賦不足，民食不給，食鹽米乞折鈔。上從之，命行在户部：凡他州縣有被水者皆准此例。

（宣宗宣德實録卷 8　第 10 頁　8.10.0222）

50　九月丁酉朔　仁宗昭皇帝梓宫發引。

（宣宗宣德實録卷 9　第 1 頁　9.1.0225）

51　九月壬寅　葬獻陵。先是，仁宗皇帝賓天，上命有司擇葬地，得吉兆於天壽山之陽。召尚書蹇義、夏原吉等論之曰：國家以四海之富葬其親，豈惜勞費？然古之聖帝明王皆從儉制，凡孝子思保其親之體魄於永久者，亦不欲厚葬，秦漢厚葬之患足爲明戒。況皇考遺詔務從儉約，天下所共知。今建山陵，予以爲宜遵先志，卿等之意如何？義等對曰：聖見高遠，發於孝誠，萬世之利。於是命成山侯王通、工部尚書黄福總其事。其制度皆上所規畫，三月告成，至是葬。其山周正圓厚，岡巒拱揖，川源逶迤，與長陵相比云。

（宣宗宣德實録卷 9　第 1 頁　9.1.0225）

52　九月丙午　朝鮮國王李祹以仁宗皇帝賓天遣陪臣金謙等進香幣。

（宣宗宣德實録卷 9　第 2 頁　9.2.0227）

53　九月丁未　朝鮮國王李祹遣陪臣李原、睦進（按：疑睦爲陸之誤）、趙賚等奉表貢馬及方物，賀上卽位及皇太后册中宫。

（宣宗宣德實録卷 9　第 3 頁　9.3.0229）

54　九月戊申　朝鮮國王李祹遣陪臣李順蒙等奉表貢物，賀上仁宗皇帝尊謚。

（宣宗宣德實録卷 9　第 3 頁　9.3.0230）

55　九月己酉　守城門内使私役門卒飼鵝，鵝被盜，卒貧不能償，日考掠〔校記：北大本考作拷〕不已。事聞，上諭隨駕司禮監官曰：門卒專職關防，豈當爲人飼鵝？且内使敢毒人於國門之内，是不知有朝廷法度。亟罪之。

（宣宗宣德實録卷 9　第 4 頁　9.4.0232）

56　九月庚戌　上命行在户部尚書夏原吉於昌平縣選民四十户充獻陵陵户。

行在户部奏：比有旨賜武進伯朱榮葬地，廣一十九畝有奇，乃宛平縣民耕地。命蠲其租額。

順天府民金成伏闕言：年已八十，止有一子。初以守城功擢序斑，今陞交阯思容縣知縣，乞改諸附近，庶便養己。上謂少師、吏部尚書蹇義曰：此人之至情，不可遣之，其從所言。

（宣宗宣德實録卷 9　第 4 頁　9.5.0233）

57　九月壬子　石匠方真訴：兄弟六人，四人供役，卒於京師。惟真與兄〔校記：北大本兄作弟〕今仍執役，家無餘丁。有母年八十，居原籍嚴州，乞免一人還鄉侍養。通政司以聞。上顧行在工部臣曰：此於天理人心何如？爾曹亦皆有母乎？其卽令一人侍母終養，其一人亦令省母後還役。

（宣宗宣德實録卷9 第7頁 9.7.0238）

58 九月甲寅 建都知監於東華門外。

造内府寶鈔司印。

通州寶坻縣民詣闕，自陳所欠孳生馬駒，有司責償鈔甚急，乞姑緩期。上諭兵部尚書張本曰：比令兩歲納一駒，無駒令納鈔，今復乞緩追，即貧可知矣。其緩之。

（宣宗宣德實録卷9 第9頁 9.10.0243）

59 九月乙卯 設獻陵祠祭署，置奉祀一員、祀丞一員。

行在禮部奏定科舉取士之額。先是，仁宗皇帝以爲近年科舉太濫，命禮部翰林院定議額數。至是議奏：凡鄉試取士，南京國子監及南直隸共八十人，北京國子監及北直隸共五十人，江西布政司五十人，浙江、福建各四十五人，湖廣、廣東各四十人，河南、四川各三十五人，陝西、山西、山東各三十人，廣西二十人，雲南、交阯各十人，貴州所屬有願試者湖廣就試，禮部會試所取不過百人。上曰：南士取十之六，北士十之四〔校記：北大本士下有取字〕，大抵國家設科取士爲致平之本，其冒貢非才，蓋是有司之過。人既苟得，遂啟倖心。今解額已定，果行之以公，不才者不得濫進，自然人知務學。其令各處凡考試官及諸執事先須擇賢，庶免冒濫。

行在工部奏：密雲中衛城比因雨潦頹壞者七百餘丈，請以所管及旁近衛所軍士協力修築。從之。

守長安嶺指揮閻貴等奏請給守關軍士皮裘、狐帽等。上謂行在工部臣曰：口北苦寒，其何以堪！皮裘、狐帽速遣人運往給之。其關（按：疑關爲開之誤）平、大同諸邊衛皆循此例。

（宣宗宣德實録卷9 第10頁 9.10.0244）

60 九月丙辰 行在工部奏：北京城垣東西北三面間（按：館本面間作間面，抱本作面間，是也）有傾頹，城樓更舖亦多摧敝，請本部具材，行後府發軍修治。上命俟春暖爲之。

（宣宗宣德實録卷 9　第 11 頁　9.11.0246）

61　九月丁巳　賜朝鮮國使臣金謙、李順蒙、李原、睦進〔校記：聖政記睦作陸〕、趙賚等鈔、綵幣、表裏、金織襲衣有差。

（宣宗宣德實録卷 9　第 11 頁　9.12.0247）

62　九月己未　行在大理寺卿虞謙奏：通州衛千户趙璉侵用軍糧二十石，應斬。上曰：五品軍官子孫世襲，而以二十石米喪身，無異剖腹而藏珠者。免死，發邊衛充軍立功，無功仍坐原罪。

（宣宗宣德實録卷 9　第 14 頁　9.14.0251）

63　九月乙丑　京民黨保等奏：工部令買沙魚皮造鹵簿其器械之用，此物北京素所不産〔校記：北大本禮本北京作京師〕。上諭行在工部臣曰：凡物之所需，當隨地土之所産，沙魚皮産於近海郡縣，此何以責京民？其給官鈔就出産之處買之，庶不擾下。

（宣宗宣德實録卷 9　第 16 頁　9.16.0256）

64　十月丙寅朔　永寧衛指揮同知吕信奏：今提督黑峪等口四十七處，軍士守備皆高山峻嶺，寒凍不勝。乞如長安嶺守關事例，人給毛襖、狐帽。上曰：邊地苦寒，皮裘之賜朕已有命，其令工部速運給之。

（宣宗宣德實録卷 10　第 1 頁　10.1.0259）

65　十月丁卯　置永清左衛、永清右衛、彭城衛經歷司經歷各一員，倉副使各一員。

（宣宗宣德實録卷 10　第 1 頁　10.1.0259）

66　十月戊辰　命都指揮僉事蔣貴掌彭城衛，李福長永清左衛〔校記：三本長作掌，是也〕，都指揮同知李榮掌永清右衛。時陽武侯薛禄言：三衛軍士倍于他衛，指揮千百户多幼官，宜選老成才智都指揮三人掌之。上曰：幼官多豢養子弟，未歷行陣，不知艱苦，豈能理兵務、撫士卒？卿言深合朕意。其令兵部同五府官推擇。至是以貴等名聞，遂各分職掌之。

（宣宗宣德實録卷 10　第 2 頁　10.2.0261）

67　十月己卯　　賜越王瞻墉昌平縣莊田四十四頃九十畝。

（宣宗宣德實録卷 10　第 7 頁　10.7.027）

68　十月庚辰　　以營獻陵功陞行在營繕所正郁榮爲工部主事，所丞王文等十三人爲所副。工匠徐誠等十五人爲所誠（按：疑誠爲丞之誤），陰陽人陳俊文等爲欽天監挈壺正。賜督工指揮孫奇文綺、表裏、鈔，軍民吏役綵絹、鈔、胡椒有差。先是，上命行在工部臣曰：獻陵工程就緒，官軍夫匠勤勞既久，其即計功陞賞，令其休息。至是尚書吴忠（按：疑忠爲中之誤）等計議具奏，故有是命。

（宣宗宣德實録卷 10　第 9 頁　10.7.0272）

69　十月甲申　　賜行在中軍都督等府、保定中等衛官及軍士二萬七千餘人鈔有差，以奉迎仁宗皇帝梓宫赴獻陵皆豫執事也。

（宣宗宣德實録卷 10　第 11 頁　10.10.0278）

70　十月己丑　　調蘇州衛（按：館本蘇作薊，北大本抱本作蘇）指揮同知徐定任彭城衛。

（宣宗宣德實録卷 10　第 15 頁　10.15.0288）

71　十月庚寅　　行在工部尚書吴中奏：營建獻陵，先用下西洋官軍一萬人，皆江南屬衛，便於舟楫，請於（按：館本於作于）〔校記：北大本于作與，是也〕平江伯陳瑄漕運，以易山東、河南諸衛軍之漕運者一萬五千人，以明年春赴陵用工，庶俾兩便。從之。

（宣宗宣德實録卷 10　第 17 頁　10.17.0289）

72　十月乙未　　行在工部尚書吴中奏：營繕軍夫多逃者，當遣人追捕。上曰：軍民執役者有口糧、有食鹽，按月支給。又屢命爾等善撫恤，毋竭其力。今多逃者，非尅其食糧則必横加暴虐。不必遣人追，但移文有司，令明年春暖自來赴工。

（宣宗宣德實録卷 10　第 19 頁　10.13.0293）

73 十一月己亥 順天府霸州民服役於天財庫，五年得代而歸，庫官又以爲逃，趣有司捕，民訴於朝。上月：此庫官不恤民艱，命法司究治之。

（宣宗宣德實録卷 11 頁 第 2 頁 11.2.0297）

74 十一月癸卯 兀哈良頭目阿者禿來歸，奏願居京自効。命爲千户，賜冠帶、金織襲衣、綵幣、銀、鈔、鞍馬。仍命有司給房屋、器物如例。

（宣宗宣德實録卷 11 第 3 頁 11.3.0299）

75 十一月丁巳 朝鮮國王李祹遣陪臣韓長壽等奉表貢金銀器皿等方物，賀正旦。

瓦剌使臣撒法兒來朝貢馬，奏願居京自効。命爲指揮僉事，賜冠帶、金織襲衣、綵幣、銀、鈔、綿布、鞍馬。仍命有司給房屋、器皿如例。

（宣宗宣德實録卷 11 第 9 頁 11.8.0310）

76 十一月癸亥 上命行在户部以宛平縣官田六頃，賜彭城伯張昶；及昶故有田二頃，俱免徵稅。

（宣宗宣德實録卷 11 第 12 頁 11.1.0316）

77 十二月戊辰 渤泥國王遐旺遣叔沙那萬喏耶率頭目坐阿烈等來朝貢方物。上謂禮部臣曰：夷人涉海道遠來艱難，且時當寒凍，凡宴勞賜予，皆宜加厚。

（宣宗宣德實録卷 12 第 1 頁 12.1.0319）

78 十二月庚午 琉球國中山王尚巴志遣使者宋比結制等奏（按：疑奏爲奉之誤）表箋貢馬及方物。

（宣宗宣德實録卷 12 第 2 頁 12.2.0321）

79 十二月甲戌 賜獻陵營造官軍都指揮僉事孫奇等一十一萬六千四百九十五〔校記：北大本無四百二字〕人紗（按：疑紗爲鈔之誤）幣、綵表裏、襲衣有差。

（宣宗宣德實録卷 12 第 3 頁 12.3.0323）

80　十二月己卯　賜琉球國使臣宋比結制……鈔、綵幣、表裏有差。

增設北京順天府宛平、大興二縣工房匠科司吏一名、典吏二名。先是，二縣工房設南北科司吏各一名，典吏二名。南科管工部等衙門買辦物料，北科管惜薪司等衙門夫役并在京居住諸色人匠等事，事繁不治，二縣以爲言，故增設之。

（宣宗宣德實録卷 12　第 5 頁　12.5.0327）

81　十二月壬午　行在工部言：造兩京祭天地、社稷及配位蒼璧、黄琮蒼玉成，請太常寺供用。從之。

（宣宗宣德實録卷 12　第 6 頁　12.5.0328）

82　十二月癸未　上諭行在工部尚書吴中曰：獻陵用工官軍勤勞已久，可分爲兩班，每五月一便（按：疑便爲更之誤），俾得休息。

（宣宗宣德實録卷 12　第 5 頁　12.6.0329）

83　十二月甲申　立春節。上御正朝，順天府官進春，文武羣臣行賀禮。

（宣宗宣德實録卷 12　第 6 頁　12.6.0330）

84　十二月甲申　行在户部尚書夏原吉奏：官買順天府民絲、漆等物當給償鈔，而所司折以靛青。民得鈔則便于市易，請仍給鈔。上曰：凡市物必給鈔，靛青非染工不用，他人焉用之？卿如不言，幾虧民久矣！其悉給鈔，靛青收貯，以俟别用。

（宣宗宣德實録卷 12　第 7 頁　12.6.0330）

85　十二月乙酉　行在工部臣言：長陵殿未完，人力不足，請於平江伯陳瑄運粮官軍内借一萬人助工。從之。

（宣宗宣德實録卷 12　第 8 頁　12.8.0333）

86　十二月丙戌　司設監太監莫慶奏：製造器物工匠不足，比有言懷來等衛有諸色軍匠四百餘人，乞命所司遣人并家屬發至供役爲便。從之。已而復命所司，凡邊衛軍〔校記：北大本軍下有士字，是也〕止取本身，俟至京試其藝，果精，始取家屬。

順天等府，通州、武清等州縣民四百九十人奏：原畜孳牧種馬及駒，自洪熙元年以馬多病死，每户有死一疋二疋者，有司責償甚急。緣全年六月〔校記：北大本六作七〕以來雨潦傷稼，民皆缺食，乞候來歲秋成後買償之。

（宣宗宣德實録卷12　第8頁　12.8.0333）

87　十二月戊子　　占城國王占巴的賴遣姪濟布智眉等奉金葉表貢方物。

改行在龍驤衛倉隸燕山左衛。初。本倉隸義勇左衛，永樂二十二年九月改義勇左衛爲龍驤衛，本倉亦改爲龍驤衛倉。至是，以龍驤衛爲行在衙門，遂改本倉隸燕山左衛。

賜奉使蘇禄等國回還官軍千户汪海〔校記：北大本汪作江〕等九十口（按：館本口作五）人鈔幣、表裏、布有差〔校記：北大本無布字〕。

（宣宗宣德實録卷12　第9頁　12.9.0335）

88　十二月辛卯　　命都察院右都御史杜智致仕。智太平府蕪湖人，洪武末爲北平知府，以守城功永樂間累陞至河南布政使……。

降北京行部右侍郎裴璉爲四川涪川知州。先是，命璉往視山陵，及後當陪祀長陵，皆詐疾不行，爲監察御史所劾，下錦衣衛獄。至是黜之。

（宣宗宣德實録卷12　第11頁　12.10.0338）

89　十二月甲午　　朝鮮國王李祹遣陪臣李潑等貢馬，謝賜藥材。

（宣宗宣德實録卷12　第12頁　12.12.0341）

90　十二月　　是歲……漕運北京米豆二百三十萬九千一百五十石。

（宣宗宣德實録卷12　第13頁　12.13.0343）

宣德元年（1426）

91　正月戊戌　賜朝鮮國使臣韓長壽等鈔、文綺、紗、羅、襲衣有差。

（宣宗宣德實録卷 13　第 1 頁　13.1.0346）

92　正月癸卯　驍騎右衛指揮僉事劉興等二百一十二人奉使忽魯謨斯等國還，進方物。命□（按：館本□作行）在禮部計直賜鈔。

（宣宗宣德實録卷 13　第 2 頁　13.2.0347）

93　正月乙巳　迤北韃靼完者帖木兒等三人來歸，願居京自效。命爲副千户等官，賜冠帶、金織襲衣、綵幣、銀鈔、綿布、鞍馬有差。仍命有司給房屋、器皿等物如例。

（宣宗宣德實録卷 13　第 3 頁　13.2.0348）

94　正月丙午　朝鮮國王李裪遣陪臣李澄等貢馬及方物，賀萬壽聖節。

（宣宗宣德實録第 13　第 3 頁　13.3.0349）

95　正月己酉　遣使往撫别失八里王歪思及西南夷木邦、緬甸、麓川、車里、八百大甸、老撾宣慰司、孟艮、孟定、灣甸、鎮康四府州土官。賜之紗羅、綿綺有差，以其勤修職貢故也。時麓川、木邦互争疆界，各訴於朝，就令使者諭解之，俾各安分，毋相侵越。

行在軍都督府都督韓僖奏守衛西華門千户路旺私擅下直，請執付法司治之。上曰：昔皇祖憫恤守衛官軍，凡有疾及父母家室有疾者許白所管下直，此人得罪有故乎？命錦衣衛官訊之。旺言聞父病不及告，暫歸。上曰：都督刻之是，而人情亦有當矜恤者，姑宥之。

（宣宗宣德實録卷 13　第 4 頁　13.3.0350）

96 正月乙卯 修居庸關城樓，命都督沈清督之。

（宣宗宣德實録卷13 第9頁 13.7.0358）

97 正月丙辰 賜渤泥國王叔沙那萬喏耶及頭目生阿烈等八十八人銀鈔、紗幣、表裏、紗羅及金織紵絲、襲衣、靴韈有差，沙那萬喏耶加賜冠帶、銅錢，生阿烈等十七人亦賜冠帶。

以朝鮮國王李裪貢獻之勤〔校記：廣本禮本貢獻作進貢〕，遣内官尹鳳齎勑往勞賜王及妃紗羅、錦綺、綿帛有差。

（宣宗宣德實録卷13 第10頁 13.8.0360）

98 正月丁巳 賜朝鮮國使臣李潑等鈔、綵幣、表裏有差。

（宣宗宣德實録卷13 第10頁 13.9.0361）

99 正月庚申 行在工部尚書吴中奏：工匠逃者五千餘人〔校記：聖政記千作十〕，不懲治之無以警將來。請遣官，併其家屬俱赴京。上曰：此必官司失於撫綏之過，不必遣官，止令有司起送其正身來，但自今卿等及官屬加意撫綏耳！

（宣宗宣德實録卷13 第13頁 13.11.0366）

100 正月辛酉 迤北韃靼徹徹秃等四人來歸，奏願居京自効。命爲千、百户等官，賜冠帶、金織襲衣、綵幣、銀鈔、綿布、鞍馬有差。仍命有司給房屋、器皿等物如例。

（宣宗宣德實録卷13 第14頁 13.12.0367）

101 正月癸亥 命北京行部備棺槨造墳，改葬前燕府長史朱復。復事太宗皇帝以潛邸，以誠實見重，既卒，葬城南，永樂中贈北京行部尚書，謚“忠定”。及營建北京，廣都城，復墓當遷，其曾孫紹祖啟其棺，不能葬，至是自陳乞矜惻。上亦素聞太宗皇帝、仁宗皇帝言復之賢，遂有是命。

（宣宗宣德實録卷13 第15頁 13.13.0369）

102 正月甲子 嚴京城捕盗之禁。時京城多盗，都御史劉觀等議：于五城兵馬司各增官軍一百人，與同捕捉。每五十家置巡更舖一，遇夜以十人守之，有盗賊及違夜禁者，皆聽捕以聞。上從其議，命英國公張輔同五軍都督府按地方遣軍助之。若所轄之地有盗不能捕之，領軍頭目及兵馬司官皆論罪。復召尚書蹇義、夏原吉等語之曰：朕卽位以來，深存好生之心，近時犯强盗者，再三審復，未忍加刑。小人無知，不體朕意，益肆奸頑，公然糾合亡賴，爲惡不已。朕欲立賞格令軍民擒捕，爾等計議以聞。于是義等議：犯爲强盗者，許諸人及四鄰擒捕。如無力擒捕者，許指實赴官陳告捕鞫。是實，犯人依律處死，原捕及首者各賞錢一千貫，仍給犯人財産。爲首者官旗軍校陞一級，民夫工匠人等優免差役一年。如同爲强盗，其中有能自首及擒獲者免罪，亦給賞，仍給犯人財産。其四鄰藏匿之家知情容忍不首者，罪同。上從其議，命揭榜以示中外。

（宣宗宣德實録卷 13　第 17 頁　13.14.0371）

103　二月己巳　賜占城國王侄濟布智眉等銀紗（按：疑紗爲鈔之誤）、紵絲、紗羅、綵絹及金織紵絲、羅、襲衣有差，仍命齎文錦、紵絲、紗羅歸賜其國王及給鈔九百四十三錠，酬濟布智眉等物直。

（宣宗宣德實録卷 14　第 2 頁　14.1.0314）

104　二月戊寅　賜行在錦衣衛帶管歸附韃靼都指揮阿老丁等三十二人田地、草場於順天府。

行在工部尚書吴中奏：造軍器缺熟鐵，請于江南諸處收買，然道遠恐不及期。今擬發民往遵化鐵冶，先運鐵二十萬斤備用。上曰：遵化既有鐵，何用買於江南？況鐵重滯，遠運尤勞民。今當農時而有此役，官吏里胥逼迫，民必受害而妨廢農功。止取於遵化足矣。

（宣宗宣德實録卷 14　第 6 頁　14.5.0381）

105　二月庚辰　司苑局言：上供蔬菜當用蘆稭三千束，蘆葦蒲五千餘束，麻千斤，例當順天府取給。上曰：内用蔬菜幾何，而取於民如此？可三分減二。顧謂侍臣曰：大禹惡衣菲食，惟恐奉養之過，勞民費財。朕安可以園蔬重費百姓？

（宣宗宣德實録卷 14　第 7 頁　14.6.0383）

106　二月辛巳　賜朝鮮國使臣李澄等鈔、綵幣、表裏有差。

（宣宗宣德實録卷 14　第 7 頁　14.6.0384）

107　二月乙酉　以明日清明節，車駕發京城，謁長陵、獻陵……

丙戌　車駕至天壽山……上謁獻陵畢，御帳殿，召成山侯王通、工部尚書黄福等諭之曰：今山陵將訖工，卿等勤勞，簡在帝心，其督工官宜陞賞以答其勞，爾次第以聞，務協公論。工匠軍民久違父母妻子，亦宜賞賚，散遣寧家。于是通等次第應賞官及工匠軍民具奏。上閲之，親定賞例，揭榜示之，人皆歡悦。

丁亥　車駕還京。

（宣宗宣德實録卷 14　第 9 頁　14.8.0387）

108　三月乙未朔　順天府官引京城坊廂長老人入見。上諭之曰：京師五方之民雜居，習向不同，不易治。朝廷供億百需，以其便近，多所責辦，視外郡尤煩勞，皆朕所悉。今副承祖宗大典，期與海内相安于無事，矧京師乎？爾爲民者，胥相訓告，勤務本業，孝親敬長，睦和隣里。不事游惰，不作淫巧，不犯憲章，則爲良民。有司體朝廷之心，視民如子，恤其饑寒，均其徵役，撫綏良善，詰治奸慝，俾吾民樂生，則爲良有司。朝廷于爲善者賞之，惡者罰之。賞罰之典，祖宗成憲，朕不敢違。時紀元之初，政令維新，京師之民，拱聽聖諭，莫不稱慶。

（宣宗宣德實録卷 15　第 1 頁　15.1.0391）

109　三月己亥　命行在禮部鑄鎮守交阯内官關防。

交阯總兵官榮昌伯陳智、都督方政討叛寇黎利，進至茶籠州，敗績。

（宣宗宣德實録卷 15　第 3 頁　15.3.0395）

110　三月己亥　行在户部言：駙馬都尉宋瑛奏求白河邊廢地

牧馬，其中聞有民田四十七頃。上曰：人與馬熟重？此輩生長富貴，持恩恣肆，豈知輕重？須遣人覆勘。如果皆是廢地，與之；但有民田，勿與。

（宣宗宣德實録卷 15　第 4 頁　15.3.0396）

111　三月己亥　贈乂安府知府琴彭爲交趾布政使司左布政使，遣官賜祭。

（宣宗宣德實録卷 15　第 4 頁　15.4.0397）

112　三月庚子　浡泥國使臣沙那萬喏耶等陛辭，上謂行在禮部臣曰：浡泥國王遐旺之父，皇祖太宗皇帝時舉家來朝，及還，歿於路，因命遐旺襲爵。朝廷待之既優，彼之忠誠逾篤。今復遣使遠來可嘉，宜優賜之。于是賜遐旺文錦、金織文綺、綵幣、紗羅，倍諸蕃國。

（宣宗宣德實録卷 15　第 5 頁　15.4.0398）

113　三月癸卯　賜交趾奉化府土官同知阮子晉二十九人綵幣、表裏有差。

（宣宗宣德實録卷 15　第 8 頁　15.7.0403）

114　三月癸卯　先是，行在工部侍郎蔡信言：浙江都司及大同、寧夏、宣府諸衛軍匠在京執役者，乞皆取家室至京，隸錦衣衛。上不允，以問工部尚書吴中。中對：軍伍當與兵部議。至是，兵部尚書張本言：信奏取軍匠家室，計其數凡二萬六千人總二百四十五所，而大同、寧夏諸衛，皆臨邊境，爲匠者暫役其一丁，今若盡取，如一匠止三丁四丁，已近十萬之數。仕伍既缺，人情敬（按：疑敬爲驚之誤）駭，其言不可行。

（宣宗宣德實録卷 15　第 8 頁　15.7.0403）

115　三月乙巳　命駙馬都尉廣平侯袁容掌北京行都督府事，調行在中軍都督府都督僉事山雲爲北京行都督府都督僉事。

漷縣民充郊壇户者，有司責令養官牛，又俾充遞運夫。民訴于通政司，以聞。上謂待臣曰：國家重祭祀，而郊壇最重，舊制郊壇户悉免他役者，慮其不能専。有司不知所重，不恤民艱〔校記：廣本難作艱，是也〕，可責也，姑宥之。遂命行在禮部申明郊壇户免雜役之令。

（宣宗宣德實録卷 15　第 9 頁　15.8.0405）

116　三月丁未　迤北和寧王阿魯台部屬把的來歸，葛林衛頭目板塔等來朝，皆奏願居自效。命爲百户鎮撫……悉賜冠帶、金織襲衣、綵幣、銀鈔、綿布、鞍馬有差，仍命順天府〔校記：廣本天下有等字〕……各給房屋、器皿等物如例。

（宣宗宣德實録卷 15　第 11 頁　15.9.0407）

117　三月庚戌　試國子監生鄧廷秀等二百八十人于承天門外。先是，行在吏部以天下教官多缺，奏請於兩京國子監選明經堪爲師範者，至是選至。上命行在翰林院嚴試之。

（宣宗宣德實録卷 15　第 11 頁　15.9.0407）

118　三月癸丑　復金鑄大城縣知縣。鑄先爲知縣，滿九載赴吏部，大城之民伏闕奏：鑄公正清廉，知民疾苦，乞賜復任。上謂行在吏部臣曰：牧民有善政者，古有增秩。其令鑄復任，陞從六品俸。

（宣宗宣德實録卷 15　第 12 頁　15.10.0410）

119　三月乙卯　琉球國中山王尚巴志遣使者實達魯等上表貢方物，謝命襲爵恩。

（宣宗宣德實録卷 15　第 13 頁　15.11.0412）

120　三月丙辰　琉球國中山王尚巴志遣使奏：臣祖父昔蒙朝廷大恩，封以王爵，賜皮弁冠服，洪熙元年臣奉詔襲爵，而冠服未蒙頒賜。命（按：疑命下奪行字）在禮部稽定制，製以賜之。

（宣宗宣德實録卷 15　第 15 頁　15.12.0414）

121　四月乙丑　命太子太保成山侯王通佩征夷將軍印充總兵官、都督馬英充參將，往交趾征剿叛冠，撫安軍民。仍命尚書陳洽參贊軍務。

勅安平伯李安掌交趾都司事，仍聽總兵官節制。

（宣宗宣德實録卷16　第1頁　16.1.0419）

122　四月己巳　賜琉球國使臣實達魯等鈔幣〔校記：廣本作鈔幣綵段〕、表裏有差。

（宣宗宣德實録卷16　第5頁　16.4.0426）

123　四月甲戌　琉球國中山王尚巴志遣使臣鄭義才進香長陵。

（宣宗宣德實録卷16　第7頁　16.6.0420）

124　四月丁丑　行在禮部奏：琉球國中山王使臣鄭義才告，初來朝時遭海風壞舟，因附内官柴山舟至。今歸，乞賜一舟以歸，且得朝貢爲便。上命行在工部與之。

（宣宗宣德實録卷16　第8頁　16.7.0431）

125　四月壬午　置長陵衛經歷司經歷一員。

（宣宗宣德實録卷16　第12頁　16.10.0438）

126　四月癸未　建鴻臚寺公宇。

（宣宗宣德實録卷16　第13頁　16.11.0439）

127　五月丙申　隆慶三衛指揮李景等劾奏：都督沈清鎮守居庸關，不能約己邮人、奉公守法，惟務貪虐，百計誅求，剥削月糧，侵盗官物，私役軍役，不分屯守，計名科需〔校記：廣本計作記〕。或邀阻關口商人，取其物貨，或以死畜分給隊伍，令納錢糧。擅開已塞山口，役軍伐木私用，凡十八事，行在都察院請治其罪。上曰：都府大臣，非有重過，宜存恩意。可先鞫所使之人，事果有實，别奏處置。

（宣宗宣德實録卷17　第2頁　17.2.0450）

128　五月丁酉　鎮守居庸關都督僉事沈清奏隆慶三衛指揮向廣、李景等私役軍士及賣放軍伍等事，上以付行在都察院。左都御史劉觀言：清與景等互相訐奏，請令質對。上從之。

鎮守薊州都督、山海都督僉事陳景先奏：比有令，遵化仍開冶炒鐵，所役軍民如舊取用。臣按舊役遵化、東勝右、忠義中、興州前屯四衛軍士千人，久已遣還發補神機營及諸衛守備；又永平府灤州及遷安等六縣民千人，亦驗丁養馬及有他役。今正當耘耕之時，役之恐妨農事，乞先以遵化、東勝右、忠義中、永平、盧龍、東勝左、薊州、鎮朔、營州右屯、開平中屯、興州右屯、興州前屯、興州左屯十三衛及寬河守禦千户所、神機營遣還操備；官軍内量其多寡暫借應役，兩番更代，俟秋成畢，仍發永平州縣民及旁近衛所軍士如舊赴工。從之。

（宣宗宣德實録卷 17　第 4 頁　17.2.0453）

129　五月庚子　給薊州衛操備軍士衣甲一百四十副（按：館本作一千四百副）及火藥、信炮。

（宣宗宣德實録卷 17　第 6 頁　17.5.0456）

130　五月辛丑　立故少師榮國公姚廣孝神道碑。

（宣宗宣德實録卷 17　第 7 頁　17.6.0457）

131　五月乙巳　蘇門答剌國王宰奴里阿必丁遣使臣巴母、滿剌加國王西哩麻哈剌者遣使臣一思馬、白葛達國王遣使臣和者里一思等來朝貢方物。

（宣宗宣德實録卷 17　第 8 頁　17.7.0459）

132　五月丁未　朝鮮國王李祹遣陪臣南輝〔校記：輝應作暉。南暉事迹又見宣宗實録二四二七、二四三四等面〕等奉表貢馬及方物，謝賜綵幣恩。

（宣宗宣德實録卷 17　第 9 頁　17.8.0461）

133　五月辛亥　賜交趾交州等府州縣考滿土吏楊巨兩等四百六人鈔有差。

（宣宗宣德實録卷 17　第 11 頁　17.10.0465）

134　五月壬子　行在工部尚書吴中等奏：天地、山川等壇、黄（按：疑黄爲皇之誤）城四門及聞登鼓俱損弊，應修理。從之。

（宣宗宣德實録卷 17　第 12 頁　17.10.0466）

135 五月丙辰 賜朝鮮國使臣南輝（按：疑輝爲暉之誤）等……綵幣、表裏、襲衣有差。

（宣宗宣德實録卷17 德13頁 17.11.0467）

136 五月壬戌 命會洲衛指揮使謝欽、義勇右衛指揮同知鄭全、指揮僉事陳得新、行在金吾右衛指揮同知李信、行在金吾左衛指揮僉事楊莊、寬和（按：疑和爲河之誤）衛指揮僉事蕭謙、神武前衛指揮同知任原、神武左衛指揮僉事楊惠、神武後衛指揮僉事趙貴分守北京順承等九門。先是，北京行都督府言，每門宜得才幹指揮一人守之。上命行在兵部選擇，至是以欽守等奏，遂命之。

（宣宗宣德實録卷17 第15頁 17.13.0471）

137 六月癸亥朔 遣使賜琉球國中山王尚巴志皮弁冠服。上謂禮部尚書胡濙曰：遠夷歸誠，固是美事，特賜冠服，以表異恩。古人言：懷遠以德，招携以禮。朕與卿等尤當念之。

（宣宗宣德實録卷18 第1頁 18.1.0473）

138 六月甲子 命高山等四衛在京操備神鋭手官軍二千二百九十三人分爲兩番，于大同操備，半年一更。

（宣宗宣德實録卷18 第1頁 18.1.0474）

139 六月庚午 陽武侯薛禄奏邊備五事。……其四，天壽山别無城池圍護〔校記：廣本圍作衛〕，雖有永寧衛在東北山下，且無城堡。而隆慶州正在山後，舊城尚存，修葺頗易，請移永寧衛于隆慶州城中守護。……上命公侯大臣議行之。

（宣宗宣德實録卷18 第3頁 18.3.0477）

140 六月辛未 賜蘇門答剌國使臣巴毋等一百一十七人、滿剌加國使臣一思馬等五人鈔、紗羅、綾絹有差。仍賜正副使、頭目巴毋等冠帶及鈔，給金織文綺、紗羅等物付巴毋等，歸賜蘇門答剌國王及王妃并國之頭目。給金織文綺、紗羅等物付一思馬等，歸賜滿剌加國王。初，巴毋等以王命奉表貢方物，遭海風壞舟，獨巴毋等得善達（按：疑達爲達之誤），上加（按：疑加爲嘉之誤）之，故重賜之。命有司具舟遣還。

（宣宗宣德實録卷 18 第 4 頁 18.3.0478）

141 六月甲戌 行在禮部奏：錦衣衛軍杜子忠等四人，永樂中從太監鄭和使西洋，至錫蘭山遇寇，四人被掠，自蘇門答剌國附朝貢船來歸。上曰：四人以王事流離遠夷，父母妻子莫知存亡，情甚可憫。其賜衣服、鈔、布，俾還鄉省親，而後復役。

（宣宗宣德實録卷 18 第 5 頁 18.4.0480）

142 六月丁丑 設北京順天府壩上南北二倉。各置大使一員，副使一員，專掌馬房草料。

（宣宗宣德實録卷 18 第 6 頁 18.5.0482）

143 六月壬午 順天府霸州及固安、永清二縣、□□□（按：館本□□□作保定府）新城縣各奏蝗蝻。上命有司急捕勿緩。

（宣宗宣德實録卷 18 第 9 頁 18.8.0487）

144 六月丁亥 命故大興左衛指揮使郭玉子享、行在羽林軍前衛指揮同知徐旺子祥、指揮僉事趙義子信、府軍右衛指揮僉事姚名侄青、金吾右衛指揮僉事于俊（按：疑俊下奪子字）昶、金吾左衛指揮僉事劉仲名子玉、燕山右衛指揮僉事李得子喜、羽林左衛指揮僉事胡善子鑑俱襲職。濟洲衛指揮同知紀林、羽林左衛指揮僉事侯興、金吾右衛指揮僉事伍貴俱陳老疾，命林之子興、興之子倹、貴之子恭代。

（宣宗宣德實録卷 18 第 11 頁 18.9.0489）

145 七月甲午 監察御史李驥巡按永平諸郡言：朝廷初以薊州之東地廣草肥，宜于畜牧，故令永平衛軍每人牧牝馬一，並免他役，期所牧蕃滋，以資軍國之用。比來軍士調發既多，畜馬者皆老幼殘疾之人，一人所有多至二三十匹者。兩歲責納一駒，人愈窮困，馬亦消耗。法宜變通，庶可經久。上命行在兵部視薊州諸衛馬少者分給均養。

（宣宗宣德實録卷 19 第 2 頁 19.2.0495）

146 七月乙未 北京行部尚書李友直言：八月當鄉試，試場席舍例于順天府屬縣取辦。上曰：數年來京之民供給勞困，官有積料，隨宜取用，不必勞民。

（宣宗宗德實録卷19 第3頁 19.2.0496）

147 七月庚子 賜白葛達國使臣和者里一思等鈔、綵幣、表裏、布帛、文綺襲衣有差，賜和者里一思等三人冠帶，仍命賫勅及金織文綺、紗羅等物歸賜其國王及妃。初，和者里一思以其國王命來朝貢方物，遭風壞舟，貢物盡溺。和者里一思等既至京，言臣國自昔未至中國，今始奉貢，遂遭淪溺，國王惓惓忠敬之心無以自達。此使臣之罪，惟皇上大恩赦之。賜以冠帶，使歸見國王，亦知臣等實造闕下，庶幾免責。上命禮部賜之冠帶，俾附隣國貢舟還。復進和者里一思等，諭之曰：倉猝風水，豈人力所能制？歸語爾王，朕嘉王之誠，貴不在物，自今惟堅爾誠足矣。

（宣宗宣德實録卷19 第4頁 19.4.0499）

148 七月辛丑 趙王高燧奏：今已之國彰德，北京廣有倉原存本府禄米八百五十石，請歸之户部。上謂尚書夏原吉曰：趙叔至親，今方就國，正資用度，禄米在北京者，姑從所言，卽令平江伯以所運糧米如數送彰德償之。

（宣宗宣德實録卷19 第6頁 19.5.0501）

149 七月辛丑 蘇門答剌等國通事馮哈撒還國陛辭，自陳少冬衣禦寒。上謂行在禮部曰：遠人之來，涉海萬里，當厚加撫恤。常賜外正副使加綿衣各一襲，頭目綿衣各二件并靴韈，從人俱給禦寒之服。

（宣宗宣德實録卷19 第6頁 19.5.0501）

150 七月丁未 鎮守薊州、山海等處都督僉事陳景先奏：比巡邊官軍至鲇葡石關，遇虜寇四十餘人，與戰敗之，追殺殆盡，獲其所乘馬以歸。上諭行在兵部尚書張本等曰：虜好鼠竊，但防守周密，來則擊之，去則勿追。保境安民，此爲上策。宜戒景先等毋貪小利。

（宣宗宣德實録卷 19 第 8 頁 19.7.0505）

151 七月辛亥 白葛達國使臣和者里一思等陛辭。上謂尚書胡濙曰：天氣漸寒，海道遼遠，正副使各加賜路費鈔三千貫及綿衣一襲，頭目、從人俱加賜鈔及衣服、靴韤。

（宣宗宣德實録卷 19 第 10 頁 19.9.0509）

152 七月辛亥 保定府安肅縣、順天府順蒙（按：疑蒙爲義之誤）縣、真定府新樂各奏蝗蝻生。命行在户部遣官馳驛，督民撲捕。

（宣宗宣德實録卷 19 第 10 頁 19.9.0509）

153 七月癸丑 命都督山雲、都御史王彰自山海、永平、薊州抵居庸關。凡諸關隘有未完固者，督總兵官遂安伯陳英、都督陳景先及諸鎮守官并在近軍衛有司修理，務悉堅完。遇有軍民利病亦具實以聞。

（宣宗宣德實録卷 19 第 11 頁 19.9.0510）

154 七月庚申 行在工部言：工匠逃亡者赦後赴工過期，請差官追捕。上曰：工匠久處京師，有司不能存恤，饑寒切身，不免逃亡。赦後雖欲赴京，道途之費豈能猝備？況有遠在數千里外者，宜量地遠近寬立期限，命本處有司起送赴京，不用差官煩擾。且令（按：令當作今）京師無他營造，工匠亦可省用，徒多聚無益也。

行在刑部奏：宛平縣廂長收商税鈔入己，比監臨主守盗倉庫錢糧，律計贓當斬。上曰：市井之民豈官吏比，況所收非倉庫物，追贓罰輸作足矣。

（宣宗宣德實録卷 19 第 14 頁 19.12.0515）

155 八月癸亥 召征西前將軍鎮守大同武安侯鄭亨還北京。

（宣宗宣德實録卷 20 第 5 頁 20.4.0524）

156 八月乙丑 勅召永平等處總兵遂安伯陳英赴北京，令以邊務付都督陳景先提督。

陞隆慶左衛〔校記：禮本無左字〕指揮使李勇〔校記：廣本李作陳〕爲都指揮同知，指揮使韓鎮、大寧前衛指揮使郭斌爲都指揮僉事，金吾右衛指揮僉事也蘭不花爲指揮使，羽林前衛指揮僉事范貴爲指揮同知，金吾左衛正千户王興、金吾右衛正千户海答爲指揮僉事。

行在兵部奏：中外差遣者多，北京會同館驛馬不足。請令行都督府屬衛量給馬相兼走遞。良鄉以南驛馬不足者，請令旁近軍衛有司一體增給。如民間無馬，請于孳牧馬内給之。仍令北京行都督府及行部遣官往來提督。從之。

上罷朝，退御左順門，謂工部尚書吴中曰：自良鄉至江浦，凡有行殿之處多役軍民看守，徒勞人力，即令錦衣衛遣官馳驛往諭，每處止留數人，其餘皆遣着役寧家。

（宣宗宣德實録卷 20　第 6 頁　20.5.0525）

157　八月丙寅　　上諭户部尚書夏原吉曰：京師各衛扈從并留守官軍，自今年八月至十二月該與本色俸米者速給之。

（宣宗宣德實録卷 20　第 6 頁　20.6.0526）

158　八月丁卯　　命指揮芮勛守居庸關。勅曰：今命爾守關，軍士必勤訓練，關隘屯堡必嚴守備，譏察奸僞，不可懈怠〔校記：廣本懈怠作怠弛〕。或有警急，即遣人馳奏，一切邊務必與附近總兵官協謀審處，毋怠毋忽。

宥都察院僉事沈清罪。初，守居庸關、隆慶三衛指揮李景等奏清不法十八事，清亦奏景等違法。法司奏：乞下清等質對。從之。至是有旨，武臣死罪非大故者俱釋之，遂宥清。

（宣宗宣德實録卷 20　第 7 頁　20.6.0528）

159　八月戊辰　　命翰林院侍讀學士王直、修撰王鈺〔校記：廣本鈺作玉〕爲順天府鄉試考官，賜宴于本府。

行在兵部奏：皇城及京城門請以公、侯、伯分守。上命定國公徐景昌、彭城伯張杲守皇城，安鄉伯張安、廣寧伯劉湍、忻城伯趙榮、建平伯高遠分守京城門。

命廣平侯袁容：京城每門增官軍五百人，兵馬司各給軍百人，委官率领，相兼夜巡。

（宣宗宣德實録卷 20　第 8 頁　20.6.0528）

160　八月辛未　　以高煦之罪告天地、宗廟、社稷百神，遂親征。是日車駕發京師。

駐驛通州，境内守臣率民耆老詣軍門見奉。上進而諭之曰：畿甸之民困于供億久矣！朕方此休息之，迺親藩構逆，不得已有問罪之師，而輓運糧餉，除治道途，重勞吾民，爾有司宜厚撫綏。從征軍士有侵擾民者，執之以聞。

（宣宗宣德實録卷 20　第 9 頁　20.8.0531）

161　八月壬午　　朝鮮國王李祹遣陪臣金時遇等貢馬及方物至京師。

（宣宗宣德實録卷 20　第 15 頁　20.13.0541）

162　八月乙酉　　班師……

命中官護送高煦父子及家屬赴北京，命錦衣衛官械擊其同逆者後行。

（宣宗宣德實録卷 20　第 18 頁　20.15.0545）

163　八月戊子　　琉球國中山王尚巴志遣使者模都古等貢方物至京師。

（宣宗宣德實録卷 20　第 18 頁　20.15.0546）

164　九月癸巳　　國子監司業吴溥卒。溥字德潤，江西崇仁人〔校記：廣本仁下有縣字〕。……太宗皇帝入正大統，陞修撰，進國子司業。

（宣宗宣德實録卷 21　第 1 頁　21.1.0549）

165　九月丙申　　車駕至京師。

命行在工部新作館于西安門内，處高煦夫婦、男女，其飲食、衣服之奉悉仍舊無改。群臣復奏：叛逆之人，不分首從，皆得處極刑。遂命以王斌、韋達、朱恒等鞫訊情實，悉論如法。

（宣宗宣德實録卷 21　第 1 頁　21.1.0550）

166　九月庚子　爪哇國王楊惟西沙遣使臣亞烈弗叶等來朝貢方物。

（宣宗宣德實録卷 21　第 3 頁　21.2.0552）

167　九月癸卯　暹羅國王三賴波摩剌扎賴遣使臣亞烈、陳瑶等來朝貢方物。

（宣宗宣德實録卷 21　第 5 頁　21.4.0556）

168　九月戊申　命行在工部：凡工匠户有二丁三丁者留一丁，四丁五丁者留二丁，六丁以上者留三丁，餘皆放回，俾後更代。單丁則視年久近，次第放免。殘疾老幼及無本等工程者皆放免。

（宣宗宣德實録卷 21　第 7 頁　21.6.0559）

169　九月庚戌　行在太常寺奏：天地壇每歲皆自十月撥軍掃除，今已及時。上曰：祖宗敬事天地，故立法如此，朕今謹守成憲，卿等亦當恭體此心，躬親臨視，務令潔浄。

（宣宗宣德實録卷 21　第 9 頁　21.7.0562）

170　九月壬子　修文明門橋樑。

（宣宗宣德實録卷 21　第 11 頁　21.9.0566）

171　九月甲寅　琉球國中山王尚巴志遣使臣郭伯、祖每等來朝貢方物。

（宣宗宣德實録卷 21　第 11 頁　21.9.0566）

172　九月丙辰　修浣衣局房屋及周垣。

（宣宗宣德實録卷 21　第 11 頁　21.10.0567）

173　九月庚申　賜朝鮮國使臣金時遇等鈔、綵幣、表裏、金織羅、襲衣、靴韈有差。

（宣宗宣德實録卷 21　第 13 頁　21.11.0569）

174　十月癸亥　賜琉球國使臣模都右等鈔、綵幣、表裏、襲衣、靴韈有差。

（宣宗宣德實録卷 22　第 1 頁　22.1.0572）

175　十月丙寅　賜爪哇國使臣亞烈弗吽等五十二人、暹羅國使臣亞烈陳琺等二十九人紗羅、綵幣、表裏、襲衣、胖襖等物有差，賜亞烈弗吽及通事頭目十四人冠帶。仍命各齎勅及綵幣、紗羅歸賜其國王。

（宣宗宣德實録卷 22　第 22 頁　22.2.0573）

176　十月戊辰　監琉璃廠内使以鈔令督工指揮買馬，指揮因斂工匠鈔萬貫入己。事覺，悉下法司鞫之。内使論不應杖罪，指揮科斂受財枉法，重罪。上曰：内使買馬必虧價，故指揮假託科斂，然工匠何從得鈔？近時多逃者，皆科斂逼之也！罪之源〔校記：廣本源作原〕實内使，杖一百，罰種蔬終身。指揮等治如律，鈔悉給還工匠。

（宣宗宣德實録卷 22　第 4 頁　22.3.0576）

177　十月庚午　置懷來、懷安、蔚州、保安、保安右、萬全左、右七衛倉副使各一員，攢典各一名。先是，行在户部郎中王良奏：懷來等衛收貯糧料，專給邊軍，俱無倉官，止令鎮撫千百户掌管。武人不諳文墨，出納不明，難以稽考。請設官攢，給與印信，專掌收支，庶幾無弊。故置之。

（宣宗宣德實録卷 22　第 4 頁　22.4.0577）

178　十月辛未　遣使以五經四書及《理性大□》（按：疑□为全）《通鑑綱目》賜朝鮮國王李祹。上謂行在禮部尚書胡濙曰：聖人之道與前代得失俱在此書，有天下國家者不可不讀。聞祹勤學，朕故賜之。若使小國之民得蒙其惠，亦朕心所樂也。

（宣宗宣德實録卷 22　第 5 頁　22.4.0578）

179　十月壬申　上謂行在工部尚書吴中曰：近年在京工匠，多有挾讎誣指平人爲匠，取起來京，既非所能，朝廷不得其用。而彼徒費生理，往往訴求分豁。爾即爲辨別，應放免者即放免，仍嚴切禁約。今後再有妄報者，罪之不宥。

（宣宗宣德實録卷22　第6頁　22.5.0579）

180　十月戊寅　賜琉球國使臣郭伯祖每等鈔、綵幣、表裏有差。

（宣宗宣德實録卷22　第2頁　22.8.0585）

181　十月己卯　行在工部尚書吴中奏：擬來年修造殿宇，各色工匠先已放回，請遣官預往各布政司并府、州、縣選匠三萬人，每三丁朋合一丁，期正月皆至。上命姑止。夜，大雷電，雨。

（宣宗宣德實録卷22　第9頁　22.8.0585）

182　十月庚辰　琉球國中山王尚巴志遣使者佳期巴那等進馬及硫黄。佳期巴那等初與模都右等同來，海道遇風，相失，故後至。

（宣宗宣德實録卷22　第10頁　22.9.0587）

183　十月丙戌　上命行在工部：凡長安嶺及獨石諸處守關、守烽堠軍士，復給與胖襖、袴鞋。先已人給毛襖、狐帽各一，至是，其軍士皆言山高地寒，衣服單寒，守瞭艱難。上聞之，故有是命。工部尚書吴中言舊無重給例。上曰：邊地苦寒，軍士艱難，豈得不恤！遂復給如前之數。

（宣宗宣德實録卷22　第11頁　22.10.0589）

184　十月丁卯　順聖川牧馬内官撒英奴奏：初，懷來等衛撥軍四百人，人牧馬一疋，共領種馬四千。今馬倍之，一軍有養馬十八九匹者，死則責其償，由是逃者甚多。今請於附近保安等衛所量撥軍士，每軍養馬五匹及以大同地畝草助之，仍擇保安州措山等處閑地增置馬坊爲便。上諭行在兵部臣曰：撥軍孳牧以寬人力，此則可；大同地畝草所以備邊，不可與。增置馬坊，遣人相度可否以聞。

（宣宗宣德實録卷22　第12頁　22.10.0589）

185　十一月壬辰　福餘衛火你赤來朝，奏願居京自効。命爲試所鎮撫，賜冠帶、金織襲衣、綵幣、銀鈔、線（按：疑線爲綿之誤）布、鞍馬，仍命有司給房屋、器皿等物如例。

賜琉球國使臣佳期那等鈔、綵幣、表裏、襲衣、靴襪有差。

（宣宗宣德實録卷 22　第 13 頁　22.11.0591）

186　十一月丙申　　命故燕山前衛指揮使齊義子廣、燕山右衛指揮使丘真弟賀、府軍左衛指揮同知張雄弟能、金吾左衛指揮同知焦能姪安、金吾右衛指揮僉事檀茂叔忠俱襲職。

（宣宗宣德實録卷 22　第 15 頁　22.12.0594）

187　十一月戊戌　　上謂順天府尹王驥等曰：自古仁政必先鰥寡孤獨，朝廷設養濟院，意正如此。近聞京師頗有殘疾饑寒無依之人行乞，爾爲親民之官，何得謾不加省〔校記：寶訓謾作漫，是也〕？其悉收拾養濟院，毋令失所。

（宣宗宣德實録卷 22　第 15 頁　22.13.0595）

188　十一月庚子　　暹羅國王三賴波摩剌扎賴〔校記：扎下應有的字〕遣使臣柰温等奉金葉表來朝貢方物。

（宣宗宣德實録卷 22　第 16 頁　22.13.0596）

189　十一月壬寅　　爪哇國王楊惟西涉遣使臣亞烈郭信等來朝貢馬、方物。

（宣宗宣德實録卷 22　第 17 頁　22.14.0597）

190　十一月己酉　　朝鮮國王李祹遣陪臣李叔當等貢馬。

（宣宗宣德實録卷 22　第 17 頁　22.14.0598）

191　十二月辛酉　　免通州至武定州大軍所過之處今年秋租〔校記：廣本作秋税〕。先是，上親征樂安州，慮軍馬所經蹂躪禾稼，命監察御史張瑾等閲視，踐傷者量與優恤。至是瑾等還奏：自通州至武定州、河間等府、武成中等衛，軍民田禾踐傷者計一千五百三十五頃有奇。上命行在户部，其應納秋粮悉免之。

（宣宗宣德實録卷 23　第 1 頁　23.1.0604）

192　十二月壬戌　　泰寧衛指揮僉事八里顔來朝，奏願居京自効。賜金織襲衣、綵幣、銀鈔、綿布、鞍馬，仍命有司給房屋、器皿等物如例。

（宣宗宣德實録卷 22　第 2 頁　23.2.0605）

193　十二月癸亥　　賜爪哇使臣亞烈、郭信、唯開等五十九人鈔、綵幣、襲衣、靴襪有差。復賜亞烈、郭信、唯開等八人鈔、綵、冠帶，仍命郭信等齎勅及紵絲、紗羅賜其國王及妃。

行在兵部尚書張本言：國家馬益蕃息，北京軍民牧養艱難，宜分養於大名府及山東、河南諸郡。請遣官同行太僕寺官審覈軍民丁力及土地之宜，然後分給。從之。

（宣宗宣德實録卷 23　第 2 頁　23.2.0605）

194　十二月丙寅　　賜朝鮮國使臣李叔當等鈔幣及金織紵絲、襲衣、靴襪有差。

（宣宗宣德實録卷 23　第 4 頁　23.3.0608）

195　十二月丁卯　　勅行在刑部都察院、北京行部錦衣衛：今天氣寒沍，歲事將新，獄囚禁繫，深軫朕懷，其罪情不分輕重，期以三日，悉具以聞，朕將親閲焉。

（宣宗宣德實録卷 23　第 4 頁　23.3.0608）

196　十二月戊辰　　陞通州衛帶俸都指揮同知諸德爲都指揮使，左讓爲都指揮僉事。

賜暹羅國使臣柰温〔校記：聖政記柰作李，次行同〕等鈔、紵絲、羅及金織羅、襲衣有差，仍賜柰温等及通（按：疑通下奪事字）頭目五人冠帶。

（宣宗宣德實録卷 23　第 4 頁　23.4.0609）

197　十二月庚午　　行在兵部尚書張本奏：總兵官遂安伯陳英言，奉制諭總兵鎮守山海等處，所領官軍悉聽節制。今都督僉事陳景先，擅自分管桃林、喜峰諸口，若有警急，徑達朝廷，英不預知。緣前薊州黄崖口失機，英已受責，紀罪停禄。今景先不受約束，專擅妄行，儻有疏虞，咎將誰執？景先自咨，請罪之。上曰不足罪，但令仍舊。蓋是時英在山海，景先在薊州，景先以爲自喜峰口迤西至灰峪口，去山海甚遠，猝有警急，待報英而後奏，則迂迴稽緩，故欲徑達。而英惡其專，遂有是言。上察景先之情，故不之罪。

（宣宗宣德實録卷 23　第 5 頁　23.4.0609）

198　十二月辛未　　行在刑部、都察院、北京行部、錦衣衛上所鞫獄囚罪狀，上親覽決。真犯死罪悉依律，若叛逆者之叔伯、兄弟及拒捕、妖言免死，謫戍邊；增減制書、監守自盜、受財枉法亦免死追贓；及徒流以下俱運磚贖罪，笞杖罰鈔，情輕者釋之。凡發遣三千餘人。

（宣宗宣德實録卷 23　第 6 頁　23.5.0612）

199　十二月壬申　　給永寧、懷來處守備軍士胖襖、袴鞋。

（宣宗宣德實録卷 23　第 7 頁　23.6.0613）

200　十二月癸酉　　福餘衛不蘭乞弟乞扎阿歹來朝，奏願居京自効。命爲試百户，賜冠帶、金織襲衣、綵幣、銀鈔、綿布、鞍馬，仍命有司給房屋、器皿等物如例。

（宣宗宣德實録卷 23　第 7 頁　23.6.0614）

201　十二月乙亥　　行在禮部奏：兩京國子監生多給假還鄉，經歷年久，託故不來，請遣人提問。上曰：古云才難，諸生未及仕先負罪名，卽爲終身之玷，宜量地方遠近，定與期限。如再於限外不來，皆發充吏。於是禮部定限，自移文到日爲始，交阯、雲南、貴州十閲月，四川、兩廣九閲月，福建、陝西七閲月，山西、湖廣六閲月，江西、浙江、山東、河南五閲月，兩京直隸四閲月。

（宣宗宣德實録卷 23　第 8 頁　23.6.0614）

202　十二月庚辰　　暹羅國使臣陳瑶等陛辭。命瑶齎勑及紗羅、錦綺歸賜國王及妃。

（宣宗宣德實録卷 23　第 9 頁　23.8.0617）

203　十二月丁亥　朝鮮國王李祹遣陪臣韓尚德貢金銀器皿及方物，賀明年正旦。

（宣宗宣德實録卷23　第13頁　23.11.0623）

204　十二月　是歲……漕運北京米豆二百三十九萬九千九百九十七石。

（宣宗宣德實録卷23　第14頁　23.12.0625）

宣德二年（1427）

205　正月庚寅朔　立春，順天府官進春。

（宣宗宣德實録卷24　第1頁　24.1.0627）

206　正月甲午　朝鮮國王李祹遣陪臣崔詢等奉表及方物，賀萬壽聖節。

（宣宗宣德實録卷24　第1頁　24.1.0628）

207　正月乙未　賞北京從征交阯官軍，都督鈔二千貫，都指揮一千貫，指揮九百貫。千户衛鎮撫八百貫，百户所鎮撫七百貫，旗軍人等各六百貫。給紵絲、紗羅衣八十襲，付總兵官安遠侯柳升赴軍前備賞。

（宣宗宣德實録卷24　第2頁　24.2.0629）

208　正月丁未　賜朝鮮國使臣韓尚德等鈔、綵幣、表裏及金織紵絲、襲衣、靴韈有差。

（宣宗宣德實録卷24　第7頁　24.6.0638）

209　正月甲寅　行在禮部奏：昨爪哇國貢使亞烈、郭信等言，乘舟因海風損壞，今乞爲修理。上曰：船壞不可載，況涉海乎？令所在有司修治。

（宣宗宣德實録卷24　第11頁　24.9.0644）

210　正月丙辰　賜朝鮮國使臣崔詢等鈔、綵幣、表裏、襲衣有差。

置馬坊九所於保安州。初，順聖川牧馬内官撒英奴言：畜馬蕃衍，草地窄隘，保安州、縉山等處閑曠之地可以分牧。命行在兵部遣官覆視。至是，兵部言其地寬廣，水草便利，遂置焉。

行在兵部奏：北京犧牲所養牲百户葉貴坐私罪罰工，今還職。臣按舊制，有過者不得預祀事，今貴有過，難令復任。上曰：國家重祭祀，凡與其事者皆選清慎之人，養牲卒有過尚黜，況官乎？貴調外任，別選無過者補之。

（宣宗宣德實録卷 24　第 12 頁　24.10.0646）

211　二月丙寅　朝鮮國王李裪遣陪臣朴從愚等奉表及方物，謝賜書籍恩。

（宣宗宣德實録卷 25　第 5 頁　25.4.0655）

212　二月壬申　建州衛頭目桑國奴來朝，奏願居京師自効。賜貯（按：疑貯爲紵之誤）絲襲衣、鈔、布，仍命有司給房屋、器皿等物如例。

（宣宗宣德實録卷 25　第 6 頁　25.5.0657）

213　二月甲戌　遣順天府官祭宋丞相文天祥。上曰：人臣之義，當務盡忠。此人心如鐵石，元君百方誘之，終不屈，可謂萬世不磨。若夏貴輩真犬彘不若矣。禮部尚書胡濙對曰：陛下此言，誠萬世公論。

（宣宗宣德實録卷 25　第 6 頁　25.5.0658）

214　二月乙亥　命故羽林前衛指揮同知定寬子弘、金吾左衛指揮同知張隆子泉〔校記：廣本泉作全〕、大興左衛指揮僉事王諒子政、通州衛指揮僉事王紹子信俱襲職。

（宣宗宣德實録卷 25　第 7 頁　25.6.0658）

215　二月庚寅　賜朝鮮國使臣朴從愚等宴。

（宣宗宣德實録卷 25　第 8 頁　25.7.0662）

216　二月壬午　賜朝鮮國使臣朴從愚等鈔、綵幣、表裏、金織紵絲、襲衣有差。

（宣宗宣德實録卷 25　第 10 頁　25.8.0664）

217　二月甲申　總兵官都督譚廣奏：今北京行太僕寺以馬分給永寧諸衛軍士牧養，諸衛軍士皆有他役，餘者貧難，不堪養馬，請給關外衛所軍士騎操爲便。初，有言宜給關外近衛牧養者，有言宜給軍士騎操者，又有言關外寇賊出没，牧養不便。命羣臣議。至是命種馬如舊數存留，餘令御馬監選用，選用餘者給關外官軍騎操。

（宣宗宣德實録卷 25　第 11 頁　25.9.0666）

218　二月乙酉　迤北韃靼納木罕勿剌赤來歸，瓦剌部屬阿力迭力述失來朝，皆奏願居京師自効。命爲副千户等官，賜冠帶、金線襲衣、綵幣、銀鈔、絹布、鞍馬有差，仍命有司給房屋、器皿等物如例。

（宣宗宣德實録卷 25　第 12 頁　25.10.0667）

219　二月丙戌　行在工部奏：内府甲字等庫房屋，年深腐壞。命計工修治，毋過用民力。

（宣宗宣德實録卷 25　第 13 頁　25.11.0670）

220　三月己丑朔　長陵殿成。以明日清明奉安皇祖考太宗文皇帝、皇祖妣仁孝文皇后神御，遣鄭王瞻埈祭告，并告獻陵。

（宣宗宣德實録卷 26　第 1 頁　26.1.0671）

221　三月辛卯　遣内官昌盛等齎勑賜朝鮮王李裪白金一千兩，紵絲、紗羅、錦帛二百四十匹。别勑裪進馬五千匹資邊用，至，酬直。

（宣宗宣德實録卷 26　第 3 頁　26.2.0674）

222　三月辛丑　太師英國公張輔等言：在京操備官軍俱自外衛調至，每歲三月悉令還取資裝，限以七月至京。今又當如例放還，然京師缺人備用。臣等計議，請以先在官軍選其精壯，分爲兩番，更代以往；其輭弱，就易强壯者來；有故者摘補。務在兵精馬肥，衣甲鮮整，器械鋒利。從之。

（宣宗宣德實録卷 26　第 6 頁　26.5.0680）

223　三月甲辰　上謂行在户部曰：京衛軍士當賜夏布，比年或折以鈔，今庫藏布充積，宜以給之，無折鈔。

（宣宗宣德實録卷 26　第 7 頁　26.6.0682）

224　三月丙午　上諭行在户部臣曰：天財庫雜役勞人，役者當以時更代。前時霸州民充役五年，奏求更替，今復有奏者，是皆有司不恤民困。即令所司，凡役至一年者皆更〔校記：廣本更下有之字，是也〕，庶勞役適均。

（宣宗宣德實録卷 26　第 8 頁　26.7.0683）

225　三月丁未　命行在兵部：凡順聖川等處，地臨邊境，軍士養資牧馬者，馬死免償。

（宣宗宣德實録卷 26　第 9 頁　26.8.0685）

226　三月壬子　行在大理寺卿虞謙卒。謙字伯益，鎮江金壇縣人……仁宗皇帝嗣位……會有詔求言，謙上言七事。……七曰，京師盜賊之繁，由軍民雜處，官司不便管束，隣里不相通知。今固不能遽釐正之，宜勑五城兵馬司于各坊街巷，不分軍民工匠，每十家編爲一甲，使互相覺察出入。一家有犯，十家連坐，有能捕首，免其連坐之罪，庶輦轂之下可以肅清。……仁宗嘉納之。

（宣宗宣德實録卷 26　第 13 頁　26.11.0692）

227　四月辛未　琉球國山南王他魯每遣使臣謂慈悖也等奉表箋貢馬及方物。

（宣宗宣德實録卷 27　第 10 頁　27.8.0714）

228　四月乙亥　建州衛頭目咬失來朝，奏願居京自効。賜紵絲襲衣、鈔布，仍命有司給房屋、器皿等物如例。

（宣宗宣德實録卷 27　第 12 頁　27.10.0717）

229　四月丙子　琉球國山南王他魯每遣使者安丹結制等進香長陵。

（宣宗宣德實録卷 27　第 12 頁　27.10.0717）

230　四月丁亥　賜琉球國使臣謂慈悖也等鈔、綵幣、表裏、襲衣有差。

（宣宗宣德實録卷 27　第 16 頁　27.13.0723）

231　五月癸巳　撒馬兒罕回回哈三等來朝貢馬及方物。

（宣宗宣德實録卷 28　第 1 頁　28.1.0725）

232　五月甲午　命順天府尹王驥爲行在兵部右侍郎。

（宣宗宣德實録卷 28　第 2 頁　28.1.0726）

233　五月甲辰　巡按北直隸監察御史馮彬奏：點視緣邊關隘，惟黄石崖、蘭芳口城垣未完，戍守不備。上諭行在兵部臣曰：邊關戍守當晝夜嚴謹，豈可自謂無事，便可怠心。古之良將御軍嚴肅，雖在閒時常若臨寇，故能永保無虞。卿宜移文責問，限日下完整，稽違者罪之。

（宣宗宣德實録卷 28　第 5 頁　28.4.0731）

234　五月乙巳　暹羅國王三賴波摩剌扎賴遣使臣黄子順等來朝貢方物。

迤北指揮僉事納哈出等、泰寧衛把禿不花等來歸，皆奏願居自効。命爲都指揮同知等官，賜冠帶、金織襲衣、綵幣、銀鈔、綿布、鞍馬有差，仍命有司給房屋、器皿、牛羊，月支薪米。

（宣宗宣德實録卷 28　第 5 頁　28.4.0732）

235　五月戊申　命故通州衛帶俸都指揮僉事張忠子敬襲爲本衛指揮使。

（宣宗宣德實録卷 28　第 7 頁　28.6.0735）

236　五月甲寅　設武功左衛，置左、右、中、前、後五所。先是，武功中衛所管軍士皆工匠，從尚書吴中奏，屬工部，并以調到欒安守禦千户所及彰德等衛軍匠隸之。至是中又奏：中衛已有軍匠萬餘，而續調太原三護衛及振武等衛軍匠至者，宜别設衛處之。上從之，遂建左衛五所。命兵部除官。兵部奏調羽林前等衛指揮千百户李整等七十四人管屬。

（宣宗宣德實録卷 28　第 8 頁　28.7.0737）

237　六月己未　行在工部言：修葺殿宇缺雕鑾銅匠，請遣官督有司起取，官與脚力行糧，令赴工。從之。

（宣宗宣德實録卷 28　第 10 頁　28.8.0740）

238　六月甲子　命行在兵部：凡去年八月差往各處鎮守内外官皆命還京。

（宣宗宣德實録卷 28　第 11 頁　28.9.0742）

239　六月丁卯　福餘衛韃靼小厮等來歸，奏願居京師自効。命爲試百户，賜冠帶、金織襲衣、綵幣、銀鈔、絹布、鞍馬有差，仍命有司給房屋、器皿等物如例，

（宣宗宣德實録卷 28　第 12 頁　28.10.0743）

240　六月癸酉　爪哇國王楊惟西沙遣使臣捌致唯開等來朝，貢象牙等方物。

（宣宗宣德實録卷 28　第 14 頁　28.12.0747）

241　六月乙亥　定中鹽例。時行在户部奏：北京糧少，請開中塩糧，不分官員軍民，皆許于北京諸衛倉納米，不拘資次支給。兩淮、兩浙鹽每引三斗五升，河間、長盧鹽每引五斗，河東、陝西及四川鹽每引二斗，候積糧多卽止。從之。

（宣宗宣德實録卷 28　第 15 頁　28.12.0748）

242　六月丁丑　命行在户部以昌平縣山口糧倉二十二萬石給宣府諸衛。時户部郎中王良奏宣府軍餉不足，故有是命。

（宣宗宣德實録卷 28　第 15 頁　28.13.0749）

243　六月戊寅　賜暹羅國使臣黄子順〔校記：廣本黄作王〕等鈔、紗羅、綵幣、表裏、金織紵絲、羅絹、襲衣有差，賜其幹事人李得聰等五人冠帶，其傔從悉賜衣。命子順賫勅及錦、紵絲、紗羅歸賜國王及妃。命行在禮部遣人護送子順等赴廣東令歸。

（宣宗宣德實録卷 28　第 16 頁　28.13.0750）

244　六月己卯　朝鮮國王李裪陪臣李皎等奉表貢馬及方物，謝賜銀幣恩。

行在禮部尚書胡濙奏：北京國子監生及見撥各衙門歷事者，其間有年老貌陋不堪教用，請令六部尚書、都察院、都御史、通政司〔校記：三本政下有使字〕、大理寺、翰林院堂上官、六科給事中公同監官揀選，凡年五十五歲以上及殘疾貌陋不堪者，皆罷爲民，庶幾不孤教養。上從之，又諭濙曰：國家育才何以有鄙陋不堪者，此蓋有司初不精選耳，然慮其中有飾詐以求退者，可以錦衣衛指揮一人察視之。

（宣宗宣德實録卷 28　第 17 頁　28.14.0752）

245　六月辛巳　上御左順門，謂行在工部尚書吴中等曰：朝廷小有造作，用力不多。比聞各處取至工匠多老幼不堪，此既不得其力，彼亦未免艱難，宜即取勘發遣寧家。于是中等閱實放遣九百七十餘人。

（宣宗宣德實録卷 28　第 18 頁　28.15.0753）

246　六月丙戌　賜爪哇國使臣捌致唯開等鈔、綵幣、表裏、紗羅、金織紵絲、襲衣有差。

（宣宗宣德實録卷 28　第 19 頁　28.15.0754）

247　七月辛卯　占城國王占巴的賴遣使臣逋沙怕把淡等奉表貢象牙、犀角、奇藍香等方物。

（宣宗宣德實録卷 29　第 1 頁　29.1.0758）

248　七月丁酉　改翰林侍講陳敬宗爲國子司業。上曰：侍講清華之職，司業師表之任，秩雖未崇，其任則重，亦可謂儒者之榮矣。

（宣宗宣德實録卷 29　第 3 頁　29.2.0760）

249　七月戊戌　琉球國中山王尚巴志遣使臣浮那姑是等奉表箋貢馬及方物。

賜朝鮮國使臣李皎等鈔、綵幣、表裏、金織羅絹、襲衣有差。

行在禮部奏：會官簡視北京國子監生李幹等年老殘疾貌陋不

堪教用者凡一千九十五人，宜罷爲民，其南京國子監生請准此例會簡。皆從之。

（宣宗宣德實録卷 29　第 4 頁　29.3.0761）

250　七月癸卯　順天府霸州文安、大城二縣蝗。

（宣宗宣德實録卷 29　第 6 頁　29.5.0766）

251　七月乙巳　賜占城國使臣逋沙怕把淡等賚勑及文錦、綿、紵絲、紗羅歸賜其國王及妃。

（宣宗宣德實録卷 29　第 7 頁　29.6.0767）

252　七月壬子　賜朝鮮國貢使李皎等宴。

（宣宗宣德實録卷 29　第 9 頁　29.8.0771）

253　七月甲寅　賜琉球國使臣浮那姑是等鈔、綵幣、表裏有差。

（宣宗宣德實録卷 29　第 10 頁　29.8.0772）

254　八月戊午　朵兒必河等衛指揮僉事阿兒帖木等男婦二十五人來朝，奏願居京自効。賜金織襲衣、綵幣、鈔布、綿花，仍命有司給房屋、器皿等物如例。

（宣宗宣德實録卷 30　第 1 頁　30.1.0775）

255　八月庚申　巡按北直隸監察御史李驥奏：匠修築密雲中衛城垣，發各縣〔校記：廣本縣作處〕民丁五百餘人。今正當秋成，乞暫放收獲，畢日仍令赴工。上諭行在工部臣曰：民所望者秋成，其卽如御史言散遣之。

（宣宗宣德實録卷 30　第 2 頁　30.2.0771）

256　八月辛酉　免民丁修居庸關橋樑。時守關指揮芮勛言：關路橋樑爲雨潦衝壞，督軍修治，未得堅完，請發隆慶州及昌平縣民丁併力爲之。上曰：不過數日之力，今收成之際，豈可妨農！其令近衛協助之，無役及民〔按：館本及民作民力，廣本抱本作及民〕。

（宣宗宣德實録卷 30　第 2 頁　30.2.0778）

257　八月乙亥　增置壩上東馬房倉、壩上北馬房倉大使、副使各一員。

（宣宗宣德實録卷 30　第 5 頁　30.5.0784）

258　八月庚辰　陞……陝西苑馬寺卿曹曾爲順天府尹。

（宣宗宣德實録卷 30　第 9 頁　30.7.0788）

259　八月癸未　屯河衛女直頭目答必納等來朝，答必納等二人奏願居京自效。命爲百户……各賜紵絲襲衣、綵幣、鈔布，仍命順天府……給房屋、器皿等物如例。

（宣宗宣德實録卷 30　第 10 頁　30.9.0791）

260　八月乙酉　召遂安伯陳英還京師。仍勑都督陳景先總理薊州、永平、山海軍務。

賜平江伯陳瑄所統運糧官軍鈔，指揮八錠，千户衛鎮撫六錠，百户所鎮撫五錠，旗軍四錠。俱於淮安、揚州官軍支給。

（宣宗宣德實録卷 30　第 11 頁　30.9.0792）

261　九月辛卯　行在工部奏：自通州至山海橋樑道路爲雨潦所壞，驛站房宇亦多損壞，請遣錦衣衛能幹官一員，馳驛往督，軍衛有司量撥軍民修治。上曰：比聞錦衣衛官差遣在外，多貪虐厲民，只遣工部廉能官，庶幾不擾。

（宣宗宣德實録卷 31　第 1 頁　31.1.0796）

262　十月丁酉　朝鮮國王李裪遣陪臣安壽山、金乙賢等貢馬五千四〔校記：聖政記千作十〕。

陞通州衛指揮僉事焦禮爲本衛指揮使。

（宣宗宣德實録卷 31　第 6 頁　31.5.0803）

263　九月丙午　以招諭遠夷功陞金吾右衛正千户蔣旺、通州衛正千户李北斗奴俱爲指揮僉事。

（宣宗宣德實録卷 31　第 11 頁　31.9.0811）

264　九月己酉　行在户部尚書夏原吉奏：京師文武官吏、旗軍并工作軍士、夫匠用銀數多，慮倉儲不給，請以浙江、江西、湖廣并直隸薊（按：疑薊爲蘇之誤）松等府今年定撥淮安、徐州秋糧，發民運赴通州倉，其平江伯所運淮安等倉糧少則於南京倉内關運。上從之，命侍郎王讓、曹本、金庠、薊（按：疑薊爲蘇之誤）瓚，副都御史陳勉往督其事。

（宣宗宣德實録卷31　第11頁　31.9.0812）

265　九月庚戌　迤北韃靼孛羅赤來歸，奏願居京自效。命爲所鎮撫，賜冠帶、金織襲衣、綵幣、銀鈔、鞍馬，仍命有司給房屋器等物（按：疑物在等前）如例。

（宣宗宣德實録卷31　第12頁　31.10.0813）

266　十月壬戌　賜奉使蘇禄等國回還福州左等衛千户趙清等及朝鮮國使臣安壽山、金乙賢等四十一人鈔、綵幣、表裏、綿布有差。

（宣宗宣德實録卷32　第3頁　32.2.0818）

267　十月癸亥　賜朝鮮國貢使安壽山等宴。

（宣宗宣德實録卷32　第3頁　32.2.0818）

268　十月乙亥　琉球國中山王尚巴志遣使者阿蒲察都等奉表貢方物。初，阿蒲察都與浮那姑是同行異舟，遇風相失，至是始至。

（宣宗宣德實録卷32　第7頁　32.6.0825）

269　十月丙子　行在兵部奏：隆慶右衛故百户霍玉無應襲子孫，止一女，年十歲，當如舊例月給米五石優養，俟其適人則罷給。上從之。

（宣宗宣德實録卷32　第8頁　32.6.0826）

270　十月癸未　瓦剌部屬月魯火者來朝，奏願居京自效。命爲試所鎮撫，賜冠帶、金織襲衣、銀鈔、綵幣、綿布、鞍馬，仍命有司給房屋、器皿等物如例。

（宣宗宣德實録卷32　第11頁　32.9.0831）

271　十一月乙酉朔　命行在禮部左侍郎李琦、工部右侍郎羅汝敬爲正使，通政司右通政黄驥、鴻臚寺卿徐永爲副使齎詔撫諭安南。

（宣宗宣德實録卷 32　第 1 頁　32.1.0835）

272　十一月丙戌　上御左順門，謂行在工部尚書吴中曰：今天氣已寒，各處軍士在京用工者悉罷歸休息，令明年二月後至。

爪哇國王楊惟西沙遣使臣亞烈須黑鑾奉表進馬及方物。

朶顔衛頭目把孫伯顔、泰寧衛頭目也先不花來朝，皆奏願居京自效。命把孫爲百户，也先不花伯顔爲試所鎮撫，賜冠帶、銀鈔、金織襲衣、綵幣、鞍馬，仍命有司給房屋、器皿等物如例。

賜琉球國使臣阿蒲察都等鈔、綵幣、表裏有差。

（宣宗宣德實録卷 33　第 3 頁　33.2.0838）

273　十一月乙未　赤斤蒙古衛千户賽夫丁來朝，奏願居京自效。賜金織襲衣、綵幣、鈔布，仍命有司給房屋、器皿等物如例。

賜爪哇國使臣亞烈須裏鑾及頭目八致麻勿等鈔、紗羅、紵絲襲衣有差，加賜須裏鑾及頭目人等十一人冠帶。仍賜須裏鑾等五十五人鈔、絹，酬其自貢物直，且命齎勅及文綺、紗羅歸賜爪哇國王及妃，命行在禮部遣人送至廣東遣行。

（宣宗宣德實録卷 33　第 5 頁　33.5.0843）

274　十一月戊申　以明日冬至，遣鄭王瞻埈祭長陵、獻陵。上諭行在工部尚書吴中曰：明日冬至，凡用工人匠皆與假二日，至正旦與假四日。著爲令。

（宣宗宣德實録卷 33　第 13 頁　33.11.0855）

275　十一月辛亥　琉球國中山王尚巴志遣使臣魏古渥制等奉表貢馬及方物。

（宣宗宣德實録卷 33　第 13 頁　33.11.0855）

276　十一月癸丑　朝鮮國王李祹遣陪臣李思儉等來朝貢方物。

（宣宗宣德實録卷 33　第 13 頁　33.11.0856）

277 十二月丁巳 徙永寧荆子村東墩於東北山頂，自鎮南口至寧川墩增置二墩，又置長生口墩。從指揮吕信所奏也。

（宣宗宣德實録卷34 第3頁 34.2.0860）

278 十二月壬戌 賜琉球國使臣魏古渥制等鈔、綵幣、表裏、靴襪有差。

（宣宗宣德實録卷34 第4頁 34.3.0860）

279 十二月癸亥 永昌等衛土達軍滿剌亦剌思、倒剌沙馬黑木等逃逸，出境復還。滿剌亦剌思奏願居京自效……賜襲衣、鈔布，仍命有司給房屋、器皿等物如例。

賜亦力把裏歪思王等處使臣滿剌法黑兒者罕等宴。

（宣宗宣德實録卷34 第4頁 34.4.0863）

280 十二月丙寅 朝鮮國王李裪遣陪臣李興發等奉表貢金銀器皿及方物，賀萬壽聖節至。

（宣宗宣德實録卷34 第5頁 34.4.0864）

281 十二月庚午 朝鮮國王李裪遣陪臣文貴等奉表及方物賀明年正旦至。

（宣宗宣德實録卷34 第6頁 34.5.0866）

282 十二月乙亥 賜朝鮮國使臣李思儉等鈔、綵幣、表裏有差。

（宣宗宣德實録卷34 第8頁 34.7.0869）

283 十二月丙子 復舉行捕盗去（按：疑去爲法之誤）。行在兵部言：曩者，覊（按：疑覊爲霸之誤）州固安盗賊爲患，皇上命御史監錦衣衛官巡捕，令所在軍民編爲什五，置巡警舖，嚴察慎防，盗用屏息。比者通（按：疑通下奪州字）等處盗賊復作，請如故事遣官巡捕，申明其禁。從之。

（宣宗宣德實録卷34 第8頁 34.7.0869）

284 十二月 是歲……漕運北京米豆三百六十八萬三千四百三十六石。

（宣宗宣德實録卷34 第10頁 34.9.0823）

宣德三年（1428）

285　正月癸巳　遣内官李信、林春、李貴、郭泰等齎勅及金織文綺表裏往亦力把裏、别失巴裏、亦昔闊、哈烈、馬綽兒、八剌黑城、把答失罕、撒馬兒罕、賽藍城、掃郎城、達失于城、失剌思、亦思弗罕及坤城等處，賜其王及頭目，蓋嘉其遣使朝貢也。

（宣宗宣德實録卷 35　第 2 頁　35.2.0877）

286　正月乙未　立春。順天府官進春。上御正朝，文武羣臣行賀禮。

（明宣宗宣德實録卷 35　第 3 頁　35.2.0878）

287　正月丁酉　陞行在通政使司通政使李嘉爲北京行部左侍郎。初，嘉當太宗皇帝靖内難時有守城功，自序班累陞至通政使。至是上念其老且久於任，特優待之。

（宣宗宣德實録卷 35　第 4 頁　35.3.0880）

288　正月戊戌　命通州衛指揮僉事夏春掌茂州衛，隆慶左衛指揮僉事吴迪掌威州守禦千户所，馳驛以往。

（宣宗宣德實録卷 35　第 4 頁　35.3.0880）

289　正月己亥　朝鮮國王李祹遣陪臣韓承順等進方物。

賜朝鮮國使臣文貴等鈔、綵幣、表裏、紵絲襲衣有差。

（宣宗宣德實録卷 35　第 4 頁　35.4.0881）

290　正月甲辰　爪哇國王楊惟西沙遣通事亞烈張顯文等來朝貢方物。

（宣宗宣德實録卷 35　第 6 頁　35.5.0844）

291　正月乙巳　亦力把裏歪思王遣使臣法虎丁等貢駝馬。

（宣宗宣德實録卷 35　第 6 頁　35.5.0884）

292 正月戊申 賜朝鮮國使臣韓承順等鈔、綵幣、表裏有差。

（宣宗宣德實録卷 35 第 7 頁 35.6.0886）

293 二月甲寅 行在都察院各道及六科具所舉清理軍伍監察御史、給事中姓名以聞。於是命……御史連均、給事中楊鼎往順天、順德八府。

（宣宗宣德實録卷 36 第 3 頁 36.1.0889）

294 二月甲寅 賜爪哇國通事亞烈張顯文等鈔、綵幣、表裏有差。

（宣宗宣德實録卷 36 第 4 頁 36.3.0893）

295 二月丁巳 朝鮮國王李祹遣陪臣韓乞生等來朝，貢方物。

（宣宗宣德實録卷 36 第 5 頁 36.4.0895）

296 二月己未 賜亦力把裏等處使臣法虎兒丁……等鈔、綵幣、表裏有差。

（宣宗宣德實録卷 36 第 6 頁 36.5.0897）

297 二月壬戌 賜朝鮮國貢使李興發等宴。

（宣宗宣德實録卷 36 第 8 頁 36.6.0900）

298 二月戊辰 賜朝鮮國陪臣李興發等鈔、綵幣、表裏有差。

（宣宗宣德實録卷 36 第 12 頁 36.10.0908）

299 二月庚午 行在户部尚書夏原吉奏：今河冰已解，去年秋糧多運至通州，詢知無賴軍民及官攢斗級或邀截攬納，或令堆積近倉，留難不收，相與盗竊。請遣官巡察。上曰：江南軍民運糧至此，艱難已極，而小人爲害如此！其令侍郎李昶及監察御史主事各二人亟往巡視。糧未收者卽收，奸人偷盗及攬納者擒之。

造御用監作房於西上北門之外。

（宣宗宣德實録卷 37 第 2 頁 37.2.0911）

300 二月壬申 賜朝鮮國使臣韓乞生等鈔、綵幣、表裏有差。

（宣宗宣德實録卷 37 第 4 頁 37.3.0914）

301 二月癸酉 行在工部尚書吳中奏：修理内府房屋及京師

庫、廠、橋梁，請遣官往山西督民採木。上曰：民方務農，姑緩之。

（宣宗宣德實録卷 37　第 4 頁　37.3.0914）

302　**二月甲戌**　降順天府尹曹曾爲廣東布政司右參政。曾奏事舉止失措，上諭行在吏部臣曰：京尹豈可不擇達禮度者，且聞此人於民事未熟，宜降出外。自今必慎選授，無旦取充位而已。遂降曾爲參政。

（宣宗宣德實録卷 37　第 4 頁　37.4.0915）

303　**二月丙子**　命故大興左衛指揮使劉興子亮、金吾左衛指揮使劉江弟清、燕山右衛指揮僉事王義子信俱襲職。

（宣宗宣德實録卷 37　第 6 頁　37.5.0917）

304　**二月丁丑**　陞……江西按察司副使郭良爲順天府尹……。

行在禮部奏：爪哇國使臣亞烈張顯文等言，率家屬來朝，至廣東忠州暴風壞舟，母妻等四人皆溺死，權瘞海濱，乞官爲造墳。上惻然曰：不憚險遠，舉家來朝，其誠可嘉，而死於風濤，情又可憫。其令惠州府致祭及喪葬。

（宣宗宣德實録卷 37　第 7 頁　37.6.0919）

305　**三月甲申**　暹羅國王三賴波摩剌扎賴遣使臣奈注德事剃等來朝，貢方物。

（宣宗宣德實録卷 39　第 3 頁　39.3.0859）

306　**三月壬辰**　敕諭北京行部曰：朕惟京畿國家根本所係，興理之道，養民爲先。朕嗣承大統，仰惟祖宗子育之心，夙夜拳拳。爾北京行部，實總畿内之郡邑，以宣政化，以供國用。比者，所司每緣公務急於科差，貧富困於買辦，丁中之民服役連年。公家所用十不二三，民間耗費常十數倍。加以郡邑官鮮得人，吏肆爲奸，徵收不實，科歛無度，假公營私，弊不勝紀，以致吾民衣食不給，轉徙逃亡凡百，應輸年年逋欠。國家食庾，月計不足。爾惟行移文書以應故事，民之休戚，藐不在心。爲臣如此，朕何賴焉！自今應有差役，爾宜審度緩急，無一概逼迫，務以紓民力裕民生爲心，郡邑官吏有廉能愛民或貪污不律，爾宜詢察覈實，以憑黜陟。或權豪勢要，玩視公法、肆爲民患者，爾宜具以實聞，以憑處治。朕爲天下主，思與四海同樂雍熙，而況畿甸之内乎？爾惟體朕斯意，謹率乃屬，輔予於治，若狃於弊習，瘝官廢事，殃吾民者，國有常憲。朕不食言。

（宣宗宣德實録卷 39　第 10 頁　39.8.0969）

307　三月壬辰　朝鮮國王李裪遣陪臣李純等……來朝貢馬及方物。

（宣宗宣德實録卷 39　第 10 頁　39.8.0970）

308　三月癸巳　上諭行在工部曰：畿内百姓採運柴薪，聞甚艱難。自今止發軍夫於白河、渾河上流中山採伐，順流運至通州及蘆溝橋，積貯以供用，可少蘇民力。又曰：聞光禄寺散麥令民作麪，麪少責償，民不勝擾。其令侍郎蔡信相度皇城外河及西湖，作水磨三所付光禄寺，庶免勞民。

（宣宗宣德實録卷 40　第 1 頁　40.1.0974）

309　三月戊戌　賜暹羅國使臣奈注德剌等四十三人鈔、綵幣及絹布有差，賜奈注德事剃等冠帶、金織襲衣，仍命賫勅及紵絲、紗羅、絨錦等物歸賜其國王及妃，命行在禮部遣人護送至廣東布政司遣歸。

（宣宗宣德實録卷 40　第 6 頁　40.4.0979）

310　三月辛丑　命金吾左衛都指揮同知錢義仍守薊州関口……以有罪遇赦復職也。

（宣宗宣德實録卷 40　第 6 頁　40.5.0982）

311　三月癸卯　行在户部尚書夏原吉言：欽奉勅旨，倉廩之糧爲奸人盗竊，常數萬計，當加關防之術。聖諭究其作弊之端，皆亡賴者〔校記：廣本作皆無賴之人〕私通官攢人等偷竊，又或攬納虚收，亦或冒支倍出，所以虧耗爲數不少。犯者雖皆問罪，不悛者仍蹈前非，而北京太倉尤甚。今擬内外衛所倉，各就一處，各築垣牆，每倉各置一門，榜曰某衛倉屋；三間爲一厫，厫後置一門，榜曰某衛某字號厫。若收支之際，驗是納户及應關糧之人許入，餘人不許。其斗斛準洪武中制度，官爲較勘，印烙木籌，於〔校記：廣本於作之〕上刊年月及提調官吏姓名，上青下紅，亦用印烙。凡斗斛籌非官印烙者不用，私造者問罪。京倉每季以監察御史、户部屬官、錦衣衛千百户各一員往來巡察各倉門，以致仕武官二員率老幼軍丁十人守把。倉垣牆處置冷舖，以軍丁三人提鈴巡警，其致仕官半年而更。外倉令都司、布政司、按察司設法關防，巡按御史常加點視。凡内外倉軍民偷盗，官吏門級通同者，被人首告得實，正犯處斬，仍追所盗糧，全家徙戍邊衛。給其家産一半賞首告者。嘗同盗後能首者免本罪，亦給被首者家産之半充賞。其攬納虚收及虚出通關者，罪同偷盗。上從原吉言，命揭榜中外戒約。

（宣宗宣德實録卷40　第8頁　40.7.0985）

312　三月甲辰　行在兵部尚書張本言：……其順天等七府人民見養種馬並宣德元年以前孳生馬駒一十九萬七千四百八十四匹，而原編養馬止有二十一萬二千六百三十九丁。今考其中有馬已他給及已死未補，又有新出幼之人堪養馬者共二十三萬五千七百八十三丁，俱未關馬。宜從新編排，及時孳牧。除遷民及謫發爲民者如舊各養牝馬一，其初土民二丁養牝馬一，今於多餘人丁仍内添一丁助之，請委官搭配印烙給與。餘有牝駒，仍付原養之人，今後應表者如例。……上悉從之。

（宣宗宣德實録卷40　第10頁　40.8.0987）

313　三月乙巳　賜朝鮮國貢使李純等宴。

（宣宗宣德實録卷40　第10頁　40.9.0989）

314　三月乙巳　守黄崖等關都指揮錢義，因求姦逼人死。事覺，行在都察院〔校記：廣本院下有奏字〕請逮問。上曰：以都指揮爲此事，是無耻人也，罪之如律。

（宣宗宣德實録卷 40　第 11 頁　40.9.0989）

315　三月丁未　　放免老幼殘疾軍民九百九十二人。先是，有言工匠多老幼殘疾不堪役者，上諭行在工部尚書吴中等曰：老幼殘疾不堪役者屢命爾放免，而仍一概拘役，有仁心者不如此，其速閲驗放免之！至是始以名聞，遂悉免之。

（宣宗宣德實録卷 40　第 11 頁　40.9.0990）

316　三月戊申　　命故金吾左衛指揮使王貴保〔校記：禮本無保字〕子智、濟州衛指揮僉事孫成子禎、燕山左衛指揮僉事杜貴子能俱襲職。

賜朝鮮國使臣李純等鈔、綵幣有差。

行在禮部尚書胡濙奏：南北兩京國子監齋舍庖庫皆敝，教官怠慢，學規廢弛，請加飭勵。上曰：齋舍、厨庫即令工部修葺。師生怠弛，朕當有以督勵之。

行在户部奏：開平糧料不足，請發在京軍民於宣府運二萬石接濟。從之。

（宣宗宣德實録卷 40　第 11 頁　40.9.0990）

317　四月甲寅　　勅諭兩京國子監曰：太學者教化之本，賢才之所自出。帝王之政，必先於斯。我國家奄有天下，太祖皇帝、太宗皇帝、仁宗皇帝致理興化，率由學政。簡道德以爲師，明條制以立教。勸勵勤至，廩養豐厚。士之成才，畢效於用。而比歲以來，士習卑陋，有不事學問，蒙昧罔知；有不飭容儀，猥瑣自棄。甚者貪穢冥無慙心，雜居俊秀之群，深孤教養之意。考其馴致之故，亦由師道未善。太學之官，本皆茂選，人之難識，心有不同。中懷端厚者，恒守道以範物；所志險僻者，率違理而鶩私。有嬾慢縱肆，累日不赴公座；有掇拾過誤，動輒把持。官長習爲婾薄之風，何望教成之效？監生無成者比已汰澄，學官未善者尚資訓勵。其祭酒、司業以下，必秉道義以惇化俗，必勤教道以成賢才。如博士、助教、學正、學録有學行端正、教訓不倦者，祭酒、司業必以禮待，或仍媮薄不悛前過者，從祭酒、司業其具名來聞，厥罪匪輕。監丞學之司直，其務嚴肅整齊，舊制學規，中飭無怠。諸生宜立志遠大，勉勵〔校記：廣本勵作力〕進修，以昔賢自期，以勳業自奮，毋負朝廷作養之意。監中一應錢糧，悉爲養賢而設，比年典簿、掌饌奸弊百出。祭酒、司業、監丞宜嚴加督察，如仍踵前弊，輕則量情責罰，重則奏聞區處。朕孜孜夙夜，興學育賢，其勉遵承，庶致明效。欽哉。

新作公主府三所於諸王邸之南。上諭尚書吴中曰：居室不必太多，不可過爲華侈，但令堅壯，可永安耳。

（宣宗宣德實録卷 41　第 2 頁　41.1.0994）

318　四月乙亥　迤北韃靼脱火脱來歸，奏願居京自效。命爲副千户，賜冠帶、金織襲衣、綵幣、銀鈔、綿布、鞍馬。仍命有司給房屋、器皿等物如例。

（宣宗宣德實録卷 41　第 14 頁　41.12.1016）

319　四月丁丑　交阯土吏黎宗補等十五人考滿在京，上念其有父母妻子，命行在吏部悉遣歸，仍勅都督山雲遣人護送至交阯境。

（宣宗宣德實録卷 41　第 16 頁　41.14.1020）

320　閏四月辛卯　整治神機營部伍。先是，陽武侯薛禄言：舊制，神機營設左哨、右哨、左掖、右掖、中軍十五司及隨駕馬隊官軍共七萬五千七十一人，其後調口外守備征進及亡故者衆，各司軍數多寡不均，請選内地衛所軍士補之；其守備口外官軍，亦宜均派各司，庶多寡相等，布營設陣，無厚薄之失。上命行在兵部尚書張本會英國公張輔計議整治。

遣交阯監生及土官土吏阮智、武希逸等一百六十人還鄉，命都督山雲遣人護送至交阯境。

（宣宗宣德實録卷 42　第 4 頁　42.3.1028）

321　閏四月甲午　　少保行在工部尚書吴中奏：諸色工匠多有逃逸，當追捕問罪。上曰：工匠赴役皆與糧賞，朝廷非是不恤，但管工之人貪虐害之，致其逃逸，凡事當究其本。即出榜禁約，管工匠官及作頭有虐工匠者，治以重罪；逃者許兩月内自首免罪，仍與糧賞。

（宣宗宣德實録卷 42　第 6 頁　42.5.1031）

322　閏四月丙申　　暹羅國王三賴波摩剌扎賴遣使者奈勾等來朝貢方物。

行在都察院左都御史劉觀奏：抽分場材木等料抽分，悉有定例。比來内外官員軍民不循禮法，恃其豪横，凡物料當抽分，或私隱匿，或妄稱奏免。請悉禁止，違者罪之。場局官吏受賄縱容者，罪同。上從觀言，命揭榜曉示。

（宣宗宣德實録卷 42　第 6 頁　42.5.1032）

323　閏四月辛丑　　陞……行在工部屯田清吏司郎中趙濟爲順天府丞。

（宣宗宣德實録卷 42　第 8 頁　42.7.1036）

324　閏四月己酉　　朝宣（按：館本宣作鮮，是也）國王李祹遣陪臣李種善等貢馬及方物。

（宣宗宣德實録卷 42　第 12 頁　42.9.1040）

325　閏四月庚戌　　賜朝鮮國並八百、車里貢使宴。

（宣宗宣德實録卷 42　第 11 頁　42.10.1041）

326　五月壬子朔　　亦力把力使臣打剌罕馬黑麻等以馬來鬻。有司定價中馬每匹鈔三千貫，下馬每匹二千五百貫，下下馬每匹二千貫，騍馬一千貫，請於陝西行都司官鈔内給與。從之。

（宣宗宣德實録卷 43　第 1 頁　43.1.1043）

327　五月甲寅　　命行在後軍都督府都督僉事沈清總兵民運糧往宣府。初，命陽武侯薛禄等率兵護運宣府倉糧二萬石以給開平軍，禄至宣府而糧不足。事聞，乃命清率京衛軍士及順天等府民丁共二萬餘人運京倉糧赴宣府，以足開平之運。清行，上諭之曰：軍民輓運，道路險艱，總其事者當加意撫恤，使人不知勞而事易集可也。若橫加笞箠，逼取財物，人必懷怨，己亦不安。爾宜自慎及禁戒下人，俾知朕意。

（宣宗宣德實録卷43　第1頁　43.1.1043）

328　五月丁巳　賜朝鮮陪臣李種善、暹羅國使臣奈勾等四十五人……鈔、綵幣、表裏、紗羅、金織襲衣等物有差，並賜奈勾等七人冠帶，仍命奈勾齎勅及綵幣、紗羅歸賜暹羅國王及妃。

（宣宗宣德實録卷43　第2頁　43.2.1045）

329　五月壬戌　勅順聖川牧馬内官撒英奴選馬放水草〔校記：三本放作於，是也〕便利之處牧放，約束養馬官軍毋侵占軍民田地及生事擾人，違者治罪。

（宣宗宣德實録卷43　第4頁　43.3.1048）

330　五月丙寅　命行在工部尚書李友直、刑部左侍郎樊敬、都察院右副都御史胡廙往四川，吏部右侍郎黄宗載、刑部右侍郎胡廷用（按：館本胡作吴，是也）往湖廣採宮殿材。

（宣宗宣德實録卷43　第5頁　43.4.1050）

331　五月辛未　交阯鎮夷衛等衙門土官指揮同知武孝先等九十五人奏願在京居住。上命行在循迤北來降人例，賜金織襲衣、綵幣、銀鈔、絹布、綿花、鞍馬等物。仍命所司給房屋、器皿等物如例。

（宣宗宣德實録卷43　第9頁　43.7.1056）

332　五月甲戌　順天府霸州保定縣老人奏：民死徙者一百餘户，其宣德二年該納夏税小麥七十三石八升，秋糧米一百七十六石，草二千九百五束，並丁口鹽鈔等項，無從征納，乞爲除豁。從之。

（宣宗宣德實録卷43　第17頁　43.14.1069）

333　六月壬午朔　行在工部奏：北京渾河水溢，衝決盧溝河堤百餘丈。今水勢日增，傷民田禾，請令北京行部、行都督府役軍民兼修。上曰：此不可緩。令晝夜併力用工。

（宣宗宣德實録卷 44　第 1 頁　44.1.1077）

334　六月辛卯　上諭行在户部尚書吴中曰：今天氣炎熱，工作未休，軍民勞苦，其必不可已者略加繕完，他不急之役皆罷之。

總兵官平江伯陳瑄奏：初，選武職能幹者運糧，近〔校記：聖政記近下有各字〕都司衛所別以小弱老病者代之。又歲限正月起運，今有稽延至三四月未至者，操船軍有故亦不撥補。乞令各都司衛所皆委能幹官造册記名，專令督運，不許別差。操船軍缺，即當撥補，庶免漕運稽遲。上諭行在户部臣曰：北京仰給漕運，用非其人，則事隳矣！今後敢有不差原委官及軍缺不可補，都司衛所正官首領官俱罰俸半年。仍勅瑄督漕運。或別有長策足使公私兩利者，計議以聞。

巡按監察御史王豫奏：密雲中衛所屬幵連口及石塘嶺關垣十二處（按：據校記館本二作一），皆邊防切要之地，因山水衝決，守備軍少，請令附近軍衛有司修築，仍令鎮守都督陳景先等督工。從之。

順天府武清、固安二縣言，霖雨連旬，洪水衝決河西務及當渠裏、秦家口堤岸，傷民田禾。上命二縣民及屯軍合力亟修。

（宣宗宣德實録卷 44　第 3 頁　44.2.1080）

335　六月甲午　少保兼行在工部尚書吴中下獄。先是，中私以官木、磚瓦遣太監楊慶作私第，甚弘壯。上登皇城樓，遥望見之，問左右，得其實。遂下中獄。

（宣宗宣德實録卷 44　第 3 頁　44.3.1081）

336　六月丁酉　行在禮部奏：比者，天下僧道、行童至京請給度牒，動以千計，而神樂觀、太和山、五臺山爲多。上曰：祖宗之制，度僧道有定額，今神樂觀、太和山、五臺山或不及額數。

宜審其不違例者給之，餘皆勿給。

（宣宗宣德實録卷44　第4頁　44.3.1082）

337　六月丁酉　霖雨，通州河溢，水及城址，深一丈餘，城壞者一百三十餘丈。

（宣宗宣德實録卷44　第4頁　44.4.1083）

338　六月己亥　上諭都御史劉觀等曰：北京各廠庫局所貯木石、磚瓦等料，皆勞苦軍民以積於此。而工部及主守之人，略不念其所自，視同己物，私以與人，不可勝計。比來事覺，已置諸法。爾卽揭榜曉諭各廠庫局，所蓄之物，皆具實數收支，務令明白，不許纖毫侵欺。如仍舊弊不悛者，犯人處死，全家發戍口外。

（宣宗宣德實録卷44　第5頁　44.4.1083）

339　六月己亥　復行在工部尚書吴中官，而罷其少保之職。中坐私取官木等物以遺太監楊慶，錦衣衛指揮王裕知而不奏。事覺，命法司及羣臣鞫問有驗。法司論中監守盜官物，結交内官，當斬；裕不奏當連坐。上曰：中皇祖舊臣，姑宥之。但罷其少保職，仍罰尚書俸一年。下裕於獄，已而宥之。

（宣宗宣德實録卷44　第5頁　44.4.1084）

340　六月庚子　修懷來岔道、新店等處橋樑二十一所。

（宣宗宣德實録卷44　第6頁　44.5.1085）

341　六月辛丑　置隆慶州棒槌峪山巡檢司至於長安嶺。巡按監察御史邵宗言：長安嶺有官軍守禦，其面北六十里、東南四十里又有鷄鳴山、土墓二巡檢司，而口外軍民往往從棒槌峪逃逸，乞移置於彼。從之。

（宣宗宣德實録卷44　第6頁　44.5.1086）

342　六月壬寅　增置富峪等衛經歷，内外衛所倉皆置副使。初，各倉俱以鎮撫監臨收支，至是，尚書夏原吉極陳武官監臨收支之弊。上曰：武人不習書算，不曉文移，不能關防，故多欺弊。自今止令衛所首領官同倉官收支，在京軍衛事繁者宜添設經歷一員，内外衛所倉儲糧多者添設倉副使一員。於是在京富峪衛、寬河衛、神武前衛、神武後衛、武成左衛、武成前衛、武成中衛、武成後衛、義勇中衛、義勇後衛、忠義左衛、忠義右衛、忠義前衛、忠義後衛、蔚州衛、會州衛、大寧中衛、大寧前衛、金吾左衛、金吾右衛、羽林前衛、燕山左衛、燕山右衛、大興左衛、濟州衛、永清左衛、永清右衛、通州衛經歷司增置經歷各一員，其餘内外衛所皆置倉副使一員。

（宣宗宣德實録卷 44　第 7 頁　44.6.1087）

343　六月丁未　黜行在北京道監察御史張鶚爲良鄉縣知縣。鶚嘗犯贓罪，雖輕，經赦猶黜之。

（宣宗宣德實録卷 44　第 10 頁　44.8.1092）

344　六月己酉　命北京行部行都督府修神武、義勇、武成、永清、錦衣、金吾、燕山都衛倉，皆以久雨頹壞也。

（宣宗宣德實録卷 44　第 11 頁　44.9.1094）

345　七月乙卯　修文明、順城二門外橋梁。

順天府三河縣奏：本縣錯橋，東通遼海，西達京師，今年五月霖雨，山水暴漲壞橋，甃石皆決，驛使往來不便。乞撥軍夫工匠於華山石廠取石修砌，庶幾可成。從之。

（宣宗宣德實録卷 45　第 2 頁　45.2.1099）

346　七月丙辰　順天府豐潤、玉田、平峪、昌平、東安、密雲、懷州（按：疑州爲柔之誤）七縣，涿州房山縣，通州漷、三河二縣……各奏今年五六月苦雨，山水泛漲，衝決堤埂，渰没田稼。上召六部尚書蹇義等，以奏示之，諭曰：天降災祥在德，朕覽之凜然。卿等皆當勉思恤民之道，必在務實，毋事虚文。

（宣宗宣德實録卷 45　第 5 頁　45.2.1099）

347　七月辛酉　行在工部奏：北京文明等門城垣及永平、遵化、薊州、密雲等處城池、喜峯等口關牆皆因雨潦頹壞。命軍衛有司修治。永平等處令都督僉事陳景先董其役。

（宣宗宣德實録卷 45　第 4 頁　45.4.1103）

348　七月壬戌　瓦剌部屬猛可不剌來歸，奏願居京自效。命爲所鎮府（按：疑府爲撫之誤），賜冠帶、金織襲衣、綵幣、銀鈔、綿布、鞍馬，仍命有司給房屋、器皿等物如例。

（宣宗宣德實録卷 45　第 5 頁　45.4.1103）

349　七月癸亥　命行在工部修治都城外至居庸關橋梁、道路之因雨傾塌者。

（宣宗宣德實録卷 45　第 5 頁　45.4.1104）

350　七月甲子　勅通州、神武、定邊、薊州等五十三衛指揮千百户葛森等各領輪班放回神銃手官軍，星馳赴京。時上將以農隙出郊閲武，故有是命。

（宣宗宣德實録卷 45　第 5 頁　45.4.1104）

351　七月庚午　朝鮮國王李祹遣陪臣元憫生等奉表箋貢方物，賀立中宫。

（宣宗宣德實録卷 45　第 8 頁　45.6.1108）

352　七月壬申　霸州民詣闕，言雨潦傷田禾，人民乏食，有司坐買蒲草、土硝等物，乞暫停止。上諭行在六部臣曰：水災民饑，又以此不急之物重困之，可乎？其一應科辦，悉停免。

（宣宗宣德實録卷 45　第 8 頁　45.7.1109）

353　七月癸酉　行在户部尚書夏原吉言：北京文武官吏、軍夫工匠糧餉，所費不貲。比來旱澇，賦税多欠，平江伯陳瑄歲運糧僅足支給，倉無厚儲，非經久計。臣謹條陳樽節預備之策：一中鹽米舊則太重，商賈少有至者，今更定淮浙鹽每引納米二斗五升，河間三斗，河東、四川、福建一斗五升，不拘次支。庶幾中納者可衆。一法司問完山東、河南及北京八府雜犯絞斬以下罪囚，俱令納米京倉贖罪。一各衛所優給官舊於北京支糧，宜悉處於南京就糧，願於原籍支給者亦從其便。一隨駕上直架鷹等項馬凡八千餘匹，月支料豆一萬一千三百餘石，宜減半給之。一京師韃官俸糧，舊皆均支米鈔，除忠勇王如舊外，其餘不拘品級，月各與糧二石，餘令於南京倉附支鈔支如舊。一各衛調至操備官軍，已有本等俸糧，今又月支行糧四斗，不無重復。乞令陝西、山西等都司各衛道遠者，俱回原衛所操練聽調；山東、河南及附近者選留精壯，在京訓練，人月支糧三斗。一軍匠、民匠人夫在役者凡二十五萬九千餘人及管工官吏，人月支口糧五斗，賞鈔五錠，又月支食鹽。今營造未興，工程不急，賞鈔止給軍匠，其管工官吏俱罷給。民匠民夫月支糧四斗，鹽鈔如舊。仍令工部審量，多餘者悉皆放還。一軍民匠及夫有逃故者，所管之人多冒支糧賞，請令工部查考，有冒支者具奏追理。一諸司辦事官、辦事吏月支米三斗，宜罷支米，暫令支鈔。一各處總兵鎮守官、隨行官軍人等，本衛已支俸糧，在外又日支廩米五升，以一月計之，通一石五斗。宜每月支與米四斗五升，庶不重費錢糧。上覽奏曰：卿所言大概當朕意，可令更與公、侯、伯、六部、都察院官會議。既而言之，户部所奏爲當。上從之。

（宣宗宣德實録卷 45　第 8 頁　45.7.1110）

354　七月甲戌　上御奉天門諭行在刑部侍郎施禮等曰：京師人衆，鬬毆罵詈，自是常事。兵馬司擒獲，皆送法司，此等非有重罪，宜卽剖斷發遣。今天氣炎熱，豈可久淹？或有因病而死，卽爲枉殺無辜。卿等宜深存惻隱之心，毋枉人命。

（宣宗宣德實録卷 45　第 9 頁　45.8.1112）

355　七月甲戌　占城國王占巴的賴遣使逋沙濟加等奉金葉表箋來朝，貢方物。

免大興縣逃民宣德二年秋糧、穀草、鹽糧。

（宣宗宣德實録卷 45　第 10 頁　45.8.1112）

356　七月乙亥　命行在工部修通州白、富二河橋梁。

（宣宗宣德實録卷 45　第 10 頁　45.8.1112）

357　八月壬午　賜占城國使臣逋沙帕濟加等鈔、綵幣、表裏、金織紵絲、羅絹襲衣有差，命賫勅及紵絲、紗羅、絨錦歸賜其王及妃。

修居庸關城及水門，命行在工部侍郎許廓督之。

（宣宗宣德實録卷46　第2頁　46.1.1116）

358　八月癸未　賜朝鮮國使臣元閔生等及奉使迤北回還官軍袁亨等鈔、紵絲、絹衣等物有差。

薊州等守備都督僉事陳景先奏：喜峯口等處守備官軍月糧俱於遵化衛林南倉支，往復四百餘里，或時遇雨，山溪水漲，半月方可回營。設有警急，何以應援？乞於秋成後，發附近永平府屬縣民及東勝諸衛軍運林南倉糧於遵化城内倉收儲〔校記：廣本儲作貯〕，以備支給，庶官軍得專守備。上從之。命行在户部遣官以九月終發軍民兼運，歲以爲常。

（宣宗宣德實録卷46　第2頁　46.2.1117）

359　八月癸未　北京東城兵馬司奏：大寧前衛致仕指揮使把禿騎馬過市，馬驚，蹄折人右足，請送法司問罪。上曰：乘馬傷人雖非故，既傷肢體，亦不得無罪。令醫療，平復則免之。

（宣宗宣德實録卷46　第3頁　46.2.1118）

360　八月庚寅　命南京守備太監鄭和、王景弘等以内府見貯大絹十萬疋、綿布二十二萬疋，令户部遣官運赴北京。

修薊州三河橋，令守備都督陳景先以附近軍民工匠同修。

（宣宗宣德實録卷46　第6頁　46.5.1123）

361　八月辛卯　革北京行後軍都督府及行部。永樂初建北京，置行後軍都督府、行部。及遷都北京，置五府六部，皆如南京。行都督府、行部猶存。凡五府六部文移合行北京直隸衛所府縣者及直隸衛所府縣申達五府六部者，必經行都督府、行部。文移重複，事或稽誤。上命公、侯、伯、尚書、都御史、學士議。於是英國公張輔、吏部尚書蹇義等言：北京既有五府六部大小衛門，其行府、行部宜革。上從之。命掌行後軍都督府事駙馬都尉廣平侯袁容掌行在後軍都督府事，行部尚書李友直改行在工部侍郎，李昶改行在户部，李嘉改行在禮部。特命蘇瓚致仕。凡首領官、屬官及吏，命吏部改調。

（宣宗宣德實録卷46　第6頁　46.5.1124）

362　八月乙未　以遵化衛夜不收張大川爲本衛百户。初，大川與守鮎魚石關巡至將軍樹、石匣口，猝遇虜騎四人。與之敵，虜被大川射傷，俱棄馬走。邊將以聞，召大川至京師詢其實。上嘉其勇，故有是命。

（宣宗宣德實録卷46　第9頁　46.8.1129）

363　八月丁酉　總督香河等縣屯種指揮同知李三等奏：今年五月以來，天雨連旬，河水泛漲，渰没屯地二百六十八頃，禾稼無收。命行在户部蠲其子粒。

（宣宗宣德實録卷46　第10頁　46.9.1131）

364　八月庚子　琉球國中山王尚巴志遣使臣鄭義才、梁回等貢馬及方物，謝賜皮弁服及海舟。

（宣宗宣德實録卷46　第10頁　46.9.1131）

365　八月壬寅　勅通州、三河、薊州、遵化軍衛有司，諭以將親巡邊，毋科擾軍民，以爲進獻。道路可通行足矣，毋集民修治。

勅都督陳景先修灤河橋，且諭之曰：朕此行爲保民也，令可度軍馬而已。既度，撤之，毋多費以重困百姓。

命行在户部自通州至遵化諸驛各備一宿糧芻。

（宣宗宣德實録卷46　第10頁　46.9.1132）

366　八月癸卯　修内府海子橋。

（宣宗宣德實録卷45　第12頁　46.10.1133）

367　八月己巳　賜朝鮮國貢使阮閔生等宴。

行在都察院右都御史顧佐奏：蕭牆之外，置鋪夜巡，提鈴達曙，已是定式。今臣每於四更來朝，而長安右門諸舖提鈴已絶，旗軍熟睡。軍民人等喧雜往來，不復呵問，怠慢不嚴。請申明約束，違者治罪。從之。

（宣宗宣德實録卷46　第13頁　46.11.1135）

368　八月丁未　車駕發京師，度潞河，駐蹕虹橋。

（宣宗宣德實録卷46　第14頁　46.11.1136）

369　八月戊申　駐蹕三河縣東之草橋。

（宣宗宣德實録卷46　第14頁　46.12.1137）

370　九月庚戌朔　駐蹕薊州西之五里橋。州之文武官吏耆老朝見。上進其州官，諭之曰：此漢漁陽郡也。昔張堪爲政，民有樂不可支之歌，流聞至今。古今人材性不相遠，爾曹勉之。

（宣宗宣德實録卷47　第1頁　47.1.1139）

371　九月乙卯　車駕出喜峰口。夜，軍士皆銜枚，斂甲韜戈馳四十里，昧爽至寬河，距虜營二十里。虜望我軍，以爲戍邊之兵，即悉衆來戰。上命分鐵騎爲兩翼夾擊之。……悉下馬羅拜請降，皆生縛之。遂獲虜生口、駝馬、牛羊、輜重。

（宣宗宣德實録卷47　第2頁　47.2.1141）

372　九月丙辰　斬其酋渠。駐蹕寬河，分命諸將搜山谷，擣虜巢穴。

（宣宗宣德實録卷47　第2頁　47.2.1141）

373　九月甲子　詔班師。

（宣宗宣德實録卷47　第4頁　47.3.1144）

374　九月壬申　駐蹕齊化門二十里〔校記：聖政記作二十二里〕。自車駕入喜峰關至京，道路軍民男女聚觀，所得虜口、駝馬、牛羊、輜重連屬數十里不絶。

（宣宗宣德實録卷47　第5頁　47.5.1147）

375　九月甲戌　朝鮮國王李祹遣陪臣趙璿等奉表箋貢馬及方物。

（宣宗宣德實録卷47　第6頁　47.5.1147）

376 九月乙亥 上御左順門，諭行在兵部尚書張本等〔校記：廣本無等字〕曰：比者，畿内百姓多言今歲水澇，田禾少收。其孳牧馬有當陪補者，皆宜寬假，以俟明〔校記：廣本明作來〕年秋成之後。

賜琉球國使臣鄭義才、梁回等鈔、綵幣、表裏有差，仍賜義才、回冠帶及金織紵絲襲衣，餘皆素紵絲襲衣。

（宣宗宣德實録卷47 第6頁 47.5.1147）

377 九月丙子 順天府漷縣奏：近霖雨淹没禾稼，民困乏食，官府責買銅、鐵、銀、硃等物，艱于辦納。命悉免之。

（宣宗宣德實録卷47 第7頁 47.6.1149）

378 九月戊寅 行在工部尚書吴中奏：今年雨多，河水泛溢，衝決近郊橋道，請發民修治〔校記：廣本治作理〕。上曰：及時成橋梁，則民不病涉。其亟爲之。

（宣宗宣德實録卷47 第7頁 47.6.1150）

379 十月甲申 命陽武侯薛禄充總兵安（按：疑安爲官之誤）、遂安伯陳英爲左參將、武進伯朱冕爲右參將，率領官軍鎮守薊州、永平、山海等處，操練軍馬并提督各關隘口，謹慎隄備，遇有賊寇，相機勦捕。所領官軍悉聽節制。又勅禄等曰：爾等出塞殺虜，備歷勤辛，固當休息。但虜殘寇，懷忿復來侵擾。今且留爾等鎮守薊州、遵化以備之。須晝夜用心哨嘹，各城堡關隘必嚴固防守，不可怠忽。

命都督僉事陳景先復守薊州、永平等處。

賜朝鮮國使臣趙璿等鈔、幣有差。

（宣宗宣德實録卷47 第9頁 47.8.1153）

380 十月乙酉 賜朝鮮國世子六梁冠一。先是，朝鮮國王李裪奏：洪武中，蒙賜國王冕服九章，陪臣冠服比朝廷遞降二等。蓋陪臣一等比朝臣第三等，得五梁冠服。永樂初，先臣芳遠遣世子禔入朝，蒙賜五梁冠服，臣切惟世子冠服乃同陪臣一等，乞爲定制。上從之，故有是命。

（宣宗宣德實録卷 47　第 10 頁　47.9.1155）

381　十月丙戌　薊州、永平等處守備都督僉事陳景先言：自山海至薊州一千二百餘里，關寨一百一十三處，守備軍少。今天寒冰凍，無復泥潦可爲限制，恐虜寇乘間竊入。請以緣邊山海、永平等一十六衛所見在神機營操練馬步官軍，就帶原關衣甲暫留操備。從之。

（宣宗宣德實録卷 47　第 11 頁　47.9.1156）

382　十月辛卯　上以琉球中山王尚巴志朝貢彌謹，遣使賚勅往勞之，并賜王紵絲、紗羅、錦段。

（宣宗宣德實録卷 47　第 12 頁　47.10.1188）

383　十月戊戌　大雪。上喜謂侍臣曰：今四方多言水旱，生民艱食，朕恒爲憂。惟冀天地垂佑，雨暘及時，庶豐稔可望。今冬初卽見雪，其來歲有秋之兆乎？

（宣宗宣德實録卷 47　第 14 頁　47.11.1160）

384　十月癸卯　琉球國中山王尚巴志遣使臣南者結制等來朝貢馬及方物。

（宣宗宣德實録卷 47　第 15 頁　47.12.1162）

385　十月丁未　命都指揮同知蔣貴率領官軍及神銃手守密雲。

（宣宗宣德實録卷 47　第 15 頁　47.13.1163）

386　十一月己酉朔　朝鮮國王李祹遣陪臣李恪等奉箋及方物賀皇太子千秋節。

（宣宗宣德實録卷 48　第 1 頁　48.1.1165）

387　十一月戊午　迤北韃靼罕平來歸，奏願居京自効。命爲總旗，賜紵絲襲衣、鈔、布，仍命有司給房屋、器皿如例。

（宣宗宣德實録卷 48　第 3 頁　48.2.1168）

388　十一月庚申　平江伯陳瑄奏運過木數。上諭行在工部尚書吴中等曰：此皆勞民所致，卿等無以爲易，已運至者必如法苫蓋，勿令損壞。今天寒冰凍，亟須散遣軍夫，工程有未畢者，亦俟春煖。又諭中曰：今已遲矣，即遣人馳驛諭之。

（宣宗宣德實録卷 48 第 3 頁 48.3.1169）

389 十一月辛酉 賜琉球國使臣南者結制等鈔、綵幣、表裏有差。

（宣宗宣德實録卷 48 第 4 頁 48.3.1169）

390 十一月戊辰 命御史巡察皇城四門。時四門官軍玩法怠弛，凡官吏、工匠無關防牌者恣其出入不問，而民間有進納内府財物者，故生事留難，必得賄賂乃得入。事聞，上諭都御史顧佐曰：守門官軍，違法害民如此！其揭榜曉示，若不革前弊，悉處重刑。常以御史一員往來四門巡察，著爲令。

（宣宗宣德實録卷 48 第 5 頁 48.4.1172）

391 十一月己巳 命太師英國公張輔等撥軍修治南海子周垣橋道。

（宣宗宣德實録卷 48 第 5 頁 48.5.1173）

392 十一月壬申 賜朝鮮國使臣李恪等鈔、綵幣、表裏有差。

（宣宗宣德實録卷 48 第 7 頁 48.6.1175）

393 十一月丁丑 賜朝鮮國使臣李恪等宴。

（宣宗宣德實録卷 48 第 10 頁 48.8.1180）

394 十二月庚辰 修盧溝橋凌水所決河口。

（宣宗宣德實録卷 49 第 1 頁 49.1.1181）

395 十二月辛巳 行在工部言：通州要兒渡河決，水從東注，而正河淺澀，舟行不便。請發民修築。從之。

（宣宗宣德實録卷 49 第 1 頁 49.1.1181）

396 十二月癸未 撒馬兒罕回回打剌罕亦速等來朝貢馬。

（宣宗宣德實録卷 49 第 1 頁 49.1.1181）

397 十二月庚寅 遣内官柴山等賫勅使琉球國，賜其王金織紵絲、紗羅、絨錦。

（宣宗宣德實録卷 49 第 2 頁 49.2.1184）

398 十二月甲午 朝鮮國王李祹陪臣柳殷之等來朝，貢方物，賀明年正旦。

（宣宗宣德實録卷49 第3頁 49.3.1185）

399 十二月丁酉 賜撒馬兒罕回回打剌罕亦速等四十六人鈔、綵幣、表裏、襲衣等物有差。

（宣宗宣德實録卷49 第6頁 49.5.1190）

400 十二月戊戌 直隸保定府定興縣奏：本縣逃民及充軍死絶人户所欠地畝穀草七萬餘束，今田稼無收，乞除豁。上命行在户部除之。

（宣宗宣德實録卷49 第6頁 49.5.1190）

401 十二月己亥 釋免工匠老幼殘疾二百七人。

（宣宗宣德實録卷49 第6頁 49.5.1190）

402 十二月庚子 立春，順天府官進春。

（宣宗宣德實録卷49 第6頁 49.5.1190）

403 十二月庚子 行在户科左給事中許侃等奏：六科俱合增蓋板房如南京六科之制。上曰：近日小有營建，言者多謂勞民，朕皆從所言已之。況六科規制已定，且歲終當息民，亦姑已之。

（宣宗宣德實録卷49 第7頁 49.6.1191）

404 十二月辛丑 賜朝鮮國使臣柳殷之等宴。

（宣宗宣德實録卷49 第7頁 49.6.1192）

405 十二月丙午 亦力把里回回打剌罕劄罕失等來朝貢馬。

（宣宗宣德實録卷49 第9頁 49.8.1195）

406 十二月 是歲……漕運北京米麥豆五百四十八萬八千八百石。

（宣宗宣德實録卷49 第11頁 49.9.1197）

宣德四年（1429）

407　正月丁巳　夜，北京地震。

（宣宗宣德實録卷 50　第 1 頁　50.1.1200）

408　正月乙丑　朝鮮國王李裪遣陪臣韓惠，琉球國中山王尚巴志遣使者謂慈滚也〔校記：滚爲浡之誤〕等貢馬及方物，賀萬壽聖節。

增北京順天府、南京應天府并直隸蘇州等府州縣鎮市諸色店肆門攤課鈔。時行在户部以鈔法不通，皆由客商積貨不税與市肆鬻賣者沮撓所致。奏請依洪武中□（按：館本□作增）税事例，凡順天、應天……共三十三府州縣商賈所集之處，市鎮店肆、門攤税課增舊十倍。上以太重，令增五倍，俟鈔法通，悉復舊。

（宣宗宣德實録卷 50　第 3 頁　50.2.1202）

409　正月丙寅　賜朝鮮國貢使韓惠、柳殷之等宴。

（宣宗宣德實録卷 50　第 4 頁　50.3.1204）

410　正月丁卯　賜朝鮮國使臣柳殷之等四十五人鈔、綵幣、表裏、金織文綺、襲衣等物有差。

（宣宗宣德實録卷 50　第 5 頁　50.4.1205）

411　正月丙子　定納米贖罪例。……今斟酌定擬北京法司并直隸河間等八府及河南、山東逮至官吏軍民人等，雜犯死罪以下納米於北京倉。依今定例，雜犯死罪五十石，流罪比死罪減十石。徒罪五等，徒三年者三十五石，以下四等遞減五石。杖罪五等，杖一百者十石，以下四等遞減一石。笞罪五等，笞五十者五十，四十減一石，三十比四十減五斗，二十比三十減一石，一十比二十減五斗。……從之。

（宣宗宣德實録卷 50　第 7 頁　50.6.1210）

412 二月戊寅 命隆平侯張信同太監沐敬浚河西務河道及修堤岸。先是，河西務、要兒渡等處河岸衝決，命行在工部修築，水急民少，久無成功。至是命信等往督，發在京操備軍士萬五千人益之。

（宣宗宣德實録卷51 第1頁 51.1.1213）

413 二月丁亥 行在工部右侍郎羅汝敬等使交阯還，黎利及耆老遣頭目何栗〔校記：廣本何作阿，禮本作阿。卷五十二第十一頁各本作何〕等貢方物并代身金人。

（宣宗宣德實録卷51 第4頁 51.3.1218）

414 二月辛卯 順天府薊州平峪縣民耿彦方等奏，今年田穀無收，各里民多缺食，因而逃移税粮五百一十五石，無從徵納，乞賜除豁。從之。

（宣宗宣德實録卷51 第6頁 51.5.1221）

415 二月癸巳 朝鮮國王李祹遣陪臣朴實等貢馬及方物，謝賜世子冠服。

（宣宗宣德實録卷51 第6頁 51.5.1222）

416 二月甲午 朝鮮國王李祹遣陪臣柳思訥……等貢駝馬及方物。

（宣宗宣德實録卷51 第6頁 51.5.1222）

417 二月丙申 賜朝鮮國使韓惠〔校記：廣本韓作朝〕等九人、琉球國使臣謂慈滓也等十三人鈔、綵幣、表裏及紵絲襲衣有差。

迤北韃靼揑克來等三人來歸，奏願居京自効。命爲所鎮撫，賜冠帶、金織襲衣、綵幣、銀鈔、鞍馬，仍命有司給房屋、器皿等物如例。

（宣宗宣德實録卷51 第8頁 51.7.1225）

418 二月丁酉 賜朝鮮國貢使柳思訥等宴。

行在户部奏：直隸隆慶州言，凡遷民一户例撥荒田五十畝。本州永寧縣荒田分撥已盡，今後應分撥本州爲民者，請改發永平府所屬州縣爲便。從之。

（宣宗宣德實録卷 51　第 9 頁　51.8.1227）

419　二月戊戌　命贈都督同知李任〔校記：廣本禮本任作仁〕子淳襲爲燕山右衛指揮使，故都指揮同知謝榮子顯襲爲大興左衛，指揮同知府軍後衛指揮同知程興子勝、金吾左衛指揮同知周貴子玉、燕山右衛指揮同知李斌子鑑、虎賁左衛指揮同知張瑾弟琰、羽林右衛指揮僉事謝旺子隆、府軍左衛指揮僉事劉海子斌、通州衛指揮僉事周通弟貴、府軍右衛指揮僉事徐政子釗、濟州衛指揮僉事馬麟弟雲俱襲職。金吾左衛指揮同知何興、金吾右衛指揮僉事李成老病，命興子玉、成子信代。

夜，北京地震。

（宣宗宣德實録卷 51　第 10 頁　51.9.1229）

420　二月己亥　行在户部郎中王良奏：宣府懷來等衛軍馬多而糧料少，乞於昌平山口倉及京倉發運一十一萬石以備用。尚書郭敦言：昨已奏令山東、河南及直隷八府發民丁、行在後軍都督府起軍士運通州倉糧五萬石赴宣府，今若再起軍夫發運山口糧，恐妨農作。上曰：可令山東、河南民運山口糧二萬石赴懷來，其他軍民運通州糧赴宣府，餘俟秋成。

行在兵部奏：南京太僕寺欲以宣德二年孳生及陪償馬駒如例分給淮安諸郡新編民丁及補種馬孳牧，所餘牡駒送至北京，請給順天府民畜養待用，不堪者散北京諸衛餘丁畜之。又奏：南京太僕寺有去年牡馬千五百餘匹及鳳陽諸郡種馬不能孳息者，請令悉送北京，付順天府民牧養待用。俱從之。

（宣宗宣德實録卷 51　卷 11 頁　51.9.1230）

421　二月壬寅　瓦剌等處韃靼小古台等率妻子十四人來歸，奏願居京自効。命小古台等五人爲副千户等官，賜冠帶、金織襲衣、綵幣、銀鈔、布花、鞍馬，仍命有司給房屋、器皿等物如例。

（宣宗宣德實録卷 51　第 13 頁　51.11.1233）

422 二月乙巳 爪哇國王楊惟西沙遣使臣亞烈長孫等來朝貢方物。

（宣宗宣德實録卷51 第14頁 51.12.1235）

423 三月庚戌 賜爪哇國貢使亞里八句等……宴。

（宣宗宣德實録卷52 第3頁 52.2.1242）

424 三月壬子 聽選官毆陽齊言〔校記：舊校改毆作歐〕……又言在京工匠逃者一次的決令上工，二次三次者宜刺字罰工終身，則有所懲戒。上諭行在工部臣曰：此小人妄言求進，其斥之。

（宣宗宣德實録卷52 第4頁 52.4.1245）

425 三月癸丑 命太子太保成國公朱勇管五軍大營操備官軍。

賜朝鮮國使臣柳思訥、朴實等鈔、綵幣、表裏及紵絲襲衣有差。

（宣宗宣德實録卷52 第4頁 52.4.1245）

426 三月乙卯 遣使齎勅賜朝鮮國王李祹白金三百兩，紵絲、紗羅五十疋，綵帛三十疋。上因謂侍臣曰：高麗遠在海外，修貢益勤，厚往薄來，古之道也。

（宣宗宣德實録卷52 第5頁 52.4.1246）

427 三月丁巳 行在工部奏：奉先殿祭卓諸物，歲必新造。今材料未備，命有司給官鈔市之。

（宣宗宣德實録卷52 第7頁 52.6.1249）

428 三月甲子 賜爪哇國使臣亞烈長孫等三十一人鈔、綵幣、表裏及金織襲衣有差，仍賜亞烈長孫等五人冠帶。

（宣宗宣德實録卷52 第9頁 52.7.1252）

429 三月乙丑 有紙匠訴於行在通政司云：永樂中自南京取至，執役天財庫，去家遠，日給爲難。通政司官以聞。上諭尚書郭敦曰：官府但知役之，而不知養之，豈政理哉！凡工匠役内府者，悉月給食米三斗。

（宣宗宣德實録卷52 第9頁 52.8.1253）

430 三月辛未 徙密雲中衛石匣驛。先是，驛舍爲水衝決，衛奏其地正當潮、塔二河合流之處，不可復置，去東北一里許有地高曠，請徙於彼。上命行在兵部遣人覆視，以爲宜，遂從之。

（宣宗宣德實録卷 52 第 12 頁 52.10.1257）

431 三月壬申 命成國公朱勇以軍士五千人修海子牆垣。

（宣宗宣德實録卷 52 第 12 頁 52.10.1258）

432 四月丁丑 命行在户部免昌平縣陵户雜役。

（宣宗宣德實録卷 53 第 2 頁 53.2.1265）

433 四月庚辰 慶壽寺僧志了奏：城西平則門内故有萬安寺，久廢，請化緣於民重作之。上諭行在禮部尚書胡濙曰：化緣者，巧者（按：館本者作取）誑奪以蠹吾民，不可聽。

（宣宗宣德實録卷 53 第 6 頁 53.5.1271）

434 四月乙酉 徙隆慶州永寧縣黑峪巡檢司於紅門口。時廵按御史王聰言：黑峪口已置官軍戍守，而廵簡（按：疑簡爲撿之誤）下同司相去止十五里，其西南三十里有紅門口，正當居庸關北，天壽山之後，有路通昌平，軍民逃逸者皆由此。請移黑峪口廵簡司於紅門口爲便。上命都督譚廣覆勘，廣奏稱便，遂徙焉。

（宣宗宣德實録卷 53 第 8 頁 53.7.1274）

435 四月丙戌 增置神武中衛、定邊衛、通州左衛、通州右衛經歷司經歷各一員，以兼收支倉糧事繁故也。

（宣宗宣德實録卷 53 第 9 頁 53.7.1276）

436 四月丙戌 太監侯顯等歸自烏思藏，以烏思藏所遣朝貢剌麻僧人入見。命行在禮部供給如例。其留止河州者，勅都督同知劉昭如例給之。

（宣宗宣德實録卷 53 第 9 頁 53.7.1276）

437 四月辛卯 行在工部言：去年盧溝河決，渰没禾稼，壞南海子牆垣及慶豐諸閘。用工修築，久而未就。今請命廷臣往督之，庶幾早完。上曰：去歲興役，及延緩至今，今農皆在田，雨潦將至，尚可緩耶？令〔校記：廣本令作命〕侍郎羅汝敬往督，必計日成功，毋妨農事。

（宣宗宣德實録卷 53　第 10 頁　53.9.1279）

438　四月戊戌　陞行在工科給事中李庸爲順天府尹。

（宣宗宣德實録卷 53　第 14 頁　53.12.1285）

439　四月辛丑　琉球國中山王尚巴志遣使者郭伯兹每，山南王他魯每遣通事梁密祖等來朝貢馬及方物。

（宣宗宣德實録卷 53　第 15 頁　53.12.1286）

440　五月丁未　亦力把里拾伯沙來歸〔校記：禮本拾上有重字〕，奏願居京自效。命爲所鎮撫，賜冠帶、金織襲衣、綵幣、銀鈔、綿布、鞍馬，仍命有司給房屋、器皿等物如例。

（宣宗宣德實録卷 54　第 1 頁　54.1.1289）

441　五月己酉　永清縣奏蝗蝻生，上問左右曰：永清有蝗，未知他縣何似〔校記：廣本禮本似作如〕？錦衣衛指揮李順對曰：今日郊禾黍皆茂，獨□永清偶有蝗耳。上曰：蝗生必滋蔓，不可謂偶有。命行在户部速遣人馳往督捕。若滋蔓卽馳驛來聞。

（宣宗宣德實録卷 54　第 1 頁　54.1.1289）

442　五月辛亥　行在兵部奏：比者，京衛官軍有詭名冒給官馬盗賣者，請嚴禁令。盗賣者罸馬二匹，知而買者及牙保隣人各罸馬一匹；仍先榜諭，許自首免罪；不首，及所管官旗里老牙保隣人皆同罪，仍追鈔五千貫當（按：館本當作賞）告捕者。從之。

（宣宗宣德實録卷 54　第 1 頁　54.1.1290）

443　五月甲寅　行在工部奏：密雲中衛城垣頽壞，前奉勅軍衛有司相兼修築。今都指揮蔣貴催促民夫，用工甚急，緣雨水已降，切恐速成不能堅久。上命罷役，俟秋成後用工。

（宣宗宣德實録卷 54　第 3 頁　54.2.1292）

444　五月丙辰　行在兵科給事中戴弁奏：自山海至薊州守關軍萬人，列營二十二所，操練之外無他差遣，若稍屯種亦可實邊，請取勘各營荒田，斟酌分給，且屯且守，實爲兩便。上嘉納之，命行在户部同兵部各遣官與都督陳景先經理。

（宣宗宣德實録卷 54　第 3 頁　54.3.1293）

445　五月丁巳　賜琉球國中山王使臣郭伯兹每等及山南王通事梁密祖等鈔、綵幣、表裏有差。

（宣宗宣德實録卷 54　第 4 頁　54.3.1294）

446　五月壬戌　爪哇國使臣亞烈麻抹等將還國，訴於行在禮部云：來時舟爲海風所壞，乞令廣東都司、布政司造舟與歸。又欲以所賫之物於廣東易鐵。禮部言：蕃臣朝貢，其職當然，舟壞應自出資以造，豈可上煩朝廷？且鐵有禁例，皆不可從。上曰：易鐵勿聽。但遠人來朝，撫之易厚，造舟小費，不足校，宜從之。

行在中軍都督府奏府治損壞。命行在工部秋成後修葺。

（宣宗宣德實録卷 54　第 5 頁　54.4.1296）

447　五月癸辛　賜（按：疑賜爲陽之誤）武侯薛禄奏：神機營官軍初留一萬五百六十人於口北十八衛所守備，議於内部衛所選補，其缺今久未補，乞如前議。上命行在兵部補之。

（宣宗宣德實録卷 54　第 6 頁　54.5.1297）

448　五月甲子　賜……撒馬兒罕回回阿力沙等六十三人鈔、紵絲、絹、襲衣有差。

（宣宗宣德實録卷 54　第 6 頁　54.5.1298）

449　五月辛未　上御奉天門，諭行在户部尚書郭敦等曰：近屢有言京師及通州各衛倉場、象馬牛羊等房收支糧芻官攢人等玩法欺公，取受財物，虚出實收。惟貧而無財者，則收本色，加以考掠，數倍增收。既收又偷盗入己，其數動以千倍。爾户部宜嚴禁止。於是敦議奏：凡收支糧芻官吏人等，有仍折收金銀并攬納偷盗者，許人出首或擒送法司，正犯處斬，仍追物入官，家屬發戍邊。擒獲與首犯得實者賞鈔五千貫，其嘗通行官攢作弊能自首者亦得免罪。上從之，命揭榜戒約。

（宣宗宣實録卷 54　第 8 頁　54.7.1301）

450　六月丁亥　行在户部尚書郭敦言：嘗具奏減中鹽則例，召商於北京納米，不拘資次支鹽。緣近年中納各項數多，鹽不足支，客商來者愈少。令擬依永樂五年營造事例：淮浙等處鹽不爲常例，以十分爲率，六分支與北京在城倉納米者，四分支與遼東、永平、山海、甘肅、大同、宣府、萬全已納米者。其餘各處中納，暫且停支。則客商皆至，糧儲可積。從之。

（宣宗宣德實録卷 55　第 4 頁　55.4.1313）

451　六月丁亥　申明女婦〔校記：舊校改作婦女〕出家之禁。時順天府大興縣真元觀女冠成志賢等九人詣行在禮部，請給度牒。禮部言：太宗皇帝時，命尼姑皆還俗，今成志賢等亦宜遣還父母家。上命遵先朝令，仍嚴女婦出家之禁。

（宣宗宣德實録卷 55　第 5 頁　55.4.1314）

452　六月己丑　錦衣衛舍人白蘭等九人奉使亦力把里還。賜鈔及紵絲襲衣、絹布有差。

（宣宗宣德實録卷 55　第 5 頁　55.4.1314）

453　六月壬辰　北安門守衛百户楊清奏：昨夜一更初，府軍後衛指揮李春進題本，臣遞至北中門，守衛官不肯傳達。上命取所進本視之，諭行在錦衣衛指揮王節〔校記：廣本節作楫，寶訓與館本同〕等曰：祖宗成法，朝罷外廷有事急奏者，不問晨夜，即具本進，守門者〔校記：廣本抱本者作官。寶訓與館本同〕即爲上達，所以通警急、絶壅蔽。今敢若此，不可寬貸，其執付法司罪之。

（宣宗宣德實録卷 55　第 6 頁　55.5.1315）

454　六月庚子　行在户部掌部事太子太師郭資等奏所議漕運便宜事。先是，勑工部尚書黄福同平江伯陳瑄議儹運糧儲，瑄等言：江南民糧，昔於淮安、徐州、臨清置倉收貯，令軍轉運赴北京。後因官軍多有調遣，江南之糧令民自運北京。路遠違期，有誤供給。今淮、徐、臨清倉厫猶存，宜令江西、湖廣、浙江之民運糧一百五十萬石貯淮安倉，蘇、松、寧國、池盧、安慶、廣德民運糧二百五十萬石貯徐州倉，應天、鎮江、常州、太平、淮安、揚州、鳳陽及和、徐三州民運糧一百五十萬石貯臨清倉，山東、河北、河南、北直隸府州縣俱令運赴北京倉爲便。又言：運糧官軍多調發營造，并下西洋等項，各衛撥補，皆老弱餘丁及有畏難而逃者。又運糧至京，因缺倉厫及少斗斛，收受遲悮。又連年僣運，軍船雖遣人採木修理，然損壞者多。民糧既就近上倉，減省其力。請以明年爲始，量地遠近與糧多寡，如淮安上糧，民船十抽其一，徐州十三抽一，臨清十五抽一，給與官軍兼舊船運載。若河道淤淺，閘壩損壞，即時用工修浚，然後移咨工部，庶不稽誤。上命行在户部同尚書蹇義、夏原吉、楊士奇、楊榮及六部都察院堂上官、六科給事中議可否。至是，義等議：除淮安倉收貯及河南、山東、北京郡縣糧如瑄所言外，會計徐州倉可增糧二十四萬石，臨清倉可增七十餘萬石。其官軍差遣者，令各衛撥補，并預定空閒倉厫增置斗斛。江南民船量地遠近抽摘及濬河修閘，俱依瑄所奏。從之。

（宣宗宣德實録卷 55　第 9 頁　55.7.1320）

455　六月庚子　改置保定府定興縣遞運所於縣治東。初，置於縣東南，地狹隘，車運往來不便。有司以請，故改之。

（宣宗宣德實録卷 55　第 11 頁　55.9.1324）

456　六月壬寅　定塌坊等項納例。初，以鈔法不行，命行在户部議。至是，掌部事太子太師郭資等條列具奏，請示中外。一南北二京公、侯、駙馬、伯、都督、尚書、侍郎、都御史及内官、内使與凡官員軍民有蔬果園，不分官給私置，但種蔬果貨賣者，量其地畝果株蔬地，每畝月納舊鈔三百貫，果每十株歲納鈔一百貫；其塌坊庫房店舍，停塌客商貨物者，每間月納鈔五百貫。一驢騾車受顧〔校記：抱本禮本顧作雇〕裝載物貨，或出或入，每輛納鈔二百貫，委監察御史、户部、錦衣衛、兵馬司〔校記：三本司下有官字，是也〕各一員於各城門巡督監收。一船受雇裝載，計其載料之多少，路之遠近，自南京至淮安，淮安至徐州，徐州至濟寧，濟寧至臨清，臨清至通州，俱每一百料納鈔一百貫；其北京直抵南京，南京直抵北京者，每〔校記：廣本每下有一字〕百料納鈔五百貫，委廉幹御史及户部官於緣何（按：疑何爲河之誤）人烟輳集處監收。一蔬果園并場坊庫房店舍，委監察御史、户部官按月催收送庫；有恃勢隱匿不報不納鈔者，地樹船車房舍俱没官，仍治其罪。若有地不係種鬻取利，牛車、小車止載柴草糧米及空船往回者，俱不在納鈔之例。上從其議。

（宣宗宣德實録卷55　第12頁　55.9.1324）

457　六月癸卯　順天府通州、涿州、霸州并東安、武清、良鄉三縣各奏蝗蝻生。命行在户部遣屬官、都察院遣御史同往督捕。

（宣宗宣德實録卷55　第12頁　55.10.1326）

458　七月丙午　命行在工部增修天地壇、齋宫後廬舍。

順天府固安縣奏：縣南吴家口堤岸爲水衝決三十餘步，恐傷苗稼，請用兵修築。從之。

（宣宗宣德實録卷56　第1頁　56.7.1327）

459　七月丁未　命故金吾右衛指揮使李興子勝、濟陽衛指揮同知麻榮子誠、通州衛指揮同知李斌子信、金吾右衛指揮僉事智海子寧、施諒子祥各襲其職。金吾右衛指揮僉事王敬老疾，命其子瑀代〔校記：廣本禮本代下有職字〕。

行在兵部尚書張本奏：比年郎中岳敏閲過大營及神機等營官馬一千一百九十五匹，今止存七百四十九匹。所報齒色，驗敏所閲，籍多不同，顯有欺弊，當究治之。上曰：亦聞〔校記：廣本聞作間〕有雇借應閲者，悉非原馬，令自首實免罪，若馬死如數責償。

置給馬勘合。時行在兵部尚書張本奏：北京操備官軍，數年領馬騎操，凡一十七萬一千五百八十三疋，除事故外，今實存者五不及一。蓋由關馬之時無官司印信文書，故得重冒關領。得之既易，遂不愛惜，私自交換。及至點閱，那移雇借，仼弊多端，以致虧損，數目不清。請置勘合，發北京行太僕寺收掌。每關馬一匹，給勘合一道，填寫齒色年月日，轉發五軍各衛并營隊者，付領馬之人，執以爲憑。遇倒死等項，備繇陳告，就勘合註寫明白，限十月内親送北京行太僕寺比較。應償者追視齒色附簿開註，勘合與馬如前收領，再有事故償給如例。如領馬人有故，馬與勘合，宜從所管，別付人收領。如此人難欺弊，馬無侵損。上從之。但命應償者仍赴御馬監印烙，然後給之。

（宣宗宣德實録卷56　第1頁　56.1.1327）

460　七月戊申　上御奉天門，謂行在兵部尚書張本等曰：在京軍旗爲數不少，及有差遣，皆言無軍，不知竟作何用？爾兵部宜差官同廉幹御史、六科掌科給事中查理明白以聞。

（宣宗宣德實録卷56　第2頁　56.2.1329）

461　七月庚戌　薊州守備都督陳景先奏請仍舊神機營放回官軍守備，其在京操備者亦宜分班更代爲便。上勅景先曰：在京更代者已勅兵部從爾言，軍人久在外者亦當均其勞逸。

（宣宗宣德實録卷56　第3頁　56.2.1330）

462　七月甲寅　琉球國中山王尚巴志使遣（按：疑遣在使前）臣謾恭來結制等奉表貢馬及方物。

（宣宗宣德實録卷56　第4頁　56.4.1333）

463　七月乙卯　監察御史羅亨信言：臣監收在京官員軍民舖店課程及塌坊園圃等鈔，京師軍民輳集，額課俱不按月納官，及有舖店積貨隱匿不報者。又油坊、磨坊、甎瓦窯本植場皆未增課。請今後課鈔過期不納者，令順府兵馬司催督，私匿貨物者

〔校記：廣本貨物作物貨〕取勘合，追罰鈔一千貫。油坊等坊如塌坊之例，除額課外別納貫鈔五百貫。牛車納鈔一百貫，小車二十貫。其在外州郡城市，多有豪猾軍民居貨在家，一如塌坊，或就船交易，相與俱要金銀，請遣官點勘。居貨之家，每房一間，月追鈔五百貫。又於各處河岸檢閘往來舟舡載物貨者，量地遠近，艦費多少，每船百料追鈔或二百貫、三百貫，俱就本處有司收貯，則內外鈔皆可通。命行在户部采其可行者行之，務使中道。

（宣宗宣德實録卷56　第5頁　56.4.1333）

464　七月丁巳　　朝鮮國王李祹遣陪臣李中至等，爪哇國王楊惟西沙遣使臣亞烈麻抹李添養等貢馬及方物。

（宣宗宣德實録卷56　第6頁　56.5.1335）

465　七月癸亥　　賜朝鮮、爪哇、琉球諸國貢使李中至等宴。

（宣宗宣德實録卷56　第7頁　56.6.1337）

466　七月甲子　　賜朝鮮國使臣李中至等、琉球國中山王使臣謾泰來結制等鈔、綵幣、表裏有差。

（宣宗宣德實録卷56　第7頁　56.6.1338）

467　七月乙丑　　賜爪哇國使臣亞烈麻抹李添養等鈔及金織紵絲衣、絹衣有差，仍賜亞烈麻抹等官（按：疑官爲冠之誤）帶，齎勑及綵幣、紵絲、羅歸賜其國王及妃。命行在禮部遣人護送赴廣東，就賜海船二艘，以便其往來。

（宣宗宣德實録卷56　第8頁　56.6.1338）

468　七月丁卯　　兵部又奏：大營五軍操備官軍，先有事故或應選補或應替换管隊者，徑自取放。其間那移作弊及避重就輕者多，以致軍數不清，隊伍不整。今後遇有事故，或二月或半年一次，總督官具實奏補，不許擅將操練已成精壯之人脱（按：疑脱爲託之誤）故及私下占役。又中軍左右哨、左右掖官軍多寡不同，宜令總督官計議，均分管領。上皆從之。

（宣宗宣德實録卷56　第9頁　56.7.1340）

469　七月己巳　占城國王占巴的賴遣使臣逋沙怕麻答等奉表貢金銀及象牙、犀角等方物。

（宣宗宣德實録卷 56　第 9 頁　56.8.1341）

470　七月壬申　以任滿考……降順天府尹郭良爲山東布政司左參政……

命故金吾右衛指揮使聶忠弟恿、燕山前衛〔校記：廣本前作右〕指揮使張善子旺、燕山右衛指揮使張山子能襲職。金吾左衛〔校記：廣本禮本左作右〕指揮同知司存老疾，命其子英代。

（宣宗宣德實録卷 56　第 12 頁　56.10.1345）

471　七月癸酉　勑薊州守備都督僉事陳景先曰：聞山海衛關口至廣寧前屯衛高領驛六十餘里，山木深密，正當衝要。其西北按劉家等口并大寧路道，正虜寇出没之所。自今公差往來之人，當視事緩急，量遣官軍護送，庶幾無虞。

（宣宗宣德實録卷 56　第 12 頁　56.10.1346）

472　八月丁丑　遣北京國子監祭酒貝泰釋奠先師孔子。

（宣宗宣德實録卷 57　第 1 頁　57.1.1349）

473　八月辛巳　修北京國子監大成殿前兩廡。

爪哇國王楊惟西沙遣使臣亞烈龔以善等……貢馬及方物。

命右春坊右庶子兼翰林院侍讀學士王直、侍讀李時勉爲順天府鄉試考官。

（宣宗宣德實録卷 57　第 2 頁　57.2.1351）

474　八月壬午　賜占城國使臣逋沙怕麻答等鈔、綵幣、表裏、金織紵絲襲衣、絹衣〔校記：廣本絹衣作絹布〕有差，仍命齎勑并錦繡紗羅賜其王及妃。

北京行太僕寺奏：今年金吾等衛、順天府孳生馬騾駒凡五萬五百七十四疋。

（宣宗宣德實録卷 57　第 2 頁　57.2.1351）

475　八月癸未　薊州守備都督陳景先奏：六月淫雨，山水泛漲，山海、永平、薊州、口外長城欄馬牆（按：館本馬後有石字）及建昌諸營、山海、永平諸衛城垣皆頹塌。上諭工部臣曰：口外城牆及諸營堡〔校記：廣本牆作垣，無諸字〕，俱邊防要切，就令景先即督官軍修之。其餘城垣當修者工役繁重，待農事畢，以旁近民夫併力爲之。

（宣宗宣德實録卷57　第6頁　57.5.1358）

476　八月乙酉　　命太監楊慶等率神機營銃手往薊州、永平、山海等處同都督陳景先備禦，一切軍務必與陳景先計議而行，不許偏執私見誤事。

（宣宗宣德實録卷57　第6頁　57.6.1359）

477　八月丙戌　　命故金吾左衛指揮使張馬家驢姪鑾子、指揮同知乃兒不花姪乃顔帖木兒、羽林前衛指揮使岑失剌姪火帖木兒、濟州衛指揮同知惱歹弟巴答、燕山前衛指揮同知忙該姪買來的、金吾右衛指揮同知加忽歹孫完者不花俱襲職。

（宣宗宣德實録卷57　第7頁　57.6.1359）

478　八月乙未　　賜爪哇國使臣亞烈龔以善等四十六人鈔、紵絲、紗羅、綵幣、表裏及金織紵絲衣、絹衣有差，仍賜龔以善冠帶。

（宣宗宣德實録卷57　第10頁　57.8.1364）

479　八月壬辰　　監察御史李笴〔校記：廣本笴作奇〕言：今北京文武官及軍民園圃、店舍、舟車俱令納鈔，人皆以鈔爲重。在外浙江、江西、山東、山西、河南、陝西等都司及屬衛并直隸衛所武官與各處鎮守内外官多占田地耕種，栽植蔬果，動千百畝，俱無税糧。請合按察司巡按御史勘實，每田一畝歲納鈔三十貫，蔬地每畝、果樹每十株歲納鈔五十貫。隱匿及倚勢不報者治罪，其地畝入官，則在外之鈔亦流通矣。命行在户部議。

（宣宗宣德實録卷57　第10頁　57.8.1364）

480　八月戊戌　　遣給事中楊鼎、武達、王瑩、張居傑往山東、河南、山西、順天等府，選附近衛所清出帶操軍士通一萬人赴京，專事更直守衛。以親軍内多老弱，故有是命。

（宣宗宣德實録卷 57　第 12 頁　57.10.1367）

481　九月己酉　朝鮮國王李祹遣陪臣權蹈等來朝貢方物。

初，户部尚書郭敦言：軍民工匠執役於京者，月支糧賞，所管之人，或造册增減，或重複冒支，侵刻入己。請革其弊。上命遣監察御史、主事閲其案牘以聞。至是，監察御史任祖壽、主事彭真等言：有已逃亡而冒門者，有已支而不給散者，有重複姓名不明者，管工官吏計五百三十人，皆當逮問。上謂敦曰：每聞軍民工匠有饑者，朕謂月皆給糧，安得饑？今知有此弊，不可不治。其重複關支及冒支、并支而不散給者，俱送法司鞫問。文册不明者姑記罪，罰俸半年。

（宣宗宣德實録卷 58　第 2 頁　58.1.1374）

482　九月辛亥　設順天府鄭家莊馬房倉，置大使、副使各一員。

土魯番城都指揮僉事愛鬼着兒等來朝，奏願居京自效。賜金織襲衣、綵幣、銀鈔、綿布、鞍馬，仍命有司給房屋、器皿等物如例。

（宣宗宣德實録卷 58　第 3 頁　58.3.1377）

483　九月甲寅　放南北兩京國子監生年五十五以上學無成效及老疾者姚哲等二百五十三人還鄉爲民。

（宣宗宣德實録卷 58　第 5 頁　58.4.1380）

484　九月乙卯　北京國子監助教王仙言：學古入官，忠教爲本。重禄勸士，寵命爲先。稽諸古昔九品官人之法，自三載至於三考，明者咸有進秩，幽者各有降黜，由是百工惟時，庶績其凝，唐虞成周之世用此道也。欽惟聖朝稽古建官，考課得宜，勸懲有道。伏覩諸司職掌，凡在京五品以下官已實授者，三年考滿即給誥勅封贈，永爲成規。今國子監博士、助教從八品，三考任滿稱職止加從七品俸，俾之復職，散官仍舊。及至六考任滿稱職又不加俸陞用，老於學官，情實可憫。乞如諸司職掌，賜應陞從七品散官，勅命仍掌博士、助教事，得承父母之恩，當益勵忠孝之道。又言：學校教養人才，固當講習經史，進修德業，至于書數之事亦當用心。近年生員止記誦文字，以備科貢，甚于字學算學略不習曉，卽入國子監。歷事諸司，字畫麄拙，算數不通，何以居官涖政？乞令天下學校生員兼習書算，從提調正官、按察司、廵按御史考試，庶幾生徒才可致用。上謂行在吏部臣曰：其言皆有理，自今國子監博士、助教考滿稱職者必陞用，生員亦令兼習書算。

（宣宗宣德實録卷 58　第 6 頁　58.5.1381）

485　九月丁巳　　命故金吾右衛帶俸都指揮僉事姜義子泉襲爲大興左衛指揮使，羽林前衛指揮使王震子鑑襲職。

行在兵部尚書張本言：在京各衛軍士月糧，每遇關支，或因差遣或離倉遠〔校記：廣本離作因〕，又無專官領督，遂致官吏、總小旗虛張名目，冒支扣除，甚者全部侵欺，所以軍士缺食。自今宜令每衛委公正指揮一員專任其事，依期關給〔校記：廣本給作領〕。其新至衛士，督令親管頭目卽與支糧，庶不失所。軍士有投託官長爲營幹生理、納錢買閒、冒支月糧者，及有仍前侵欺或所委官容情作弊者，俱從監察御史與所部上司糾舉究治其罪。從之。

（宣宗宣德實録卷 58　第 7 頁　56.6.1383）

486　九月戊午　　上謂行在工部尚書吴中等曰：天氣向寒，白河等處人難徒涉，當治橋樑。中奏：惟白河水深沙溜〔校記：廣本溜作流〕，橋樑難成，宜用官船爲梁以濟，餘皆用民修治。從之。

（宣宗宣德實録卷 58　第 8 頁　58.7.1385）

487　九月癸亥　　爪哇國王楊惟西沙遣使臣亞烈郭信等來朝貢

方物。

（宣宗宣德實録卷 58 第 11 頁 58.9.1389）

488 九月甲子 賜朝鮮國貢使權蹈等、爪哇國貢使亞烈郭信等宴。

（宣宗宣德實録卷 58 第 11 頁 58.9.1390）

489 九月丁卯 勅朝鮮國王李祹曰：王比遣使進海青鷹犬，足見王之誠意〔校記：廣本意作敬〕。使回，賜王磁器十五卓，至可領之。王國中固多珍禽異獸，然朕所欲不在於此，自今勿獻。仍賜其〔校記：廣本其下有國字〕使臣權蹈等鈔、綵幣、表裏及金織紵絲襲衣有差。

（宣宗宣德實録卷 58 第 11 頁 58.9.1390）

490 九月戊辰 迤北韃靼沼禿孛完、八歹等來歸，奏願居京自效。命沼禿孛完爲百户，八歹爲所鎮撫。賜官（按：官爲冠之誤）帶、金織襲衣、綵幣、銀鈔、鞍馬，仍命有司給房屋、器皿等物如例。

（宣宗宣德實録卷 58 第 12 頁 58.10.1391）

491 九月己巳 命故燕山右衛指揮使李信子能、府軍左衛指揮僉事蕭興弟亮、金吾右衛指揮僉事張昇姪興俱襲職。

（宣宗宣德實録卷 58 第 12 頁 58.10.1393）

492 九月庚午 兀塔兒等處頭目哈卽賽夫丁子小失帖木兒等六人來朝，奏願居京自效。命爲百户等官，賜冠帶、金織襲衣、綵幣、銀鈔、綿布、鞍馬有差，仍命有司給房屋、器皿等物如例。

（宣宗宣德實録卷 58 第 12 頁 58.10.1392）

493 九月癸酉 賜爪哇國使臣亞烈郭信等五人冠帶。

（宣宗宣德實録卷 58 第 13 頁 58.11.1393）

494 十月癸未 行在工部奏；明年正月，四方番夷例應朝貢，而北京會同館慮不能容，宜預增修。上曰：四夷朝貢皆承祖宗之舊，昔能容矣，今日豈便不足？但修葺其壞者，不必增創勞民。

守備薊州、山海都督僉事陳景先奏：勇士有出口二次者，百户有出口一次者，皆給一次之賞，再出者未給。上諭行在兵部曰：此有司之吝也，將來何以使人？其補給之。自今凡出口二次者，軍陞小旗，民免二丁雜役；一次者軍待有功定奪，民免一丁雜役，賞賜皆如例。

（宣宗宣德實録卷59 第5頁 59.5.1403）

495 十月甲申 朝鮮國王季（按：季爲李之誤）祹遣其弟裀等奉表來朝貢方物。

（宣宗宣德實録卷59 第6頁 59.5.1403）

496 十月戊子 賜朝鮮國貢使李裀等及琉球、爪哇二國貢使宴。

（宣宗宣德實録卷59 第8頁 59.6.1406）

497 十月辛卯 上謂侍臣曰：朝鮮僻遠，朝貢之使數至，其貢物率用金銀，此豈小國所能常有？其以勅諭國王，今後貢獻以土物效誠足矣。

（宣宗宣德實録卷59 第8頁 59.7.1407）

498 十月癸巳 琉球國山南王他魯每遣使者步馬結制等貢馬及方物。

（宣宗宣德實録卷59 第8頁 59.7.1407）

499 十月甲午 車駕發京師，駐蹕順義縣境，遣勅召太師英國公張輔扈從。

乙未 駐蹕峪口。獵。

丙申 駐蹕峪口。獵。

丁酉 車駕發峪口還京師，駐蹕順義縣境。

戊戌 車駕至京師。

（宣宗宣德實録卷59 第8頁 59.7.1407）

500 十月辛丑 守備密雲都指揮蔣貴奏：二十七日虜寇百餘人至古北口東甎深子口刼掠，官軍與敵，今虜尚未退。命陽武侯薛禄率兵馳往拔之，既而聞虜已退，不果行。

（宣宗宣德實録卷 59 第 9 頁 59.8.1409）

501 十月壬寅 賜朝鮮國使臣李裀等七十七人綵幣、表裏、金織紵絲、襲衣有差。

（宣宗宣德實録卷 59 第 9 頁 59.8.1409）

502 十一月甲辰 朝鮮國王李祹遣陪臣趙慕、爪哇國王楊惟西沙遣使者亞烈龔用才等貢方物，賀皇太子千秋節。

（宣宗宣德實録卷 59 第 9 頁 59.8.1409）

503 十一月乙巳 命故羽林前衛指揮僉事張林叔玉襲職，燕山左衛指揮同知姬整子祥、濟陽衛指揮同知朱彦中子興、羽林右衛指揮同知蘇喜子能、金吾後衛指揮同知杜榮子貴、金吾前衛指揮僉事童亮子英、金吾右衛指揮僉事潘政侄貴俱代職，以整等皆老疾也。

以獲强盗功陞燕山前衛正千户楊春爲指揮僉事，總旗孫興爲試百户。

行在刑部奏：爪哇國人麻沙等朝貢還，至廣東，與其同類麻抹有隙，殺之。陳初五、墨加虱二人皆從行。事覺，廣東布政司鞫問，麻沙服罪，死於獄，陳初五等雖從而不加功，當徒。上曰：夷狄之人不知禮法，且殺人者已死，彼既不加功不足深治，宥之遣歸。

（宣宗宣德實録卷 59 第 10 頁 59.8.1410）

504 十一月丙午 朝鮮國王李祹遣陪臣元憫生、洪師錫等來朝貢方物。

（宣宗宣德實録卷 59 第 10 頁 59.9.1411）

505 十一月丁未 賜朝鮮、爪哇、琉球三國貢使宴。

（宣宗宣德實録卷 59 第 10 頁 59.9.1411）

506 十一月戊申 勅朝鮮國王李祹曰：朝廷遣人至王國中，王待以飲食足矣，毋遣（按：疑遣爲遺之誤）以物。王父子敬事朝廷，多歷年歲，邇久愈篤，朕所深知，非左右近習所能間也，五（按：疑五爲王之誤）無慮焉！蓋常遣中官至彼，多所需求。至是，上聞之，遂有是命。

（宣宗宣德實録卷 59 第 11 頁 59.9.1411）

507 十一月戊申 運糧指揮盧員奏：率軍士漕運，因風浪壞船，滯留在途。今天氣已寒，乞於近河倉分收貯爲便。上謂行在户部曰：河冰將合，糧船難行，其已過武清者令於通州倉收，未至者於武清倉收。

（宣宗宣德實録卷 59 第 12 頁 59.10.1413）

508 十一月己酉 增置宛平、大興二縣縣丞各一員，專督營造。

（宣宗宣德實録卷 59 第 13 頁 59.11.1415）

509 十一月庚戌 賜琉球國使臣步馬結制等鈔、綵幣、表裏有差，命步馬結制等賫勅及鈔、絹歸，賜其國王。

迤北韃靼那哈赤來歸，奏願居京自效。命爲副千户，賜冠帶、金織襲衣、綵幣、銀鈔、綿布、鞍馬，仍命有司給房屋、器皿等物如例。

（宣宗宣德實録卷 59 第 13 頁 59.11.1415）

510 十一月癸丑 守備密雲都指揮蔣貴奏神銃官軍數少。行在兵部請以營州左屯衛指揮許志等所領神銃軍官三百四十三人益之。

（宣宗宣德實録卷 59 第 14 頁 59.12.1417）

511 十一月丙辰 賜朝鮮國侍臣趙慕等及爪哇國使臣龔用才等鈔、紵絲、羅絹及金織襲衣、胖襖有差，仍賜用才等六人冠帶。

（宣宗宣德實録卷 59 第 15 頁 59.12.1418）

512　十一月戊午　給皇城四門守衛官軍新盔甲、刀、鎗。

（宣宗宣德實録卷59　第15頁　59.12.1419）

513　十一月甲子　都督把台奏請漷縣新河里地四十餘頃爲牧地。上命行在户部遣官踏勘，果空閒地可與十五頃，若民耕種納粮熟地皆不與。

（宣宗宣德實録卷59　第15頁　59.13.1419）

514　十一月丁卯　迤北韃靼帖木兒來歸，奏願居京自效。命爲百户，賜冠帶、金織襲衣、綵幣、銀鈔、綿布、鞍馬，仍命有司給房屋、器皿等物如例。

（宣宗宣德實録卷59　第16頁　59.14.1421）

515　十一月己巳　賜朝鮮國使臣元憫生、洪師錫等鈔、綵幣、表裏、襲衣、靴鞋有差。

（宣宗宣德實録卷59　第17頁　59.14.1422）

516　十二月甲戌　賜朝鮮國貢使元憫生、洪師錫……等宴。

（宣宗宣德實録卷60　第1頁　60.1.1425）

517　十二月乙亥　直隸懷來衛奏：洗馬林等處守瞭軍士三百七十七人，舊給毛襖、狐帽，經久皆敝。上諭尚書吴中曰：今苦寒之際，宜速給之，不可緩。他處應給者皆速給之。

北京地震。

（宣宗宣德實録卷60　第1頁　60.1.1426）

518　十二月辛巳　迤北和寧王阿魯台使臣及顔答兒奏，願居京自效。命爲試百户，賜冠帶、金織襲衣、綵幣、銀鈔、鞍馬，仍命有司給房屋、器皿等物如例。

（宣宗宣德實録卷60　第3頁　60.2.1428）

519　十二月甲申　增置通州等衛倉副使，時行在户部在（按：疑在爲左之誤）侍郎李昶督倉廩言：通州等衛倉歲收糧各四五十萬石，每倉只副使一員，攢典一人。雖其有經歷，常以計事赴部不在職。又各倉文籍皆識字軍掌行，歷久弊多。乞每衛倉增置副使二員及通書算攢典四人。上命行在吏部悉從之，原用認字軍盡令還伍。

（宣宗宣德實録卷60　第4頁　60.3.1430）

520　十二月丙戌　賜朝鮮國及迤北和寧王貢使宴。

（宣宗宣德實録卷60　第5頁　60.4.1432）

521　十二月己丑　免直隸鳳陽、順天、保定、河間、真定、大明（按：疑明爲名之誤）、永平、廣平八府所屬六十六州縣宣德二年、三年水災田地五萬八千八百七十五頃五十九畝其應納税糧一十七萬四千九百五十餘石，穀草四百五十八萬八百三十餘束。

（宣宗宣德實録卷60　第6頁　60.5.1433）

522　十二月庚寅　瀞縣知縣張清奏：本縣歲辨課鈔數少，舊無税課局，今軍民商賈往來興販者多，宜設局置官吏，職專徵税。上曰：瀞亦小縣，置局徒擾人。不聽。

（宣宗宣德實録卷60　第6頁　60.5.1434）

523　十二月癸巳　行在兵科給事中李蕃巡關還，言五事：一守關士卒勞苦，冬衣布花例應七月與之，今年終春初方給，亦有一年不給者。乞申飭各衛，冬衣布花俱於秋成後關給。一自山海衛南海口至居庸等關，每關官軍或百餘人，衣用只十餘付或四五付，亦皆損壞。乞令工部給之。一官軍畏避邊戍之勞，或託修築墩堠爲名，潛出口外擒捕野獸，巡關指揮與之相通，不行禁遏，因而逃遁。乞令以家屬隨勞，仍禁出口捕獵。一湯谷（按：館本谷作峪）等緣邊關口官軍月糧，俱於通州倉關給，往復路遠，軍常缺食。乞令户部計議，將附近州縣税糧發支爲便。一隆慶等衛，路當衝要，北虜往來朝貢，以軍士孳生牝馬接遞，多墮胎而斃，所司責令償馬。又採辦柴炭，運載艱難，多裒歛布貨至京買納，貧者皆逃。今後虜使往來，宜令各衛所以官軍騎操馬遞送，柴炭不急之務，宜暫蠲免。上諭行在兵部尚書張本等曰：朕嘗親歷邊城，見士卒艱難，未嘗暫忘。今覽其所奏，益爲惻然。卿與户部、工部即議行之，毋重困苦士卒。

（宣宗宣德實録卷60 第7頁 69.6.1435）

524 十二月 是歲……漕運北京米豆三百八十五萬〔校記：廣本五作一。禮本無五字〕八千八百二十四石。

（宣宗宣德實録卷60 第10頁 60.9.1441）

宣德五年（1430）

525 正月癸卯 朝鮮國王李祹遣陪臣吴陞等來朝貢金銀器皿及方物。

（宣宗宣德實録卷61 第1頁 61.1.1443）

526 正月乙巳 立春，順天府官進香（按：香爲春之誤）。上御正殿受之，文武羣臣行賀禮，遂賜宴。

（宣宗宣德實録卷61 第1頁 61.1.1443）

527 正月己酉 大雪。時猶沍寒，天久不雨，是日雪。上喜曰：此足以膏澤土壤矣。作《喜雪歌》以示羣臣。

（宣宗宣德實録卷61 第2頁 61.2.1445）

528 正月庚戌 宣府總兵官都督譚廣奏：赤城屯堡垣墉卑狹，比賊屢入刼掠。今屯守官軍慮其復至，欲暫徙長安嶺南，俟春暖擇利便地修築城堡，增兵守備，半年一更爲便。時開平衛餘丁唐子英等亦告欲移入長安嶺南耕種，每歲俟大軍運糧之時，隨往開平供送正軍，爲守禦之計。遂勅廣等曰：朕以邊務付爾，事有便宜，從爾斟酌，但宜審度，務保十全。

（宣宗宣德實録卷61 第2頁 61.2.1445）

529 正月乙卯 宣府總兵官都督譚廣言：宣府諸衛少馬，請增給五千匹。命發順天府孳牧馬二千五百往給之，餘二千五百令廣遣官軍赴御馬監關。

（宣宗宣德實録卷61　第3頁　61.2.1446）

530　正月戊午　朝鮮國王李祹遣陪臣李澄等貢馬及方物，謝賜磁器。

（宣宗宣德實録卷61　第5頁　61.4.1449）

531　正月甲子　賜朝鮮國貢使吴陞等宴。

乙丑　賜朝鮮國使臣吴陞等二十二人鈔、綵幣、表裏，命陞齎勅及朝服、襲衣歸賜世子珦。

（宣宗宣德實録卷62　第1頁　62.1.1461）

532　正月丁卯　命行在兵部閲實懷來、永寧、撫寧三衛官軍之數。

陞京衛指揮使吴凱等十七人爲都指揮僉事，指揮同知季弘等十一人指揮僉事，吕昇等二十人署都指揮僉事。

（宣宗宣德實録卷62　第3頁　62.2.1464）

533　正月庚午　賜朝鮮國使臣李澄鈔、綵幣、表裏有差。

（宣宗宣德實録卷62　第7頁　62.6.1472）

534　二月癸酉　免順天府房山、良鄉二縣民三百八十户〔校記：聖政記八十户作八十二户〕蝗災田地一百〔校記：聖政記一百作九百〕一十九頃七十八畝，宣德四年秋糧六百四十石八斗，馬草一萬一千〔校記：廣本一千作二千〕五百束。

（宣宗宣德實録卷63　第1頁　63.1.1475）

535　二月丁丑　朝鮮國王李祹遣陪臣徐選……等貢馬及方物，賀萬壽聖節。

（宣宗宣德實録卷63　第2頁　63.2.1477）

536　二月戊寅　上聞衍聖公孔彦縉每歲來朝皆僦居民間，命行在工部賜居第於京城，以便朝參。

（宣宗宣德實録卷63　第3頁　63.2.1478）

537　二月癸未　建行在禮部於北京大明門之東。時五府六部皆未建，以禮部所典者天地、宗廟、社稷之重，及四方萬國朝覲會同者皆有事於此，故首建之。其地位規制皆如南京，加弘壯焉。

作府軍前衛幼軍營於京城内之西南隅。

（宣宗宣德實録卷 63　第 4 頁　63.4.1481）

538　二月甲申　　賜朝鮮國及迤北和寧王等處貢使宴。

大同總兵官武安侯鄭亨奏：天城衛北邊舊立雙山、青松嶺、尖山三烟墩并川北平虜墩，近已革去。宜於懷來衛西陽河口築一墩，迤南天城衛長勝墩東北之中增築一墩，爛柴溝亦築一墩，相接懷來瞭望。又鴉兒崕煙墩去迤西三尖山煙墩三十餘里，每舉砲或風逆不相聞，因而誤事，請於其間增置一墩。俱從之。

（宣宗宣德實録卷 63　第 5 頁　63.4.1482）

539　二月丙戌　　上退朝御左順門，謂行在工部尚書吴中等曰：比聞在京工匠之中，有老幼殘疾并不諳匠藝及有一户數丁皆赴工者，宜從實取勘。老幼殘疾及不諳者皆罷之，丁多者量留，餘悉遣歸。凡久役者亦勘實以聞。

（宣宗宣德實録卷 63　第 6 頁　63.5.1484）

540　二月癸巳　　勅諭行在六部、都察院曰：……近年在京工作匠人，多有逃者，蓋因管工官及作頭等〔校記：廣本等作者。詔制頭下有人字〕不能撫卹。又私縱其强壯者，不令赴工，俾辦納月錢入己，併冒關其糧賞，止令貧者做工，又逼索其財物。受害不已，是致在逃〔校記：詔制作安得不逃〕。及差人勾取，差去之人又逼取財物。工匠受害，弊非一端。自今工匠一户有二丁者令一丁赴工，一丁放免；四丁者二丁赴工，二丁放免。六丁以上俱凖此例，單丁者與别户朋合，聽其一年或二年相輪代替，違者依失班論例。如遇大營造暫借撥工者〔校記：廣本無工字。舊校改此句作暫撥土工者……〕，計其用工日月，准後班次用工之處，常差監察御史、給事中點閘，考其工程。仍前作弊者，就執奏究治，庶革宿弊，下得均其勞逸，上不虚費糧賞。

（宣宗宣德實録卷63 第9頁 63.7.1488）

541 二月癸巳 朝鮮國王李祹遣其姪李寀〔校記：廣本寀作宷，下同。字書無宗字〕、李孟畇、陪臣尹須彌等表奉貢方物，謝免貢金玉器。先是，朝鮮所獻方物有金銀龍頭盞之屬，上謂侍臣曰：朝鮮進貢頻數，每有金銀器皿，小國措辦必難，宜正之。遂勅祹曰：金玉非爾國所産，自今貢獻惟以土物效識而已。祹感悦。至是遣寀等奉表謝。

迤北河寧王阿魯台使臣從人李羅察兒奏願居京自效。命爲鎮撫，賜金織襲衣、綵幣、銀鈔、綿布、鞍馬，仍命有司給房屋、器皿等物如例。

（宣宗宣德實録卷63 第11頁 63.9.1491）

542 二月癸巳 行在禮部奏：會試天下舉人，得中式者陳詔等一百人。

（宣宗宣德實録卷63 第11頁 63.9.1492）

543 二月甲午 賜朝鮮國使臣徐選等十三人鈔、綵幣、表裏有差。

（宣宗宣德實録卷63 第11頁 63.9.1492）

544 二月乙未 上奉皇太后率皇后謁長陵、獻陵。車駕發京師。

丙申 車駕至陵下。營於陵南五里。

丁酉 駐蹕陵下……

戊戌 駐蹕陵下。

己亥 駐蹕陵下。

庚子 駐蹕陵下。

（宣宗宣德實録卷63 第11頁 63.9.1492）

545 三月辛丑朔 駐蹕陵下。是日雨……

壬寅 駐蹕陵下……

癸卯　駐蹕陵下……

甲辰　駐蹕陵下……

乙巳　駐蹕陵下……

丙午　清明節。上奉皇太后率皇后祭長陵、獻陵……

丁未　駐蹕陵下……

戊申　上奉皇太后率皇后還京師……

己酉　車駕至京城。

（宣宗宣德實録卷 64　第 1 頁　64.1.1493）

546　三月庚戌　安順侯薛貴卒。貴舊名脱火赤，順天府昌平縣人，燕山右護衛指揮僉事脱歡之弟，爲人有膽氣。太宗皇帝舉義靖内難，貴以舍人從征戰有功，累陞都指揮使……宣德元年加封安順侯，至是卒。

（宣宗宣德實録卷 64　第 4 頁　64.3.1504）

547　三月辛亥　成國公朱勇、行在兵部尚書張本等奏：京師操備官軍，其間有屬陝西緣邊鞏昌等衛及階州文縣千户所者，去京甚遠，每歲更代必俱遣人促之方至。請以陝西内地衛所官軍與之兑换。又山東内地衛所官軍有調緣海備倭者，緣海衛所却調京師操備；通州諸衛官軍發淮安運糧，而直隸安慶諸衛乃赴京師操備，彼此不便。請通行兑换。上悉從之。

侍郎李琦等使交阯還，黎州遣頭目陶公僎等貢金銀器皿及方物。

（宣宗宣德實録卷 64　第 4 頁　64.4.1505）

548　三月乙卯　上御奉天門，策試舉人陳詔等一百人。

（宣宗宣德實録卷 64　第 7 頁　64.6.1509）

549　三月甲寅　愛河等衛女直指揮僉事可因帖等四人來朝，奏願居京自效。賜金織襲衣、綵幣、鈔布有差，仍命有司給房屋、器皿等物如例。

（宣宗宣德實録卷 64　第 7 頁　64.6.1509）

550 三月丁巳 賜朝鮮國貢使李寀〔校記：廣本作李宰〕等宴。

順天府尹李庸奏：初，發三河諸縣民丁助修密雲中衛城，緣工役繁重，未能卽完。今東作已興，乞發遣歸農，秋成之後復令供役。從之。

（宣宗宣德實録卷64 第9頁 64.7.1512）

551 三月戊午 行在工部尚書吴中奏：南京及浙江等處工匠起至北京及於隨駕各監上工者，俱未有定籍，請令附籍於大興、宛平二縣，庶有稽考。從之。

（宣宗宣德實録卷64 第9頁 64.8.1513）

552 三月己未 行在都察院奏：北京國子監生許節等三人公差往應天府，受民白金，於律當徒。上曰：爲士當謹義利之辨，諸生尚未受官便汲汲求利，若使得位豈能卓然有立？今太學諸生不少，宜如律治之，以示警。

（宣宗宣德實録卷64 第10頁 64.8.1514）

553 三月辛酉 賜朝鮮國使臣李寀、李孟畇、尹須彌等三十五人鈔、綵幣、表裏及金織文綺、襲衣有差，仍賜寀等冠帶。

（宣宗宣德實録卷64 第10頁 64.8.1514）

554 三月癸亥 國子監吏郭弘奏：臣本監生，永樂十二年以歷事勤謹，吏部引選，因疾步趨不前，發充吏，屢訴年老，有司不准。今臣年六十有八，乞免役還鄉。上謂行在吏部臣曰：近時凡吏之老疾者悉放免，何獨此人不免，假令有過，謫之爲吏已十餘年，可使之老死刀筆乎？卽放遣歸。

（宣宗宣德實録卷64 第11頁 64.9.1516）

555 三月丙寅 宣府總兵官都督譚廣等奏：永寧縣皆在平川，又有隆慶衛軍相襍屯住，舊無城垣可依。縣北有地，若築城，緩急可保。計當工用一萬人，今止有五千人，請發順天府及關内諸衛軍民協助。上謂行在工部尚書吴中等曰：邊城當築，但時當耕種，未可妨之。

（宣宗宣德實録卷 64　第 13 頁　64.11.1519）

556　四月壬申　　命故大寧都指揮僉事傅昇子宗舟襲爲旗手衛指揮使，羽林前衛指揮使丁和子玉、指揮同知刁貴子信、張祥子旺、燕山右衛指揮僉事蔣福弟禄、大興左衛指揮僉事蔣雄孫英俱襲職。羽林右衛指揮僉事劉順老疾，命其子勇代。

（宣宗宣德實録卷 65　第 1 頁　65.1.1527）

557　四月丙子　　賜（按：疑賜爲陽之誤）武侯薛禄奏：永寧衛團山及鵰鶚、赤城、雲州、獨石四站最爲緊要，應築城堡。當用夫匠五萬人，人齎兩月糧，防護官軍用萬人，醫者二十人。上命所司悉如數給之。

（宣宗宣德實録卷 65　第 3 頁　65.3.1531）

558　四月戊寅　　釋御史李驥。初，驥巡視通州倉，遇軍斗高祥等盜糧，執而鞫之。祥父妄告祥同張貴等盜糧，驥受貴等白金，縱之不問，而獨問祥。行在刑部當驥絞罪〔校記：廣本寳訓當作論〕，驥上章訴冤。上曰：御史既擒盗豈有受贓之理？若其受贓，即此事皆泯滅不發〔校記：廣本即作則〕，安肯尚存事端？命尚書、侍郎、都御史等官同訊之。至是覆奏：驥實冤，但應奏不奏，當杖。上曰：既實冤，當免杖，令復職。因諭刑部郎施禮等曰：人命至重，爾等論刑何爲不詳慎？驥不自言幾於枉死，後將何以使人？禮等頓首謝。

（宣宗宣德實録卷 65　第 4 頁　65.4.1533）

559　四月壬午　　行在工部尚書吴中奏：河南民夫赴京用工者多逃逸，請逮送法司罪之。上曰：朕聞管工官吏需索虐害非止一端，故致其逃逸，若逮送法司，人何以堪？但行文法司，促其來。爾宜戒飭管工者勿蹈前過，有犯必不宥。

（宣宗宣德實録卷 65　第 7 頁　65.6.1537）

560　四月壬午　　修居庸關道路。

（宣宗宣德實録卷 65　第 8 頁　65.7.1539）

561　四月丁酉　陽武侯薛禄奏：開平歲運糧四萬石，人力不齊（按：疑齊爲濟之誤）。請令行在兵部五府議其用力多寡，立爲定例。上命尚書張本與五府議。本等議：自京師至獨石立十一堡，每堡屯軍士千人，各具運車，計日半可畢一運，三日則運糧二千石，六十日可運四萬石。其包席就所發倉給之，布囊則官運之。別用軍五百人，專於京倉發運之際應雜役。如運車猝難辦集，量給官驢運去〔校記：廣本驢作騾〕，其糧運至獨石新城内置倉收貯。令開平備禦官軍分番於獨石搬運，副總兵都督馮興專領軍防護。上從之，仍命武進伯朱冕總督。

（宣宗宣德實録卷 65　第 10 頁　65.8.1542）

562　五月丁酉　工部尚書兼詹事府詹事黄福建言三事：一言足食之要……爲今之計，莫若以操備及營繕官軍之近京師水路者，摘十萬人於濟寧以北、衛輝、真定以東緣河屯種。離京不遠，可以調用，其歲收子粒，則從輕取之：初年自食，次年人收五石，三年收十石，歲可得一百萬石。又京倉省支口糧六十萬石，原衛省支月糧一百二十萬石，歲得糧通二百八十萬石矣。其淮浙、長蘆官鹽嚴禁私販，每歲會計，除邊地足用外，餘者召商於京倉納米，務足一百萬石。更將兩廣、福建税糧，各隨所産折收紬絹布疋，運至濟寧官庫收貯。每歲差官支出，就濟寧以北豐稔之地增價收糴，置倉收貯。其營繕民夫口糧，各於原籍關鈔，令其買食。而操練赴京官軍口糧，若不通舟楫者，仍在京支給，路通舟楫者，於緣河糧多官倉支給。就所在船，順帶食品。姑以十萬人爲數，京倉歲可省支六十餘萬石。以所省并所收計之，縱有虚耗，每歲所積不下四百萬石。加以民納税糧并官軍償運之糧通計之，不但歲用充足，而倉廪有儲積。

（宣宗宣德實録卷 65　第 11 頁　65.9.1542）

563　五月己亥　直隸保定府滿城等縣奏蝗生。上命行在户部遣人往捕，必盡絶乃已。

（宣宗宣德實録卷 65　第 13 頁　65.11.1547）

564　五月壬寅　增置口北緣邊諸堡。先是，北邊自懷安西陽河〔校記：廣本懷下有來字〕至永寧、四海冶山口四十四處，皆可通人馬，每處守備官軍或百人，或三五十人。保安衛指揮李璟請益兵立堡，以固守備。上命總兵官都督譚廣等審度。廣奏：其間三十九處宜益兵立堡，每處益兵五十人。從之。

（宣宗宣德實録卷 66　第 2 頁　66.2.1551）

565　五月癸卯　賜朝鮮國王李祹刀劍、銀幣等物。上嘉祹屢貢方物，篤於誠敬，故厚答之。

（宣宗宣德實録卷 66　第 2 頁　66.2.1552）

566　五月丙午　復行在錦衣衛指揮僉事商喜、韓秀實職。喜等初以匠藝得官，有罪罸役，至是宥之。

（宣宗宣德實録卷 66　第 3 頁　66.3.1553）

567　五月戊申　命都督僉事陳敬充總兵官，率領官軍於薊州、永平、山海等處備禦。

（宣宗宣德實録卷 66　第 4 頁　66.3.1554）

568　五月壬子　工匠有告内使韋宗盗官銅造鍍金器物與外人、其制過於御用器者。上命付法司治之如律。因諭侍臣曰：洪武、永樂間，内府所貯錢糧，内官内使纖毫不敢動，雖東宫親王不得取用，欲用者必奏請。今内官敢爾，豈得不罪？又曰：朕近日用一木水架，工匠餙以綵色，又間貼金。朕惡其華侈，遂命易之。而小人乃敢僭擬！遂命司禮監榜諭各監局，有盗官物及潛分者，事覺處死。知而不首，罪亦如之。

（宣宗宣德實録卷 66　第 5 頁　66.4.1556）

569　五月乙卯　行在兵部奏：山海一衛軍逃者二千六百七十二人〔校記：聖政記七十二作七十三〕。管軍官不勾補，例應降職者十五人，應罰俸者一百六十五人，悉具名聞。上曰：邊衛備禦，全杖軍將，雖智勇絶出，一人能禦幾賊？今一衛軍亡者過半，賊猝至何以禦之？如例罪之〔校記：寶訓作如律〕，不可貸也。

（宣宗宣德實録卷 66　第 7 頁　66.6.1559）

570　五月戊午　遼東安樂州千户咬納〔校記：廣本咬作蛟〕來朝，奏願居京自效。賜綵幣、布帛，仍命有司給房屋、器皿等物如例。

（宣宗宣德實録卷 66　第 9 頁　66.8.1563）

571　五月丁卯　命永康侯徐安、行在工部侍郎羅汝敬自張家灣抵直沽緣河提督運木。勅令設法俾軍民商賈舟楫通行，不相妨礙。如何岸衝決〔校記：舊校改何作河〕，就督軍夫修築。

（宣宗宣德實録卷 66　第 12 頁　66.10.1567）

572　五月戊辰　命故陝西行都司都指揮同知蔡成子福襲爲羽林前衛指揮使。府軍衛指揮使陶源子真、指揮僉事馬全子勝、燕山前衛指揮同知李信子智、金吾左衛〔校記：廣本左作前〕指揮同知任聚子禮、指揮僉事姜遇春姪參、楊威子貴、大興左衛指揮僉事許敬子誠、燕山右衛指揮僉事盧清子榮、通州衛指揮僉事李彬子盛俱襲職。金吾後衛指揮僉事黄得老疾，命以子鋭代。

（宣宗宣德實録卷 66　第 12 頁　66.10.1567）

573　五月戊辰　豹房勇士奏與民分居。上曰：勇士在京十餘年，安得今尚無居？此必民居寬好，欲舍而就彼。民艱難作一居，爾欲徒得之邪！民何罪？爾何功？錦衣衛指揮王節奏：此人今有居在城中。上怒，命杖之一百，以五百斤（按：館本作五十斤）枷，號令警衆。召六科給事中諭之曰：此曹敢輕易犯法者，恃中官爲之救解。自今但中官傳朕言釋有罪人，並須覆奏始行。

（宣宗宣德實録卷 66　第 12 頁　66.10.1568）

574　六月癸酉　琉球國中山王尚巴志遣使者阿蒲察都等來朝貢馬及方物。

（宣宗宣德實録卷 67　第 3 頁　67.2.1574）

575　六月癸酉　初，築獨石、雲州、赤城、鵰鶚城堡完，上命兵部尚書張本往獨石與陽武侯薛禄議守備之方。勅禄曰：一切邊務，卿與本共熟籌之。必有益於國，有便於人，可以經久。至是本還，上所議：請以兵議送開平衛所印信及軍士家屬置於獨石等城堡，且屯且守。專以馬步精兵二千，分爲二班〔校記：廣本二作兩〕，令都督馮興總之。都指揮唐銘、卞福各領一班，自帶糧料，更番往來開平故城哨備。其各城堡守備軍數，則獨石二千，雲州、赤城各五百，鵰鶚三百，俱於隆慶左右二衛調發。如不足，則以保安衛足之。其山海、懷來各衛留守開平官軍，悉令還衛。本復奏，自今犯罪充軍者，悉遣往實新立城堡。皆從之。

（宣宗宣德實録卷 67　第 3 頁　67.2.1574）

576　六月乙亥　上聞有人擅於天壽山近陵地耕種者，勅守陵太監郁彬等嚴禁約之。

免直隸保定府易州涞水縣復業逃民九百九十五户宣德四年鹽糧一千二十餘石〔校記：禮本十作百〕，穀草二萬一千七百〔校記七作九〕九十餘束。

（宣宗宣德實録卷 67　第 3 頁　67.3.1575）

577　六月丙子　陽武侯薛禄奏：獨石城合用守備軍器及巡更銅牌、更鼓等件。命行在工部給之。

（宣宗宣德實録卷 67　第 3 頁　67.3.1575）

578　六月丁丑　賜琉球國等處貢使阿蒲察都等宴。

（宣宗宣德實録卷 67　第 4 頁　67.3.1576）

579　六月壬午　行在兵部尚書張本言：今皇城四門進納諸物有侵奪多收之弊。上命遣御史給事中稱盤如永樂故事，庶幾漸革。

（宣宗宣德實録卷 67　第 6 頁　65.5.1580）

580　六月癸未　行在户部奏：長蘆軍民多有販鬻私鹽者，請遣錦衣衛官及監察御史巡捕。從之。

（宣宗宣德實録卷 67　第 6 頁　67.5.1580）

581　六月乙酉　命行在工部造天地壇樂器，以太常言〔校記：廣本常下有寺字〕歲久多幣故也。

（宣宗宣德實録卷 67　第 7 頁　67.6.1581）

582　六月丁亥　修正陽門橋樑。

（宣宗宣德實録卷 67　第 8 頁　67.7.1583）

583　六月戊子　命行在工部修北京城隍祠。

修築直隸隆慶州城。時陽武侯薛禄言：隆慶城周圍四里，年久頹壞，用人四萬，五日可完，請就以官軍修理。上從之。

（宣宗宣德實録卷 67　第 8 頁　67.7.1583）

584　六月庚寅　賜琉球國使臣阿蒲察都等十四人……鈔幣及金織襲衣有差。

（宣宗宣德實録卷 67　第 9 頁　67.8.1585）

585　六月辛卯　命都督僉事方政充副總兵，自開平、獨石至長安嶺、永寧往來巡備。遇有儆急〔校記：三本儆作警〕，與總兵官都督譚廣相應援。

（宣宗宣德實録卷 67　第 10 頁　67.8.1586）

586　六月丙申　朝鮮國王李祹蒙賜世子冠服，遣陪臣文貴等奉表，貢方物，謝恩。

（宣宗宣德實録卷 67　第 11 頁　67.9.1588）

587　六月丁酉　土魯番城都指揮僉事愛鬼着兒所部舍人哈因虎里等〔校記：廣本禮本里作黑〕，烏思藏闡化王所部養卜魯、都指揮僉事工哥爾監藏遣來番人三扎思皆奏願居京自効。命爲所鎮撫，賜冠帶、金織襲衣、綵幣、銀鈔、鞍馬，仍命有司給房屋等物如例。

（宣宗宣德實録卷 67　第 11 頁　67.10.1589）

588　七月庚子　撒馬罕兒（按：罕兒爲兒罕之誤）等處頭目兀魯伯米兒咱等遣使臣卜顔火力等來朝貢方物。

（宣宗宣德實録卷 68　第 1 頁　68.1.1591）

589　七月辛丑　行在兵部奏：南北二京直隸衛所屯田無官總督。上命都指揮同知崔忠、都指揮僉事趙榮督北京直隸衛所，都指揮僉事宋斌、黄恭督南京直隸衛所。又奏：都指揮僉事韓鎮言，陽武侯薛禄調隆□（按：疑□爲慶）左右二衛官軍八百二十九人之在永寧備禦者，悉往獨石等處守備。緣永寧路通外境，今調去二衛官軍，守備寡弱〔校記：禮本備作禦〕，請留之。事下兵部議。今議得獨石等處，尤爲要地，所調官軍，當以半往，仍留半于永寧，庶兩無失所。從之。

（宣宗宣德實録卷68　第1頁　68.1.1592）

590　七月癸卯　賜鮮國（按：鮮前奪朝字）貢使文貴等宴。

（宣宗宣德實録卷68　第2頁　68.2.1593）

591　七月乙巳　設萬全都司永寧衛衛倉，置副使一員。

（宣宗宣德實録卷68　第2頁　68.2.1594）

592　七月乙巳　賜朝鮮國使臣文貴等……綵幣、表裏、絹布襲衣有差。

（宣宗宣德實録卷68　第2頁　68.2.1594）

593　七月丙午　瓦剌順寧王脱歡使臣從人沙班等二人奏願居京自効。命爲百户等官，賜冠帶、金織襲衣、綵幣、銀鈔、綿布、按（按：按爲鞍之誤）馬，仍命有司給房屋等物如例。

（宣宗宣德實録卷68　第3頁　68.2.1594）

594　七月戊申　太廟之側産嘉采（按：疑采爲禾之誤），有一莖四五穗至六七穗者，不可勝計。行在禮部臣請率百官表賀。上曰：瑞麥嘉禾固是豐年之慶，但朕以菲德居位，且比來四方屢奏水旱，可言賀耶？然産於太廟側，實天與祖宗神靈之所敷佑。昔周人“貽我來牟”之詩，必歸於先公之德，上帝之命，朕何德以致此！其勿賀。

行在通政司右參議何懷輝言：通州張家灣至北京途中花園等處，每有强盗刼掠，甚至殺傷人命。請於人煙稀少之處，或六里或十里設冷舖，置兵巡捕。上命行在錦衣衛差能幹官領校尉緝捕，若假擒賊爲名擾人者，治罪不宥。

（宣宗宣德實録卷 68　第 4 頁　68.2.1596）

595　七月己酉　日（按：疑日爲占之誤）城國王占巴的賴遣正副使逋沙帕麻叔等來朝貢方物。

（宣宗宣德實録卷 68　第 4 頁　68.4.1597）

596　七月丁巳　土魯番城頭都督僉事尹吉兒察奏：臣率家屬來朝，願居京師以圖報効。上嘉其誠，從之。賜金織文綺襲衣，命行在工部與屋第、什器等物，户部給俸禄〔校記：廣本禄作糧〕。

順天府奏請修葺厲壇。從之。

（宣宗宣德實録卷 68　第 7 頁　68.5.1600）

597　七月戊午　巡按直隸監察御史余思寬言：張家灣兩河有逋逃軍民工匿（按：匿爲匠之誤），或潛匿人家，或爲盜賊〔校記：抱本盜賊作賊盜〕，宜遣人察密捕治。上謂行在户部曰〔校記：廣本部下有臣字，是也。〕：逃豈人情所欲？必有不得已。可揭榜示之，令十日内凡逃逸者許自守（按：守爲首之誤），匠還役，民還原籍。限外不首者治罪，若非逃逸而於河岸生理者聽。

（宣宗宣德實録卷 68　第 7 頁　68.6.1601）

598　七月辛酉　大（按：疑大爲太之誤）保陽武侯薛禄卒。禄，山東膠州人，起卒伍，從太宗靖内雖（按：疑雖爲難之誤）首建奇功……永樂……十五年建北京宫殿，命董營繕，加奉天靖難推誠宣力武臣特進營（按：疑營爲榮之誤）禄大夫柱國，封陽武侯，食禄千五百石……宣德……四年……三月奉命城永寧、赤城、獨石，皆從禄所言也……若董繕作，規志有方，力不煩費，功率堅久。人亦罕及焉。

（宣宗宣德實録卷 68　第 8 頁　68.7.1603）

599　七月丙寅　賜撒馬兒罕等處使臣卜顔火力〔校記：抱本力

作刀〕等綵幣、金織襲衣有差。

（宣宗宣德實録卷 68　第 11 頁　68.10.1609）

600　八月庚午　巡按直隸監察御史余思寬言：薊州以東衛所軍士差占者多，一軍養馬有五六疋至七八疋者，勞苦特甚，宜與減省。上命所司計議。行在兵部言：山海迤西守邊營堡二十餘處，步卒五千餘人，今正收秋草，宜暫分與養，就令騎操，俟來春再議。從之。

（宣宗宣德實録卷 69　第 1 頁　69.1.1616）

601　八月癸酉　副總兵都督方政奏：獨石、赤城、鵰鶚備禦官軍有患病者，無醫治療。上諭行在禮部臣曰：朕恒念邊軍勞苦。況有疾乎？其令太醫院給藥，遣醫士二人往療，半年一更。

（宣宗宣德實録卷 69　第 2 頁　69.2.1617）

602　八月丙子　命置豐豐城侯李賢、奉化伯滕定往永寧衛隆慶州提督修理城垣。

（宣宗宣德實録卷 69　第 2 頁　69.2.1618）

603　八月丁丑　遣少傅工部尚書兼謹身殿大學士楊榮釋殿（按：疑殿爲奠之誤）先師孔子。

修北京德勝門外橋閘。

（宣宗宣德實録卷 69　第 2 頁　69.2.1618）

604　八月己卯　賜占城國使臣逋沙怕麻叔等鈔、綵幣、表裏、金織紵絲襲衣及絹有差〔校記：廣本禮本絹下有布字，是也〕，賜其通事和阿媽等冠帶，仍命賫勅及金錦、綵幣歸其國王。

（宣宗宣德實録卷 69　第 3 頁　69.2.1618）

605　八月辛巳　詔旌表節婦李氏等五人。……周氏，良鄉縣民魏成妾，甫生一子，成得疾，且殆，囑之曰：爾年少，我死以子屬我妻吕氏〔校記：廣本吕作李〕，爾可別適。周曰：爲妾〔校記：廣本爲妾作焉〕可更二主耶！卒與吕氏同室居，執禮甚嚴。

隣婦憐之，勸改嫁，周氏詈斥之，後吕氏卒，以禮祔葬夫墓，始終守志不易。事聞，俱旗（按：疑旗爲旌之誤）其門曰“貞節”。

（宣宗宣德實録卷69　第3頁　69.3.1619）

606　八月辛巳　行在兵部尚書張本言：居庸關及東西關口六十五處，初以隆慶左右二衛官軍分守，今二衛軍士分守獨石、赤城，而居庸各關缺守者。紫關荆（按：疑關在荆前）腹裹之地，有官軍九百餘人，又有金坡鎮巡檢司官兵，宜令鎮守居庸關指揮芮勛及卽紫荆關指揮趙得往視諸關口緩急，量撥軍士分守。上是其言。

修獨石、新城等處烟墩。時開平備禦都指揮唐銘奏：獨石、新城及長寧、平戎二處烟墩損壞。上曰：此皆豐城侯李賢等用工苟且。時賢等往禦永寧、隆慶城，遂勅責之，且命二城工畢仍往獨石修築，務極完固，以蓋前愆。

（宣宗宣德實録卷69　第4頁　69.3.1620）

607　八月丁亥　行在工部尚書吴中言：良鄉以南至滁州舊蓆殿每年補葺，勞費不少，請令有司陶瓦以覆。命俟農隙徐爲之。

順天府尹李庸奏：本府廟學殿廡損壞，聖賢塑像多剥落。上命重修飾之。

（宣宗宣德實録卷69　第6頁　69.5.1624）

608　八月壬辰　置宛平沙河站倉、平昌（按：疑平昌爲昌平之誤）縣山口倉大使各一員。時順天府尹李庸言：二處自永樂中多積軍儲，每歲户部委辦事官監守，更替不常，支銷不明，多有虧折，宜設官〔校記：廣本官下有監守二字〕專任其事。上是其言。命行在吏部卽除大使各一員，禮部鑄印給之。

（宣宗宣德實録卷69　第8頁　69.6.1626）

609　八月乙未　鎮守居庸關指揮芮勳言：德勝關以虎東峪口（按：疑虎在東字後）至賈兒嶺口，皆可通人馬，乃天壽山後路，俱無城堡，宜築寨。上諭行在工部曰：豐城侯李賢方修永寧城，偰其工畢，就令悉軍夫往各關口相地勢築塞。

（宣宗宣德實録卷69　第10頁　69.9.1631）

610　九月丙午　行在後軍都督□（按：館本□作僉）事沈清言：永寧衛臨邊地，公廨軍營俱未建，士卒散處，城池空虛。請令都指揮韓鎮督永寧、隆慶二衛軍士作之，以便守備，仍令副總都督方政董其事。從之。

（宣宗宣德實録卷71　第4頁　70 3.1640）

611　九月癸丑　琉球國中山王尚巴志遣使臣佳期巴那……等來朝貢馬及方物。

（宣宗宣德實録卷70　第9頁　70.7.1648）

612　九月甲寅　陞北京國子監博士汪奉、許子謨爲翰林院檢校討，仍理博士事。時行在吏部言：舊例，國子監官九載考滿者復職增俸，奉等已經三考，應復職。上曰：國子監官有例復職，固是優待儒者，但他官九載俱陞職，學官獨不陞乎？遂陞奉等爲翰林院檢討，仍理博士。又曰：若教官中有學術才識出衆者，尤當不拘資格拔擢，勿謂儒者不可用。

（宣宗宣德實録卷70　第9頁　70.7.1648）

613　九月乙卯　車駕巡近郊，命豐城侯李賢、行在兵部尚書張本、右都御史顧佐等居守。命成國公朱勇曰：朕今巡視近郊，爾與太監劉順提督太監劉軍（按：館本太監劉軍作大營官軍）嚴肅守衛，謹慎關防，一應軍務，公共計議而行。是日駐蹕西湖之東。

（宣宗宣德實録卷70　第10頁　70.8.1649）

614　九月己未　車駕還京師。

（宣宗宣德實録卷70　第10頁　70.8.1650）

615　九月己未　朝鮮國王李裪遣陪臣李皎等貢方物謝恩。初，朝鮮民白隆等十七人泛海市鹽，因風漂至。上憫之，謂行在禮部曰：十七人皆死而得生，即送還本國。遂給道里費遣之，且賜賚裀。至是遣皎等來謝。

（宣宗宣德實録卷 70　第 10 頁　70.8.1650）

616　九月庚申　涿州、灤城〔校記：廣本灤作欒〕、盧溝有韃軍殺人刧財。事聞，上命行在錦衣衛指揮張信往督所在軍衛捕之。〔校記：廣本軍衛作衛軍〕。

（宣宗宣德實録卷 70　第 10 頁　70.9.1651）

617　九月壬戌　行在江西等道監察御史汪景明等劾奏成安侯郭晟、建平伯高遠扈蹕郊外，不奏先歸，夜扣德勝門而入，徑回私第，怠惰偷安。請正其罪。命下錦衣衛獄。

（宣宗宣德實録卷 70　第 10 頁　70.9.1651）

618　九月乙丑　行在兵部尚書張本言：宣德四年太僕寺及北京行太僕寺孳生馬騾駒六萬七千五百九十九匹，例當印記。上命駙馬趙輝、永康侯徐安往監之。

（宣宗宣德實録卷 70　第 11 頁　70.10.1653）

619　九月丁卯　賜奉使撒馬兒罕等處還京鎮撫馬黑麻迭力月失等十一人銀鈔、綵幣、表裏、紗羅、綾紬等物。仍陞馬黑迭力失爲指揮僉事，餘陞秩有差。

（宣宗宣德實録卷 70　第 12 頁　70.10.1654）

620　十月己巳　賜朝鮮、琉球二國貢使宴。

（宣宗宣德實録卷 71　第 1 頁　71.1.1655）

621　十月己巳　巡視邊關監察御史劉敬言：自山海衛境内黄土嶺至薊州衛迤北（按：館本北作西）猪圈頭凡二十二營，每營官軍多者七八百人，少者五六百人，遇有疾病，悉無醫藥。乞每兩營置醫一人，官給藥餌治療。從之。

（宣宗宣德實録卷 71　第 2 頁　71.1.1656）

622　十月癸酉　琉球國中山王尚巴志遣魏古渥制……等來朝貢馬及方物。

（宣宗宣德實録卷 71　第 4 頁　71.4.1660）

623　十月甲戌　賜琉球國使臣佳期巴那等綵幣、表裏有差，仍遣賫勅及鈔二萬一千七百六十錠賜歸（按：疑賜歸爲歸賜之誤）其王。

（宣宗宣德實録卷 71　第 6 頁　71.5.1663）

624　十月乙亥　賜朝鮮國使臣李皎等綵幣、表裏、金織紵絲襲衣有差。

（宣宗宣德實録卷 71　第 6 頁　71.5.1664）

625　十月丙子　上以農事既畢，將巡近郊，勑豐城侯李賢、都督張昇、兵部尚書張本、都察院右都御史顧佐等居守，曰：朕今巡視邊備，特命爾等守北京，大小之事須措置得宜。遇有警急機務，同太監楊瑛等計議允當，隨卽施行，仍差人馳奏……

是日，車駕發京師，駐蹕玉河。諭成國公朱勇等曰：今農收雖畢，而禾稼在場，民間公私之費皆出于此，扈從官軍不許入民家有所索，違者處以重刑。其申令各營悉知之。

丁丑　駐蹕龍虎臺……

戊寅　車駕度居庸關，駐蹕岔道……

己卯　獵于岔道……

庚辰　駐蹕岔道。

辛巳　駐蹕懷來。

壬午　駐蹕雷家站……

癸未　駐蹕宣府之泥河……

甲申　駐蹕老鴉站。

乙酉　駐蹕洗馬林。工部運軍士衣鞵至自北京，上命尚書吳中等卽日給散。

丙戌　駐蹕洗馬林……

戊子　回鑾，駐泥河。

庚寅　駐蹕懷來……

辛卯　駐蹕岔道。

壬辰　車駕至京師。

（宣宗宣德實録卷 71　第 7 頁　71.6.1665）

626　十一月癸卯　琉球國中山王尚巴志遣使者郭伯兹每等來朝，貢馬及方物。

（宣宗宣德實録卷 72　第 3 頁　72.3.1679）

627　十一月乙巳　朝鮮國王李祹遣陪臣鄭淵等貢馬及方物，賀皇太子千秋節。

賜琉球國使臣魏古渥制等鈔、綵幣、表裏有差。

（宣宗宣德實録卷 72　第 4 頁　72.3.1680）

628　十一月辛亥　行在三法司奏：長安、東安、西安、北安四門倉官陳紀等，掌支上直官軍食米，冒官軍伍百七十餘人姓名，多支米二千四百〔校記：廣本四作七〕一十石入己，當斬。上從之，語侍臣曰：養口腹而喪身，小人之愚也。

（宣宗宣德實録卷 72　第 5 頁　72.4.1682）

629　十一月癸丑　賜琉球國使臣郭伯兹每等鈔、綵幣、表裏、綿布有差。

（宣宗宣德實録卷 72　第 7 頁　72.5.1684）

630　十一月癸丑　行在刑部郎中李文定（按：館本定作正）言：北京糧餉皆出江南，各衛軍士轉運不息，有遇河凍不得還家者，有至家未及一月復就道者，經年奔馳在外，豈無父母妻子之念？乞自儀真至張家灣，傍水每程擇高埠之地築城堡，設衛所，給與印信，置行都司如舊管屬，而令原運官軍或全家或分房赴堡居住。丁力多者授以近處閒地，俾之耕種，則父母妻子亦得相聚而於轉運矣！昔唐劉宴緣水置倉，轉相受給，其法亦便。願陛下勅羣臣議可否而行之。上命公、侯、伯、尚書、侍郎、都御史議，時以衆論不一，事遂寢。

（宣宗宣德實録卷 72　第 7 頁　72.6.1685）

631　十一月甲寅　賜朝鮮國使臣鄭淵等綵幣、表裏有差。

（宣宗宣德實録卷 72　第 8 頁　72.6.1686）

632　十一月乙卯　朝鮮國王李祹遣陪臣金因等來朝貢方物。

（宣宗宣德實録卷 72　第 9 頁　72.7.1687）

633　十一月戊午　監察御史劉敬奏：山海、隆慶緣山關口皆置官軍防守，而所在烟墩又令有司添設民夫守瞭，或七八人，或五六人，實勞民，乞革去爲便。上諭尚書張本等曰：凡軍以衛民，民以給軍，各有常職，何得虚勞民力以妨農功？卽令罷遣民夫，一委軍士守瞭。

（宣宗宣德實録卷 72　第 10 頁　72.8.1689）

634　十一月己未　命故金吾右衛指揮使〔校記：廣本右作左〕曹俊子廣、燕山右衛指揮僉事趙斌子昇、通州衛指揮僉事姜勝子禎俱襲職。

行在兵部奏：隆慶左右二衛言，副總兵都督方政，每衛調取官軍一千一百人往獨石等處守備。緣二衛官軍（按：館本軍作兵）先已調雲州等處，若再調則隆慶地方守備不足。今考二衛軍數，除選調之外，各處屯守官軍及謫發充軍者尚多，請令副總兵方政於隆慶左右及保安衛官軍三千往獨石等處更番守備。其輪次月日從方政處置。

（宣宗宣德實録卷 72　第 11 頁　72.9.1691）

635　十一月庚申　爪哇國王楊惟西沙遣通事八致宗敬及村主八致麻抹等來朝貢方物。

（宣宗宣德實録卷 72　第 11 頁　72.9.1692）

636　十一月甲子　賜朝鮮國使臣金因等綵幣、表裏有差。

（宣宗宣德實録卷 72　第 13 頁　72.11.1695）

637　十二月庚午　給長安嶺并獨石等守關口臺墩〔校記：舊校臺墩作墩臺〕軍士胖襖、袴鞵。

（宣宗宣德實録卷 73　第 1 頁　73.1.1697）

638　十二月癸酉　賜爪哇國通事八致宗敬、村主八致麻抹等鈔、綵幣、表裏、襲衣等物有差。

（宣宗宣德實録卷 73　第 1 頁　73.1.1697）

639　十二月戊寅　賜朝鮮國及撒馬兒罕、瓦剌等處貢使宴。

（宣宗宣德實録卷 73　第 1 頁　73.1.1698）

640　十二月庚辰　置順天通州三河縣峪口之官莊、楊家橋、張家莊三馬房倉，各設大使臣一員〔校記：廣本設作置〕。

行在兵部尚書張本言：自永樂二十二年至宣德五年八月終，京衛官軍领馬一十九萬三千八百餘匹，遞年倒累蒙恩宥〔校記：廣本累作屢〕，見在之數，五不及一，應追償者一萬九百二十〔校記：廣本一下有十九二字〕餘疋。請令以十人爲率，義和朋合，均出價值，每月共買一疋還官。果無力者，行原籍家屬追買。及查軍民所養種馬，虧欠五萬四千八百四十餘匹，亦令每十户朋合買陪，庶幾軍民皆便。上命文武大臣議。英國公張輔等議：宜從本言，朋合不可拘人數，以二年爲限買完，其民間該陪者如義合事例。可令一縣或一里共買，勿拘十户。官軍於本衛所本隊伍共買，或於原籍買償者皆可從。上曰：朋合買者以三年爲期，官軍行原籍買償，不免煩擾，不可行。

先夕大雪。

（宣宗宣德實録卷 73　第 2 頁　73.1.1698）

641　十二月辛巳　立春。順天府官進春。

（宣宗宣德實録卷 73　第 3 頁　73.2.1700）

642　十二月壬午　復李信遵化縣知縣，陞正六品禄。時信以秩滿，順天府尹李庸言：信持身端謹，涖政公平，吏民信服，奏乞留之。上謂行在吏部臣曰：畿内縣令，必須得人。可從所奏，令復任而加其禄。

（宣宗宣德實録卷 73　第 4 頁　73.3.1702）

643　十二月乙酉　直隸保定府定興縣奏：連年蝗澇，田穀不收，徭役頻繁，人民逃竄。今已招復業者六百八十五户，未復者二百七十五户〔校記：抱本五作餘〕。鹽糧馬草，皆未輸納，乞與蠲除。從之。

（宣宗宣德實録卷 73　第 7 頁　73.5.1706）

644 十二月丁亥 柳城萬户阿黑把失等十六人來朝，奏願居京自効。命阿黑把失等五人爲副千户等官，賜金織襲衣、綵幣、鈔布有差，仍命有司給房屋、器皿等物如例。

（宣宗宣德實録卷 73 第 8 頁 73.7.1709）

645 十二月戊子 土魯番城指揮僉事猛哥帖木兒等三十八人來朝，奏願居京自効。賜金織襲衣、綵幣、紗、絹、綿布，仍命有司給房屋、器皿等物如例。

（宣宗宣德實録卷 73 第 9 頁 73.8.1711）

646 十二月己丑 夜，北京地震。

（宣宗宣德實録卷 73 第 10 頁 73.8.1712）

647 十二月辛卯 禿都河衛頭目阿隆加來朝，奏願居京自効。命爲百户，賜冠帶、金織襲衣、綵幣、鈔布，仍命有司給房屋、器皿等物如例。

（宣宗宣德實録卷 73 第 9 頁 73.9.1713）

648 十二月辛卯 復撫寧衛右、中、前三千户所之在香河、三河、薊州者還本衛，從都督陳景先所奏也。

（宣宗宣德實録卷 73 第 11 頁 73.9.1713）

649 十二月壬辰 行在兵部奏：比者〔校記：廣本比作昔〕，有言京衛軍士多潛匿在外及爲官豪之家隱占，本部承命委官同監察御史、六科掌科給事中覈實其數，已行編册進呈。今覈勘得其間有隱瞞漏妄之弊，其衛所官吏宜令法司逮問。上命姑録其過，悉令改正。

（宣宗宣德實録卷 73 第 11 頁 73.9.1714）

650 十二月甲午 陞北京國子監博士黄胤宗、助教郭俊爲翰林院檢討，仍理博士助教事。

（宣宗宣德實録卷 73 第 12 頁 73.10.1716）

651 十二月丙申 朝鮮國王李裪遣陪臣趙貫等貢馬。

（宣宗宣德實録卷 73 第 13 頁 73.11.1717）

652　閏十二月庚子　朝鮮國王李裪遣陪臣崔士儀等貢馬及物，賀正旦。

（宣宗宣德實録卷 74　第 1 頁　74.1.1720）

653　閏十二月辛丑　鎮守山海關等處都督僉事陳敬奏：腹裏烟墩用民夫守瞭，乃洪武間所（按：館本所下有設字），昨皆放遣歸農，請如舊制爲便。上謂行在尚書張本曰：舊時未置兵守，故用□（按：館本□作民）。今朕已有處分，敬妄敢言，其移文責之。

（宣宗宣德實録卷 74　第 2 頁　74.2.1721）

654　閏十二月癸卯　賜朝鮮國等處貢使宴。

（宣宗宣德實録卷 74　第 2 頁　74.2.1722）

655　閏十二月乙巳　賜朝鮮國使臣趙貫等綵幣、表裏有差。

（宣宗宣德實録卷 74　第 3 頁　74.2.1722）

656　閏十二月丁未　迤北韃靼土混台脱台土來歸，奏願居京自効。皆命爲所鎮撫，賜冠帶、金織襲衣、綵幣、銀鈔、綿布、鞍馬，仍命有司給房屋、器皿等物。

（宣宗宣德實録卷 74　第 3 頁　74.3.1723）

657　閏十二月戊申　朝鮮國王李裪遣陪臣金乙賢等貢方物。

（宣宗宣德實録卷 74　第 4 頁　74.4.1725）

658　閏十二月乙卯　命都指揮李榮等四十九人總督五軍、神機諸營，又命指揮毛禮等五十七人爲之副。先是，五軍、神機諸營缺官，命成國公朱勇推舉，至是以榮等名聞。上命皆仍舊職往任其事。

（宣宗宣德實録卷 74　第 5 頁　74.5.1727）

659　閏十二月乙卯　順天府奏：初，奉旨發密雲等縣民丁三千餘人助備密雲中衛城，今以密雲附近山場，又令其民供官用薪柴，悉免雜役，而密雲中衛仍索民丁。修城之功已什完七八，乞勅鎮守密雲都指揮蔣貴，令罷諸縣修城民丁，止以密雲中後二衛軍丁完城。從之。

（宣宗宣德實録卷 74　第 6 頁　74.5.1727）

660　閏十二月庚申　又諭行在工部尚書吴中曰：近已停營造，各處工匠在京者量存其半，餘悉遣回，俾如例輪班。

（宣宗宣德實録卷 74　第 7 頁　74.6.1730）

661　閏十二月乙丑　是歲……漕運北京米、麥、豆五百四十五萬三千七百一十石。

（宣宗宣德實録卷 74　第 9 頁　74.8.1733）

宣德六年（1431）

662　正月庚午　迤北韃靼把台不老實來歸，奏願居京自効。命爲副千户所鎮撫，賜冠帶、金織襲衣、綵幣、銀鈔、綿布、鞍馬有差，仍命有司給房屋、器物如例。

（宣宗宣德實録卷 75　第 1 頁　75.1.1735）

663　正月庚辰　卯刻，大雷電雨。

（宣宗宣德實録卷 75　第 5 頁　75.3.1740）

664　正月甲申　賜朝鮮國貢使崔士儀等宴。

（宣宗宣德實録卷 75　第 5 頁　75.4.1741）

665　正月乙酉　賜朝鮮國使臣崔士儀等三十六人綵幣、表食（按：食爲裏之誤）。

（宣宗宣德實録卷 75　第 5 頁　75.4.1742）

666　正月癸巳　金吾右衛千户閻順領軍守衛西華門，私縱三人下直，及御史點視，又私令餘丁代之。御史劾奏順。上命行在都察院併所縱軍治之。

（宣宗宣德實録卷 75　第 9 頁　75.7.1748）

667　正月甲午　賜撒馬兒罕使臣卜顔劄法兒等綵幣、表裏有差。初，行在禮部奏：卜顔剳法兒等進送來鑾石一萬斤，多不堪用。今還，請薄其償。上曰：厚往薄來，懷遠之道。撒馬兒罕去中國最遠，毋屑與較，可加厚遣之。故有是賜。

（宣宗宣德實録卷 75　第 9 頁　75.8.1749）

668　正月乙未　沙州衛韃靼忽迭兒必失等七人來歸，奏願居京自効。命爲百户所鎮撫，賜冠帶、金織襲衣、綵幣、銀鈔、鞍馬有差，仍命有司給房屋、器物如例。

（宣宗宣德實録卷 75　第 9 頁　75.8.1749）

669　二月丁酉　遣北京國子監祭酒貝泰釋奠先師孔子。

（宣宗宣德實録卷 76　第 1 頁　76.1.1752）

670　二月己亥　朝鮮國王李裪遣陪臣卜信生……進馬及方物，賀萬壽聖節。

（宣宗宣德實録卷 76　第 4 頁　76.3.1755）

671　二月己亥　命監察御史俞奎往蘇（按：疑蘇爲薊之誤）州等處緣邊點閱戍守官軍。上諭之曰：緣邊關口戍守已定，所以頻點閱者，慮有怠縱，失於防閑。爾爲朝廷耳目官，若知其縱弛而不舉，或苛細生事，皆爲失職。奎頓首受命。

（宣宗宣德實録卷 76　第 7 頁　76.6.1761）

672　二月壬寅　滿剌加國頭目巫寶赤納等至京言：國王欲躬來朝貢，但爲暹羅國王所阻。暹羅素欲侵害本國，本國欲奏，無能書者。今王令臣三人潛附蘇門答剌貢舟來京，乞朝廷遣人諭暹羅王，無肆欺凌，不勝感恩之至。上命行在禮部賜賚巫寶赤納等，遣附太監鄭和舟還國。令和賫勅諭暹羅國王曰：朕主宰天下，一視同仁，爾能恭視朝廷，屢遣使朝貢，朕用爾嘉。比聞滿剌加國王欲恭來朝而阻於國王，以朕度之，必非王意，皆王左右之人不能深思遠慮。阻絶道路，與鄰邦起釁，斯豈長保富貴之道？王宜恪遵朕命，睦鄰通好，省諭下人，勿肆侵侮，則王能敬天事大，保國安民，和睦鄰境，以副朕同仁之心。禮部言：諸番貢使例有賜予，巫寶赤納非有貢物，給賞無例。上曰：遠人數萬里外來訴不平，豈可不賞？遂賜紵絲襲衣、綵幣、表裏、絹布及金織襲衣有差。

（宣宗宣德實録卷 76　第 8 頁　76.6.1762）

673　二月癸卯　迤北脱脱等剌竹地面阿都剌等、土魯番城胡馬兒舍等來歸，皆奏願居京自効。命爲指揮僉事、百户等官，賜冠帶、金織襲衣、綵幣、銀鈔、鞍馬有差，仍命有司給房屋、器物如例。

（宣宗宣德實録卷 76　第 9 頁　76.7.1764）

674　二月丙午　朝鮮國王李祹遣陪臣張友良等來朝貢方物。

（宣宗宣德實録卷 76　第 9 頁　76.8.1765）

675　二月丁未　賜朝鮮國使臣朴信生等……鈔、綵幣、表裏、金織襲衣有差。

（宣宗宣德實録卷 76　第 9 頁　76.8.1765）

676　二月庚戌　賜朝鮮國貢使卜信生等宴。

（宣宗宣德實録卷 76　第 11 頁　76.9.1767）

677　二月癸丑　迤北孛來等率妻子二十一人來歸，奏願居京自効。命孛來等三人爲指揮同知等官，賜冠帶、金織襲衣、綵幣、銀鈔、絹布、綿花、鞍馬有差，仍命有司給房屋、器物如例。

（宣宗宣德實録卷 76　第 12 頁　76.10.1769）

678　二月癸丑　賜亦力把里歪思王等處貢使宴。

（宣宗宣德實録卷 76　第 12 頁　76.10.1769）

679　二月甲寅　命行在户部尚書李昶督修京城及通州諸衛倉。所需工料，令行在工部給之。

（宣宗宣德實録卷 76　第 12 頁　76.10.1770）

680　二月甲寅　賜朝鮮國使臣張友良等綵幣、表裏、絹布襲衣有差。

（宣宗宣德實録卷 76　第 12 頁　76.10.1770）

681 二月甲寅 順天府尹李庸奏：永樂中渾河決新城縣之高〔校記：廣本高作南，是也〕從周口，衝激泥沙，遂已游壅霸州桑園里、牛家莊、張貴莊約四里餘。每年水漲，無所通泄，湧漫倒流，北灌海子凹、牛闌佃等處，其地不得耕種。今雨未降，請量起民丁預修理。從之。

（宣宗宣德實録卷 76　第 12 頁　76.10.1770）

682 二月甲寅 命武進伯朱冕率官軍運糧往獨石等處。行在户部言：宜如往年發五府屬衛及口外各衛軍丁，與順天等府民丁相兼擺堡接運。上曰：方春民務耕種，但遣軍士運之，勿動民丁。

停選薊州、鎮朔等衛舍人操練，存留備邊。

（宣宗宣德實録卷 76　第 13 頁　76.11.1771）

683 二月戊午 行在刑部奏：長陵衛千户嚴忠詐取餘丁財物，罪應徒。上曰：朕念軍士艱難，故免餘丁之役，使資助之。管軍官其父母，乃不能體此意而剥削之〔校記：廣本而下有反字〕，此豈有心恤軍？小懲大戒，亦小人之福。

（宣宗宣德實録卷 76　第 13 頁　76.11.1772）

684 二月己未 陞國子監助教張山觀爲翰林院檢討，仍助理教育事；行在工部虞衡司主事魏本爲順天府治中。

（宣宗宣德實録卷 76　第 14 頁　76.12.1773）

685 二月庚申 武進伯朱冕奏：奉命總督官軍運粮往獨石等處，臣思去年擬運四萬石，兵部發五軍〔校記：廣本發作撥〕諸衛官軍列堡轉運，往還路遠，止得二萬石上倉。今欲運十五萬石，若仍舊法，恐難集事。請於宣府操備官軍及萬全都司再摘五千人，各從近增立五堡，庶無稽誤。從之。

（宣宗宣德實録卷 76　第 15 頁　76.13.1775）

686 三月丁卯 上諭行在户部臣曰：比以商販阻滯鈔法，令北京官民蔬地照畝徵鈔。近聞鈔法稍通，種蔬鬻者獲利甚微，可減其半，俟鈔通行悉蠲之。

（宣宗宣德實録卷 77　第 2 頁　77.2.1783）

687　三月戊辰　遣官閲視京衛軍士。先是，成國公朱勇奏各營操練軍少，上命行在兵部選京衛精兵十餘萬，專事操練。其後各衛多指差占爲名，匿不實報。勇請以御史、給事中、錦衣衛官分臨各衛覈實軍數〔校記：廣本數作伍〕，毋致影射。仍選精壯分隸各營操練。從之。

行在工部奏：今造北京天地等壇及鐘鼓司、教坊司樂器、衣服〔校記：廣本服作物〕，工力不足，欲於浙江等布政司及直隸蘇松等府匠丁多者量選赴京供役，人月給糧四斗，事畢遣歸，如舊更番。從之。

（宣宗宣德實録卷 77　第 3 頁　77.2.1784）

688　三月壬申　迤北韃靼阿魯里等來歸，及和寧王阿魯台使臣五色等皆奏願居京自効。命爲指揮僉事等官，賜冠帶、金織襲衣、綵幣、銀鈔有差，仍命有司給房屋、器物如例。

（宣宗宣德實録卷 77　第 4 頁　77.4.1787）

689　三月甲戌　免直隸保定府滿城縣復業人户秋糧三百八十一石有奇，穀草一萬餘束，鹽糧二百一十一石。

（宣宗宣德實録卷 77　第 4 頁　77.4.1787）

690　三月丙子　兼行在户部事禮部尚書胡濙等奏：今天下攢造黄册，宜清理户口錢糧。比聞各處逃民有倚軍衛屯堡及藏匿別府州縣不回原籍者，請條列榜諭，務在遵守，違者必罪不宥……南北二京富户、倉脚夫等役于京城居住者，多有逃回原籍及避他處，應天、順天二府即查究挨捕。若親隣里老舉首及自首者俱免罪，或知而不首及占恡不發者，逮問如律，正逃者發口外充軍。

（宣宗宣德實録卷 77　第 6 頁　77.5.1790）

691　三月丁丑　行在大理寺言：義勇中衛倉軍斗〔校記：廣本軍作庫，斗下有級字〕盜黄豆六升，於律杖九十，于例斬，全家發戍邊遠。上曰：人命止直六升豆乎？宥之。

又奏：繡匠盜針工局紵絲等物，於律當斬，於例杖一百充軍。上曰：盜内府物小人尤無忌憚者，如律。

（宣宗宣德實録卷77　第9頁　77.7.1794）

692　三月戊寅　中官朱敬奏請故尚書夏原吉舊賜地二頃，上命錦衣衛遣官按視。時順天府已給民人耕種，上曰：既爲民業，安可侵奪？斥不與。

（宣宗宣德實録卷77　第9頁　77.8.1795）

693　三月壬午　朝鮮國王李祹遣陪臣成抑〔校記：廣本抑作柳，誤〕等奉表箋賀。

（宣宗宣德實録卷77　第10頁　77.9.1797）

694　三月癸未　迤北來歸韃靼察罕卜花〔校記：廣本卜作不〕等、曲先衛使臣脱巴皆奏願居京自効。俱命爲所鎮撫，賜冠帶、金織襲衣、綵幣、銀鈔、綿布、鞍馬，仍命有司給房屋、器物如例。

（宣宗宣德實録卷77　第10頁　77.9.1797）

695　三月甲午　蘇門答剌國王宰奴里阿必丁遣使馬下末〔校記：廣本禮本末作木〕等來朝貢馬。

（宣宗宣德實録卷77　第13頁　77.11.1801）

696　四月丙申　賜朝鮮國使臣成抑〔校記：廣本禮本抑作柳，誤〕等……鈔、綵幣、表裏、絹布及紵絲襲衣有差。

（宣宗宣德實録卷78　第1頁　78.1.1803）

697　四月丙申　迤北韃靼哈利等來歸，奏願居京師。命爲所鎮撫，……賜冠帶、金織襲衣、綵幣、銀鈔、綿布、鞍馬有差，仍命順天府……給房屋、器物如例。

（宣宗宣德實録卷78　第1頁　78.1.1803）

698　四月丁酉　賜朝鮮、蘇門答剌二國貢使宴。

（宣宗宣德實録卷78　第2頁　78.1.1804）

699 四月戊申 監察御史何敬家人市蔬，鬻蔬者以鈔爛不鬻，敬杖之二十，竟死。行在都察院論敬法應死。上命宥死，杖一百，發獨石充軍。

（宣宗宣德實録卷78 第5頁 78.4.1810）

700 四月己酉 命在京各衛倉收收糧經歷三年考滿者給半禄守支。若糧不及千石，如倉官例交盤給由調用，仍俟九年黜陟。

（宣宗宣德實録卷78 第5頁 78.4.1810）

701 四月乙卯 賜蘇門答剌國使臣馬下末〔校記：廣本末作木〕等鈔幣、表裏、襲衣有差。

（宣宗宣德實録卷78 第6頁 78.5.1812）

702 四月己未 迤北韃官失都等四十九人携家屬三百餘口來歸，皆奏願居京自効。行在兵部、禮部第爲五等以聞。上命一等失都哈答阿匝丁、使臣失兒哈俱爲都指揮僉事，二等惱黑赤阿答帖木兒、太平完者忽秃沙剌八、海里丁猛古俱爲指揮同知，三等脱羅亦剌、馬丹帖木兒、哈咎赤速克〔校記：廣本克作古〕脱歡、使臣撒迭兒迷失脱歡帖木兒俱爲正千户，四等火濟哈咎赤、伯顔秃卜哈台、苦魯兀兒俺者兒灰、朵兒只迭兒必失、馬孩脱歡沙兀南卜、哈剌張也先帖木兒、哈剌帖木兒、孛羅帖木兒、法虎兒丁奄克台〔校記：奄作俺〕俱爲百户，五等失兀剌脱歡孛台、可列帖木兒、苦提只蘭帖木兒、兀速帖木兒、克失帖木兒、啞〔校記：廣本啞作亞〕蠻月魯帖木兒馬木沙〔校記：沙作兒〕俱爲所鎮撫，賜冠帶、金織襲衣、綵幣、銀鈔、絹布、鞍馬有差。海里丁猛古先來通貢，增賞半倍，其年幼者悉與優給。上諭行在工部尚書吴中曰：虜人慕義來歸，可擇隙地造居室處之，仍如例賜器物。

（宣宗宣德實録卷78 第8頁 78.7.1815）

703 四月庚申 上御左順門，謂工部尚書吴中等曰：比聞京師布（按：館本布作存）留工匠中，多有年久當代者。用人之力，必使勞佚（按：館本佚作逸）適均，今過期不代，將謂官府無信。

宜速與休息。

（宣宗宣德實録卷 78 第 9 頁 78.7.1816）

704 四月辛酉 命故大興左衛指揮同知張雄子彬、金吾右衛指揮同知杜礜保〔校記：抱本保作寶〕子能、金吾左衛指揮同知邢原兄全、羽林右衛指揮同知李貴姪孫弘、羽林前衛指揮僉事〔校記：廣本僉事作同知〕丁用子福、通州衛指揮僉事曹禮子珀俱襲職。金吾左衛指揮使張貴子禮、府軍衛指揮同知李綱子昇、錦衣衛指揮僉事何得子信俱代父職，以其父皆老疾也。

（宣宗宣德實録卷 78 第 10 頁 78.8.1817）

705 五月丙寅 安南黎利遣頭目何栗等陳情謝罪，貢方物。

（宣宗宣德實録卷 79 第 2 頁 79.2.1823）

706 五月庚申 迤北韃靼脱哈卜花〔校記：廣本卜作不〕來歸，奏願居京自効。命爲所鎮撫，賜冠帶、金織襲衣、綵幣、銀鈔、綿布、鞍馬，仍命有司如例給房屋、器物〔校記：廣本器下有皿等二字〕。

（宣宗宣德實録卷 79 第 5 頁 79.4.1828）

707 五月辛未 命行在羽林前衛帶俸指揮使高英任行在旗手衛，許貴任行在羽林左衛，方忠任長陵衛指揮同知，徐祥任燕山前衛。

（宣宗宣德實録卷 79 第 6 頁 79.5.1829）

708 五月壬申 順天府奏：霸州保定縣地低窪，邊臨渾河。往者，河岸缺壞，皆是保定、文安、大城諸縣民夫同軍衛修築。今河水衝決，岸土漸薄，且有坍塌之處，若水溢決潰，必傷田苗。請如舊集衆預修，庶幾有備無患。從之。

（宣宗宣德實録卷 79 第 8 頁 79.7.1833）

709 五月庚辰 占城國王占巴的賴遣使臣逋沙怕美等來朝，奉金葉表、貢奇藍香、象牙、犀角等方物。

（宣宗宣德實録卷 79 第 10 頁 79.9.1837）

710 五月庚辰 上視朝罷，御左順門，召工部尚書吴中諭之曰：各廠所貯材木，初採甚難，勞用軍民，殫極糧賞，方得至此。朕故加意愛惜。卿亦當體朕意，有不當用，切勿妄費。若本大材而工匠斲小用之，罪亦不貸。時近有〔校記：廣本近下有侍字，是也〕以其事聞於上者，故以此諭之。

（宣宗宣德實録卷 79 第 10 頁 79.9.1837）

711 五月辛巳 命行在工部移濟州衛舊倉之在平則門者置於新太倉。

（宣宗宣德實録卷 79 第 11 頁 79.9.1838）

712 五月壬午 修宛平縣澄清閘。

（宣宗宣德實録卷 79 第 11 頁 79.10.1839）

713 五月甲申 行在兵部尚書許廓……又奏：北京各衛及直隸鳳陽等衛所養孳生馬，監臨官例應三年赴京比較。今燕山左等二十六衛已遣千户徐平等賫册至比較，應追償馬六百七十三疋，而所具數不同，請先下平等法司究治。鳳陽等八衛過期不遣官賫册前來比較，其各衛原管孳收官俱應逮治。上命已至者記罪追馬，數不同者令改正，過期不至者罰俸五月。

（宣宗宣德實録卷 79 第 12 頁 79.10.1839）

714 五月乙酉 行在兵部尚書許廓言：本部先選北京國子監生吴昌等清理軍仕（按：疑仕爲伍之誤）册籍，今已二年，欲照例送吏部選用，然其間入監者有久近不同。上曰：年深者令出身，年淺者令歷事，如例考用，著爲令。

（宣宗宣德實録卷 79 第 12 頁 79.10.1840）

715 五月丁亥 賜占城國等處貢使宴。

（宣宗宣德實録卷 79 第 13 頁 79.11.1841）

716 五月戊子 賜占城國使臣逋沙怕美等綵幣、鈔、金織紵絲等衣有差，仍遣賫勅及文綺、紵絲、鈔、羅紗歸賜其王。

（宣宗宣德實録卷 79 第 13 頁 79.11.1842）

717 六月乙未 迤北韃靼哥魯赤來歸，奏願居京自効。命爲所鎮撫，賜冠帶、金織襲衣、綵幣、銀鈔、綿布、鞍馬，仍命有司給房屋、器物。

（宣宗宣德實録卷80 第1頁 80.1.1847）

718 六月己亥 遣行在禮部右侍郎章敞、右通政徐琦齎詔，命安南頭目黎利權署安國事。詔曰……

（宣宗宣德實録卷80 第1頁 80.1.1848）

719 六月乙巳 行在工部言：通州西門通京師，倉厫亦在門外，而月城角門舊砌窄狹，止通小車單行，今行者多，常壅塞不便，請更而廣之。上命俟農隙改作。

（宣宗宣德實録卷80 第5頁 80.4.1854）

720 六月丁未 順天府固安縣奏：今夏久雨，渾河漲溢，衝決徐家等曰（按：曰爲口之誤）。上命行在工部發民修築。

（宣宗宣德實録卷80 第7頁 80.6.1857）

721 六月戊申 新作行在禮部成，錫宴落之，命公、侯、駙馬、伯、都督、尚書、侍郎、都御史、學士、祭酒及通政司、大理寺、太常寺、光禄寺、鴻臚寺掌印官及本部屬官皆與焉。

（宣宗宣德實録卷80 第7頁 80.6.1857）

722 六月甲寅 勅隆慶衛指揮同知李璟鎮守居庸關，仍理本衛事，撫綏士卒，訊察往來。凡城池、烽堠、屯堡俱屬璟整飭，遇有聲息，即時馳奏。仍報臨近守將，隨機處置，餘事皆與同官計議而行。

（宣宗宣德實録卷80 第8頁 80.7.1860）

723 六月乙卯 平江伯陳瑄奏：歲運北京糧四百餘萬石，役軍士一十二萬人，連年輪運，當蘇其力。乞於浙江、湖廣、江西、蘇、松、常鎮太平等府僉民丁及軍多衛所添軍與見運軍士通二十四萬人，分爲兩班，每歲用一十二萬人攢運，餘一十二萬人伺候更替，可爲經久之計，少節軍民之勞。又法司所問囚徒，内有宥死充軍贖罪者，請發臨清以北，緣河置衛，編伍爲軍，令其屯種。又江南之民，運糧赴臨清、淮安、徐州上倉，往返將近一年，有悮生理。而湖廣、江西、浙江及蘇、松、安慶等官軍，每歲以船至淮安載糧。若令江南民糧對撥附近衛所官軍運載至京，仍令户運官（按：疑户下奪部字）會計給與路費耗米，則軍民兩便。又自儀真至通州，閘壩或時損壞，泉流或時壅塞。請於濟寧置都水司，設官吏，而緣河州縣依浙江治水之例，各銓官專掌其事。又委在京堂上官二員總督，以時役民修築閘壩，浚導水源，不必瑣碎申達，則舟行無阻，轉輸不悮〔校記：廣本作而轉輸亦不誤矣〕。上謂行在户部曰：所言可行，然不知於民果利便否？遣侍郎王佐往淮安與瑄及尚書黄福再議可否以聞。發囚徒立衛、置都水司、緣河設官姑止之。

（宣宗宣德實録卷 80　第 9 頁　80.7.1860）

724　六月丙辰　迤北和寧王使臣察罕等八人來朝，奏願居京自効。命爲副千户等官，賜冠帶、金織襲衣、綵幣、銀鈔、綿布、鞍馬，仍命有司如例給房屋、器物。

（宣宗宣德實録卷 80　第 11 頁　80.8.1863）

725　六月戊午　行在大理寺奏：通州學倉支麥已盡，學正劉畯〔校記：廣本畯作峻〕令人掃除，得餘麥五斗，當歸官而私用之，於律應徒，論盗糧應斬，家戍邊。上曰：以五斗棄餘之物殺人，不可。令戴罪還職，罰俸一年。

（宣宗宣德實録卷 80　第 10 頁　80.10.1865）

726　七月庚午　迤北和寧王阿魯台使臣俺克秃剌等來朝，奏願居京自効。命爲百户等官，賜冠帶、金織襲衣、綵幣、銀鈔、綿布、鞍馬有差，仍命有司如例給房屋、器皿。

（宣宗宣德實録卷 81　第 3 頁　81.2.1874）

727　七月庚午　行在工部尚書吴中奏：山東布政司、直隸河間府民夫在京工作者皆給糧賞，今多逃逸，請遣官追至，問罪罰工。上曰：既與糧賞，彼安肯逃？爾當深究其弊之源。今不必遣官，但行文令自來，不來罪之未晚。

（宣宗宣德實録卷 81 第 3 頁 81.3.1875）

728 七月癸酉 賜達官侯伯等草場。先是，都指揮也先帖木兒奏：在京居久，所給牛馬未有牧地。上命行在户部遣官行視順天府屬縣，有空閑地非民耕種者給之。至是户部言三河縣地多空壙。遂定撥侯四百畝，伯三百畝，都督二百五十畝，都指揮二百畝，指揮一百五十畝，千户、衛鎮撫一百二十畝，所鎮撫一百畝。

成國公朱勇奏：在京各衛所武官子弟皆操練，其後多以襲職視事，然亦有多餘不視事者，請仍操練。從之。

行在兵部尚書許廓言：比奉命同各營把總官、成國公朱勇等閲視五府屬衛并金吾左等衛旗軍。其間强壯精閲者少，老疾罷弱者多，又多有殘疾，仍作正伍支糧，及在營有丁無錢不准更替，原籍有丁不爲行勾，甚至賄求在閑及私役于家以避征差者，不可殫舉。又言：京衛軍士丁口無籍可稽，須從新勘實，籍著丁數送部。其老弱殘疾者驗實，令壯丁代；在營無壯丁者原籍勾代；果户絶無丁保勘，三次皆同者循例除豁。上曰：軍伍不實，限衛所官兩月内清理，俱要精鋭者充役。編丁口籍，令五府官同御史〔校記：廣本禮本史下有及字〕、給事中各二人理其事，專令侍郎王驥總督。代替者並須驗籍，勾補者限十月，覆勘者限一年，仍不實及稽緩者皆罪之。

（宣宗宣德實録卷 81 第 4 頁 81.3.1876）

729 七月己卯 迤北和寧王使臣阿力打剌罕等四人來朝，奏願京自効。爲副千户等官，賜冠帶、金織襲衣、綵幣、銀紗、綿布、鞍馬有差，仍命有司如例給房屋、器物。

命行在户部以順天府寳坻縣荒地四百畝〔校記：廣本地作田，

廣本禮本畝作頃〕賜清平侯吳成，從成所奏也。

（宣宗宣德實録卷 81　第 6 頁　81.4.1880）

730　七月癸未　大興縣民張三驢以役事歛里人陳售顯財物，相毆提曳。售顯母抱未晬幼男奔救，失足跌仆地，傷幼男首，死，遂告三驢擊死之。三驢不能自明。行在刑部論絞罪，讞之，上曰：嬰兒在懷抱，非與鬬者，安得擊殺？宜覆覈之。刑部逮其親隣及旁見者，皆云實跌傷死，非擊傷也。乃論售顯誣人死罪，未決當流，三驢科歛取財當徒。上諭侍郎樊敬等曰：爾等職司刑罰，而往往輕率如此，下人受枉必多矣！朕蓋羞見卿等，卿等寧不自慚乎？敬等皆頓首。

（宣宗宣德實録卷 81　第 9 頁　81.7.1884）

731　七月己丑　順天府涿、薊二州，良鄉、永清二縣，霸州大成、文安、保定三縣……各奏年六月以來久雨潦，水淹没禾稼。

（宣宗宣德實録卷 81　第 11 頁　81.9.1888）

732　八月丁酉　順天府東安縣……奏：今年六月天雨不止，河水泛溢，淹没禾稼。

（宣宗宣德實録卷 82　第 3 頁　82.2.1894）

733　八月癸卯　行在兵部奏：會同館廳堂房舍四百三十餘間，歳久損壞，宜加修葺。上謂工部尚書吳中曰：四方朝使所集之處，不可不治，俟秋收畢卽爲之。

（宣宗宣德實録卷 82　第 4 頁　82.4.1897）

734　八月戊申　蘇門答剌國王宰奴里阿必丁遣使臣都者看等……來朝貢及方物。

（宣宗宣德實録卷 82　第 6 頁　82.5.1900）

735　八月辛亥　琉球國中山王尚巴志遣使者由南結制等奉表貢馬及方物。

（宣宗宣德實録卷 82　第 7 頁　82.6.1901）

736　八月甲寅　順天府豐潤縣、順德府鉅鹿縣、保定府慶都、新安、高陽三縣、河間府河間縣各奏夏末積雨浹旬，河水泛溢，渰没田禾。

（宣宗宣德實録卷 82　第 8 頁　82.7.1903）

737　八月丙辰　賜琉球、蘇門答剌二國……貢使宴。

（宣宗宣德實録卷 82　第 9 頁　82.7.1904）

738　八月庚申　命故濟陽衛指揮使何旺子凱、羽林前衛指揮同知鍾興子旺、大興左衛指揮僉事李賢子忠、長陵衛指揮同知趙勝孫清俱襲職，金吾右衛老疾指揮僉事李驥子端代職。

（宣宗宣德實録卷 82　第 11 頁　82.9.1908）

739　九月癸亥　行在户部侍郎王佐奏：比者，平江伯陳瑄言歲運糧儲，請再僉民兵一十二萬，與今運糧軍通二十四萬分班儹運。有旨令臣與瑄及尚書黄福等計議可否。今議：江南之民每歲已運糧至淮安、徐州等處，難再僉民。若對撥附近官軍運載則便，分耗與軍當議定其數。佐又奏：近工部定各處採修船材料，俱送淮安提舉司，地遠近不同，恐致誤事。今議：山東、河南、蘇、松等處宜送淮安，江西、湖廣、浙江俾就本處造船；又福建各府亦産材木，宜令工部遣人督有司採集，於彼水造舟送淮安與軍運糧亦便。上曰：民運糧已非易事，又欲僉點助軍，是重勞民，此不可行。兑運糧加耗更議以聞。山東、江西等府採木宜減其半，福建地遠不可造船，且渡關踰險，縱有船豈能至淮？役民當度人情地勢，此事尤不可行。

（宣宗宣德實録卷 83　第 1 頁　83.1.1911）

740　九月丙寅　賜蘇門答剌國使臣都者看等八十一人綵幣、表裏、紗羅、綾布及金織襲衣有差，并賜都者得〔校記：廣本抱本得作等，是也〕八人冠帶，仍遣賫勅及文錦、紵絲、紗羅歸賜國王。

（宣宗宣德實録卷 83　第 1 頁　83.1.1912）

741 九月丁卯 賜琉球國使臣由南結制等鈔、綵幣、絹有（按：館本有作布）襲衣有差。

兀者前衛女直頭目巴領葛坤城使臣者馬里丁等來朝，奏願居京自効。賜紵絲襲衣、鈔布，仍命有司給房屋、器物如例。

（宣宗宣德實録卷 83 第 2 頁 83.2.1913）

742 九月戊辰 迤北韃靼操者等九十九人來歸，和寧王阿魯台使臣揑帖于等五人來朝，皆奏願居京自効。命爲百户所鎮撫等官，賜金織襲衣、綵幣、銀鈔、鞍馬有差，仍命有司給房屋、器物如例。

（宣宗宣德實録卷 83 第 2 頁 83.2.1914）

743 九月庚午 賜琉球國及亦力把里等處貢使宴。

（宣宗宣德實録卷 83 第 3 頁 83.3.1915）

744 九月辛未 修張家灣并通州南門橋道。

行在户部言：宛平縣民以菓園地施崇國寺，請蠲其税。上曰：民地衣食之資，乃以施增（按：館本增作僧，是也），又求免税，甚無謂。令亟以還民。

（宣宗宣德實録卷 83 第 3 頁 83.3.1915）

745 九月乙亥 琉球國中山王尚巴志遣使者謂慈勃也等貢馬及方物，謝賜冠帶并海艘恩。

（宣宗宣德實録卷 83 第 4 頁 83.4.1917）

746 九月丁丑 迤北和寧王阿魯台使臣福壽來朝，奏願居京師。命爲都指揮使，賜冠帶、金織襲衣、綵幣、銀鈔、綿布、鞍馬，仍命有司給房屋、器物如例。先是，福壽有子毛榮留京任指揮使，至是福壽願留，乞一職自効。兵部奏宜罷其子之職而陞賞福壽，故命爲都指揮使。

（宣宗宣德實録卷 83 第 5 頁 83.4.1918）

747 九月庚辰 迤北韃靼鎖鎖等率家屬男女一百四〔校記：廣本四下有十字〕人來歸，奏願居京自効。命鎖鎖等二十四人爲指揮僉事等官，賜冠帶、金織襲衣、綵幣、銀鈔、絹布、鞍馬有差，仍命有司給房屋、器物如例。

（宣宗宣德實録卷 83　第 6 頁　83.5.1919）

748　九月辛巳　賜琉球國使臣謂慈勃也等鈔、綵幣、絹布襲衣有差。

（宣宗宣德實録卷 83　第 7 頁　83.6.1922）

749　九月乙酉　行在工部奏，順天府廣備庫所收〔校記：廣本所作新〕預備賞使軍士袢襖、袴鞵，今虧欠者計一萬七千七百八十八件，官攢庫子皆當究治。上曰：此其奸弊非少，命付刑部治之。

（宣宗宣德實録卷 83　第 8 頁　83.7.1923）

750　九月戊子　行在户部……又奏：北京承運庫〔校記：廣本運作應〕所貯生絹，年久積多，恐損壞。請不爲常例，每疋折米二石以給在京文武官員月俸，公、侯、伯禄米亦準給一半。從之。

（宣宗宣德實録卷 83　第 10 頁　83.8.1926）

751　十月甲午　阿者迷河衛指揮僉事咬哈、實山衛指揮僉事河□黑來朝，皆奏願居京自効。賜金織襲衣、鈔布，仍命有司給房屋、器物如例。

（宣宗宣德實録卷 84　第 1 頁　84.1.1929）

752　十月乙未　琉球國中山王尚巴志遣使臣長史郭祖每等貢馬及金銀器皿，謝賜文錦、綵幣〔校記：廣本錦作綺〕恩。

（宣宗宣德實録卷 84　第 1 頁　84.1.1930）

753　十月甲辰　迤北韃靼拜住猛克卜羅等來歸，奏願居京自効。命爲副千户等官，賜冠帶、金織襲衣、綵幣、銀鈔、絹布、鞍馬有差，仍命有司給房屋、器物如例。

（宣宗宣德實録卷 84　第 3 頁　84.3.1933）

754　十月丙午　車駕發京師。駐驛西湖之東。

庚戌　車駕還京師。

（宣宗宣德實録卷 84　第 4 頁　84.4.1935）

755　十月丁巳　賜琉球國使臣郭祖每等綵幣、絹布、金織紵絲襲衣有差。

（宣宗宣德實録卷 84　第 6 頁　84.5.1938）

756　十月丁巳　順天府固安縣奏：六月淫雨，渾河水漲，衝決隄岸，渰没民田一千三百五頃有奇，禾稼無收。命行在户部遣人覆視，蠲其租税。

（宣宗宣德實録卷 84　第 6 頁　84.5.1938）

757　十月己未　迤北韃靼濟咬丁率妻子來歸，弗提衛女直指揮僉事哈剌帖木來朝，皆願居京自効。以濟咬丁爲副千户，賜冠帶、金織襲衣、綵幣、銀鈔、綿布、鞍馬有差，仍命有司如例給房屋、器皿。

（宣宗宣德實録卷 84　第 7 頁　84.6.1939）

758　十一月癸亥　朝鮮國王李祹遣陪臣禹承範……等貢馬及方物，賀皇太子千秋節。

（宣宗宣德實録卷 84　第 8 頁　84.7.1942）

759　十一月戊辰　勑都指揮僉事韓鎮、指揮同知陳震率領騎士自永寧衛隆慶州至懷來衛往來巡哨備禦，諸隘口屯堡烟墩俱屬提督。有寇則相機勦殺，寇去不必窮追。凡事須同心協謀歸於公，毋執偏見以誤事。

（宣宗宣德實録卷 84　第 12 頁　84.10.1947）

760　十一月甲戌　以北京行太僕寺馬三百疋給開平衛軍士……操備。

（宣宗宣德實録卷 84　第 12 頁　84.10.1948）

761　十一月戊寅　賜朝鮮國使臣禹承範等……鈔、綵幣、絹布襲衣有差。

（宣宗宣德實録卷 84　第 13 頁　84.10.1950）

762　十一月庚寅　內使馬俊公差還京，至良鄉，聞袁琦事，自經。有司以聞。上曰：此正與袁琦同惡害吾民者〔校記：廣本無吾字〕，命錦衣衛戮其屍，梟首於市。

（宣宗宣德實録卷 84　第 17 頁　84.14.1956）

763　十二月癸巳　迤北韃靼兀南帖木兒等來歸，奏願居京自効。命爲百户等官，賜冠帶、金織綵、幣、銀鈔、鞍馬、襲衣有差，仍命有司如例給房屋、器物。

（宣宗宣德實録卷 85　第 1 頁　85.1.1959）

764　十二月癸卯　朝鮮國王李祹遣陪臣李蕆等貢馬及方物，賀正旦。

（宣宗宣德實録卷 85　第 4 頁　85.3.1964）

765　十二月癸卯　順天府固安縣械擊所獲强盜張旺等三人至京，未獲者尚十一人。旺隆慶右衛千户，餘皆武官家人。上命付行在都察院，其未獲者令錦衣衛急捕。

（宣宗宣德實録卷 85　第 5 頁　85.4.1966）

766　十二月庚戌　賜朝鮮國朝貢使臣李蕆等宴。

（宣宗宣德實録卷 85　第 9 頁　85.8.1973）

767　十二月庚戌　增置北京及通州倉，命成國公朱勇撥軍士用工，豐城侯李賢董其役。

（宣宗宣德實録卷 85　第 9 頁　85.8.1973）

768　十二月甲寅　調行在羽林左衛指揮使劉全任行在府軍右衛，府軍右衛指揮同知孫勝任旗手衛，金吾右衛指揮同知胡亮任彭城衛，羽林前衛指揮僉事仇英任羽林左衛，忠義中衛指揮僉事扈貴任燕山右衛，金吾左衛指揮僉事仲福任永清左衛，遵化衛指揮僉事于忠任大興左衛，燕山右衛指揮僉事李興任羽林右衛，金吾右衛指揮僉事朱俊、留守右衛指揮僉事高昇俱任金吾後衛，安東衛指揮僉事楊忠任濟陽衛，薊州衛指揮僉事陳敬任濟州衛，玉林衛指揮僉事傅通任燕山前衛。

（宣宗宣德實録卷 85　第 10 頁　85.9.1975）

769　十二月丙辰　立春。順天府官進春，上御正朝受之。文武羣臣行賀禮，遂賜宴。

（宣宗宣德實録卷 85　第 11 頁　85.9.1976）

770　十二月　是歲……漕運北京米、麥、豆五百四十八萬八千八百石。

（宣宗宣德實録卷 85　第 12 頁　85.10.1978）

宣德七年（1432）

771　正月乙亥　朝鮮國王李裪遣陪臣田時貴等貢馬，賀萬壽聖節。

（宣宗宣德實録卷 86　第 2 頁　86.2.1981）

772　正月丁丑　賜朝鮮國陪臣李蕆等……綵幣、表裏等物有差。

（宣宗宣德實録卷 86　第 3 頁　86.2.1982）

773　正月庚辰　賜朝鮮國……貢使宴。

（宣宗宣德實録卷 86　第 5 頁　86.4.1986）

774　正月丙戌　上念卽位以來，四方番國皆來朝貢，惟日本未至，遂命內官柴山齎勑往琉球國，令中山王尚巴志遣人齎往日本。諭之曰：昔我皇祖太宗文皇帝臨御之日，爾日本先王源道義，能敬順天道，恭事朝廷，是以朝廷眷待彌厚。朕今紹承皇祖之志，廣一視同仁之德，特勑諭王。王其益順天心，恪遵爾先王之志，遣使來朝。朕之待爾，一如待爾先王。非惟一家一國受福於無窮，且使海濱之民，皆得以永享太平之福。爾其欽哉！

（宣宗宣德實録卷 86　第 8 頁　86.7.1991）

775　正月丁亥　迤北韃靼買來的、小泄等來歸，奏願居京自効。命買來的爲指揮同知，小泄爲副千户，納哈赤脱脱卜花等七人爲百户所鎮撫，賜冠帶、金織襲衣、綵幣、銀鈔、絹布、鞍馬有差，仍命有司給房屋、器皿等物如例。

（宣宗宣德實録卷 86　第 9 頁　86.7.1992）

776　正月己丑　重建大興縣平津閘，修通州羊營閘橋。時平津之水衝閘，隄岸皆圮，羊營者輓運所經之路，橋壞已久。行在工部以聞，故有是命。

（宣宗宣德實録卷 86　第 10 頁　86.8.1994）

777　二月甲午　北京行太僕寺奏：宣德六年軍民孳牧馬騾駒凡五萬二千四百九十七疋。

（宣宗宣德實録卷 87　第 2 頁　87.2.1999）

778　二月丙申　行在禮部侍郎章敞等使安南還。權署安南國事黎利遣使阮文絢等奏表，隨敞等來朝謝恩，貢金銀器皿及方物。

（宣宗宣德實録卷 87　第 2 頁　87.2.1999）

779　二月戊戌　是日雨……大雨竟日，田野沾足。

（宣宗宣德實録卷 87　第 3 頁　87.2.2000）

780　二月己亥　順天府奏：本府鄉試，額取舉人五十人，乃與江西解額同。切緣京師監學，天下人才所聚，各處儒士亦有就試者。乞如南京應天府額，取舉人八十人，庶廣進賢之路。從之。

（宣宗宣德實録卷 87　第 3 頁　87.3.2001）

781　二月壬寅　朝鮮國王李祹遣陪臣柳殷之等來朝貢方物。

（宣宗宣德實録卷 87　第 4 頁　87.3.2002）

782　二月乙巳　賜朝鮮國并瓦剌阿瑞等處貢使宴。

（宣宗宣德實録卷 87　第 5 頁　87.4.2004）

783　二月戊申　賜朝鮮國陪臣柳殷之、田時貴等綵幣、表裏及金織紵絲襲衣有差。

（宣宗宣德實録卷 87　第 7 頁　87.5.2005）

784　二月戊午　命大興左衛指揮僉事孫旺總領五軍將軍操練。

行在工部……又奏：北京及通州增置倉厫，歷久未完，今漕舟將至，無所置頓，請增軍夫八千人助役。從之。

（宣宗宣德實録卷 87　第 10 頁　87.9.2013）

785　三月壬戌　順天府言：霸州范家口河舊設官舟三艘，以濟往來，年久壞爛。請改造，仍置水夫四人〔校記：廣本人作名〕操濟。從之。

水決固安縣馬莊等處隄岸。命順天府發民修築。

（宣宗宣德實録卷 88　第 6 頁　88.5.2025）

786　三月癸亥　行在工部尚書李友直奏：通州至直沽，河道紆曲，尤多灘淺，舟行阻滯。永樂中嘗命侯伯一人總督濬治，乃得通行。請如故事。上命行在工部侍郎王佐往督之。

（宣宗宣德實録卷 88　第 6 頁　88.5.2026）

787　三月己巳　琉球國中山王尚巴志遣使者漫泰來結制等奉表，貢馬及方物。

（宣宗宣德實録卷 88　第 7 頁　88.6.2028）

788　三月壬申　命行在吏部都察院選五城兵馬指揮。時監察御史揭稽言：五城兵馬指揮司譏察姦盜、禁革强暴，所繫不輕。今各司官多柔懦無爲，貪暴不律。有勢之家，姦弊不問；無勢之人，擾害不勝。乞勑行在吏部會官揀選，勝任者留之，不稱者别用，仍選廉幹剛直之人除授。上曰：御史言是。永樂中任兵馬者，多能用心，今天不及矣。都察院即同吏部從公選擇，闒茸不才者黜退别用，慎選廉公能幹之人任之。

（宣宗宣德實録卷 88　第 8 頁　88.7.2029）

789　三月丙子　琉球國中山王使臣漫泰來結制奏：來時所乘舟至福建閣淺損折，乞勅有司給舟以歸。上命行在工部給之。

（宣宗宣德實録卷 88　第 10 頁　88.8.2032）

790　三月庚辰　賜安南使臣阮文絢等鈔、幣遣歸。

（宣宗宣德實録卷 88　第 10 頁　88.8.2032）

791　三月甲申　以久不雨，遣順天府尹李庸祭大小青龍之神。其文曰：今春已暮，農務方興，而雨澤未降，穀種未下，宿麥不滋。朕爲生民之主，夙夜在懷。時用祭告，惟神明彰感通，早需甘澍，以慰民望。

（宣宗宣德實録卷 88　第 11 頁　88.9.2034）

792　三月甲申　命北京行太僕寺選馬駒五百疋，送御馬監調習。

（宣宗宣德實録卷 88　第 11 頁　88.9.2034）

793　三月甲申　賜琉球國使者漫泰來結制等綵幣、表裏、棉布有差。

（宣宗宣德實録卷 88　第 11 頁　88.9.2034）

794　三月乙酉　行在都察院右都御史顧佐同吏部尚書郭璡考覈五城兵馬司官高貴等二十人不勝任，以聞。上命吏部别用。仍慎選廉能剛直之人任之，庶幾京師姦宄可戢。

（宣宗宣德實録卷 88　第 12 頁　88.10.2035）

795　四月辛卯　直隸保定府高陽、完、定興三縣，真定府元氏縣各奏人民缺食，乞以預備倉糧驗口賑濟。上曰：預備倉糧所以爲民，民乏食當先發後聞。必待奏報，無餒死者乎？命行在户部亟遣官馳往發賑。

（宣宗宣德實録卷 89　第 2 頁　89.2.2039）

796　四月丙午　迤北和寧王阿魯台部屬孥温帖木兒、口克卯合剌等來歸，奏願居京自効。俱命爲所鎮撫，賜金織襲衣、綵幣、銀鈔、綿布、鞍馬，仍命有司給房屋、器物。

（宣宗宣德實録卷 89　第 6 頁　89.5.2045）

797　四月戊申　行在都察院言：守皇城四門官軍，職專關防，搜檢出入之人。其應出入者，搜檢既畢，隨卽放行；有偷盜内府財物者，則當引奏，不當擅自捶撻。今軍職多不守法，不能鈐束軍士，凡應出入之人，往往誣以不服搜檢，動加捶撻。如光禄寺厨子，有供祭祀者。有進御膳者，供進之際亦被捶撻，甚至以不潔之事役使之者。法實難容，請究罪之。上曰：姑榜諭之使改，如又不改，執而罪之。勿恕〔校記：廣本勿作不〕。

（宣宗宣德實録卷 89　第 6 頁　89.5.2046）

798　四月己酉　北京國子監言：今監生不啻數千，多有挈家來者，僦屋以居。監之東金吾等三衛草場二所，乞賜諸生建房舍。其間地給本監種蔬菜，以供會饌。悉從之。命行在工部爲構房舍，給師生會饌什器。復命户部給監生有家室者月糧，皆如南京例。

（宣宗宣德實録卷 89　第 7 頁　89.6.2047）

799　四月甲寅　命故燕山右衛指揮使沈貴弟全、燕山前衛指揮使劉全子通、府軍前衛指揮同知聶貴弟祥、錦衣衛指揮僉事畢盛子宗、大興左衛指揮僉事古銘子原俱襲職，羽林前衛老疾指揮僉事鄭信子忠代職。

（宣宗宣德實録卷 89　第 9 頁　89.8.2051）

800　五月辛未　占城國王占巴的賴遣使臣逋沙怕麻託等……貢方物。

（宣宗宣德實録卷 90　第 2 頁　90.2.2058）

801　五月辛未　順天府通州奏：民間市肆，舊取勘房店，每一間月納鈔五百貫。近有詔，塌坊納鈔減五分，南北二京不在此例。通州亦在外州縣，乞依減納事例。從之。

（宣宗宣德實録卷 90　第 3 頁　90.3.2059）

802　五月丁丑　復給工匠月糧一石。時有工匠自陳，常年供役琉璃等廠，舊支月糧一石，工部比減五斗，家口衆不能贍養。上命凡工匠常役者，月糧皆如舊給之。

（宣宗宣德實録卷 90　第 5 頁　90.4.2062）

803　五月庚辰　北京行太僕寺以牡駒六百餘匹送御馬監。上閱之謂侍臣曰：此駒皆超騰，但性未馴。胡人善調馬，凡新至韃官，人與一匹，俾之調習。

（宣宗宣德實録卷90　第6頁　90.5.2063）

804　五月乙酉　賜占城國使臣逋沙怕麻託等錦綺、紗羅、絹布及金織襲衣有義（按：義爲差之誤）。

（宣宗宣德實録卷90　第7頁　90.6.2066）

805　六月戊子朔　占城國使臣逋沙怕麻等託陛辭。上嘉其王勤修職貢，命齎勅奬諭，且賜王錦綺、紗羅等物。既辭，副使逋沙怕彼賴病卒。遣官賜祭，命有司備歛葬。

（宣宗宣德實録卷91　第1頁　91.1.2071）

806　六月辛卯　南京工部尚書甄庸致仕。庸宛平人，由户部主事陞知府。坐累罷，復爲監察御史。陞工部侍郎，再陞尚書，居官和平，無所可否。至是考滿來朝，上憫其老，特勅致仕。

（宣宗宣德實録卷91　第3頁　91.3.3075）

807　六月甲午　琉球國中山王尚巴志遣使臣南者結制等來朝貢馬。

（宣宗宣德實録卷91　第4頁　91.3.2076）

808　六月己亥　行在兵部奏：有令自居庸至山海諸關口，凡三月一點視。唯居庸關外自荆子村黑峪口至長安嶺，北抵獨石接龍門關，西抵天城諸烟墩隘口，雖有守備，未經點閱，請一體遣官巡視。如設置未備，軍士有缺，器機不精，督令修補，務須完固。若軍官恣爲蠹弊，即具實奏聞，付法司治之，庶知儆戒。上從之，命新建伯李玉擇武職一員、錦衣衛官一員同御史二員點視。

（宣宗宣德實録卷91　第5頁　91.4.2078）

809　六月庚子　賜占城、琉球及亦力把里等處貢使宴。

（宣宗宣德實録卷91　第6頁　91.5.2080）

810　六月辛丑　琉球國中山王尚巴志遣使臣步馬結制……來朝貢馬及方物。

（宣宗宣德實録卷91　第6頁　91.5.2080）

811　六月甲辰　上以東安門外緣河居人逼近黄牆，喧囂之聲，徹于大内，命行在工部改築黄牆于河東；皇城之西有隙地甚廣，豫徙緣河之人居之。命錦衣衛指揮監察御史、給事中各一員，度其舊居地廣狹，如舊數與地作居。凡官吏軍民工匠俱給假二十日，使治居。

（宣宗宣德實録卷91　第7頁　91.6.2081）

812　六月乙巳　賜琉球國使臣南者結制等、亦力把里使臣也力迷失土迷秃…銀紗（按：疑紗爲鈔之誤）、紵絲、紗羅、絹布及金織襲衣有差。

（宣宗宣德實録卷91　第7頁　91.6.2082）

813　六月乙巳　行在工部言：築東安門外黄牆，計用六萬五千人，民夫不足，請以成國公朱勇所部士卒三萬五千人助役。上曰：炎暑如此，豈宜興役？待秋涼爲之。

（宣宗宣德實録卷91　第8頁　91.6.2082）

814　六月丙午　行在後軍都督僉事李通奏：大營操練圍子手逃逸一千二百人，乞令兵部補〔校記：廣本補作捕〕之。上曰：此軍初皆選精壯者，今消耗如此，必頭目不能撫恤，又生事苦楚之，以致亡逸者衆〔校記：廣本亡作逃，衆作多〕。兵部詳究〔校記：廣本究作審〕其實來聞。自今各營操練軍士逃者，頭目如例罰俸。

命行在工部度地建朝天宫於西直門内。

（宣宗宣德實録卷91　第8頁　91.7.2083）

815　六月戊申　命行在工部建少師吏部尚書蹇義第宅於文明門之内。

（宣宗宣德實録卷91　第9頁　91.8.2085）

816 六月甲寅 賜琉球國使臣步馬結制等……鈔、綵幣、絹布有差。

（宣宗宣德實録卷 91 第 11 頁 91.9.2088）

817 六月甲寅 行在鴻臚寺左少卿張隆奏：薊州、永平、山海等處關營，歲用糧料二十二萬三千四百餘石。欲令遵化等衛所、薊州等州縣發軍民，總兵官都督陳敬添撥軍士，於林倉關運貯於遵化、永平、山海倉而以備支用。上從之，俟秋成後起民夫及于各營堡撥軍，守關者毋擅動。

（宣宗宣德實録卷 91 第 11 頁 91.9.2088）

818 六月乙卯 順天府保坻、遵化、玉田三縣，薊州鎮、朔二衛，各奏五月淫雨而河水泛漲，渰没軍民低田苗稼。

（宣宗宣德實録卷 91 第 12 頁 91.10.2089）

819 七月戊午 命行在工部凡所設神機營五府各衛繕工旗軍，人月加米一斗〔校記：廣本斗作石〕，其鈔四錠。

（宣宗宣德實録卷 93 第 1 頁 93.1.2109）

820 七月壬戌 行在工部奏請修葺舊營房七十餘間，以處工匠之有疾者。從之。

（宣宗宣德實録卷 93 第 3 頁 93.2.2112）

821 七月癸亥 直隸忠義忠（按：疑後忠字爲中之誤）衛、遵化衛、東勝右衛、興州後屯衛〔校記：廣本後作左〕、大寧都司、營州右屯衛各奏今年五六月間，天雨連日，山水驟發，渰没軍屯低田黍穀。

（宣宗宣德實録卷 93 第 3 頁 93.2.2112）

822 七月辛未 順天府霸州及三河、香河、豐潤、漷、東安、永清六縣及永平府灤州各奏今夏苦雨，河水漲溢，低田所種禾穀，俱傷無收。

（宣宗宣德實録卷 93 第 5 頁 93.4.2115）

823 七月辛巳 行在欽天監奏：大興縣民劉溥等充天文生及

陰陽生，而有司一概編充里甲。舊制：凡習學天文、陰陽者，許子孫亦襲其業。乞免其里甲之役。上諭行在户部臣曰：天文歷數，非世業不精。天生可免二丁，陰陽生免本身之役，而三年後考試不精者罰之。

（宣宗宣德實録卷93　第7頁　93.6.2119）

824　七月癸未　上登萬歲山，坐廣寒殿，召翰林儒臣侍命，同覽都畿山川形勢。既畢，上諭之曰：此元之古都也，世祖知人善任使，信任儒術，愛養民力，故能混一區宇，以成帝業。再傳至武宗，元政稍有變更。仁宗繼之，恭儉愛人。卽位之初，興學校、勵風憲、清中書，其孜孜爲治，一遵世祖之法，足爲賢君。英宗果于殺戮，奸黨畏禍，遂構大變。泰定以後，皆享祚不久。至順帝在位既久，肆意荒淫，怠於政事，紀綱法度蕩然，遂致失國。使順帝能恭儉，長守世祖世宗之法，天下豈爲我祖宗所有？又曰：兹山兹宇，順帝所實（按：館本實作日）宴遊者也，豈不可惑（按：館本惑作感）。侍臣叩首曰：紂之跡，周之監也。上曰：然。

（宣宗宣德實録卷93　第7頁　93.6.2120）

825　八月丁亥朔　遣北京國子監祭酒貝泰釋奠先師孔子。

（宣宗宣德實録卷94　第1頁　94.1.2123）

826　八月癸巳　命左春坊左庶子兼翰林院侍讀周述、翰林院侍讀學士錢習禮爲順天府鄉試考官，賜宴于本府。

（宣宗宣德實録卷94　第2頁　94.1.2124）

827　八月丁酉　朝鮮國王李祹遣陪臣尹季童等來朝貢方物。

（宣宗宣德實録卷94　第3頁　94.3.2127）

828　八月己亥　移東安門於橋之東。

（宣宗宣德實録卷94　第4頁　94.3.2128）

829　八月庚子　召鎮守密雲都指揮同知蔣貴還京，以神機營都指揮同知李榮代之。

（宣宗宣德實録卷94　第5頁　94.4.2130）

830 八月壬寅 修通州通流閘及南海子紅橋〔校記：聖政記作海橋〕等閘。

（宣宗宣德實録卷94 第6頁 94.5.2131）

831 八月癸卯 土魯番舍人陳檀等來朝，奏願居京自効。賜紵絲襲衣、綵幣、鈔布有差，仍命有司給房屋、器物。

（宣宗宣德實録卷94 第6頁 94.5.2132）

832 八月乙巳 命都指揮僉事馬驥鎮守密雲，提督關隘，謹慎提備，附近密雲衛所官軍聽驥調遣。初，命都指揮同知李榮鎮守密雲，陛辭，上留之，遂改命驥。

（宣宗宣德實録卷94 第7頁 94.6.2133）

833 八月庚戌 行在太常寺奏：永樂中，本寺寄處故元萬壽宮承慶堂祭器、神帛品物，皆貯於内，請別建置。上諭工部尚書吳中曰：太常奏奉神明，亟尋潔净之居徙之。

（宣宗宣德實録卷94 第7頁 94.6.2134）

834 八月辛亥 賜朝鮮國陪臣尹季童……等鈔、綵幣、絹布有差。

（宣宗宣德實録卷94 第9頁 94.7.2136）

835 八月壬子 賜朝鮮國等處貢使宴。

（宣宗宣德實録卷94 第10頁 94.8.2138）

836 八月乙卯 迤北韃靼脱脱咬兒緊納等來歸，奏願居京自効。命爲千户等官，賜冠帶、金織襲衣、綵幣、銀鈔、綿布、鞍馬有差，仍命有司給房屋、器物。

（宣宗宣德實録卷94 第11頁 94.9.2140）

837 九月癸亥 順天府尹李庸言：所屬州縣舊有桑棗，近年砍伐殆盡。請令州縣每里擇耆老一人勸督，每丁種桑棗各百株，官常點視。三年給田開其所種多寡以驗勤怠。上謂行在户部臣曰：桑棗生民衣食之計（按：館本計作給），洪武間遣官專督種植，今有司略不加意，前屢有言者，已命爾申明舊令，至今未有實效。其卽移文天下郡邑，督民栽種，違者究治。

（宣宗宣德實録卷 95　第 5 頁　95.4.2149）

838　九月丁卯　　行在兵部奏：太僕寺併北京行太僕寺，宣德六年孳生馬騾駒六萬九千二百六十七匹，例應遣官監印。上命安鄉伯張安、建平伯高遠往監。諭之曰：爾等藉祖父功有爵禄，未知稼穡艱難，宜奉法循理，保守富貴。若不遵憲度，恣行貪虐，如孫傑所爲，必罪不宥。

（宣宗宣德實録卷 95　第 5 頁　95.4.2150）

839　九月己巳　　增置北京在城倉廒。

（宣宗宣德實録卷 95　第 7 頁　95.6.2153）

840　九月己巳　　直隸隆慶衛指揮同知袁泰等奏：本衛指揮同知李景，奉勑鎮守居庸關，調度有方，行事得宜。今缺指揮使，請以任景。通政司以聞。上不從，因召諸武臣語之曰：爵賞當自朝廷，景若有功，朕豈吝此？唐自中世以來，威權不振，河北將師，皆由軍中所立，所以漸至微弱。此輩猶欲效之耶！爲人臣者，當竭忠盡力，爲國立功，不患不富貴也。羣臣皆頓首。

（宣宗宣德實録卷 95　第 7 頁　95.6.2153）

841　九月丁丑　　命南京兵部右侍郎甄儀〔校記：廣本儀作義〕致仕。儀，陝西麟遊人，由户部主事屢歷郡佐，陞順天府尹，改行在兵部右侍郎，調南京。儀平坦無過，至是有疾。上聞之，特命致仕還鄉。

（宣宗宣德實録卷 95　第 9 頁　95.8.2157）

842　九月辛巳　　長陵衛指揮僉事秦英〔校記：廣本秦作徐〕等伏誅。英與百户李忠守天壽山，每月召近山軍民五十餘家，令各納布一匹，聽入山伐樹鬻賣，累受布至三百匹。事覺，法司論其罪當死。上曰：圖小利而縱伐山陵樹，豈比常犯？其斬之，梟首以徇。

（宣宗宣德實録卷 95　第 11 頁　95.9.2159）

843　九月甲申　遵化衛指揮使陳亨奏：遵化炒鐵雖撥本處，工匠皆不諳炒鐵，乞勑行在工部於諸作查取舊諳鍊之人遣工。從其言。

（宣宗宣德實録卷95　第12頁　95.10.2162）

844　九月甲申　行在户部奏：比者，平江伯陳瑄言：總督官軍一十三萬，歲運淮安、臨清等倉粮五百餘萬石赴北京，人運糧四十石。春初河淺，舟行其艱，夏秋有水，又多漂流損失，而軍士亦有疾病逃亡者，糧多不足，請增兵。今議於南京豹韜左等衛及各都司直隸衛所軍餘内增撥通一十六萬人。從之。

（宣宗宣德實録卷95　第12頁　95.10.2162）

845　十月丙戌朔　增置通州衛通濟倉。通州衛、定邊衛、神武中衛、通州左衛、通州右衛倉副使各一員。

（宣宗宣德實録卷96　第1頁　96.1.2163）

846　十月庚寅　行在户部奏：上林苑監嘉蔬署菜户二百餘人逃還山西，請差官督捕。上曰：聞苑中執役不下二千餘人，今所進蔬已減大半，無甚勞苦，所以逃者，必爲臨監所虐或自窘於飢寒耳。不必差官，但移文有司，令赴京。

（實宗宣德實録卷96　第1頁　96.1.2164）

847　十月癸巳　修文明門及德勝門橋。

（宣宗宣德實録卷96　第3頁　96.2.2165）

848　十月丙申　順天府奏：薊州及豐潤、遵化二縣，今年夏秋水澇，田穀無收，民五千四百四十〔校記：廣本四十作六十〕六户乏食，乞借東店等倉官粮一萬二千四百二十石賑濟。上命行在户部即如所言給之。

（宣宗宣德實録卷96　第3頁　96.2.2166）

849　十月甲寅　命故通州衛指揮使董敬弟壽安襲職。

（宣宗宣德實録卷96　第7頁　96.5.2172）

850　十一月戊午　朝鮮國王李祹遣陪臣李尚興等（按：館本興

作興）貢方物，賀皇太子千秋節。

（宣宗宣德實録卷96　第7頁　96.5.2172）

851　十一月戊午　　成國公朱勇言：五軍、神機等營官軍操備者請援例放回，俾依期而至。其間有老疾不堪，命所司選精鋭者代〔校記：廣本代下有之字〕。從之。

（宣宗宣德實録卷96　第97頁　96.6.2173）

852　十一月辛酉　　賜朝鮮國陪臣李尚興等宴。（按：此條館本列於十一月辛酉。梁本列於十月辛卯，疑誤。見卷九十六，第二頁。）

（宣宗宣德實録卷96　第7頁　96.7.2175）

853　十一月辛酉　　初，行在户部右侍郎王佐言：通州至河西務，河道淺狹〔校記：廣本狹作窄〕，漕船動以萬計，兼四方商旅舟楫往來，無港汊可泊。張家灣之西舊有渾河，若疏濬近京師一二十里，更加充廣，瀦爲巨浸，令可泊船，公私俱便。命都督馮斌、尚書李友直同佐審視，至是斌等以圖進。上覽之，謂其役重大，命姑止之。（昌按：此條館本列於十一月辛酉。梁本列於十月辛卯，疑誤。見卷九十六第二頁。）

（宣宗宣德實録卷96　第7頁　96.7.2175）

854　十一月己巳　　賜朝鮮國陪臣李尚興等綵幣、表裏、絹布及金織紵絲襲衣有差。

（宣宗宣德實録卷96　第11頁　96.9.2179）

855　十一月辛未　　朝鮮國王李祹遣陪臣趙琠、金玉振等貢醃松菌及鷹。上諭行在禮部臣曰：朝鮮貢獻頻數，已非朕所欲。今乃獻松菌及鷹，菌食物也，鷹何所用？珍禽奇獸，古人所戒。可諭其使，自今所貢，但服食器用之物，若鷹犬之類，更勿進獻。

（宣宗宣德實録卷96　第11頁　96.9.2180）

856　十一月丙子　迤北韃靼倘徹兒挈妻子來歸，奏願居京自效。賜紵絲襲衣、鈔布，仍命有司給房屋、器物如例。

（宣宗宣德實録卷96　第11頁　96.10.2181）

857 十一月丁丑 賜朝鮮國陪臣趙璵等綵幣、絹布有差。

（宣宗宣德實録卷 96 第 12 頁 96.10.2181）

858 十一月己卯 賜朝鮮國陪臣趙璵等宴。

（宣宗宣德實録卷 96 第 12 頁 96.10.2181）

859 十一月甲申 大霜、陰霧、木冰。

（宣宗宣德實録卷 96 第 13 頁 96.11.2183）

860 十二月丁亥 命錦衣衛指揮同知徐毅子昇、指揮僉事李純子琮、虎賁左衛指揮同知王貴子得俱襲職。武功中衛指揮僉事田百家奴自陳老疾，命其子廣代。

（宣宗宣德實録卷 97 第 1 頁 97.1.2185）

861 十二月庚寅 琉球國中山王尚巴志遣使者阿善尼是……來朝貢馬及方物。

（宣宗宣德實録卷 97 第 1 頁 97.1.2186）

862 十二月甲午 勅南京司禮監悉送所貯《五經》《四書》及《理性大全》等書赴北京。

（宣宗宣德實録卷 97 第 2 頁 97.2.2187）

863 十二月辛丑 賜朝鮮、琉球及扯兒禪等處貢賜（按：疑賜爲使之誤）宴。

（宣宗宣德實録卷 97 第 4 頁 97.4.2191）

864 十二月癸卯 朝鮮國王李祹遣陪臣李興發等進表箋貢馬及方物，賀明年正旦。

（宣宗宣德實録卷 97 第 5 頁 97.4.2192）

865 十二月癸卯 賜琉球國中山王使臣阿普尼是等……綵幣、表裹、絹布等物有差。

（宣宗宣德實録卷 97 第 5 頁 97.4.2192）

866 十二月癸卯 迤北韃靼安奇帖木兒等來歸，奏願居京自效。俱命爲所鎮撫，賜冠帶、金織襲衣、銀鈔、綿布、鞍馬，仍命有司給房屋、器物如例。

（宣宗宣德實録卷 97 第 5 頁 97.4.2192）

867 十二月丁未 陞忠義前衛指揮使丁信、永清右衛指揮使黄信、行在神策衛指揮使王禎俱爲都指揮僉事，大興左衛指揮同知毛禮、行在瀋陽左衛指揮同知高本、通州衛指揮同知張安、義勇後衛指揮同知張善、富峪衛指揮同知馬翔、燕山前衛指揮同知楊福、永平衛指揮同知楊福、指揮僉事李貴、蔚州衛指揮僉事田真、宋榮、李通、武成左衛指揮僉事劉榮俱署都指揮僉事。

（宣宗宣德實録卷 97 第 7 頁 97.6.2195）

868 十二月丁未 停蔚州伐木之役。行在工部先奏：作京城倉廒，發民取材於蔚州。至是又奏請遣官監督。上曰：今正嚴寒，姑停止，俟春暖爲之可也。是日陰，西南雷，雨霰。

（宣宗宣德實録卷 97 第 8 頁 97.6.2196）

869 十二月甲寅 是歲……漕運北京米、麥、豆六百七十四萬二千八百五十四石。

（宣宗宣德實録卷 97 第 11 頁 97.9.2202）

宣德八年（1433）

870 正月戊午 申刻，西南雷電。

（宣宗宣德實録卷 98 第 1 頁 98.1.2203）

871 正月辛酉 立春。順天府官進春。

（宣宗宣德實録卷 98 第 1 頁 98.1.2203）

872 正月丙寅 是晚陰雲四合，至夕雨雪。

（宣宗宣德實録卷 98 第 2 頁 98.2.2205）

873 正月庚午 朝鮮國王李裪遣陪臣姜籌等貢馬及方物，賀萬壽聖節。

賜朝鮮使臣李興發等綵幣、表裏及金織紵絲襲衣、絹布等物。

（宣宗宣德實録卷 98 第 3 頁 98.3.2207）

874　正月癸酉　命湖廣布政司左布政使李琦致仕。琦，真定府元氏縣人，由監察御史陞大理寺副，坐事罷，復起爲御史。使安南、占城、榜葛剌諸國，陞禮部左侍郎，復使交阯還，陞布政使。琦簡易有識量而善談論，故數奉使遠夷……

（宣宗宣德實録卷 98　第 5 頁　98.4.2210）

875　正月甲戌　設隆慶州醫學，置典科一員。從知州楊賓所奏也。

（宣宗宣德實録卷 98　第 6 頁　98.5.2212）

876　正月丁丑　迤北韃靼撒剌苦來歸，奏願居京自效。命爲頭目……仍命順天府……給房屋、器物如例。

（宣宗宣德實録卷 98　第 6 頁　98.5.2212）

877　正月戊寅　迤北韃靼白顔帖木兒等來歸，奏願居京自效。命爲千户等官，賜冠帶、金織襲衣、綵幣、銀鈔、綿布、鞍馬有差。仍命有司給房屋、器物如例。

（宣宗宣德實録卷 98　第 7 頁　98.6.2213）

878　正月壬午　北京行太僕寺奏：行在金吾左等衛、順天等府，宣德七年孳生馬騾駒計五萬六千六百三十三匹。

（宣宗宣德實録卷 98　第 9 頁　98.7.2216）

879　二月丙戌　朝鮮國王李祹遣陪臣金乙等貢方物。

（宣宗宣德實録卷 99　第 1 頁　99.1.2219）

880　二月丁亥　遣北京國子監祭酒貝泰釋奠先師孔子。

（宣宗宣德實録卷 99　第 1 頁　99.1.2219）

881　二月辛卯　朝鮮國王李祹遣陪臣朴信生……等貢馬及方物。

（宣宗宣德實録卷 99　第 2 頁　99.2.2221）

882　二月丁酉　賜朝鮮國陪臣姜籌等鈔、綵幣、絹布、金織紵絲襲衣。

（宣宗宣德實録卷 99　第 3 頁　99.2.2222）

883　二月庚子　琉球國中山王尚巴志遣使者魏古渥制、阿蒲察都等進表貢馬及方物。

（宣宗宣德實録卷 99　第 4 頁　99.3.2224）

884　二月庚子　　順天府之寶砥、玉田二縣各奏：去歲水澇無收，今農務方興，民多缺食，已給本縣及附近官倉糧賑之。

（宣宗宣德實録卷 99　第 4 頁　99.4.2225）

885　二月癸卯　　賜朝鮮國陪臣金乙賢、朴信生等……鈔、綵幣、絹布及金織紵絲襲衣、絹布有差。

（宣宗宣德實録卷 99　第 5 頁　99.4.2226）

886　二月乙巳　　賜琉球國等處貢使宴。

（宣宗宣德實録卷 99　第 6 頁　99.5.2228）

887　二月丁未　　禁京城商税之弊。時有言在京權豪貴戚及無籍之徒停積商貨、隱匿官税者。上命行在刑部揭榜禁約，違者罪之，有能首者賞鈔一千貫。

（宣宗宣德實録卷 99　第 7 頁　99.6.2229）

888　二月戊申　　行在禮部奏：會試天下舉人，得中式者劉哲等一百人。

（宣宗宣德實録卷 99　第 7 頁　99.6.2229）

889　二月己酉　　迤北和寧王阿魯台部屬哈把兒禿等及泰寧衛韃靼拾剌把都來歸，皆奏願居京自効。命爲指揮同知等官，賜金織襲衣、綵幣、銀鈔、綿布、鞍馬有差，仍命有司給房屋、器物如例。

（宣宗宣德實録卷 99　第 7 頁　99.6.2230）

890　二月壬子　　命太師英國公張輔、太子太保成國公朱勇、新建伯李玉、兵部侍郎王驥等選京衛武職舍人及見操幼官舍人六千餘人以備東宫隨侍，仍命勇總率訓練。

（宣宗宣德實録卷 99　第 9 頁　99.8.2233）

891　三月丁巳　　賜琉球國中山王使臣阿蒲察都魏古渥制等……鈔、綵幣、絹布及金織紵絲襲衣、絹衣有差。

（宣宗宣德實録卷 100　第 2 頁　100.2.2237）

892　三月己未　　直隸清河縣知縣李信圭言：聖朝〔校記：廣本聖朝作朝廷〕建都北京，凡四方朝貢，軍民轉輸，遠夷使客，多由江淮入會通河以達北京。官船預供應者，發近河軍民助送，若無軍衛，則民夫盡出，有司一州一縣歲發民丁凡二三千人，晝夜以俟。設朝廷别有所役，上司又不分别，一體征科如他州縣，致使田地荒蕪，家無積蓄，稍遇歉歲，老幼扶携，緣河行乞，過者憫之。乞勑大臣集議，自儀真以北抵通州，緣河州縣無軍衛處，蠲其民雜泛征科，使得務農專充夫役。從之。

（宣宗宣德實録卷 100　第 3 頁　100.2.2238）

893　三月庚申　　朝鮮國王李祹遣陪臣李尚恒……貢馬及銀器、方物。

（宣宗宣德實録卷 100　第 3 頁　100.3.2239）

894　三月庚申　　陞燕山左衛指揮使王祥、行在金吾左衛指揮使齊整、張榮、神武中衛指揮使劉青、義勇右衛指揮使黄順〔校記：廣本黄作王，誤〕俱爲都指揮僉事。富峪衛指揮同知李進、燕山右衛指揮僉事胡源、忠義中衛指揮僉事林祥、忠義後衛指揮僉事崔智、燕山左衛指揮僉事崔本俱署都指揮僉事。祥、整、榮、青、順、源遼東都司，進山東都司；林、祥、崔、智河南都司，本中都留守司。

（宣宗宣德實録卷 100　第 3 頁　100.3.2239）

895　三月甲子　　復置隆慶州守禦官軍。初，陽武侯薛禄城隆慶州，調懷來衛官軍二百四十人守之。其後，成國公朱勇以隆慶近内不須兵守，遂以各軍還衛。至是，都指揮韓鎮言：其地實近邊境，宜置兵守御。上命副總兵都督方政審度以聞。政奏：既有城池，不可無兵，且地接外境，宜如鎮言。遂遣原調宮軍守禦如故。

（宣宗宣德實録卷 100　第 5 頁　100.4.2242）

896　三月丁卯　　賜朝鮮國陪臣李尚恒等……鈔、綵幣、絹布、及金織襲衣有差。

（宣宗宣德實録卷 100　第 6 頁　100.5.2243）

897　三月戊辰　順天府薊、涿二州，固安、順義二縣皆奏：去歲夏秋水澇，田穀無收。今當農時，民九千八百六十户乏食，不能力作，乞貸官倉米豆賑卹。命行在户部悉從之。

（宣宗宣德實録卷 100　第 7 頁　100.6.2245）

898　三月乙巳　行在工部尚書吴中奏：京城及通州倉廒未完，缺坻匠〔校記：舊校改坻作瓦〕窰匠。請用武功三衛及大興、宛平二縣黑窰等匠餘丁，給與口糧助役，工畢遣回。從之。

（宣宗宣德實録卷 100　第 8 頁　100.6.2246）

899　三月壬申　直隸順天府通州……奏：民因災傷缺食，乞發官倉糧賑濟。從之。

（宣宗宣德實録卷 100　第 9 頁　100.7.2248）

900　三月甲戌　遣御史巡察京衛倉。時行在户部奏：比者，京衛監支軍糧官及倉官斗級等多徇私情，或稽誤月日，或高下斛面，或假公用爲名減尅，爲弊多端，使軍婦餘丁待支日久，十不得其五六。食用不足，故多失所。請令御史往來巡察，庶糧不虚縻而軍蒙實惠。上從之，仍命行在都察院揭榜禁約。

（宣宗宣德實録卷 100　第 9 頁　100.7.2248）

901　三月戊寅　命故燕山左衛指揮使孫觀子瑛襲職。

（宣宗宣德實録卷 100　第 10 頁　100.9.2251）

902　三月庚辰　詔内外優恤軍士。初，兵部言：在京各衛，不體朝廷存恤之意，優待補役軍士，有身單資薄、居止無所、月糧未給而重科煩役已及之者。往往富者納賄買閒，貧者困於力役〔校記：廣本困作苦〕，以故亡逸者衆。請令五府都督各遣官常專巡視，務加優恤。上令會六部翰林院議。於是尚書蹇義等奏：今在外都司亦多貪婪無狀，每假巡城視屯、整點兵馬、按行衛所，騷擾需索，非止一端。其下官吏，附勢畏勢，非歛軍錢，即尅軍糧以奉承之，或侵入己。亦有驅其富者以爲僕隸，收其月傭，而貧者役之不已，亡逸相繼。職此之由，宜一概禁約。上從之，命内外風憲舉察，不恤軍士者繩以法。

（宣宗宣德實録卷 100 第 11 頁 100.9.2252）

903 三月庚辰 福餘衛等處韃靼鎖的單等來歸，奏願居京自效。命爲試所鎮撫，賜冠帶、金織襲衣、綵幣、銀鈔、鞍馬，仍命有司給房屋、器物如例。

（宣宗宣德實録卷 100 第 12 頁 100.10.2253）

904 三月壬午 詔減軍衛餘丁之在營者。先是，有言興州衛軍有挈其全籍丁男二十餘人在營，避免賦役。下行在禮部。會官議：請如舊制，除正軍家屬外，每軍選留一丁協助，餘悉遣歸有司，以供職役。於是行在兵部右侍郎王驥亦奏：内外衛所及各王府護衛軍旗校尉鼓手人等餘丁，在營多者往往類此，所司略不遵行舊制遣歸，請通禁約。軍丁在營不得過二人，如有怙終不遣及遣而不歸者，御史按察司治其罪。皆從其言，故有是命。

（宣宗宣德實録卷 100 第 13 頁 100.11.2255）

905 四月丙戌 命都督同知馮斌、鄭銘，尚書李友直等董修在京及通州倉。上諭之曰：務爲堅久，毋徒勞民。

（宣宗宣德實録卷 101 第 1 頁 101.1.2257）

906 四月丁亥 上御奉天門視朝罷、顧謂少傅楊士奇、楊榮曰：朕在宮中無事時，偶有真趣，則賦一詩自適，不然則書籍玩味，亦得胸次開豁，故所在皆置書籍及楮筆之類。今修葺廣寒、清暑二殿及西瓊島，欲於各處皆置書籍，卿二人可於館閣中擇能書者數十人，取《五經》《四書》及《說苑》之類，每書各録數本，分貯其中，以備覽閲。又曰：朕近作《廣寒殿記》。遂命中官取示士奇等。其文曰：北京之萬歲山，在宮城之西北隅。周迴數里，而崇倍之，皆奇石積疊以成。巍巍乎，矗矗乎，巉峭峻削，盤迴起伏，或陡絶如壑，或嵌岩如屋。左右二道，宛轉而上，步趾屢息，乃造其顛。而飛樓複閣，廣亭危榭，東西拱向，頫仰輝映，不可殫紀。其最高者爲廣寒殿，崇棟飛檐，金鋪玉砌，重丹疊翠，五彩焕焉。軼雲霞，納日月，高明闓爽。而北枕居庸，東挹滄海，西挾太行，嵩岱並立手前，大河横帶於中。俯視江淮，一目無際，寰中之勝概，天下之偉觀，莫加於此矣。永樂中，朕嘗侍皇祖太宗文皇帝萬機之暇燕遊於此。從容之頃，天顏悦懌，指顧山川而諭朕曰：此古軒轅所都，而後來趙宋之疆。宋弗良於行，金取而都之；金又弗良，元取而都之；元之後裔不存殷鑒，加弗良焉。天鑒我太祖高皇帝聖德，命之弔伐，用誕安天下。天下既定，高皇帝念前代故都也，簡於諸子，以命我奠兹一方；我惟夙夜敬勵，不敢怠寧，以仰副高皇帝付託之重。暨建文嗣位，信用姦回，戕劉宗室，舉四方全盛之師，以加於我。時兹城孤立，殆一髮引千鈞矣。賴天地宗廟之祐護，以城之孱弱羸老，安其危而存其覆；又因以清姦慝、奠社稷，而至於今曰〔校記：廣本日下有矣字〕。夫山川猶昔也，昔之人以否德而失之，高皇帝以大德而得之。我承藉高皇帝克艱難而保存之，何其可忘慎德！又顧兹山而諭朕曰：此宋之艮岳也！宋之不振以是，金不戒而徙於兹，元不戒又加侈焉。睹其處，思其人，《夏書》所爲儆峻宇雕牆者也。肆吾始來就國，汰其侈、存其概而時游焉，則未嘗不有儆於中。昔唐九成宫，太宗亦因隋之舊，去其泰侈而不改作，時燕游以存監首。汝將來有國家天下之任，政務餘閒，或一登此，則近而思吾之言，遠而不忘聖賢之明訓，國家生民無窮之福矣！朕拜稽受命，無時或忘。《書》不云乎“皇祖有訓”，《詩》不云乎“儀刑文王”？肆嗣位以來，凡事天愛民，一體皇祖之心，敬而行之，洞洞屬屬，罔間夙夜。比登兹山〔校記：廣本兹作此〕，顧視殿宇，歲久而弛，遂用工修葺，永念皇祖，儼如在上。敬以所授大訓，筆而勒諸樂石，既以自省，亦以昭示我子孫於萬斯年。

（宣宗宣德實録卷 101　第 1 頁　101.1.2258）

907 四月癸卯 初，行在兵部右侍郎王驥及成國公朱勇等奏：比奉勑於京師諸衛選紀録幼軍萬人操練，今止得千餘人。宜選諸衛軍士中丁多者足之。上曰：彼既一人當軍，又選一人操練，恐難資給。命尚書、侍郎、都御史計議。覆奏：舊例，諸衛軍士，除正軍之外，存一丁資給，餘遣還有司供徭税。今京師諸衛軍士在營有三丁以上至七八丁者，止一丁當軍，餘皆無役，不肯還本鄉。宜於三丁以上者選一丁，餘聽在營生理，供給軍裝，亦軍民兩便。上從之，命正軍有故就令補伍，不得再勾。

（宣宗宣德實録卷 101 第 9 頁 101.8.2271）

908 四月壬子 行在後軍都督僉事沈清言：神機營舊兼統千二營官軍〔校記：廣本千作十〕，近罷遣還伍。然是營置已十餘年，請如舊。上曰：此皇祖在軍中時所置，蓋一時權宜。今朝廷侍衛自有定制，安得復用？此輩且已令歸伍矣。不從。

（宣宗宣德實録卷 101 第 12 頁 101.10.2276）

909 五月甲寅 日本國王源義教遣使臣道淵等奉表貢馬及鎧甲、盔、刀等方物。

（宣宗宣德實録卷 102 第 1 頁 102.1.2277）

910 五月甲寅 福餘衛韃靼把思台來歸，奏願居京自效。命爲副千户，賜冠帶、金織襲衣、綵幣、銀鈔、絹布、綿花、鞍馬，仍命有司給房屋、器物如例。

（宣宗宣德實録卷 102 第 1 頁 102.1.2277）

911 五月乙卯 琉球國中山王尚巴志遣使者物志麻結制等奉表貢馬及方物。

（宣宗宣德實録卷 102 第 1 頁 102.1.2277）

912 五月庚申 賜日本國、琉球國……等處貢使宴。

（宣宗宣德實録卷 102 第 2 頁 102.2.2280）

913 五月辛酉 朝鮮國王李祹遣陪臣金孟誠等奉表箋貢馬及方物。

賜琉球國使臣物志麻結制等……綵幣、絹布有差。

（宣宗宣德實録卷102　第3頁　102.2.2280）

914　五月乙丑　直隸順天府之順義縣……奏：今年春夏無雨，人民饑困。乞發預備等倉官糧賑濟。從之。

（宣宗宣德實録卷102　第4頁　102.3.2282）

915　五月辛未　占城國王占巴的賴遣使臣逋沙麻叔等來朝貢方物。

（宣宗宣德實録卷102　第5頁　102.4.2284）

916　五月辛未　福餘衛鎮撫煖朶兒〔校記：廣本煖作緩〕率家屬來歸，奏願居京自効。命爲千户，賜金織襲衣、綵幣、銀鈔、絹布、綿花、鞍馬有差，仍命有司給房屋、器物如例。

（宣宗宣德實録卷102　第5頁　102.4.2284）

917　五月癸酉　修北京南京（按：館本京作門）外橋。

（宣宗宣德實録卷102　第7頁　102.6.2287）

918　五月乙亥　行在兵部奏：前者，五軍、神機等營操備官軍，内有官多軍少者，亦有一衛旗軍分二三處操練者，把總官取員不論軍數多寡，俱命差官領之。是以占留者多，衛所缺官管事。已嘗奏請（按：館本請下有令字）各營把總官取勘約量〔校記：廣本約作酌，是也〕，如一衛軍士分撥二三處而可足一隊者，則本衛委官管領，不足者輳撥〔校記：廣本輳作凑〕别隊官領操，多餘官發回視事，仍籍其選定職名。今各營有應發回而擅留者，及衝要衛所官員因見事繁，仍以操備爲名，案印赴營，藏匿文書，停滯軍伍。廢缺皆此之由。請令成國公朱勇、新建伯李玉會同五府並各營把總官從公再議，約量軍士多寡，當存管隊官幾人，明白見數，不許多留。若所留印官亦發回管事，别取官代之。仍以選定職名，具文册二本，一送兵科，一送兵部，若有事故，把總官徑自具奏取换。敢有仍前濫占引躬及避難投託離職誤事者，本部同行在都察院劾奏罪之。上從之。

（宣宗宣德實録卷 102　第 7 頁　102.6.2287）

919　五月乙亥　　順天府文安、昌平、良鄉、密雲四縣……各奏春夏無雨，二麥不實，秋田未種。上命行在户部悉知，詔書寬恤之。

（宣宗宣德實録卷 102　第 8 頁　102.6.2288）

920　五月丙子　　賜日本國使臣道淵等二百二十人紵絲、紗羅、絹布及金織襲衣、絹布、銅錢有差。

賜朝鮮、占城、日本三國貢使宴。

（宣宗宣德實録卷 102　第 8 頁　102.7.2289）

921　五月丁丑　　賜朝鮮國使臣金孟誠等綵幣、絹布及金織襲衣、絹布有差。

（宣宗宣德實録卷 102　第 8 頁　102.7.2289）

922　五月戊寅　　賜占城國使臣逋沙怕麻叔等幣、帛及金織襲衣、絹布有差，仍遣齎勑及紵絲、紗羅、文錦歸賜國王。

（宣宗宣德實録卷 102　第 8 頁　102.7.2289）

923　五月己卯　　行在兵部奏：居庸等關往時每關遣舍人二人監守，滿三月而更，後遂爲例。但切以各關既有關軍守禦而又益以舍人，不無煩擾，請召還。從之。

（宣宗宣德實録卷 102　第 9 頁　102.7.2290）

924　五月辛巳　　朝鮮國王李祹奏叛虜〔校記：廣本虜作寇〕楊木答兀屢寇掠其邊境。上勑祹嚴兵備，至則殺之。

（宣宗宣德實録卷 102　第 9 頁　102.8.2291）

925　六月癸未　　遼東總兵官都督巫凱奏：朝鮮國擅攻建州衛，請詰問之。先是，朝鮮國王奏，毛憐建州之人，詐爲忽剌温野人裝束，凡四百餘騎犯朝鮮邊境，刼殺軍民〔校記：廣本禮本殺作掠〕。建州、毛憐二衛亦奏，忽剌温野人頭目木答兀等掠朝鮮人口，遇朝鮮所差内官，已追還之。朝鮮謂實建州所爲，故加以兵。上遣人齎勅諭朝鮮國王李祹及忽剌温野人頭目木答兀等、建州、毛憐二衛官曰：天之於物〔校記：廣本於作生〕，必使各遂其生，帝王於人，亦欲使各得其分。今爾等皆受朝命，而乖争侵犯，爲之不已，豈是享福之道？朕爲天下主，所宜矜恤。勅至，宜解怨釋仇，改過遷善，各還所掠，並守封疆，安其素分，庶上天降康，福禄悠久。至是，凱復奏其事。上曰：遠夷争競，是非未明，豈可偏聽！遽有行遣，宜待使還議之。勅凱但謹邊備而已。

（宣宗宣德實録卷 103　第 1 頁　103.1.2293）

926　六月甲申　直隸薊州之遵化、玉田二縣奏：人民乏食，乞給林南倉糧賑濟。命行在户部如所言給之。

（宣宗宣德實録卷 103　第 2 頁　103.2.2295）

927　六月辛卯　命隆慶衛指揮使張鎮守居庸関，仍掌衛事。

（宣宗宣德實録卷 103　第 4 頁　103.3.2298）

928　六月壬辰　遣鴻臚少卿〔校記：廣本臚下有寺字〕潘賜、行人高遷、中官雷春等使日本國，賜其源義教白金、綵幣等物。初，太宗皇帝時，日本國王源道義，恭事朝廷，勤修職貢。道義卒，使命不通已久，上嘗賜勅撫諭。至是義教嗣爵，遣使道淵奉表來朝，並獻方物。故遣賜等報之。

（宣宗宣德實録卷 103　第 4 頁　103.3.2298）

929　六月丙申　以户口減少，裁減直隸順天府房山縣丞、主薄各一員。

（宣宗宣德實録卷 103　第 5 頁　103.4.2300）

930　六月丙申　順天府永清、固安、房山三縣……各奏自宣德七年冬至今年春夏不雨，田稼旱傷。上命行在户部遣人覆視，蠲其租税。

（宣宗宣德實録卷 103　第 5 頁　103.4.2300）

931　六月壬寅　迤北韃靼把裏卜花來歸，奏願居京自效。命爲百户，賜金織襲衣、綵幣、鈔、綿布、鞍馬，仍命有司給房屋、器物如例。

（宣宗宣德實録卷 103 第 7 頁 103.6.2300）

932 六月癸卯 齊化門外木廠火，東城兵馬指揮獲守廠官吏四人，請付法司論罪。上曰：火起倉猝，豈四人之力所能救？命釋之。

（宣宗宣德實録卷 103 第 7 頁 103.6.2303）

933 六月丙午 宥行在光禄寺丞倪琮〔校記：廣本抱本琮作宗，然下又作琮……〕等罪。初光禄寺火，御史給事中劾奏琮等不謹，下刑部獄，論應徒，追償所燬物。上曰：不謹之責難逃，但非故有意者。姑記罪，俾視事，停其俸，燬物免追。

（宣宗宣德實録卷 103 第 9 頁 103.7.2305）

934 六月丁未 命故通州衛指揮僉事王端子俊襲職。

（宣宗宣德實録卷 103 第 8 頁 103.7.2305）

935 七月戊午 賜朝鮮國及撒馬兒罕等處貢使宴。

（宣宗宣德實録卷 103 第 9 頁 103.8.2307）

936 七月壬戌 行在太醫院醫士王謙，陳其父文洪武中爲燕府良醫所醫士，今以老閒居。謙幼習儒業，乞爲監生，以圖報效。上命行在禮部考試，送北京國子監讀書。

（宣宗宣德實録卷 103 第 10 頁 103.9.2309）

937 七月甲子 賜朝鮮國陪臣權復等十人……鈔、綵幣、綿布及綜（按：疑綜爲紵之誤）絲襲衣有差。

（宣宗宣德實録卷 103 第 11 頁 103.9.2310）

938 七月丁卯 賜朝鮮國等處貢使宴。

（宣宗宣德實録卷 103 第 12 頁 103.10.2311）

939 七月庚午 命行在工部修太廟、社稷、宰牲等房。

（宣宗宣德實録卷 103 第 12 頁 103.10.2312）

940 七月癸酉 勑行在户部侍郎王佐監督京城倉糧。時，上聞各倉出納不明，雖屢有禁約，而姦狡之徒狃於積弊，故命佐監督之。

（宣宗宣德實録卷 103 第 14 頁 103.11.2314）

941 七月乙亥 上念天氣尚熱，京師軍夫工匠趨事勤勞，命所管官〔校記：廣本管作屬〕善撫之，但有擾害及減尅糧賜者治其罪。工完者皆休息兩月。

（宣宗宣德實録卷 103 第 14 頁 103.12.2315）

942 七月丁丑 迤北韃靼鎖住驢等來歸，奏居京自效。命爲副千户等官，賜金織襲衣、綵幣、銀鈔、絹布、鞍馬有差，仍命有司給房屋、器物如例。

（宣宗宣德實録卷 103 第 15 頁 103.13.2317）

943 八月癸未 免宣府左衛、直隸隆慶衛舊負屯糧之半，餘半準折收，以其地早霜無穫故也。

（宣宗宣德實録卷 104 第 3 頁 104.2.2324）

944 八月甲申 置行在旗手衛、行在府軍衛、行在龍虎衛。

（宣宗宣德實録卷 104 第 3 頁 104.2.2324）

945 八月丁亥 遣北京國子監祭酒貝泰釋奠先師孔子。

（宣宗宣德實録卷 104 第 4 頁 104.3.2326）

946 八月癸巳 裁減行在户、兵、工三部、大理、光禄、鴻臚、北京行太僕寺及順天府郎中李本等官七十七員。

（宣宗宣德實録卷 104 第 5 頁 104.4.2328）

947 八月癸卯 順天府尹李庸等言〔校記：廣本言作奏〕：北京城隍廟，軍民往往於内互市博奕，因而盗取磚石、剪伐林木及縱放孳畜作踐，請禁約。上曰：事神貴清净，其揭榜禁約，敢再犯者，擒送法司治之。

（宣宗宣德實録卷 104 第 8 頁 104.7.2333）

948 八月甲辰 調燕山左衛指揮使陸真、行在羽林前衛指揮同知張亮於羽林左衛，行在金吾左衛指揮使楊芳於府軍後衛，燕山前衛指揮同知郝整、永平衛指揮僉事陳旺於行在府軍左衛，鳳陽衛指揮僉事王玉於行在金吾左衛。

（宣宗宣德實録卷 104　第 8 頁　104.7.2334）

949　八月乙巳　　行在户部奏：東店、林南二倉，舊無垣牆，防守不易。勅總兵官都督陳敬等於薊州等十七衛所撥軍士採木陶瓦，營建二倉，仍勑敬等無以此妨誤邊務〔校記：廣本無作勿〕。

（宣宗宣德實録卷 104　第 9 頁　104.8.2335）

950　八月乙巳　　順天府奏：所屬通州及良鄉諸縣儒學大成殿宇及社稷、鬼神壇、養濟院、申明、旌善二亭，悉經久弊壞〔校記：廣本弊作敝〕。命有司修治之。

（宣宗宣德實録卷 104　第 9 頁　104.8.2335）

951　八月丁未　　改作通州驛。時行在工部奏：通州水、馬驛俱隘陋敝壞。外夷朝貢使臣往來者多，無宿頓之舍，請增廣併爲一所。上命尚書李友直督本州民同通州五衛軍士協力營之。

（宣宗宣德實録卷 104　第 10 頁　104.8.2336）

952　八月己酉　　韃靼阿知八來歸，皆奏願居京自效。命爲副千户〔校記：抱本禮本户下有所字，是也〕鎮撫等官，賜金織襲衣、綵幣、銀鈔、綿布、鞍馬〔校記：廣本綿作絹〕，仍命有司給房屋、器物如例。

（宣宗宣德實録卷 104　第 11 頁　104.9.2338）

953　八月庚戌　　命行在金吾右衛指揮僉事蔣勝、忠義左衛〔校記：廣本左作後〕指揮僉事種興署陝西都司都指揮僉事，燕山左衛指揮使趙忠、羽林前衛指揮同知王鑑、指揮僉事孫禮、陳廣往寧夏衛領軍，聽總兵官調遣。

（宣宗宣德實録卷 104　第 11 頁　104.9.2338）

954　閏八月辛亥朔　　蘇門答剌國王宰奴裏阿必丁遣弟哈利之漢等、右（按：疑右爲古之誤）裏國王比裏麻〔校記：廣本比作卜〕遣使葛不滿都魯牙等、柯枝國王可亦裏遣使加不比裏麻等、錫蘭山國王不剌葛麻巴剌批遣使門你得奈等、佐法兒國王阿裏遣使哈只忽先等、阿丹國王抹立克那思兒遣使普巴等、甘巴裏國王兆哇剌劄遣使叚思力鑑等、忽魯謨斯國王賽弗丁遣番人馬剌足等、加異勒國王遣使阿都儒哈鑾〔校記：廣本都作魯〕等、天方國王遣頭目沙獻等來朝，貢麒麟、象、馬諸物。上御奉天門受之。行在禮部尚書胡濙以麒麟瑞物，率羣臣稱賀。上曰：遠方之物，朕非有愛，但念其盡誠遠來，故受之，不足賀也。

（宣宗宣德實録卷 105　第 1 頁　105.1.2341）

955　閏八月壬子　行在户部奏：邊衛糧儲不足，請召商中納鹽糧。不拘米麥豆，萬全左衛倉淮浙、長蘆鹽每引四斗；懷來衛倉淮浙、長蘆鹽每引四斗五升；永平府及古北口倉淮浙、長蘆鹽並每引五斗。從之。

（宣宗宣德實録卷 105　第 1 頁　105.1.2342）

956　閏八月癸丑　日本國王源義教遣僧有瑞等來朝貢馬及方物。

（宣宗宣德實録卷 105　第 2 頁　105.2.2343）

957　閏八月癸丑　順天府薊州……奏今年七月苦雨，河水漲溢〔校記：廣本漲作泛〕，淹没田稼。

（宣宗宣德實録卷 105　第 2 頁　105.2.2343）

958　閏八月乙卯　賜亦力把裏歪思王母使臣阿的加兒哈剌馬歹等六十七人銀、鈔、綵幣、紗、羅絹及金織襲衣有差，仍遣阿的加兒等齎絲幣、表裏賜王母。

（宣宗宣德實録卷 105　第 2 頁　105.2.2343）

959　閏八月丙辰　賜日本、蘇門答剌等國貢賜（按：疑貢下賜爲使之誤）宴。

（宣宗宣德實録卷 105　第 3 頁　105.2.2344）

960　閏八月丙辰　置行在後軍都督府濟陽等十衛居賢坊草場、大興左等四衛鳴珂坊草場大使、副使各一員。

（宣宗宣德實録卷 105　第 3 頁　105.2.2344）

961 閏八月丁巳　監察御史鄭夏，給事中蔡錫劾奏總兵官都督僉事陳敬，鎮守官都指揮錢義、李英、蕭敬、劉銘、馬驥，指揮張鎮等：鎮守邊疆而城垣不修，部伍不整，自山海至隆慶凡関寨二百四十八處，營堡二十二所，臣等閱視守備官軍失伍離次者一千二百餘人。蓋統領之人，或役於私家，或受財放閒，或減尅月糧，困苦不支，遂至逃竄，俱由敬等紀律不嚴所致。請正其罪。上曰：陳敬姑宥之，錢義等六人俱罰俸三月。軍逃者令兵部追捕。其所管官軍，逃二十名以下者記罪，五十名以下者罰俸三月，百名以下罰俸半年，一百以上罰俸一年。

（宣宗宣德實録卷 105　第 3 頁　105.3.2345）

962 閏八月戊午　修通州城樓，命都指揮劉斌董役。

（宣宗宣德實録卷 105　第 5 頁　105.3.2346）

963 閏八月甲子　置遞送口北軍囚宿舍凡十一所。初，左府舍人馮旺等言：自通州北關至山海衛東路凡十一站，舊設五遞運所，有相距〔校記：廣本距下有一字〕百七八十里者。遞送軍囚多或二三百人，少或五七十人，其中亦有老幼男女，每日止行一站，所過別無官舍，須賃民房止宿。貧窮患病，民不肯容，不免露宿，冒寒受暑，因致死亡。況管送之人不過一二，防守不周，因而脱逃負累者多。事不（按：不爲下之誤）行在兵部。議奏：以所在官司有遞運所則令增修，無則增置，各爲房舍十餘間，繚以垣牆。就令遞運所官及驛丞提督，凡遞送囚軍於此宿舍爲便。上從其議。

（宣宗宣德實録卷 105　第 5 頁　105.4.2348）

964 閏八月己巳　賜日本國使臣僧有瑞等六十五人……綵幣、絹布及紵絲襲衣有差。

（宣宗宣德實録卷 105　第 6 頁　105.5.2350）

965 閏八月庚午　賜安南使人陳舜俞等文綺襲衣並鈔遣還。命兵（按：疑兵下奪部字）侍郎徐琦、行人郭濟齎勑諭黎利與舜俞偕行，蓋申諭利令上順天道，下造民福，以保令終。

賜蘇門答剌國王哈剌之漢，古里國使葛不滿都魯牙、柯枝國使加不比里麻，賜蘭山國使門你得柰，佐法兒國使哈只忽先，阿丹國使普巴，加異勒國使阿都〔校記：廣本都作魯〕儒哈鑾，甘巴里國段思力鑑，天方國頭目沙獻，忽魯謨斯國番人馬剌足等六十六人白金、綵幣、絹布及金織襲衣、紗羅、絹衣有差，其傔從賜胖襖、袴鞾有差。賜哈利之漢等冠帶。

（宣宗宣德實録卷 105　第 6 頁　105.5.2350）

966　閏八月壬申　以杖罪及徒流人充通州遞運夫。時順天府奏：通州路當要衝，四方貢獻方物日多，遞運所舊額夫少，乞益以罪囚千人充夫，滿日如舊撥補。上命法司議。請如所言。以民人、弓兵、皂隸及受贓官吏犯杖、徒流者充役。杖罪役一年，徒流依年限洪（按：洪爲供之誤）役。從之。

（宣宗宣德實録卷 105　第 7 頁　105.6.2352）

967　閏八月癸酉　上以在京所選隨侍東宮幼軍七千一百一十二人，命成國公朱勇、新建伯李玉整飭隊伍，以俟親閱。

（宣宗宣德實録卷 105　第 7 頁　105.6.2352）

968　閏八月戊寅　通州並順天府大城縣……各奏今年春夏無（按：疑無下奪雨字）田稼無收。

（宣宗宣德實録卷 105　第 9 頁　105.8.2355）

969　九月壬午　遣中官昌盛齎勅及綵幣賜朝鮮國王李祹。

（宣宗宣德實録卷 106　第 1 頁　106.1.2357）

970　九月丙戌　暹羅國王悉里麻哈賴遣使臣坤思利弗等奉表貢方物。

（宣宗宣德實録卷 106　第 2 頁　106.2.2359）

971　九月乙未　修安定、德勝、西直等門樓及舖舍。命署都督僉事武興董之。

（宣宗宣德實録卷 106　第 5 頁　106.4.2362）

972 九月己亥 迤北和寧王阿魯台使臣柳失等來朝，福餘衛指揮僉事完者秃等十一人來歸，皆奏願居京自効。命柳失爲百户，完者秃等爲試所鎮撫。各賜冠帶、金織襲衣、綵幣、銀鈔、絹布、鞍馬有差，仍命有司給房屋、器物如例。

（宣宗宣德實録卷 106 第 5 頁 106.4.2364）

973 九月丁未 以北京行太僕寺馬五千匹給神機營操練軍士。

（宣宗宣德實録卷 106 第 8 頁 506.7.2369）

974 十月甲寅 賜暹羅國使臣坤思利勿等綵幣、羅絹、綿布及金織襲衣有差，傔從賜胖襖等物。賜坤思利弗等冠帶，仍命賫勑及文錦、紵絲、紗羅歸賜其國王。

（宣宗宣德實録卷 106 第 10 頁 106.8.2372）

975 十月戊午 諭行在工部、都察院、錦衣衛、五城兵馬司曰：今内官内使往往在外私作居室，宜皆究實，具名以闻。其應給者給之，不應給者悉入官。

（宣宗宣德實録卷 106 第 12 頁 106.10.2375）

976 十月丙寅 滿剌加國王西里麻哈剌者率家屬來朝，至南京，襄城伯李隆以聞。上以天寒，命隆且令於南京休息，加厚待之，俟春暖來朝。别遣人賫勑勞王，賜王及王妃并頭目下至傔從文綺、襲衣、綿布、靴襪、胖襖等物悉備。

（宣宗宣德實録卷 106 第 13 頁 106.11.2377）

977 十月丁卯 朝鮮國王李祹遣陪臣許之惠等來朝貢方物。

（宣宗宣德實録卷 106 第 14 頁 106.12.2380）

978 十月乙亥 賜朝鮮國使臣許之惠等綵幣、絹布及紵絲、襲衣有差。

（宣宗宣德實録卷 106 第 16 頁 106.13.2382）

979 十一月乙酉 賜朝鮮國王李祹《五經》《四書大全》諸書。初，王奏欲遣子弟詣北京國學或遼東學校讀書。上嘉之，故賜之書，且勑祹曰：王欲遣子入學，具見務善求道之心，但念父子遠違，情不相舍，兼山川隔遠，氣候不同，或致不安，不若就本國中務學之便也。今遣書賜王，以爲教子弟之資，王其體朕至意。

（宣宗宣德實録卷 107 第 2 頁 107.1.2386）

980 十一月戊子 朝鮮國王李祹遣陪臣朴安臣等貢馬及方物，賀皇太子千秋節。

（宣宗宣德實録卷 107 第 2 頁 107.2.2387）

981 十一月辛卯 賜朝鮮國使臣朴安臣等綵幣、絹布及金織襲衣等物有差。

（宣宗宣德實録卷 107 第 3 頁 107.2.2388）

982 十一月丙午 順天府尹李庸言：比奉命修築橋道，而豪勢之家占據要路，私搭小橋，邀阻行人，榷取其利，請行禁革。上曰：豪勢擅利至此，將何所不爲？命行在都察院揭榜禁約，不悛者具以名聞。

（宣宗宣德實録卷 107 第 5 頁 107.4.2391）

983 十二月辛酉 朝鮮國王李祹遣陪臣金益精等奉表貢馬及方物，賀明年正旦。

（宣宗宣德實録卷 107 第 8 頁 107.7.2397）

984 十二月辛酉 迤北韃靼俺克等來歸，願居京自效。命爲千户等官，賜冠帶、金織襲衣、綵幣、銀鈔、絹布、鞍馬有差，仍命有司給房屋、器物如例。

（宣宗宣德實録卷 107 第 8 頁 107.7.2397）

985 十二月丙寅 立春，順天府進春，上御正朝受之。文武群臣行賀禮，遂賜宴。

（宣宗宣德實録卷 107 第 9 頁 107.7.2398）

986 十二月己巳 朝鮮國王李祹遣陪臣李正寧等奉表貢馬及方物，謝賜綵幣恩。

（宣宗宣德實録卷 107 第 10 頁 107.8.2400）

987 十二月癸酉 賜朝鮮國使臣李正寧等〔校記：廣本無寧

字〕綵幣、絹布及金織襲衣、絹衣有差。

（宣宗宣德實録卷 107　第 12 頁　107.10.2403）

988　十二月丙子　迤北頭目脱歡及福餘衛韃靼脱脱等來歸，皆奏願居京自効。命脱歡爲都指揮僉事，脱脱等爲誠所鎮撫，賜冠帶、金織襲衣、綵幣、銀鈔、絹布、綿花、鞍馬有差，仍命有司給房屋、器物如例。

（宣宗宣德實録卷 107　第 13 頁　107.11.2405）

989　十二月　是歲……漕運北京米五百五十三萬一百八十一石。

（宣宗宣德實録卷 107　第 14 頁　107.11.2406）

宣德九年（1434）

990　正月庚寅　朝鮮國王李祹遣陪臣成抑等來朝貢馬及方物，賀萬壽聖節。

（宣宗宣德實録卷 108　第 1 頁　108.1.2410）

991　正月甲午　鎮守薊州等處都督僉事陳敬奏：近調鎮朔、盧龍、東勝、興州左右前等衛軍士於東店、林南二處建倉，緣各衛路當衝要，若悉調去，恐猝有警急，乏人使令。乞以先在通州修倉官軍七百八十三人發回用工。從之。

（宣宗宣德實録卷 108　第 2 頁　108.2.2411）

992　正月乙未　賜朝鮮國陪臣金益精等綵幣、絹布及金織襲衣有差。

（宣宗宣德實録卷 108　第 2 頁　108.2.2411）

993　正月己亥　朝鮮國王李祹遣陪臣鄭發等來朝貢方物。

（宣宗宣德實録卷 108　第 3 頁　108.3.2413）

994　正月己亥　命行在户部郎中李暹等監督京城及通州各倉

收支。勑暹等明出納、革奸弊，廪□（按：館本□作廋）牆垣以時修葺。

（宣宗宣德實録卷108　第3頁　108.3.2413）

995　正月甲辰　賜朝鮮國陪臣成抑等宴。

（宣宗宣德實録卷108　第4頁　108.4.2415）

996　二月辛亥　賜朝鮮國陪臣鄭發等綵幣、絹布及金織襲衣有差。

（宣宗宣德實録卷108　第6頁　108.5.2418）

997　二月辛酉　罷築教場。先是，有言教場在德勝門外，士卒操練路遠；又言校閲幼軍當别築場。上命欽天監官相地以聞。至是言：平則門三里外，曠地百餘頃，正直西方，西屬金，有肅殺之氣，築場練兵爲宜。上再命署都督僉事武興往視可否。興還奏：可築平則門外，但徙民三十六家。既而有言：其地民所種麥苗、桑棗果樹及古墳墓皆須剷夷。曰（按：疑曰爲白之誤）雲觀側之地，皆民納税蔬圃。上遽命罷之，仍於舊教場操練。

（宣宗宣德實録卷108　第10頁　108.9.2425）

998　二月壬戌　賜朝鮮國陪臣成抑等綵幣、絹布有差。

（宣宗宣德實録卷108　第11頁　108.9.2425）

999　二月乙丑　朝鮮國王李祹遣陪臣南暉等奉表箋貢馬及方物。

（宣宗宣德實録卷108　第12頁　108.10.2472）

1000　二月戊辰　北京城東南門樓火。

（宣宗宣德實録卷108　第13頁　108.11.2429）

1001　二月辛未　蘇門答剌國王弟哈利之漢朝貢至京，以疾卒。上謂行在禮部曰：彼萬里來朝，傾城歸向，今死，當隆始終之恩。遂贈鴻臚寺少卿，賜誥命，命治喪葬，給守塚户。

（宣宗宣德實録卷108　第13頁　108.11.2430）

1002　二月甲戌　賜朝鮮國陪臣南暉等……鈔及綵幣、金織襲衣、紵絲、絹布有差。

（宣宗宣德實録卷 108　第 16 頁　108.13.2434）

1003　二月乙亥　賜朝鮮國陪臣南暉等宴。

（宣宗宣德實録卷 108　第 17 頁　108.14.2435）

1004　二月丙子　迤北和寧王阿魯台部屬威林帖木兒率妻子四十六人〔校記：廣本六作三〕來歸，奏願居京自效。命爲副千户等官，賜冠帶、金織襲衣、綵幣、銀鈔、絹布、綿花、鞍馬有差，仍命有司給房屋、器物如例。

（宣宗宣德實録卷 108　第 17 頁　108.15.2437）

1005　三月己卯　朝鮮國王李祹遣陪臣李伯寬等來朝貢方物。

（宣宗宣德實録卷 109　第 2 頁　109.2.2441）

1006　三月甲申　成國公朱勇言：初，户部奏，擬五軍神機營官軍萬人通州繕倉，今工部已留運糧軍一萬赴工，請以所撥神機官軍仍回操備。從之。

（宣宗宣德實録卷 109　第 4 頁　109.3.2443）

1007　三月乙酉　琉球國中山王尚巴志遣通事鄭長、使者步馬結制等奉表箋貢馬及方物。

（宣宗宣德實録卷 109　第 4 頁　109.4.2445）

1008　三月丁亥　上以都督馮斌、尚書李友直、參政李新督修在京及通州倉久不完，而漕運至者多露積，降勑切責之。時工部方修城樓，勑令停工，夫匠皆往通州倉助役。令尚書吴中往來提督，御史一員巡視，遲誤罪之。

（宣宗宣德實録卷 109　第 5 頁　109.4.2445）

1009　三月戊子　賜朝鮮、琉球二國貢使宴。

（宣宗宣德實録卷 109　第 5 頁　109.4.2446）

1010　三月甲午　嚴皇城門出入及守衛交直之禁。

（宣宗宣德實録卷 109　第 7 頁　109.6.2450）

1011　三月乙未　賜琉球國使臣步馬結制、通事鄭長等……綵幣、表裏有差。

（宣宗宣德實録卷 109　第 7 頁　109.6.2450）

1012　三月戊戌　賜朝鮮國陪臣李伯寬等綵幣、絹布有差。

（宣宗宣德實録卷 109　第 8 頁　109.7.2452）

1013　三月丙午　琉球國中山王尚巴志遣使者義魯結制等來朝，貢馬及方物。蓋與步馬結刺等同行遇風，故後至也。

（宣宗宣德實録卷 109　第 12 頁　109.10.2458）

1014　三月丙午　通州衛把總都指揮僉事劉斌奏：運糧及遞運官船皆泊通州東關，河道不足以容。按城北舊有海子，宜開鑿置二閘，可以積水通船。上命成國公朱勇同工部尚書吴中等往視之。勇等還言，工費浩繁，卒難就緒。上曰：今東作方興，烏可役民，俟秋成再議之。

（宣宗宣德實録卷 109　第 12 頁　109.10.2458）

1015　四月辛亥　命行在户部以保定雄縣利仁等社地八十五頃四十畝賜慶都公主。

（宣宗宣德實録卷 110　第 1 頁　110.1.2462）

1016　四月辛亥　朝鮮國王李祹遣陪臣李士信等來朝貢方物。

（宣宗宣德實録卷 110　第 1 頁　110.1.2462）

1017　四月丁巳　賜琉球國使臣義魯結制等……綵幣、絹布有差。

（宣宗宣德實録卷 110　第 2 頁　110.2.2464）

1018　四月己未　兵部右侍郎徐琦自安南歸。其權署安南國事黎利死，利子麟遣頭目黎傅隨琦等來告喪，且獻金人及方物。

（宣宗宣德實録卷 110　第 3 頁　110.3.2465）

1019　四月己未　賜朝鮮國及迤北和寧王貢使宴。

（宣宗宣德實録卷 110　第 4 頁　110.3.2466）

1020　四月乙丑　滿剌加國王西哩麻哈剌者及其弟剌殿把剌、頭目文旦等來朝貢馬及方物。

（宣宗宣德實録卷 110　第 5 頁　110.4.2468）

1021　四月丙寅　賜朝鮮國陪臣李士信等……綵幣、絹布、紵絲襲衣有差。

（宣宗宣德實録卷 110　第 5 頁　110.4.2468）

1022　四月甲戌　賜滿剌加國王西哩麻哈剌者等宴。

（宣宗宣德實録卷 110　第 9 頁　110.8.2475）

1023　四月甲戌　順天府尹李庸奏：通州儒學文廟及兩廡歲久損敝，又神厨神庫俱未建，每遇釋奠，苟且行事。舊有射圃爲軍民侵占者，乞究理如建例置（按：疑例在置後），以稱朝廷崇儒興學之意。上曰：畿内學校如此，何以表天下？令工部卽從之。

（宣宗宣德實録卷 110　第 9 頁　110.8.2475）

1024　四月丙子　迤北和寧王阿魯台所部孛羅卜花等率妻子來歸及泰寧衛頭目脱脱不花來朝，皆奏願居京自效。命爲千百户等官，賜冠帶、金織襲衣、綵幣、銀鈔、絹布、綿花、鞍馬，仍命有司給房屋、器物。

（宣宗宣德實録卷 110　第 9 頁　110.8.2475）

1025　五月丁丑朔　修光禄寺，以廨宇倉庫年深朽敝故也。

（宣宗宣德實録卷 110　第 10 頁　110.8.2416）

1026　五月己卯　遣行（按：疑行下奪人字）郭濟、朱弼往安南賜祭黎利。是日安南頭目黎傳等陛辭，賜鈔爲道里費。

（宣宗宣德實録卷 110　第 10 頁　110.8.2476）

1027　五月壬午　上諭順天府臣曰：比聞京城内外工匠、罪人有死於道者，無人收瘞，暴露旬日。此必窮苦無依者，其令五城兵馬及大興、宛平二縣時常巡視，遇有露尸卽收埋瘞。

（宣宗宣德實録卷 110　第 11 頁　110.9.2477）

1028　五月壬午　行在户部奏：霧靈山採木軍夫工匠數多，月支口糧艱於轉運，請召商於密雲縣黑峪口新蓋倉納糧〔校記：廣本糧作米〕，不拘資次於淮浙等處支鹽。

（宣宗宣德實録卷 110　第 11 頁　110.9.2478）

1029 五月癸未 暹羅國王悉里麻哈賴遣使臣坤思利賴者萬直等來朝貢方物。

（宣宗宣德實録卷110 第12頁 110.10.2479）

1030 五月庚寅 賜滿剌加國王西哩麻哈剌者及其弟剌殿把剌、頭目文旦等二百二十八人金銀、綵幣、綾錦、紗羅、絹布及金織襲衣有差，加賜王冠帶。及還，賜勅奬諭，且命工部爲繕治海州（按：州爲舟之誤）。蓋永樂中王父舉國來朝，至王益修臣職，上嘉其勤誠待之加厚云。

（宣宗宣德實録卷110 第13頁 110.11.2481）

1031 五月癸卯 賜暹羅國使臣坤思利剌者萬直等及通事阮靄等綵幣、羅絹、綿布及金織襲衣、絹布有差。又賜坤思利剌者萬直等冠帶，俾賫勅及錦綺、紗羅歸賜國王。

（宣宗宣德實録卷110 第16頁 110.13.2486）

1032 六月丁未 占城國王占巴的賴遣使臣逋沙帕時勞辦等來朝貢方物。

（宣宗宣德實録卷111 第1頁 111.1.2487）

1033 六月戊申 行在工部尚書吴中奏：城中軍民房屋有逼近城垣者，昨民家失火，延燒文明門樓。請令如永樂中離城二十餘丈居住，逼城者令别遷。上諭中曰：方今苦雨，而令徙居，貧家良難。宜先與善地，令從容營構，俟秋後雨止而遷。

（宣宗宣德實録卷111 第1頁 111.1.2487）

1034 六月辛亥 賜占城國等處貢使宴。

（宣宗宣德實録卷111 第2頁 111.1.2488）

1035 六月壬子 迤北韃靼朵魯禿伯胡等來歸，奏願居京自效。命爲副千户等官，賜冠帶、金織襲衣、綵幣、銀鈔、布花、鞍馬有差，仍命有司給房屋、器物。

（宣宗宣德實録卷111 第2頁 111.2.2489）

1036 六月癸丑 築薊州之激流、黄蠟蝸等處隄岸。時薊州民言：激流諸隄岸被水衝決，濶者八十餘丈，狹者十餘丈，連年澇傷苗稼，致民饑窘。上命鎮守都督陳敬遣官軍以時修築。

（宣宗宣德實録卷111　第2頁　111.2.2489）

1037　六月甲寅　賜占城國使臣逋沙怕時勞辨等綵幣、絹布及金織襲衣有差，仍齎勅及絨錦、紵絲、紗羅歸國王。

（宣宗宣德實録卷111　第2頁　111.2.2490）

1038　六月丙辰　行在工部尚書吴中奏：北京城東南有雨（按：疑雨爲兩之誤）水磨及通惠河諸閘，皆爲河水所壞。今南門外舊有減水河，若加疏鑿長二十餘丈，卽與郊壇後河通流，可泄水勢。上曰：盛夏炎暑，未宜疲勞民力，姑緩之。

（宣宗宣德實録卷111　第3頁　111.2.2490）

1039　六月甲子　雷雨震大祀壇外西門獸吻。

（宣宗宣德實録卷111　第5頁　111.4.2494）

1040　六月乙丑　命行在工部修治大祀壇西門。

（宣宗宣德實録卷111　第5頁　111.4.2494）

1041　六月庚午　免順天府涿等州、文安等縣一十捌處宣德七年、八年水旱灾傷田地租二萬八千八百七十二石，草六十八萬五千七百六十束。

（宣宗宣德實録卷111　第7頁　111.6.2497）

1042　六月庚午　水決北京渾河東岸，自狼窩口至小屯廠。

（宣宗宣德實録卷111　第7頁　111.6.2497）

1043　六月壬申　懷來諸衛奏：黑峪等煙墩石牆凡三十餘所爲霖雨所壞。命俟農隙之時發旁近軍民修築。

（宣宗宣德實録卷111　第7頁　111.6.2498）

1044　六月壬申　順天府薊、霸二州、武清、永清、東安、固安四縣……各奏五月連雨不止，澇傷田苗。

（宣宗宣德實録卷111　第8頁　111.6.2498）

1045　七月癸未　琉球國中山王尚巴志蒙賜衣服、海舟，遣使者楊布勃也等奉表貢馬及方物謝恩。

（宣宗宣德實録卷 111　第 9 頁　111.8.2501）

1046　七月乙酉　順天府通州、宛平、遵化、大成、文安、保定、香河六縣……各奏五月六月連雨，河水泛溢，渰没軍民田穀。命行在户部遣人覆視，蠲其租。

（宣宗宣德實録卷 111　第 10 頁　111.9.2503）

1047　七月甲午　密雲中、後二衛奏：今夏霖雨，山水衝壞城垣一百二十餘丈，乞放遣二衛軍士之在京修倉者回衛修築。從之。

（宣宗宣德實録卷 111　第 12 頁　111.10.2505）

1048　七月乙未　命都督僉事王彧以五軍神機營官軍及民夫修北京城垣。

（宣宗宣德實録卷 111　第 12 頁　111.10.2505）

1049　七月戊戌　賜琉球國中山王使臣楊希勃也等綵幣、絹布有差，仍命齎勅及綵幣、表裏歸賜國王〔校記：廣本賜下有其字，是也〕。

（宣宗宣德實録卷 111　第 12 頁　111.10.2506）

1050　七月癸卯　迤北韃靼亦兒歹率其子來歸，奏願居京自效。命爲百户所鎮撫等官，賜冠帶、金織襲衣、綵幣、銀鈔、絹布、鞍馬有差，仍命有司給房屋、器物。

（宣宗宣德實録卷 112　第 14 頁　111.12.2509）

1051　七月癸卯　順天府涿州房山縣、薊州玉田縣、順德府任、廣宗二縣、河間府静海縣各奏六月苦雨傷稼。

（宣宗宣德實録卷 112　第 14 頁　111.12.2509）

1052　八月戊甲　修北京青龍橋及順承等門橋閘。

（宣宗宣德實録卷 112　第 1 頁　112.1.2511）

1053　八月壬子　遣金吾右衛指揮僉事孟捏可來送朝鮮國人金香伊等還國。先是，香伊等十二人爲忽剌温野人沙隆加等所掠，國王以聞。上遣孟揑可來等齎勅追索，惟存香伊等四人，故遣送還國。

（宣宗宣德實録卷112　第3頁　112.2.2514）

1054　八月壬子　行在工部奏：通州城垣及北門壩道俱爲雨潦頽壞，請令通州左等衛修葺，令都指揮劉斌董之。上曰：城垣爲雨壞者非止通州，宜及農隙併力修之。

（宣宗宣德實録卷112　第3頁　112.2.2514）

1055　八月戊午　行在工部言：渾河東狼窩口等岸，比爲水衝決，已役軍夫二千五百人修築。工力不足，請於直隸河間、真定、保定三府無水灾之處起民夫協力修治，庶易成功。從之，命都督鄭銘董其役，凡役夫俱給口糧。

（宣宗宣德實録卷112　第4頁　112.3.2516）

1056　八月丙寅　勑甘肅總兵官都督僉事劉廣等：撒馬兒罕及諸外夷使回，不許夾帶中國之人及買中國童幼出境。

（宣宗宣德實録卷112　第7頁　112.6.2521）

1057　八月丁卯　行在禮部尚書胡濙奏：比以鴻臚寺宣讀表章缺人，臣奉命與吏部尚書郭璡等於國子監選監生音聲洪亮者，得趙倫等五十人。上曰：宣表近侍之職，雖取其聲音，尤須觀其才行。此五十人姑令鴻臚寺堂上官教習，仍常察其行止，如果端謹堪任，送吏部授官。

（宣宗宣德實録卷112　第7頁　112.6.2522）

1058　八月戊辰　選習四夷譯書學生。初，上以四夷朝貢日蕃，翻譯表奏者多老，命尚書胡濙同太傅楊士奇、楊榮於北京國子監選年少監生及選京師官民子弟有可教者，並於翰林院習學。至是，選監生王瑄等及官民子弟馬麟等各三十人以聞。命指揮李誠、丁全等教之，翰林學士程督之。人月支米一石，光禄寺日給飯食。習一年能書者與冠帶，惰者罰之，全不通者黜之。

（宣宗宣德實録卷112　第8頁　112.6.2522）

1059 八月辛未 給圍子手及五軍神機等營官軍盔甲、鎗叉、刀牌、弓箭及弦。

（宣宗宣德實録卷112 第9頁 112.8.2525）

1060 八月癸酉 直隸保定府祁、易二州，唐、蠡、定興、博野、安肅、容城六縣，真定府定州，河間府河間縣，順天府昌平、漷二縣……各奏五六月間久雨，水潦衝決堤岸，渰没田苗……命行在户部遣人巡視并寬恤之。

（宣宗宣德實録卷112 第10頁 112.8.2526）

1061 九月丙子 守居庸關指揮使高迪奏：居庸關舊有隆慶及隆慶左、右三衛官軍分守，近年調隆慶左、右二衛往永寧、懷來，止餘隆慶一衛，旗軍亦多散調他處備禦操練及有别役。今各關口軍士多者十一二人，少者八九人，不足守禦〔校記：廣本禦作備〕。且外夷貢獻，往來皆當接送，而人力寡少，請勅所司增軍。上命法司有犯充軍罪者發千人益之。又命行在兵部自今凡有别役，悉委他衛。

（宣宗宣德實録卷112 第11頁 112.9.2527）

1062 九月丁丑 宛平縣知縣管格言：本縣西山太寒嶺等五社山坡狹隘，白紙坊等三里藝菜爲生，和義等關多教場地，樂安等六屯皆遷謫人民，田地磽瘠，歲常薄收，所徵糧草，輸納尚艱。每歲户口倉鹽請折輸黑豆等物，如關廂納鈔事例支鹽爲便。命户部從其言。

（宣宗宣德實録卷112 第11頁 113.9.2528）

1063 九月戊寅 行在工部奏：通州修倉舊命都督馮斌督工，今斌奉命掌神機營事，請別遣官。上命都指揮劉斌代之。

（宣宗宣德實録卷112 第12頁 112.10.2530）

1064 九月己卯 順天府府尹李庸奏：霸州等州，固安等縣，今年水澇，禾稼無收，已蠲秋糧什分之四，又免見追物料及所欠官馬。其應納穀草鹽糧〔校記：廣本鹽作錢〕，亦乞寬減，并所屬驛暫採青草及豆蒭等糧，準納支用。悉從之。

（宣宗宣德實録卷 112　第 12 頁　112.10.2530）

1065　九月庚辰　上將率師巡邊，命武定侯郭玹、西寧侯朱瑛、廣平侯袁禎、都督張昇（按：館本昇作昪）、李英掌行在五軍都督府事，行在吏部尚書郭璡兼行在工部事〔校記：聖政記工作兵〕，都察院右都御史熊概兼行在刑部事。勅之曰：朕今率師巡邊，特命爾等守北京。小大之事須措置得宜，遇有警急機務，同太監楊瑛等計議施行，仍遣人馳奏，務在詳慎，不可偏執己見，怠慢忽略，庶副委任之重。命太監楊瑛、李德、王振、僧保、李和等提督皇城内外一應事務。命少師蹇義、少傅楊士奇、楊榮、禮部尚書胡濙、楊溥、工部尚書吴中等扈從。

（宣宗宣德實録卷 112　第 13 頁　112.11.2531）

1066　九月癸未　車駕發京師，駐蹕唐家嶺。

甲申　駐蹕龍虎臺。

乙酉　車駕度居庸關，駐蹕岔道。

戊子　駐蹕懷來。

（宣宗宣德實録卷 112　第 14 頁　112.12.2532）

1067　九月甲午　後軍都督府左都督譚清卒。清，順天府大興縣人，起卒伍，太宗皇帝靖内難，以功累陞後軍都督同知。六年，陞右都督，從征迤北紅山、蒲河、半塊山等處，皆有功，進左都督。以病謝事家居，至是卒。

（宣宗宣德實録卷 112　第 15 頁　112.12.2534）

1068　十月甲辰朔　駐蹕龍虎臺。

乙巳　駐蹕唐家嶺。

丙午　車駕至京師。

（宣宗宣德實録卷 113　第 1 頁　113.1.2539）

1069　十月甲寅　命故權署安南國事黎利子麟仍權署安南國事。先是，黎利病且死，屬陪臣黎察等以麟暫管國事，請命於朝。至是麟遣陪臣阮宗胄、耆老戴良弼奉表奏請。上命侍郎章敞、行人侯璡勅往諭之曰：朕昔念安南軍民皆朝廷赤子，府徇輿情，命爾父利權署國事，以撫綏之。今爾父既卒，特命爾權署安南國事。爾其敬順天道，誠以事上，仁以撫下，庶幾保境土於靖寧，享禄位於長久。欽哉。賜敞等道里費及宗胄等鈔，令隨敞歸。

（宣宗宣德實録卷 113　第 3 頁　113.2.2542）

1070　十月乙丑　修北京文明門外橋及南門外減水河閘。

（宣宗宣德實録卷 113　第 11 頁　113.9.2556）

1071　十月乙丑　土魯番城舍人卜烟川兒等率妻子來歸，奏願居京自効。命卜烟川兒爲正千户，賜冠帶、金織襲衣、綵幣、紗絹、布花有差，仍命有司給房屋、器物。

（宣宗宣德實録卷 113　第 11 頁　113.9.2556）

1072　十月丙寅　行在户部奏：比者，平江伯陳瑄言，漕運官軍有犯，除重罪外無黜降遷調，請量輕重罰運淮安、徐州倉米赴京贖罪。已準所言，今議流罪六十石，徒罪五等，自五十石至二十五石，杖罪五等，自二十石至八石，笞罪六石至二石。上覽之曰：所罰過重。命流、徒各減十石，杖罪每一十運一石，笞罪一十運五斗。

（宣宗宣德實録卷 113　第 12 頁　113.10.2558）

1073　十月丁卯　陞……北京國子監助教劉琢爲行在翰林院檢討，仍理助教事。

（宣宗宣德實録卷 113　第 13 頁　113.11.2560）

1074　十月癸酉　朝鮮國王李祹遣陪臣朴信生等奉箋貢馬及方物，賀皇太子千秋節。

（宣宗宣德實録卷 113　第 15 頁　113.13.2563）

1075　十一月丙子　迤北故和寧王阿魯台部屬把塔等率家屬八十九人來歸，奏願居京自效。命把塔爲正千户，餘爲副千户、所鎮撫等官，悉賜冠帶、金織襲衣、綵幣、銀鈔、絹布、綿花、鞍馬有差，仍命有司給房屋、器物如例。

（宣宗宣德實録卷 114　第 1 頁　114.1.2565）

1076　十一月壬午　亦思弗罕回回迷兒阿力等來朝貢駝馬。

（宣宗宣德實録卷 114　第 2 頁　114.2.2567）

1077　十一月丁亥　賜朝鮮國等處貢使宴。

（宣宗宣德實録卷 114　第 3 頁　114.2.2568）

1078　十一月己丑　賜朝鮮國陪臣朴信生等綵幣、絹布有差。

（宣宗宣德實録卷 114　第 3 頁　114.2.2568）

1079　十一月庚寅　上初聞木蘭河等衛指揮兀尊里等言黑龍江七姓〔校記：聖政記七作九〕野人議侵朝鮮，至是朝鮮使還，勅諭國王，令戒飭守將嚴爲之備，并以備倭官軍所得朝鮮人歸之。蓋朝鮮初遣舟師捕海賊，風飄一舟至揚州，官軍得之，凡七十八人，悉送京師。上憐之，賜衣及鈔遣還。

（宣宗宣德實録卷 114　第 3 頁　114.3.2569）

1080　十一月辛卯　行在户部奏：北京養象馬牛羊等處倉場，歲收草料官攢等作弊百端。民運至經月不收，或肆侵損，使之虧欠，亦有盗出貨賣者，亦有不容車載，務令荷擔倍勞費者。請於巡視倉場御史、郎中、員外、主事内分遣提督收受，遇有此弊，奏聞治罪。上從之，命通政李暹等往來督察。仍諭監收御史等官務皆盡心，或仍前弊，俱罪不恕。

（宣宗宣德實録卷 114　第 3 頁　114.3.2569）

1081　十一月丁酉　命故燕山左衛指揮使石敬弟璇、府軍右衛指揮同知朱貴子祥、府軍衛指揮同知陳貞子英俱襲職。金吾左衛指揮同知孫得子勝、羽林前衛指揮僉事張貴子勝、李興子旺、江淮衛指揮僉事李榮子禎俱代父職，以其父自陳老疾也。

（宣宗宣德實録卷 114　第 5 頁　114.4.2571）

1082 十一月戊戌 以事繁增置順天府通判遞運所副使一員。

（宣宗宣德實録卷 114 第 5 頁 114.4.2572）

1083 十一月庚子 給喜峯等口黄土嶺等營守備官軍弓五千，弦一萬，箭一十五萬。

（宣宗宣德實録卷 114 第 6 頁 114.5.2574）

1084 十二月乙巳 行在工部言：内府寶錢局鑄錢民夫訴離家久，日給爲艱，乞依修海舡例，人月給口糧四斗。命給之。

（宣宗宣德實録卷 115 第 1 頁 115.1.2577）

1085 十二月壬子 朝鮮國王李祹遣陪臣李效仍貢馬。

（宣宗宣德實録卷 115 第 5 頁 115.4.2583）

1086 十二月甲寅 直隸真定府阜平縣、順天府平峪縣各奏：今年七月滛雨連旬，河水漲溢，渰没穀黍，秋田無收。命行在户部遣人覆視，蠲其租。

（宣宗宣德實録卷 115 第 5 頁 115.4.2583）

1087 十二月乙卯 朝鮮國王李祹遣陪臣田興等奉箋貢馬及方物，賀正旦。

（宣宗宣德實録卷 115 第 5 頁 115.4.2584）

1088 十二月己未 賜朝鮮國陪臣李效仍等綵幣、絹布及金織紵絲襲衣、絹衣等物有差。

（宣宗宣德實録卷 115 第 6 頁 115.5.2585）

1089 十二月庚申 巡按監察御史邵宗言：隆慶衛致仕指揮周鑑占畊民田七頃有奇，不納子粒。民欲訴官，始還十畝。又率家人毆擊之，殘其肢體。請治其罪。上曰：兇横如此，不治之無以懲衆，併其家人悉治如法。鑑亦不得以老論贖。

（宣宗宣德實録卷 115 第 7 頁 115.6.2581）

1090 十二月壬戌 賜朝鮮國陪臣田興等綵幣、絹布及金織紵絲襲衣、絹等物有差。

（宣宗宣德實録卷 115 第 8 頁 115.7.2589）

1091　十二月甲子　上不豫。

（宣宗宣德實録卷115　第10頁　115.8.2592）

1092　十二月　是歲……漕運北京米、麥、豆五百二十一萬三千三百三十石。

（宣宗宣德實録卷115　第12頁　115.10.2595）

宣德十年（1435）

1093　正月乙亥　上崩，遺詔天下。

（宣宗宣德實録卷115　第13頁　115.11.2598）

1094　正月丁酉　上尊謚曰"憲天崇道英明神聖欽文昭武寬仁純孝章皇帝"，廟號宣宗。是年六月辛酉葬景陵。上在位十有一年，壽三十八。

（宣宗宣德實録卷115　第13頁　115.12.2599）